novum pro

Nicht jeder trägt die gleiche Last

Eine Familiengeschichte

Monika Schreiber

www.novumverlag.com

Bibliografische Information
der Deutschen Nationalbibliothek:

Die Deutsche Nationalbibliothek
verzeichnet diese Publikation in
der Deutschen Nationalbibliografie.
Detaillierte bibliografische Daten
sind im Internet über
http://www.d-nb.de abrufbar.

Alle Rechte der Verbreitung,
auch durch Film, Funk und Fernsehen,
fotomechanische Wiedergabe,
Tonträger, elektronische Datenträger
und auszugsweisen Nachdruck,
sind vorbehalten.

© 2016 novum Verlag

ISBN 978-3-99048-248-3
Lektorat: Silvia Zwettler
Umschlagfoto:
Srecko Djarmati | Dreamstime.com
Umschlaggestaltung, Layout & Satz:
novum Verlag
Innenabbildungen:
Monika Schreiber (20)

Die von der Autorin zur Verfügung
gestellten Abbildungen wurden in der
bestmöglichen Qualität gedruckt.

Gedruckt in der Europäischen Union

www.novumverlag.com

Inhaltsverzeichnis

Nichts stirbt, wenn die Erinnerung bleibt 7
Kindheit 9
Jugendzeit 23
Hochzeit 1966 47
Familie in Tunesien 53
Sommer 1969 97
Die Elfenbeinküste, 1970 105
Studium 1972–1974 131
Familie in Togo 147
Sommer 1977 179
Domäne Blumenrod 1978 187
Schloss Marienthal 285
Schlossgut Marienthal 327
Die Lasten werden schwerer 359
Päckchen auf Päckchen, stapelte sich zur Last 403
Schlusswort 415

Anhang mit Geschichten 417
Liebe Kinder 419
Fahrerpech 463
Auf den Hund gekommen 473
Die liebe Verwandtschaft 485
Versprechen – Verzeihen – Vergessen! 497

Nichts stirbt,
wenn die Erinnerung bleibt

Meine Erinnerungen möchte ich für meine Kinder Michael, Martin, Manfred, Marc und Mirco schreiben.

Große Freude hätte ich, wenn meine Enkelkinder Biliana, Michel, Ronja, Larissa, Marie-Charlotte, Marla Lou, Malik und Lisa und alle, die noch kommen werden, das Buch eines Tages in die Hand nehmen würden.

Zu Lebzeiten hat man einfach keine Zeit für alte Geschichten, jeder ist mit sich und seinem Leben beschäftigt. Doch es kommt der Tag, da man älter wird und nach den Wurzeln sucht und nach der Vererbung, nach der Erziehung und Übernahme von Gewohn- und Eigenheiten, die den Menschen von Generation zu Generation prägen.

Somit lernt man die Worte aus der Bibel verstehen „… bis in das dritte und vierte Glied …"

Sicherlich kann man mit Vernunft und eisernem Willen anders werden als die Eltern und doch werdet ihr an euch Reaktionen entdecken, die ihr nicht erwartet habt, die ihr nicht erklären könnt und die ihr nicht gewollt habt. Dann spricht man von Erbanlagen, von Übernahme der Erziehung, von dem Einfluss eurer Vorfahren.

Vielleicht entdeckt ihr in meiner Geschichte Dinge, die euch helfen, euch selber besser zu verstehen, euch selbst zu finden und euren Platz in der Familie zu entdecken.

Auch Jörn erhält ein Exemplar, ungeachtet der niederschmetternden Beurteilung meiner Ausführungen, er wird das Buch in der Luft zerreißen – macht nichts –, für 33 Jahre war es auch seine Zeit.

Allen Lesern möchte ich hiermit versichern, dass ich für Lügen kein Gedächtnis habe, für Märchen zu wenig Fantasie und dass meine Erzählungen auf fundierten Berichten, Briefen an meine Eltern aufgebaut sind und belegt werden können.

Es ist der letzte Tag im Jahr und die Gedanken wandern zurück und in die Zukunft. Was hat uns das Vergangene gebracht, was wird uns das Neue bringen?

Ich nehme mir Zeit, bummle mit meiner Erinnerung bis in die Kindheit zurück.

Kindheit

Mitten in den Kriegswirren kam ich 1944 am 6. Mai in Eschwege zur Welt. Es war eine gruselige Zeit, jeder kämpfte um sein Überleben zwischen Bombeneinschlägen, Luftschutzkelleraufenthalten und der Suche nach Lebensmitteln. Mein Bruder Horst war schon 2 Jahre und ein rechtes Sorgenkind, daher waren meine Friedlichkeit und das nette Aussehen die einzigen Bemerkungen in den Briefen meiner Mutter, die meinen Vater an der Front erreichten: „Um Monika braucht man sich nicht zu kümmern, sie spielt mit ihren Händchen und brabbelt vergnügt vor sich hin", ein wahrer Ausdruck, der das ganze Leben blieb.

Aus meiner frühen Kindheit gibt es also nicht so viel zu berichten, als Sonnenschein war ich für meine Mutter erholsam, friedlich, still und bescheiden. Eine Begebenheit wurde mir dennoch immer wieder und wieder erzählt, nämlich als Bombeneinschläge das Nachbarhaus zerstörten, meine Mutter im Schutzkeller festgehalten wurde und ich im 4. Stock auf der Glasveranda inmitten von Millionen Glasscherben unverletzt und glücklich brabbelnd aufgefunden wurde. Meine Mutter konnte die Verzweiflung, während die Bomben auf Eschwege niedergingen und ihr Kind mittendrin alleine auf der Veranda im Körbchen lag, ihr Leben lang nicht vergessen! Wie unmenschlich war der Kommandant des Schutzkellers, doch eine Ausnahme konnte er nicht zulassen, da Gefahr für das Leben aller Schutzbefohlenen bestand. Für uns, die keinen Krieg erlebt haben, unvorstellbar.

Eine weitere Geschichte kann ich auch nur von Erzähltem berichten, denn ich war noch zu klein, um Erinnerungen daran zu haben. Wir hatten eine polnische „Nanny", die sollte auf mich aufpassen, da meine Mutter und Horst mit dem Handwagen auf das Land fuhren, um Ähren zu sammeln, vielleicht auch, um von Bauern, die meine Mutter noch aus ihrer Zeit als Geflügelzüchterin kannte, ein Stückchen Speck einzutauschen. Nun, das junge Ding hatte alles andere im Kopf und bemerkte nicht, wie ich auf der Straße dem Handwagen nachlief. Bald waren Mutter und Horst verschwunden und ich allein auf weiter Flur. Das machte mir wohl nichts aus und wacker stapfte ich weiter auf der großen Straße. Frauen und Mütter wollten mich retten, doch dann schrie ich wie am Spieß und so ließen sie mich weiterlaufen. Eschwege hatte ich schon lange hinter mich gebracht und vor mir lag das Dorf Reichensachsen. Keiner konnte mich stoppen und so hing eine Traube von Frauen hinter mir. Jeder versuchte es, wollte das arme Kind nach Hause zurückbringen, doch ich brüllte und lief weiter. Da kam ein alter Mann auf mich zu, sprach mit ruhiger Stimme, fragte, wie ich heiße, und siehe da, ich brüllte nicht und sagte meinen Namen: „Hossi."

Wo ich wohnte wusste ich jedoch nicht und auch meinen richtigen Namen kannte ich noch nicht. Ich war erst 2 Jahre alt. Der Mann mit der beruhigenden und herzlichen Stimme nahm mich auf den Arm und mit ihm ging ich friedlich in seine Wohnung. Eine wunderschöne Puppe hatte ich im Arm, saß glücklich auf dem Schoß und lachte meiner verzweifelten Mutter entgegen. Sie war tausend Tode gestorben, die Polizei war eingeschaltet und nur deshalb wurde ich gefunden. Die Familie hatte mein Auffinden gemeldet. Das hätte auch anders ausgehen können!!!

Für meine Mutter eine grausige Situation, hatte sie doch gerade Post vom Kommandeur des Grenadier-Regiments, nachdem schon im Jahr 1945 eine Vermisstenanzeige ausgestellt worden war, erhalten, mit der Nachricht, dass die Kompanie vom Vater ausgelöscht und es keine Überlebenden gab. Aber meine Mutter gab die Hoffnung nicht auf, schrieb weiter die Briefe an meinen Vater, berichtete von den Kindern und ihrem Leben. Der Krieg war unmenschlich.

Über den Namen Hossi, den ich mir gab, wurde noch lange gesprochen, denn Hossi, so nannte ich meinen Bruder und so wollte ich gerne sein!! Psychologen würden heute darauf meine restliche Lebensgeschichte aufbauen.

Die Hoffnung meiner Mutti ging in Erfüllung. An diesen Tag erinnere ich mich, als ich mit einem niedlichen Kleidchen herausgeputzt am Bahnhof stand, bewaffnet mit einem Blumenstrauß, meinen Vater begrüßen sollte und ihn ganz ordentlich mit „Guten Tag, Onkel Vati" und einem Knicks empfing, während sich mein Bruder, die Händchen hoch gerissen, freudig „Papi, Papi" rufend auf meinen Vater stürzte. Damit hatte er gepunktet und das Eis gebrochen. Meinetwegen bekam meine Mutter gleich Ärger mit Vater, da er ihr „Männer-Onkelbesuch" vorwarf. Ich war gerade einmal 3,5 Jahre und hatte mir sicherlich nichts Böses gedacht. Die dunklen Wolken verzogen sich schnell, das Glück der Eltern breitete sich in unserer kleinen, beengten, einfachen, altmodischen und für die heutige Zeit „luxuslosen" Wohnung, die wir mit Flüchtlingen teilten, aus, deshalb kann ich nur sagen, dass meine Kindheit mit Liebe umgeben war. Erst heute weiß ich, dass ich keine großen Ansprüche an das Glück habe und mit sehr wenig zufrieden sein kann. Das sei nur am Rande erwähnt!

Vater hatte nach seiner Gefangenschaft sofort seine alte Tätigkeit als studierter Landwirt am Landwirtschaftsamt aufgenommen. Ein halbes Jahr später, 1948, wurde er im Rahmen einer Fortbildung nach Amerika geschickt, um die deutsche Landwirtschaft zu modernisieren, auf Vordermann zu bringen und sie zu revolutionieren. Wieder stand uns eine aufregende Zeit bevor, denn Vater schickte uns wunderbare Carepakete von Übersee, gefüllt mit Milchpulver, Kaffee, Anziehsachen und leckeren Bonbons. Vater dachte mit Liebe an uns, denn ein Foto begleitete ihn.

Das tägliche Leben musste Mutti mit uns alleine bewältigen, gar nicht einfach, denn die Kriegsnachwehen hatten die Menschen noch fest im Griff, die Lebensmittel wurden noch immer auf Marken zugeteilt, es gab nur wenig Freude oder Abwechslung.

Mutti mit Bruder Horst und ich – 1948

So war ein Ausflug in den Stadtpark etwas ganz Besonderes. Die Aufregung war uns anzumerken, denn wie die Wilden waren wir unterwegs, ich kletterte im Eiltempo mit Hossi um die Wette auf den Diebesturm. Beim Rangeln schubste mich Horst vom Eingang fort, ich berührte das Geländer, welches brach und mit mir in die Tiefe stürzte. 25 m ging es mit mir bergab, Gott sei Dank durch Baum und Busch, über ein steil abfallendes Gelände und nur ein kleiner Stein bremste mich vor den Fluten der Werra. Da fand mich Mutti laut schreiend.

Anscheinend schrie ich nur vor Schreck, denn der nette Arzt streichelte mir über den Kopf mit der Bemerkung: „Bist du heiratest, ist alles wieder gut!" – Erst vor Kurzem erkannte man an meiner Wirbelsäule einen Bruch aus alten Tagen und das Rätsel um meine Unfähigkeit, einen Purzelbaum zu rollen, ist nun endlich aufgeklärt.

So einfach wurde geheilt, denn ein aufgebauschtes Gesundheitssystem gab es in der Nachkriegszeit noch lange nicht!

Vaters Carepakete halfen uns sehr, die Aufregungen und Freude sind unvergessene Begebenheiten, es gab auch ein unvergessenes Erlebnis, welches vor Mutti streng geheim gehalten wurde, denn wir wussten über unsere Bösartigkeit. Die Bonbons aus Amerika waren glaskugelähnlich, sehr sauer und groß. Eine echte Lutscharbeit. Wie es der Zufall wollte, kletterten wir mit den Bonbons im Mund an der Glasveranda im 4. Stock, zur Freude der gegenübersitzenden Schulklasse und machten, wie so oft, Faxen. Aus Versehen verlor ich mein Bonbon, das geradewegs auf dem Hut eines vorbeigehenden Passanten landete. Ihn traf der Schlag, der zwar nicht tödlich, aber dennoch sehr schmerzhaft war. Im ganzen Haus wurde nach dem Übeltäter geforscht. Die Schulklasse hing am Fenster und beobachtete das Schauspiel. Aufregung beherrschte das Straßenbild und wir Kinder sahen wie Unschuldsengel drein!!! Wir haben, das muss ich hier gestehen, noch öfters die Hüte zu treffen versucht.

Mein Vater hatte mir einen Puppenwagen aus Amerika versprochen und nun kam er zurück ohne mein Geschenk, doch mit einer unheimlichen Geschichte, die er mir immer und immer wieder erzählen musste: Auf der Überfahrt zog ein tobender Sturm mit dunklen Wolken und unheimlichen Wellen auf. Kein Gepäck, kein Bett, kein Tisch und Stuhl blieb an seinem Platz. Die Menschen hielten sich an rettenden Seilen fest und bangten um ihr Leben. Schauderhaft malte mein Vater seine Geschichte aus, denn im Wasser rissen die Haie die Mäuler auf und warteten auf ihre Beute. Mit der nächsten großen Welle passierte es. Mein Puppenwagen riss sich aus der Verankerung und rutschte einem gefährlichen, riesigen Hai gerade ins Maul.

Ich glaubte ihm!

Wir hatten Freunde im Haus, einen kleinen Garten zum Spielen und verbrachten glückliche, aber einfache Kindertage. Mein Vater bastelte schöne Holzspielzeuge für meinen Bruder, ein Puppenbett für mich und vieles mehr, das wir unter dem Weihnachtsbaum fanden. Zuvor aber mussten wir den bösen Hans-Muff, der mit dem Weihnachtsmann kam, sonst aber in den tiefen

Höhlen des Berges lebte, beruhigen und unter Zittern sagten wir die gelernten Gedichte und Lieder auf. Natürlich kam ich ins Stottern, Tränen liefen mir über die Backen, denn Hans-Muff öffnete seinen Sack und wollte mich Ketten rasselnd packen. Da stellte sich mein Bruder vor mich und sagte, wenn er mich mitnehmen wolle, müsse er auch ihn mitnehmen! Wir waren ein Herz und eine Seele.

So lieb war Horst aber nicht immer. Er wollte mich sogar als Hexe im Märchenspiel „Hänsel und Gretel" mit seinem Freund Wilfried verbrennen, indem er mich unter den Tisch im kleinen Kinderzimmer sperrte und mit einem Fidibus das gestapelte Holz anzündete. Nur die schnelle Reaktion von Mutti verhinderte Schlimmeres. Ein andermal, in Abwesenheit der Eltern, rettete er mich heldenhaft vor einer Maus. Während ich kreischend auf den Tisch kletterte und auch dann noch die Füße hob, kämpfte er, mit Kehrichtschaufel und Handfeger bewaffnet, mutig gegen die Maus, die hin und her raste, plötzlich aber verschwunden war. Welch ein Glück, denn sonst wäre Horst meinetwegen zum Mörder geworden.

Im späteren Leben habe ich meinem Bruder die Heldentaten nie vergessen und ihn oft aus seinen schwierigen Situationen befreit.

Vater war von einer Unruhe getrieben, die auf Sehnsucht nach Leben beruhte.

Er modernisierte Muttis antike Möbel, indem er alle alten verschnörkelten Verzierungen an einem Weihnachtsfest absägte und ihr damit, zu ihrem Ersetzen, auch noch eine Freude machen wollte. Missverständnisse, wie sie schrecklicher nicht sein konnten.

Ein anderes Fest, 1949, blieb mir auch in guter Erinnerung, denn nach dem Heiligen Abend wurde das Weihnachtszimmer zur Werkstatt umfunktioniert. Ein Haufen veröler Schrottteile lag plötzlich auf dem Teppich. Die Tränen meiner Mutter waren nicht zu löschen. Aber nach den Festtagen hatte mein Vater ein fahrbares Motorrad gebaut, der Motor heulte im Haus zur Freude der Mitbewohner. Das Strahlen von Vaters Augen leuchtete stärker als alle Kerzen am Weihnachtsbaum.

Mit diesem Motorrad fuhren wir viele Jahre, sogar bis an die Nordsee! Er baute zusätzlich einen Beiwagen und Anhänger, Mützen mit Augenschutz für die ganze Familie, ein Zelt mit Campingausrüstung. Er reparierte mit wachsender Begeisterung, modernisierte auf seine Art. Dachte auch an die Familie, denn er beglückte uns zu Weihnachten mit selbst gesägten und gebastelten Skiern, die wir dann gleich auf dem Meißner ausprobieren mussten. So lernte ich Skirutschen.

Unsere Kleidung hatte mit der heutigen Skiausrüstung so viel Ähnlichkeit wie Himmel und Hölle. Wie es aber der Teufel wollte, musste ich ganz dringend. Keine Toilette, keine Gaststätte, kein Bauernhof weit und breit, also war die Natur der Zeuge meiner Qualen, denn der moderne amerikanische Overall hatte keine Öffnung – wo ich sie brauchte. Mein praktischer Vater nahm kurzerhand sein Taschenmesser und schnitt mir eine Öffnung. So einfach wurden die Probleme gelöst und meine Tränen der Not waren umsonst geflossen.

Im Sommer nutzten wir jedes Wochenende für Freizeit am See, im Wald und auf Wiesen, damit wurde der Grundstein für meine Naturverbundenheit, zusätzlich zur genetischen Vorbelastung, gelegt oder wir unternahmen eine Fahrt zu Verwandten. In den Ferien ging es an die See, nach Österreich und Italien. Wir lernten sehr früh Schwimmen, Radfahren und Schlittschuhlaufen.

Die Verwandtschaft bestand aus den Eltern vom Vater in Dülken, die Besuche dort waren immer unheimlich und aufregend für uns Kinder, das nächtliche Austreten in das „Herzchen-Haus" im Hinterhof bei völliger Dunkelheit war so gruselig, dass ich noch Jahre später nur bei dem Gedanken zittern musste. Einen Vorteil hatte die nächtliche Benutzung, die Millionen Fliegen schliefen. Mich gruselte es auch vor meinem Großvater, er war so streng und exakt, verlangte von uns ein solch perfektes Benehmen, was wir eigentlich durch Mutti schon erlernt hatten, ihm aber nicht ausreichend war, weshalb er uns ständig korrigieren, befehlen und schimpfen musste. Omas liebevolle Art konnte den Schaden nicht ausgleichen, obwohl sie uns rührend zu verwöhnen suchte.

Die weitere Verwandtschaft bestand aus dem Bruder meines Vaters, Onkel Heinz mit Christel, Goller und Christa, sie lebten in Warstein. Mein Onkel war Chefarzt der Lungenheilanstalt. Dort waren wir sehr gerne, denn viele Kinder wohnten im Block, so wurde uns nicht langweilig. Ein besonderes Erlebnis grub sich ganz tief in mein Gedächtnis ein, es war kurz vor dem großen Feiertag Fronleichnam, die Straßen bis zur Kirche wurden mit Blumenbildern gesteckt, auch ich durfte ein Karree ausfüllen. Millionen Blumenköpfe wurden gebraucht und wahre Kunstbilder lagen auf der Straße, eine Pracht! Doch dann kam die Prozession und alles war zerstört, ich weinte um mein schönes Bild.

Einen Kurzurlaub verbrachten die Eltern mit Onkel und Tante, währenddessen waren wir mit den Dülkener Großeltern in Warstein, sie waren verantwortlich für uns vier, ein gefundenes Fressen für den Opa, der uns nun erziehen wollte. Mein Trotzkopf brachte ihn zur Raserei und mit nichts und gar nichts wollte er mich zwingen, die süßsaure Linsensuppe zu essen. Das hatte er sich so vorgestellt, dachte auch ich. Bis die Eltern kamen, dauerte der Kampf, einsperren, hungern, verhauen, nichts half. Ich blieb stur und aß meine Suppe nicht. Ein schlimmes Erlebnis blieb es bis heute, was zur Folge hatte, dass meine Kinder nie zum Essen gezwungen wurden. Probieren mussten meine Kinder alles und sollte es ihnen dann nicht bekömmlich sein, brauchten sie es nicht zu essen. Was relativ selten vorkam, denn meistens schmeckte ihnen alles und der Hunger tat seines dazu.

Die Verwandtschaft mütterlicherseits war auch aufregend, aber der Kontakt nicht so eng und oft. Meine Mutter hatte 5 Schwestern, der Bruder Horst und ihr Vater waren noch vermisst.

Die Großmutter und Großtante waren in der sowjetischen Zone, während wir im Westen lebten. Das wirtschaftliche und politische Klima zwischen den beiden war nicht positiv, den Stress bekamen die Bürger zu spüren, also vermied man Besuche in der Ostzone, beschränkte sich auf die Sendungen von Paketen, um die größte Not abzuwenden, denn bei uns begann das Wirtschaftswunder, begleitet von Warenauslagen in den Geschäften, von gefüllten Lebensmittelläden und den nicht enden wollenden

Wünschen eines jeden. Während wir leckere Sachen zum Essen einpackten, wie Kaffee, Schokolade und alles, was dringend benötigt wurde, kamen von Oma und Tante Trude ganz liebevolle Überraschungen. Alleine das liebevolle Einpacken der Kleinigkeiten hat uns Kinder fasziniert, es waren meistens Handarbeiten mit solcher Liebe gestrickt und so wunderschön, wie ich sie nie wieder im Leben gesehen habe. Eine Strickjacke mit Rock, grau mit rotem Muster, liebte ich so sehr, dass ich später meinen Jungs auch graue Janker mit roten Bordüren webte.

Tante Evchen mit Günther, Joachim, Veronika und Susanne beglückten wir in Hamburg auf der Fahrt nach St. Peter-Ording. In Ermangelung von Matratzen campierten wir auf Stroh.

Familie mit Motorrad

Mit dem Motorrad, Horst und ich im Beiwagen, waren wir den ganzen Tag kräftig durchgeschüttelt worden, die Wege waren eben keine Autobahnen, also waren wir mehr als müde, schliefen wie tot. Ein großes Unglück passierte mir, ich machte in die Hose.

Mein Bruder verlor keine Minute Zeit, um das Geschehene an die große Glocke zu hängen. Was habe ich mich geschämt und war froh, als wir bald zur Weiterfahrt an die Nordsee aufbrachen. Sobald wir unser Ziel erreicht hatten, bauten wir in aller Einsamkeit der Dünen unser Zelt auf, dieses Mal mussten wir nicht zum Bauern, um Stroh zu holen, wir hatten ganz moderne Isoliermatten. Stolz waren wir auch auf unser Kochgeschirr, welches Vater aus Altbeständen der Wehrmacht organisiert hatte. So fing der Urlaub ganz verheißungsvoll an, doch Mutti musste für einige Tage ins Krankenhaus. Viele Jahre später erfuhren wir erst den Grund, denn die Fahrt auf dem Motorrad hatte eine Fehlgeburt zur Folge. Mit Vater alleine wurde das Leben nicht einfach. Auch nicht einfach leicht die Märsche zum Strand, da Ebbe und Flut zu bedenken waren. Einmal fuhren wir mit dem Motorrad nach draußen, andere Gäste waren mit Pferdewagen unterwegs zum Wasser, denn es war ein herrlicher Sonnentag. Aus dem Nichts füllten sich plötzlich die Siele, obwohl die Zeit für die Flut noch nicht gekommen war. Vater witterte nichts Gutes und trieb uns zum Festland, er mahnte noch die Nachbarn zum Aufbruch, doch die schüttelten verständnislos die Köpfe.

Der Weg war weit, das Wasser stieg schnell. Mutti hatte uns an den Händen, wir schwammen mehr, als wir laufen konnten, beim Zurückschauen sahen wir weit am Horizont draußen die ersten Wolken, dunkel und bedrohlich. Wenn es nur Wolken gewesen wären, hätten wir sicherlich nicht so Fürchterliches erleben müssen. Mit letzter Kraft kletterten wir hoch auf die Dünen, waren an unserem Zelt angekommen, Vater und Mutter sicherten, was sie sichern konnten, als das Grollen und Stampfen immer stärker wurde. Die Wand auf dem Meer kam schnell näher und wuchs höher und höher, nun sahen wir eine riesige Welle, die auf uns zukam und alles, was im Wege stand, unter sich begrub. Sturm setzte ein, das Getöse war so laut, man verstand kein Wort. Wir retteten uns hinter den Deich und von dort beobachteten wir den Weltuntergang. Die Springflut, 10 m hoch, überspülte die Dünen mit den Zelten, aber am Deich brachen die Wassermassen unter gewaltigem Getöse zusammen, nass bis auf die Haut, aber am Leben waren wir. In dieser Nacht schliefen wir nicht am Strand, sondern ein Landwirt machte uns ein Lager im Heu.

Der nächste Morgen begrüßte uns mit Sonnenschein, klarem Himmel, herrlicher Luft, man glaubte, das Erlebte sei ein Traum gewesen, aber die Wirklichkeit hatte uns schnell zurück, am Strand sahen wir die Verwüstung und glaubten es nicht, denn einsam und alleine stand unser Zelt. Alle anderen waren fortgespült. Es gab Tote und Verletzte, ertrunkene Pferde, die in der Kutsche eingespannt waren, Schäden an Deichen und Schutzwällen. Es herrschte großer Kummer und Not.

Ein weiteres unvergessliches Unwetter sollte ich später am Gardasee erleben, wir hingen an den Zeltstangen und drückten gegen den Wind, während rechts und links die anderen Zelte vom Campingplatz an uns vorbeiflogen und im Wasser verschwanden. Großer Schaden und noch größerer Kummer folgte, aber wir hatten wieder einmal Glück gehabt!

Meine Eltern waren durch den Krieg beide gesundheitlich sehr angeschlagen und ich erinnere mich an viele Tage, wo ich nicht nur meine Puppen mit Liebe bemutterte, sondern auch die kranken Eltern betreute. Schon damals war mein Helfersyndrom voll im Wachsen. Meine Freundin Hannelore half mir beim Kochen, Putzen und Einkaufen. Eine verantwortungsvolle Aufgabe für ein 6-jähriges Mädchen. Weil kein Geld zu Hause war, ging ich zur Bank, erzählte dem Kassierer von unserer Not und ohne einen Wimpernschlag händigte er mir 1000,- DM aus. Dafür kaufte ich für Mutti nicht nur Lebensmittel, sondern auch schöne Schuhe. Erst die Verkäuferin alarmierte die Familie.

Eine Begebenheit ist mir auch noch in guter Erinnerung, mein Lehrer, Herr Trümper, kämmte mir meine langen Haare in der Schule und flocht Zöpfe, weil Mutti sich nicht bewegen konnte. Einen Albtraum aus dieser Zeit habe ich allerdings auch, denn beim Anziehen vergaß ich mein Höschen, was ich erst in der Schule entdeckte. Albträume verursachte auch die amerikanische Schulspeisung, Zwiebackbrei, der so scheußlich war, dass ich trotz Hungers keinen Bissen essen konnte und alle möglichen Ausreden erfinden musste. Heute, im Land des Überflusses, würde man den Topf ohne Worte einfach auskippen!

Das Haus in Eschwege, Humboldtstraße 6, war ein bewegtes Haus, im wahrsten Sinne, denn schon war in der Waschküche jeden Tag Hochbetrieb. Wurde nicht Wäsche gewaschen, was ein Erschwernis war, wurden Rüben zum Sirup gekocht, Pflaumen zu Pflaumenmus und Gleiches geschah mit den gesammelten Äpfeln. In dem Keller ging man ein und aus, ein reger Tauschobjekthandel fand statt. Glücklich war der, der noch tauschen konnte!! Die meisten Menschen hatten nichts mehr als das, was sie auf dem Leib trugen. Unten wohnte der Hauseigentümer, ein Architekt, auch hier kamen wegen der Bombenschäden bald wieder Kunden. Darüber wohnte meine Freundin, deren Mutter einen Stoffladen im Schlafzimmer eingerichtet hatte. Der Vater lieferte Stoffballen aus den noch laufenden Webereien in Glauchau. Kunden standen oft noch auf der Treppe Schlange!! Unter uns wohnte ein Künstler, der unheimliche Bilder malte und damit seinen Kummer über seine gefallenen Söhne betäubte. Man sprach offen über seine Verrücktheit und wunderte sich nicht über einen plötzlichen Wandel, denn Massen von kitschigen Heimatbildern verließen sein Atelier. Amerikaner kauften Erinnerungsbilder, er wurde ein reicher Mann! Bei uns bewegte sich nicht nur mein Vater, meine Mutti hatte Brutkästen im Flur aufgestellt und dort betreute sie die Eier bis zum Schlupftag. Eine mühevolle Aufgabe. Alle 4 Stunden wurden die Eier gedreht und besprüht, bis dann nach 21 Tagen die Küken schlüpften und ein Gepiepse durch die Wohnung schallte. Meine Mutti war sehr gewissenhaft, hatte daher ein gutes Brutergebnis und somit viele Kunden, leider keinen Platz für weitere Brutapparate. Wir Kinder waren die höchste Gefahr, uns trieb die Neugierde, wir öffneten unerlaubt die Tür, ohne über die Konsequenzen nachzudenken, denn nichts war aufregender, als schlüpfende Küken zu beobachten und sie anschließend in den Händchen zu halten. Das war meine erste Verbindung zur Landwirtschaft.

Einem Attentat sind wir nur um Haaresbreite entgangen. Mitten in der Nacht gab es einen riesigen Knall im Haus, dass die Wände wackelten und ein Zittern durch das ganze Haus ging. Meinen Eltern saß die Angst in den Gliedern, denn die

Erinnerungen an den Krieg waren noch lange nicht verheilt. Sie nahmen uns Kinder aus den Bettchen und stürzten in den Flur, standen im Moment wie angewurzelt still und sahen der Bescherung fassungslos ins Auge. Der ganze Flur tropfte voll Blut, wir Kinder schrien, erst damit lösten wir die Erstarrung. Ein Glasballon, mit gärenden Johannisbeeren, war in die Luft geflogen, das „schwarze" Schnapsbrennen war voll im Gange!

Betriebsamkeit herrschte in allen Häusern. Der übernächste Nachbar kam mit schweren Kriegsverletzungen nach Hause, er war an den Stuhl gefesselt, betrieb aber in der Küche eine Schusterei mit großem Erfolg. Es gab ja noch keine neuen Schuhe und so wurden die alten repariert. Meine Liebe zum Handwerk war bald geweckt, denn der Geruch von Leder betörte mich. Ich ging dem Schuster oft zur Hand, auch wenn ich erst 6 Jahre war, dort hatte ich obendrein noch eine weitere Aufgabe. Für das Mistbeet im Garten sammelte ich jeden Tag die Pferdeäpfel von der Straße, dafür waren die Reparaturen für uns umsonst. Mein zweiter Kontakt mit der Landwirtschaft.

Meine Freundin Hannelore hatte eine alte Oma im Altenheim, am Friedhof gelegen, es war nicht weit zu Fuß und oft besuchten wir sie. Es sprach sich schnell herum, dass wir gewillt waren, den einen oder anderen Botengang zu erledigen. Bald hatten wir einen richtigen Job, nämlich Einkaufen, Blumengießen auf dem Friedhof oder auch nur von draußen zu erzählen. Der Geruch im Heim war für uns Kinder geheimnisvoll, man spürte vergangenes Leben, verbunden mit traurigen Augen.Die Besuche wurden bald zur Pflicht, unsere soziale Ader wurde voll ausgekostet zu Lasten unserer Jugend. Beide Eltern verboten uns bald die Besuche.

Wir wurden in die Ballettschule gebracht, wo ich allerdings keine Zukunft erlebte, denn rechts und links waren für mich zum Verwechseln ähnlich.

Die Nachkriegszeit war aufregend, ein Regen und Bewegen herrschte überall. Diese Unruhe verarbeitete ich erst nachts, wurde zum richtigen Schlafwandler mit vielen gefährlichen Unternehmungen. Bei Vollmond rettete man mich am geöffneten

Fenster, wo ich nach draußen auf das Dach steigen wollte, ein andermal erwischte Mutti mich im Treppenhaus, bepackt mit Tasche und Geldbörse wollte ich einkaufen gehen, und das mitten in der Nacht. Rätselhaft war der Theaterauftritt „Luft aus dem Finger", in schlafender Weise. Meine Hartnäckigkeit brachte nachts meine Eltern zum Verzweifeln, denn ich ließ mich nicht beruhigen und ins Bett wollte ich gar nicht. Aus Angst wurde ich ans Bett gefesselt, die Warnanlage bestand aus einer Glocke, erst dann schliefen meine Eltern etwas ruhiger.

Politik war für mich kein Thema, doch den Adenauer fand ich wunderbar, er war groß, sah gut aus, ein guter Vertreter für uns. Nie wieder habe ich später so für einen Mann geschwärmt wie für Adenauer!!! Vielleicht spürten wir Kinder die langsam besser werdende Zeit. Wir bekamen Geld und für unser Geld gab es Waren. Die Lebensmittelkarten, die meine Mutter für einen besonderen Anlass gehäuft hatte, wurden ungültig.

So gab es eines Tages die Banane auf unserem Tisch. Ich sollte probieren und tat es nicht. Mit Gewalt wurde ich gezwungen, die Eltern wollten mir Gutes tun und ich spuckte die Banane aus, welch ein Frevel. Das Donnerwetter erwischte mich, ich bezog Prügel und wurde eingesperrt. Welch ein schlimmes Erlebnis haftete nun an der Banane, mein Verhältnis zu ihr ist bis heute gestört, deshalb konnte ich später die DDR-Kinder nicht verstehen, deren größter Wunsch eine Banane war.

Jugendzeit

Einen großen Einschnitt brachte der Umzug von Eschwege nach Witzenhausen, 1952, ich war gerade 8 Jahre alt.

Als wir den Trennungsschmerz überwunden hatten, freuten wir uns über die schöne große, ebenerdige Wohnung, jeder von uns hatte ein eigenes Zimmer und ein Badezimmer im Keller, eine eigene Toilette, welch eine Errungenschaft! Dazu Zentralheizung, Parkett, wenn auch unbehandelt, der große Garten war das I-Tüpfelchen. Unsere Matratzen waren gefüllte Strohsäcke, die aufgeschüttelt recht gemütlich waren, doch wehe sie wurden älter und härter, es bildeten sich Kuhlen, in die man, für die Nacht gefesselt, hineinfiel.

Mein Vater arbeitete gleich nebenan in der Landwirtschaftsschule und hatte trotz Schwierigkeiten mit seinem Chef doch viel Freude im Beruf. Er erntete großen Anklang im Schulunterricht.

Mit meiner Einschulung gingen Probleme einher, die Lehrerin hatte mich richtig auf dem Kicker. Meine Angst, damit verbundenes Stottern, nahm zu und eine Erlösung stellte eine zwei Monate dauernde Erkrankung dar. Ich wiederholte das Schuljahr, bekam einen sehr netten Lehrer, für den ich durchs Feuer gegangen wäre. Als große Auszeichnung empfand ich das Babysitten seiner kleinen Tochter. Jeden Tag fuhr ich sie im Wagen spazieren, übernahm mit 9 Jahren eine große Aufgabe, mit noch größerer Verantwortung.

Hier sei erwähnt, dass auch einmal ein Unglück passierte und mir die Lütte aus dem Wagen fiel und sich eine Kopfverletzung zuzog. In welche Nöte ich dabei geriet, mag ich hier nicht noch einmal beschreiben, denn alle Worte können mein Inneres nicht wiedergeben. Gleich aufsatteln war die Therapie, d. h., am nächsten Tag musste ich die Verantwortung neu übernehmen und den Kinderwagen schieben. Eine harte Schule!

Das ist das Stichwort für eine Kurzbeschreibung meiner Schulzeit, die fehlende Sprachbegabung, sagen wir mal die fehlende Intelligenz, machte ich durch Fleiß wett, ging auf die örtliche Mittelschule, in geordneten Familienverhältnissen eingebettet, lebte ich eine mit Freunden verbundene, sorgenlose, interessante und entdeckungsreiche Zeit. Das Normale beherrschte den Alltag, denn alles Unnormale fand man bei meinem Bruder, der durch Höhen auffiel, dann aber durch Abstürze wieder von sich reden machte. Er blieb das Sorgenkind. Ein echter Zwilling – mal hü, mal hott! Dazu noch „der Liebling" von Mutti!! Oft war ich eifersüchtig. Wir zählten die Kirschen vom Nachtisch und immer hatte er mehr!

Wollte ich doch immer „Hossi", der Liebling, sein.

Mein Vater sorgte perfekt für seine Familie, aber das war es gerade, es fehlte die Liebe, die Zuneigung, das Gefühl im Umgang. Die Perfektion tötete. Sein Gesicht war immer gleichbleibend, er war nicht böse, er war exakt. Uns Kindern machte es Angst.
Meine Mutti brachte den Ausgleich, sie war herzlich, hatte einen feinen Umgangston, sie war eben adelig, geb. von Szczepanski, erzog uns nach ihrem Vorbild, aber ein bisschen altmodisch, denn der Wandel war im vollen Gang. Der Krieg hatte eine Umschichtung zur Folge, deren Ausmaß man nicht so schnell merken konnte, aber dennoch unterschwellig überall zu spüren bekam.
Mein Bruder ging mit der Zeit, war schnell bei der Jugend in der Südbahnhofstraße integriert, bald deren Anführer. Ideenreich, wie er war, wurde auch gespielt und da wundert es nicht, dass ich völlig verheult, wütend, Rache schwörend an den Marterpfahl gebunden oder in einer Höhle eingesperrt aufgefunden wurde. Ja, Rache war süß und eine Zeit lang eine ausreichende Beschäftigung für mich.
Bei aller jugendlichen Leichtigkeit gab es doch immer wieder traurige Begebenheiten, die einem das Herz zerreißen konnten, die man nicht vergessen kann, die man auch nicht vergessen sollte! Ab 1954 fuhren die Spätheimkehrer aus Russland durch unseren

Ort nach Friedland. Ganze Kolonnen Busse mit Männern, die nur aus Augen bestanden, so abgemagert waren sie. Tränen rannen, auch bei den jubelnden, am Straßenrand stehenden Menschen, die große Plakate schwenkend auf der Suche nach einem vermissten Vater, Onkel, Bruder, Ehemann und Kinder waren. Auch meine Mutter suchte nach Bruder und Vater, leider ergebnislos. Das Elend des Krieges überrollte uns alle, das Suchen und Finden war herzzerreißend, immer wieder gab es kleine Wunder, ein Wiedersehen 10 Jahre nach Kriegsende. Zu keiner Zeit lagen Glück und Unglück, Freude und Kummer, Liebe und Hass, Vertrauen und Misstrauen, Glauben und Unglauben, Aufbauen und Zerstören, Finden und Verlieren, Hoffnung und Aufgabe so eng beieinander.

Friedland war das Auffanglager, ist heute noch erste Anlaufstelle für Flüchtlinge, Aussiedler und Heimatlose. Hier arbeiten Staat, Ämter, Gesundheitsbehörde unkonventionell zusammen und ermöglichen eine schnelle Eingliederung in ein menschenwürdiges Leben. Für seine Arbeit wurde Friedland immer wieder ausgezeichnet und ein großes Mahnmal erinnert bis heute und noch in der Zukunft weit sichtbar an das Elend des Krieges, an das dreigeteilte Vaterland. Es gab eine sowjetische, eine englische und eine amerikanische Zone, wir wohnten in der Letzteren, es ging uns bald besser.

Witzenhausen, Eschwege, Hersfeld, Bebra lagen im Zonenrandgebiet, wurden von der Regierung gefördert, viel Geld floss in die Region, denn sie war gut besucht. Millionen Menschen besuchten die Grenze zum Ostblock, schauten in die DDR. Zu diesem Zweck entstanden große Parkplätze an der B 27 mit Ausblick über den Zaun. Gänsehaut bekam man beim Anblick der Todesstreifen, die Wachtürme waren immer mit schwer bewaffneten Polizisten besetzt, die Angst kroch schon beim Anblick unter die Haut. Die Berichte über Fluchtversuche aus der DDR mit Todesfolge förderte das unheimliche Gefühl. Die Grenze teilte sogar ein ganzes Dorf, dazu verlief sie noch durch ein Haus, das Schicksal der Bewohner war ungewiss, denn die DDR-Regierung verschleppte die Menschen. Täglich waren Horrorgeschichten über Fluchtversuche, Willkür der Stasi, Ungerechtigkeiten in der Zone und Verbrechen in der Zeitung zu lesen. Warnschilder an den Parkplätzen baten um ruhiges Verhalten, selbst auf der Westseite war man nicht sicher und nicht geschützt.

Dieser Zustand begleitete uns jahrzehntelang, wurde immer wieder durch schreckliche Nachrichten gefüttert, durch den Aufstand genährt, durch den Mauerbau bedrohlich. Das Feindbild vom Osten ließ uns erschüttern, doch ungeachtet dessen ging das Leben seinen Gang.

Ganz natürlich entwickelte ich mich zu einer sportlichen positiven Erscheinung mit stillen Verehrern, die ich aber recht eindeutig abblitzen ließ. Ich forderte die Jungens zum Zweikampf auf, sei es beim Schwimmen mit Judenschwimmpass und DLG Rettungsschwimmzeichen, Springen (vom 10-m-Turm), beim Eislaufen, Reiten, Kanufahren und vielem mehr. Später spielte ich aktiv Tennis im Wettkampf, trainierte jeden Morgen vor der Schule mit einem älteren Herrn, wunderte mich über seine Frau, die mich nicht mochte. Heute verstehe ich die Eifersucht, doch ich war ahnungslos und schüchtern. Wurde „Elefantenbaby" gehänselt und mein ernster Gesichtsausdruck war Anstoß für Diskussionen. Vererbung kann man nicht wegwischen, ich war und werde meinem Vater immer ähnlicher.

Freundinnen hatte ich nicht viele, denn das Gekichere hinter vorgehaltener Hand war nicht so mein Ding. Sie standen gerne an den Ecken und tuschelten hinter jedem Jungen her. Ihre weiteren Themen waren schöne Klamotten, Schminke und Schmuck. Modezeitschriften, wenn man sie kaufen konnte, wurden studiert, herumgereicht, darüber zerbrach man sich die Köpfe, auch nicht meine Sache. Hannelore blieb meine beste Freundin und so geschah es, dass ich oft mit dem Fahrrad nach Eschwege fuhr, um dort ein Wochenende zu verbringen. Auch trafen wir uns auf halber Strecke in Bad Sooden-Allendorf, verbrachten erzählend den ganzen Tag, trennten uns nur ungern, doch jede hatte ca. 15 km Heimweg auf alten Rädern zu bewältigen. An einem sehr heißen Tag kam ich vor Durst fast um, weit und breit kein Wasser zu sehen, aber einen Bauern beim Melken. Bei dem Gedanken an die frische Milch lief mir das nicht vorhandene Wasser im Munde zusammen, mutig kletterte ich über den Zaun und bettelte um Milch, was nicht so einfach war, er hatte seinen Spaß, ließ mich lange zappeln und bewunderte meine Überredungskünste. Ich bot zuletzt 20 Pfennig, bekam dafür einen ganzen Eimer frische Milch und das Geld zurück. Eine unvergessene Köstlichkeit!

Kriegskinder wurden nur selten getauft, die Glaubensdiskriminierungen und Verfolgungen aus Hitlers Zeit waren noch zu frisch, deshalb wuchs ich als Heidenkind auf, sollte mich später zur Religion bekennen. Wir wohnten in einer evangelischen Gemeinde, alle Klassenkameraden gingen gemeinsam zum Konfirmationsunterricht. Die Einführung in die Gesellschaft der Erwachsenen, das Bekenntnis zur Religion wurde mit der Konfirmationsfeier gekrönt, einen Tag zuvor wurde ich getauft. Die Zeit davor hatte für mich noch eine Besonderheit, die Kirchgänge wurden zur Tortur, die Kleiderfrage zur Hauptsache. Die Mädchen trugen alle schon Seidenstrümpfe, schicke Schuhe, während ich noch dicke Wollstrümpfe mit derben Schuhen anziehen musste! Meine Besuche reduzierte ich kräftig und auf die Ermahnungen vom Pfarrer antwortete ich mit vielen ideenreichen Entschuldigungen.

Aber zum Fest bekam auch ich die lang ersehnten Schuhe und Strümpfe, dazu ein sehr schönes Kleid, war glücklich und noch glücklicher über das Konfirmationsgeschenk, ein Fahrrad.

Es blieb nicht aus, auch ich entwickelte Interesse an schönen Sachen. Meine Tante Rena, Schwester von Mutti, in Gießen half mir dabei sehr, sie nähte aus einfachen Stoffen ganz tolle, schicke, ausgefallene, extravagante Kleidungsstücke. Alle Sachen hatten den gewissen Pfiff und ich war stolz wie ein Spanier. Auch meinen ersten BH schenkte sie mir, dieses Stück platzierte Horst als weihnachtliche Dekoration auf dem Baum, ich schämte mich und heulte herzzerreißend.

Gerade er musste mich immer ärgern, ließ mich auf keiner seiner heißen Partys mitfeiern, sondern schloss mich ein, verrammelte die Tür, damit ich seinen Freunden nicht als Frischfleisch in die Hände fiel. Wer wundert sich da noch, dass ich noch immer unschuldig war und blieb!

Meine platonische Liebe galt meinem Klassenkameraden Klaus Petry. Im Sommer gehörte uns die Welt, ganz besonders dann, wenn ich braun gebrannt aus Italien kam. Aus meiner Klasse war ich die Erste, die in andere Länder in die Ferien fuhr, brachte die italienische Halskette und Zeh-Sandalen in Mode. Den Abschlussball tanzte ich mit ihm.

Auch nach der Schule trafen wir uns, machten gemeinsame Pläne, die ich aus Rücksichtnahme nicht einlöste. So war ich, ich dachte an ihn anstatt an mich!

Eine frühe Heirat hätte sein Leben eingeschränkt, und das konnte ich nicht verlangen. Eine verrückte Ansicht aus heutiger Betrachtung. Das Ende, 1965, war ein trauriges Spiel, Erinnerungsgeschenke im Austausch, ich bekam einen Kimono, verschenkte einen Globus unter Tränen, die eine Woche anhalten sollten. Wir haben uns bis heute nicht wieder gesehen.

Bei meinen aktuellen Aufräumarbeiten stieß ich auf eine Kiste mit Briefen aus alten Zeiten, recht viele Freundschaften unterhielt ich, denn mein Wesen fanden alle bezaubernd, bescheiden, meine Schüchternheit war reizvoll, das Aussehen schön, bewundernswert meine Standhaftigkeit. Mit welchen Argumentationen die jungen Herren meine Zurückhaltung auflösen wollten, war schon recht einfallsreich: Denn wer nicht wagt, der nicht gewinnt. Die Reue an verlorener Freude. Die gemachten Erfahrungen, positiv wie negativ, würden meine Entwicklung vorantreiben, mich reifen lassen. Aber alle diese Argumente konnten meine Moral und Erziehung nicht überwältigen. Mit Gedichten überhäuft, verglichen mit Gretchen in Goethes Faust, konnte ich herzlich lachen und schäkern, war ideenreich, begehrt und rücksichtsvoll.

Meine Eltern führten mich nach alten Sitten und Gebräuchen in die Gesellschaft ein, der Ball der ehemaligen Landwirtschaftsschüler sollte der Zeitpunkt sein, ich war 16 Jahre, gerade verliebt, feierte schon mal die eine oder andere kleine Party und hatte so gar keine Lust, mit den Eltern auszugehen. Mein neues Kleid, extra für den Anlass, nähte ich nur langsam, in der Hoffnung, es würde nicht fertig und ich bräuchte nicht auf den Ball. Vater nähte die letzten Kleinigkeiten, Mutti bügelte, es gab keine Ausrede mehr, meine Laune nicht gerade erquickend. Wie es aber so oft ist, wurde dann der Abend unvergleichbar schön. Ich hatte viele, viele Tanzpartner, amüsierte mich köstlich und blieb lange in Erinnerung. Sogar nach Jahren konnte ein Bewunderer mein Kleid noch beschreiben! Was sagt man dazu?

Rücksichtnahme begleitete mich mein ganzes Leben.

Rücksicht auf meine Eltern, Rücksicht auf meinen Bruder, Rücksicht auf meinen Mann, Rücksicht auf meine Kinder! Nun auch noch Rücksicht auf meine Gäste und Rücksicht auf den armen Hund. So weit bin ich gekommen – auf den Hund!

Doch lasst mich fortfahren: Die Schule ging zu Ende, die Highlights dieser Zeit waren die Chor- und Theateraufführungen, die Klassenfahrten mit heimlichen Nachtmärschen und Lagerfeuer, musisch untermalt mit dem Ohrwurm „Wo meine Sonne scheint, wo meine Sterne stehen" und mit den dazugehörenden Liebeleien, Einbrennen der Herzen im Baumstamm KP+MS, Blutsbrüderschaft und Treueschwüre.

Die Berufswahl wurde aus ökonomischer Betrachtung getroffen, da mein Bruder im Internat auf dem Wege zum Abitur viel Geld verschlang und einmal als Familienoberhaupt nur mit einer guten Ausbildung Geld verdienen konnte, wurde meine Ausbildung nach praktischen Perspektiven gewählt. Mein Wunsch war technische Zeichnerin oder Landwirtschaftslehrerin mit Pudding-Abitur. Doch als Kinderkrankenschwester hätte ich immer die Möglichkeit zur Arbeit, selbst im Krieg! Außerdem verdiente ich am ersten Tag mein Taschengeld, die Unterkunft und Verpflegung waren gesichert. Zur Ausbildung gehörte auch ein Haushaltsjahr, welches ich 1961/62 auf dem Landwirtschaftsbetrieb Rittergut Hoof bei Familie von Kieckebusch mit Erfolg absolvierte. Beweis dafür ist die Kontaktpflege bis zum heutigen Tag.

Mein Einstieg als Stadtkind auf dem Lande war ein Vergnügen für alle Mitarbeiter. Mit einem kalten toten Huhn wurde ich auf dem Misthaufen drapiert und zum Rupfen aufgefordert. Alle hatten sich schon auf mein Versagen gefreut, lachend und feixend beobachteten sie mich. Ehrgeizig rupfte ich und brachte mit einer ordentlichen Arbeit die Sympathien auf meine Seite. Der Konkurrenzkampf Lehrling vom Lande und Lehrling aus der Stadt war eröffnet. Bei allen Arbeiten stand ich meinen Mann, nur beim Schlachten meines Schweins, mit dem ich eine echte Freundschaft unterhielt, das mich mit verständnisvoller Zuneigung bedachte, brach ich den Kampf und heulte mir die Seele aus dem Leib. Ein Déjà-vu erlebte ich beim Abtransport der Kühe in Blumenrod!!

Das Jahr war nicht nur ein Rückblick in die Jugendjahre von Mutti, sie wuchs auf Gut „Deutschhof" in Posen auf, viel Erzähltes erlebte ich, sondern auch vollgestopft mit Wissen um Haus und Hof, Innen- wie Außenwirtschaft, Haushaltsführung, Putz-, Bügel- und Näharbeiten, Kochen und Planen für große und kleine Gesellschaften. Was mache ich heute?

Die Feldarbeit machte mir besonders Spaß, ich durfte mit 2 Ackergäulen die Kartoffeln roden, den ganzen Tag arbeiteten wir gut zusammen, doch der Heimweg wurde zum Albtraum, mit einem Male verstand ich das Wort „Stalldrang". Nur mit größter Mühe hielt ich mich oben, war von Bäumen und Ästen zerschunden, sah aus wie eine Vogelscheuche, so bretterten meine Gäule und ich, begleitet von schallendem Gelächter des Kutschers, in den Stall zum Futtertrog.

Ähnlich aufregend waren auch meine Melkkünste im Kuhstall, so einfach, wie es der Schweitzer mir zeigte, war es nicht, die Kuh blieb nicht stehen, die Milch floss nicht, wie sie sollte, der Schemel war wackelig, der Eimer schwer und die Luft erdrückend. Nach einer Eingewöhnungszeit machte mir sogar der Aufenthalt im Kuhstall Freude.

Hatte ich mal keine Arbeit im Garten oder Park, keine Außenarbeit war mir zu viel, dann stürmte ich über Feld und Wiesen bei Wind und Wetter, kein Sturm, kein peitschender Regen konnte mir den Spaß, in der Natur zu sein, verderben. Die Natur, das größte Wunder der Welt.

Anerkennend sah ich der alten Chefin nach, die morgens die Erste, abends die Letzte mit scharfen Blicken den Hof im Griff hatte. Ihr entging nicht die kleinste Kleinigkeit. Unter ihrer Herrschaft hatte die junge Chefin nichts zu lachen und oft, ganz im Stillen, habe ich sie weinen gehört, da konnten 3 süße Kinder nur Trost geben, aber ändern konnten sie nichts.

In meinem Urlaub fuhr ich zur Großmutter und Tante Trude nach Rostock in die Zone. Ein aufregendes Unterfangen, denn schon an der Grenze spürte man die Willkür der Stasi. Der Aufenthalt des Zuges nahm kein Ende, immer wieder wurden Zugreisende herausgepickt und abgeführt. Das Herz begann zu flattern und beruhigte sich erst, als der Zug sich zur Weiterfahrt in Bewegung setzte. Allen fiel ein Stein von der Seele. Ich hatte eigentlich nichts zu verstecken, hätte mich nicht fürchten müssen, doch die Atmosphäre färbte ab. Umso herzlicher war der Empfang in Rostock, aber auch nur mit gedämpfter Stimme, selbst im Treppenhaus, Oma wohnte im 2. Stock, musste ich ganz leise sein und möglichst nichts erzählen. Es hieß: Die Wände haben Ohren! Auffällig waren die Blicke der Passanten in der Stadt, denn schon mein Ausdruck, nicht nur die Kleidung, verriet mich als Wessi. Vielleicht war ich schlecht über die Zone informiert, aber ich konnte es nicht glauben, dass es in ganz Rostock keine Milchkanne zu kaufen gab. Den großen Wunsch nach einer Milchkanne erfüllte ich später der Oma per Post. Auffällig war ich, daher blieb es nicht aus, dass sich ein junger Mann aus der Nachbarschaft an meine Fersen heftete. Wir pflegten über Jahre eine intensive Brieffreundschaft. Die Zeit mit den alten Damen verbrachte ich mit Patience legen, erst lernte ich es, dann wurde ich süchtig. Schade, dass ich es heute nicht mehr kann. Mit auf den Heimweg nahm ich die Erinnerung an die friedliche, liebevolle Stimmung in den vier Wänden von Oma und Tante Trude.

Göttingen, Deutsches Rotes Kreuz, war der nächste Ort meiner Ausbildung zur Kinderkrankenschwester. Ein harter Drill, der mit Dreierzimmereinteilung begann, überhäuft mit Nachtwachen, Kontrollen, Befehlen machte mir die Oberschwester das Leben schwer. Alles begann mit einer unbewussten, unbedeutenden Begebenheit. Im Dienste meiner Pflicht überholte ich mit festem, schnellen Schritt und mit Tempo die Oberschwester auf den langen Gängen mit Leichtigkeit, denn wie gesagt, ich war tüchtig und fleißig. Mein strenger Gesichtsausdruck förderte den Kampf, vielleicht hätte man mit einem Lächeln den Zorn dämpfen können.

Zum Ausgleich, auch für die Allgemeinbildung, besuchte ich oft das Theater, kaufte die passenden Bücher, las viel, was ich früher nicht so gerne getan hatte.

Die Ärzte erkannten schnell meine Begabung und nutzten sie. Schwer kranke Säuglinge wurden mir zugeteilt, damit ich den Krankheitsherd entdeckte. Es gelang mir.

Eine Sonderstellung ist immer verdächtig und bald war ich isoliert. Das war eigentlich auch nicht so schlimm, denn meine Erfahrungen mit Kameraden in Hinsicht auf Ehrlichkeit und Vertrauen waren nicht so positiv und meine Einstellung zu den Menschen wurde ganz schön getrübt. Der Höhepunkt wurde mit dem Kauf eines eigenen Autos – eine kleine Isetta – erreicht, meine Eltern mussten zur Oberin, die unmissverständlich den Kauf verbot, sonst würde ich mein Examen nicht bestehen! So einfach wurde die Einheit erhalten und mein Trotz gefördert. Andere Schwesternschülerinnen bekamen Kinder und ich durfte mir kein Auto kaufen! Die Ungerechtigkeit stank zum Himmel. Aber ich war wohlerzogen und brachte alles zum guten Ende, motiviert mit der Hoffnung, bald mein eigenes kleines Babyhotel zu eröffnen. Von diesem Wunsch beflügelt, lehnte ich ein super Angebot vom Professor der Klinik ab, der mich wiederum für den Herzkatheter, den ersten in Deutschland für Kinder, mit einem riesigen Gehalt einstellen wollte. Ich hätte mehr als mein Vater verdient, aber unter Röntgenstrahlen arbeiten müssen, für meinen Kinderwunsch eine heikle Sache. Weshalb ich begehrt war? Es war meine praktische Seite, unaufgefordert reichte ich dem Chef alle nötigen Operationsgegenstände. Das hatte er noch nie erlebt, denn wer hatte auch Erfahrungen im Keller bei meinem Vater!!! Er verlangte die Handreichungen ohne Worte, ich wusste, was er als Nächstes benötigte, dachte mit, lenkte nicht ab, war ein guter Roboter.

Mein Vater verlebte sein zweites Leben im Keller und mit ihm war auch oft die Laune dort, wenn es fast unerträglich wurde, musste ich helfen, denn wenn man sich auf ihn einstellte, wurde alles wieder gut. Ob ein Nähkästchen, Vogelhäuschen, Regal, Gartenüberdachung, Stühle, Autos und später sogar Boote gebaut wurden, er forderte eine Arbeit in totaler Stille. Für mich kein Problem. Ich war noch immer gehorsam, außerdem süchtig nach einer kleinen Anerkennung von ihm, die ich bis zu seinem Tode mit Worten nicht bekommen habe, aber er überließ mir öfters mal sein größtes Heiligtum, „das Auto". Hatte ich doch im Februar 64 die Führerscheinprüfung Klasse 1 und 3 bestanden, nicht ohne schreckliche Erlebnisse. Es war Winter, Eis und Schnee, glatte Straßen, Göttingen war Studentenstadt mit großem Fußgänger-, dazu Fahrrad- und Motorradverkehr. Meine Prüfungsfahrt war in der Mittagspause, ich rutschte von einem zum anderen Stopp und fühlte mich untauglich, trotzdem bestand ich beide Scheine. Das Rutschen aber blieb ein Albtraum.

Zwei Schreckgespenster habe ich aus dieser Göttinger Zeit mit im Gepäck.

Eines Morgens bekam ich den Auftrag, ein kleines, tot geborenes Frühchen in die Pathologie zu bringen, mitten auf dem Weg kam ein jämmerliches Weinen aus dem Körbchen. Schock! Ich stellte den Korb auf den Boden, rannte ein paar Schritte zurück, dann vor, schnappte das Frühchen und flog in die Klinik, lauthals schrie ich nach den Ärzten, die das Kleine in letzter Sekunde retteten. Bei einem anderen kleinen Säugling war jede Rettung aussichtslos, ihn musste ich während einer Nachtwache nach unten in die Kühlhalle bringen. Unvorbereitet schlug die Tür zu, das Licht ging automatisch aus, ich stand wie angewurzelt und rührte mich nicht von der Stelle. Zwei Stunden vergingen in dieser Schockstarre, erst dann kam die Rettung durch unsere Oberaufsichtsschwester, die mich auf der Station vermisste. Welch ein Glück, aber welch eine grausige Erinnerung!

Zur Belohnung gönnte ich mir einen Skiurlaub in Kitzbühl, von einer Jugendorganisation der Scharnow-Reisen geplant. Ausgerüstet mit den uralten Skiern von Vater, bestieg ich des Nachts in Bebra den Zug, der mit aufgeregten, unruhigen jungen Leuten fast voll besetzt war. Nachdem ich mich umgeschaut hatte, war ich mir nicht mehr sicher, ob diese Fahrt eine gute Idee war. Mittags bezog ich mit 10 anderen mein Quartier auf einem Bauernhof außerhalb des Ortes, sehr urig und gemütlich. Beim gemeinsamen Essen tauten wir alle ein bisschen auf, wurden über alle Möglichkeiten gut informiert. Es wurde besser, das Wetter gut, die Gesellschaft und Bauernfamilie waren nett, der Urlaub begann mit dem Skianfängerkurs auf dem Idiotenhügel unten im Tal. Alle Könner fuhren mit dem Lift auf die sonnigen Berge, das tat ich am nächsten Tag auch, der Sonne entgegen! Im Bikini rutschte ich die Berge hinunter, wurde braun, immer mutiger, selbst nach einem gefährlichen Spitzensalat hielten mich keine 10 Pferde im Tal. Après-Ski, Hüttengaudi im Hof, Geburtshilfe im Kuhstall rundeten den Urlaub ab und machten ihn zu einem unvergessenen Highlight. Die Kinder in der Klinik nannten mich „Neger"-Schwester.

Mein Examen bestand ich mit guten Noten, trotz verlockenden Angebotes kehrte ich 1965 Göttingen den Rücken.

Erwachsen war ich, mit dem Wissen, was ich will, was ich kann und was ich nicht kann, aber auch mit dem Wissen, was ich aushalten und zu leisten imstande bin. In meiner Ausbildungszeit hatte ich einerseits gelernt, was arbeiten heißt, andererseits hatte ich so viel Kummer, Elend, Verzweiflung, Krankheit und Tod erlebt und gleichsam Freude, Glück und Hoffnung spüren dürfen. So hatte ich keine Angst vor der Zukunft, sondern schaute positiv auf mein Leben.

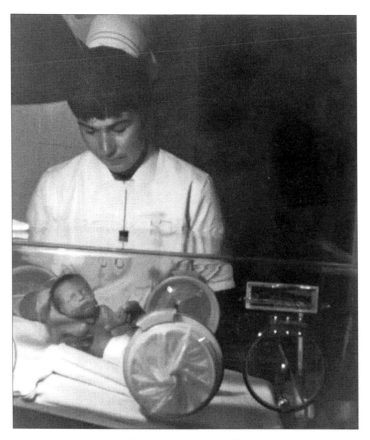

Krankenschwester Monika

Meine Eltern erlaubten mir eine kleine Auszeit. Ein wunderbares Geschenk. Nun hatte ich Zeit für meine Hobbys, aber auch Pläne wurden geschmiedet, Weiterbildungskurse belegt.

Ein Kurs in Rothenburg war sehr lehrreich, auf allen Gebieten wurden das Selbstbewusstsein, das sichere Auftreten, die freie Äußerung seiner Gedanken und natürlich das freie Leben geschult und genossen! Ansonsten arbeitete ich als Springer in der Not im Krankenhaus, wurde immer öfters gerufen und fand bald meinen sicheren Platz auf der Säuglingsstation.

An einem lauen Maienabend begleitete ich meinen Vater unlustig zur Grillparty des Seminars, da Mutti doch unbedingt einen Aufpasser für Vati brauchte! Schüchtern drückte ich mich in die hinteren Reihen, den Tumult aus der Ferne beobachtend erwachte doch plötzlich mein Interesse. Zum Abendprogramm gehörten kleine Einlagen verschiedener Art von den Studenten, die in der geöffneten Garage mit bunter Beleuchtung präsentiert wurden. „Auf der schwäbischen Eisenbahn" wurde von einem jungen Mann in Kniebundhosen und Janker lauthals, schwungvoll und mit wohlklingender Stimme gesungen. Sein geschickter Versuch, die Gesellschaft etwas aufzumuntern, war gelungen.

Es lag etwas in der Luft.

Mein Herz begann zu klopfen, gebannt lauschte und beobachtete ich den Künstler. Nun war der Abend nicht mehr ganz so schrecklich, sondern aufregend. Ganz allgemein nahm das Interesse an der schüchternen, nett aussehenden Tochter des Herrn Professors zu, auch der Sänger rückte näher. Wie es immer so ist, war dann das Grillfest plötzlich viel zu schnell zu Ende. Für meinen Vater allerdings viel zu spät, der Blick in das Glas war tief gewesen. Ganz generell war es die Zeit ausgiebigen Alkoholgenusses in der Bevölkerung, einerseits des Vergessens wegen, anderseits hatte man wohl Nachholbedarf auf Whisky & Soda, verbunden mit vielen Zigaretten, machte man einen weltmännischen Eindruck. Die Alten sowie die Jungen.

Deutschland mauserte sich im Ansehen der Weltpolitik, unsere Wirtschaft kam in Fahrt, unsere Abbitte bei den Völkern wurde ernst genommen. Ein Wiedergutmachungsprogramm war der Aufbau einer Entwicklungshilfe für die 3. Welt. Dafür wurden ein eigenes Ministerium und eine Organisation Gawi – Gesellschaft für Entwicklungshilfe – geschaffen. Junge Pioniere meldeten sich zuhauf. Getestet, geprüft, untersucht, für tauglich befunden, absolvierten sie bei uns am Tropeninstitut eine Kurzausbildung als Vorbereitung für ihren Auslandsaufenthalt. Mein

Vater war einer der Ausbilder, inzwischen Professor der Gesamthochschule Kassel.

Eine wiederholte Aufpasser-Rolle spielte ich auch auf der Fahrt nach Berlin, eine Exkursionsreise der abgehenden Studenten. Juni 1965. Wir waren zur Besichtigung nach Ostberlin eingereist, eine immer sehr gefährliche Unternehmung mit einer Gänsehautatmosphäre. Der Kampf Ost und West nahm kein Ende, wurde geschürt durch ungerechtfertigte Festnahmen, durch Schüsse an der Grenze, durch geheimnisvolles Verschwinden vieler Menschen, Machtdemonstrationen der Sowjetunion in Form von gnadenloser Niederschlagung des Volksaufstands am 17. Juni 1953 sorgten für Einschüchterung der Ostbevölkerung. Aber auch wir aus dem Westen bekamen schon an der Grenze und bei der Durchfahrt der Zone bis Berlin einen Vorgeschmack der Willkür.

Mit strikten Verhaltensregeln ausgestattet besuchten wir in Ostberlin den Alexanderplatz, besichtigten die Umgebung, nahmen die Armut und das Elend traurig wahr, ohne die Möglichkeit, helfen zu können. Das schlechte Wetter trug noch zur traurigen Stimmung bei, so wurde die Besichtigungstour noch kürzer und gerne versammelte sich die Gruppe in dem einzigen Café mit Westwährung. Auch mein Vater und ich suchten bis zur Abfahrt der S-Bahn dort Unterschlupf. Gedämpftes Murmeln empfing uns, keiner wagte aus Angst laut zu sprechen, nur einer klopfte auf den Tisch und prangerte das kommunistische Regime an. Die Stasi-Polizisten, in schwarze Ledermäntel gehüllt, kamen dem Tisch immer näher.

Mein Vater, verantwortlich für die Lehrgangsteilnehmer, suchte nach Rettung. Seiner Blitzidee gehorchend ging ich unwillig zum Tisch, denn ich hatte den „Sänger" erkannt, meine Ohren glühten, kein Wort hätte ich herausgebracht, das war auch nicht nötig, der junge Mann sprang auf, stellte mich als seine Verlobte vor, die Pflicht würde nun rufen und umschlungen eilten wir im irrigen Tempo aus dem Café, Richtung S-Bahn, die auch gerade einfuhr, wir sprangen hinein und schon waren wir auf dem Weg in die rettende Westzone. Einziger Kommentar des Herrn: „Das war knapp."

Als Dank für seine Rettung lud er mich abends zum Essen ein. Wie ein Mann von Welt ging er mit mir in das Restaurant im Hotel Hilton, hoch über den Dächern von Berlin, eine beeindruckende, herrliche, traumhafte Kulisse. So auch der Abend.

Um nichts schuldig zu bleiben, ich durfte meine Rechnung nicht begleichen, gab es meinerseits eine Gegeneinladung in den Zoo, der im strömenden, wolkenbruchähnlichen, aber warmen Regen endete. Klitschnass, barfuß, denn das Wasser stand bis zu den Knöcheln, aber irgendwie glücklich, erreichten wir nach einem langen Marsch unser Hotel, wo ein wütender Vater im Eingang wartete. Eine Standpauke musste ich einstecken, Ausgehverbot folgte, die Aufpasser-Rolle drehte sich um 180 Grad.

Natürlich büxte ich aus, traf spätabends meinen Vater in einem Discoschuppen, der Anfang einer langen Nachttour. Nur Mutti durfte davon nichts erfahren, wie zwei Verschworene hielten wir dicht. Auf der Rückfahrt von Berlin schlief der junge Mann auf meinem Schoß. Jörn hieß er.

Ein ausgelassener, interessanter, abwechslungsreicher Sommer begann, endete mit einem durchtanzten Abschiedsball, denn kurze Zeit später wurden die Studenten ins Ausland geschickt, Jörn kam nach Tunesien.

Die Wirklichkeit hatte uns im Griff, beruflich musste jeder seine Leistung bringen und doch fanden wir Zeit für einen sehnsuchtsvollen, lang anhaltenden Briefwechsel mit 85 Liebesbriefen.

Um Erfahrungen in Hinsicht auf die Führung eines Babyhotels zu sammeln, ging ich nach Frankfurt und Düsseldorf. Letzterer Standort wurde zum Flop, zeigte mir die negative Lösung, verbunden mit leidenden Kindern. Eine richtige Abschreckung. Ich blieb nicht lange.

Zur Ausbildung der Persönlichkeit, sicheres Auftreten und Management absolvierte ich einen Volkshochschulkurs in Rothenburg. Eine herrliche Zeit mit kleinen Schäkereien und Liebeleien und bei einem Verhältnis 14 Mädchen zu 24 Jungs ging die Post entsprechend ab. An meinen kurzen, oberflächlichen Briefen erkannte auch Jörn die Gefahr. Mit Telefonterror machte er sich wichtig. Als das ohne Erfolg blieb, buchte er kurzerhand seinen

Rückflug. Noch vor dem Ende meines Kurses holte ich ihn vom Flughafen ab und brachte wütend den völlig angetrunkenen Sohn zu seinen Eltern auf das Wasserschloss Thienhausen, den landwirtschaftlichen Familienbetrieb. Auf dem Absatz drehend fuhr ich nach Rotenburg zurück, um den Abschlussball ausgiebig zu feiern. Ich war beleidigt und gekränkt, hatte ich doch durch meinen Vater vor alkoholisierten Männern einen Horror

Für Jörn war ich am Telefon nicht erreichbar, rächte mich, doch ohne Erfolg, denn er kam im Eiltempo angefahren, um Abbitte zu leisten. Flugangst war seine Ausrede und Entschuldigung, die ich ihm erst 12 Jahre später glaubte!!!

Glück oder Unglück, noch am gleichen Abend brach Jörn mit hohem Fieber, unfähig nach Hause fahren zu können, zusammen, wurde von Mutti ins oben gelegene Fremdenzimmer gebettet, versorgt und betreut. Den guten Ruf bewahrend, aus Sorge um den Verdacht der Verkuppelung tätigte Mutti einen Anruf bei Jörns Eltern, erfolglos, sie hatten andere Sorgen und konnten unmöglich ihren Sohn nach Hause holen. Jörn litt an Milchfieber, einer Krankheit aus dem Ausland und nicht ganz ungefährlich. Meiner Mutter in der Not helfend übernahm ich die Pflege am Krankenbett. Der Arzt hatte große Hoffnung auf eine Heilung ohne Folgeschäden. Meinen Eltern war die Situation nicht recht, mir schon, aber für das spätere Leben mit verräterischen Folgen. Mein Helfersyndrom wurde erweckt.

Die 85 Briefe, ein Liebesgeflüster auf Papier in gekonnter Schreibweise, haben heute, nach 45 Jahren, (mit dieser Erzählung lese ich die Erinnerungsbriefe, anschließend verbrenne ich sie im Kamin) die gleiche Wirkung, selbst mit dem Wissen um den Ausgang würde ich den Worten Glauben schenken. Ich zitiere:

„Du, meine liebste Monika, machst mich zum glücklichsten Menschen auf dieser Welt und oft denke ich mir, was würde aus mir werden, wenn ich Dir nicht begegnet wäre, wenn ich Dich nicht so lieb haben dürfte und wenn ich nicht an eine gemeinsame Zukunft mit Dir glauben dürfte! Wie arm wäre ich doch! Wem sollte ich mein Herz ausschütten? Wenn Du nicht wärest, wüsste ich nicht, wie ich das Leben meistern sollte, aber Du, meine einzige, heiß geliebte Monika, gibst mir Mut und Kraft! In allen Situationen, seien sie gut oder böse. Und das macht das Leben lebenswert! Ich habe Dich lieb und glaube ganz fest daran, dass ich Dich immer so lieb haben werde! Immer will ich Freud und Leid mit Dir teilen! Das alles und viel mehr, auch die innersten Geheimnisse sollst Du ergründen dürfen, wenn ich wieder bei Dir bin. Ich will immer offen zu Dir sein und wahrhaftig und ehrlich! Und mit Dir will ich mich noch lange Tage und Nächte hindurch unterhalten, bis Du meine Gedankengänge und Gefühlsregungen kennst! Auch ich will bei Dir dasselbe versuchen! Obwohl Du eine Frau und damit unergründlich bist! Denn Du bist schön und klug und hast Herz, deshalb bin ich so stolz auf Dich und habe Dich so sehr lieb. Auch deswegen will ich Dein Jörn werden und bleiben für immer! Ganz besonders herzlich grüßt Dich deshalb Dein treuer Jörn in spe!!!"

Den Worten habe ich Glauben geschenkt, allerdings nicht ohne Skepsis, deshalb schrieb ich:

„Du kannst mich mit jedem Wort glücklich machen, mit Deinen Briefen versetzt Du mich in eine neue, frohe Welt, doch im gleichen Moment schreibst Du Dinge, die die Welt zusammenstürzen lassen wie ein Kartenhaus. Wie schnell können unüberlegt geschriebene Worte ein Chaos verursachen. Ich bin unsicher, ich habe Angst!"

Ich merkte, ohne es zu verinnerlichen, das Wankelmütige in Jörn.

Ein Manko war zusätzlich in den Briefen zu lesen, meine Bescheidenheit und Zurückhaltung sah Jörn als Minderwertigkeitskomplexe und diese Einschätzung vertiefte sich im Laufe der Jahre, bis es eine Marotte wurde, die die Vergiftung der Beziehung zur Folge hatte.

Für mich unverständlich, ich war bescheiden, wusste um meine Schwächen, die ich aber mit meinen Stärken wettmachen konnte, und somit die Balance hielt. Heute weiß ich, dass es seine eigenen Komplexe waren, die er nicht aufarbeiten und bewältigen konnte. Darüber und über vieles mehr stritten wir, d. h., kabbelten wir uns im Dauerzustand.

Es waren nicht nur die vielen Zigaretten, die ich als ungesund ansah. Es war auch das schnelle Autofahren, in dem ich auch keinen Sinn sah, dann waren es die Ansichten über die Frauen, das Leben, die Arbeit, seine gesamte Einstellung war nicht identisch mit meiner Lebensauffassung, was sicherlich nicht reizlos war, denn Gegensätze ziehen sich bekanntlich an. Den Kampf nahm ich gerne auf, war ich doch sicher, dass meine Meinung die bessere sei, vielleicht ein bisschen stur, aber auch einsichtig kämpften wir uns zusammen – was 33 Jahre dauern sollte.

Wie unbedacht bleibt der Mensch in Sachen Liebe. Die aber nahm ihren Lauf, an seinem Geburtstag, 23. 3. 66, kamen wir uns näher, sind wir uns sehr nahegekommen. Zu Ostern feierten wir unsere Verlobung. Jörns Anhalten um meine Hand erfolgte mit den Worten: „Wenn es keine Umstände macht, wollen wir schnell heiraten."

Meine Mutter fiel aus allen Wolken. Horst hatte vor einigen Wochen eine Hochzeit mit der verkehrten Frau gefeiert, davon hatten sich meine Eltern noch nicht erholt. Panik brach aus.

Ringe zur Verlobung wurden bei meinem ersten Besuch der Schwiegereltern in Steinheim gekauft, nach dem Motto: „Die billigsten sind gerade gut genug."

Der Besuch selbst war schon fast eine kleine Tragödie. Mit Blumen aus dem eigenen Garten, mit einem riesigen Strauß bewaffnet fuhr ich mit dem Zug nach Höxter, wo Jörn mich am Bahnhof abholen sollte, aber nicht kam. Währenddessen fuhr ein auffälliger Flitzer immer um mich herum, sprach mich sogar an und hätte mich gerne gefahren. Zum Glück kam Jörn mit fast einer Stunde Verspätung. Wütend war ich, nicht grundlos schlecht gelaunt betrat ich die Küche der Schwiegereltern, versteckt hinter den Blumen sagte ich höflich: „Guten Tag", sah die überraschten, leuchtenden Augen des Vaters, gleichzeitig bemerkte ich die Erstarrung der Mutter. Das Visier klappte herunter und ward nie wieder geöffnet, solange sie lebte. Heute, viele Erfahrungen reicher, kann ich sie verstehen, denn Vater war von mir, einem jungen Mädchen, begeistert, wie ihn wohl alle jungen Dinger entzückt haben!

Ich habe ihn nie enttäuscht, selbst meine erste Treckerfahrt war ein Erfolg. Ich brachte Vater Schreiber Kaffee auf das Feld, stieg auf den Trecker, er eggte zur Sommergerste, da sprang er plötzlich mit den Worten „Mach weiter" herunter und verschwand. Abends war die Einsaat fertig. Keiner fragte nach meinem Befinden, war ich doch den ganzen Tag in Angst und Schrecken um den Traktor.

Den Bewunderer vom Bahnhof sah ich auf Schloss Thienhausen wieder, er war der junge Baron von Hackshausen.

Außerhalb der Arbeit unternahmen wir viele Ausflüge zu Freunden und Verwandten, hier sei die Fahrt nach Hamburg zu Matthaei erwähnt. Eine lebenslustige Familie, eine Freundschaft aus dem Krieg, die über die Kinder weiter gepflegt wurde und die mich beeindruckte, deshalb führe ich die Verbindung bis heute fort. Sie hatten eine Ferienwohnung in Siblin an der Ostsee, dort verweilten wir einige Tage, bummelten an der See in den Strandlokalen herum. Dort trank ich zum ersten Mal einen Schluck Alkohol in Form eines Schokoshakes. Lecker!

Eine Fahrt führte uns nach München, wieder im rasanten Tempo, zu seiner Schwester und meinem Bruder. Wir übernachteten im „Bayrischen Hof", First-Class-Hotel in der Stadt, nicht nur deshalb blieb der Aufenthalt unvergessen, sondern auch durch Fraukes klare Ansage: „So einen Mann heiratet man nicht!" Ein Hammerschlag, den ich erst viel später verstehen lernen sollte. Mein Bruder dagegen kannte Jörn aus den Kneipen und meinte trocken: „So einen Suffkopf willst du heiraten?"

Wahrlich aufbauend, was aber eher meinen Ehrgeiz anfachte, als dass sie mich zum Grübeln brachten. Alle gut gemeinten Ratschläge wischt man lässig zur Seite, weiß man doch hundertprozentig, was für einen gut ist, denn Liebe macht eben blind.

Jörn hatte auch eine ganz besondere Taktik, seine Aktivitäten reihten sich wie Perlen aneinander, so hatte man keine Zeit zum Denken, Besinnen oder gar Überlegen!

Das Autofahren mit Jörn hatte es in sich, nicht nur die Gefahren an jeder Kurve, sondern auch das Tempo machte mir zu schaffen, war ich doch eher die ruhige Fahrt von Vater gewohnt, auch meine Geschwindigkeiten hatten mit Raserei nichts zu tun. Aus Erzählungen erfuhr ich, dass Jörn mit Hasko, seinem Bruder, in jüngeren Jahren Rallye gefahren war, so meinte er wohl, jede Fahrt müsste ein Tempoerlebnis sein. Genauso raste er nachts mit mir im Schlepptau über die Autobahn von Mannheim bis Thienhausen. Hasko hatte seinen Wagen zu Schrott gefahren, die ganze Haube war hoch aufgebeult, meine Sicht zum Schleppseil nur auf 20 cm möglich, logisch, schon beim Anfahren riss das Seil. Ich hatte so etwas noch nie gemacht, meine Knie zitterten, Angst saß mir im Nacken, Jörn schrie, umso ängstlicher wurde ich und doch schaffte ich die Fahrt an einem Stück und Strick über 350 km. Eine lebensgefährliche Situation gab es im Moment eines Sekundenschlafes, ich kam von der Bahn ab und schlitterte kurz vor der Leitplanke auf den Seitenstreifen. Jörn merkte nichts, er raste weiter und ich war wieder wach. Im Morgengrauen landeten wir auf Schloss Thienhausen. Ich dankte meinem Schutzengel.

Hasko hatte sich sehr gefreut, konnte nun seinen Wagen recht günstig reparieren lassen, während er in Mannheim ein Vermögen verloren hätte. Hasko war so ganz anders als Jörn, er hatte ein Lachen in den Augen, war immer zum Schäkern und Albern aufgelegt und ich spielte mit, was Jörn und „Chefin" albern fanden. Ich nicht, ich war ein bisschen verliebt in ihn.

Überall half ich, machte mich im Betrieb nützlich, fegte den großen Dachboden vom Schloss, mistete den Hühnerstall aus, wurde im Hof und Küche gebraucht und tat es gerne. Dort lernte ich viele nette Menschen kennen, Jäger, Nachbarlandwirte, Bürgermeister, Bankdirektor, aber auch Oma Thiessen, die Mutter der Chefin, eine ganz liebe, herzensgute, sehr bescheidene Frau. Wir mochten uns, hielten viele Jahre einen lebhaften Kontakt, wovon ich später noch erzählen möchte.

Mein richtiger Arbeitsplatz war im Klinikum Kassel, der nahm mich voll in Anspruch, neue Stationen warteten auf mich, meine Einführungszeit wurde verkürzt, eine Nachtwache war unumgänglich. Jörn musste zur Weiterbildung nach Feldafing, wir sahen einander nur noch an den Wochenenden. Unterdessen bereitete meine Mutti die Hochzeit vor, ich ließ sie gerne gewähren, wusste ich doch, dass sie das Beste für mich im Sinn hatte, und war nicht schlecht überrascht, als die Feier auf Schloss Berlepsch gebucht wurde.

Schon in der Nachtwache wurde es mir regelmäßig schlecht, schwere Leberschmerzen quälten mich, eine Ursache wurde erst nicht diagnostiziert, bis ich dann zum richtigen Arzt kam. Die Umstände wurden bekannt. Das Arbeitsverhältnis beendigte ich eine Woche vor der Hochzeit, viel war noch zu bedenken, wollten wir doch nach der Feier aufbrechen. Jörn musste nach Tunesien zurück und ich mit.

Die Nerven lagen recht blank, mich quälte der Gedanke an eine Trennung von meinen Eltern, Angst vor einem fremden Mann, gesundheitlich nicht auf der Höhe und es mussten noch 1000 Dinge erledigt werden. Wir zankten uns und flogen hochkant aus Thienhausen raus. So hässlich war das Erlebte, dass ich tagelang nur weinte, verheult und unglücklich war, während meine Schwiegermutter ganz unberührt zum Polterabend in mein Elternhaus kam. Ein Grund, noch mehr zu heulen.

Spätestens beim Wegfegen der Polterscherben hätte ich wach werden müssen, denn ich fegte die Scherben, Jörn amüsierte sich im Kreise der Gäste. Herr Dr. Riebel erkannte das Fehlverhalten, schickte Jörn zum Kehren, aber ohne anhaltenden Erfolg. Mein Fehler! Die Tendenz, Familienprobleme mit anstehender Arbeit zu verdrängen, war erkennbar und wurde in den Jahren sehr viel stärker. Differenzen, schlechte Stimmung und Ärger wurden zum Arbeitsmotor. Dennoch nahm der Polterabend seinen feuchtfröhlichen Verlauf, den Jörn nach dem offiziellen Teil noch bis zum frühen Morgen auskostete.

Wer war er?

Was wusste ich von ihm? Geboren 23. 3. 1940 in Danzig, aufgewachsen mit älterer Schwester Frauke, jüngeren Bruder Hasko auf einem landwirtschaftlichen Hof. Die Eltern Herta, geb. Thiessen, und Egon, in Kriegswirren verwickelt, flüchteten mit Sack und Pack gen Westen per Bahn, bis Eisenberg bei Jena, nach nicht langer Verweildauer ging die Reise nach Puch, später Rammelstein. Es wurde aufgebaut, bewirtschaftet, verändert, abgebaut, weitergezogen und das Glück versucht. Die letzte Station war Schloss Thienhausen.

Hochzeit 1966

~~~~

Vom Hochzeitstag im Juli gibt es schöne Fotos, die mehr aussagen, als all meine Worte beschreiben können. Vor allem das Wetter sprach Bände, in die Kirche gingen wir bei strömendem Regen, der zuvor schon seit 7 Wochen angehalten hatte, entsprechend der Vorhersage vom „Siebenschläfer", aus der Kirche kommend empfing uns strahlender Sonnenschein. Ich glaube, das war das Schönste!

Hochzeitsgesellschaft

Die Fahrt nach Schloss Berlepsch war ein Traum, denn die Tropfen auf den Bäumen leuchteten wie Edelsteine, die Wagenkolonne fuhr langsam durch den Wald vor das Portal, Pagen in Livree öffneten die Türen und wir schritten in eine festlich geschmückte Empfangshalle. Der Sekt wurde in echten Kristallgläsern serviert, bevor wir dann in den Rittersaal wechselten. An einer Tafel, Schöneres habe ich nie wieder gesehen, nahmen wir mit unseren Gästen Platz. Es waren nur die engeren Freunde und Verwandtschaft geladen. Chefkoch Bocuse hätte zur damaligen Zeit nicht besser kochen können, so lecker war das Essen, serviert vom Ober im Frack, alles passte zusammen, echtes altes Silberbesteck, der Blumenschmuck mit lachsfarbenen Rosen, die feierliche Stimmung vollendete das Bild. Stilvoller konnte man keine Hochzeit feiern. Meinen Eltern habe ich an jedem Hochzeitstag gedankt. Unverständlich waren die Reden von Seiten der Familie Schreiber, sie ließen kein gutes Haar an Jörn, nach der Ballade seiner Schwester Frauke herrschte tiefes Schweigen.

Der ausgelassene Teil der Feier fand im Elternhaus statt, mit der Übergabe der Geschenke, ich schenkte Jörn eine gute Uhr, leider warte ich noch heute auf mein Hochzeitsgeschenk. Auch die Gäste hielten sich zurück, da ja unsere sofortige Abreise bekannt war.

Tanz, Alkohol und gute Stimmung rundeten das Fest ab, nur mir war es mulmig zumute, denn der Abschied kam immer näher. Da half auch keine Entführung, die ja auf lustige Weise den Ehemann auf Herz und Nieren prüfen sollte, da half eben gar nichts, denn ich war noch nie sehr lange von den Eltern fort gewesen und sollte nun in die Fremde gehen. Kummer hatte ich, den man verstehen kann. Schlag Mitternacht fuhren wir davon, zwar nicht weit, denn Jörn hatte die Nacht zuvor kaum geschlafen, außerdem tief ins Glas geschaut, so war er froh in Hedemünden ins Bett zu plumpsen und mit Wonne zu schnarchen, noch ehe ich ausgezogen war. Eine spannende Hochzeitsnacht! Aber auch dafür hatte ich Verständnis.

Die Fahrt ging Richtung Süden, einen Abstecher machten wir in München, um Christel, der Frau meines Bruders, zum niedlichen Sohn, Markus, zu gratulieren, fuhren noch weiter bis Neuchatel. Wir waren mit einem vollgepackten VW mit Dachgepäckträger unterwegs. Die nötigen Dinge für einen Hausstand hatten wir dabei, Kochgeschirr in Form einer Campingausrüstung, Bettzeug, persönliche Anziehsachen und Schuhwerk, als Krönung war auch das Hochzeitsgeschenk meiner Eltern dabei: eine elektrische Nähmaschine.

Unser exklusives und hübsches Hotel lag direkt am See, ich bummelte zum Strand, Jörn in die andere Richtung zur Bank. Er kam erst einen Tag später zurück, hatte mich vergessen und ohne Geld zurückgelassen. Heimweh, Hunger, Durst, Ärger trieben mich zum Bahnhof, vorausgegangen waren seelische Grausamkeiten, die Jörn an jeder sichtbaren Telefonzelle wiederholte und mich damit immer wieder in großen Kummer stürzte. Ich sollte doch mit den Eltern telefonieren und ihnen von unserem Glück berichten. Jedes Mal brach ich in Tränen aus. Es war eine schreckliche Fahrt und nun stand ich ohne Geld am Bahnhof, verhandelte mit der Bahnhofsmission, bettelte um eine Rückfahrt, versprach die Auslöse durch meine Eltern. Dabei hatte ich kein gutes Gefühl, wusste ich wohl um meine Aufnahme zu Hause, aber nur unter der Bedingung völliger Aussichtslosigkeit. War es so weit? Der Zug lief ein, mein bisschen Gepäck in der Hand, war ich auf der Suche nach einem Nichtraucherabteil, da stürzte Jörn auf den Bahnsteig und schrie: „Halt!" Einen Wimpernschlag später fuhr der Zug ohne mich davon. Große Versprechungen machend feierten wir Versöhnung.

Weiter ging der Weg gen Süden über Grenoble, verließen die herrlich saubere Schweiz, fuhren durch Südfrankreich. Armut, Schmutz, vergammelte Hütten, schlechte Straßen begleiteten uns nach Marseille zum Einschiffen. Hier hatten wir nach langem Suchen ein merkwürdiges Hotel gefunden, mit nächtlichem Besuch durch die Tapetentür, französischen Betten zum Kämpfen um die Bettdecke, Essen wie der König von Frankreich mit der Bouillabaisse, Brandade de Morue, Avocado-Orangensalat mit Mandeln, Artischocken und Bohnen Vinaigrette und viele neue Gerichte schluckte ich, nicht ohne Sehnsucht nach der guten deutschen Küche, verbunden mit der Verlangen nach meinem Zuhause.

Die wenigen Tage vor dem Einschiffen verbrachten wir mit der Besichtigung von Marseille und Umgebung, mit Angst und

Schrecken, denn viele Überfälle auf Touristen wurden bekannt. Bei stürmischem Wetter wagten wir eine Überfahrt nach dem berühmten Château D'Iff, eine nicht eingenommene Festung der alten Zeit. Das Meer tobte und der kleine Kutter schaukelte beängstigend, dem Untergang nahe, hin und her, die Besucher schrien und klammerten sich aneinander, der Kapitän stand lächelnd am Ruder. Ein Vorgeschmack auf unsere Überfahrt nach Tunesien?

Die nicht lange auf sich wartete, den Wagen hatten wir Tage zuvor eingeschifft und dann gingen wir an Bord und mit uns ca. 1500 Tunesier, die die Ferien in der Heimat verbringen wollten. Ein auf den unteren Decks komplett überfülltes Schiff. Wir hatten eine einfache, aber ausreichende Kabine, es war ja eine Dienst-, keine Hochzeitsreise, denn das Schiff war kein Luxusdampfer. Damit ist eigentlich alles schon gesagt, natürlich wurde ich bei dem Sturm seekrank, die Fracht rutschte zur Seite, man lief immer schief, die Tassen und Teller auf dem Tisch rutschten zu Boden, selbst im Bett musste man sich festhalten! Jörn machte das keine Probleme, er hatte das Buffet fast für sich alleine und schlug zu. Heimweh, Seekrankheit, Kummer, keinen einfühlsamen Mann, Gründe genug, um mich zu einem Häufchen Elend werden zu lassen.

In diesem Zustand verließen wir am frühen Morgen in Tunis das Schiff. Das Wetter war klar und schön, von der Hitze spürte man noch nichts, ich ahnte auch nichts, hatte ich von Afrika doch keine Ahnung. Mitten im Gewühl von Tausenden Tunesiern ließ mich Jörn mit all unserem Gepäck, das war nicht unerheblich, denn der große Gepäcksack vom Dachträger war dabei, am Kai sitzen, mit der Begründung, sich um das Auto kümmern zu müssen. Ich sollte gut aufpassen und das Gepäck langsam der Zollabfertigung entgegenschieben. Schock! Während die Flöhe von den Einheimischen auf mich übersprangen, bezweifelte ich, es richtig verstanden zu haben, denn die Akustik war so ohrenbetäubend, alle schrien durcheinander, stolperten über mich hinweg, ich verstand kein Wort, die Sonne fing an zu brennen. Da packte mich die Wirklichkeit hart an, es ging ums Überleben.

Von diesem Moment an weinte ich nicht mehr bei dem Gedanken an Zuhause, fest nahm ich unser Gepäck und schob mich bestimmend dem Zoll entgegen. Es dauerte dennoch bis zum späten Nachmittag, als Rettung in Form eines rotköpfigen blonden Herren nahte. Er rettete mich aus der Masse, schob mich lässig durch den Zoll, Jörn tauchte mit dem Auto auf und bekam eine gewaltige Standpauke von Herrn Dr. Kretzschmar, unserem neuen Projektleiter. Für ihn war es unverständlich, wie Jörn seine kleine Frau in diesem Tumult alleine lassen konnte. Ich hatte keine Spucke mehr, so durstig war ich, die Hitze, über 40 Grad im Schatten, machte mir zu schaffen, schwitzen konnte ich nicht, mein Kopf schien gleich zu platzen. Ein klimatisierter Hotelaufenthalt mit Dusche war die Rettung.

Das Schöne hielt allerdings nicht lange an, Jörn war in seinem Element, war er doch in Tunis zu „Hause", wollte mir das Neue zeigen, außerdem hatten wir Hunger. Wir verließen das Hotel, mein sehnsüchtiger Blick galt dem sauber gedeckten Hotelrestaurant, denn so viel Dreck wie am Hafen hatte ich in meinem Leben noch nicht gesehen. Der Höhepunkt folgte, denn Jörn wählte für unseren ersten Abend in Tunesien ein Selbstbedienungslokal im Keller. Schmutzige Tische ohne Tischdecken, unordentlich gestellte Stahlrohrstühle, Wände ohne Dekoration, aber eine lange Essenstheke erwarteten uns. Dem Hunger entsprechend lud Jörn sein Tablett voll, mir dagegen war der Appetit vergangen. Als Jörn, mit sich zufrieden und happy, schmatzend in die riesige Melone biss, war es um mich geschehen. Rechts und links lief ihm der Saft aus dem Mund und kleckerte über das Hemd, es störte ihn nicht, sondern schlürfend vertilgte er das Obst. Wen hatte ich da geheiratet? Mir wurde es angst und bange. Mücken plagten mich und fraßen genauso schmatzend an mir herum, endlich frisches Blut! Jörn verstand mein Entsetzen nicht, hatte er doch keinerlei Einfühlungsvermögen für eine Frau, schon gar nicht für mich als seine Ehefrau.

Wir blieben nicht viele Tage im Hotel und in Tunis, es war viel zu teuer! Die 2-Millionen-Stadt war voller Leben, die Altstadt Medina dagegen, entstanden im neunten Jahrhundert, hatte ihren alten Charakter erhalten und war so bunt, wie von den arabischen Postkarten bekannt. Eine Zauberwelt! Herrliche Stoffe, Teppiche, filigraner Schmuck, Gewürze aus aller Welt sorgten in den Souks für eine unbeschreibliche Atmosphäre. Aus diesem Grunde sah man die Touristen in Mengen, besonders die Amerikaner waren ein besonderes Bild: kurze Hosen mit bunten Hemden, bemüht, den dicken Bauch zu verstecken, und darüber eine überdimensionierte Kamera tragend, obendrein laut und auffällig. Man schämte sich der Rasse.

Auf der Rundfahrt erlebte ich Tunis nicht touristisch, zwar wurde mir die Moschee Ez-Zitouna, das Museum Bardo mit römischen Mosaiken und die Kunstsammlung Dar Abdallah gezeigt, doch weit mehr erfuhr ich über die Einkaufs- und Reparaturmöglichkeiten für technische Dinge. In dem modernen Teil von Tunis war die Prachtstraße „Avenue Habib Bourguiba" das Zentrum, dort angesiedelt waren viele Hotels, so auch unseres, noch mehr Cafés und Lokale, aus denen unaufhörlich und unüberhörbar die „Ali-Musik" schallte, die für uns Europäer gewöhnungsbedürftig war. Nur wenige Geschäfte gab es, denn die Kaufkraft war schwach.

Café „Paris" wurde für uns der Treff- und Wartepunkt. Hier konnte man das Treiben beobachten und es wurde niemals langweilig, Eselskarren, hoch beladen, Busse, zum Umkippen bepackt, Autos, uralt bis neu, Araber, Beduinen, Frauen, in Gewänder eingehüllt, aber auch europäisch gekleidet, Touristen, Menschen aus aller Welt gab es zu sehen. Zum Kaffee, ob Espresso oder Cappuccino in allen Variationen, dazu konnte man sich den schönsten, süßesten Kuchen kaufen, ganz nach französischer und arabischer Art. Für mich neu und ein Hochgenuss! Eine weitere Delikatesse bestand aus Feigen, mit grünem Marzipan gefüllt. Noch heute träume ich davon.

Familie in Tunesien

Die Hochzeitsreise, wenn sie als solche betitelt werden würde, ging jäh zu Ende. Der Umzug in eine Junggesellenbehausung in „Ez Zahra" stand bevor. Der junge Mann ging für 3 Wochen auf Heimaturlaub nach Deutschland und überließ uns seine Wohnung mit all seinen Mitbewohnern. Mich schauderte. Aber was nützte es, ich nahm den Schrubber, den Putzlappen und stürzte mich ins Vergnügen, machte Ordnung und verwandelte die Bude zu einer ganz netten Wohnung. Der nächtliche Damenbesuch hörte bald auf. Allmählich kam ich mit den äußeren Umständen zurecht, lernte die Deutschen in Tunis kennen, besuchte den Strand und das Projekt „Boudj Toumi", welches unsere nächste Station werden sollte. Heißer Wüstenwind, Schirokko genannt, Mittagshitze, 57 Grad, und verbrannte Erde begleiteten uns 150 km ins Landesinnere, nicht ein Baum, nicht eine grüne Pflanze waren zu sehen. Wie die Landschaft so veränderte sich auch das Bild der Bevölkerung. Waren die Frauen in den Städten in weiße Umhänge gehüllt, hatten sie auf dem Land dunkelblaue Berberstoffe gerafft. Die Männer trugen eigentlich europäische Hosen und Hemden, natürlich in abgerissener Ausführung. Häuser gab es auch nur vereinzelt, auf dem Land wohnten die Menschen in Gourbis, Lehmhütten. Ich konnte es nicht fassen. Aber so war es! Und doch war ich der Verzweiflung nicht nahe. Das Haus, in dem wir leben sollten, hatte noch kein Dach, also blieben wir noch ein paar Wochen in Tunis, Ez Zahra, und lebten unter primitiven Verhältnissen, dennoch glücklich! Meine Küche bestand aus einem Campingkocher mit einer Flamme, auf der Erde stehend, Campinggeschirr und einer Spülschüssel. Ohne Kühlschrank, den ersetzte ich durch eine große, abgedeckte Plastikschüssel und jeden Tag holte ich ein frisches Stück Eis. Ohne Gerätschaften bereitete ich dennoch jeden Tag ein gutes Essen und fing an meine Mutter zu bewundern, die täglich mit Liebe und Abwechslung gekocht hatte. Bei schwierigen Gerichten fing ich manchmal schon gleich nach dem Frühstück zu kochen an, um später Stunden auf Jörn zu warten, er kam nie zu der verabredeten Zeit. Kein Wunder, dass das Essen dann nicht mehr die Qualität wie zuvor hatte und meine Nerven am Boden waren. Rindfleisch mit Meerrettichsoße, zum Nachtisch Zitronencreme, Bratkartoffeln mit Eiern und Salat, Kartoffel mit Senfsoße usw. Das dazugehörige Einkaufen sollte man sich nicht wie in Deutschland vorstellen, zur damaligen Zeit gab es nur ein Einkaufszentrum, sehr teuer und doch keine große Auswahl. Also kauften wir auf dem Markt und in den Suqs ein, wohin ich nicht alleine gehen sollte, doch dann wären wir bald verhungert, da Jörn seine Arbeit über alles setzte.

Die Suqs waren tatsächlich so, wie es heute im Fernsehen zu sehen ist, unheimlich, undurchsichtig, übervoll mit schönen Dingen, zugehängt mit Waren aller Art. Angefangen von Stoffen, Schmuck, Metallwaren mit herrlichen kunstvollen Einlegearbeiten, Tabakwaren mit Wasserpfeifen, Teppiche in allen Größen, zu Bergen gestapelt oder an den Wänden hängend. Orientalische Musik in voller Lautstärke aus allen Lautsprechern, ohrenbetäubend, andersartig, fremdländisch, eben ein bisschen unheimlich. Dazu die arabischen, dunkelhäutigen, schwarzhaarigen, unheimlichen Männergestalten und die bis zur Unkenntlichkeit vermummten Frauen machten die Atmosphäre nicht vertrauenswürdiger. Rechts und links, ganz versteckt gingen viele Gänge ab, die in einem Labyrinth endeten. Da wunderte es nicht, dass man hin und wieder von Verschleppung blonder europäischer Frauen hörte, die nur selten, fast nie, wiedergefunden wurden. Nach Meinung von Experten landeten die Blonden in den Harems großer Stammesfürsten oder wurden vielleicht mit viel Lösegeld herausgegeben. Gott sei Dank war ich nicht blond, nicht dick, war also kein begehrenswertes Opfer. Das Schönheitsideal waren dicke, fette Frauen mit heller, weißer Haut. Nicht selten sperrten Familien ihre Töchter in ein enges Verlies, fütterten sie fett und ohne Tageslicht, ohne einen Sonnenstrahl entsprachen sie nach langer Zeit dem Ideal. Erst dann wurden die Töchter auf dem Markt gegen viele Kamele eingetauscht. Das gab es tatsächlich!

Die Hitze war der größte Feind und die Zeit zur Eingewöhnung natürlich die extremste und heißeste, alle trösteten mich während der Anpassung. Keine Nacht, sondern erst gegen Morgen schlief ich ein, nicht lange, denn um 6 Uhr musste Jörn aufstehen und ich mit.

Drei Wochen waren schnell vergangen, wir wechselten die Wohnung im Ort und warteten auf die Fertigstellung unseres Hauses. Nur selten kamen wir an den Strand, den ich zwar täglich besuchen konnte, aber die Sonne war zu heiß, um Freude daran zu haben. Die Luft war schrecklich lau und lasch, so richtig saft- und kraftlos, genau wie die Menschen.

Genauso schlapp war ich, als ich mit Fieber und Durchfall dem Klimawechsel Tribut zollen musste. Es erinnerte mich sehr an den Aufenthalt in Venedig. Nun konnte alles nur noch besser werden!

Nach Deutschland gab es keinerlei Telefonverbindungen, nur Briefe schickte ich nach Hause und erzählte das Erlebte.

Mein erster Fleischeinkauf ist noch erwähnenswert. Der Laden war schwarz und dunkel, Fleisch nicht zu sehen, hatte mich doch Jörn hierher geschickt. War ich im falschen Laden? Doch in dem Moment fegte der Metzger die Milliarden Fliegen mit der Hand weg, kurz war das Fleisch zu erkennen. Ganz ehrlich, nicht einmal mit der Kneifzange habe ich das Fleisch gerne angefasst, geschweige denn gegessen. Aber an was gewöhnt man sich nicht alles! Ein paar Wochen später habe ich mir nichts mehr beim Einkaufen gedacht.

Einladungen und Botschaftsfeiern mit vielen „Shakehands", leckerem Essen und Trinken sorgten für gesellschaftliche Abwechslungen, auch für interessante Begebenheiten. So trafen wir Herrn Willi Brand, Deutschlands Außenminister, in einem fragwürdigen Zustand, den er beim Empfang recht gut verbergen konnte, doch später an der Hilton Bar war er dem Rausch erlegen und kippte neben mir vom Barhocker!! Welch ein Anblick, auch Schande über Deutschland.

Bundespräsident Lübke besuchte Tunesien, ihm zu Ehren fand ein großes Berberfest statt, alle honorigen Leute waren geladen, natürlich auch wir. Das Alter und auch die Anstrengungen waren unserem Präsidenten anzumerken, seine Frau, 83-jährig, unterstützte ihn liebevoll, wie sie auch alle Reden für ihn schrieb, und so las er vor, zum Schluss kam toi, toi –, das Blatt drehend – toi! Mein Lachen konnte ich kaum unterdrücken, alle Deutschen schämten sich für ihn, zum Glück waren die Tunesier nicht so empfindlich, sie klatschten laut und waren über die versprochenen Millionen so oder so mehr als glücklich.

Bei solchen Treffen war es sehr interessant, wie viele Mädchen aus Witzenhausen im Ausland und gar in Tunesien verweilten, die Frauen Schottge, Schülke, Kühne, Meier und ich. Eine nette Basis, wären wir nicht bald nach draußen gezogen. Hatte ich doch mit meiner elektrischen Nähmaschine viele Gardinen, nette Geschenke genäht, repariert, Kleider geändert und vieles, vieles mehr. Ich war in der deutschen Kolonie gern gesehen.

Der Tag des Verlassens der Zivilisation rückte näher, Jörn meinte, es wäre alles für mich vorbereitet, so packte ich, voll von traurigen Gedanken, unser bisschen Hab und Gut in den VW, putzte die Wohnung nach dem Motto „Rinnen muss der Schweiß, von der Stirne heiß, soll das Werk den Meister loben". Hier sei noch erwähnt, dass Herr Schuppner so glücklich über seine hübsche, saubere und gemütliche Wohnung war, dass er die Miete zurückgab! Ich wartete nicht lange auf Jörn mit Herrn Klutzikon im Dienstauto und fuhr ihnen, wie besprochen, nach, mit dem Blick zurück auf Ez Zahra, ein Städtchen mit netten weißen Häusern, blauen Fensterläden, Palmen und Blumen in den Vorgärten, solchen Anblick würde ich lange nicht mehr sehen, denn Wüste erwartete mich.

Bis Tebourba lief die Fahrt reibungslos, dann umfuhren wir den Kreisverkehr, Jörn hupte den Schlagruf der Tunesier „Habib Bour-gui-ba". Alle Tunesier drehten sich um, lachten und winkten, eine nette Begrüßung, fand auch ich, doch als wir nach einer Viertelstunde noch immer kreisten, Jörn und sein Mitarbeiter feixten und mich zur Schau stellten, bog ich im rasanten Tempo ab, raste zum Projekt, versteckte den Wagen hinter dem Haus, legte mich oben auf den Balkon und wartete der Dinge, die da kommen sollten. Und sie kamen in Form einer wortgewaltigen Schreierei. Ich verstand: „Diese Weiber taugen alle nichts, warum habe ich geheiratet, nur Ärger mit den Weibern!" Das Wort „Scheiße" hörte ich zum ersten Mal usw. Ich traute meinen Ohren nicht und tauchte auf. Der Mitarbeiter nahm seine Beine unter den Arm und rannte, er vermutete Schlimmes, doch ich war ruhig, aber wahnsinnig traurig. Das sollte lange so bleiben, verbunden mit einer großen Enttäuschung, denn die Häuser waren noch nicht fertig, der Schlüssel für unsere Wohnung fehlte, also zogen wir oben ein. Noch immer herrschte große Hitze, obwohl die Dunkelheit nahe war. Ohne Strom und Wasser hauten wir uns mitten zwischen Schutt und Dreck, pusteten die Luftmatratzen auf, denn keine 10 Pferde hätten mich dazu gebracht, die vorhandenen Matratzen zu belegen. Menschenunwürdiger Dreck! Die Wohnungseinrichtung bestand aus einem wackligen Tisch, 2 Stühlen, 2 zu kurzen Betten mit den besagten Auflagen. Das war alles.

Früh am Morgen, es war gerade 5 Uhr, weckte uns ein Gepolter. Es war unser Projektleiter, der mit Freude zur Arbeit pfiff. Auch gut, denn nun hatte ich den ganzen Tag vor mir, quälte mich mit Bauschutt, Müll, schleppte Wasser aus der Zisterne in schweren Milchkannen und säuberte die Wohnung zur menschenwürdigen Behausung. Hier sei einmal gesagt, ich war im 4. oder 5. Monat schwanger, die Hitze setzte mir sehr zu, es hatte 40 Grad in der Hütte. Bratkartoffeln zum Mittag, eine kurze Pause, die jeden Tag eingehalten wurde, dann ging es zurück nach Tunis, denn selbst Jörn wollte nicht noch einen Tag so unwürdig hausen. Hier, überrascht über die Kälte, es waren 4 Grad Unterschied zum Landesinneren, kauften wir die von mir zuvor ausgesuchten Sachen und freuten uns anschließend über das behagliche Heim. Fazit: Der Mensch braucht nicht viel, um glücklich zu sein! Später baute ich kleine Regale, die Kisten wurden Schränke, Ordnung kam in das Ganze. In der Küche setzte ich Steine mit Brettern zur Küchenzeile übereinander, so wurde das Wirtschaften auch ohne Strom und Wasser möglich.

Bratkartoffeln schon am frühen Morgen war Jörns Leidenschaft, für mich eine kleine Überwindung, denn der Duft von Speck und Zwiebeln vor dem Kaffee kostete mich viel Mühe.

Gardinen, Tischdecken, Abdeckung der Bettgestelle nähte ich in dem Pumpenhaus, die einzige Station mit Strom! Davon später mehr.

Erst kam die Übergabe der ersten 30 Lots an die Bauern, das Projekt wurde feierlich mit Reden, Urkunden und Schlüsselübergabe vom Minister im Beisein vom Botschafter und allen Mitarbeitern eingeweiht. Das deutsche Fernsehen war auch geladen, sendete später einen ausführlichen Bericht über die Entwicklungshilfe in Tunesien, den die Eltern mit Begeisterung ansahen. Das Projekt „Bordj Toumi", 700 ha, bestand aus einer großen Pumpenstation mit 8 Hochdruckpumpen und einer stündlichen Leistung von 2.500 m^3, das Wasser, aus dem Fluss Medjerda kommend, wurde mit 8 Atü in ein 6.000 m^3 Reservoir, das 50 m hoch in den Bergen lag, von hier an 80 Hydranten verteilt, deren Leitungen unterirdisch fest verlegt waren. Zu jedem Abzweig gehört ein Lot, Bauernhof mit kleinem Wohnhaus, Stallungen und Scheune, von 7 ha Größe. Die neu angesiedelten Fellachen, Halbbeduinen mit ihren Familien, sollten nun nach Vorgabe von Jörn wirtschaften. Hier wurde der staatliche Versuch, die Beduinen zur Sesshaftigkeit zu bewegen, mit Erfolg, wie es sich viel später zeigen sollte, unternommen. Der Einheitsfruchtfolgeplan lautete: je 1 ha Luzerne, Haferwicken, Artischocken, Mais mit persischem Klee, Getreide, Gemüse mit Tomaten, Melone u. Paprika, Orangen-, Mandarinen- und Zitronenbäume. Der Einund Verkauf wurde genossenschaftlich organisiert. Zu jedem Hof kamen nun im Oktober die deutschen schwarz-weißen hochtragenden Rinder. Beim Eintreffen der Tiere mit ihren großen, dunklen, hübschen Augen kamen mir die Tränen, waren sie doch deutsches Gut. Eine Maschinenstation mit 4 Treckern, Pflug und weiteren Bodenbearbeitungsgeräten standen bereit und waren zur

Einsaat von Luzerne schon fleißig im Einsatz. Stroh und Heu kamen im ersten Jahr per LKW weit angefahren, das sollte im zweiten Jahr alles selbst erwirtschaftet werden.

Als Mitarbeiter, außer dem Projektleiter Dr. Kretzschmar, waren es DED-Helfer, die Jörn unterstützen sollten, was jedoch nur schwer klappte, denn deren Arbeitsauffassung passte nicht mit Jörns Tempo zusammen. Ich verstand das, denn sie arbeiteten für einen Hungerlohn, fuhren in der Hitze mit Mofas, während die Gawi-Leute Autos hatten und selbst der tunesische Partner ein Dienstauto fuhr.

Unser Privatleben bestand aus Besuchen auf anderen Projekten wie Familie Meier in Kelibia, Familie Schülke in Sedjenane, Familie Kaiser in Biserta, Familie Schottke und Kühne in Tunis, denen wir zu einer niedlichen Tochter gratulieren konnten. Waren wir einmal nicht eingeladen, hatten keinen Besuch, dann war eine Betriebsrundfahrt Ehrensache. Hier fuhren wir nicht mit unserem Auto, sondern der Dienstwagen wurde gestartet, der natürlich seine Mucken hatte und gerade dann ausfiel, als Jörn sich verfuhr und wir unten im Wadi saßen. Vor uns und hinter uns ein steiler Aufstieg und der Motor gab keinen Mucks von sich. Kein Mensch war weit und breit zu sehen. Da standen wir, Jörn guckte unter die Motorhaube, ergebnislos, also, das Auto den Berg raufschieben. Jörn setzte sich ans Steuer, ließ die Kupplung frei und wartete auf den Startpunkt, um den Motor zum Laufen zu bringen. Ich kämpfte mich Zentimeter um Zentimeter nach oben, mit letzter Kraft, denn mein Bauch, mein Rücken, alles tat mir weh und hätte schreckliche Folgen haben können. Diese Situation war bezeichnend für unser Leben, viele Male wiederholten sich die Konstellationen. Was hätte ich ändern können?

Es war also nicht langweilig, außerdem konnte ich mich immer beschäftigen, wenn ich nicht nähte, dann strickte ich, schrieb Briefe und damit pflegte ich regen Kontakt zu den Eltern, Bruder, Schwieger- und Großeltern. Der Haushalt, so primitiv und einfach, bedeutete auch viel Arbeit. Immer noch ohne Wasser und Strom, damit auch ohne Kühlung, das war man als Europäer nicht mehr gewohnt. Zurück in das letzte Jahrhundert! Nur das Wäschewaschen habe ich verweigert, dafür stellte ich nach langem Gezeter mit Jörn eine Bonne ein, die später immer mehr Hausarbeit übernahm, um mich ein bisschen zu entlasten. Mein Zustand wurde sichtbar, die Hitze belastete mich immer noch sehr, meine Gesundheit war nicht mehr so strotzend. Auch Jörn lag einige Tage im Bett und musste unter meiner strengen Aufsicht seine Medikamente schlucken und die Anordnungen befolgen. Was ihm gar nicht passte! Manchmal lobte er mich, doch eher selten, denn die Anspannung im Projekt und das Arbeitspensum machten ihn nervös, hatte er doch gegen Vetternwirtschaft, Korruption, Geldmangel zu kämpfen. Sein Verständnis mir gegenüber ließ zu wünschen übrig, hatte ich doch das Gefühl, nur der Versorgung wegen hatte er geheiratet.

Dafür entschädigte er mich mit einem herrlichen Ausflug nach Monastir, zeigte mir seine ehemalige Farm und freute sich über den Fortschritt, der seit seinem Fortgang zu spüren war. Seine Arbeit hatte Früchte getragen. Ein herzliches Willkommen tat ihm gut, wie er auch überall gegrüßt und geherzt wurde. Bekannt war er wie ein bunter Hund!

Den Ausflug beschrieb ich damals so: „Es war ein herrliches Wochenende!!! Am Sonnabend gegen 10 Uhr sind wir auf und davon, dieses Gefühl war schon alleine eine Reise wert. Die Fahrt in den Süden war interessant, denn ganz deutlich konnte man mit jedem Kilometer eine kleine Veränderung feststellen, die aber leider nur negativ ausfällt, denn südlicher ist es noch dreckiger und noch weiter zurück als hier bei uns in Bordj Toumi. So wie sich das Volk ändert, so ist auch in der Landschaft eine gewisse Einöde zu merken und mit jedem Schritt kommt man der Wüste näher. Nach 300 km waren wir in Monastir, fanden ein sehr feines Hotel, bezogen das Zimmer, um gleich noch die Gegend zu bewundern, sein Haus am Meer anzuschauen, gut zu essen und auf die Burg zu klettern. Hier wurden wir Zuschauer einer eindrucksvollen Erzählung der alten Geschichte, etwas unheimlich, aber wunderbar war das schon. Ja, da hatten wir Glück und dadurch beschwingt sind wir zum Tanzen in den SKANES Palast aufgebrochen. Das war schon was! Und für mich erst recht, war ich doch noch nicht oft in großen Hotels gewesen, geschweige denn in solch einem Palast. In Deutschland muss man lange danach suchen und wohl kein Sterblicher wird jemals dort hineinschauen und ich war dort tanzen, verbrachte einen tollen, unvergessenen Abend. Danke!

Mit Meeresrauschen und echten Schlaraffia-Matratzen haben wir dann leider zu lang geträumt, denn für den Kamelmarkt in Sousse war es zu spät, dafür fuhren wir nach Eljem, bewunderten das Kolosseum, die alte Kunststätte mit den mächtigen Bögen und Mauern. Erst wenn man davorsteht, erkennt man die Kunst und bewundert die Vorfahren, die solche Arbeiten ohne Hilfe von Maschinen bewältigten. Regentropfen überraschten uns, wie lange habe ich darauf gewartet! Gleich waren meine Lebensgeister erwacht, Jörn dagegen machte sich Sorgen und drängte zur Um- und Heimkehr. 100 km nördlich erkannte auch ich die Gefahr, schon standen große Wasserlachen auf der Straße, aber im Gebiet der Wadis gab es kein Durchkommen mehr, denn Wassermassen stürzten mit einem Affenzahn aus den Bergen durch die Gräben hernieder. Aufregend und viel schlimmer als das Hochwasser von der Werra! Es entstand das reinste Chaos, bedingt durch die undisziplinierte Fahrweise der Tunesier. Die sollten doch einmal das Fahren auf deutschen Autobahnen lernen, keiner würde sie lebend verlassen. Nach der aufregenden Unterbrechung stärkten wir uns in Hammamet mit Kaffee und Kuchen, um schnell die Heimreise zu schaffen, denn wir ahnten nichts Gutes.

Uns strömte das Wasser in der Haustür entgegen, durch das Dach und Fenster kam es. Bei tagelangem Regen konnten wir in der Wohnung Rekordschwimmen veranstalten. Wunderbare Aussichten. Das alles verdarb uns das schöne Wochenende nicht, waren wir Schlimmeres gewohnt und hart im Nehmen!

Der Regen brachte einen Temperatursturz, damit war die Hitze vorerst beendet, welch eine Wohltat! Mit Regen kam auch die Fruchtbarkeit der Erde, es wurde grün, Blumen blühten bald, doch Jörn war verzweifelt, denn das Saatgut ließ auf sich warten, waren die Felder saatfertig, die Feuchtigkeit gerade recht und nichts ging. Jörn machte Druck in Deutschland, die Botschaft wurde eingeschaltet und siehe da, das Saatgut kam per Luftfracht angeflogen. Es geht doch, welch ein Segen! Tag und Nacht wurde gedrillt.

Eine weitere große Belastung kam von unseren Kühen, denn nicht selten pochten die einheimischen Bauern des Nachts an unsere Tür, hatten entsetzliche Angst, waren völlig aufgelöst, so blieb uns nichts anderes übrig, als mit in den Stall zu gehen und bei der Geburt zu helfen. Vielleicht durch meine ruhige deutsche Stimme, vielleicht auch durch das Streicheln, kaum waren wir da, wurden die Kühe ruhig, meistens lief alles wie am Schnürchen und gesunde Kälber kamen zur Welt. Ein Glücksgefühl für uns alle, obwohl Jörn für Tiere kein Empfinden hatte.

Neue Lots mussten ausgemessen werden, in Ermangelung verantwortungsvoller Mitarbeiter marschierte ich mit dem 2-m-Messstab über das Land, steckte Fähnchen nach Jörns Angaben, zügig hatten wir die Vermessung abgeschlossen. Neue Fellachen konnten angesiedelt werden. Bis zum Jahresende waren 100 Bauernfamilien ansässig, die oft aus 8 bis 10 Personen bestanden. Ein Leben begann. Da blieb es nicht lange aus und ein kleiner Laden wurde im gegenüberliegenden Haus eröffnet. Wie wundervoll, auch für mich, denn nun musste ich nicht wegen jeder Kleinigkeit bis nach Tebourba oder gar Medjez el Bab, wo ich allerdings bald nette Libanesen gefunden hatte, die auch meine Wünsche gerne erfüllten und Extras für mich besorgten.

Das Einkaufen blieb aber weiterhin jedes Mal ein Erlebnis, hatte ich doch zuvor meine Liste per Wörterbuch genau aufgeschrieben, verstanden die Geschäftsleute mich dennoch nicht. In meiner Verzweiflung übergab ich ihnen die Liste und lachend musste ich feststellen, dass sie nicht einmal lesen konnten, also dienten weiterhin Hände und Füße zur Verständigung!

Da war es doch auch kein Wunder, dass ich ohne gültige Scheine, nicht einmal den Führerschein konnte ich vorzeigen, von der Polizei angehalten wurde, mein Herz klopfte schon oben bis zum Hals, während ich einfach ins Handschuhfach griff, die dort liegenden Papiere nahm und sie den Herren reichte. Sie drehten die Unterlagen noch falsch herum, befanden sie als okay und ließen mich, nett grüßend, von dannen fahren. Ich lachte schallend und freute mich über mein Glück!

So waren es die Kleinigkeiten, die uns das Leben lebenswert erscheinen ließen. Eigentlich war ich sehr einsam, denn im Projekt gab es keine weitere Frau, mit der ich hätte reden können, und vielleicht war das auch gut so, denn wir hatten schon schmerzlich erfahren müssen, dass das Sprichwort „Hüte dich vor Sturm und Wind und Deutsche, die im Ausland sind!" seine Gültigkeit hat. Daher bekamen die Briefe mit meiner Mutti einen neuen Status, waren in der Glück bringenden Skala ganz oben angesiedelt. Waren die Briefe einmal länger unterwegs, hatte Mutti einmal keine Zeit für mich, beschrieb ich meinen Kummer so:

„Mich macht Euer langes Schweigen ganz entsetzlich traurig, ich bin den Tränen nicht nur nahe, sondern heute kullern sie ganz schlimm. Ich habe schreckliches Heimweh und dann nicht einmal einen Gruß von Euch. Jörn ist wütend auf mich, er versteht mein Heimweh nicht, daher wird alles noch schlimmer. Ich komme aus dem Weinen nicht heraus. Ihr wisst vielleicht nicht, wie einsam ich hier draußen bin. Jörn kommt nur zum Essen und Schlafen nach Hause. So bin ich hier in den vier noch immer ungemütlichen Wänden allein, kann nicht ohne Schmerzen sitzen, doch das sind alles Dinge, die Jörn nicht verstehen kann und will. Auch nicht meine Weltuntergangsstimmung, weil ich sehnsüchtig auf Eure Post warte. Jörn gab mir sonst immer das Gefühl der Geborgenheit und da meinte ich hier mein Zuhause zu haben. Seit 2 Tagen ist er mürrisch, sagt nichts. Obendrein kommt mein eigenes hässliches Aussehen, Unwohlsein, Schmerzen und noch alles Mögliche dazu. Wie soll ich da nicht den Mut verlieren, da hört es einmal auf, dass ich mich zusammenreiße, ich fühle mich hundeelend und weiß mit mir nichts anzufangen. Und doch weiß ich ja, dass ich dem lieben Gott danken kann und soll, denn es könnte mir ja doch noch viel schlimmer ergehen."

Solche Stimmungsbilder und dann wieder genau gegenteilige Impressionen durfte ich den Eltern schicken. Für mich ein wahrer Segen, für meine Eltern eine große Sorge um ihre Tochter.

In meiner Generation gab es noch Tabuthemen wie Gefühle, intime Angelegenheiten, Schwangerschaft und Ähnliches mehr, darüber sprach man nicht und umso dankbarer war ich meiner Mutti für ihr offenes Ohr. Mein Bauch rumpelte so, als ob ich 7 Geißlein verdrückt hätte, diese Sorge ermutigte mich nun doch nach Karthago zur französischen Hebamme zu fahren und war ganz erstaunt, wie nett ich aufgenommen und betreut wurde. Die Sauberkeit, die Ordnung, die netten Zimmer, all das überstieg meine Vorstellungskraft, kein Wunder, dass ich glücklich, hoffnungsvoll nach Bourdj Toumi zurückkam. Seit diesem Moment ging es nur noch bergauf, es war mir ein Stein vom Herzen gerollt, denn alles schien in bester Ordnung zu sein.

Die Zeit rannte nur so schnell dahin, während in Deutschland Totensonntag, 1966, war, wurde in Tunesien der Tag des Baumes gefeiert. Diese Tatsache nutzten wir für die Anpflanzung von Windschutzhecken in Form von 5.000 Zypressen. Jedes Lot wurde umpflanzt, auch um unseren Garten pflanzte ich die Bäume, während die Bonne das Wasser schleppen musste. Die Eltern hatte uns auf unserer Hochzeitsreise einen Ableger geschickt, den ich mit viel Liebe zum Wachsen brachte, der schon bald viele Knospen trug. Wie grün würde es bald werden, herrlich!

Auf den Feldern wurde das Gesäte tatsächlich schon grün, die Landschaft änderte sich von Tag zu Tag, das Wetter wurde kühler, die Nächte bald schon zu kalt! Wir hatten oft nur noch 12 Grad in der Wohnung und freuten uns über jeden wärmenden Sonnenstrahl. Kaum zu glauben, dachte man an den Sommer und die Hitze. Einen Monat später hatten wir Nachtfröste, neue Sorgen bewegten uns, welche Vorkehrungen mussten für das Vieh, für die Felder, für die Pumpenstation etc. getroffen werden, aber einen harten Winter hatten wir nicht zu erwarten.

Jörn und ich kämpften immer noch den „Hosenkampf" und ich ließ nicht locker, wollte endlich ein gemütliches Zuhause und so wurde trotz ständiger Ebbe in der Kasse ein neuer, schöner Berber-Teppich gekauft. Die Berber hatten ihre Knüpfkunst mit gutem Wollgarn zur Vollendung entwickelt, besonders die kunstvollen Lüstermotive waren ihr Markenzeichen. Einen

Ofen, einen ordentlichen Tisch, Wickelkommode und Kleinigkeiten erstanden wir sehr günstig auf dem Flohmarkt. Zu unserer Überraschung schickte die Regierung Wohnzimmermöbel. Wir staunten nicht schlecht, luden die DED-Mitarbeiter gleich zur Skatrunde ein, ein netter Abend war im Gang, bis mich komische Viecher piesackten, dicke Stiche zu sehen waren. Ich ging nichts ahnend zu Bett, schlief nicht, wurde weiter gepeinigt. Jörn merkte nichts. Am frühen Morgen sah er mich erstaunt an, 72 Stiche hatten sich schon gerötet. Das konnten nur Wanzen sein! Wir fanden ein ganzes Nest in den neuen Möbeln, die schneller als gekommen das Haus wieder über die Reling des Balkons verließen. Meine allergische Reaktion auf die Wanzenstiche war so entsetzlich, dass ich wie eine Aussätzige aussah, die Öffentlichkeit mied, mich einige Wochen versteckte. Obendrein fühlte ich mich schwach, hatte teilweise hohes Fieber und hätte sicherlich in ärztliche Behandlung gemusst. In dieser Zeit wanderte ich mit meiner Nähmaschine oft in die Pumpenstation, der einzige Ort mit Strom. Hier richtete ich mich recht häuslich ein, mit Tisch und Stuhl, gewöhnte mich bald an die donnernden Pumpgeräusche, auch an die Tunesier, die mir im Laufe des Nachmittags Unmengen schwarz gekochten Tee anboten und den ich aus Angst vor einer Verletzung der Gastfreundschaft auch trank und damit einem Herzinfarkt sehr nahe war. Erst Jörn erklärte seinen Arbeitern meinen Zustand und weckte deren Verständnis. Ich nähte nicht nur meine Kleider, sondern ich bastelte viele schöne Geschenke zu Weihnachten, besonders die Kinderkleidchen waren so niedlich, dass die Bestellungen kaum zu schaffen waren. Leider konnte ich später meinen Kindern keine so niedlichen Kleidchen nähen!

Eines Tages kam Jörn mit einem Kinderbettchen von Tunis zurück, es war goldig, erinnerte mich an Vatis selbst gebasteltes Puppenbett und machte mich nicht nur deshalb glücklich, sondern weil Jörn auch einmal an unseren Nachwuchs gedacht hatte! Nun war ich voll in meinem Element, schmirgelte, strich alles neu an, baute und nähte den Himmel, voller Freude bewunderte ich das Resultat, was sich sehen lassen konnte.

Eine große Freude und Hilfe waren die vielen Päckchen von den Eltern, bei ihnen konnte ich alle fehlenden Dinge bestellen, so auch die Erstlingsbabyausstattung, Medikamente, Schinken für Jörn etc., auch Jörns Eltern versorgten uns mit liebevollen Überraschungen. Zusätzlich versuchten wir unser spärliches Gehalt der Entwicklungshilfe ein bisschen aufzubessern, hatten wir doch erfahren, dass es den Dinar in Deutschland sehr günstig zu kaufen gab, während auf der Bank in Tunis der Kurs sehr schlecht und hoch war. Eine offizielle Einführung war beschränkt, so packten die Eltern die kleinen Päckchen und Pakete doppelt ein und wir strahlten bei jedem Auspacken. In der Zwischenlage fanden wir schichtweise Banknoten! Wir hatten mehr Glück als einem zusteht, dass wir nicht erwischt wurden, darauf standen ganz strenge und entsetzliche Strafen. Unsere Unerfahrenheit hat das Handeln möglich gemacht, ich schäme mich heute noch dafür, denn es war und ist Betrug gewesen.

Die Weihnachtszeit kam und mit ihr die Vorfreude, die Geheimnisse, die Gemütlichkeit, die Romantik, ich schrieb glücklich Briefe, war verliebt, guter Hoffnung, der Himmel gehörte uns. Plätzchen wurden in der Pfanne gebacken, Jörn benahm sich wie ein kleiner Junge, naschte, war neugierig nach den Geschenken, versprach einen Weihnachtsbaum zu suchen und kam tatsächlich mit einer schönen Zypresse. Geschmückt sah er einer Tanne sehr ähnlich.

Zur gleichen Zeit feierten unsere Tunesier ihren Ramadan, ein heiliges Fest, einer Fastenzeit ähnlich, denn nur mit untergehender Sonne durften sie Mahlzeiten, die ohne Schweinefleisch und Wein waren, einnehmen. Das Essen nahm fast die halbe Nacht in Anspruch und so ließ die Arbeitsleistung am Tag zu wünschen übrig. Jörn war fast am Verzweifeln, nichts lief, die Kühe wurden unruhig, das Melken nicht regelmäßig, die Ernte hinkte hinterher und doch konnte er nichts dagegen tun. Seine Partner waren ebenso nicht voll einsatzfähig. Den Gegebenheiten des Landes musste man sich fügen, auch die Einhaltung und der Aufruf der Gebete, salaf, war ein unumgängliches Gesetz. Die Musik der Einheimischen, aus allen Gebäuden schallend, war für uns gewöhnungsbedürftig. Unsere Musik beschränkte sich auf die wenigen Minuten vor und nach den Nachrichten der Deutschen Welle, die wir mit einem Batterie geladenen Transistorradio empfingen. Waren wir doch nur Gäste im Land!

Umso bescheidener verhielten wir uns, unsere Art war für die Tunesier genauso fremd und deshalb feierten wir das Weihnachtsfest bescheiden, zurückhaltend, dennoch fast wie zu Hause: gute Kleidung, leckeres Essen, Lieder und viele, viele Geschenke von daheim. Jörn schenkte mir ein Steingutgedeck für 6 Personen, damit war die Ära des billigen Campinggeschirrs zu Ende und der Kaffee hatte endlich wieder einen herrlichen Geschmack! Unsere Gäste fanden auch Gefallen an der Errungenschaft. Ja, wir hatten viele Gäste und sie kamen gerne, bewunderten mich, weil sie es kaum glauben konnten, dass man unter solchen einfachen, primitiven Verhältnissen so gute deutsche Gerichte zaubern konnte. Aber auch nette Unterhaltung war garantiert. Eine Geschenk-Tour durch die deutsche Kolonie unternahmen wir auch, denn ich hatte zur Freude aller für jeden eine selbst gemachte Kleinigkeit. Wir wurden auch reichlich bedacht, zumeist Babysachen, sogar eine Tragetasche von Familie Kretzschmar gehörte dazu. Die Deutschen waren wie eine große Familie.

Jede Mutter versteht meine Stimmung, ist der Geburtstermin nicht mehr weit, möchte man das Nest fertig haben, die nötigen Dinge gepackt und für den Notfall bereit sein. Die große Ungewissheit blieb auch nach den Besuchen bei der Hebamme. Eine Erklärung für meine beiden „Beulen" gab es nicht, mein schlaues Buch konnte auch keine Auskunft geben, allerdings sprach man von einer eventuellen Zwillingsgeburt, sollte der Bauchumfang über 108 cm messen! Meine Hoffnung auf ein gutes Ende zeigte mir die Sternschnuppe um Mitternacht zu Silvester 1966/1967. Jörn war schon lange zu Bett, ich stand auf unserem kleinen Balkon und hing den Gedanken an zu Hause nach, war traurig und sorgenvoll. Da sah ich sie, die Sternschnuppe, hell und leuchtend. Es wird alles gut.

So war es, im Februar kamen Michael und Martin zur Welt!

Unsere Zwillinge

Die Hebamme war aufgeregter als ich, sogar als Jörn, der als Dolmetscher eingesetzt war. Der Geburtstermin wurde vorverlegt, weil ein Riesenbaby erwartet wurde, und wie staunte man, für mich nicht zu glauben, als zwei so stramme Jungs sich meldeten. Michael, der Erste, wog 3550, Martin 3250 Gramm, beide maßen 57 cm. Madame Ben Jussef entschuldigte sich, hatte sie mir doch Fresslust, Unsportlichkeit und ungesundes Leben vorgeworfen, genau das Gegenteil zeigte sich. Gut zu Fuß marschierte ich aus dem Kreißsaal ins Zimmer, wo die beiden schon im Körbchen lagen und am Kämpfen waren! Hatte Michael dem armen Martin gleich die Nase blutig gekratzt, eine Narbe, die ihn das ganze Leben begleitet. Was machen? Erst einmal Rücken an Rücken, Ruhe bewahren und überlegen. Jörn und ich betrachteten unsere beiden überglücklich. Sie waren nicht nur mit ihren schwarzen Haaren und rosigen Gesichtern richtig niedlich, sondern es war alles dran und in Ordnung. Was können sich Eltern mehr wünschen?

Diese Neuigkeit, ein schöner Schock, sollte Jörn schnell nach Deutschland telegrafieren, mit den Freunden in Tunis begrüßte er anschließend die Ankunft der Zwillinge ausgiebig.

Jede junge Mutti wäre mit zwei Babys in Stress geraten, nur gut, dass mir solches nicht passieren konnte, so fand mich Jörn am nächsten Morgen mit zufriedenen Kindern im Körbchen, schon für den Zweiten ein Jäckchen strickend, denn die Temperaturen in Tunesien waren im Februar nicht sehr warm. Schlank, mit vielen Kilos unter Normalgewicht, fuhren wir am 3. Tag schon nach Hause, nach Bordj Toumi, wurden dort herzlich begrüßt, denn nun war Jörn der König. Im Islam ist die Geburt eines Sohnes hoch anerkannt, aber bei 2 Söhnen ist der Prophet im Spiel. Zur gleichen Zeit bekam der tunesische Direktor eine Tochter, welch ein Pech.

Mit der Geburt der Söhne begann der Seiltanz zwischen „Muttersein" und „Ehefrau + Projekt", kein leichtes Unterfangen, hatte ich schon längst bemerkt, dass mich Jörn zu 100 % in Beschlag nahm. Für seine Sorgen, Probleme, Ereignisse, Ideen musste ich alles stehen und liegen lassen. So trenne ich auch hier beim Schreiben meine Gedanken, beginne das Kapitel „Liebe Kinder", bleibe aber mit Jörn im Projektgeschehen.

In Bourdj Toumi herrschte das Prinzip der Hoffnung, nicht nur in puncto Strom, sondern auch auf allen anderen Gebieten. Den Strom ersehnten wir uns so schnell wie möglich, war die derzeitige Beleuchtung nur mit einer Petroleumlampe und Kerzen möglich, also wurden die Leitungen gelegt, Wochen später bekamen wir Stromkästen, weitere Wochen dauerte es, bis die Sicherungen zum Einsatz kamen, doch Strom bekamen wir noch immer nicht aus der Leitung. Welch eine Freude erlebte ich, als ich bei meiner Rückkehr aus der Klinik mit Licht empfangen wurde. Es geht doch! Ein Wermutstropfen folgte schnell, denn der Strom lief nicht kontinuierlich, setzte tagelang aus. Ein Kühlschrank war besser nicht zu benutzen, ich blieb bei meiner bewehrten Kühlmethode mit Eis in der zugedeckten Schüssel, um die Verdunstungskälte zu nutzen. Die Wasserversorgung ging auch zügig voran, jedoch ließ die Qualität zu wünschen übrig. Aus diesem Grunde holten wir weiterhin zum Kochen und Zähneputzen und nun auch zum Baden der Babys Quellwasser aus einer nahe liegenden ehemaligen Franzosenfarm.

Die Kühe, nachdem die Kälber geboren waren, gaben ausreichend Milch, die gesammelt, gewogen, geseiht, jeden Morgen die Reise nach Tunis antrat. Jörn war jeden Tag zur Stelle, kontrollierte die Annahme, sorgte für gute Buchführung und gab weitere Angaben zur Erledigung der anstehenden Arbeiten, die nicht zu knapp ausfielen. Bei den Bauern wuchsen Tomaten, ebenso die Kartoffeln, Artischocken, Paprika. Alles sollte gut vermarktet werden, wobei der Markt in Tunis durch die Erntemenge überfordert war und sich echte Absatzschwierigkeiten anbahnten. Der Abnahmeauftrag einer Tomatenmarkfabrik brachte die erwünschte Entlastung, allerdings auch niedrigere Preise. Die Obstplantagen wurden weiterhin angepflanzt, aufgestockt, die Auswahl des Obstes vielseitiger, um ähnliche Probleme schon im Vorfeld zu umgehen. Jörn kämpfte an allen Fronten und somit vermied ich es, ihn auch noch mit Familiensorgen zu belasten. Kümmerte mich eigenständig um Regelung meiner Angelegenheiten.

Obwohl die Kinder gerade erst 4 Wochen alt waren, wollten wir die Einladung zur Hochzeit eines hohen Beamten nicht absagen, daher fuhren wir nach Monastir und feierten eine echte arabische Vermählung, die natürlich mit einer europäischen Zeremonie nicht zu vergleichen war. Ca. 500 geladene Gäste, Männer und Frauen feierten in getrennten Sälen, bei uns saß die Braut auf einem Thron, wunderbar, wie ein Heiligenbild, mit viel Gold und Silber, in weiße Spitzenstoffe verhüllt, herausgeschmückt. Von der Braut selbst habe ich nichts gesehen, aber ich weiß, dass das Schönheitsideal in Arabien sich von unserem unterscheidet. Die Araber lieben weiße Haut und sehr, sehr runde Formen. Süßigkeiten, süße Getränke ohne Alkohol wurden gereicht, Lieder gesungen, geredet, von dem ich allerdings nichts verstand. Mit einem Übersetzer hätte ich vielleicht mehr Hintergrund über die Riten erfahren, so allerdings war das Fest eine schöne Schau, die ich leider oft verlassen musste, da meine Kinder alleine im Hotelzimmer verweilten. Jörn kam erst spät in der Nacht.

Als Nächstes stand der Besuch meiner Eltern auf der Vorbereitungsliste, denn die Überraschung mit den Zwillingen wollten sie nun doch erleben, außerdem hatte mein Vater einen offiziellen Auftrag, die Entwicklungshilfe der deutschen Gesellschaft zu dokumentieren. Die Freude war unbeschreiblich, hatte ich doch meine Eltern über 8 Monate nicht mehr gesehen. In unserem Haus war die untere Wohnung nicht belegt, so war es möglich, dort eine nette Bleibe für die Eltern einzurichten, die auch später den Besuchern des Projektes zur Verfügung stand. Meine erste Ferienwohnung staffierte ich mit der Haushaltsauflösung einer Familie in Tunis aus, eine günstige Gelegenheit nutzte ich, auch der Transport war durch die Rückfahrt des Gemüselieferanten aus dem Projekt gewährleistet und kostete nur einen kleinen Obolus.

Die Eltern fuhren mit dem Auto, sollten sie doch für uns viele schöne, fehlende Dinge von Deutschland mitbringen, bis nach Palermo, setzten dort mit der Fähre über und ein Wiedersehen zwischen Lachen und Weinen erwartete sie im tunesischen Hafen.

Der Aufenthalt wurde familiär und beruflich ein unvergessliches Erlebnis, Jörn hatte in Vater einen Bewunderer und Fürsprecher, ich hatte in Mutti eine seelische Unterstützung und die Freude über und mit den Kindern machte uns glücklich. Der Aufenthalt war mit Programmen, Verabredungen, Unternehmungen, geselligem Beieinander voll durchgeplant, sodass die Zeit wie im Fluge verging. Schade! Mit dem Auto, einem VW, genauso beladen wie bei der Ankunft, traten sie den Heimweg an, um in Deutschland viel von uns zu erzählen, denn neugierig waren sie alle, die Verwandten, Freunde und Vaters Dienststelle. So ist es: „Wer eine Reise tut, kann auch viel erzählen." Die Erinnerungsstücke wie der Teppich, die filigranen Metallarbeiten, der Schmuck und vieles mehr weckten bei den Betrachtern Wünsche, die wir erfüllen sollten. So erklärt es sich, dass wir bei den nachfolgenden Heimreisen immer reichlich mit Gepäck für andere beladen waren.

Wir waren ja inzwischen schon ein bisschen betriebsblind geworden, umso mehr wurden wir von den Eltern wachgerüttelt.

Besonders unser nasses und kaltes Haus wurde bemängelt, und das stimmte auch, alle Sachen waren nicht nur klamm, nein, richtig nass. Wie ungesund so ein Klima ist, spüre ich vielleicht erst heute, nach 45 Jahren. Bei unseren Rundfahrten und Projektbesichtigungen zeigte ich auch eine alte Franzosenfarm, die seit Jahren leer stand, aber nicht verwahrlost oder zerstört war. Hatte ich schon lange mit einem Umzug geliebäugelt, wurde bald nach dem Besuch der Eltern an dieser Möglichkeit gearbeitet.

Nach dem Grund des Leerstandes brauchten wir nicht lange zu suchen, denn die Geschichte des Landes erzählte sie uns: 1967 hatte Tunesien 5,3 Millionen Einwohner, bestehend aus Arabern und arabischen Beduinen, Sprache arabisch, Amtssprache französisch, Dialekt ist fast untergegangen. 1100 v. Chr. von Phönikern kolonisiert, 146 v. Chr. unter römischer Herrschaft. Vandalen, Byzantiner, Türken kämpften um die Vorherrschaft. Ab 1881 kam Tunesien unter französisches Protektorat. 1956 erlangte Tunesien die Unabhängigkeit mit Präsident Habib Bourguiba, eine Sozialisierung der Wirtschaft war die Folge. 1958 verließen die französischen Truppen und Farmer das Land. Der Weg war frei für den Eintritt in die Arabische Liga, Tunesien wurde Mitglied der Vereinten Nationen und Mitgründer der Organisation der Afrikanischen Einheit.

Die Franzosen hatten das Land fest im Griff, die alten Farmhäuser erzählten davon, aber auch die angelegten Terrassen und Plantagen ließen auf eine blühende Bewirtschaftung schließen, nach unserer Meinung war der Rauswurf der Franzosen eine politische, wirtschaftliche Fehlentscheidung. Die Auswirkungen sind bis heute spürbar, gerade jetzt 2011 ist der Aufstand der Bevölkerung auf dem Weg zur Demokratie voll im Gange. Ein Flächenbrand in der arabischen und moslemischen Welt beginnt, der Ausgang nicht sicher, da die Macht der islamischen Fundamentalisten nicht einschätzbar ist. Kämpfe mit blutigem Ausgang werden erwartet, die restliche Welt ist in Alarmbereitschaft.

Unser Leben war auch voll im Gange, unsere Jungs hielten uns in Trab. Das Projekt stand auch ständig im Wandel, hervorgerufen durch die blitzschnelle Abreise von Herrn Dr. Kretzschmar.

Die Führungslosigkeit dauerte nicht lange, denn Jörn wurde kommissarischer Projektleiter, ausstaffiert mit vielen Vollmachten brachte er die Farm schnell auf positiven Kurs. Die Bauern verdienten durch den Verkauf von Bersim, Hafer, Wicken, Fourage, Menge pro ha 3,5 t, Gemüse, Obst und durch die Vermarktung der Milch nicht schlechtes Geld und doch war Jörn nicht ganz zufrieden. Die Fellachen nutzten die Beregnungsanlage nicht nach den Möglichkeiten, sondern sie bewässerten nach der herkömmlichen, nach der alten Väter-Art und gewaltige Erosionsschäden waren die Folge. Mist wurde zur Vorbereitung neuer Artischockenfelder aus Tunis geholt, die Anpflanzung zeitlich so bestimmt, dass der Ertrag zum Export nach Frankreich rechtzeitig reif war. An vieles musste Jörn denken und somit erklärte sich der mangelnde Einsatz in der Familie. Zur damaligen Zeit nahm ich ihm diese Art nicht übel, wusste ich auch noch nicht, dass die Einstellung sich niemals ändern würde. Immer fand ich einen Entschuldigungsgrund!

Darüber hinaus führten wir ein offenes Haus, die Gäste kamen reichlich und gerne, wurden von mir mit leckerem Essen verwöhnt. Jörns Kommentar: „Die Gäste, inklusive meiner Wenigkeit, waren einfach überwältigt von all den Leckerbissen, die unsere Geschmackspapillen senkrecht stehen ließen." Nur unsere Kinder bekamen außer meiner Milch und ein bisschen Karottenbrei keine besonders große Auswahl bei den Mahlzeiten. Gab es doch damals noch keine Hipp-Gläschen, die ich erst in unserem ersten Heimaturlaub Juli/August 1967 voll genießen durfte, zusätzlich wurden die Fertigwindeln ein Genuss besonderer Art!!!

Seit dem Besuch bei uns lebte Mutti in Gedanken mit mir und den Kindern, sie dachte an alles, sorgte mit vielen Sendungen aller fehlenden Dinge rührend für uns und hatte immer eine Freude für die Kleinen und Jörn im Päckchen. Da wunderte es uns nicht, als wir bei unserer Ankunft mit einem Zwillingswagen überrascht wurden. Mit so viel Liebe bedacht, dankte ich meinen Eltern noch Jahre später, nein, ich vergaß das nie.

Bei unserer Heimkehr fand ich die Lichtschalter faszinierend und betätigte diese mit wachsender Lust, wie ein Kind benahm ich mich vor lauter Freude. Welch ein Luxus! Die Eltern hatten uns in der ersten Etage ein kleines Heim gebaut, damit wir glückliche Ferien und Erholung hatten. So war es auch!

Besuche bei der engsten Verwandtschaft, besonders bei den Eltern in Thienhausen waren eingeplant und wurden ausgedehnt, mein Bruder besuchte uns mit Familie in Witzenhausen, eine Riesenarbeit für Mutti! Die halbe Bevölkerung lief ein, um die Zwillinge live zu erleben, durch diesen Tumult war die Urlaubszeit viel zu schnell um, der Heimflug gebucht, da half kein Weinen, kein Zetern. Der Abschied am Flughafen ein Trauerspiel. Für Tränen hatte ich immer weniger Zeit, denn die beiden Jungs waren ja nicht mehr so klein, sie forderten mich zu 100 %, besonders auf die Unruhe der Reise reagierten sie, alle Tricks musste man anwenden, damit die Fluggäste nicht gestört wurden. Ja, hier sei einmal gesagt, dass eine Mutter nur jeweils ein Kind auf den Arm nehmen kann, auch wenn man die Kleinen abwechselte, einer war immer mit seinem Kummer allein. So sagte ich später einmal: „Nur meinem ärgsten Feind wünsche ich Zwillinge!" Jörn half mir, es war übrigens die erste Reise von zweien, die wir gemeinsam bewältigten.

Im Urlaub kaufte ich einen 6-Volt-Tonbandträger mit Bändern, bespielt mit französischem Lernprogramm, dazu ein Übungsbuch. Freute mich heimlich schon auf die Überraschung, wenn mein Fortschritt in der Fremdsprache erkennbar wurde. Heimlich lernte ich, war mir bewusst, dass meine Lernfähigkeit bezüglich Sprache mir schon zur Schulzeit Probleme machte, aber dennoch ging ich guten Mutes an die Sache. Begrüßte eines Abends Jörn auf Französisch, strahlte ihn an und wartete eigentlich auf eine Anerkennung und Lob. Schallend lachte er, verstand mich nicht, wollte mich auch nicht verstehen, denn den ganzen Tag musste er entweder arabisch oder französisch babbeln, nun wollte er deutsch reden, außerdem sei meine Aussprache hundsmiserabel und ich sei so und so zu dumm. Der Schlag hätte mich nicht stärker treffen können, nie mehr sprach ich in seiner Gegenwart französisch, sondern nur, wenn ich alleine unterwegs war, unterhielt ich mich mit allen, eben auf meine Art. Da gab es viele Beduinen, vor allem ein sehr netter, flotter Kerl kam oft mit einem weißen Hengst stürmisch angeritten, wir erzählten von Gott und der Welt, von der Familie, von Krankheiten, Sorgen und Kummer. Auch andere Familien kamen in ihrer Not zu mir, suchten Rat und gerne half ich. Konnte auch gut helfen, denn meistens waren es Krankheiten, die durch schlechtes Wasser und Unreinheit verursacht waren. Die einfachsten Hygienemaßnahmen brachte ich ihnen bei, außerdem hatte ich Massen von Kohle –, Kopfschmerz-, Magen- und Darmtabletten auf Lager. Wunden behandelte ich, legte Verbände an, verbrauchte Meter um Meter Pflaster, so hatte ich bald eine richtige kleine Praxis, von der Jörn nichts wissen durfte, hätte er mir doch auch diese Freude schnell genommen. Es war schon erstaunlich, wie wenig Toleranz er gegenüber anders befähigten Menschen zeigte, waren sie auf seinen Gebieten nicht gleich stark, waren sie einfach dumm, außerdem wusste er alles besser. Mich regte das fürchterlich auf. Kannte ich diese Haltung von meinem Vater sehr genau, mit dem kleinen Unterschied, mein Vater wusste es nicht nur besser, mein Vater konnte es besser!

Zwei Erlebnisse aus dem Urlaub blieben bei mir tief haften und sollten nicht so schnell verarbeitet werden. Beim Aufenthalt in Thienhausen erlebte ich die Schwiegereltern im Streit, der Vater schrie seine Frau ohrenbetäubend, hässlich, unwürdig zusammen, kam aber Minuten später freudestrahlend in die Küche. Als dann Herta die Küche betrat, bat Vater im liebevollen Ton um einen Kaffee. Ich konnte es nicht fassen.

Das nächste unverdaute Geschehen passierte auf der Blitztour zu meinem Bruder, der uns Gutes tun wollte, zum leckeren Essen in das Haifischrestaurant und zum i-Tüpfelchen in eine Bar einlud. Dort traute ich meinen Augen nicht, waren wir in einem Stripteaselokal gelandet, erschüttert schaute ich rechts und links den Männern zu, mit tropfenden Lefzen saßen sie dort, sah meinen Mann an und traute meinen Augen nicht. Eine Welt stürzte zusammen. Von dem Sturz erholte ich mich nur langsam, nicht nur weil ich vielleicht ein schlechtes Gewissen hatte, konnte ich ihm auf diesem Gebiet vielleicht nicht genug bieten, sondern ich merkte, über Gefühle und Wünsche konnte ich mit Jörn nicht reden.

Unser Börsenbesuch in München war sehr beeindruckend, spannend und aufschlussreich. Nun wusste ich, wie unser Geld, was wir unbedingt sparen wollten, in Aktien angelegt und gehandelt werden sollte. Wir saßen auf der Publikumstribüne und schauten dem Treiben zu, als mir plötzlich ein Mikrofon entgegengehalten wurde und ich auf die Frage „Warum interessiert Sie die Börse?" schlagfertig die Antwort parat hatte „Wir wollen für einen eigenen Bauernhof sparen und hoffen mit dem Gewinn aus Aktien schneller an unser Ziel zu kommen!" Live waren meine Worte im Bayrischen Rundfunk zu hören.
    Ja, das war unser Ziel.

Die Ankunft im Projekt war für Jörn ein heftiger Schlag, hatte doch Herr Meier, Vertretung für die Urlaubszeit, den Bauern die Selbstständigkeit beschnitten, wirtschaftete nach sozialistischen Vorgaben. Jörn war entsetzt, zuvor war er auf dem Weg, seine Fellachen zu eigenständigen Unternehmern auszubilden. So ist das Leben, hat man Erfolg, hat man Neider und die haben die Abwesenheit für sich genutzt. Das Projekt von Herrn Meier hatte keine guten Erfolgsaussichten, zusätzlich wollte Frau Meier mit den Kindern, einer wurde schulpflichtig, nach Tunis ziehen, so strebte er die Projektleitung von Bourdj Toumi an. Nicht schlecht, seine Argumente waren Jörns Unerfahrenheit, die schlechtere Ausbildung usw. Eine Märchenstunde war nichts dagegen.
    Seine Bauern brachten Jörn wieder in Rhythmus und mit der Zeit gewöhnte er sich an den Gedanken, doch wieder einen Vorgesetzten zu bekommen. Bei der Planung für ein weiteres Büro durch den Aufenthalt eines neuen Mitarbeiters, Familie Dr. Fester, wurde der Mangel an Raumangebot für uns zur Chance, den Umzug zur nah gelegenen Farm zu verwirklichen. Der Umzug wurde flott vorangetrieben, noch vor dem Winter zogen wir um.

Familie Fester suchte engen Kontakt zu uns, vor allem die Frau zu mir, war sie doch genauso einsam wie ich vor den Kindern! Dr. Fester hatte seine Arbeit, seine Aufgabe war die Berechnung des Salzgehaltes im Boden durch die Bewässerung und Beregnung, da der Medjerda eine hohe Konzentration an Salzen mitführte. Außerdem sollte getestet werden, inwieweit die Versickerung der Winterregen von Nutzen sind. Somit war der Aufenthalt auf ein Jahr begrenzt.

Zur gleichen Zeit veröffentlichte mein Vater seinen Bericht über die Entwicklungshilfe in Tunesien, er lobte die Arbeit der Projektteams, aber er zeigte auch die Schwachstellen auf. Besonders die Projektplanung im Vorfeld kritisierte er scharf, sagte auch, dass nur das Können der Entwicklungshelfer ein Scheitern aller Projekte verhinderte. Das schlug ein wie eine Bombe. Mein Vater machte sich nicht nur Freunde, doch so war er, er packte das Übel an der Wurzel. Die schlechte Planung sollten wir in den nachfolgenden Projekten noch deutlicher zu spüren bekommen, Jörn nannte die Planer und Gutachter ganz frech „Schreibtischtäter".

Die Leitungsübernahme durch Herrn Meier sollte noch eine weitere Veränderung für das Projekt bedeuten, denn er forcierte bei der tunesischen Regierung die Umwandlung der Cooperative de service in eine LPG, kam damit der Politik entgegen, obwohl seit dem Verlassen der Franzosen aus der Kornkammer mit Überproduktion bei Gerste und Weizen inzwischen ein beängstigender Mangel zu erkennen war. Die Ergebnisse aus 66/67 brachten nur einen Durchschnittsertrag von 2,3 t/ha, während der Bedarf bei 6,6 t lag. Die Unruhe war der Bevölkerung anzumerken, die ergriff auch Jörn, hoffte er doch auf eine gute Ernte und er wurde belohnt.

Der Umzug in die Farm war schnell erledigt, das Haus war sauber, keine Malerarbeiten gingen voraus, allerdings verschlechterte sich meine Situation in puncto Strom, denn den gab es nicht mal stundenweise, hier konnte man nur mit 6 Volt rechnen, gerade ausreichend für das Radio. Das Windrad lud mit Glück die Batterien immer wieder auf. Den Regen sammelten wir in einer Zisterne, das Problem hier waren die vielen Ratten und deren Leichen im Wasser, die ich jeden Tag herausfischen musste. Zum Essenkochen, Zähneputzen und für die Kinder holte ich mir weiterhin gutes Quellwasser. Ein bisschen aufwendig, mühsam, aber gut. Die Herrlichkeit des Hauses, die Terrasse, der Park und Tennisplatz ließen uns alles vergessen!

Ein Salon mit Kamin, durch einen Rundbogen abgetrennt, war das Esszimmer, zur Terrasse gelegen, damit die Morgensonne den weißen Tisch überfluten konnte, weiße Stühle, rote, gemusterte Gardinen mit passenden Sitzkissen gaben dem Esszimmer eine besondere Note. Zusätzlich erfreuten uns drei Zimmer, eine große Küche, Bad und Abstellkammer. Der pflegeleichte Steinboden mit sehr schönem Mosaikmuster war eine Pracht. Die Einrichtung für den Salon ergänzten wir mit Korbmöbeln, Sofa, Tisch und drei Sesseln auf dem Berberteppich, Lampe, Teewagen, Bücherregal baute ich passend dazu. Nette Gardinen waren wie auch schon zuvor in der anderen Wohnung ein Stimmungsbild. Die Kleinigkeiten, selbst gemalte Wandbehänge, im Kinderzimmer gemalte Märchenbilder rundeten den Gesamteindruck ab. Wir hatten ein schönes Zuhause. Der Park mit altem Baumbestand, auch Palmen, bremste den Wind, eine Wohltat für uns, vor allem für meine Jungs, die hier auf der Terrasse bei frischer Luft leben konnten. Das Haus stand in perfekter Richtung, schien die heiße Sommersonne, gab es nur Schatten im Haus und es war herrlich kühl. Im Winter kam die wärmende Sonne tief in das Haus. Wunderbar. Was waren unsere Gäste überrascht! Sie wollten gar nicht mehr weg, kamen so schnell wie möglich wieder und so wurde unser Haus zum Taubenschlag. Tennis, gutes Essen, lebhafte Unterhaltung, Platz für die Kinder, eben ein Leben wie Gott in Tunesien! Dazu waren wir glücklich, so zu lesen in jedem Brief, den ich nach Hause schrieb.

Einen Wachhund, später Kinderhund, legte Jörn an die Kette, um mich auch am Tag sicher zu wissen, jedoch das Jammern der Anka konnte ich nicht lange hören, sie dankte es mir mit Anhänglichkeit. Die Hundegeschichten werden in einem weiteren

Kapitel beschrieben, denn Hunde waren mein Wegbegleiter seit dem achten Lebensjahr.

Wir hatten viel Platz, eine Fewo war schon zuvor auf dem Projekt und daher versteht es sich, dass ich auch hier ein Fremdenzimmer einrichtete, welches gleich von Herrn Prof. Rithus, Dr. Wolkewitz, Dr. Hans v.d. Decken (TU Berlin) und anderen Projektbesuchern belegt war.

Außer den Näharbeiten brachte mir nun die Vermietung mein eigenes Taschengeld und ich verdiente nicht schlecht!

Geld wurde zum zentralen Thema in unserer Ehe, hatte doch Jörn Vorurteile und Angst, dass eine Frau in ihrer Schürze mehr Geld aus der Scheune tragen als der Bauer mit dem Fuhrwerk hineinschaffen kann. Nun wusste er wohl nicht, wie sparsam ich von zu Hause aus war, tat mir sehr unrecht, selbst das geführte Haushaltsbuch konnte ihn nicht überzeugen. Ständig hörte ich von Sparen und Sparen, 33 Jahre lang, und das jeden Tag, später wurde von Pleite gesprochen und darüber hinaus vergaß man das Leben. Gegen die ewigen Geldsorgen in Tunesien halfen auch die Heiratsanerkennung der Gawi, verbunden mit der Aus- und Nachzahlung von Haushaltsgeld, Kinderzuschlag und Kaufkraftausgleich nicht. Dagegen war kein Kraut gewachsen!

Bei einer gemütlichen Skatrunde wurde ein Gedanke geboren, der nicht ohne Folgen blieb, denn drei kleine Ferkel wurden von Deutschland eingeflogen und bei uns im Projekt aufgestallt. Schweinefleisch war ja in den arabischen Ländern unsauber und daher nicht zu bekommen, aber die Sehnsucht nach leckerem Schinken war bei den deutschen Männern unendlich, dafür nahmen sie gerne richtige Arbeit in Kauf. Weihnachten sollten sie geschlachtet werden, der Metzger aus der Kochschule Bizerte wollte Hilfestellung geben und die Wurst kochen, der Schinken sollte in unseren Räucherofen gehängt werden. Genauso passierte es, nur waren die vielen Hilfskräfte auf zwei geschrumpft, damit hatten Jörn und ich die Hauptarbeit zu tragen. Wie immer! Die Erinnerungen an die Schlachtung meines Lieblingsschweins auf dem Lehrbetrieb kamen mir hoch, Tränen flossen ohne mein Zutun.

So nahm das Jahr seinen Lauf, bald war schon wieder Weihnachten. Das Fest feierten wir im neuen Haus mit einem herrlichen Baum und zwei goldigen, aufgeregten Kindern, vielen Geschenken und noch mehr Besuch. Unser Kamin brachte eine Gemütlichkeit besonderer Art, wurde von uns genossen, er war aber auch ein Anziehungspunkt für die Jungs, sehr gefährlich! Außerdem war das Holz sehr teuer und so brannte das Feuer nur zu besonderen Anlässen. Bei jedem Spaziergang durch die Olivenhaine oder Obstplantagen sammelte ich den Kinderwagen mit Knüppelholz voll, später halfen mir meine Jungs mit Begeisterung. Für den Alltag hatten wir im Winter einen Ölofen im Kamin.

Ein besonderer Anlass war auch Silvester, gemütlich saßen wir vor dem Kamin, Mitternacht war nicht weit, es war ruhig, eigentlich zu still, Jörn sann über Knaller nach, schmiss alles Mögliche ins Feuer, nichts knallte. Er suchte im ganzen Haus, kam lächelnd zurück, schaute auf die Uhr, die gerade Mitternacht schlug, und warf seine Wundertüte ins Feuer. Ein echtes Feuerwerk war im Gang, mein Aufschrei übertönte die Knallerei, schlug doch ein Geschoss in meinen Unterschenkel und blieb tief neben dem Schienbein stecken! Es war die Munition von dem Kleinkalibergewehr, die mich traf. Die schmerzvolle Operation vollbrachte ich mit der Pinzette allein, Desinfektion, ein dicker Verband war das Ende der Silvesterfeier. Lange hatte ich mit der Wunde zu kämpfen, sie wollte und wollte nicht heilen, hatte die scharfkantige Munition das Fleisch ganz schön zerrissen. Einen Arzt hätte ich vielleicht besuchen sollen, dann wäre mir die tiefe Narbe erspart geblieben.

Seit Jahresbeginn nahm Herr Meier das Zepter für das Projekt in die Hand. Einen Vorteil hatten wir dadurch, denn die Familie Meier zog nach Tunis, brauchte ihren Absorber-Kühlschrank nicht mehr und wir wurden zum lachenden Erben. Das war eine super Errungenschaft und nach einer Probierphase klappte die Kühlung wunderbar. Allerdings hatten wir zuvor, je nach Flamme, mal eine Gefriertruhe oder einen Wärmeschrank. Eine Explosion verrußte uns die Küche, da half kein Putzen, da musste ich neu streichen, aber doch war ich positiv angetan.

Jörn verlor die Freude an seiner Arbeit, ich machte mir große Sorgen, versuchte mit Besuchern aus Deutschland ihm wieder Lebensmut zu geben, lud meine Eltern, Schwiegereltern und weitere Verwandte zu uns ein. Sein Bruder Hasko kam um die Osterzeit, aber nicht zu dem verabredeten Termin, so standen wir ohne Nachricht am Flughafen. Jörn fluchte so laut, dass alle Passagiere sich erstaunt umschauten, mir war das fürchterlich peinlich. Er kam verspätet. Jörn fuhr 4- oder 5-Mal zum Flughafen und kochte! Der Aufenthalt wurde aufregend, eigentlich war Hasko mit nichts zufrieden. Hatten ihm doch schon am ersten Abend bei einer kleinen Beduinenfeier die Flöhe so zugesetzt, dass er einen blutigen Rücken und Bauch hatte. Ich sah die Flöhe hüpfen, erst zu Jörn, da schüttelten sie sich, dann kamen sie zu mir, einige blieben, aber alle weiteren freuten sich auf frisches, deutsches, süßes Blut. Er tat mir leid, ich verarztete ihn vor der Haustür, alle Kleidungsstücke puderte ich kräftig ein, auch ihn, damit er einen ruhigen Schlaf hatte. Das war zu viel für ihn und so scheute er jeden weiteren Kontakt mit den Einheimischen, meistens lag er erschöpft auf dem Sofa. Selbst eine Fahrt zum Strand wurde ein Albtraum, denn der Sand kitzelte ihn an den Füßen, er ging zurück zum Auto. Da hatte alles keinen Sinn, selbst das Interesse an der Landwirtschaft, an der Arbeit von Jörn war nicht so berauschend. Die Kinder störten ihn, hatte er doch selbst noch keine Familie. Um ehrlich zu sein, wegen seiner vorzeitigen Abreise war ich nicht traurig. Es war unser erster Gast, der unsere Gastfreundschaft mit Füßen getreten hatte.

Unruhen im Land, d. h. in Tunis, rissen uns aus der friedlichen Stimmung, Jörn erlebte den Aufstand, konnte sich rechtzeitig in die Botschaft retten und kam mit Flugtickets für mich nach Bourdj Toumi zurück. Ich ließ ihn aber nicht alleine, denn draußen auf dem Land fühlten wir uns sicher, unsere Bauern würden uns verteidigen. Ich blieb, wir warteten ab und verschoben die Reise auf Jahresende zum Heimaturlaub. Ja, der Mensch denkt, Gott lenkt.

Botschaftsempfänge mit Galaessen waren ein besonderes Highlight und es wäre ein wunderschöner, interessanter Abend geworden, denn unser Platz war am Tisch der deutschen Delegation, bestehend aus älteren Herren, die ihre Freude mit mir hatten. Das gefiel Jörn überhaupt nicht und er wechselte den Tisch zu Meiers. Die Herren hielten mich fest, ich wäre gerne geblieben, die Gespräche waren interessant, aber für Jörn zu anstrengend. Zum ersten Mal merkte ich seine Obrigkeitshörigkeit, die später noch deutlicher zum Vorschein kam. Ich dagegen war in meinem Element, meine Anziehungskraft auf ältere Herren zollte dem Naturgesetz alle Ehre.

Viele deutsche Familien verließen das Land, gingen weiter oder nach Hause, andere kamen, der ständige Wechsel tat mir leid, hatte man gerade Freundschaft geschlossen, wurde sie schon wieder beendet. Da hieß es „Aus den Augen, aus dem Sinn". Umso enger wurde der Kontakt zu Familie Schülke, ihre Tochter Britt war kaum älter als unsere Trabanten. Familie Kaiser hatte zwei kleine Mädchen, die auch gerne bei uns waren. Michael fand immer schnell in den Spielrhythmus, Martin hielt sich länger an meinem Rockzipfel, er war viel schüchterner. Nette Verbindung hatten wir zu zwei holländischen Ehepaaren, besonders Coby und Siby waren uns ans Herz gewachsen. Das Leben plätscherte so lustig vor sich hin.

Auf dem Projekt kam die Ernte immer näher, damit auch Jörns Nervosität. Es sah nach einer guten Ernte aus, die Bauern fuhren 5,5 t/ha Weizen nach Hause, waren begeistert, lobten Jörn und damit kam die Freude an der Arbeit zurück. Von einem Umzug in ein anderes Projekt wurde nicht mehr gesprochen. Mir fielen Steine vom Herzen, ich hoffte damit, dass auch die persönliche Stimmung wieder bergauf ging. Das war auch dringend nötig, die Ausfälligkeiten und persönlichen Angriffe nahmen überhand, ein Höhepunkt endete damit, dass er mich in der Mittagshitze aus dem Auto warf, schreiend fielen die Worte: „Geh auf das Feld arbeiten, da gehören die Frauen hin!" Ja, so war es und so ist es in den arabischen Ländern, die Frauen arbeiten, die Männer sitzen im Teehaus.

Ich gab nicht auf, zeigte mein Interesse an seiner Arbeit, indem ich mit den Kindern einmal oder gar zweimal in der Woche auf das Projekt kam, mir alles anschaute, die Neuheiten bewunderte, die Erfolge bestaunte. Gleichzeitig kaufte ich bei den Bauern Gemüse und Milch. Die Kinder wurden bestaunt, geherzt, alle freuten sich und beladen fuhr ich mit dem Kinderwagen über holprige Pisten durch Obstplantagen zurück auf unsere kleine Farm. Jede Fahrt wurde zum kleinen Abenteuer.

Es blühten die Aprikosenbäumchen, es war ein herrlicher Anblick, es war Frühjahr, also noch nicht so heiß, da machte ich mich wieder auf den Weg. Die Kinder freuten sich, konnten sie doch schon Papa sagen, lachten und strampelten vor Aufregung. Halb auf dem Weg, der sich wie ein gelber Teppich durch den Hain zog, wurde es mir schwindelig, ich bekam keine Luft, schwer atmend kroch ich den Pfad entlang, drehte zum Glück um und kämpfte mich nach Hause. Meine Luft pfiff beim Einatmen, ich hing schwer über dem Kinderwagen, die beiden Jungs fingen an zu weinen, spürten sie meine Angst. Mit allerallerletzter Kraft kam ich bis zum Eingang. Die Bonne stürzte herbei und da fiel ich schon in Ohnmacht. Sie zog mich und die Kinder ins Haus, schloss die Türen und Fenster fest, rettete mir damit das Leben. Ahnte oder kannte sie vielleicht die Allergie gegen den Blütenstaub? Das war eine Aufregung! Kein Arzt, kein Europäer, kein Mann in der Nähe. Ein Tunesier von der Farm ritt mit dem Muli im Galopp zum Projekt und alarmierte Jörn, als er eintraf, war ich schon wieder auf dem Weg in diese Welt. Hütete mich aber ab der Zeit vor blühenden Landschaften.

Auf einer weiteren Tour passierte mir noch viel Dramatischeres. Ich fuhr als weiße Frau mit dem Kinderwagen auf der Straße nach Bourdj Toumi, da hielt ein einheimischer Lieferwagen, den darf man nicht mit deutschen vergleichen, kein Rad lief geradeaus und es klapperte so, dass man die Wagen schon auf Kilometer hören konnte, beladen waren sie bis über das Dach. Zwei Araber packten mich samt den Kindern auf die Pritsche und mit Vollgas bretterten sie davon. Da half kein Schreien, kein Wehren, kein Umsichschlagen, es nützte nichts, zu schnell waren wir aufgeladen. Als wir durch das Projekt fuhren, schrie ich, fuchtelte mit den Armen und zeterte, in der Hoffnung, dass vielleicht ein

Mitarbeiter auf mich aufmerksam wurde. Das war so, denn noch vor Tebourba sah ich Jörn mit dem Dienstwagen heranjagen. Er überholte und bremste den Lieferwagen, wir wurden abgeladen und waren uns nicht sicher, ob die Tunesier es nur gut meinten, dachten sie doch, dass ich nach Tunis wollte, da die Europäer alle dort wohnten. Aber vielleicht hatten sie auch anderes im Sinn, ein kleines Lösegeld hätte Jörn für uns bestimmt bezahlt. Wir haben es nie erfahren, ich war für die Rettung unsagbar dankbar. Liebte Jörn seine kleine Familie doch?

Als unsere Kleinen flügge wurden, machten sie sich oft schnell selbstständig, der Weg zum Papa war ihnen ja bekannt. Da kam unsere Anka ins Spiel, denn sie bewachte unsere Lütten und ließ keinen Fremden an sie heran. Welch ein Glück, welch ein Pech, denn ich war nicht immer schnell genug hinter ihnen her, kamen sie nämlich ins Rennen, dann ging die Post ab. Die Einheimischen kamen aufgeregt angerannt und schrien: „Madame, Madame …!" Mehr verstand ich nicht, ahnte aber Schlimmes, sah sie weit entfernt, stürzte zum Auto und gab Gas, das mit Recht, die Straße war nicht mehr weit. Was hätte da nicht alles passieren können! Seit der Zeit war ich auf der Hut und sperrte unsere Kinder lieber auf dem Tennisplatz ein, als dass ich sie laufen ließ, hatte ich doch ab und zu wichtige Dinge zu erledigen.

Anderes Land, andere Menschen, andere Sitten und Gebräuche, aber auch andere Tiere und Ungeziefer. Von Flöhen und Wanzen habe ich schon erzählt, Ratten im Wasser sind auch bekannt, aber eine Ratte im Haus brachte mich doch ganz schön durcheinander. Jede Nacht hörte ich Geräusche, die nichts Gutes ahnen ließen. Jedes Mal weckte ich Jörn, der nicht zu Unrecht wütend wurde, denn sobald er wach war, war alles ruhig. Langsam zweifelte ich an mir, die Sorge um die Kinder ließ mich nicht mehr schlafen. Dann geschah es, die Ratte sprang auf Jörns Bett und wie von der Tarantel gestochen war er auf Jagd. Ich kann euch sagen, das war ein Kampf. Ein Krieg wurde daraus, denn die Ratte kämpfte um ihr Leben nach allen Regeln der Kunst, sie lief die Wände hoch, sie verteidigte sich mit Angriff, sie schrie wie ein kleines Kind, es war grausam, doch Jörn ließ nicht locker und erwischte sie mit dem Schrubber so kräftig, dass sie bewusstlos, aber noch nicht tot war, er erschoss sie draußen. Ich war keine Hilfe, ich stand auf dem Tisch, hatte Angst und war wie gelähmt. Einen Orden hatte Jörn sich verdient, denn bei genauer Untersuchung entdeckten wir ihr Nest in unserem Schuhschrank. Das wäre ja heiter geworden, eine Rattenfamilie als Untermieter. Nein danke.

Ähnlich unheimlich waren die nächtlichen Besuche der Schakale, die kamen bei Mondschein weit runter aus den Bergen und lungerten um unser Haus, heulten den Mond an, durchsuchten unsere Abfalleimer, fraßen und leckten die Hundeschüssel aus, suchten nach Krumen von den Kindern auf der Terrasse und im Garten. Das Geheule war schauderhaft, keine 10 Pferde hätten mich nach draußen gebracht und besonders an Abenden, wenn Jörn mal nicht zu Hause war, waren die Schakale besonders unheimlich, vielleicht bildete ich mir das natürlich vor lauter Angst extra ein. Auch meine Mutti erlebte das unheimliche, grauenhafte, furchterregende Geheule in der Nacht von Freds Geburt. Es blieb ihr ewig in Erinnerung.

Der Sommer zeigte im Jahr 1968 schon sehr früh sein Können, seine Hitze, seine Macht und schickte dreimal den Schirokko über uns, dabei blies er so stark, dass selbst in Deutschland auf den Autos der Wüstensand zu sehen war. Da könnt ihr euch vorstellen, wie es uns erging. Alle Ritzen im Haus versuchte ich zu dichten, teils mit Klebeband, Mullbinden, selbst das Schlüsselloch in der Tür wurde mit Watte zugestopft, doch der Sand war überall, knirschte zwischen den Zähnen, besonders beim Essen. Den Kindern wickelte ich einen Mundschutz um Mund, Nase und Ohren, auch das nützte nichts, sie weinten und waren einfach unglücklich. Die Hitze war unerträglich, selbst Jörn fuhr nicht auf das Projekt, denn es war keine Straße erkennbar, die Luft war voll mit Sand. Das erlebten wir dreimal für die Dauer von drei Tagen. Das Fegen im Haus war eine Sisyphusarbeit, kaum war man fertig, konnte man von Neuem beginnen. In solch einer Zeit schrieb Jörn an die Eltern: „Manchmal, wenn wir vier hier mächtig schwitzen, mache ich mir doch Gedanken, ob die

Tätigkeit hier draußen alle diese Entbehrungen und Strapazen aufwiegt, und bekomme große Lust, den ganzen Kram hinzuwerfen. Wenn wohl auch ein totaler Ausstieg hier in Bordj Toum kaum infrage kommt, so wird uns doch eine Klimaveränderung guttun. Denn bei meinem derzeitigen Kollegenkreis können sich einem die Haare sträuben."

An den Wochenenden fuhren wir wegen der Hitze öfters an den Strand nach Kap Serat, hatten dort viel Freude mit unseren beiden Wasserratten, trafen uns mit anderen deutschen Familien und verlebten eine schöne Freizeit. Ließen uns eine kleine Schilfhütte als Sonnenschutz bauen, die nur für uns reserviert war. Herrlich, denn die Kinder stürzten gleich los und verstauten ihre Spielsachen, legten ihre Decken aus und fühlten sich zu Hause. Auch unsere einquartierten Gäste nahmen wir mit zum Strand und besuchten die Strandkneipe, die leckere Brick a'loeuf bereiteten. Wir saßen an einer großen Tafel, als sich Herr Prof. Sommerkamp aus dem auf dem Tisch stehenden Wasserkrug ein Glas einschenkte. Das Wasser war schon flockig, von der Hitze abgestanden und verseucht. Mein Versuch, ihn davon abzubringen, wurde leichtfertig abgetan, denn er sei doch der Professor und ich nur ein kleines Küken. Alle lachten schallend, wütend sagte ich ihm die Krankheit voraus, erklärte ihm auch, dass er sich dann eine andere Krankenschwester suchen müsste. Jörn war entsetzt und rügte mich, ich dagegen pochte auf mein Wissen um die einfachste Hygiene und konnte nicht verstehen, wie unvorsichtig der Professor sein Leben aufs Spiel setzte. Die Spannung baute sich langsam auf, wurde im Laufe der Woche unerträglich, meine Gäste bekamen Fieber, Durchfall, Krämpfe. Ich versorgte sie, so gut ich konnte, war aber der Meinung, dass sie professionelle Hilfe bräuchten, und plädierte für einen Krankenhausbesuch. Sie benahmen sich teilweise wahnwitzig, meckerten am Essen und nichts konnte ich ihnen recht machen. Des Nachts schlichen sie durchs Haus, standen vor meinem Bett, mir wurde unheimlich, doch Jörn tat alles als Lächerlichkeit ab. Hier halfen keine Durchfall-Tabletten, kein Tee und Zwieback, es war der Beginn einer Viruskrankheit. Ich warnte Jörn und erntete Missachtung.

Die Gesundheit meiner Kinder war mir wichtig, ich verlangte die Heimreise.

Das war ein Bombeneinschlag.

Mit irrationaler Wut brachte mich Jörn zum Flughafen, stellte die Ehe infrage und schimpfte mit mir bis zur letzten Minute. Das war am 4. 9. 1968. Am 8. 9. schrieb er: „Die Ärztin stellte akuten Typhus, später zusätzlich Bilharziose bei unseren Gästen fest, brachte sie sofort ins Krankenhaus, Herr Prof. Sommerkamp erhielt Herzspritzen und wurde nach Deutschland geflogen, wo er leider verstarb. Herr Gröschel war wochenlang im tunesischen Krankenhaus." Ich war sauer, denn Jörn hatte nicht zu mir gestanden, sondern mir an der Stimmung die Schuld gegeben, obwohl die beginnende Krankheit der Auslöser war. Ich hielt mich ruhig, schrieb wenig, fühlte mich elend und verraten.

Nachdem er das Haus desinfiziert hatte, auch die Gefahr für Frau und Kinder erkannt hatte, wurde ihm bewusst, was er angestellt hatte und schrieb brennende Briefe nach Hause, getrieben von der Angst, dass ich nicht mehr zurückkomme.

Am 17. 9. 68 schrieb er wortwörtlich: „Dass Du mir so traurige Briefe schreibst, die mir die Augen feucht werden lassen, schneidet mir tief ins Herz. Was war ich doch nur bisher für ein ekelhafter Kerl und was habe ich in den 2,5 Jahren aus meiner damals noch so lebensfrohen Monika gemacht. Schicke sie, mit Sack und Pack beladen, krank an Leib und Seele von mir fort. Bitte, bitte, mein Liebes, wenn ich dich noch so nennen darf, verzeih noch einmal, wie du es schon so oft getan hast, tun musstest, wie ich mich doch nie geändert habe. Aber das soll nun anders werden! Ich verspreche es hoch und heilig! Ich knie vor dir nieder und bitte dich ganz lieb, bitte, bitte, bleib bei mir, ohne meine Familie kann ich nicht leben."

Dieser Brief ist 5 Seiten lang, ein echter Liebesbrief. Drei weitere folgten. Am 26. 9. 68 schrieb er erneut.

„Meine einzige, heiß geliebte Monika! Endlich bin ich wieder ein wenig glücklich und hoffnungsvoll nach deinem letzten Brief. Du weißt ja gar nicht, was ich für Dich und die Kinder empfinde an Liebe und Zärtlichkeit – manchmal glaube ich platzen zu müssen, weil ich doch das alles nicht loswerde! Und deshalb kann ich den 3. 10. kaum noch erwarten, wenn Du in Frankfurt mit Deinem Köfferchen Deinen Geliebten abholst. Ja, liebstes Prinzesschen, es bleibt dabei und wenn die Chefin oder auch die Kaiserin von China persönlich zum Geburtstagskuchen geladen hätte! Denn meine Ehe ist das Primäre in meinem Leben und ich hoffe auch in Deinem! Dafür werde ich kämpfen, dass ich uns nicht wieder in solch eine Misere hineinreite! Denn ich liebe Dich ganz, ganz doll."

Er kam im Oktober nach Deutschland, um mich zurückzuholen, und ich fuhr mit.

Hatten wir vielleicht eine echte Ehekrise gemeistert und wie es dann so ist, kommt der Hammer gleich hinterher.
   In meinem herrlichen Urlaub bei den Eltern, Mutti verwöhnte mich über alle Maßen, die gemütlichen Nachmittage mit Kaffee und Kuchen, dazu das Plauderstündchen waren Erinnerungen aus alten Zeiten, das tat mir gut. Trotzdem kam ich gesundheitlich nicht so richtig in Schwung. Nach dem Sturz mit den Zwillingen auf dem Arm und dann die lange Treppe herunter hatte ich ein ständiges Drücken im Rücken. Die Ärzte in Witzenhausen fanden keine Diagnose, schickten mich nach Göttingen in die Uni-Klinik. Unglaubliches wurde mir eröffnet und mit diesem Geheimnis, für mich eine riesige Freude, aber auch mit dieser Angst im Bauch fuhr ich nach Hause. Wie gesagt, diese Nachricht eröffnete die nächste Krise. Wollte Jörn nun eigentlich Verständnis für mich aufbringen, dann hielt das Versprechen nicht lange, mit dem Wort Abtreibung trieb er mich in tiefe Verzweiflung und Seelennot. Für mich ausgeschlossen!

Mit Meinungsverschiedenheit im Gepäck fuhren wir nach Tunesien zurück, wurden sehnsüchtig erwartet und Gäste gingen ein und aus. Nur die zahlenden Gäste nahm ich nicht auf, für dergleichen Unruhe fühlte ich mich nicht stark genug. Dafür wurden mir vierbeinige Pensionsgäste einquartiert, Familie Dr. Kannenberg brachte den Fips, dagegen hatte ich nichts einzuwenden, denn Hunde liebten mich, stellten keine Ansprüche und waren obendrein noch anhänglich. Dieser Stadthund allerdings machte uns große Sorgen, an die wir nicht gedacht hatten, war er doch unerfahren im Umgang mit dem Landleben und ließ sich von Hunderten Zecken beißen. Da half kein Öl, keine Butter, die Zecken hatten sich festgefressen und ließen nicht mehr los. Eine Zeckenzange gab es nicht, das Herausreißen half auch nichts, da der Zeckenkopf stecken blieb und sich später entzündete. Der Fips tat mir leid, wurde sehr krank. Jörns Idee, ihn mit E 605 zu baden, kostete ihn fast das Leben und die Zecken ließen dennoch nicht los. In welche Nöte bin ich nun wieder gekommen! Kein Futter rührte er an, er lag apathisch auf der Terrasse, wo ich ihm alle 2 Stunden kleine Mengen Ei mit Zucker und Rotwein einflößte, seine Wunden mit Zinksalbe bestrich, ihn umbettete und betete. Rechtzeitig zur Rückkehr des Herrchens aus Deutschland konnte er wieder auf den Beinen stehen, sah recht ordentlich aus und ich war glücklich. Unsere Anka, die keine Zeckenprobleme kannte, hatte eine rührende Art, ihrem Kumpel beizustehen, wich nicht von seiner Seite, leckte die Wunden und wärmte ihn in der Nacht. Unsere beiden Trabanten spürten auch die Unpässlichkeit von Fips, streichelten ihn ganz vorsichtig und umsorgten ihn liebevoll, was sonst nicht so ihre Art war. Der Abschied fiel uns allen schwer.

Unser Leben blieb im Gang, unsere Kinder waren nun schon richtig groß, vernünftig, immer munter und immer voller Ideen. Unsere Gäste hatten mit ihnen viel Spaß, auch die Kinder der Familie Schülke und Kaiser spielten gerne bei uns. Familie Schülke besuchte uns nach dem Sommer mit Britt und ihrem kleinen Sohn Tim, aber für so ein Baby interessierten sich unsere Jungs nicht. Britt war ihre Spielgefährtin und mit Freude zogen sie los. Wehmütig schaute ich ihnen nach, bei dem Gedanken, was sie zu ihrem kleinen Geschwisterchen sagen würden?

Hatten wir mal keinen Besuch, machten wir Besuche. Langweilig wurde es bei uns nie.

Dafür sorgten schon die Tiere im Park, hatten wir doch eine Schlange im Baum und das Entsetzen packte mich, ich sperrte die Kinder ein, rannte zu den Farmarbeitern, die mit Stöcken bewaffnet hinter mir herkamen. Beim Anblick der riesigen Schlange stand allen die Angst im Gesicht, ein Geschrei stimmten sie an und dann schlugen sie wie wild auf das Tier ein. Es blieb nur Brei übrig, so sehr waren sie in Ekstase. Jörn glaubte mir kein Wort, erst die Bestätigung des Gärtners konnte ihn überzeugen, es war eine 4 m lange Kobra, die sich in dem Baum geschlängelt hatte. Seit der Zeit ließ ich die Kinder nicht mehr so unbekümmert im Park toben, nicht bevor ich einen gründlichen Rundgang gemacht hatte.

Die Bauern auf dem Projekt machten gute Fortschritte, verdienten Geld, brachten ihre eigenen Ideen ein, damit unterschieden sich die guten von den schlechten Bauern. Jörn prophezeite 25 Fellachen einen glänzenden Aufstieg, die restlichen Ansiedler würden in Arbeit und Brot bei den guten stehen. Die Prophezeiung ist Wirklichkeit geworden, so wurde uns 2002 berichtet.

Farmhaus

Wie immer kommt auch der Alltag in alle Stuben, alle Projekte, alle Unternehmen, da bedarf es schon großer Anstrengungen, um die Spannung aufrechtzuerhalten. Es versteht sich von selbst, dass Herr Meier auch nur noch selten aus Tunis zum Projekt kam, angeblich hatte er täglich politische Diskussionen in den Ministerien zu bewältigen. Wer glaubt, wird selig.

Um die Bauern bei guter Laune zu halten und um sie anzuspornen noch bessere Leistung zu bringen, zeichnete Jörn die guten Arbeiten aus. Die meiste Milchlieferung, der beste Bestand von Obst und Gemüse, die höchste Menge an Erntegut wurde mit neuen weißen Hemden belohnt. Die Bauern waren sehr stolz. Aber es gibt ein Sprichwort, das lautet: „Einem geschenkten Gaul, schaut man nicht ins Maul." Das bewahrheitete sich auch in puncto Hemden, die sahen nämlich in kurzer Zeit zerfetzt und dreckig aus. Jörn ärgerte sich sehr. Und doch wollten alle so schöne Hemden haben! Zum Lohn für eine gute Leistung verkaufte er die Hemden, zwar günstig, doch umsonst gab es kein Hemd mehr und siehe da, die wurden in Ehren gehalten, geschont und nur zu Festen getragen, denn sie waren etwas wert!

Meine Motivation war ganz einfach, ich lebte von der Hoffnung und Vorfreude, war glücklich und wollte gerne das Glück mit Jörn und den Kindern teilen. So war es auch, Jörn hatte sich an den Gedanken der wachsenden Familie gewöhnt. Eine harmonische Zeit lag vor uns, das Weihnachtsfest wurde friedvoll gefeiert, denn unsere Jungs machten uns glücklich, ihre Freude färbte auf uns ab und steckte uns an. Was wollten wir mehr! Wir waren alle gesund! Wie wir schon gehört haben, war das nicht so selbstverständlich, denn viele Krankheiten tobten rechts und links an uns vorbei. In dem Projekt waren gerade die Röteln in Schwung, die DED-Leute hatten Hepatitis in ansteckender Form. Wir blieben verschont, nicht zuletzt meiner Hygiene wegen, außerdem kochte ich selbst, wusch alle Lebensmittel gründlich, kochte die Milch ab, das Wasser, war eben nicht leichtsinnig oder ungenau. Das sollte sich auch später in den anderen Ländern als positiv erweisen.

Den regen Kontakt nach Hause hielt ich aufrecht, schrieb weiterhin viele, viele Briefe, auch wenn die Zeit dazu, je größer unsere Trabanten wurden, immer knapper wurde. Sie nahmen mich voll in Anspruch und für sie brauchte ich eine Betreuung, wenn ich in die Klinik ging. Eltern in Thienhausen, Frauke, Christel, alle boten sich an, ich kaufte Flugtickets, vereinbarte den Termin mit der Hebamme in Karthago und wartete auf eine Zusage aus Deutschland. Vergebens! Als es ernst wurde, hatte fast ein jeder einen triftigen Grund, weshalb er nicht kommen konnte. Es wurde eng, so etwas hatte ich schon befürchtet und Mutti als Notnagel eingeteilt. Sie wollte zwar den Vater nicht alleine lassen, kam aber doch, welch eine Freude! Und welch eine Wiedersehensfreude bei den Jungs, es war goldig, Oma, Oma ... tönte es durch das Haus. Ich war vergessen. Beruhigt fuhr Jörn mich in die Klinik.

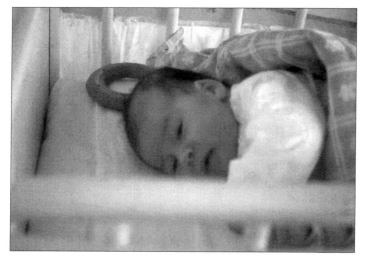

Sohn Manfred

Es war März 1969 Manfred kam auf die Welt! Der dritte Sohn, gesund, kräftig, laut schreiend begrüßte er das Leben. Für mich war die Gesundheit und Vollständigkeit viel wichtiger, als die Tatsache Sohn oder Tochter. Hauptsache gesund! So ganz leicht war die Geburt nicht, vielleicht war ich nicht mehr so bei Kräften, vielleicht lag es aber doch an dem Sturz in Witzenhausen, eine

Vernarbung ließ auf einen Zwilling schließen. Jörn kippte zusammen, wurde lachend verarztet und verabschiedete sich schnell, sobald ich und unser Kind gut versorgt im Zimmer lagen. Wir waren ja nun schon erfahrene Eltern. Es war früh am Nachmittag, Mutti auf der Farm, Vater in Deutschland, alle warteten sehnsüchtig auf Nachricht, nichts hörten sie von Jörn. Was war passiert?

Keine Worte können die Aufregung besser beschreiben, als Muttis Brief an Vater:

„... der Tag war lang, anstrengend und aufregend, doch viel aufregender ist es, dass ich jetzt geschlagene 16 Stunden alleine hier bin und keine Nachricht von Jörn kommt. Langsam werde ich verrückt und sollte der liebe Schwiegersohn irgendwo feiern und mich so lange in dieser Ungewissheit lassen, dann gibt es Krach. Der Verdacht liegt nahe, denn die Flasche Whisky hat er mitgenommen ... Stunden später ... Jetzt bin ich schon so weit, dass ich ihm nicht mal Vorwürfe machen würde, wenn er irgendwo gefeiert hätte, wenn nur alles mit Monika und dem Kind in Ordnung ist. Dieses Warten ist kaum zu ertragen, dazu diese unheimliche Nacht, der heulende Sturm, die klappernden Türen, die heulenden Schakale und diese Einsamkeit und Dunkelheit. Eine Kerze brennt heller als dieses Funzellicht.

21. 3. 69 Dann bin ich eingeschlafen ... um 3 Uhr kam endlich unser lieber Schwiegersohn, singend und schaukelnd nach Hause. Doch Vorwürfe hat er nicht zu hören bekommen, da er scheinbar noch mehr gelitten hat als Monika."

Eine schöne Geschichte hatte er Mutti aufgetischt, darin war er Weltmeister, Wahrheit und Fantasie ergaben eine aufregende Mischung, immer interessant! In Wirklichkeit hat er lustig gefeiert und gesoffen, alles Weitere vergessen. So war er.

Der Besuch am nächsten Tag mit Kindern, Oma und Jörn in der Klinik artete zum Volksfest aus, denn noch weitere Besucher tummelten sich im Krankenzimmer, Sekt zum Anstoßen floss reichlich, dementsprechend kam die Stimmung in Schwung. Meine Mutti schüttelte den Kopf über all den Trubel, sollte ich mich doch erholen und Ruhe haben. Michael und Martin hatten ihren Spaß mit ihrem kleinen Brüderchen, zupften und boxten ihn, zogen an den schwarzen Haaren, fanden die kleinen Finger zum Lachen und kippten beinahe den Stubenwagen um. Dem Tumult eine Krone aufsetzend, fand Michael einen Weg, er hatte mein Strickzeug entdeckt und steckte die Stricknadeln in die passenden Löcher der Steckdose und ein wahnsinniges Geschrei ertönte, Martin ließ vor Schreck die kleinen Liebesperlen Fläschchen fallen, die alle im Zimmer kullerten. Es war perfekt. Glück im Unglück hatten wir schon, denn der Strom hatte keine 220 Volt, sondern nur 100 und so war Michael nichts passiert.

Muttis Bericht aus Tunesien an Vater war schon wahrheitsgetreu, denn sie beschrieb unter anderem auch den Haushalt, der zwar sehr ordentlich, aber unendlich einfach sei, ohne jeglichen Luxus würden wir leben, die Einsamkeit sei unerträglich, die Kinder wild und aufregend, richtige kleine Wüstenhunde, auch so schnell. Der Ideenreichtum der Jungs hält sie in Trab, kaum kam sie hinter ihnen her. Mutti war nach der Woche richtig fertig, hatte Pfunde abgenommen, doch glücklich über die Tatsache, dass sie eine kleine, junge, zufriedene Familie zurückließ.

Mit drei Kindern, einem primitiven Haushalt, viel Besuch hatte ich alle Hände voll zu tun. Das Briefeschreiben beschränkte ich gewaltig, hielt nur mit den Eltern Kontakt. Die Zeit verging wie im Flug, der Sommer kam schnell und damit die Hitze, die Manfred nicht so gut vertrug, er weinte viel. Am Strand, vielleicht durch den Wind, war er noch unruhiger, aber das wurde nicht zum Hinderungsgrund, da die Großen das Wasser liebten und am Strand so richtige glückliche Wasserratten waren.

Unerwartet traf uns die Versetzung.

Die Gawi hatte vergessen uns rechtzeitig zu informieren, Jörn war über Nacht an die Elfenbeinküste geschickt worden und wir wussten nichts!! Hier sei einmal die schlechte Organisation der Firma erwähnt, auch wenn die Entwicklungshilfe Deutschlands noch in den Kinderschuhen steckte, so waren die Pannen gravierend. Für die Projekte und Mitarbeiter ein gewaltiger Unsicherheitsfaktor, der draußen mit Unlust und Frust zu spüren war. Die Geldbeschaffung für die Projekte lief auch so schleppend, dass oft eine Auflösung drohte.

Die kurzfristige Benachrichtigung zum Wechsel in ein anderes Land hätte bei jeder anderen Familie das Chaos verursacht, doch wir waren unkompliziert. Hier darf ich mich einmal loben, ich war schnell, aktiv und gut. Fairerweise muss ich einmal erwähnen, dass meine Eltern für uns einen Zufluchtsort und ein Zuhause bereithielten, wo die Betten bezogen, wo alle nötigen Dinge vorhanden waren. Dergleichen konnte man suchen.

Wir luden zur Wohnungsauflösung ein, es kamen fast alle, denn ich hatte nette Dinge gebastelt, gebaut, genäht und so war unser Haus im Nu leer und wir auf der Heimreise.

Das Einzige, was wir nach Deutschland schickten, waren die leichten Korbmöbel, sie gingen als Luftfracht auf die Reise. Unsere wichtigen persönlichen Dinge passten in wenige Koffer, der Rest wurde ins Auto geladen, mit dem Jörn in die Heimat fahren wollte.

Meine Abreise mit den Kindern war etwas früher, denn Jörn übergab das Projekt ordnungsgemäß, dazu wurde eine Kommission von deutscher und tunesischer Seite erwartet. Viele Dinge waren noch zu regeln, auf die Bestätigung der Schiffspassage von Tunis nach Neapel wartend verblieben Jörn noch 14 Tage, daraus wurden gute 4 Wochen, in Tunis.

Am 11. 9. 1969 erwartete mich und die Kinder, zwei muntere Zweijährige und ein Säugling in der Tragetasche, ein großer Bahnhof am Frankfurter Flughafen. Schwiegereltern und Eltern haben es sich nicht nehmen lassen, uns abzuholen. Im Konvoi, mit Kind und Kegel, Sack und Pack, fuhren wir nach meiner Heimat.

Die Welt war in Ordnung.

Sommer 1969

Die Ankunft zu Hause war für uns alle wunderbar, nicht nur der großen Überraschungen wegen, nein, auch das wohlige Gefühl von Heimat übermannte mich.

Viel einfacher war es für die Kinder, die stürzten sich auf die schönen Spielsachen, hatten die Oma für sich und waren einfach glücklich. Für unseren Jüngsten stand ein Kinderwagen bereit und das genoss Fred mit Ausdauer, denn das Fahren in der Stadt war neu, aufregend, abwechslungsreich und immer interessant.

An dieser Stelle muss man auch einmal meine Eltern erwähnen, die plötzlich das Haus voll hatten mit einer Meute, die ihr Leben in Windeseile umkrempelte, nicht nur alleine mit Geräuschen, sondern auch mit Sorgen, Problemen, Wünschen und vielen Extras. Das haben meine Eltern oft mit Bravour gemeistert!

In Thienhausen hatten die Kinder einen ganz großartigen Opa, der sehr stolz auf sie war, sie überall mit hinnahm, Michael und Martin überall vorzeigen musste. Er war ein glücklicher Großvater, konnte sein Glück und seinen Stolz auch zeigen. Zu Hause im Hof ließ er sie mit dem großen Trecker fahren, überhäufte sie mit Geschenken, Unternehmungen und Spielideen. Unsere Kinder waren dankbar, waren wunderbare Enkelkinder, artig, lieb, wohlerzogen, ebenso pfiffig und voll sprudelndem Temperament, körperlich und geistig!

In Witzenhausen war die Oma bei den Jungs im Rennen, denn sie hatte für Kinder ein Herz, das meine voll ausgekostet haben, aber nicht ohne genauso viel zu geben. Mit der pfiffigen Art verzauberten sie alle. Vielleicht war die Chose im Doppelpack so überwältigend, vielleicht aber auch die unkomplizierte, wilde Kinderart so ansteckend. Ein jeder hatte Freude mit unseren Jungs.

Nach der Sommerhitze in Tunesien genossen wir den Altweibersommer in Deutschland, Jörn verzögerte seine Heimreise um einiges, während wir dem neuen Hobby meines Vaters Tribut zollten und viele Male mit dem Boot auf der Werra fuhren. Anlegeplatz war Ermschwerd, ein ruhiger Flussabschnitt und daher gut für das motorisierte Schlauchboot geeignet. Den Kindern, mit Schwimmwesten geschützt, machte das natürlich viel Spaß, während ich mich immer zu drücken versuchte, denn das Schaukeln machte mich krank. In der Nähe war für die Kinder ein herrlicher Spielplatz, schon das war ein Grund für den Ausflug, denn wie die Irren tobten sie da herum und konnten kein Ende finden. Wie man so viel Energie in sich haben kann, fragten wir uns täglich, wir waren völlig erschöpft, den Jungs merkte man die Anstrengungen nicht an. Manfred versuchte nachzueifern und war über sein Nichtkönnen immer sehr unglücklich und unzufrieden, weinte recht viel und ließ sich von den Großen gerne und lange trösten. Das wurde zum Ritual, Michael und Martin waren für den kleinen Fred verantwortlich, und wenn er sich nicht trösten ließ, kamen beide zu mir gelaufen, holten mich, denn nun war was Schlimmes passiert. Meistens konnte ich mit einem Fläschchen den Tränen ein Ende bereiten.

Nach 4 Wochen kam Jörn mit dem Wagen aus Tunesien heil nach Hause, eine Freude für die Kinder, nicht nur Jörn wurde jubelnd begrüßt, nein, auch das Auto bekam ein „Hallo!" Jetzt war die Welt wieder in Ordnung und unsere Ruhe vorbei. Das war Jörn, wo er erschien, begann der Trubel, die Unruhe. Es war nicht nur die laute Stimme, es waren die Gesten, es waren die Ideen und die Märchen, die er erzählte. Er verstand es auch, Spannung in die Gesellschaft zu infiltrieren, sodass nach kurzer Zeit jeder gegen jeden rebellierte. Das alles passierte unterschwellig, es war nicht an Worte oder Taten geknüpft. Unheimlich und gefährlich, denn man wusste nie, woran man war. Jörn manipulierte ohne eigenes Wissen. Das dachte ich, denn wie oft tat er ganz unschuldig, wenn die Gespräche eskalierten, die Taten unüberlegt wurden – er hatte keine Schuld!!! Das Verhalten wurde einem erst wieder bewusst, wenn man einige Wochen getrennt war, die Ruhe und den Frieden bei den Eltern genossen hatte, wenn man in die Normalität zurückgekommen war.

Aber Liebe sieht über alles hinweg.

Unterlagen für das neue Projekt „Elfenbeinküste" schickte der neue Projektleiter Herr Schillinger mit der Bitte um Vorbereitung zur Ausreise. Es war fast so wie ein Reiseprospekt, alles war in den schönsten Farben gemalt und beschrieben, doch ich ließ mich nicht täuschen, meine Realitätssinn musste Jörns Euphorie dämpfen, wurden wir doch zur Entwicklungshilfe nach Afrika geschickt.

Im Land gab es 2 Teerstraßen und eine führte zu unserem Projekt, also waren wir mit der Hauptstadt Abidjan gut verbunden, sicherlich ein positiver Gesichtspunkt, denn die tropischen Regenfälle ließen immer wieder Verbindungen abreißen. Die Wohnhäuser waren im Bau, die Unterkunft im Dorf möglich. Das Projekt war im Aufbau, Maschinen nur teilweise geliefert, Landvermessung am Kartieren. Das Zusammenschließen von den Bauern, zu einer Genossenschaft zögerte sich hinaus. Kurzum: Es gab viel zu tun, Jörn wurde nervös, ihm dauerten die Vorbereitungen mit Tropentauglichkeitsuntersuchungen, mit Schulungen, mit Planungen einfach zu lange. Da wurde sein Aufenthalt in Feldafing zur Erholung für uns.

Mitten in der Aufbruchstimmung überraschte uns der Winter, es war Anfang November, eigentlich ungewöhnlich für einen Kälteeinbruch mit Schnee und Eis. Doch nicht zu ändern! Es blieb kalt und winterlich bis zu meiner Ausreise Ende März 1970. Temperaturen bis minus 25 Grad wurden verzeichnet, kein Auto wollte da noch richtig laufen, alles schlief langsam ein. Nur meine Kinder nicht! Sie erlebten mit zweieinhalb Jahren den ersten Schnee, es war zum Lachen ulkig. Dick eingemummelt in Schneeanzügen konnte keiner sie bremsen, wie wilde Hunde tobten sie durch den Schnee. Quietschten, jubelten, die Freude stand ihnen im Gesicht, und das alles mit einer ungeheuerlichen Ausdauer, sodass wir „Alten" froren und zum Schutz vor der Kälte auch herumtobten.

Wüstenkinder im Schnee

So hielten die Kinder uns fit. Fred wurde auch warm eingepackt auf einen Schlitten gesetzt und zog mit uns durch den Schnee, eine Quelle der Ruhe für die Zwillinge, denn waren sie mal kurz müde, dann lagen sie zu seiner Freude auf ihm. Wir verbrachten eine herrliche Zeit, da konnten uns die kleinen Unpässlichkeiten durch die vielen Impfungen für die Ausreise in die Tropen nicht viel anhaben, obwohl die Terminabsprachen sich recht schwierig gestalteten, denn einer hatte immer etwas Schnupfen, Husten oder eine andere Auffälligkeit. So ist es bei einer kleinen Meute!

Auch Jörns Ausreise verschob sich aus Gründen der wissenschaftlichen Einarbeitung über die Anpflanzung, Düngung, Pflege, Befruchtung und Ernte von Ananas. Das war auch für ihn eine neue Kultur und die perfekte Führung eines Bestandes stellte die Grundlage zur wirtschaftlichen Existenz des Projektes dar. Das Wissen war die beste Voraussetzung für den Erfolg.

Die freien Zeiten nutzten wir, um unsere eigene wirtschaftliche Basis zu stärken, hatten wir uns doch ein kleines positives Polster in Tunesien erspart. Der Aktienmarkt schien zu unstabil, die Zinsen zu schwach, also interessierten wir uns für Immobilien. Unser Bank verwies uns an eine Baufirma, die in Niederkaufungen einen Reihenhauskomplex verkaufte und schneller, als ein anderer ein Hemd gekauft hätte, hatten wir ein Endreihenhaus in Niederkaufungen erstanden. Ein schönes Haus!

1969 waren wir Besitzer von 3 süßen, gesunden, kräftigen, lebenslustigen Jungs und einem Haus!!!! Obendrein waren wir glücklich!!!! Solche Momente im Leben sollte man für sich bewahren und tief in das Gedächtnis eingraben, um mal eine nicht so gute Periode mit Erinnerungen ausfüllen zu können. Das möchte ich euch heute ans Herz legen.

Weihnachten kam mit schnellem Schritt, für Freddy das erste Fest voller Staunen, für die Großen die besondere Vorfreude und die war berechtigt, denn alle, Familie und Freunde, überraschten die Kinder mit vielen Geschenken. Es machte mir Angst, es ging uns zu gut.

Wir teilten unsere Zeit, fuhren auch zu den Schwiegereltern, auch sie genossen die echte, ehrliche Kinderfreude, die einem das Herz erfrischen konnte. Das tat den Eltern sowie den Uromas gut. Mein Bruder und Christel, Markus und Dagmar kamen zu Besuch. Da wurde das Haus schnell zu einem Hottentotten-Haus, denn Markus war ein Dreivierteljahr älter als unsere beiden, führte den Ton an und damit war dem Toben keine Grenzen gesetzt. Meine armen Eltern! Sie steckten das alles mit Nonchalance weg, freuten sich mit ihren Kindern über die Kinder und lebten richtig auf. Dagmar war einen Monat älter als Fred, sie zankten sich um den Hopser und den besten Platz zur Rundschau. Alles verlief friedlich und wurde es meinem Vater mal zu viel, verschwand er in seinem Bastelkeller. Jörn und Horst besuchten die Kneipe „Kaiser" und frischten Jugenderinnerungen auf.

Wir Frauen hatten die Kinder, die dann besinnlich spielten, denn im Haus kehrte Ruhe ein. Ein ganz normales Leben.

Damit unsere Familie an dem Glück teilhaben konnte, luden wir zum Jahreswechsel zur Taufe ein. Getauft wurden Michael,

Martin, Manfred und Dagmar. Der Pfarrer war bereit so eine Rasselbande auch einmal außerhalb der normalen Gottesdienste zu taufen, daher liefen die Vorbereitungen auf vollen Touren an. Zum Gespräch im Pfarrhaus schickten wir Horst und Jörn, es war klar, dass ein Wiedersehen dauern könnte, denn erst spät in der Nacht kamen sie torkelnd nach Hause. Hatte sie doch das Taufgespräch so mitgenommen, dass sie sich zuprosten mussten. Die Suche nach einem Lokal war auch nicht ganz einfach, waren sie doch alle schon zu Silvester ausgebucht. Unser Weg ging bis Rossbach in eine kleine Gaststätte, wo wir ein echtes schönes Wildessen ganz nach „Mamas Art" serviert bekamen. Es war so typisch, dass wir vor lauter Lachen lustig den Abend angingen und zu Hause mit Tanz eine nette Silvesterparty mit der engsten Familie verlebten. Unsere Täuflinge hatten eine feuchtfröhliche Feier.

Über all den schönen Erlebnissen schwebte dennoch immer das Damoklesschwert „die Ausreise" in ein unbekanntes Land. Ganz anders als Tunesien, andere vorherrschende Krankheiten, andere Gepflogenheiten, andere Menschenrassen, andere Aufgaben für Jörn.

Wir lasen viel, ließen uns aber nicht von den Warnungen beeinflussen, sondern waren guten Mutes, uns das alles zutrauen zu können.

Ganz nach Männerart überließ er mir die Organisation der Ausreise, denn sein Abruf kam Mitte Januar. Der Abschied fiel ihm nicht so schwer, denn obwohl man sich doch an das Leben in Deutschland gewöhnt hatte, war das Abenteuer Ausreise mit der Ungewissheit, mit den Aufregungen, den Neuheiten für ihn über alle Maßen reizvoll.

Für mich stand die Sorge um ihn im Vordergrund, wusste ich doch um seine Wankelmütigkeit, seine Stimmungsschwankungen und seine verrückten Ideen. Schon damals war mir klar, dass man Jörn besser nicht länger als drei Tage alleine lassen konnte, hatte er doch danach mit Sicherheit schon Dinge angerührt, die ich auslöffeln musste. Seine glühenden Liebesbriefe täuschten mich nicht, taten mir aber sehr gut. Ich arbeitete an unserer Ausreise, plante und bereitete alles vor. Bekam alle 4 Tage einen Brief mit neuen Instruktionen. Hatte alle Hände voll zu tun.

Die Grundbucheintragungen mit dem Hauskauf waren noch nicht abgeschlossen, dann sollte ich einen Wagen kaufen, bezahlen, Lebensmittel über Ockert bestellen und sie per Schiffsfracht nach Abidjan versenden, selbst Sachen für uns verschicken und vieles, vieles mehr.

Meine größte Sorge galt aber meinen Kindern, die die Impfungen nicht so gut verkrafteten und eine Zeit recht kränklich daniederlagen. Von allem hatte Jörn keine Ahnung.

Bei allen Aufregungen und bei allem Durcheinander machten unsere Jungs große Fortschritte in der Entwicklung, konnten unsere Großen sich immer besser artikulieren, wurden vernünftig, konnte man sich schon richtig verständigen und sich auf sie verlassen, lernte Fred stehen, krabbelte nach seiner Art, ein Bein immer angewinkelt unter dem Popo oder er lief auf allen vieren durch das Haus hinter den Großen her. Ein Bild für die Götter!! Er babbelte inzwischen alles nach, doch war der Hopser weiterhin sein Lieblingsplatz, denn von dort hatte er alle im Blick, obendrein war er der Mittelpunkt!!

Wir feierten ausgelassen seinen ersten Geburtstag am 20. 3. 1970, Geschenke waren auf den Aufenthalt in den Tropen abgestimmt, die wir am nächsten Tag einpacken mussten, denn unser Abflug war für den 23. geplant, wollten wir als Geburtstagsgeschenk für Jörn in Abidjan landen.

Nicht einfach so ein Unterfangen, erstens fiel mir der Abschied aus der Heimat sehr schwer, ganz zu schweigen von dem Abschied der Eltern, dann die Reise mit drei kleinen Kindern, dazu eine Unmenge Gepäck und zu guter Letzt Bombenalarm bei der Swiss-Air. Ein Attentat war vier Wochen zuvor verübt worden.

Der Abschied am Frankfurter Flughafen war so kurz, dass ich mich in Briefen später noch entschuldigt habe, aber zu mehr war ich nicht fähig, sonst wären wir im Tränenfluss ertrunken.

Freddy auf dem Arm, Martin an der Hand, Michael an Martins Hand, Gepäck umgehängt, so machten wir uns auf den Weg zur Abfertigung. Die Kinder winkten und riefen Omi und Opa, ich dagegen drehte mich, konnte mich nicht einmal umdrehen. Vielleicht ahnte ich von der bevorstehenden Katastrophe, hatte ich doch von den genauen Kontrollen gehört, aber was dann geschah, übertraf meine Vorstellungskraft. Alles, aber auch wirklich alles wurde auseinandergepflückt, die Koffer von unten nach oben gestülpt, der Seesack aufgeschnitten, ausgeschüttet und alles genau inspiziert. Auf meine Bemerkung, ich sei doch nicht lebensmüde, antworteten die Beamten sachlich: „Sie sind die perfekte Tarnung für ein Attentat!"

Ich war entrüstet, die Stimmung ging auf die Kinder über und alle schrien aus Leibeskräften, Michael und Martin ergriffen die Flucht und wollten zur Oma zurück. Freddy hatte ich abgesetzt, denn ich brauchte alle Hände, um die Koffer zu schließen, was natürlich nach dem Wühlvorgang nicht mehr so leicht ging. Meine Nerven waren angespannt. Hilfe in Form von Flughafenpersonal wurde herbeigeholt, doch auch sie konnten meine weinenden Kinder nicht trösten, meine Koffer nicht schließen, meinen Seesack nicht zunähen, mich nicht beruhigen. Die Kontrolle verursachte eine ungeheure Verspätung, als wir dann endlich im Shuttle zum Flugzeug saßen, der Motor startete, rief Martin: „Ich muss mal!" Eilig rannte der Zollbeamte mit Martin auf dem Arm zurück zum Gebäude, dann musste Michael, der nächste Beamte war unterwegs. Ich glaubte es nicht, bald war das Ganze zum Lachen. Meine Stimmung hellte sich auf und einen Seufzer der Erleichterung gab es, als wir endlich in der wartenden Maschine saßen, die gleich danach zum Start rollte. Bei dem kurzen Zwischenstopp in Zürich mussten wir als Einzige nicht den Flieger verlassen, sondern ich konnte in Ruhe die Jungs füttern und Freddy wickeln, während aufgetankt, Lebensmittel und Sonstiges aufgefüllt wurde.

Meine Großen, Michael und Martin, führten sich im Laufe des Fluges über die lange Strecke so vorbildlich auf, dass der Kopilot einen nach dem anderen ins Cockpit einlud. Aufgeregt und glücklich kamen sie zurück. Manfred war noch ein bisschen zu klein, er spielte zufrieden. Wir waren in der ersten Klasse untergebracht und hatten eine geräumige Abteilung ganz für uns.

So flogen wir langsam dem neuen Land entgegen.

Die Elfenbeinküste, 1970 …

… auch Republique de la Cote d'Ivoire genannt, ist ein westafrikanisches Land, am Golf von Guinea gelegen. An der Küste entlang zieht sich ein 150 bis 300 km breiter Regenwaldgürtel mit feuchtheißem Klima. Nach Norden geht der Wald in die Savanne mit Sommerregen über. Die Bevölkerung besteht aus ungefähr 60 verschiedenen Stämmen. Naturreligionen herrschen vor, aber auch Muslime und Christen leben im Land. Die Amtssprache ist Französisch, so auch das Recht. Seit 1960 ist die Elfenbeinküste eigenständig, zuvor war sie seit 1843 unter französischer Vorherrschaft, gehörte zum Gebiet West-Afrika. 80 % der Bevölkerung arbeitet in der Landwirtschaft, der Abbau von Mangan und Diamanten war unbedeutend, der Export besteht aus Kaffee, Kakao, Edelhölzer, Bananen, später auch Ananas. Die zweiunddreißigtausend Kilometer langen Straßen bestanden aus Pisten, nur 700 km waren asphaltiert. Eine solche gute Straße führte von Abidjan, der Hauptstadt mit ca. 4,4 Millionen Einwohnern, zu unserem Projekt Bonua. Die Währungseinheit war der CFA-Franc.

Über mehr Wissen verfügten wir nicht, als wir in Abidjan am Flughafen landeten und uns die 85%-ige feuchte, heiße Luft entgegenschlug. Bei unserer Ankunft erlebten wir einen riesigen Bahnhof. Jörn hatte die deutsche Kolonie zusammengetrommelt und sie kamen alle. Es war schon beeindruckend und irgendwie rührend. Kurzum, ein würdiger Einstand, den unsere Großen voll genossen, rannten sie doch durch die Absperrung und fanden mit sicherem Gefühl aus vielen Männerbeinen die richtigen von ihrem Papi. Auch Kinder waren unter dem Empfangskomitee, unsere, etwas übermüdet, dadurch aufgedreht, waren sofort in ihrem Element und das Toben begann zur Freude aller.

Jörn war ein stolzer Vater und freute sich über das Geburtstagsgeschenk: Unser Kommen am 23. 3. 1970.

Bis ich alle Formalitäten erledigt, das fehlende Gepäck, die wichtigen Sachen angezeigt hatte, standen mir schon die Schweißperlen auf der Stirn, denn gleich beim Verlassen der Maschine schlug uns die Tropenhitze entgegen, die Lungen schmerzten, die Augen tränten, die Lippen brannten. Die kurze Zeit auf der Rolltreppe reichte aus, um den klimatisierten Transferbus, die kühle Flughafenhalle zu genießen. Vernünftigerweise hatte ich den Kindern und mir die Wintersachen im Flieger schon abgelegt, waren wir doch bei strengen Minusgraden ein- und nun bei plus 35 Grad ausgestiegen, dazu die hohe Feuchtigkeit. Wir waren in den Tropen.

Von der herzlichen Begrüßung blieb nicht viel in Erinnerung, denn allmählich stürzten die Eindrücke über mir zusammen, die Müdigkeit verlangte ihren Tribut, ich sehnte mich nur noch nach einem Bett, auch den Kindern erging es so. Hungrige, übermüdete, weinende Kinder hatten wir im Auto, als wir durch die Dunkelheit zum Projekt fuhren. Es kam fast einer Entführung oder Verschleppung gleich, denn ich hatte keine Ahnung, wo wir waren, in welche Himmelsrichtung wir fuhren, wo wir landeten. Übertönt wurden wir von dem Weinen der Kinder, ich kam mir wie eine Stiefmutter vor, auch Jörn hatte sich das Wiedersehen sicherlich anders vorgestellt. Doch was zu viel ist, ist zu viel.

Da mussten wir durch, denn ein neuer Start hat seine Schwierigkeiten, dazu das Klima, die fremde Umgebung, kein Schlaf. Nichts mehr war, wie es vorher war! Es dauerte 3 Tage, dann hatten wir wieder etwas Normalität im täglichen Leben.

Neues Land, neue Abenteuer, neue Aufregungen. Herrlich!

Jörn war überglücklich und meinte, wir hätten mit der Cote d'Ivoire das große Los gezogen. Das konnten wir so noch nicht bestätigen.

Unser Haus, Hütte, lag 500 m außerhalb des alten Dorfes Bonoua in einer neuen Siedlung. Unsere Nachbarn bestanden aus Einheimischen und Deutschen, Letztere warteten alle auf die Fertigstellung der Projekthäuser. Die Hütte hatte 8 x 5 m Wohnfläche, bestand aus 4 Zimmern, die natürlich winzig waren, sodass wir im Kinderzimmer keine 3 Betten aufstellen konnten. 2 Klimageräte brummten des Nachts in den Schlafzimmern, ein Geräuschpegel, an den man sich erst gewöhnen musste. Die Fenster hatten kein Glas, nur Fliegengitter, das Bad war 80 cm x 1,5 m und mit 3 Kindern mehr als voll besetzt, aber auch daran gewöhnten wir uns schnell. Eine Terrasse zur Südseite erfreute uns, von dort waren es noch 10 m zur Küche. Über einen holprigen Trampelpfad brachte ich das Essen auf den Tisch. Während eines tropischen Regengusses wurde das Essen ganz schön verwässert, bei einer Suppe war das nicht so tragisch! Ich rannte also den ganzen Tag hin und her, bei dem Klima eine anstrengende Tätigkeit, doch die Jungs wollten versorgt sein. Aus Angst vor Krankheiten übernahm ich die Küche. Das war gut so. Die Durchfälle von Jörn hörten auf, er erholte sich langsam.

Von den Boys hielt ich nicht viel, zum Putzen und für die Gartenarbeit waren sie gut, doch mehr Einsatz wollte ich vorerst nicht. Ich konnte die Afrikaner zu Anfang nicht einschätzen, fand sie sehr arrogant und hochnäsig, es mochte von ihrer Größe herrühren, aber auch die Augen mahnten mich zur Vorsicht, sie waren nicht ehrlich. Sie konnten meinem Blick nicht standhalten. So war ich nicht überrascht, als wir zu Ostern ausgeraubt wurden. Natürlich verglich ich die Araber mit den Afrikanern, machte mir auch Gedanken über unsere Hilfe, die sie gar nicht nötig hatten, denn ihnen wuchsen die Nahrungsmittel das ganze Jahr in den Mund. Not kannten sie nicht, doch im Klauen waren sie perfekt.

Nach 3 Wochen kam unser Gepäck aus Deutschland. Während das verlorene Fluggepäck durch die ganze Welt kreuzte, nur durch puren Zufall von einer Stewardess erkannt, damit auf den richtigen Weg geschickt wurde, erreichten uns die anderen Dinge per Schiff unkompliziert und direkt. Ja, mein Auftritt mit 3 Kindern und dem Riesengepäck am Frankfurter Flughafen hatte Geschichte geschrieben! Mit den nötigen Dingen kam auch das Planschbecken für die Kinder, welch eine Freude!!! Die Küche wurde vervollständigt, das Essen mit nur 2 Tellern war vorbei. Normalität in dem Alltag tat uns allen gut.

Unser Auto wurde auch angekündigt, wir freuten uns sehr, denn in den 3 Wochen zuvor war ich kaum aus dem Haus gekommen, nur einmal fuhren wir nach Abidjan zum Einkaufen. Dort bekam man alles, was das Herz begehrte. Dagegen war das Einkaufen in Grand Bassam eher einfach, aber auch hier bekam man das Nötigste zum Überleben. Außerdem war hier der Strand, den wir gerne mal besuchten und der für eine Erfrischung gut war. Schwimmen konnte man nicht, dafür waren die Wellen zu stark und zu hoch. Michael und Manfred hatten keine Angst vor den herankommenden Wellen, Martin dagegen war etwas vorsichtiger. Ohne Aufsicht konnten unsere Lütten nicht ans Wasser, aber das Buddeln im Sand und der etwas kühlere Wind waren Freude genug.

Das Briefeschreiben wurde fast zu einer Kunst, das Papier klebte an den Händen, den Kuli konnte man kaum festhalten, so feucht und scheußlich war alles. Bewegte man sich etwas schneller, lief der Schweiß in Rinnsalen den Rücken herunter. Beim Kochen stand ich manchmal in einer Pfütze, als ob ich in die Hosen gemacht hätte. In kurzer Zeit verlor ich 8 kg Gewicht, was mir persönlich sehr gefiel, aber auch ein bisschen Sorge bereitete. Mein Essen war auch nicht so berühmt, außer auf frische Ananas und Obst hatte ich keinen Appetit. Die Kinder vertrugen das Klima fast besser als wir Alten. Manfred hatte etwas gegen die Hitze, hielt sich mehr im Schatten auf und kam erst nachmittags bei untergehender Sonne so richtig in Fahrt. Mittags veranstalteten wir einen kurzen Schlaf, den alle bald im Rhythmus hatten, der sehr erholsam war. Im Gegensatz zu Tunesien plagten uns hier weniger Mücken und Ungeziefer, jedoch waren sie hier auch viel gefährlicher. Die Malaria war der Schrecken, deshalb schluckten wir alle täglich unsere Medizin – „Resochin-Tabletten".

In unserer Siedlung gab es 2 deutsche Kinder, die schon zur Schule gingen und nachmittags von unseren sehnsüchtig erwartet wurden, aber dann gab es Kummer für Fred, denn das

Tempo konnte er nicht halten und weinend kam er kurze Zeit später zurück. Mit den einheimischen Kindern spielten unsere noch nicht, beide Seiten zeigten große Scheu.

Jörn arbeitete jeden Tag von früh bis spät, wir bekamen ihn kaum noch zu Gesicht, denn auch am Wochenende arbeitete er. Das alles ging uns ganz schön auf den Geist, denn eingesperrt in dem kleinen Haus, ohne große Abwechslung, das war schwer zu ertragen. Verständlicherweise war die Stimmung unter Null. Ich hatte immer noch keine Ahnung, wie unser Umland, wie das Projekt, wie die Fabrik mit der Mitarbeitersiedlung aussah. Ich ging in Streik und hatte Erfolg.

Ein Ausflug ins Projekt war die erste Unternehmung, eine interessante Unterbrechung aus meinem Alltag. 1000 ha Ananas waren im Anbau, es sollte auf 2.400 ha erhöht werden. Zuerst wurde der Urwald mit Hilfe riesiger Caterpillar gerodet, auch das konnten wir besichtigen, begleitet von tiefer Trauer, als die Urwaldriesen brachen. Die Erde bebte. Nach der Verwertung des Holzes wurden die Reste zu Dämmen aufgetürmt, zwischen denen nun die Felder eingerichtet wurden. Nach einer intensiven Bearbeitung, es wurde gepflügt, geeggt, Billons angehäufelt, auf denen die Ananasstecklinge zuerst gepflanzt, dann wiederum 12 Monate gedüngt, gepflegt wurden. Einer ungewöhnlichen Behandlung bedurfte die Befruchtung, die Hormonage, eine Reizung der Blüte zur Fruchtbildung, die in mühsamen nächtlichen Durchgängen mit Azetylen herbeigeführt wurde. Eine Art Kälteschock als Befruchtung. 6 Monate Zeit benötigte die Pflanze, bis eine Frucht zur Ernte reif war. Ständige Bewachung und Betreuung vorausgesetzt, eine kostenintensive Aufpflanzung. Die reife Ananas war für die Dosenproduktion nicht gefragt, nein, der richtige Zeitpunkt zur Ernte musste punktgerecht gesetzt werden. Nur dann war eine kontrollierte, einheitliche Produktion gewährleistet. Die Ananas wurden gepflückt, auf den Wagen geladen und zur Fabrik gebracht, ca. 50 t pro ha. Am Tor endete Jörns Verantwortung. Damit war das Feld aber noch nicht fertig, weitere 6 Monate gingen ins Land, bis die Rejets und Kronen für die Ernte reif waren. Von einem ha erntete man ca. 100.000 Stecklinge, die für die Neuanpflanzungen nötig waren. Der Kreislauf wurde nach 2 Jahren geschlossen.

Das Projekt, SOCABO genannt, lieferte 1970 schon 8.000 t Ananas an die Fabrik SIACA.

Im Jahr darauf sollten 27 000 t produziert werden, 1972 wurde mit 50.000 t gerechnet, erst dann würde die Industrie die Ananas-Dosen mit der Aufschrift „Anabell" in Deutschland über Edeka-Filialen rentabel verkaufen können. Ein mächtiges Vorhaben, bei dem auch Jörn ganz schön unter Druck geriet, denn die Basis war die Ananas, die auf einer Fläche von 40 x 30 km angebaut werden sollte. Alleine die großräumigen Anpflanzungen bedeuteten eine enorme Organisation und Information.

Jörn hat sein Soll geschafft, ein Lob an dieser Stelle.

Die Ananas vor den Toren der Fabrik wurde gewogen, gewaschen landete die Frucht in der Mühle der Industrie, eine vollautomatische Dosenfabrik war hier von Deutschland aufgebaut worden. Unser Erscheinen wurde gerne gesehen, eine ausführliche Besichtigung war Ehrensache, selbst die Kinder waren interessiert, denn es donnerte, kullerte, schälte, schnitt in Windeseile, und ehe man sich versah, steckte die Ananas in der Dose, wurde geschlossen, gekocht, etikettiert und in Kartons verpackt, auf Paletten gestapelt, direkt zum Hafen transportiert.

Unser Besuch in der Fabrik brachte uns eine Einladung zum Grillabend auf dem Hügel, wo die deutschen Industriemitarbeiter in 4 schönen Häusern untergebracht waren. Ich war sehr gespannt und freute mich. Sah deshalb auch keine Probleme bei der Betreuung der Jungs durch unseren neuen Boy, der sehr liebevoll mit den Kindern umging und zu dem auch die Kinder schon Vertrauen gefasst hatten. Unserem Motto treu erzählte ich von unserer Einladung, erklärte unseren Trabanten, dass Konatee die Nacht bei ihnen verbringen würde und fröhlich machten wir uns von dannen.

Nicht schlecht staunte ich über die exklusive Wohnanlage, die sogar ein Swimmingpool aufzuweisen hatte, war sehr überrascht über die netten Familien, Leutwieler, Erb, Schulz und der Chef Herr Frenzel, die uns herzlich begrüßten. Es wurde richtig gefeiert, lecker gegessen, gesungen, getanzt und zuletzt noch gebadet. Ja, der Pool war das Wasserreservoir für die Fabrik und diente zur Säuberung für die Ananas, wurde also immer erneuert, deshalb war das Wasser herrlich frisch, glasklar und eine wahre Quelle des Genusses! Eine gute Idee, fand ich, besonders die Beleuchtung im Pool ließ die tropische, dunkle Nacht noch unheimlicher erscheinen. Die Stimmen aus dem Tropenwald übertönten unsere Musik. So hatte ich den Urwald noch nicht erlebt, denn unten im Dorf waren menschliche Geräusche bis tief in die Nacht vorrangig, außerdem beherrschte das Brummen der Klimageräte die Luft. Der Abend wurde zum Erlebnis, ausgelassen die Gesellschaft, die Stimmung war aufgelockert. Im Pool wurde Wettschwimmen, -springen und -tauchen veranstaltet, ganz nach meiner Art und ich war voll in meinem Element, nahm weiten Anlauf, um mit einem super Köpper zu punkten, doch ich landete nicht im Wasser! Stürzte 5 m tief in eine Grube und war fassungslos, denn alles tat mir weh. Von Ferne hörte ich Rufen: „Frau Schreiber ist weg!" Sie suchten mich im Wasser, tauchten nach mir und es dauerte eine ganze Weile, bis sie mich in der Grube entdeckten. Die Rettungsaktion war kein leichtes Unterfangen, denn ich musste aus der Tiefe herausgeholt werden. Ein Abschleppseil wurde herbeigeholt. Jörn ließ sich abseilen, dann zogen uns alle mit vereinten Kräften nach oben. Meine Nase war halb aufgeschnitten, das Blut lief in Strömen, meine rechte Hand hing wie ein Waschlappen, also war eine Fahrt zum Arzt nach Abidjan unumgänglich. Was für ein Tohuwabohu!

Das nächste Erlebnis reihte sich gleich anschließend an, da die Klinik in der Hauptstadt eher einer Schlachterei glich, als einem Krankenhaus. Hatte ich in Tunesien schon allerhand Schlimmes gesehen, war ich hier der Verzweiflung nahe. Das Blut stockte mir in den Adern, denn Wände und Decke waren blutverschmiert, dreckig, Leichen lagen am Rande des Flurs, im OP schrien sie wie wahnsinnig. Unheimlicher konnte es nur in der Hölle sein!

Ein Arzt war nicht zur Stelle, Jörn holte ihn von einer Party, dementsprechend war er angeheitert, um nicht zu sagen volltrunken, aber lachend schaute er mich an, nahm eine Nadel mit Faden und nähte mit 8 Stichen meine Nase zusammen. Ich habe die Englein singen gehört, hörte aber den Trost: „Es wird schon wieder alles gut!" Einen dicken Gips gab es für den rechten Arm und erst früh kamen wir nach Hause, wo die Kinder schon warteten, mich sahen und zu weinen begannen. Ich konnte sie schnell trösten, denn ich war ja noch am Leben. Alles hätte viel schlimmer ausgehen können.

Eine gute Organisation war jetzt nötig, denn wenn ich auch links ganz geschickt war, konnte ich doch so manche Dinge nicht perfekt erledigen. Hier erwies sich unser neuer Boy als wahre Perle! Auch Jörn versuchte zu helfen, die Frauen im Projekt zeigten sich plötzlich auch von ihrer netten Seite. Not schweißt zusammen, ein wahrer Ausspruch.

In unserem Projekt waren die Familien schon lange vor meiner Ankunft in Bonoua, Freundschaften hatten sich fest geschlossen, da wurden Neuankömmlinge sehr kritisch betrachtet und das Öffnen der Türen nur ungern, nicht freiwillig, zugelassen. Frau Strähler arbeitete im Büro, war also schon ausgeschaltet. Frau Büttner und Kuhnberger hatten sich gefunden und waren täglich am Tuscheln, da wollte ich auf keinen Fall stören. Kannte ich doch von früher solche Situationen und wusste ich von meiner inneren Ablehnung gegen das Getratsche. War ich doch schon durch meine Kinder, nicht zuletzt durch die Sonderstellung von Jörn, in das Outback gerutscht.

Jörn hatte die kommissarische Leitung des Projektes übernehmen müssen, weil der Projektleiter Herr Schilling unvorhergesehen nach Deutschland zurückbeordert worden war. So eine Berufung blieb nicht ohne Neider, und das bekamen wir deutlich zu spüren, machte uns aber keine Sorge, da wir beide schon immer Einzelkämpfer waren.

Mit der Zeit wurden Vorurteile auch abgebaut, denn die Wirklichkeit zeigte unsere Umgänglichkeit, besonders Jörn hatte eine Gabe, seine Mitarbeiter zu motivieren, sie zu begeistern und der Erfolg schwenkte die Stimmung zum Positiven.

Im Privaten wurden Einladungen hin und her ausgesprochen und so saßen wir viele Abende gemütlich zum Klönen zusammen, genossen die Tropennächte, die wirklich so schön waren, wie sie in den Romanen beschrieben werden.

Die Rückkehr zum Ort des Geschehens bei Tageslicht ließ mich erschauern, denn wie leichtsinnig war ich gewesen. Die Grube war nicht abgedeckt und tief unten war der Abstellhahn für die Wasserzu- und -abfuhr. Nach meinem Unglück war sie nun abgedeckt, denn viele Kinder planschten täglich im Pool. So auch unsere, denn sie freundeten sich mit den Kindern der Familie Leutwieler und Erb an, daher wurde der Besuch auf dem Hügel oft und gerne wiederholt. Das Baden war die Erfrischung pur, oft waren die Kinder gar nicht aus dem Wasser zu kriegen. Das Leben fand am Pool statt. Selbst ich konnte dem Wasser nicht widerstehen, wickelte meinen Gips in Plastik ein, verklebte ihn kräftig, legte den Arm auf einen Schwimmring und tauchte ab. Ein herrliches Leben begann.

Wir hatten oft schon von dem Luxus gehört, der von der Industrie für ihre Auslandsmitarbeiter gestellt wurde, denn nur zufriedene Menschen bringen die gewünschte Leistung, verbunden mit dem Einsatz für das Unternehmen. Dagegen war unsere GTZ knauserig, sie tat für ihre Mitarbeiter gar nichts, ließ sie oft sogar im Stich und wunderte sich anderseits über unnötigen Alkoholkonsum und flatterhaftes Leben. So waren auch die Häuser auf dem Hügel sehr nett eingerichtet, die Zimmereinteilung gelungen geplant und das Wohnen hoch über dem Urwald jeden Tag ein neues Erlebnis. Das Wasserbassin für die Fabrik als Pool für die Mitarbeiter gestaltet, einfach eine großartige Planung!

Angeregt durch dieses Vorbild forderten wir Frauen nun auch für unsere Projekthäuser die Fertigstellung, forderten etwas Wohnkultur, geschickte Aufteilung und vor allem Fenster und Türen aus Glas. Das gelang uns! Mit Hochdruck wurde gebaut, gezimmert, ausgestattet, und als der Umzug kam, waren wir alle eine begeisterte glückliche Familie.

Aber noch war es nicht so weit, noch wohnten wir in der Dorfsiedlung und mussten einige Erfahrungen sammeln, auf die ich gerne verzichtet hätte. Im Nachbarhaus jammerte ein Säugling Tag und Nacht, ich konnte es kaum mehr ertragen, bot Hilfe an, wurde aber zornig zurückgewiesen. Ich bat Jörn um Hilfe, aber auch er hatte keine Handhabe, um dem Elend ein Ende zu bereiten. Es dauerte fast 2 Wochen, das Jammern wurde immer leiser, mir krempelte die Seele den Magen um und hilflos hörten wir dem Sterben zu. Noch heute liegt die Last auf mir, doch gegen eine Naturreligion konnten wir nicht eingreifen. Der Säugling war als Steißgeburt auf die Welt gekommen, damit zum Sterben verurteilt. Gleiches erlebte ich viele Jahre später in Togo, wo diese Kinder in den Wald gebracht wurden. Unmenschlich für einen Europäer, aber ganz natürlich für einen Afrikaner. Nur die Gesunden und Starken haben in diesen Ländern eine Chance zum Überleben. Das machte mir die Afrikaner nicht liebenswürdiger, im Gegenteil, noch größeres Misstrauen brachte ich ihnen entgegen. Das war gut, denn nur langsam bekam ich ein Gefühl für gute oder böse Menschen, konnte bald auch Jörn raten und habe ihn damit sicherlich vor vielen unguten Überraschungen bewahrt. Zusätzlich waren die Stammesfehden ein Problem für uns Europäer. Mordende Banden brachten viel Unruhe in die Gegend, die Soldaten wurden auf den Plan gerufen, bekamen aber keinen Frieden zustande, jedoch bewahrten sie uns vor unliebsamen Übergriffen.

Als dann noch die Cholera mit vielen, vielen Toten zum Ausbruch kam, hatte die deutsche Kolonie richtig Angst, packte die nötigsten Sachen zusammen und war startklar zur Flucht. Immer wieder versammelte sich die Bevölkerung zu langen Trauerzügen, die stampfend, wütend, trauernd an unseren Häuser vorbeizogen, um ihre Toten in den Fluss zur ewigen Ruhe zu betten. Ein Funke hätte genügt und die Menge wäre auf uns losgegangen, denn die Krankheit gab es in Afrika noch nicht und wurde von den Fremden eingeschleppt. Grund genug auf uns wütend zu sein und Rache zu üben, aber alles verlief zu unserem Glück ruhig. Schrecklich war es doch.

Wir versuchten Impfmittel herbeizuschaffen, aber das war nur ein Tropfen auf dem heißen Stein, die Mengen, die wir hätten benötigt, waren nicht verfügbar. Und doch war alles besser, als nichts zu tun. So versuchte auch ich in der PMI-Station zu helfen, jedoch nicht ganz ohne Angst einer Ansteckung. Ich vertraute auf unsere Impfungen im Vorfeld zur Ausreise. Auch diese schlimme Begebenheit ist glimpflich ausgegangen.

Der Ausbruch der Regenzeit veränderte auch unser Leben schlagartig, nicht nur weil 100 ml Regen innerhalb einer Stunde auf uns niederprasselte, alles unter Wasser setzte, nein, weil die gravierenden Fehler durch die Rodung des Urwaldes plötzlich erkennbar wurden, die verheerende Vernichtungen im Dorf und bei der Bevölkerung brachten. Hatte zuvor der Urwald die Wassermassen aufgefangen, so konnten die Ananasfelder nur einen Bruchteil der Menge aufnehmen, der Rest sammelte sich zuerst in kleinen Rinnsalen, dann in kleinen Bächen, die zunehmend stärker wurden, zu Flüssen anschwollen und unter sich alles begruben, was sich ihnen in den Weg stellte. Wir sahen ganze Hütten davonschwimmen und Menschen, die sich schwimmend in Sicherheit bringen konnten, doch einige schafften das nicht. Diese Not wäre nicht entstanden, wäre man bei der Urbarmachung nicht so radikal vorgegangen, denn man bedenke, dass 1.000 ha Urwald gefällt und Plantagen mit Ananas angepflanzt wurden. Jörn zog seine Konsequenz aus dem Erlebten. Ab nun wurde der Urwald streifenweise belassen und in Abwechslung mit den Feldern gab es nie wieder solche entsetzlichen Überschwemmungen. Aber auch andere Probleme bereiteten Jörn Schwierigkeiten, die schweren Lastkraftwagen versanken in dem Schlamm, ohne Hilfe kamen sie nicht mehr raus. Sie waren für feste Straßen und nicht für Pisten geeignet. Die Trecker ohne Allradantrieb schafften ihre Arbeit nicht, selbst die Dienstautos waren keine Geländewagen und ein Durchkommen auf den Pisten während der Regenzeit unmöglich. Jörn kämpfte an allen Fronten und wieder einmal bestätigte sich die Tatsache, dass die Projektplanungen im Vorfeld ungenügend waren. Ist das Kind erst einmal in den Brunnen gefallen, ist der Schaden groß, fast nicht mehr zu retten.

Ein weiterer Regentag überraschte die Kinder, sie waren mit Regenjacken, Gummistiefeln und Kopfbedeckung unterwegs zu ihren Freunden, als sie eingefangen, ausgeraubt und nur im Unterhöschen heulend, schreiend nach Hause kamen. Waren wir auch noch so schnell, von den Sachen haben wir nichts mehr gesehen, von den Afrikanern auch nichts. Anderseits waren wir froh, dass unseren Kindern nichts Schlimmeres passiert war!

Meine Fäden an der Nase hatte ich mir schon selbst gezogen, doch nun musste der Gips ab, eine Fahrt in die Klinik war unumgänglich. Was war ich froh! Nun hatte das Jucken unter dem feuchten Gips ein Ende und erstaunlicherweise war meine Haut gar nicht so schlimm angegriffen, wie ich befürchtet hatte. Auch das Kapitel konnten wir mit Glück abhaken.

Mit gleicher Fahrt holten wir unser neues Auto aus der Werkstatt, war es doch schwer beschädigt vom Schiff gekommen, nun aber stand es wie neu zur Abholung. Meine erste Fahrt an der Elfenbeinküste fuhr ich langsam hinter Jörn her, denn mein Arm hatte noch keine Kraft, außerdem traute ich dem Frieden nicht. Das sollte sich aber schnell ändern, die Normalität und das Leben kamen zurück. Nach einem verpassten Start startete ich nun noch einmal durch. Besuchte Abidjan auch ohne Jörn, denn Familie Boll, Wirtschaftsattaché der Botschaft, hatte Gefallen an uns gefunden. Die Kinder spielten herrlich miteinander. Wir verabredeten uns auch mal zum Treffpunkt im Schwimmbad, für die Kinder eine schöne Abwechslung, da viele Kinder zum Toben anwesend waren. Unsere Kontakte nach Abidjan wurden intensiver, das freute mich sehr, denn die Familien in unserem Projekt waren doch recht eigenartig, niveaulos, teils richtig primitiv, dagegen waren die Familien in der Stadt doch eine andere Klasse.

In kurzer Zeit hatten wir eine nette Clique, wir trafen uns zum Bowling, mal zur Party, mal zur Bootsfahrt und vieles mehr. Eine Einladung zur Eislaufschau wurde zum richtigen Erlebnis. Nicht nur die Tatsache, dass man mitten in den Tropen eine Eisfläche bereitete, nein, schon unser Aufwand, in Pullovern und Decken eingemummelt, war zum Schmunzeln, aber als dann auch noch der Clown auf meinen Schoß kletterte, mit mir zur Freude aller schmuste, mir rote Ohren wachsen ließ, den weiteren Abend mit mir schäkerte, machte mich ganz verlegen, doch die restliche Clique konnte sich vor Lachen kaum einkriegen. Wir erlebten einen kalten, aber lustigen Abend, denn anschließend mussten wir uns kräftig aufwärmen und womit geht das am besten? Leckere Getränke, ja, getrunken wurde immer sehr gut.

Schon zu Anfang begeisterten Jörn die Einbaum-Fahrer auf den Flüssen. Mit einer Geschicklichkeit, Leichtigkeit und ungeheurem Tempo waren die Afrikaner unterwegs, transportierten flussauf- und -abwärts, aber auch über die Lagunen, von denen gab es bei uns viele, eigentlich waren wir vom Wasser umschlossen. Sein erster Versuch, solch einen Einbaum im Gleichgewicht zu halten, schlug natürlich unter Gelächter der Einheimischen fehl. Das stachelte seinen Ehrgeiz an und nach vielen Abstürzen konnte er sich ganz gut über Wasser halten, doch sicher sah das nicht aus! Einen Fahrversuch mit den Kindern untersagte ich streng. Aus dem Grunde freute ich mich über die Einladungen nach Abidjan, denn hier fuhren wir mit dem Motorschiff über die Lagunen, die Kinder durften steuern, eine große Freude für sie. Überhaupt machte das Bootfahren viel Spaß, so war es naheliegend, dass ein Kaufangebot eines Flitzers mit einem Merkurmotor über 65 PS in die Freizeitplanung mit eingebaut wurde. Im Projekt und bei den Fabrikkollegen fanden wir begeisterte Anhänger, 3 Boote wurden gekauft, sozusagen eine ganze Flotte wurde im Hafen von Bonoua festgemacht. Jedes Wochenende gab es Ausflüge per Schiff, wir eroberten das Land von der Wasserseite, erlebten Schlangen und Krokodile, hatten Motorschäden mit aufregendem Ausgang. Eigentlich waren wir alle recht leichtsinnig, eben jung und unerfahren!

Das konnte Vater Schreiber auch bestätigen, er kam uns am 19. 12. 1970 besuchen. Mit ihm feierten wir Weihnachten in den Tropen. Er flog mit einer Reisegesellschaft, hatte sein Quartier im Intercontinental Hotel in Abidjan bezogen, kam aber auch zu uns aufs Land. Jörn zeigte ihm stolz sein Projekt, denn zwischenzeitlich war er befristeter Projektleiter, mit allen Befugnissen ausgestattet. Die Kinder begeisterten den Vater Schreiber, er war sehr stolz auf die Rasselbande. Staunte nicht schlecht über die Fortschritte der Jungs, die sie seit März zurückgelegt hatten, ließ sich von der frohen, lustigen, unbekümmerten und aufgeweckten Art anstecken. Verlebte dadurch herrliche Ferien bei uns, hatte Unmengen zu erzählen und das tat er mit Vergnügen!

Schwiegervater zu Besuch

Kurz danach waren unsere Häuser endlich fertig, über den Umzug in die neue Wohnsiedlung freuten sich alle sehr. Sie lag am Rande des Dorfes, ein bisschen höher gelegen, sodass sich vor und unter uns der Urwald mit seinem satten Grün bis zum Horizont ausdehnte. Eigentlich ein bisschen unheimlich, aber so sind die Tropen. Das Klima lässt üppiges Wachstum zu und im Schutze des Waldes leben die Tiere in ihrer Welt.

Oft saß ich abends alleine auf der großen Terrasse und ließ mich von dem Urwald verzaubern. Alleine der tropische Nachthimmel hat seinen Zauber, denn viel mehr Sterne leuchten, geben der Nacht ihren Glanz. Die Luft ist feuchtwarm, satt und die Geräusche aus dem Urwald sind so umfangreich, fremdartig, unheimlich und geben der Nacht eine Geräuschkulisse besonderer

Art. Die Welt der Tropen ist so üppig, so aufreizend, so erfrischend und belebend. Schade, dass Jörn keine Zeit, keine Geduld, kein Feeling für die Herrlichkeiten hatte. Für ihn stand die Arbeit, die Leistung im Vordergrund und doch hätte man im Leben Zeit für das Außergewöhnliche finden müssen. Alleine die Tierwelt konnte einen in Staunen versetzen, waren es nicht nur die fliegenden Insekten, die im Schein des Lichtes auf die Terrasse aufsetzten, besonders die dicken Hirschkäfer mit dem festen Panzer schlugen wie kleine Bomben ein, ganz zur Freude der Jungs, die sie wieder auf die Beine zum Abflug brachten. Das Stimmengewirr aus dem Urwald erzählte Geschichten und man konnte sich das Getümmel in dem Wald genau vorstellen, Affen sprangen von Baum zu Baum, von Wipfel zu Wipfel, beschimpften sich, kämpften gegeneinander, versöhnten sich, schlossen Frieden. All das hörte man an den Stimmen aus dem Wald. Fast wie im richtigen Leben ging es um Sieg oder Tod.

Mit der neuen Behausung waren wir auch in der Lage, Gäste zu empfangen, und gerne kamen die Stadtfamilien zur Landparty. Natürlich hatte ich wieder ein gemütliches Zuhause geschaffen, wenn auch nur mit einfachen Mitteln und ohne Wert, aber was wollten wir mehr? Wir waren ja immer sparsam, auch wenn der Kauf des Bootes nicht gerade danach aussah, versuchten wir dennoch unser Polster auf der Bank aufzublasen. Das gelang uns prächtig, denn der Haushaltszuschlag und der Kaufkraftausgleich, dazu die Gehaltserhöhung von Jörn als Projektleiter klingelten ordentlich. Haushaltsausgleich, verbunden mit Kinderzuschlag, war mein Verdienst, denn nur weil wir die Strapazen auf uns nahmen, bekam Jörn die Zuschläge, denn die GAWI, jetzt GTZ genannt, sorgte so dafür, dass möglichst viele Familien die Entwicklungshelfer begleiteten, damit wurde ein ordentlicher Lebenswandel ermöglicht.

Einen kleinen Nebenverdienst, 900,- DM, steuerte ich durch das Schreiben von Briefen bei, denn Jörn wollte seine Dienstpost nicht von Frau Strähler schreiben lassen, da sie schon mit den Arbeiten im Projekt überfordert war. Es schien alles zum Besten. Jörns Wankelmütigkeit und seine Stimmungseskapaden sortierte ich in die Rubrik Überanstrengung, Überforderung und Nervosität ein. Besonders die Kinder machten ihm zu schaffen, meine Versuche, sie möglichst fernzuhalten, scheiterten meistens, denn die Kinder liebten ihren Vater und waren bei seinem Kommen wie toll.

Eine Entspannung brachten die sonntäglichen Schiffsfahrten, die wir gemeinsam mit Kollegen und Freunden unternahmen, da musste er mit, eine Arbeitsruhe war nötig, auch um neue Kraft für die Woche zu sammeln. Bei einem dieser Ausflüge bogen wir von dem Fluss Komoe in Richtung Abidjan links ab und landeten nach langer Fahrt in einer weiten Lagune, die am Ende Anschluss zum Meer hatte. Vor einer Ausfahrt wurden wir gewarnt, denn weit draußen würde uns eine gewaltige Welle erwarten. Nur gut, dass wir ortskundige Führer hatten. Die Lagune war also teils mit Meerwasser angefüllt, für die Krokodile kein gemütliches Gewässer, für uns dagegen schon! Wir schauten uns um und ein Blick auf die schmale, mit Palmen bewachsene Landzunge ließ unser Herz höher schlagen. Postkartenähnlich sahen wir das Meer und einen unendlich weißen, leeren Sandstrand. Das war es. Wir zurrten die Boote fest und eroberten unser Paradies. Eingeborene kamen natürlich angelaufen und schnell wurden wir uns einig. Sie bauten uns Palmenhütten, die wir jeden Sonntag bewohnten. Unsere Boote ließen wir im nächsten Hafen ankern, Aufpasser und Betreuer waren schnell zur Stelle. Der Deal war perfekt, denn „Assini", so nannte man den Ort, war mit dem Auto von unserem Projekt gar nicht weit. Der Strand war perfekt, die riesigen Wellen brachen weit draußen, sodass wir ruhiges Wasser zum Planschen für die Kinder hatten, natürlich auch für uns.

Wenig später hatten die Afrikaner uns einen Tisch mit Bänken erbaut, perfekt für die Skatrunde der Männer, während wir Frauen für Essen, Vergnügen und Kinder zuständig waren. Es war eine herrliche Runde, wir hatten viel Spaß, nette Gesellschaft, das Leben schien wundervoll. Da draußen vergaß man alle Sorgen, jedes Theater, alle Probleme. Man war in einer völlig anderen Welt. Langweilig wurde uns dieses Leben nicht, denn hin und wieder kamen Gäste. Das Bootfahren wurde mit Wasserskifahren erweitert. Ehrgeizig zeigte jeder sein Können. Da war ich als einzige Frau mit von der Partie, rettete die Frauenehre und war gar nicht so schlecht, beherrschte recht schnell sogar Monoski, sprang über die Wellen, machte eine passable Figur, auch wenn je nach Tempo und Länge der Fahrt das Skifahren sehr anstrengend wurde.

Hatte Jörn mich im Schlepptau, dann musste ich mich auf allerlei hässliche Überraschungen vorbereiten, entweder ließ er mich am Seil verhungern, sodass ich langsam unterging, ehe er wieder Tempo aufnahm, da hieß es stabil bleiben, um wieder nach oben zu kommen, oder er fuhr dicht an das gegenüberliegende Ufer, wo die Krokodile zu Hause waren. Sie warteten auf so einen leckeren Bissen. Bei solchen Attacken hatte er seine größte Freude, die Clique allerdings verurteilte seine Art und schüttelte die Köpfe. Meine Eltern erlebten das Spiel live mit, meine Mutti war außer sich, mein Vater mahnte Jörn.

Ja, meine Eltern besuchten uns an der Elfenbeinküste, nachdem Vater Schreiber so geschwärmt hatte. In seinen Berichten hatte er das anstrengende Klima unterschlagen, so wurde für meine Mutti die Reise zu einer Strapaze und ihr Kreislauf spielte verrückt. Da blieb sie doch lieber bei den Kindern, während Vater, ich und Jörn eine Rundreise durch das Land verlebten. Die Kinder waren glücklich, hatten sie doch ihre liebe Oma ganz für sich.

Die Reise war mehr als abenteuerlich, unheimlich, gefährlich und doch interessant. Wir fuhren auf einer breiten Sandpiste durch das Gebiet der Kannibalen und das Bewusstsein, dass es hier keine Friedhöfe gab, machte uns die Durchfahrt nicht vertrauenserweckender. Wir beeilten uns und freuten uns auf den Nationalpark, ein sicherer Ort, denn bei der Einfahrt und Ausfahrt wurden wir mit Pass und Autonummer registriert. Wir sahen viele Tiere in freier Wildbahn und die Begeisterung nahm kein Ende, leider drängte die Zeit, da wir vor Dunkelheit unser Quartier finden mussten. Dort waren wir die einzigen Gäste, wurden am äußeren Ende einquartiert, das nicht grundlos, denn des Nachts versuchten Banditen unser Auto aufzubrechen. Vor lauter Angst schlief ich nicht, das war unser Glück, laut weckte ich Jörn, der noch lauter in die Nacht hineinbrüllte. Wir sahen sie laufen und wir packten unsere Sachen, kamen dadurch früh und rechtzeitig zu den Flusspferden, die auf dem Weg ins Wasser waren. Riesige Kolosse trabten an uns vorbei. Elefanten, Affen, Löwen trafen wir an, konnten sie bestaunen. Es war ein besonderes Naturerlebnis. Die ganze Reise ist mir noch gut im Gedächtnis, nicht nur durch die angetroffenen Menschen, sondern auch die erlebten Momente gruben sich ein. Wir fuhren fast 2.000 km bei der Rundreise an der Elfenbeinküste, nur Sandpisten, bergauf, bergab, in der Sonne, im Schatten, über Brücken aus Stein und Holz. So kamen wir im Schatten den Berg hinunter, unten im Tal sollte es über das Wadi mit Brücke wieder bergauf gehen. Im letzten Moment sahen wir, dass die Brücke von Wassermassen zerstört und weggerissen war. Jörn zeigte Reaktion, eine Bremsung hätte er nicht mehr geschafft, er gab Gas und wir flogen über den Bach, landeten unsanft, aber heil. Es war still im Auto, der Schock saß, meines Vaters Kommentar: „Nur Fliegen ist schöner!" Welch ein Glück hatten wir! Welch ein Können von Jörn! Er war eben doch ein Rallyefahrer!

Der Besuch meiner Eltern war viel zu kurz, doch mehr Urlaub hatte Vater nicht, wollte er doch im Sommer mit seinem Boot in Deutschland auf Tour. So gingen die Briefe wieder hin und her, Päckchen mit nützlichen Dingen erreichten uns zur Freude der Jungs, denn immer waren Überraschungen dabei. Uns ging es gut.

Jörns Geburtstagsfeier wurde in Form einer Strandparty abgehalten und alle kamen. Das war eine gelungene Organisation meinerseits, ich war in Schwung, alles war perfekt. Eine Bombenstimmung mit Tanz am tropischen Strand, gutem Essen und Trinken. Nachtlager für alle in den Hütten. Am Morgen wartete ein leckeres Frühstück mit duftendem Kaffee auf die Gäste. Hatte ich die Nacht bis in den Morgen getanzt, war ich, als alle schliefen, mit dem Boot zum Hafen, mit dem Auto nach Hause gefahren, mit unserem Boy Konate war das Frühstück schnell bereitet, dann ging die Fahrt zurück, um rechtzeitig die Gäste verwöhnen zu können. Von dem Strandfest sprach man noch lange!

Wir feierten viele Partys, denn die Tropen mit den lauen Abenden, dem wunderschönen Sternenhimmel, den leicht schwingenden Palmen, vielleicht noch das Meeresrauschen, dazu die Sonne, der Strand, die Bräune am Körper, alles Zutaten für ein intensives Lebensgefühl. Ich war seit eh und je sehr romantisch und ließ mich von der Tropenwelt anstecken, auch von den netten Tänzern ließ ich mich gerne berauschen nach dem Motto: „Appetit kann man sich holen, gespachtelt wird zu Hause."

Ja, es war eine herrliche junge Zeit, die ich nicht missen möchte.

Jörn war zu angespannt, um auch einmal loszulassen, schade für unsere Ehe, aber ich entschuldigte sein Verhalten, hatte Verständnis, wusste ich doch auch, dass er für die Frauen im Allgemeinen nicht sehr viel Einfühlungsvermögen hatte. Dennoch genoss ich die heißen Nächte, machte mich immer schick, nähte mir wirklich aufregende Kleider mit langen Seitenschlitzen, tiefen Ausschnitten, rückenfreie leichte Abendkleider, tolle Hosenanzüge, fühlte mich begehrt und war glücklich.

Eine glückliche Mutti war auch ein Segen für die Kinder, denn auch mit ihnen war ich aktiv, wir unternahmen Ausflüge, besuchten andere Kinder, was wieder unsere Trabanten mit Freude genossen. Haushaltsfragen erledigte ich eigenständig, denn auf Jörn brauchte man nicht zu warten, ihm war das Vorwärtskommen des Projektes viel wichtiger. Und doch musste er mit Rückschlägen rechnen, die kamen unverhofft und trafen ihn heftig.

Ein neuer Projektleiter wurde angekündigt, angeblich auf Drängen der Regierung und aus Gründen der Akzeptanz musste ein Studierter oder gar Dr. dem Projekt vorstehen. Ein Herr Dr. Michel kam ins Projekt. Das musste Jörn wohl auch akzeptieren, auch wenn es bitter war. Er und später sein Assistent, beide wurden von mir versorgt, d. h., sie frühstückten, aßen Mittag und Abend bei mir, Vollpension. Eine gewaltige Mehrarbeit für mich und meinen Boy, der kurzerhand das Handtuch warf und kündigte.

Alle Belastung lag auf meinen Schultern, und wie ich aus den Briefen nach Hause entschlüssele, waren meine Nerven nach 4 Wochen ziemlich angeknackst, denn Jörn leistete auch weiterhin volle Arbeit. Die Hoffnung auf Erleichterung und auf ein gemütlicheres und stimmungsvolleres Leben blieb aus, denn der Neue kümmerte sich um die Administration, war viel unterwegs und ließ Jörn sich weiterhin mit allen Problemen herumschlagen. Die Arbeit machte Jörn keinen Spaß, das Projekt kam ins Straucheln, die Ananasanlieferung in die Fabrik lief nicht wie früher. Herr Frenzel, Leiter der Fabrik, wollte Jörn zurück. Ein bitterer Kampf entbrannte zwischen den beiden Projektleitern. Jörn war froh nicht involviert zu sein, wir hielten uns neutral, begegneten uns privat auf allen Festen, spielten weiter Skat miteinander, versuchten unser Leben in Frieden zu leben.

In Jörn brannte natürlich ein Feuer, um das zu löschen, suchten wir nach Wegen, die in Richtung Ausbildung, sogar Studium gingen. Wir schrieben Briefe an die Universitäten, an die Ministerien, baten um Unterstützung bei der GTZ und stießen bei allen auf wohlwollende Beurteilungen, hatte Jörn doch bis dato gute Arbeit geleistet und die Anerkennung war ihm sicher. Ein schönes Gefühl – hätte er viel intensiver genießen müssen. Seine Ungeduld, die Elfenbeinküste verlassen zu können, spürten wir alle, zumal der neue Projektleiter ein sehr komischer Kauz war. Er zäunte sein Haus mit Strohmatten blickdicht ab, was nicht sehr verwunderlich war, da plötzlich sein Assistent Herr Behr angereist kam. Na Mahlzeit! Unser nettes Zusammenleben mit den Projektfamilien bröckelte langsam in sich zusammen, auch die Arbeit ging nicht mehr Hand in Hand, es war ein Trauerspiel. Wir beantragten Heimaturlaub.

Doch bevor wir fahren konnten, fuhr die Familie Leutwieler nach Deutschland. Sie fanden keinen Besseren als mich zur Betreuung ihres Hundes „Tanga", einen Boxer. Er kannte uns, wir kannten ihn, die Kinder waren ganz begeistert und ich willigte ein. Trug damit die volle Verantwortung. Wie schon früher erwähnt, werden die Hunde im Ausland rassistisch und so war es nicht verwunderlich, dass unser neuer Hausbewohner eine Aggression gegen unseren Boy hatte. Die anfänglichen kleinen Attacken waren nicht ernst zu nehmen, doch mit der Zeit begannen die beiden eine rechte Feindschaft. Unser Boy hatte auch die Aufgabe, den Rasen zu mähen, und das wurde mit einer schwungvollen Machete erledigt, was wiederum unser Boxer als Spiel ansah, weshalb er freudig zu springen begann. Unser Boy war außer sich, jagte ihn weg, doch er gab keine Ruhe. Wie der Teufel es so will, verletzte der Gärtner unseren Pensionsgast. Die Machete schnitt tief durch den Fuß, das Blut floss, der Hund heulte vor Schmerzen, konnte nicht mehr laufen. Was tun? Mein Puls schlug, doch mein Verstand arbeitete, ich band erst einmal das Bein ab, um das Verbluten zu verhindern, aber damit wurde die Zeit knapp, alleine die Fahrt zum Tierarzt nach Abidjan dauerte bei einer Raserei mindestens 45 Minuten, ich musste es schaffen! Hund ins Auto, Kinder in die Obhut von Konate und schon raste ich los.

Damals gab es kein Handy, kein Telefon, man war auf sich gestellt. Nach 30 Minuten lockerte ich den Druckverband um eine Kleinigkeit, raste weiter, so schnell ich konnte. Ja, ganz schön unvorsichtig, denn eigentlich ging es ja nicht um Menschenleben. Ich kannte den Weg und kam schneller als gedacht in die Praxis, wo unser Patient mit viel Liebe und Mühe operiert wurde. Mit ein bisschen Hoffnung konnten wir eine gute Heilung erwarten, denn die durchtrennte Sehne war ordentlich zusammengenäht worden. Ich pflegte unseren Patienten mit viel Liebe, er dankte es mir, wurde wieder richtig gesund und wir waren ein Herz und eine Seele, er wollte zu seinem Herrchen gar nicht mehr zurück. Er wollte bei uns bleiben und nutzte jede Gelegenheit, von zu Hause auszubrechen und zu uns zu kommen. Selbst aus dem fahrenden Auto sprang er, sobald er mich entdeckt hatte. Das war Liebe und tat richtig weh!!

Der Hund von Familie Büttner, ein deutscher Dobermann, hatte keinen guten Draht zu uns, er war auf Fred sehr eifersüchtig, dennoch waren wir sehr erschrocken, als er beim Spielen Fred ins Gesicht biss. Manfreds Verletzung war Gott sei Dank nicht so schlimm, jedoch hätte der Biss schlimme Folgen haben können.

Frau Büttner hatte keine eigenen Kinder, daher die Liebe zu Fred ganz verständlich, er war ein goldiges Baby. Jeden Morgen, bewaffnet mit seinem Fläschchen, noch im Schlafanzug, machte er sich mit strahlenden Augen auf den Weg zu „Tante Butter". Kein Regen, kein Sturm bremste ihn.

Nach der Attacke des Hundes versuchten wir ein bisschen Abstand zu wahren. Nicht lange, dann hatte Frau Büttner ein Affenbaby. Das war eine kleine Sensation, alle deutschen Kinder waren begeisterte Zuschauer und Spielkameraden, aber auch die Erwachsenen hatten ihre Freude an dem kleinen Affen. Alles, was klein ist, ist niedlich und süß, aber es kommt auch eine andere Zeit, oft schneller, als man denkt. So wurde aus dem kleinen Affen ein gefährlicher Raufbold, der gerne biss, kratzte, auch ernstlich böse wurde. So ist das Leben.

Ein anderes tierisches Erlebnis schockte mich zutiefst. Mein Entsafter in der Küche hatte unerwartet einen Kurzschluss. Ich öffnete ihn, um den Fehler zu erforschen, als ich plötzlich von Millionen Kakerlaken überhäuft wurde. Aus allen Ritzen, aus der Isolierung der Stromdrähte krabbelten die ekelerregenden Viecher. Geschockt stand ich starr, doch dann jagte ich mit dem Entsafter nach draußen, kippte Benzin darüber und ein lautes Knacken und Knistern zeigte das Sterben der Kakerlaken an. Das war die Quelle allen Übels, es war die Brutstätte im Haus, die ich schon immer gesucht und nicht gefunden hatte. Kakerlaken in den Tropen sind gefährliche Krankheitsüberträger, sind nachtaktiv und kaum zu vernichten. Das hatte nun ein Ende.

Unsere Pläne reiften, unerwartet flog Jörn nach Deutschland, nutzte die freie Zeit, sich nach Studienmöglichkeiten umzuschauen und sich zu informieren. Die Aussichten zeigten sich nicht sehr rosig, da die Schulzeugnisse noch einmal hervorgeholt wurden, die Leistungen mit unterem Level erlaubten auf regulärem Weg keine Studienzulassung. Jetzt hieß es kämpfen!

Mein Vater wurde involviert, er fuhr zu den Professoren, gab persönlich die Bewerbungen ab und suchte mit uns nach Wegen der Machbarkeit.

Die Absagen der Universitäten nervten. Die Stimmungen im Projekt und in der Familie glichen einem Weltuntergang, meinen Geburtstag im Mai 1971 vergaß Jörn komplett, die Tendenz der Missachtung war schon lange zu spüren, Geschenke wurden seit eh und je nicht geschenkt, kleine Überraschungen gehörten nicht zu uns. Was ich wiederum sehr schade fand, denn ohne Liebe konnte und kann ich nicht leben. All das entschuldigte ich immer wieder mit der Begründung der vielen Arbeit, mit dem Stress, Sorgen und Kummer. Meine Versuche, hier entgegenzuwirken, schlugen fehl, endeten mit vielsagenden Versprechungen, die wie immer für die Katz waren.

Mein Glück lag bei den Kindern, sie waren mein Sonnenschein. Lebendig und immer gut gelaunt hielten sie mich in Schwung, denn ihr Temperament, ihre Unternehmungslust, ihr Ideenreichtum, ihre Schnelligkeit ließen mich den Tag im Trab verbringen.

Und hatte ich darüber einmal Zeit für mich, nähte ich mir schicke Kleider und Anzüge mit französischer Raffinesse, suchte mir dazu die passenden Accessoires, galt als die hübscheste Frau auf dem Projekt, wurde von den Männern bewundert, von den Frauen beneidet – aus welchen Gründen auch immer!

Unser Kontakt nach Abidjan, auch gesellschaftlich, wurde immer intensiver. Einladungen zu Feiern, Partys auf den Schiffen der großen französischen Reedereien waren nicht selten, waren extravagant und exklusiv. Die Landung des ersten Passagierschiffes mit deutschen Touristen wurde besonders gefeiert. Am Tag hatten wir Frauen Arbeitseinsatz und durften die Deutschen durch Abidjan führen, mussten über Land und Leute erzählen. Obwohl ich noch immer schüchtern war, hatte ich eine ganze Traube von Gästen um mich geschart, sie ließen nicht locker, wir erlebten einen herrlichen Tag.

Dass unser Leben im Ausland nicht nur einfach war, sondern auch Gefahren mit sich brachte, erlebten wir eines Morgens gegen 4 Uhr. Wir gerieten direkt von einer heißen Schiffsparty in eine

Polizeikontrolle. Ein Bankeinbruch war verübt worden, alle Straßen abgeriegelt. Militäreinsatz und Polizei zeigten ihre Macht. Jörns sonst lässige Art zeigte diesmal keine Wirkung, ganz im Gegenteil. Eine Festnahme konnte nur durch den persönlichen Einsatz des Ministers verhindert werden. Welch ein Glück!! Das war knapp, ich zitterte wegen der Kinder, die ja allein schlafend in Bonua waren.

Die Willkür eines Staates hatten wir kennengelernt. Der Schrecken grub sich tief in die Seele.

Ein schwerer Unfall des Topografen trug zu der sinkenden Stimmung bei. Wir hatten ihn tagelang gesucht, entdeckten ihn tief im Busch, ausgeraubt, geplündert. Wir konnten nichts mehr für ihn tun. Er war von der Fahrbahn abgekommen, der Urwald hatte seine Fahrschneise schnell geschlossen. Wir fuhren alle langsamer!

Meine Tätigkeit als Bürokraft wurde von Herrn Dr. Michel nicht gekündigt, ich war stolz auf meine kleine Nebentätigkeit und das damit verbundene Taschengeld. Auch wenn ich sehr sparsam war, so gönnte ich mir doch mal eine Kleinigkeit als Trostpflaster.

Die Arbeitsmoral im Projekt sank Tag für Tag, die Mitarbeiter warteten auf eine Übernahme von Herrn Dr. Michel, der aber keinen Blick für die Projektleitung entwickelte, im Gegenteil, er fuhr täglich nach Abidjan zu angeblich dringenden Verhandlungen. Jörn fuhr nur mit halber Kraft, erledigte seine Arbeit mit halbem Herzen, was verständlich war. So dauerte es nicht lang, die Anlieferung der Ananas in die Fabrik kam ins Stottern, der Eklat war vorprogrammiert.

Mit der Unstimmigkeit wurden auch das Zusammenleben im Projekt und die Gesellschaft mit den Fabrikmitarbeitern in Mitleidenschaft gezogen. Wir trafen uns nicht mehr zu kleinen Geselligkeiten, wir sprachen kaum miteinander, die Erlösung kam mit der Bescheinigung zum Heimaturlaub. Die Ausreise erfolgte am 15. 8. 1971.

Für uns war es nicht nur ein Heimaturlaub, wir brachen unsere Zelte an der Elfenbeinküste ab, verkauften das Boot und Wohnungsgegenstände im Handumdrehen, packten unsere persönlichen Dinge und freuten uns auf Deutschland. Die Kinder jubelten, denn nun ging es zur Oma!!!

Zuvor wurden wir von der afrikanischen Regierung mit einem großen Empfang verabschiedet, als Geschenk erhielten wir vom Minister persönlich 2 Elfenbeinzähne, eine geschnitzte Frau für mich, einen Mann für Jörn. Sie bedauerten unseren Abschied sehr, denn Jörns unkomplizierte Art, seine guten Sprachkenntnisse und sein Wissen wurden geschätzt.

Jörns Arbeit für das Projekt, verbunden mit dem zügigen Aufbau, der Organisation und Durchführung wurde von dem deutschen Journalist Peter Scholl-Latour in einem großen Zeitungsartikel gewürdigt. Er prägte den Satz: „Ein Schreiber in der Cote d'Ivoire und sie ist fest in deutscher Hand!"

Unser Wegzug von der Elfenbeinküste hinterließ einen bitteren Nachgeschmack und sicherlich auch Narben. Hatte Jörn doch das Projekt ins Laufen gebracht, die Ananas-Produktion für Jahre gesichert, zur großen Zufriedenheit der Produktionsstätte. Herr Frenzel kämpfte um Jörn, denn nur mit ihm hatte die Fabrik eine gute Existenzchance. Es half aber nichts, die Bürokraten bei der GTZ in Bonn pochten auf einen Akademiker als Chef.

Das Resultat wurde uns später bekannt, die Fabrik wurde von den Chinesen übernommen und besteht noch heute. Man kauft noch immer Ananas aus der Cote'Ivoire von der Firma Siaka. Das am Rande, als kurze Information und als Lob für Jörn.

Studium 1972–1974

Währenddessen ging bei uns der Kampf um einen Studienplatz weiter. Bewerbungen von Kiel bis München wurden geschrieben, die Absagen mit Murren abgeheftet. Die Sünden einer schlechten Schulzeit holten Jörn ein, denn das Zeugnis zur Mittleren Reife hatte keine Versetzungsqualität. Ein Aufnahmetest und eine Intelligenzprüfung waren die letzten Strohhalme, an die sich inzwischen die ganze Familie klammerte. Ein Besuch in Kiel, bei unserem ersten Projektleiter, inzwischen Prof. Dr. Kretzschmar, brachte die Wende, denn seine guten Beziehungen zum Schleswig-Holsteiner Innenminister machten eine Zulassung zum Studium möglich! Die schriftliche Bestätigung überzeugte auch die Uni in Gießen, Prof. Boguslawski mit den Worten: „Was die können, können wir schon lange!" Der Immatrikulation stand nichts mehr im Wege.

Das 1. Semester begann.

Jörn suchte sich eine Studentenbude, landete in der Gartenstraße, dicht bei der Mensa und in der Nähe von meiner Tante Rena mit Onkel, Rechtsanwalt Gutschmidt. Kontakt wurde nicht geknüpft. Eigentlich verrückt! Für uns begann eine aufregende Zeit. Jörn verwandelte sich zum Studenten, die Kinder und ich genossen das Leben in Witzenhausen. Die Jungs ließen die Oma nicht mehr los, auch sie genoss das Zusammensein mit den Räubern, so nannte sie unsere kleine Meute. Auch mein Vater begann die Kinder zu lieben. Wir wohnten, wie schon zuvor in den Heimaturlauben, oben in den Internatsräumen. Wir hatten viel Platz, wenn auch ein bissen primitiv, aber das waren wir ja gewohnt.

Jörn dagegen hatte nette Erlebnisse mit den jungen Studenten, die ihn bei seinem ersten Auftreten in der Vorlesung mit dem

Professor verwechselten. Er fand aber noch zwei weitere „Alte", mit denen schnell eine Verbindung geknüpft war, da auch sie aus dem Ausland kamen und das gleiche Schicksal teilten. Es war der Beginn einer echten Freundschaft, die bis zur heutigen Zeit anhält. Das Zurechtfinden war im Dreierpack viel einfacher, machte bald richtigen Spaß und die lockere Stimmung half über den Lernstress hinweg. Mit 31 Jahren, aus dem vollen Arbeitsleben mit allem Stress, Anstrengungen, körperlichen Belastungen herausgerissen, war das Studieren eine echte Herausforderung. Der Geist war schon ein bisschen überfordert, auch träge geworden und eine Schulung der grauen Zellen bedeutete eine harte Umstellung, verbunden mit eisernem Willen.

Herr Henner Meyer-Rühen hatte auch schon eine Familie mit Kindern, während Carlos Temmen noch auf der Suche war, sich aber schon eine angehende Ärztin in Gießen angelacht hatte. Nun denn, die vielen jungen Studentinnen im ersten Kurs waren für die alten Hasen schon recht verwirrend und mein Gespür sagte mir: Ein Umzug zum Jörn wird nicht zu vermeiden sein!

Wir machten uns auf Wohnungssuche, was sich aber wiederum gar nicht so einfach gestaltete. Zu teuer, zu klein, zu weit weg, zu hässlich, zu abgewohnt usw. viele Einwände wurden von Jörn aufgelistet. Ein bisschen spanisch, doch ich wusste schon, wieso und warum. Ohne Familie im Schlepptau wäre ein Studium köstlich geworden.

Ich fuhr mit dem Zug nach Gießen und hatte am Abend die richtige Wohnung gefunden. Treis an der Lumda wurde unser neues Zuhause, gerade einmal 7 km von der Uni entfernt, zum erschwinglichen Preis, mit viel Auslauf für die Kinder, denn der Wald war nicht weit, das Dorf klein. Ich fand es wunderbar.

Der Umzug ging schnell mithilfe von Hasko und Ortrud, Jörns jüngerem Bruder mit Verlobter. Im Pferdeanhänger transportierten wir die alten Sachen meiner Großmutter, das gebrauchte Schlafzimmer meiner Schwiegereltern, ein altes Hochzeitsgeschenk, die Korbmöbel und Teppiche aus Tunesien als Wohnzimmer, die Küche kaufte ich für 300 DM in Gießen und schon war unsere Bleibe eingerichtet. Den Rest bastelte und nähte ich – wie immer!

Der Abschied von Zuhause fiel uns allen sehr schwer, die Kinder weinten, auch ein baldiges Wiedersehen tröstete sie nur schwer. Aber aus den Augen, aus dem Sinn! Das Neue war aufregend und der Kummer schnell vergessen.

Wir begannen ein normales deutsches Leben mit Familie auf dem Dorf. Eine gewaltige Umstellung. Doch da ich im Ausland nicht verwöhnt worden war, fiel mir die Arbeit nicht schwer. Einkaufen, Kochen, Putzen, Wäschewaschen hatte ich nicht verlernt. Viele Frauen, die im Ausland gelebt, deren Boys alle Arbeit verrichtet hatten, fanden sich in der Heimat nicht mehr zurecht, stöhnten fürchterlich und waren unzufrieden. Natürlich ist ein Leben im kleinen Dorf als Exot zumindest am Anfang nicht leicht, wir wurden beäugt und beobachtet, doch nach kurzer Zeit für solide genug befunden und akzeptiert. Unsere Wohnung war in einem Zweifamilienhaus mit Untergeschoss, lag oben am Hang mit einem herrlichen Blick über das Tal. Wir wohnten ebenerdig mit zwei Schlafräumen, großem Wohnzimmer, Küche, Bad und Spielzimmer, für uns völlig ausreichend, denn ein Balkon ging über die ganze Front an der Südseite entlang. Über uns wohnte ein Amerikaner mit einer deutschen Frau, mit der ich bald einen netten Kontakt pflegte, denn sie waren kinderlos, hatten viel Zeit und Muße. Unter uns zog später ein junges Pärchen ein, das aber nicht lange blieb, denn der Haussegen hing oft und lange schief.

Ein enges Zusammenrücken mit den eingesessenen Dorfbewohnern fand natürlich nicht statt, das erwarteten wir auch nicht. Ein kleiner Plausch über den Gartenzaun reichte uns voll aus. Das Milchholen bei dem Bauern wurde zum Ritual, die Kinder waren begeistert und freuten sich täglich auf den Gang in den Stall.

Ein Studentenleben brachte viel Freiheit mit sich, denn bald hatte auch Jörn entdeckt, dass man nicht unbedingt jeder Vorlesung beiwohnen musste, sondern auch einfach aus den Büchern lernen konnte. Hatten wir also mal eine Fahrt nach Hause geplant oder war Erntezeit in Thienhausen, wurde das Studium zurückgestellt, das natürlich alles in Maßen!!!! Wir waren herrlich frei, genossen das Leben mit den Kindern, gingen Schwimmen, Wandern, machten Fahrradtouren, im Winter liefen wir Schlittschuhe auf den Seen um Gießen.

Jörn bestand seine Prüfungen mit Bravour, übersprang auf Anraten des Professors zwei Semester, was ihn natürlich sehr stolz machte, lernte fleißig und oft bis spät in die Nacht, sodass ich bald Schlafmangel hatte, denn ich musste aufbleiben. Das geschah insbesonders vor der Chemieprüfung! Chemie wollte und wollte er nicht verstehen, lernte das Buch auswendig und bestand die Prüfung als Bester. Er hatte ein enormes Kurzzeitgedächtnis, wieder ein Grund, ihn zu bewundern. Was ich seit eh und je tat.

Unsere Haushaltskasse war auf Heller und Pfennig genau berechnet, denn wir lebten von dem Ersparten aus der Elfenbeinküste. Das Geld musste für 3 Jahre Studium reichen. Keine einfache Angelegenheit und auch nicht ganz einfach im Zusammenleben der Ehepartner, denn bei Geld hörte die Liebe auf, es war damit auch kein Spaß mehr zu machen. Jörn regierte mit harter Hand. Wir erkannten, dass unsere Planzahlen auch bei verkürztem Studium nicht identisch mit den echten Ausgaben waren. Kurz gesagt: Jörn drehte am Rad. Der Antrag auf BAföG schlug fehl, weil seine Eltern ein zu hohes Einkommen hatten. Eine freiwillige Unterstützung sagten sie aber nicht zu. Ich denke, Jörn hat seine Eltern nicht darum gebeten. Also schaute ich mich nach einem kleinen Nebenverdienst um, um auch einen Beitrag für die Kasse einbringen zu können. Mit drei wilden Kindern nicht so ganz leicht, denn wo sollte ich sie lassen? Bei der Nachfrage im Kindergarten hatte ich Glück, es waren Plätze frei, jedoch hatte ich die Anmeldung ohne die Jungs unternommen, was auf fürchterliche Gegenwehr stieß. Auch hier heilte die Zeit. Im Winter war der Eintritt in den Kindergarten längst nicht mehr so grausig, sondern eine gern gesehene Abwechslung, während ich die Nachtwache im Krankenhaus übernahm. 14 Nächte Wache, 14 Tage frei, so war der Rhythmus und wurde mit Mann, Kindern und Haushalt vereinbart. Wenn ich morgens kam, fuhr Jörn zur Uni, ich brachte gegen 9 Uhr die Jungs in den Kindergarten, eilte nach Hause ins Bett, um sie mittags pünktlich um 12 Uhr wieder abzuholen, Mittag zu essen, um vielleicht im Anschluss noch einen kleinen Mittagsschlaf zu haben. Jörn brachte die Trabanten abends ins Bett. Alles ging! Ein schönes Familienleben war das allerdings nicht und nach einem halben Jahr, es wurde Sommer, ging ich in Streik. Just in diesem Moment suchte die Stadt Gießen für ihr Jugendlager in St. Peter-Ording eine Krankenschwester. Da war ich schnell zur Stelle.

Ergatterte für 8 Wochen einen bezahlten Job, freie Fahrt, freie Kost & Logis für mich und meine Kinder. Glückstreffer! Meine Aufgabe bestand darin, die 400 Kinder zu betreuen, Kleinigkeiten zu verarzten, große Verletzungen schickte ich ins Krankenhaus. Ich öffnete morgens und abends die „kleine" Krankenstation, tröstete, pflasterte, cremte und heilte, so gut ich konnte, viele, viele Wunden. Wanderte mit meinem Köfferchen im Rucksack mit an den Strand, ganz zur Freude meiner Jungs, die das Wiedersehen mit Sand, Wasser und Sonne bejubelten! Wir aber waren an der Nordsee mit Ebbe und Flut, da wurden die Wege zum Wasser zu Märschen, besonders die Rückwege in der Mittagshitze wurden zur Tortur. Da half nur ein lustiges Spiel und so hieß es im Gleichschritt: „1, 2, 3, 4, 5, 6, 7, 8, 9, 10, ein Hut, ein Stock, ein Regenschirm, vorwärts, rückwärts, seitwärts und ran." So kamen wir langsam unserem Quartier entgegen, wo die erschöpften Jungs bald in den Betten zum Mittagsschlaf versanken.

Es konnte uns nicht besser gehen, Jörn kam auch zu uns und durfte für einen kleinen Kostenbeitrag in dem Jugendlager bleiben, herrliche Ferien verlebten wir. Zusätzlich füllte ich die Haushaltskasse kräftig auf. Meine Arbeit wurde anerkannt und ich durfte gleich für das nächste Jahr den Vertrag unterschreiben. Die Anerkennung tat mir gut, denn seit wir verheiratet waren, stand Jörn mit seiner turbulenten Art, seinem unruhigen Wesen, mit seinem Tun und Lassen im Vordergrund. Er beherrschte unser Leben, Entscheidungen aber traf ich. Ein verrücktes Zusammentreffen.

Da habe ich wieder einmal erlebt, wie einem die Welt sich öffnet, wenn man jung ist, hübsch aussieht, gute Arbeit leistet, liebe, gut erzogene Jungs hinter sich hat, einen Mann zur Seite. Was kann einem da schon passieren?

Jörn hatte das Urlaubmachen nicht gekannt, denn in der Landwirtschaft ist der Sommer die Hauptarbeitszeit und an solchen „Firlefanz" denkt der Bauer nicht. Aber nun waren die Semesterferien lang, da lernte er recht schnell und bekam Freude an solch einem Leben. Wir besuchten meine Eltern an der Schlei, segelten bis in die Ostsee trotz stürmischem Wind. Grillten an vielen gemütlichen Abenden mit netten Gesprächen zur Freude meiner Eltern und Kinder, denn sie durften lange aufbleiben. Es war so schön, dass wir im Jahr darauf mit dem alten Klappzeltwagen an die Ostsee fuhren, dicht bei meinen Eltern, die wieder an der Schlei ihren Standort hatten. So konnten wir sie oft besuchten, dennoch hatten wir unsere eigene Welt und unser Familienleben. Sehr wichtig für die Jungs, die schnell Kontakt mit anderen Kindern knüpften und ihre Ferien genossen. Eine kleine Episode lässt erkennen, wie schüchtern unsere Trabanten noch immer waren und wie viele Berührungsängste noch in ihnen steckten. Die einsamen Jahre im Ausland waren noch nicht aufgearbeitet. Schloss Schönhagen lud zum Kindertag ein. Allerlei Überraschungen waren geplant und wir Eltern freuten uns, den Kindern etwas Besonderes bieten zu können. Doch oh weh!! Sie hingen an unseren Hosenbeinen und wollten nicht dortbleiben, da half kein Erklären, da half kein Zureden, da ging es nur mit Gewalt, was wiederum mir das Herz abschnürte, denn das Heulen klang mir noch lange in den Ohren. Aber wie glücklich fanden wir sie beim Abholen, da wollten sie nicht mehr weg! Das sind eben Kinder.

Im täglichen Leben, während Jörns Studium, gab es noch einige Erlebnisse besonderer Art:

Brachte er doch eines Tages eine junge hübsche Studentin mit nach Hause, sie sollte unseren Haushalt untersuchen und ihn in die Raster des Durchschnitts einordnen. Sehr eigenartiges Verhalten, fand ich und beendete die Zusammenarbeit, bevor sie richtig begonnen hatte!

Eine Faschingsparty verlief auch nicht nach der Norm, wutentbrannt verließ ich die Party, denn die Anmache der Männer war für mich zu viel, während Jörn mit der blonden Nachbarin beschäftigt war. Es knisterte im Gebälk. Erst als Jörn trotz durchzechter Nacht dringend an seinem Schreibtisch lernen musste, ging mir ein Licht auf und ich beobachtete unsere schöne Nachbarin am Fenster, wie sie allerhand verführerische Darbietungen für Jörn vollführte. So schnell hatte ich noch nie ein Zimmer umgeräumt, wuchtete den schweren Schreibtisch vom Fenster der Straßenseite ins Wohnzimmer mit dem Blick ins Tal. Anschließend schaffte ich die Kinderbetten ins Lernzimmer! „Wehre den Anfängen", das war mein Motto.

So auch erwarteten wir Besuch von Herrn Dr. Kuhlmann, ein netter Nachmittag mit Kaffee und Kuchen sollte es werden, bis ich unerwartet das Pärchen auf dem Kinderzimmerteppich in unverkennbarer Aktion entdeckte. Ich glaubte es nicht und war noch überraschter, als ich ihn Jahre später mit seiner wirklichen Gattin kennenlernen sollte. Solche Geschichten fanden keinen Raum in meiner moralischen Welt.

Eine eigenartige Begebenheit erlebten wir mit Carlos und seiner Freundin. Sie schlief unerwartet im Sessel ein. Wir machten uns Vorwürfe über so eine langweilige Unterhaltung, doch Carlos beruhigte uns, Christel würde immer einmal kurz einschlafen, sei aber gleich wieder fit! So war es auch! Wir erlebten dieses Phänomen noch viele Male, nicht nur bei Christel, sondern Frau Riebel schlief auch regelmäßig in der Gesellschaft ein, keiner wunderte sich oder nahm Anstoß. Es war eben so.

Ein Besuch von meinem Cousin Joachim wurde zur Theateraufführung für meine Trabanten, die nun eine Bühne hatten und zeigten, wie lustig, temperamentvoll und ideenreich sie waren und wie sie mit Mutti spielen konnten. Ein Stück aus dem Tollhaus. Noch heute ist der Tag in unserer Erinnerung!

Besuch bekamen wir auch von Vater Schreiber, er unterstützte uns mit Naturalien, brachte unter anderem auch ein großes Paket Schweinefleisch, angeblich aus der eigenen Produktion, obwohl ich genau wusste, dass er bei dem Metzger frisch eingekauft hatte. Herta, Oma Schreiber, hätte das Geschenk zu verhindern gewusst. Eines Tages schenkte er mir ein Stövchen zum Warmhalten. Ich bedankte mich herzlich im nachfolgenden Brief und schrieb Stövchen mit zwei ff, also Stöffchen, entzündete somit einen riesigen Ehekrach, der vom Feinsten war und durch die ganze Bekanntschaft, nicht nur durch die Familie waberte. Wie herzlich dumm war ich!

Bei Herta hatte auch Jörn keine guten Karten. Sein Ernteeinsatz fand nur bedingt Anerkennung, obwohl er den alten Mähdrescher ohne Schaden durch die dreschfähigen Felder zog, seinen Bruder Hasko ersetzte, der aber nach Meinung von Mutter Herta alles viel besser gemacht hätte. Die Konkurrenz wurde also von den Eltern geschürt, sie hatten Lieblinge. Vater Egon war auf Seiten von Jörn, Mutter Herta unterstützte Hasko. Ein Kampf, der sich bis heute in der Familie Schreiber fortsetzt.

Noch einmal zurück zu meinem Arbeitseinsatz mit der Stadt Gießen. In unserem Treiser Kindergarten fehlten Betreuungskräfte. In der Not rief man mich zur Rettung, ohne nachzudenken übernahm ich den Job und marschierte nun jeden Morgen mit unseren Trabanten in den Kindergarten. Viel einfacher gedacht als getan! Eine Horde von 20 und mehr Kindern im Zaume zu halten, brachte mich oft an den Rand der Verzweiflung. An dieser Stelle muss ich mal wieder ein Lob an meine Jungs richten, sie unterstützten mich, brachten die größten Rabauken zur Ruhe und Vernunft, sodass wir bald eine nette Gemeinschaft wurden, viele schöne Dinge basteln und bauen konnten. Meine Erfahrungen im Kindergarten waren vielseitig und interessant. So erkannte ich bald das Fehlverhalten von Musterkindern, die zu Hause brav, artig und lieb waren, und sich außerhalb wie die Wilden benahmen. Und umgekehrt! Meine waren zu Hause die Wilden, doch außerhalb wussten sie sich zu benehmen! Das hörte ich immer und immer wieder, noch viele Jahre später von ganz fremden Menschen.

Ein Einsatz in der Altenbetreuung wurde mir angeboten, ein Aufenthalt in den Alpen. Mein Herz schlug höher und ohne zu zögern nahm ich den Job an. Brachte die Jungs, die sich riesig freuten, zu meinen Eltern, d. h. zur Mutter, denn Vater unternahm eine Auslandsreise nach Südafrika. Ich fuhr mit der Bahn und ca. 200 Alterchens in die Berge. Schon auf der Fahrt kamen mir Bedenken, denn fast alle hatten kleine Zipperlein und ich versuchte zu retten, merkte aber bald deren Spaß und musste geschickt kontern. Es gelang mir und bald war ich herzlich aufgenommen, auch mit der Herbergsfamilie kam ich sehr gut aus. Sie erkannten meine Ordnung, Genauigkeit und Ernsthaftigkeit an. Bald drängten sie mich zur Freizeit, die genoss ich gerne, besonders als Jörn zu mir kam. Wir fuhren Ski, amüsierten uns auf der Hütte mit Jägertee, Musik und riskanten Schlittenabfahrten. Im Nachhinein betrachtet hatten wir immer einen guten Schutzengel. Dafür bin ich sehr dankbar, auch wenn das Schicksal einmal zupackte und mir einen komplizierten Knöchelbruch auf der Abfahrt in Schladming verpasste. Es war Faschingsdienstag, Jörn wollte gerne Bierchen in der Talstation trinken, während wir doch eine 10er Karte für die Abfahrt gelöst und unser Soll noch nicht geschafft hatten. Also blies ich zum Aufbruch. Die Piste war schlecht, an den sonnigen Stücken war der Schnee weich, im Schatten Eis, die Lust fehlte, Missmut kam auf. Auf der halben Strecke schaute ich mich nach Jörn um, kam ins Wackeln, sah den steilen Abhang, verkrampfte mich und drehte das Bein ab. Die Bindung öffnete sich nicht, ein offener Bruch mit 24 Splittern war das Ergebnis. Nachdem ich mit einem Akia von der Piste und mit dem Rettungswagen ins Krankenhaus kam, wurde ich sogleich operiert, verweilte 4 Wochen auf der Station mit Blick auf die Skipiste. Ein sehr netter Oberarzt hatte sich viel Mühe mit mir gegeben, 2 Platten und 7 Schrauben sollten mein Gelenk retten. Dazu bekam ich für ein halbes Jahr Krückengips und die besten Wünsche für eine gute Heilung, nicht ohne Aufklärung über das Schlimmste, was sich Gott sei Dank erst jetzt im hohen Alter einstellt. Der Oberarzt hatte eine Meisterleistung vollbracht, das wurde später beim Entfernen der Platten von den Ärzten in Hessisch Lichtenau bestätigt.

Der Bruch brachte ein ganz schönes Durcheinander in die Familie. Jörn musste nach Hause zur Uni, Mutti konnte durch einen schlimmen Umstand, Vater lag in Südafrika nach einem Autounfall schwer verletzt im Krankenhaus, die Kinder noch ein Weilchen bei sich behalten. Ich war gefesselt und wartete auf die Heilung.

Alles löste sich glücklich auf und nach 4 Wochen standen Vater und ich gleichzeitig bei meiner Mutter vor der Tür, sie war einem Herzinfarkt sehr nahe. Mein Vater sah schlimm aus, die Frontscheibe hatte ihm Gesicht und Hals zerschnitten und nur ein glücklicher Umstand rettete ihm das Leben, sonst wäre er verblutet. Dagegen war mein Unfall eine Kleinigkeit und doch zog er viele Schwierigkeiten nach sich. Mit Krücken einen kompletten Haushalt mit 3 wilden Trabanten zu schmeißen brachte mich oft an den Rand meiner Verzweiflung und Leistungskraft. Aber ich schaffte es! Eine große Hilfe war Jörn nicht, denn Hausarbeit oder Familienbelastung war nichts für ihn. Ich hatte eben keinen Hausmann geheiratet. Eine nette Geschichte sagt mehr als alle Worte: Unser Dorf rüstete zum Fest. Alles blitzte, alle Frauen putzten und nur meine Fenster waren nicht sauber, aber ich konnte nicht. Da kamen doch tatsächlich die Dorffrauen mit Eimer und Lappen, und ehe ich mit dem Protest fertig war, waren auch meine Fenster blitzblank. Ich kochte schnell Kaffee und tischte Kuchen auf, so hatten wir dazu noch einen netten Plausch. Ich war gerührt!

Mein Gips war sehr schwer, sollte er doch mein Gelenk schützen, doch in dieser Zeit hüpfte ich mit links durch die Wohnung, Treppen auf und ab, immer wieder und wieder. Ich schonte mich nicht. Erst heute merke ich die Belastung, meine linke Hüfte und Knie sind durchgewetzt. Nach Ansicht der Ärzte bin ich weit über 100 Jahre – so abgearbeitet.

An der Stelle muss ich einmal meine Jungs loben, sie halfen mir – auf ihre Art – so gut sie konnten und waren rührende Krankenpfleger – wenn sie wollten!

Alles heilt, alles ändert sich, das Leben ist in Fluss.

Unsere Jungs wuchsen schnell heran, die Einschulung kam immer näher, und bevor der Ernst des Lebens beginnen sollte, machten wir noch einmal einen ausgiebigen Urlaub an der Ostsee. Zwischendrin feierten wir in Hamburg die riesige Hochzeit meines Cousins Joachim mit Renate. Alles war perfekt, wunderschön geplant, anspruchs- und stilvoll. Ein Erlebnis!

Weil alles so schön war, nutzten wir die Ferien bis auf die letzte Sekunde. Die Dorfbewohner machten sich Sorgen, wir könnten nicht rechtzeitig zur Einschulung erscheinen, doch das klappte bei uns wie am Schnürchen. Wir fuhren in der Nacht nach Hause und waren pünktlich, frisch geduscht, nett angezogen zum großen Start ins volle Leben. Hatte ich doch schon zuvor heimlich die Schultüten, Ranzen und Überraschungen besorgt und versteckt. Michael und Martin waren als Zwillinge natürlich bei der Einschulung gleich der Mittelpunkt, die Neugierde der Mitschüler war brennend heiß, ein Schauspiel der beiden war unumgänglich und Fred spielte gleich mit. Nicht nur für die Großen veränderte sich das Leben, nein, Manfred stand ganz alleine morgens im Kinderzimmer, trauerte den Brüdern nach. Kamen sie dann nach Hause, ging die Post ab! Das Stillsitzen fiel unseren Wüstenfüchsen schwer, aber sie lernten es. Wurden gute Schüler, hatten Freude am Lernen und waren nicht unglücklich, wohl aber ein bisschen unruhig und so passierte das Unglück. Wie durch ein Wunder kippte der Schultisch um, schlug auf die Zehen der Lehrerin und verletzte sie schwer. Einige Zeit blieb sie vom Unterricht fern und unsere beiden machten schweren Herzens einen Krankenbesuch, übergaben einen Blumenstrauß, entschuldigten sich und versprachen Besserung. Das war ein einschneidendes Erlebnis. Ich glaube, das verfolgte sie durch die ganze Schulzeit!

In der Zeit des Studiums erlebten wir wegen der Energiekrise den ersten autofreien Sonntag in Deutschland. Ein herrlicher Tag! Endlich konnten wir richtig Fahrrad fahren. Wir hatten viel Spaß und Freude, nicht nur wir, plötzlich holten viele Menschen ihre Räder aus dem Keller. Ein reger Betrieb herrschte auf den Straßen. Leider waren die autofreien Sonntage nicht von Dauer, die Krise schnell überwunden, die wirtschaftlichen Aspekte siegten über die Angst der Energieknappheit. Sehr traurig.

Wir fuhren dennoch viel Fahrrad, jedes Mal zur Freude unserer Kinder, da konnten schlechte Erlebnisse keine Bremse werden, obwohl die Fahrt sicherlich noch heute in Erinnerung ist. Vater

Schreiber hatte als Überraschung beim Besuch an der Elfenbeinküste den Zwillingen neue Fahrräder geschenkt. Es waren kleine Räder, sehr handlich, kinderfreundlich in französischer Machart, d. h. ohne Rücktritt. Zum Lernen wie geschaffen, Michael und Martin liebten ihre Räder. Diese fuhren auch noch in Treis. Die Landschaft an der Lumda bestand aus Bergen und Tälern, so gingen die Fahrten bergauf und bergab. Ohne Rücktritt und Bremsmöglichkeiten eine gefährliche Tour. Clever, wie unsere Jungs waren, bremsten sie mit dem Fuß auf dem Hinterrad, das sollte bei einer langen Abfahrt Martin zum Verhängnis werden. Sein Schuh schmorte durch, Rauchwolken stiegen auf, Tränen flossen, doch Jörns Brüller „Stell dich nicht so blöde an" verhinderte eine Unterbrechung, sodass der arme Martin dicke Brandblasen davontrug. Es reichte. Am nächsten Tag überraschte ich meine Jungs mit neuen, ordnungsgemäßen Fahrrädern. Die Tränen und der Schmerz waren damit bald vergessen.

Die Studienzeit brachte uns viel Freizeit, die wir nach einer Lernphase zu nutzen verstanden. Wir gingen oft schwimmen, die Gießener Seen luden dazu ein. Im Winter fuhren wir Schlittschuhe, zur großen Freude der Jungs, die erst mit Gleitschuhen, bald darauf mit richtigen Schlittschuhen ihr Können zeigten. Ein gefährlicher Zwischenfall ließ uns mehr als aufschrecken, denn Fred rutschte bei der Gelegenheit in ein Wasserloch. Er konnte sich mit aller Kraft festhalten, eine Rettung kam im allerletzten Moment. Wie leichtsinnig sind junge Eltern, wie leichtsinnig waren wir!

Zwischenzeitlich versuchte sich Jörn einige Male als Schiffsjunge auf Vaters Boot, doch nur mit wenig Erfolg, eine Eskalation war nicht auszuschließen, denn entweder hatten sie weit über den Durst getrunken oder die Anlegemanöver wurden zum Desaster. Etwas passierte immer! Zwei Hitzköpfe waren zwei zu viel! Einmal sprang Jörn von Bord, eine monatelange Funkstille beherrschte unsere Familie. Nur gut, dass wir Frauen unser Leben im Griff hatten, über alles reden konnten und so eventuelle Missstimmungen gleich im Vorfeld vermieden wurden. Meine Mutti war eine herzensgute Frau!

Das erste Schuljahr der Großen und die Studienzeit waren zu Ende, die Prüfungen hatte Jörn alle bestanden, das Diplom wurde ihm ausgehändigt. Ein Erfolg, auf den er stolz sein sollte.

Zur Belohnung gönnten wir uns einen Kurztrip zum Oktoberfest nach München. Wir wollten uns eigentlich mit meinem Bruder dort treffen, erreichten ihn leider nicht, so waren wir alleine unterwegs. So ein Rummel ist und war nicht mein Ding, doch ich versuchte das Beste daraus zu machen. Bei den Autosportvorführungen blieb Jörn mit Ausdauer, wir schauten uns die Fahrkünste an. Hunderte von Showlustigen säumten den Parcours, als plötzlich zwei junge Herren aus dem Ring auf mich zukamen und ausgerechnet mich zur Show einluden. Da half kein Zetern, kein Weigern! Das Publikum klatschte und mit rotem Kopf kletterte ich in das Auto, wo ich gut verzurrt, getröstet und beruhigt wurde, denn es würde mir nichts passieren. So war es auch, eine Fahrt auf nur zwei Rädern und einen kompletten Überschlag überlebte ich! Beim Herausklettern öffnete sich der oberste Knopf meiner Lederhose, oh wie peinlich stand ich da und das Volk jubelte. Mein Auftritt wurde über Lautsprecher entsprechend kommentiert.

Wir eilten schnell weiter, schauten hier und dort, entdeckten mitten im Gewühl meinen Bruder auf der „Bergbesteigung", ein aufwärts fahrendes Band mit eingebauten Tücken, sodass die Leute das Gleichgewicht verloren, hilflos auf dem Band stolperten und mehr bergab als bergauf kletterten. Alles war begleitet von Lachen, Quietschen und Grölen. Eine echte Wiesengaudi und mittendrin mein Bruder und wir.

Während der Studienzeit hatten wir uns über unsere Zukunft immer wieder große Gedanken gemacht, ließen auch unser Ziel, einen eigenen Bauernhof, nicht aus dem Blick. Alle Möglichkeiten versuchten wir auszuschöpfen, besonders arbeite Jörn an der Idee, die von seinem Vater zurückgegebenen Siedlungsmittel für sich als rechtmäßiger Erbe aufzuwecken. Wir hatten einen Betrieb in Niedersachsen, Nähe Wolfsburg, im Ort Croja ausgegraben. Waren Feuer und Flamme. Durch die Unterstützung der Landgesellschaft in Gifhorn wurde eine Finanzierung dank der Siedlungsmittel errechnet, mit dem Eigentümer waren wir uns einig und sahen einer harten, aber schönen Zukunft entgegen! Familie Wienecke hatte uns ins Herz geschlossen, sie konnten in ihrem Hof bleiben, wir wären in den Hof der Tochter gezogen. Ein Haus mit 25 Zimmern hatte ich schon verplant, denn Berliner Kinder hätte ich zum Urlaub auf den Bauernhof geladen! Meine Pläne standen und mit ihnen stand ich in den Startlöchern. Dann kam die Absage von Jörn. Sie traf mich hart, denn seine Begründung, er könnte mir die Arbeit mit der Beregnungsanlage nicht zumuten, war fadenscheinig.

Ich ärgerte mich sehr, war sauer und enttäuscht.

Doch das Leben ging weiter. Wir hatten sparsam gelebt, ich hatte gut dazuverdient, meine Eltern uns gut unterstützt und so war die Kasse nicht leer. Wir wollten das Ersparte gut anlegen, durchdachten neue Möglichkeiten. Mitten in dieser Phase wurden wir auf einen Hausverkauf in meiner Heimat aufmerksam. Es war das Haus von Metzger Barth. Mutti kaufte dort seit Jahrzehnten ein und das Schicksal der Familie ging ihr sehr zu Herzen. Wir wurden zum Rettungsanker, konnten die Familie vor einer totalen Pleite retten, kauften mit 20.000,- DM von uns und weiterer Unterstützung über 20.000,- DM von den Eltern für 40.000,- DM das Haus am Johannisberg Nr. 15. Unser zweites Haus!! Das alles passierte über Nacht. Bald darauf zogen wir mit Sack und Pack von Gießen in unser neues Heim, wissend, dass der Aufenthalt in Witzenhausen nur von kurzer Dauer sein würde.

Als nächster Auslandsaufenthalt stand Togo oder Lateinamerika zur Auswahl. Wir trafen uns mit den Projektleitern, informierten uns über die Tätigkeiten. Meine Auswahl fiel auf Peru, Jörn entschied sich für Togo, einerseits aus Gründen der Sprache, andererseits versprach man ihm Daten für seine Doktorarbeit erarbeiten zu können. Der Projektleiter, Herr Dr. Pufe, sagte mir nicht zu, ich erkannte die Schwierigkeiten, die Jörn mit ihm haben würde. Alles Reden half nichts. Wir gingen nach Togo.

In der Warteschleife bis zu Jörns Abreise renovierten wir nicht nur die Wohnung in Treis im Hauruckverfahren in 2 Tagen, nein, wir renovierten auch unser Haus. Machten es uns sehr gemütlich und nett, mit unseren Möbeln sah unser Zuhause wie eine kleine Puppenstube aus. Ich fühlte mich sehr wohl, war glücklich, nur der bevorstehende Auszug nach Togo lag mir schwer im Magen. Nicht zuletzt machte ich mir Sorgen um Vater Schreiber, der sehr kränkelte, immer wieder ins Krankenhaus kam, dennoch nicht gesunden wollte.

Der Entschluss, unser Haus zu beziehen, es während des Aufenthaltes im Ausland für uns bereitzuhalten, beruhigte mich unendlich, denn was immer auch passieren mochte, wir konnten vom Flieger direkt ins Bett fallen. Wir hatten ein schönes Zuhause, es war Luxus erster Klasse, aber auch Sicherheit für uns und unsere 3 Kinder.

Meine Eltern kümmerten sich in unserer Abwesenheit rührend um Haus und Garten.

Familie in Togo

Am 9. 11. 1974 brachte ich Jörn zum Flughafen nach Frankfurt zum Flug über Lagos nach Lomé in Togo.

Über der Sahara, nach 4 Stunden Flugzeit, schrieb er an mich, bat mich zum x-ten Male um Entschuldigung, denn wie immer fuhr er los und hinterließ die Familie mit all der Arbeit zur Ausreise. Waren wir getrennt, hatte Jörn schnell Sehnsucht nach der Familie, waren wir zusammen, waren wir ihm recht uninteressant und eine Last. Was sollte man davon halten? Wenn er mit sich und der Welt unzufrieden war, wälzte er dieses Gefühl auf die Familie ab. Ich wusste es damals nicht und weiß es heute nicht zu deuten. Jörn ist ein Mensch, der in sich nicht rund läuft, der niemals zufrieden ist, der von einer Unruhe getrieben wird und nicht weiß, wohin er will. Das nur zur Erläuterung für die Stimmung in der Ehe. Da nutzten auch alle Liebesbezeugungen nichts, alle Bekenntnisse über Sehnsucht und viele Worte über Sinnlosigkeit des Lebens ohne mich und die Kinder. Es waren Worte wie vom Winde verweht.

Und doch stand ich hinter ihm, bereitete meine Ausreise vor, bewältigte alle Probleme, die mit der Gesundheit begannen. Wann waren alle drei Jungs für die Impfungen Gelbsucht, Cholera usw. gesund genug? Hatte doch immer einer etwas Schnupfen, Ohrenschmerzen, Erkältung, eine Wunde oder sonst eine Kleinigkeit, die nicht sein durfte. Als größter Hemmschuh entpuppte ich mich, da meine Leberwerte nicht der Norm entsprachen, denn die GAWI setzte strenge Maßstäbe, bevor sie die Ausreise bewilligte. Wir waren in der Warteschleife, aber nicht unzufrieden. Michael und Martin besuchten die 2. Klasse, hatten schnell einen netten Freundeskreis und waren sehr glücklich. Auch ich war glücklich, denn auch ich hatte schnell einige nette Bekannte, mit denen man mal lachen, albern und losgelöst sein durfte. Es war – so sage ich mal – die normalste, schönste, friedlichste Zeit aus meinen Ehejahren.

Mit der Schule besprach ich den Lernstoff für das Jahr, denn in Togo gab es keine Schule für die Kinder, ich sollte den Unterricht übernehmen.

Die persönlichen Dinge und der Wagen wurden verschifft, an vieles musste ich denken, erhielt von Jörn Bestell-, Erledigungslisten, Pläne und Anweisungen, doch wie immer, ich erledigte die Dinge nach meinem Kopf, es klappte alles und besser!!!

Liebesbriefe überhäuften mich mit vielen Beteuerungen und Versprechen zur Besserung, sie ließen mich nicht unberührt. Jörn schrieb auch an die Jungs:

Liebe Kinder! Heute ist der 1. Advent. Habt Ihr auch schöne Adventskalender? Unser Boy hat mir einen Adventskranz aus Palmenwedel gebunden. Mit fehlen nur noch 4 Kerzen und ein Bild von Euch und ich könnte gemütlich Weihnachten feiern. Was wünscht Ihr Euch eigentlich zum Weihnachtsfest? Das könntet Ihr mir doch mal schreiben.

Hier in Afrika ist es wie immer schön warm. 100 m hinter unserem Haus ist das Schwimmbad, in dem Ihr immer baden könnt. Wir haben 1.000 Kühe, Bullen, Ochsen und Kälber. Die Tiere weiden jeden Tag auf den Wiesen. Und Ihr könnt Euch auch sicher vorstellen, dass da immer was los ist: Gestern rannten 10 Ochsen in den brennenden Busch, eine Kuh ist beim Kalben gestorben und eine Braunvieh-Kuh musste an den Klauen behandelt werden, bekam eine Sulfonamid-Spritze und kippte tot um. Traurige Dinge passieren hier leider öfters. Wir müssen überall gleichzeitig sein und haben deshalb alle Geländemaschinen, sausen wie Cowboys durch das Gelände.

Ich freue mich auf Euren Brief, freue mich auf ein Wiedersehen! Bis dahin grüßt Euch Euer Vater

Er versuchte ihnen Togo sehr schmackhaft zu machen, doch die Trauer über die Abreise breitete sich fühlbar aus. Wir feierten die Adventszeit und Weihnachten sehr gemütlich mit meinen Eltern und noch vor dem Jahreswechsel starteten wir nach Togo.

Am 30. 12. 1974 flogen wir, d. h. Michael, Martin, Manfred und ich von Frankfurt mit der Lufthansa 1. Klasse nach Lagos, dann Accra, wo wir von Jörn per Auto abgeholt werden sollten. Der Abschied von den Eltern am Flughafen war herzzerreißend und nur gut, dass wir durch die weite Streckenbewältigung zum Schalter B abgelenkt wurden, sonst hätten wir schwimmen müssen! Alleine die Bändigung der Jungs, das viele Gepäck, die kleinen Handgepäckstücke, Impf- und Reisepässe, Flug- und Platzkarten, alles unter Kontrolle zu halten war eine Meisterleistung. Wir schafften es und der Luxus der 1. Klasse entschädigte uns, selbst unsere Jungs waren überwältigt. Zwei Stunden haben wir die leckersten Sachen verspeist – bis wir nicht mehr konnten. Unter uns nichts als Sand, wir flogen über die Sahara, waren froh hier nicht aussteigen zu müssen. Es kommt aber immer anders, als man denkt, denn in Lagos war die Reise vorerst zu Ende, starker Nebel lag über Accra und eine Landung unmöglich. Die Nacht verbrachten wir auf dem Flughafen, später wurde ich mit den Kindern in ein Hotel gefahren, was mehr als unheimlich, dazu dreckig war. Völlig übermüdet waren unsere Trabanten außer Rand und Band, die Betten wurden als Trampolin benutzt, es gab kein Nörgeln, kein Jammern, sie benahmen sich turbulent, aber prima! Ungeordnet ging die Fahrt am Morgen weiter, keiner wusste wie, aber dennoch saßen wir ohne Frühstück, Essen und Trinken, ohne Morgentoilette im Flieger und landeten mittags in Accra. Jörn hatte Tränen in den Augen, so glücklich war er. Die Fahrt nach Avetonou ging über Ghana. Auf dem Projekt „Peki" holten wir Kollegen ab, fanden zusätzlich noch ein herzliches Willkommen vor, die Jungs nette Spielkameraden, sodass die Unterbrechung positive Erinnerungen hinterließ. Die Weiterfahrt ging über Pisten, die mich an die Elfenbeinküste erinnerten, unkomplizierte Grenzübergänge passierten wir und landeten unversehrt auf dem Projekt, nicht ohne zuvor den Wandel der Landschaft gemerkt zu haben. Von dem dichten Urwald kamen wir plötzlich in eine fast deutsche Region mit Feldern und Weiden, Zäune um saubere Gärten mit hübschen Häusern. Wir waren sprachlos!

Noch mehr, als uns der Boy mit Kuchen und Tee empfing, das Gepäck gleich auspackte, seine ehrlichen Augen auf uns ruhend, was eine gute Zusammenarbeit versprach. Noch bevor die Projektmitarbeiter zur Begrüßung kamen, hatte ich das neue Zuhause mit wenigen privaten Dingen recht gemütlich eingerichtet, alleine die Tischdecken machten einen wohnlichen Eindruck, dennoch hielt Togo den Vergleich mit der Heimat nicht stand, aber von Trauer war in den Kinderaugen nichts mehr zu sehen. Sie waren gleich auf Entdeckungstour, die Aufregung hatte sie fest im Griff, vergessen Oma und Opa, vergessen die Freunde aus der Heimat.

Eine neue Welt lag vor uns.

Sie war nicht so schlimm wie befürchtet, das Klima recht angenehm, nicht so feucht wie in den Tropen, auch die Temperaturen waren gemäßigt. Am Tag erwärmte es sich, doch nachts kühlte es merklich ab, das sollte sich in der Regenzeit noch verändern, doch mir war nicht angst und bange. Das würden wir aushalten! Zur weiteren Abkühlung diente ein kleines Schwimmbad, wo sich die Frauen und Kinder ab 16 Uhr trafen, ein bisschen plauderten, das Neuste vom Neuen mit ihren Kommentaren bedachten und somit die Projektstimmung beeinflussten. Eben echtes Frauenpalaver!!

Frau Pufe war nur am Wochenende im Projekt, sie fuhr mit Sohn Uli zum Schulunterricht am Montag nach Lomé. Familie Pfaud hatte noch eine kleine Leni mit 5 Jahren. Die Kinder der afrikanischen Counterparts waren zwischen 2 und 4 Jahren, für unsere einfach zu klein. Da machte ich mir ernsthafte Gedanken über die sinnvolle Beschäftigung unserer Jungs.

Zuvor aber erforschten wir unsere Umgebung, begannen mit einem Besuch in Lomé. Die Fahrt führte uns durch eine recht langweilige Landschaft, außer Grün war nichts zu sehen, welches nicht so frisch und üppig wie an der Elfenbeinküste war. Kamen wir nach Lomé, dachte ich an ein vorgelagertes Dorf, doch ich täuschte mich und suchte vergeblich nach einem großen Super Marché, doch erstaunlicherweise bekamen wir alles! Mit der Weltstadt Abidjan konnte sich Lomé nicht messen, plötzlich verstanden wir die Beschreibung „hat ihren ursprünglichen Charakter" erhalten.

Für uns kein Problem, selbst der Wüstenwind Harmattan konnte uns nicht erschrecken, kannten wir doch den Schirokko aus Tunesien und waren mit dem Dreck vertraut, der durch alle Ritzen schlich.

An unserem Haus, gebaut von einem deutschen Tropenarchitekten, konnte man die Unerfahrenheit mit Kolonialherrschaft erkennen. Das habe ich zugutegehalten, als ich unser Zuhause betrat. Eine Schneelast von 5 m auf dem Dach – in den Tropen? Fenster und Türen nicht dicht zu schließen, offene doppelseitige Wände, ein Paradies für Schlangen und Ungeziefer. Das Haus war unübersichtlich, mit toten Winkeln, nicht einsehbar, sehr gefährlich für die Kinder, auch für uns. Die offenen doppelten Wände waren die geeigneten Nistplätze für die „Fliegenden Hunde", eine große Fledermausart. Zu Tausenden umkreisten sie des Nachts unser Haus, eine Geräuschkulisse, ähnlich einer stark befahrenen Autobahn, dazu ein extremer Geruch, bis hin zum Gestank! Darüber hinaus und zusätzlich war die Wasserversorgung ein Wahnsinn, das Wasser wurde beprobt und war selbst für die Viehzucht als nicht geeignet eingestuft. Dabei gab es nicht weit weg am Fuße der Berge saubere Quellen! Während wir uns mit der braunen Brühe aus dem nah gelegenen Fluss Sihio quälten, nicht wussten, wie wir die Zähne putzen, geschweige uns waschen sollten, mochte ich an die Küche gar nicht denken! Wie sollten wir hier gesund bleiben? Teures Wasser aus dem Supermarkt musste für die erste Zeit gekauft werden. Bald aber fuhr ich mit den Milchkannen zum Berg. Wie in Tunesien holte ich frisches Quellwasser – ein Weg zum Überleben!

Doch für das Projekt war das keine Lösung und so setzte sich Jörn stark für einen Brunnenbau mit Erfolg – ein. Herr Berger aus Rohrdorf reiste bald mit seiner sehr netten Frau an, ein Brunnen war schnell gebohrt, ein Wasserturm wurde in Bau genommen. Eine ordentliche Wasserversorgung war im Werden, doch bis dahin halfen wir uns mit allen Tricks. Das Duschen war in den Tropen durch die täglichen Regenfälle eine Kommandosache. Sobald der erste Regentropfen fiel, stürzte die Familie, bewaffnet mit Seife und Handtuch, an die Enden der Regenrinnen, wo echte Sturzfluten nach unten rauschten. Eine herrliche Dusche!!!! Dies war uns täglich, zumindest in der Regenzeit, sicher!! Aber schnell mussten wir sein, denn der Regen dauerte oft nur Minuten und nicht selten blieben wir eingeseift stehen.

Kaum in Avetonou eingelebt, erwischte uns der Sandsturm Harmattan, ein schmutziger Wüstensturm, der schlimmer als der Schirokko aus Tunesien sein Spiel mit uns trieb, das Haus mit Sand füllte! So schnell konnten wir nicht einmal fegen. Was dem einen seine Uhl ist, ist dem anderen seine Nachtigall. Unsere Lütten bauten Sandburgen im Haus. Wie schön!

Wir waren keine zwei Wochen in Togo, so machte ich mir Sorgen um unsere Kinder. Das Projekt bot keine Abwechslung, sodass meine Überlegungen, den Schulunterricht vorzeitig zu beginnen, reifte und mit Einverständnis der Jungs startete ich jeden Morgen mit dem Schulgong um 8 Uhr den Unterricht. Konsequent, mit einer Pause, arbeiteten wir 4 Stunden täglich. Wir kamen mit dem Stoff rasch voran, denn unsere Kinder sind nicht dumm, hatten viel Spaß beim Lernen, waren an allem interessiert. Der Unterricht klappte weitaus besser als gedacht, ich war zufrieden, verlangte Zucht und Ordnung, hatte mich selbst in Zwang genommen und zog den Unterricht durch.

Das Nachmittagsprogramm bestand aus Sport, natürlich Schwimmen, Lesen und Musik. Da blieb aber dennoch viel Raum für die Kinder, um sich selbst zu beschäftigen. Das tat ein jeder nach seiner Art: Martin spielte fast immer mit Lego, Michael bastelte gerne mit Hammer und Säge, während Fred bei jedem sein Spiel versuchte.

Es blieb alles beim Alten, Jörn stürzte sich wie gewohnt in das neue Projekt, versuchte eine Rentabilität auszurechnen, schlug die Hände über den Kopf, denn die Ausgaben waren mehr als überhöht. Strenge Sparmaßnahmen – fast so wie heute in Griechenland – wurden dem Projekt auferlegt und die Durchführung kostete mehr als nur Nerven. Die Erfolgsrechnung, die Aktivitätsanalyse, Deckungsbeitragsrechnungen und Programmplanung waren so wichtig, sodass er für die Familie nicht ansprechbar war.

Seegepäck und Auto lagen im Hafen, da schlug ich endlich Alarm, ausgeschmückt mit mächtigen Drohungen, geschah das

Wunder und wir konnten uns bald über die Sachen aus Deutschland freuen!

Umso überraschter war ich über Herrn Pfaud, der ein Pferd im Garten hatte und sich anbot den Kindern Reitunterricht zu geben! Ich war begeistert und unsere Jungs ebenso, bis auf Martin. Er war schüchtern und ging an alles Ungewohnte sehr zögerlich ran, doch Michael schaffte es und holte seinen Bruder aufs Pferd. Das war Michael! Für alle fühlte er sich verantwortlich, hatte ein Herz für seine Geschwister und war für mich eine große Hilfe. Ich sehe heute noch das Bild vor meinen Augen. Michael in der Mitte, vor ihm Martin und hinten klammerte sich Fred fest an ihn. So begann das Reiten! Ich selbst hatte in den jungen Jahren Reiten gelernt und nach dem Weggang von Herrn Pfaud war es klar, wir übernahmen das Pferd „Niko" und ich den Unterricht.

Niko wurde mit einer riesigen Schleife versehen und als Geburtstagsgeschenk für die Zwillinge, zum 4. 2. 1975, verpackt. Um unser Haus hatten wir einen großen Park, der eingezäunt eine wunderbare Koppel wurde. Den großen Vorteil entdeckten wir viel später, denn durch die Unruhe eines Pferdes wurden die Schlangen und weiteres Ungeziefer vom Haus ferngehalten. Ein Glück!

Nie wieder erlebten wir Schlangen im Haus oder gar im kleinen Swimmingpool.

In diesem kleinen Becken schwamm Fred plötzlich los – wir waren gerade 14 Tage im Land – und schwamm ganze 15 Minuten ohne Pause. Das Fahrtenschwimmerzeichen trug er stolz und schenkte der Mama-Oma diese Leistung. Dann ging die Entwicklung rasant weiter, das Schuhebinden war plötzlich auch kein Problem. Das Flötenspielen machte auch Spaß und bald hatten wir ein kleines Familienorchester, denn auch Jörn klinkte sich mit seiner Mundharmonika ein. Wir machten eine Aufnahme und schickten den Geburtstagsgruß zu meiner Mutti, 3. 2. 1975.

Ja, wir hatten mit meinen Eltern eine große Unterstützung, sie kümmerten sich um all unsere Bestellungen mit Geduld, Liebe und Ausdauer. Ohne sie hätten wir die Auslandsjahre nicht so erfolgreich und zufrieden überstanden. Sie pflegten unser Haus, fuhren oft in Niederkaufungen an unserem kleinen Reihenhäuschen vorbei, erledigten Post und Botengänge, erfüllten unsere Wünsche und waren der Rettungsanker für uns.

Kein Dank der Welt würde ausreichen!

Gesundheitlich ging es uns wechselhaft, mal eine Allergie, mal eine Erkältung, mal Durchfall, mal Erbrechen, eben wie immer in der Eingewöhnungszeit sehr wechselhaft, auch die Jungs kämpften stärker als sonst. Ich gab den Mücken und unserem Wasser die Schuld, welches immer noch keine gute Qualität besaß. Also Vorsicht auch beim Baden, kein Wasser schlucken und anschließendes Abduschen war ein Muss. Vorsichtshalber informierte ich mich schon mal über die Situation einer ärztlichen Versorgung und erstaunt stellte ich fest, dass wir eine deutsche Kinderärztin in Lomé ansteuern konnten. Sehr beruhigend.

Nach 4 Wochen fuhren wir auch mit den Kindern nach Lomé, ein Ausflug mit vielen neuen Eindrücken, der auf den zweiten Blick nicht so enttäuschend schien wie die erste Fahrt, oder hatten wir uns an Schmutz und Dreck gewohnt? Der Strandbesuch entschädigte die Kinder, sie gingen in ihrem Element auf, denn die Wellen am Meer waren human und mit den gewaltigen Brechern von der Elfenbeinküste nicht zu vergleichen. Daher konnten wir auch die Fischer beobachten, die mit reichlicher Beute an dem Strand landeten, unter großem Geschrei die Fische schnell verkauften, um wieder durch die Brandung ins Meer zu stechen. Auch wir kauften immer mal herrliche Stücke vom Thunfisch!

Aus Lomé hatte ich mir einige Dinge mitgebracht, die unser Zuhause mit einfachen Mitteln verschönern sollten. So nähte ich Gardinenschals, passend eine Tischdecke, Utensilien für eine Stehlampe, die gebastelt wurde. Der Lampenschirm wurde aus Butterbrotpapier geklebt, mit Schmetterlingen verziert – eine Sammelwut bei den Jungs brach aus – und wurde zur schönsten Stehlampe aller Zeiten!

Während Jörn immer mehr Ärger im Projekt ertragen musste, wurde der Projektleiter Pufe zu einer Zumutung. Er griff seine Mitarbeiter auch persönlich an, brachte damit die Stimmung zum Tiefpunkt, die GTZ wurde informiert. Herr Brückle kam extra aus Deutschland angereist und eine Versetzung des Herrn Pufe war die Folge. Doch bis dahin wurde das Leben in Avetonou nicht besser. Ganz im Gegenteil, jeder Besucher, der zu uns kam, kippte Öl ins Feuer! Und Besuch hatten wir viel. Botschaftsangehörige kamen mit Familien zum Landausflug. Eine nette Familie Benthe aus den Bergen besuchte uns oft, denn die Kinder wurden bald ein Herz und eine Seele! Das Reiten wurde zum Kindersport, wir alle hatten unsere Freude.

Michael auf Pferd NIKO mit Freunden

Kleinere und größere Zwischenfälle gingen immer glimpflich aus, so bretterte Fred im vollen Galopp über die Koppel, denn am anderen Ende graste eine Stute und posierte mit Niko. Er war ein Hengst, vor Jahren ging er als Sieger auf der Trabrennbahn in Ghana hervor. Jetzt war er bei uns im Projekt, vererbte seine Gene 17-mal und wir hätten die Reaktion voraussehen müssen, doch alles ging so schnell. Fred saß wie ein Klammeräffchen auf dem Rücken des Pferdes, welches im hohen Sprung über den Zaun setzte. Die Stute wieherte, hatte ihr Ziel erreicht und beide trollten sich von dannen. Fred noch immer fest im Sattel! Das war dann auch für Jörn zu viel, er sprang auf sein Motorrad, Futter in der Tasche, Michael auf dem Hintersitz. Sie versuchten Niko einzufangen. Keine leichte Übung. Freds Reitkünste halfen und bald hatten sie Niko wieder in der Koppel. Eine unheimliche Vertrautheit legte er an den Tag, mit den Kindern und mit mir. Niko war eine Bereicherung unseres Lebens.

Viel Besuch brachte Leben, Spaß und Freude, aber auch Küchenstress, denn ohne Herd einen Kuchen zu backen war schon in Tunesien eine Herausforderung, wurde aber in den Tropen zum Abenteuer, bedingt durch die hohe Luftfeuchtigkeit. Ansonsten erfreute ich die Gäste mit leckerem Essen, aber auch Grillabende fanden statt. Dies zur Freude der Jungs, die gerne im Feuer stocherten. Während in Togo unser Leben aufregend genug war, wurde an unserem Haus ein Kampf ausgetragen und nur mit Mühe konnten die Eltern die Gebläse-Ausgänge, die Abluft aus dem Schwimmbad der Familie Jäger, auf unsere Seite verhindern. Ist man nicht da, versucht ein jeder Kapital daraus zu schlagen. Aber meine Eltern passten auf! Gott sei Dank!

Mein Bruder mit Christel meldete sich zu Besuch an, sie kamen am 25. 2. 75 in Togo nachts um 4 Uhr an. Welch eine Uhrzeit und doch waren wir zur Stelle und begrüßten sie im Hotel Miramar und verschleppten sie noch in der Nacht nach Avetonou, wo ein leckeres Frühstück ausgiebig eingenommen wurde. Jörn nahm sich auch Zeit, denn der Projektleiter verweilte in Lomé. Günstig! So wurde der 1. Besuchstag zu einem gemütlichen Familientag, den alle genossen.

Für den 2. Tag plante Jörn eine Fahrt mit Sack und Pack an die Wasserfälle in Ghana, meinen Plan für ein Picknick schlug Jörn mit den Worten aus, es sei ja nicht weit und zum Mittag wären wir wieder zurück. Welch ein Fall, denn alleine eine Fahrtstrecke dauerte mehr als 2 Stunden, 1,5 Stunden Wanderung zum Wasserfall durch eine herrlich kühle Landschaft, wo wir ständig, d. h. 14 mal, den Bach durchqueren durften, die Tiere beobachten konnten und die Vorfreude auf das tobende Wasser genossen. Es war wirklich ein Genuss, die staunenden Kinderaugen werde ich nicht vergessen, auch wenn Hunger und Durst allmählich auf die Seele und Stimmung drückten. Unsere Trabanten wurden still. Die ersehnte Rast kam in Palimé, die Meute stürzte ins Lokal und man staune, die Kinder bestellten Fleisch und Würstchen. Was der Hunger so bewirkt! Ein Besuch auf dem Markt rundete den Tag ab, der später in den Sesseln hängend früh sein Ende fand. Auch der 3. Tag wurde zum Ruhetag, ein Rundgang über das Projekt, Schachspiel zwischen Jörn und Horst, begleitet von gutem Ansporn durch die Kinder, spielten sie wie Weltmeister. Essen, Mittagsschlaf, Baden, nette Unterhaltung rundeten den Sonntag ab. Das war auch gut so, denn schon am nächsten Morgen fuhr Jörn mit Horst und Christel gen Norden in die Sahara bis zum Pendjaripark, 5 Tage wollten sie unterwegs sein, also wurde mächtig eingepackt, Jörn nervös, denn so ein Klimbim kannte er von mir nicht.

Wir winkten alle, wünschten glückliches Wiedersehen und blieben alleine im Projekt zurück.

Ganz schön unheimlich, denn wir waren gerade erst 4 Wochen hier, das Nachbarhaus war nicht besetzt und die Nächte ganz schon gruselig, besonders weil die fliegenden Hunde, so nannte man die großen Fledermäuse, nachts zum Leben erweckt unendlich Krach machten und damit alle anderen Geräusche übertönten. Na, wir krochen eng zusammen, verschlossen alle Türen! Der Boy merkte meine Angst und bot sich an, die Nacht vor dem Haus zu verbringen, ich nahm den Dienst gerne an, gab ihm dafür am Tag frei. Trotzdem war ich über die gesunde Rückkehr unserer Touristen froh. Gefährlich kann jede Fahrt sein und die

Abenteuer, die sie heil überstanden hatten, klangen sehr aufregend und gruselig. Togo sollte ja auch ein Erlebnis sein, und das schien uns gelungen! Ein Fest vom Counterpart zu Ehren seiner kleinen Tochter rundete den Aufenthalt ab. Es war ein sehr netter Abend und interessant durch den Einblick in die Kultur der Togolesen, die fröhlich und ausgelassen feiern können!

Horst und Christel ließen den Urlaub am Meer im Hotel ausklingen, wo ich sie noch zweimal mit den Kindern besuchte, wir auch einen Folkloreabend im Tropicana verlebten. Es war für uns schön, Besuch zu haben, und der Abschied fiel sehr schwer, doch so ist nun mal das Leben!

Der Alltag hatte uns schnell wieder im Griff, die Fortschritte in der Schule waren hervorragend, da muss ich unseren Kindern ein echtes Lob aussprechen, sie lernten schnell, gründlich und konzentrierten sich im Unterricht. Keine dummen Ablenkungsmanöver, kein Albern störte den Unterricht! Umso ausgelassener waren sie in der Freizeit, man konnte sie kaum bändigen. Die Ideen sprudelten nur so und die Ausführungen waren oft erstaunlich perfekt. Ich war stolz! Und Jörn sicherlich auch, denn sonst hätte er sie nicht mit der Motorradfahrt belohnt. Aus der Belohnung wurde ein Lernen und es dauerte nicht lang, da fuhren unsere Jungs alleine auf dem Motorrad! Mein Herz rutschte in die Hose, doch alle Aufregung war umsonst, sie konnten fahren!!!

Ich hatte in jungen Jahren auch einen Motorradführerschein bestanden und da versteht es sich von selbst, dass meine Rasselbande auch mich auf dem Motorrad sehen wollte! Wie immer ging auch das herrlich schief, denn ich konnte selbst mit einem Fahrrad nicht durch den Sand kommen, wie dann mit einem Motorrad? Ich traute mich und kaum war ich um die Kurve, da kam der Projektleiter Pufe mit Drohgebärden auf mich zu. Hatte er doch wieder mit dem Fernglas unser Haus beobachtet, na denn, der Schreck fuhr mir in die Knochen und anstatt mutig weiterzufahren, versuchte ich auf dem schmalen, sandigen Gartenweg eine Drehung, die missglückte mir zur Freude meiner Männer, die mir schallend lachend dennoch zu Hilfe kamen. Mit einem Motorrad-Familienausflug wurde es nichts.

Wie immer und in allen Projekten half ich Jörn mit dem Schriftkram, tippte Briefe, lange Rechentabellen, sortierte und heftete Unterlagen ab. So war ich auch diesmal auf dem Projekt im Büro, als unangenehmer Rauchgeruch uns erreichte. Natürlich rannten wir sofort raus, wo dicke Rauchwolken und eine Feuerwand uns erschreckten, die getrieben von einem Sturm genau auf unser Haus und Projekt raste. Ich dachte an die Kinder, schrie und rannte los.

Jörn mobilisierte alle Arbeiter der Farm, sie jagten hinter mir her, bewaffnet mit Palmwedel rannten wir dem Feuer entgegen. Die Jungs reihten sich ein und mutig schlugen wir auf die Flammen. Eine entsetzliche Hitze, aber die Angst trieb uns voran. Kleine Erfolge konnten wir erringen, das machte uns noch stärker, alle schrien sich Mut an und so kämpften wir Zentimeter um Zentimeter gegen die Feuersbrunst. Jörn hatte endlich einen Trecker in Gang gesetzt, kam mit dem Pflug und zog eine Furche quer durch die Weiden, eine unüberwindliche Barriere für die lodernden Flammen. Ich nutzte die Verschnaufpause, organisierte Wasser für alle und wurde mit Dank überschüttet! Bis wir wirklich alles im Griff hatten, vergingen noch Stunden und letztlich klang der Tag mit einer Grillparty aus, denn der Hunger hatte zugeschlagen. Erstaunlich war das Verhalten der deutschen Mitarbeiter im Projekt, alle hatten zu tun oder fuhren sogar fort. Für mich war das unverständlich, denn in der Not sollten alle zusammenstehen. Große Hochachtung zeigten die Afrikaner für meinen Einsatz. Ja, so war ich eben, wenn es brannte, war ich da! Jörns Ruhe in der kritischen Situation fand auch Bewunderer, darunter war auch ich. Ich erlebte dieses beherrschte Verhalten schon in anderen Zusammenhängen und fand es lobenswert, war er doch sonst oft sehr unbeherrscht, brüllend und tobend, aber wenn es hart auf hart kam, konnte man sich auf ihn verlassen. Seine Anweisungen waren exakt und richtig. Danke!

Die Feuerrodungen in Afrika sahen wir nun aus einem ganz anderen Winkel, denn diese Technik diente zur Kultivierung des Ackerlandes, vernichtete aber alle Tiere, ob groß oder klein, sie konnten nur selten entrinnen. Eine grausige Handhabung. Was konnten wir dagegen tun?

Interventionen bei der Regierung liefen ins Leere, so wurde eben um das deutsche Projekt die Brandrodung verboten und Überschreitungen sehr hart bestraft. So konnten wir sicher sein, Ähnliches nicht so schnell noch einmal erleben zu müssen.

Jörn ärgerte sich besonders, denn einige seiner Versuchsparzellen waren verbrannt und seine Messungen damit ungültig. Viel Arbeit vernichtet.

Ostern 1975 rückte immer näher, damit auch die Osterferien, eine Freude für unsere Lütten. Eine weitere große Freude war ein Osternest aus Witzenhausen, damit verbunden das große Rätselraten: „Wie bringt ein Osterhase das Nest durch die Sahara?" Viele Bilder wurden darüber gemalt, wiederum zur Freude für die Großeltern zu Hause.

Die Osterferien vergingen wie im Flug, denn ein Besucher gab dem anderen die Klinke in die Hand. Hatte es sich doch rumgesprochen, dass meine Männer, Jörn, Michael, Martin und Manfred, die perfekten Gastgeber waren. Sie drehten auf, unterhielten den Besuch mit interessanten Geschichten, die Kinder spielten mit den Gastkindern, als ob es ihre besten Freunde seien. Meine Wenigkeit versuchte mit einfachen Mitteln für das leibliche Wohl zu sorgen, was mir auch, wie schon in den vorherigen Projekten, auf das Beste gelang. Wurde allerdings – wie immer im Leben – alles als selbstverständlich hingenommen. Das Los der Hausfrau! Der Landausflug wurde für unsere Gäste ein Höhepunkt, heute würde man sagen ein Highlight.

Ich spürte wie glücklich unsere drei mit den Kindern waren, denn unsere Einsamkeit war doch erdrückend. Ein Schulbesuch in Lomé ließ gleich die Probleme erkennen, denn hier konnten wir nicht mal vorbeischneien und für einen Tag dem Unterricht beiwohnen. Die Lehrerin lehnt sofort ab, versuchte mich aber zu überreden, nach Lomé zu ziehen und die Kinder in die deutsche Schule, Goetheinstitut, einzuschulen. Wir würden im Camp wohnen können und wie Frau Pufe nur am Wochenende nach Avetonou fahren. Mein Problem sah ich bei Jörn, die ganze Woche alleine, keine gute Idee, dafür war er im Projekt zu an- und eingespannt. Die Beratung mit den Jungs endete mit dem Entschluss, draußen auf dem Land zu bleiben und bei mir zu lernen. Meine Suche nach der Möglichkeit zum Kontakt mit anderen Kindern ging also weiter. Ich traute mich in die afrikanische Schule nach Palime und wurde mit meinem Vorschlag herzlich begrüßt, d. h., einmal in der Woche fuhren wir nachmittags in die Schule! Bisschen zaghaft betraten meine drei die Klasse, denn 30 dunkle Augenpaare ruhten auf ihnen, Gekichere breitete sich aus, steigerte sich zum lauten Lachen und steckte unsere an. Der Bann war gebrochen, das Toben begann mit der Pause, denn Fußball wurde gespielt, unsere mittendrin und immer am Ball. Da staunten die kleinen „Schwarzen" nicht schlecht! Schnell wurde aus dem Spiel ein Wettkampf, Afrika gegen Deutschland. Das Zusammensein mit Kindern brachte viel Spaß und wurde zur regelmäßigen Einrichtung. Beide Seiten profitierten und lernten voneinander. Total erschöpft, aufgelöst, aber glücklich sammelte ich meine Meute abends wieder ein. Ich hatte in der Zwischenzeit meinen kleinen Einkauf erledigen können. Immer verbanden wir die Aktivitäten miteinander, versuchten wichtige Erledigungen zu verknüpfen, um Zeit, Kraft, Ausgaben zu minimieren.

Das ist bis heute die Regel!

Wir hatten kein Fernsehen, nur die Deutsche Welle hörten wir in unserem Radio, welches extra für den Empfang der Kurzwellen eingerichtet war. Um den Kontakt nach Hause zu halten, schrieben wir viele Briefe, fast alle 3 Tage, berichteten darin das Erlebte, erzählten von unseren Gefühlen, Ängsten und Sorgen. Die Kinder besprachen Tonbänder und erzählten – meist in einem herrlichen Durcheinander – den Großeltern über ihr Leben in Togo mit den vielen kleinen und großen Abenteuern. Da wurde selbst ein Geburtstag zum Höhepunkt. Meist wurden die Päckchen aus Deutschland mit so viel Erwartung ausgepackt, dass eine Kleinigkeit das Fass zum Überlaufen brachte, z. B. eine Bonbontüte, die man gerecht durch 3 teilen konnte! Auf die Idee, dass man vielleicht den Rest an Mama oder Papa verteilen könnte, kamen sie erst nach langer Diskussion. Die Abgabe an den Boy wurde viel leichter genommen und somit war er oft der lachende Vierte. Er hatte es aber auch verdient, denn seine Loyalität, sein Einsatz für uns, seine stille Arbeitsleistung waren für uns eine große Unterstützung. Die Küche, d. h. das Kochen, hatte ich aus Sicherheitsgründen übernommen, er aber besorgte das Aufräumen, den Abwasch, leistete Zuarbeit, deckte den Tisch, putzte das Haus, half, wo er nur konnte, bewachte auch mal die Kinder, wenn Jörn und ich einer Einladung folgten. Kurzum, ohne unseren Boy hätte unser Leben nicht funktioniert!

Mein Schulunterricht wurde auch in Deutschland anerkannt und die GTZ belohnte meine Arbeit mit Schulgeld, eine stille Anerkennung für meine Leistung.

Eine andere Anerkennung fand ich in der Freude über den Zusammenhalt der Familie. So intensiv könnte man das Leben in Deutschland nicht leben und die Freude über die Kinder nicht genießen, denn die Störungen von außen würden das Zusammenleben viel mehr beeindrucken. So dankte ich dem lieben Gott sehr oft, denn wir hatten viele Gründe, vor allem waren wir gesund, auch wenn kleine Wehwehchen uns mal belasteten. Michael hatte hohes Fieber, Martin einen dicken Fuß, Niko hinkte ebenso, Jörn hatte oft Durchfall, während Fred der Standhafte war, außer seiner 1. Zahnlücke! Ich war ja die Krankenschwester, versuchte zu heilen, rannte von Patient zu Patient und erfreute mich an der Besserung. Die Hepatitis grassierte, umso sauberer arbeitete ich in der Küche und an der Hygiene, kochte selbst das Regenwasser ab! Familie Pufe hatte Hakenwürmer, die nur schwer zu bekämpfen waren. So hörte man von der einen oder anderen Hiobsbotschaft. Wir aber blieben verschont!

Inzwischen kam der Mai, auch mein 31. Geburtstag, der mit vielen netten Überraschungen von Seiten der Jungs gekrönt wurde. Sie hatten für mich gebaut und gebastelt. Manfred schenkte mir einen Hund aus Holz, dazu einen Kerzenständer, Michael überraschte mich mit einem echten kleinen Planwagen aus dem „Wilden

Westen" (ich hab ihn noch heute auf dem Bücherregal) und Martin spielte „Alle Vögel sind schon da" auf der Blockflöte. Ich war zu Tränen gerührt. Jörn nahm sich Zeit und kam zum Kaffeeklatsch, der mit selbst gebackenem Apfelkuchen gekrönt wurde. Was will der Mensch mehr? Ich war glücklich und darüber berichtete ich in jedem Brief nach Hause.

Jörn hingegen fand seine Erfüllung nur allmählich, denn die Projektarbeit wurde von Projektleiter Pufe boykottiert, eine Rentabilität müsste nicht sein, da das Projekt nach Weggang der Deutschen so oder so zusammenbräche. Eine Einstellung, die zum Himmel stank und uns alle aufregte. Sollte doch erforscht werden, wie rentabel eine Viehzucht in den Tropen gestaltet werden kann und wie eine Resistenz gegen die Mücke bei den Rindern gezüchtet werden kann. So war das ursprüngliche Aufgabenkonzept des Projektes!

Jörn klemmte sich hinter seine Messungen, erforschte das Wachstum des Elefantengrases und kam zu positiven Ergebnissen. Die Uni in Hohenheim unter Herrn Prof. Dr. Ruthenberg nahm die Daten mit Freude entgegen und freute sich schon auf die Vollendung von Jörns Doktorarbeit. Das sollte aber noch ein langer Weg sein und werden!

Die Messungen nahmen solch ein Volumen ein, dass auch ich schon wieder eingespannt wurde, mit Waage, Stift, Messer ausgerüstet, trat ich fast jeden Nachmittag auf der Weide den Dienst an. Oft war es entsetzlich heiß, da reichte selbst eine Kopfbedeckung nicht und so zog ich mit einem Sonnenschirm über die Felder. Wöchentlich wurden die abgesteckten Parzellen geschnitten, gehäckselt, im Ofen getrocknet und diese Substanz genau gewogen und aufgelistet. Diese Messdaten wurden zur Basis der wissenschaftlichen Arbeit ausgewertet, durch die Trockensubstanz weltweit vergleichbar. Im gleichen Zeitraum wurde die Gewichtszunahme der Rinder gelistet, die Kosten für die Weiden ermittelt, sodass verlässliche Daten verglichen und eine Rentabilitätsrechnung aufgestellte werden konnte. Prof. Ruthenberg war sehr an den Ergebnissen interessiert und schickte Herrn Doppler einige Male zur Kontrolle vorbei, der mit positiven Eindrücken und Ergebnissen Jörns Arbeit dokumentierte. Form, Thema und Ausarbeitung sollte später an der Uni in Stuttgart seinen Abschluss in der wissenschaftlichen Doktorarbeit finden. So die Pläne! Damit verbunden war die Zusage auf eine Doktoranden-Stelle.

Unser Auto streikte immer öfters, dadurch bedingt wurden die Einkaufsfahrten nach Lomé seltener, damit auch unsere Ausflüge an den Strand, sehr zur Trauer für unsere Jungs, die nun mal Wasser und Strand über alles liebten. Inzwischen arbeiteten der Brunnen und die Pumpen besser, es wurde uns erlaubt, den kleinen Pool zu füllen, ein kleiner Ersatz!

Dagegen war die Besorgung der Ersatzteile für den VW viel komplizierter und bei uns reiften die Überlegungen, ein neues Auto zu kaufen. Neu müsste es ja nicht sein, nur tauglicher, denn die Tropen hinterlassen mächtige Spuren und ein neues Auto würde schnell an Wert verlieren. Wir planten unsere Heimreise gegen Ende des Jahres, wollten wir Weihnachten in der Heimat feiern, das hatten wir den Eltern versprochen. Bei dieser Gelegenheit wollten wir einen guten Gebrauchtwagen verschiffen. Der Plan stand!

Weitere Pläne, Jörns Arbeitsplatz betreffend, waren wir in allen Richtungen offen. Bewerbungen in Kassel bei der Landgesellschaft und in Witzenhausen bei der Kolonialschule lagen vor. Wir warteten auf Antworten, denen wir aber gelassen entgegensahen, denn als neuste Möglichkeit kam die Pachtung eines landwirtschaftlichen Betriebes infrage. Als engstirnig konnte man uns wirklich nicht eingliedern, doch an erster Stelle stand Jörns Doktorarbeit, die in Hohenheim noch geschrieben werden sollte. Ein Schritt nach dem anderen!

So wie wir den Kontakt zu der Heimat aufrechthielten, so taten es unsere Jungs. An manchen Tagen verwandelte sich unsere Wohnstube in ein Postamt, so viele Briefe flatterten herein. Die Schulkameraden pflegten regen Kontakt, waren an den Geschichten aus Togo höchst interessiert, daher wurden Michael und Martin angespornt viele Briefe zu schreiben, was sie mit Freude taten. Auch Manfred bekam von den Erstklässlern Post, dahinter steckte die nette Lehrerin Frau Putsch, die gleichzeitig den Lernstoff überwachen konnte. Zwei Fliegen mit einer Klatsche, denn von den Schreibkünsten war sie sehr beeindruckt, ich ebenso, auch die Großeltern freuten sich über die netten und interessant ausgeschmückten Briefe, später wurden es Geschichten und zum Schluss sogar Bücher! Ideenreich und pfiffig!

Martin schrieb die „Abenteuer vom Tom Sawer und Huckleberry Finn" in eigener Verfassung. Michaels Buch hieß „Geschichten aus dem wilden Westen und Jippe Brown und Ben". Manfred erzählte Geschichten aus dem täglichen Leben.

Trotz aller Turbulenzen verlebten wir auch mal ruhige, gemütliche Tage, Jörn las, Michael strickte seinem Teddy eine Jacke, Martin machte es dem Vater nach und Freddy träumte von seinem Boot und malte es von allen Seiten. Ich stickte an meiner Tischdecke oder strickte. Gerne halfen die Jungs in der Küche, dann erzählten sie von ihren Erlebnissen und Gedanken, ganz anders als am Tisch oder im Wohnzimmer. Küche ist eben ein besonderer Ort!

Mit diesen Erkenntnissen bastelte ich an der Einrichtung unseres Heimathauses, plante die Küche mit einer gemütlichen Bar, wo die Leckereien gleich verspeist werden konnten. Wie geplant, wurde die Küche auch gebaut! Die Konstruktion wanderte später sogar nach Limburg auf die Domäne Blumenrod und diente noch viele Jahre in Marienthal als Bar für die Gäste.

Die Stimmung im Projekt eskalierte fast jeden Tag, ein offener Kampf, Mitarbeiter gegen den Projektleiter, entflammte fast jeden Tag. Der eigentliche Grund lag in der Projektführung, Herr Pufe war Tierarzt, geflüchtet aus der DDR, und meinte mit kommunistischem Drill ein Projekt auf Vordermann bringen zu können. Bei unserer ersten Begegnung hatte ich Jörn vor dem kleinen, rothaarigen Leiter gewarnt. Die Fehlentscheidung badeten wir nun aus, besonders die Familie, die am wenigsten dafür konnte! Wären wir nach Peru gegangen, das Klima im Ganzen wäre besser gewesen! Die Umstrukturierung der Entwicklungshilfe im Heimatland, Bfe und Gawi wurden zur GTZ zusammengelegt, was natürlich auch nicht ohne Führungsfolgen vonstattenging.

Eine ungünstige Zeit und dennoch ließen wir uns nicht hängen, kämpften jeden Tag für das Tägliche, erfreuten uns an den Kindern, die uns jeden Tag mit Ideen überraschten. Auch die Schule machte guten Fortschritt, das Lernziel hatte ich schon zur Halbzeit erreicht, in der Freizeit wurde das Reiten zu einer Freude für alle, denn Niko wieherte nach der Mittagspause leise und stand am Ausgang der Koppel parat. Herrlich!

Die Jungs ritten im Cowboystil wie Alte, hier wurden die Karl-May-Geschichten zu Vorbildern, kein mm Platz war zwischen Po und Pferderücken.

Da muss ich auch einmal erwähnen, dass selbst Martin seine Scheu verlor, ein guter Reiter wurde und in nichts den anderen nachstand! Musikalisch entwickelten wir uns alle, bald glich das gemeinsame Spielen auf der Blockflöte einem Konzert. Schulbesuche in Palime, Strandbesuche in Lomé, verbunden mit dem Einkauf wurden zur Selbstverständlichkeit, denn unser Wagen war repariert und brachte uns ganz sicher von Ort zu Ort. Ausflüge auf das Plateau zur Familie Benthe konnten wir nun auch unternehmen. Sie leiteten ein Projekt von „Brot für die Welt" und hatten ein kleines Paradies, denn das Klima auf dem Berg war wie ein herrlicher Sommertag in Deutschland, Höhe ca. 2.000 m über dem Meeresspiegel, frisches Quellwasser, eigenes Obst, Gemüse, keine Mücken und vieles mehr bewunderten wir.

Ein Besuch auf der Farm Bena zeigte uns die negativen Auswirkungen der Entwicklungshilfe. 25.000 ha großer Viehzuchtbetrieb, unterstützt vom Land Bayern unter Federführung von Minister Strauss und der Firma Marox, ein Schlachthof. Sinnloser konnte keine Investition aussehen, das Durcheinander, die Unfähigkeit der Leute ließ uns erschaudern. Ein Jahr später hörten wir von der Pleite, und das erschütterte uns gar nicht.

Das Leben plätscherte gemütlich dahin, unverändert in der Grundeinstellung, Anerkennung gab es nicht, der Hochzeitstag wurde vergessen, das Projekt stand über allem etc. Kleine oder größere Verletzungen wie ein Umlauf am Fuß, bis hin zur Blutvergiftung, Frauenprobleme wurden unter den Tisch gekehrt. Daran war ich ja gewohnt und wunderte mich nicht. Pläne wurden geschmiedet und wieder verworfen, ein ständiges Hin und Her, ganz nach Jörns Art, so war er und ich versuchte dagegen Ruhe und Gleichschritt in unser Leben zu bringen. Ein schönes Stück Arbeit, die mir eine Vollbeschäftigung bis 1999 sicherte.

Die Unterstützung von zu Hause war uns gewiss, außer Jörns Eltern dachten alle an uns und ein reger Briefwechsel erzählte uns viele Neuigkeiten.

Die Eltern segelten im Sommer an der Schlei, mein Bruder kaufte ein Haus am Wörthersee für viel Geld und mit großem Luxus! Die Schulfreunde der Kinder machten Sommerreisen ins Ausland, die Lehrerin freute sich auf unser Kommen zu Weihnachten. Die kleine Bücherei Hupfeld versorgte uns weiter mit vielen netten Kinderbüchern, Gott sei Dank!

Wenn in Deutschland Sommer ist, haben wir in den Tropen die Regenzeit, recht ungemütlich! Viele Beschäftigungen mussten ins Haus verlegt werden, freiwillig verlängerten wir den Unterricht und die Vorfreude auf den nahenden Heimaturlaub wurde ausgebaut und genossen.

Die Vorfreude fand in dem Aufschreiben und Malen der Weihnachtswunschzettel ihren Gipfel, was aber wiederum richtig war, denn Weihnachtswünsche sollten ihre Erledigung frühzeitig finden. Meine Eltern waren dankbar. Jörn und ich wünschten uns von meinem Vater eine Vorbesichtigung gebrauchter Autos, damit wir in Deutschland beweglich sein – und den wir im Anschluss nach Togo verschiffen konnten.

So neigte sich das Jahr bald dem Ende entgegen, und wie wir schon auf den vorherigen Projekten erfahren hatten, wurden zuletzt mit aller Macht die Guthaben aus den Budgets der Entwicklungshilfe aufgebraucht, eine mächtige Reisewelle überflutete das Projekt Avetonou. Die Offiziellen gaben sich die Klinke in die Hand. So begrüßten wir Dr. Schmitt-Burr vom BMZ, Dr. Clemens, Landwirtschaftsminister von Togo, mit unserem Entwicklungshilfeminister aus Deutschland mit einer großen Delegation. Und viele mehr ...

Aus dem Weihnachtsfest zu Hause wurde nichts, denn erst am 3. 1. 1976 bekamen wir einen Flug von Accra nach Frankfurt mit der Alitalia und landeten nach einem abenteuerlichen Flug über Rom mit Streiks und langen Wartezeiten im Flughafengebäude unpünktlich.

Hier sei Jörn zu erwähnen, er forderte lauthals auf Französisch, alle stimmten ein, für uns Passagiere Hotelunterkunft, denn wir hätten nichts mit dem streikenden Personal zu tun. Lungerten schon die halbe Nacht im überheizten Flughafen und unsere Geduld war zu Ende. Rasant ging es vorwärts, ein Taxi nach dem anderen brachte uns in die Hotels, obwohl wir hungrig und durstig waren, war die Stimmung bei unseren Jungs einfach doll. Sie nörgelten nicht, ertrugen die neue Situation gelassen, es trennten uns ohnehin nur noch Stunden zum neuen Tag, der durch unsere temperamentvollen Jungs schneller kam als gedacht. Ohne Frühstück, das war im Hotel nicht vorrätig, ging es nach Rom zur Stadtführung. Wollten wir doch aus unserem ungewollten Zwischenstopp das Beste machen. Die gewaltigen Eindrücke vom Kolosseum entschädigten uns für alles! Da nahmen wir auch die weiteren Pausen bis zum Abflug nach Frankfurt gerne in Kauf. Es war unser zweiter gemeinsamer Flug!

Ein großer Bahnhof erwartete uns am Flughafen, denn außer meinen Eltern waren auch Jörns Eltern zur Stelle. Der Schreck fuhr mir in die Knochen, Vater Schreiber sah mehr als elend aus, totkrank, waren meine ersten Gedanken, die ich mir aber nicht anmerken ließ.

Die Freude über das Wiedersehen, die Freude über die Kinder ließen mich alle anderen Gedanken vergessen, Großeltern und Enkelkinder waren ein Herz und eine Seele.

Das kam nicht von ungefähr, hatte ich meine Kinder dahin gehend erzogen, dass man der älteren Generation eine gewisse Hochachtung zollen sollte, nein, ich hatte das auch deutlich vorgelebt und automatisch verhielten sich meine Jungs mustergültig, höflich, anständig, einfach wohlerzogen.

In beiden Familien zeigte einer jeweils seine unendliche Freude über die Enkelkinder. Das war Opa Schreiber und Omi Siegel. Sie waren Autoritätspersonen, die auch erzieherisch keine nennenswerten Schwierigkeiten mit unseren „Wüstenfüchsen" hatten.

Gab es dennoch Meinungsverschiedenheiten, dann wurden von Seiten der Jungs mit Pfiff und Charme Überredungskünste ausgespielt. Wir hatten unsere Freude.

Gemeinsam fuhren wir mit Sack und Pack nach Witzenhausen, wo die Überraschungen kein Ende nahmen, denn das verspätete Weihnachtsfest wurde nachgeholt! Die Heimat hatte uns wieder!!!

Ein gebrauchter Peugeot (404), ein Franzosenauto, wurde unsere Familienkutsche. Besuche der Familie und Freunde waren angesagt, denn wir hatten nur noch in den Winterferien Zeit, da die Jungs ihrer großen Einschulung und den Tests entgegensahen. Die Prüfungen waren auch für mich aufregend, es waren ja auch meine. Hatte ich gute Arbeit beim Schulunterricht geleistet und war das Ziel erreicht, das war hier die Frage!

Mit Bravour bestanden meine Kinder ihre Leistungstests. Wir alle waren stolz!!! Und obendrein waren die drei in der Schule sehr glücklich, die alten Freunde waren treu geblieben und so waren jeden Nachmittag im Haus bei Schreibers einige Turbulenzen zu spüren. Herrlich, endlich richtiges Leben.

Bei Jörn überschlugen sich auch die Neuigkeiten, der Projektleiter Pufe hatte das Handtuch geworfen, das bedeutete die sofortige Rückkehr von Jörn nach Togo. Er wurde kommissarischer Projektleiter und sah die Möglichkeit, nun endlich zeigen zu können, was in ihm steckte. Er nahm den nächsten Flug.

Ich dagegen blieb wie versprochen mit den Kindern in Deutschland. Unser Rückflug war für Anfang März geplant, doch der gesundheitliche Zustand von Opa Schreiber ließ mich die Termine verschieben, zumal unsere Jungs gerne in Deutschland bleiben wollten.

Ein Krankenhausbesuch zum Vater Schreiber hat mich bis in den heutigen Tag erschüttert, denn die sehnsüchtigen Augen nach Leben werde ich niemals vergessen, gerade weil ich zuvor viel Kummer und Elend gesehen und erlebt hatte.

Die traurige Nachricht erreichte uns schneller als gedacht und so musste ich Jörn zu seinem Geburtstag, 23. 3. 1976, außer einem Glückwunsch auch die traurige Nachricht vom Tod seines Vaters senden. Natürlich hieß das auch, den Flug nach Hause so schnell wie möglich zu erreichen, wo ich ihn zwei Tage später vom Flughafen Frankfurt abholte. Kein schönes Wiedersehen, zumal am nächsten Tag die Beerdigung in Steinheim stattfand. Mein Besuch am Todestag war mehr als merkwürdig und mein Entsetzen groß, als ich Hasko und Mutter lachend am Tisch sitzend vorfand. Keine Spur von Trauer war erkennbar. War vielleicht der Schicksalsschlag noch nicht spürbar, das nahm ich an und deshalb fuhr ich auch schnell wieder nach Hause zurück.

Die Beerdigung wurde zum Drama, die Risse in der Familie erkennbar, die Tragödie nahm ihren Lauf, die Erbschaftsstreitigkeiten wurden offen ausgefochten. Unglaublich für mich, die bis zu diesem Tag an die heile Familie geglaubt hatte. Ich wurde allmählich wach.

Jörn schrieb an seine Geschwister und appellierte an die Menschlichkeit, an das ehrliche Miteinander und die Barmherzigkeit im Umgang mit der Mutter.

Ungeachtet dessen ging unser Leben weiter, Jörn hatte seinen Vertrag um ein weiteres Jahr verlängert und flog zurück nach Togo. Auch mein Flug mit den Kindern war für eine Woche später gebucht. Ich war froh, flüchten zu können! Die Kinder aber wollten nicht weg. Tränenreiche Abschiede erlebten wir. Doch was sein musste, musste sein! Gepackt mit einem Jahr Unterrichtsstoff, vielen Spielsachen von den Kindern, neuen Anziehsachen, wichtige Dinge zum täglichen Leben, ging die Reise nach „Hause".

Ziemlich durcheinander waren wir, unsere Gedanken in Thienhausen, von wo wir keine weiteren Nachrichten erhielten. Wir konnten uns schon denken, weshalb, denn es kam, wie es kommen musste, Hasko erpresste die Mutter und übernahm mit nichts den väterlichen Betrieb. Mutter musste ausziehen, Hasko renovierte das halbe Schloss und setzte sich ins gemachte Nest. Der Streit mit allen Einzelheiten erreichte uns selbst in Afrika, Jörn sagte nichts dazu, ich schwieg, regte mich nur über die verzweifelten Briefe der Mutter auf, die sich Hilfe suchend an uns wandte, aber erst, als schon alles zu spät war.

Wir beschlossen das Thema nicht mehr anzurühren, das war gut, hätte uns viel zu sehr bedrückt. Eine weitere Belastung hätten wir kaum ertragen können, war unser Leben in Togo schon genug angespannt, auch innerfamiliär!

Mein Geburtstag wurde zum Überraschungstag, denn selbst Jörn hatte ihn nicht vergessen oder unter den Tisch gekehrt! Zuvor hatte ich meinen Eltern für mein Leben, meine ungezwungene Kindheit, meine erfüllte Jugend und all die Liebe, die ich erhalten hatte, gedankt, das aus tiefstem Herzen und mit voller Ehrlichkeit. Dazu haben mich die Streitigkeiten aus Thienhausen getrieben, meine Eltern waren über meine Worte sehr, sehr glücklich.

Wie viele Gäste und wer aller so zu uns nach Avetonou strömten, war manchmal ungeheuerlich. Saßen doch nicht selten 14–18 Personen am Tisch und alle wollten lecker essen, wie schon erwähnt keine einfache Sache in Afrika. Einer der Gäste war Dr. Ceras aus Lomé mit ganz frechen, hochnäsigen Kindern, dass selbst meine Trabanten sich abwandten und nicht bereit waren, mit den Gästen zu spielen. Ein seltenes Verhalten.

Mein Zustand griff nicht nur in die Planung ein, nein, nach den anfänglichen Schwierigkeiten baute ich eine Mauer um mein Seelenleben, reine Überlebensstrategie, die meinen Kindern zugutekam. Wir waren eine friedliche Einheit und die Boshaftigkeiten von Jörn prallten an uns ab, und als er merkte, dass seine Angriffe ins Leere liefen, unterließ er es. Ein Frieden breitete sich aus! Eine schöne Zeit verlebten wir.

Kleinere Einladungen, Botschaftsempfänge, Kontaktaufnahme zur deutschen Schule, verbunden mit einem sehr netten Fest und das Kennenlernen der Familie Geil brachten Abwechslung. Eine nette Freundschaft sollte entstehen.

Die Mitarbeiter von Herrn Prof. Ruthenberg, Familie Doppler, erwarteten wir zur Kontrolle der Datensammlung für die Doktorarbeit, die sich bis in den März 1977 ausdehnen sollte. Planung wieder einmal geändert, Ausreise verschoben. Professor Kuhlmann von der Uni in Gießen meldete sich auch, Jörn lieferte gesammelte Daten zur Rentabilitätsrechnung des Projektes, das nach Jörns Sparmaßnahmen allmählich positive Zahlen schrieb. Über Herrn

Prof. Kuhlmann wurde der Kontakt zu Herrn Dr. Breuers, Ministerialrat, geknüpft. Seine Tätigkeit war im Ministerium, er war verantwortlich für alle hessischen Staatsdomänen. Man konnte ja nie wissen, der Kontakt war sicherlich nicht schädlich!

Mein Umstand trug dazu bei, dass ich mich nicht mehr über die Planwirtschaft von Jörn aufregte, denn weiterhin ging es hin und her, mal sollte ich gleich nach Deutschland reisen, dann wieder bis nächstes Jahr in Togo bleiben, weil wir doch gutes Geld verdienten und es für einen Neuanfang in Deutschland gut gebrauchen konnten. Und so weiter, und so weiter!

Mein Denken ging bis in den Januar, da sollte der Nachwuchs das Licht der Welt erblicken – wo auch immer! Die Untersuchungen bestätigten, dass alles gut verlaufen werde, was mich sehr beruhigte und mich gelassen in die Zukunft blicken ließ. Eine Schwangerschaft ist doch das Herrlichste auf Erden.

Einen fürchterlichen Schrecken jagte uns Michael ein, der stürzte vom Reck, verletzte sich beide Knie und schlug zudem mit dem Kopf auf den Betonboden. Ich ahnte nichts Gutes, doch wir hatten Glück. Als Folge baute ich das Reck ab, die Gefahr war mir zu groß, zumal ich plötzlich überall Gefahren lauern sah, wurde sehr ängstlich und die Jungs wollten sich kaputtlachen: „Was ist denn mit der Mutti los!!"

So plante ich den Umzug nach Lomé, wir mieteten Ende November eine kleine 2-Zimmerwohnung mit Bad und Küche im deutschen Seemannscamp, unmittelbar neben der deutschen Schule. Klimagerät im Schlafzimmer war ein Muss, ansonsten bot die kleine Terrasse genug Platz für das Leben draußen. Die Trockenzeit hatte begonnen, die Mücken waren nicht ganz so aggressiv, eigentlich eine schöne Zeit. Die wollte ich auch mit den Kindern genießen. Bis 1 Uhr hatten sie täglich Schule, gleich prüfte man den Lernstand, der positiv beurteilt wurde und der Einschulung von Michael und Martin in die zweite Gruppe, 3. und 4. Klasse, stand nichts im Wege, Manfred besuchte die erste Gruppe mit der 1. und 2. Klasse. Insgesamt gab es ja nur 22 Kinder, ein gutes Arbeiten war sicher. Ich baute unser Nest so nett wie immer, machte es gemütlich, sodass Jörn nur mit Wehmut von Lomé nach Avetonou zurückfuhr. In der Woche pflegte ich regen Kontakt mit den deutschen Familien, waren wir doch bald sehr wohlwollend integriert. Unsere Haushalte hatte ich halbiert, nun fehlte hier oder dort ein wichtiges Gerät, doch ich konnte mit nichts immer noch wirtschaften.

Jörns Anerkennung als kommissarischer Projektleiter hatte auch in der Botschaft seine Wirkung, wir wurden zu Botschaftsempfängen eingeladen und damit wurde das Projekt Avetonou interessant und verdiente Aufmerksamkeit, sogar so viel, dass Experten von der internationalen Tagung der EG in Zusammenarbeit der Entwicklungsländer (ja 46 Minister aller Staaten), dafür war Lomé im Ausnahmezustand, unser Projekt besichtigen wollten. Der Botschafter persönlich kam zu mir ins Seemannsheim auf der Suche nach Jörn! Es klappte alles und Jörn präsentierte das Projekt mit aller Raffinesse, und als Herr Dr. Eigner bei einem kurzen Überblick über die Bilanz sein positives Staunen zum Ausdruck brachte, war die Welt in Ordnung!

Die Weihnachtsferien verbrachten wir in Avetonou in der Hoffnung, dass unser Nachwuchs nicht zu neugierig sei und weit vor der Zeit kommen wollte. Das Haus platzte aus allen Nähten, ich zählte die Köpfe, 18 Personen am Weihnachtsessen bestehend aus Familie Benthe, Faatz, Schäfer, Harmeling und Fräulein Helga aus Palime.

Er wartete … und der viele Besuch mit ihm! Alleine Familie Doppler aus Deutschland verbrachte 14 Tage bei uns, mal in Avetonou, mal in Lomé. Sehr anstrengend für mich, dazu kamen noch GTZ Experten, und ehe ich mich versah, saßen in unserer kleinen Hütte in Lomé 14 Mann am Kaffeetisch bei Apfelkuchen mit Schlagsahne! Das hatte mit Afrika nicht viel zu tun, aber mit Überforderung einer Schwangeren, doch das wurde mit den Worten „Kinderkriegen bekommt dir" abgetan, das war am 17. 1. 1977.

Und wenn es kommt, kommt es dicke! Die Jungs lagen mit hohem Fieber in ihren Stockbetten, wo ich bei dem einen nach dem anderen Wadenwickel anlegte. Beim Erklettern meldete sich der Nachwuchs so akut, dass mir nicht einmal Zeit blieb, auf Jörns Wachwechsel zu warten. Die Nachbarin übernahm den Krankendienst, während mich das Taxi gerade noch rechtzeitig zur afrikanischen Hebamme, Mme Olympio, die Präsidentengattin, brachte! Im Anschluss fuhr das Taxi mit Murren zum Projekt, um Jörn zu benachrichtigen, ich hatte ihm nur den halben Lohn gegeben, den Rest sollte er von Jörn erhalten, denn sonst wäre er gar nicht gefahren! Auf die Afrikaner in Togo war nur selten Verlass.

So schreiben die Jungs am 25. 1. 1977:

> Wir dürfen Euch heut sagen,
> was sich bei uns hat zugetragen:
> Eins, zwei und drei, es blieb nicht dabei.
> Die drei Ms – das waren wir –
> nun kam am 25. Januar auf die Welt Nummero vier!
> Mit acht und einhalb Pfund
> ist er kugelrund.
> Er guckt auch schon munter aus dem Augenpaar,
> trägt dazu sehr langes dunkles Haar.
> Wenn er auch dann noch schreit,
> hört man ihn gleich weit und breit.
> Somit passt er unverkennbar zu uns,
> wir werden ihm schenken unsere ganze Gunst.
> Einen Fußball, den gaben wir ihm schon heut,
> und hört, er hat sich riesig gefreut!
> Der Vater, er guckt ein bisschen traurig drein,
> denn es sollte wohl werden für ihn ein Töchterlein.
> Die Mutti ist wohlauf,
> wir sahen sie schon heut im eiligen Lauf.
> Am liebsten will sie schon gleich mit nach Haus.
> Aber das darf sie nicht tun,
> sondern soll recht lange ruhen.
> Wir werden auch alleine kommen zurande,
> dafür sind wir ja eine ganze Bande.

Der Vater kocht und geht besorgen,
während wir den Haushalt werden versorgen.
Nun aber haben wir genug geschrieben,
doch ist ein Rätsel noch geblieben.
Wie soll unser Brüderchen heißen?
Mit M fängt der Name an, mit C hört er auf,
was wohl steht im Mittellauf?
So grüßen wir Euch in dieser Stunde
als die glückliche Schreiber-Männer-Runde.

Sohn Marc war geboren, Nr. 4

Was alles im Einzelnen passierte, wie die Geburt war etc., schrieb ich ausführlich an meine Mutti, das will ich hier auch nicht erläutern, aber erzählen, wie die Reaktion, d. h., wie die Großen auf den kleinen Bruder zugegangen sind. Ich dachte ja, ein kurzer Blick von der Seite würde reichen, nein, nun wollten sie das Wunder genau untersuchen! Mit so viel Liebe hatte ich nicht gerechnet und natürlich flossen auf meiner Seite Tränen über Tränen, die meine Jungs erstaunt mit den Worten zur Kenntnis nahmen: „Es ist doch ein Grund der Freude und nicht zum

Heulen!" – Umso mehr weinte ich. Ja, wie sollten das alles meine Jungs verstehen!

Das halbe Camp besuchte mich, die Frauen rückten näher, jeder versuchte zu helfen. Es war eine schöne Zeit, die wir nicht missen möchten. Die kleine Geburtsstation war wie ein Hotel der ersten Klasse, ich genoss es. Die Kinder waren gerne gesehen, das Glück umströmte uns. Jeder wollte den kleinen Bomber sehen, denn die Afrikanerinnen hatten immer nur ganz kleine Babys, die gerade mal 2,5 kg, allerhöchstens 3 kg wogen. Es war wie im Taubenschlag und voller Bewunderung jubelten sie auf Afrikanisch: „Bobololo!" Daraus machten unsere Jungs „Bobo", so hieß er und so heißt er noch heute!!!! Ein lieb gemeinter Kosename!

Wir blieben bis Ostern im Camp, feierten mit 28 Kindern den zehnten Geburtstag der Zwillinge, die wie Weihnachtsmänner beschenkt wurden. Das Fest war eine Wucht, ich hatte mir viele Ideen einfallen lassen. Frau Hacker half uns, somit war die Feier lange Zeit in aller Munde.

Ostern gab es Zeugnisse für die Kinder, und da alle drei gute Noten hatten und gerne zum Unterricht gingen, wollten wir ihnen die Freude nicht nehmen. Jörn musste zu einer Vortragsreihe an die Elfenbeinküste, so passte alles gut, wir blieben in Lomé.

Und wahrlich, die Zeugnisse überraschten uns im Positiven, denn so gute Noten hatten wir nicht erwartet. Stolz waren die Eltern auf die Kinder! Dazu gab es noch für Michael und Martin, gerade 10 Jahre, das Jugendschwimmabzeichen und für Fred den Fahrtenschwimmpass.

Die restliche Zeit verlebten wir wieder in Avetonou, wo das lang ersehnte Reiten wieder neuen Schwung bekam, selbst Niko sah man die Freude an! Unterricht verlief wie gehabt, wurde allerdings des Öfteren von Babygeschrei unterbrochen. Eine gern gesehene Pause. Ich stillte unseren kleinen Schreier, versorgte ihn unter immer interessierten Kinderaugen. Sie liebten ihn über alles!

Besuch wie immer und gehabt, Minister, Botschafter, Abgeordnete, alle kamen bei uns rein, fanden immer einen üppig gedeckten Tisch mit ersehnten deutschen Gerichten oder Kuchen etc. Das Interesse an Jörns Datenzusammenstellung ging bis in die Regierung. Endlich hatte Jörn Oberwasser, was ihm zu gönnen war, doch die Familie hatte wenig davon, denn innerlich schien er zerrüttet zu sein. Ein konzentriertes Arbeiten war ihm nicht gegeben. Lag auch oft im Bett, kam nicht zum Essen, wenige Zeit später war er himmelhoch drauf, man meinte, er stünde unter Drogen. Mir wurde unheimlich.

Mehr Freude machten mir die Kinder, unsere Großen wurden immer vernünftiger, man konnte sich nett mit ihnen unterhalten. Liebevoll kümmerten sie sich um Marc, der es ihnen mit Lachen und Quietschen dankte. Er war sehr kräftig, wog mit 8 Wochen schon fast 6 kg, konnte seinen Kopf alleine heben, strampelte sich von einem Ende des Bettchens zum anderen, rollte sich und gab nur wenig Ruhe, wollte immer beschäftigt werden! Die Jungs taten ihm gern den Gefallen, verwöhnten ihn nach Strich und Faden.

Im April wurde die Heimreise für den Juni geplant und gebucht, denn nach den Sommerferien sollten die Kinder in meiner Heimat wieder den Schulunterricht in ihren alten Klassen aufnehmen. Ab dieser Zeit begann unsere Sehnsucht nach Deutschland und wir lebten nur noch mit dem halben Herzen in Togo.

Meine Großmutter väterlicherseits wurde 1977 neunzig Jahre alt, ein großes Fest planten wir und verbanden damit die Taufe von Marc. Alle Gäste luden wir zu uns am Johannisberg 15 ein. Kontaktaufnahme zum Pfarrer organisierte Mutti, Einladungskarten schrieb ich noch aus Togo. Die Zeit rannte immer schneller.

Der größte Trennungsschmerz wurde der Verkauf von Niko. Wir suchten lange nach einem guten Zuhause, verfrachteten ihn auf das Hochland, wo ihn ein besseres Klima und eine nette Familie erwarteten. Viele Tränen flossen, nur gut, dass die Vorfreude auf die Heimkehr sie bald trocknete.

Das große Packen begann, hatten wir uns doch Esszimmermöbel aus Teakholz machen lassen. Ein Afrikaner arbeitete immer noch an unseren handgeschnitzten Königsstühlen mit Tisch. Eine ganz besondere Gruppe, aus einem Stück gearbeitet. Wunderschön! Dazu benötigten wir nun noch eine riesige Kiste für den

Schiffstransport, aus gutem Mahagoniholz, da mein Vater ganz versessen darauf war. Die Freude wollten wir ihm machen. Sonst nahmen wir nicht viele Dinge mit, einige Kinderspielsachen, Anziehsachen nur wenige, Haushaltsgeräte gar nicht. Waren unsere Erfahrungen mit Transporten aus Übersee ohnehin nicht gut. Das Auto wollten wir so und so verkaufen, da blieb nicht mehr viel übrig.

Jörns Ausreise war für Ende Juli geplant, verbunden wurde dieser Termin mit der Abholung eines neuen Autos in Stuttgart.

Sommer 1977

Die Reise mit 4 Kindern hat so ihre Tücken, erschöpft, geschafft, trafen wir in unserem Häuschen ein. Wie herrlich hatte meine Mutti alles hergerichtet! Einen Jeanskinderwagen, sehr modern, ein niedliches Kinderbett für Marc, etliche neue Spielsachen für die Großen wurden entdeckt. Wie wohnlich sah es aus und wie lecker duftete der frischgebackene Kuchen für unseren Empfang! Wir waren zu Hause!!!

Wie ein Lauffeuer verbreitete sich die Kunde über unsere Landung, und noch ehe wir Luft geholt hatten, waren die Freunde gekommen. Eine liebevolle Begrüßung und herzliche Aufnahme waren uns gewiss. Ein Wirbelwind zog durchs Haus und mit ihm waren die Jungs fort, lauthals vor Freude tobte die Meute über den Johannisberg!

Noch 6 Wochen Sommerferien standen zum Genießen vor uns, und das taten wir auch, ohne ein schlechtes Gewissen zu haben. Hatten wir uns den Urlaub redlich verdient und doch war ein bisschen Wehmut in uns, denn Jörn war nicht bei uns, Briefe erhielten wir nicht.

Meine Trabanten ließen mir nicht viel Zeit zum Grübeln, wollten sie doch das kleine Gartenhaus für sich herrichten, alle Hände packten mit an und rückten dem Taubendreck mit Besen und Schaufeln zu Leibe. Dem aber nicht genug, Farbe und Pinsel wurden geschwungen und bald sah der Dreckstall nett und frisch aus. Eine herrliche Bude für eine kleine Rasselbande!

Rasen mähen und Gartenarbeit nahm auch viel Zeit in Anspruch, dazu der normale Haushalt, kleinere und größere Einladungen waren fällig, die Taufe und Omis Geburtstag rückten näher, es wurde geplant und langsam vorbereitet.

Immer wieder verschwanden die Eltern an den Diemelsee, eine große Bootsreise hatten sie unseretwegen nicht geplant, doch das Segeln konnten sie nicht ganz auslassen! Die Zwillinge durften auch mal mit, waren eine solche Hilfe und Freude, dass mein Vater, wie umgewandelt, um weitere Fahrten bat, der Gerechtigkeit wegen fuhr Michael mal mit Martin, dann wieder mit Fred zum See.

Ein Zwischenfall erschreckte uns bis ins Mark. Lautes Hupen mitten in der Nacht weckte mich, als dann noch an der Tür gepocht wurde und es keine Ruhe gab, schlich ich mich an die Haustür und drohte mit der Polizei, wenn nicht augenblicklich Ruhe sei. Ein Kauderwelsch an Stimmen drang durch die Tür, ich verstand gar nichts, bis dann ein Taxifahrer aus Frankfurt die Situation zu klären versuchte. Noch immer verstand ich nichts, öffnete aber die Tür und ein Riese von Mann, blond, blauäugig, braun gebrannt, lachend und lustig, gab mir einen Brief von Jörn in die Hand. Steven hieß er, war Amerikaner, Tierarzt, kannte uns vom Projekt Avetonou und wollte nun auf seiner Rückreise in die Staaten Informationen über deutsche Tierkliniken und Praxen sammeln. Jörn fand es eine gute Idee, sei doch seine Frau in Witzenhausen und würde ihm sicherlich helfen. Wunderbar!

Da stand ich mitten in der Nacht, im Nachthemd, hatte einen durstigen, hungrigen Gesellen vor mir und überlegte nur kurz, was ich machen sollte. Schleppte ihn in die Küche und im Anschluss in den Keller, wo wir noch ein Gästebett frei hatten. Dann erst mal schlafen!!! Aber damit war es bei mir vorbei, meine Gedanken wirbelten im Kopf herum, nicht zuletzt machte ich mir Sorgen über die Nachbarschaft. Was würden die denken? Die Frau kam alleine aus Afrika zurück und nun hatte sie Männerbesuch, da stimmte was nicht!! Am nächsten Morgen beim Frühstück nahm ich das Zepter in die Hand, setzte mich über alle Bedenken hinweg und organisierte für den jungen Amerikaner Ausflüge, Termine beim Tierarzt, Besprechungen in der Uni für Entwicklungshilfe und vieles mehr. Wir hatten kein Auto, er sprach kein Deutsch, also packte ich Kind und Kegel zusammen, so marschierten wir durch die Stadt! Ausschlaggebend waren die Reaktionen der Kinder auf unseren Besucher, sie waren nach anfänglichem Staunen sofort ein Team, ausgesprochen gut verstanden sie sich. Geredet wurde mit Händen und Füßen, sie nahmen ihn auf wie einen alten Bekannten. Lustig lachend ging es durch Haus und Garten, dann noch durch die Stadt! Steven blieb ganze 4 Wochen, fühlte sich bei uns sehr wohl, half mir, wo er konnte, und selbst meine geschockten Eltern überzeugte er spielend. Es war eine schöne Zeit, so ungezwungen, friedlich und lustig konnte man mit Jörn leider nicht leben. Schade.

Kurze Zeit später erreichte mich ein Telegramm von Jörn: „Komm bitte mit dem Zug nach Frankfurt und hole mich vom Flughafen ab." Das war eine Überraschung. Dank meiner Mutti, die jederzeit für die Kinderbetreuung bereit war, organisierte ich die Reise. Ein Wiedersehen mit Jörn, ganz ohne den Anhang, sollte ein besonderes Erlebnis sein. Wir fuhren nach Stuttgart, unser neues Auto wurde ausgeliefert. Welch ein berauschendes Gefühl war es damals. Unser erster Mercedes! Zufrieden und ein bisschen stolz waren wir sicherlich. Die Reise ging über die Uni in Hohenheim, kurze Absprache der weiteren Zusammenarbeit, dann nach München zu meinem Bruder, Tante Christel in Erlasee wurde auch noch besucht, bis dann ein begeisterter Empfang von unseren Kindern die Fahrt beendete, ein glückliches Wiedersehen folgte. Natürlich mussten alle erst einmal mit dem neuen Auto eine Ehrenrunde fahren! Ein gelber Mercedes W 123 mit 60 PS – 220 D, trug Zollnummern, die später umgewandelt wurden in LM MM 47.

Resümee am 11. Hochzeitstag: vier gesunde, intelligente, glückliche, aufgeweckte Kinder, zwei Häuser, einen neuen Daimler, das Konto voller Geld, eine halbe Doktorarbeit im Gepäck, dazu ein Grundgehalt von der GTZ bis Ende 1978 und obendrein um viele erlebte und überstandene Erfahrungen reicher! Ein Grund zum Strahlen!!!

Wir feierten im August mit vielen Gästen ein gelungenes, wunderschönes Fest, die Taufe von Marc und den neunzigsten Geburtstag von Oma. Großvater von Jörn, Eduard Schreiber mit 94 Jahren, hatte das Zepter fest in der Hand, so dachte man an die alten überlieferten Geschichten und glaubte jedes Wort! Der Gottesdienst war in einer kleinen Kapelle an der Gelster, sehr feierlich und persönlich. Unsere kleine Meute benahm sich mustergültig, auch mit Markus und Dagmar, den Kindern meines Bruders. Die Hauptpersonen waren zufrieden, so viel Trubel war ganz in ihrem Sinne.

Die Schule begann, Jörn ging nach Stuttgart an die Uni und ich hielt weiterhin das Haus und die Kinder in Schuss, mit einer Freude unter dem Herzen!

Für Michael und Martin standen gravierende Entscheidungen im Raum. Die Schüler besuchten nach der Grund – die neue Gesamtschule mit der Orientierungsstufe. Wieder mal Land für Land ein unterschiedliches Schulsystem. Da lobte ich mir die Franzosen, auf der ganzen Welt unterrichteten sie ihre Kinder nach einem Reglement, ein Schulwechsel ergab keinerlei Probleme. Nun denn, unsere Zwillinge kamen in die A-Klasse mit all ihren Freunden, darüber waren sie sehr glücklich. Fred musste in die Grundschule, die Trennung von seinen Brüdern fiel ihm sehr, sehr schwer, doch schnell geschlossene Freundschaften halfen ihm bald darüber hinweg.

Jörn fuhr montags Richtung Uni, ihn sahen wir erst Freitag oder Samstag wieder, er bewohnte in Hohenheim ein kleines Zimmer, hatte dort seine Ruhe vor der Familie und konzentrierte sich auf seine Ausarbeitungen, die schnell im Computer aufgelistet und bearbeitet werden sollten, was allerdings längst nicht so einfach war, wie gedacht!

Unerwartete Einladungen sorgten für Aufregungen, Herr Dr. Breuers wollte die Familie kennenlernen, nachdem er schon vieles von uns gehört hatte. Also fuhren wir mit Sack und Pack in den Taunus, um die neue Wohnung und den jungen Nachwuchs zu bestaunen. Jörn war sehr nervös und ganz gegen die Regel baten wir unsere Trabanten um mustergültiges Benehmen. Die Show konnte beginnen, sie wurde perfekt inszeniert, begann mit dem Kleckern auf dem Schaukelstuhl, dem Knacken der Nüsse auf dem neuen Fußboden, einem „I"-Geschrei, als die Windel des Neugeborenen ausgepackt wurde, endete beim Fußballspiel im Innenhof mit einer kaputten Scheibe und ständigem Fragen: „Wann fahren wir endlich nach Hause?" Unsere Nerven waren am Ende und ich möchte nicht wissen, was Familie Breuers über uns gedacht hatte.

Umso überraschter waren wir über den Hinweis einer Ausschreibung der hessischen Staatsdomäne Blumenrod in Limburg. Es war wie ein Bombeneinschlag, dem Ziel, einen eigenen Bauernhof zu besitzen, so nahe zu sein, brachte uns völlig aus dem Rhythmus.

Eine Besichtigung sollten wir mit aller Vorsicht unternehmen, bei Gefallen die Bewerbung an das Ministerium abgeben. Der Schleudergang hatte eingesetzt, es gab kein anderes Thema, es wurde gerechnet, gewogen, in die Waagschale kam alles!

Das betriebswirtschaftliche Büro „Schwertle" in Göttingen half Jörn zu einer perfekten, wirtschaftlich aussichtsreichen Bewerbung.

Über all diese Aufregungen stolperte Jörn mit seiner Doktorarbeit im Dunklen, denn die verbale Ausarbeitung seiner Messungen, seiner Erfahrungen sollten nun zu Papier gebracht werden. Seine Formulierungen waren für ihn nicht perfekt genug, seine wissenschaftlichen Forschungsergebnisse nicht 220%ig, er kam ins Straucheln. Die Laune war unerträglich, mein Zustand tat das Übrige dazu, die Familie litt. Das Wegrennen war wieder im Fokus.

Das Vorstellungsgespräch im hessischen Ministerium kam wie ein Rettungsanker, Jörn klammerte sich daran und hoffte.

13. 2. 1978 fuhren wir bei Eis und Schnee nach Wiesbaden. 84 Bewerber wurden von einem fünfköpfigen Gremium beurteilt, getestet, bewertet. Wir saßen mit ca. 24 Interessenten im Wartezimmer, ich als einzige Frau unter all den Männern, und das im hochschwangeren Zustand. Ich kam mir recht deplatziert vor, doch Angriff ist die beste Verteidigung. Als wir aufgerufen wurden, zitterten uns die Knie, aber da Jörn ein hervorragender Redner war, überbrückte er seine Unsicherheit galant. Seine ökonomischen Ausführungen waren perfekt, an der Organisation gab

es sicherlich auch nichts zu deuten, doch auf die Frage „Warum ist Ihre Frau mitgekommen?" konnte er nicht recht antworten und gab die Frage an mich weiter. Die Herren schauten alle auf mich, ohne auch nur eine einzige Reaktion, mir war es unheimlich, doch meine Einstellung, dass zu einem landwirtschaftlichen Betrieb auch eine gute Ehefrau und Familie gehören, konnte ich verteidigen.

Wir bekamen den Zuschlag! Am 20. 3. 1978 siedelten wir nach Limburg!

Die Ereignisse überschlugen sich, wir fuhren Karussell, doch bei allen Aufregungen war eine Fahrt von großer Bedeutung. Jörn nahm seine drei Großen mit auf den Bauernhof „Domäne Blumenrod" und nach der Besichtigung kam die Frage: „Wollt ihr hierher? Das bedeutet viel Arbeit, ihr müsst helfen!" Natürlich waren unsere Jungs begeistert und bejahten die Frage mit lautem „Hurra". Damit hatte Jörn seine Jungs im Boot und immer wieder nagelte er sie damit fest. Davon später mehr.

Vorerst planten, diskutierten, debattierten, organisierten wir den Umzug, die Umschulung der Jungs. Jörn verkaufte seine Ausarbeitungen an die Uni, Herr Doppler erarbeitete sich damit seine Professur. Die Bank verkaufte unser Haus in Kaufungen. Für unser schönes Haus wurde ein Mieter gesucht, Kreditaufnahme für die Übergabe, es wurde gehandelt, gerechnet, geborgt und unser Leben auf den Kopf gestellt. Hat der Kopf noch gedacht?

Jörn wollte die Übergabe der Domäne mit Herrn Bispink ohne Gutachter bewerkstelligen, das war auch im Sinne der Domänenverwaltung. Also waren einige Termine vonnöten.

Die Bestände im Hof, das Vorhandensein von Maschinen, Vorräten, Kleinteile und der Viehbestand wurden aufgelistet und die Preise ausgehandelt. Einige Male begleitete ich Jörn, denn der Vorgänger wollte Möbel und Küche auch für teures Geld verkaufen! Insgesamt brauchten wir einen Etat von 500.000,- DM, den wir teils mit Eigenkapital, anderseits mit Krediten abdecken konnten. Eine schwere Belastung legte sich auf Jörns Schultern.

Bei näherem Betrachten erkannten wir schon die Mängel im großen Umfang, doch wir waren so von unserer Schaffenskraft überzeugt, dass wir die Chance nutzen wollten. Der Preis war teuer – in jeder Hinsicht – aber der Abgang von unserem Vorgänger war entsprechend gewürdigt, er konnte seine Schulden begleichen und zog in ein kleines Häuschen nach Limburg. Herr Althoff, Chef von Raiffeisen, war bei den Verhandlungen ein väterlicher Ratgeber und hatte seine Freude an uns Jungen, denn Herr Bispink war an die 80 Jahre, er hatte die Übergabe an seinen Sohn vermasselt und ritt sich dadurch immer weiter in die Schuldenfalle. Bergab geht es bekanntlich schneller als bergauf – das sollte ich viel später am eigenen Leib erleben.

Jörn verweilte schon in Limburg, arbeitete sich in den Betrieb ein, während ich zu Hause den Umzug bewerkstelligte, packte den Rent-a-car LKW mithilfe der Jungs voll, denn immerhin war ich hochschwanger. Strotzte vor Kraft, denn eine neue Aufgabe wartete auf uns und da musste alles gegeben werden! Jörn rauschte an, schmiss die schwere Waschmaschine noch auf den LKW und dampfte nach Limburg. Ich fuhr mit dem vollen PKW hinterher.

Der Umzug fand am 23. 3. 1978, an Jörns Geburtstag, statt, nahtlos war die Bewirtschaftung der Domäne gesichert. Meine Eltern kamen mit den Kindern noch rechtzeitig zur kleinen Geburtstagsfeier.

Ein neues Lebensjahr, ein neuer Lebensabschnitt begann. Passender konnte es nicht geplant werden! Jörn war 38 Jahre alt. Ein Mann in seinen besten Jahren mit einer riesigen Aufgabe, mit einer großen Familie im Rücken. Besseres konnte ihm nicht passieren! Vor allem die Begeisterung der Jungs gab ihm Lebensmut.

Domäne Blumenrod 1978

Unser neues Zuhause wurde die Domäne Blumenrod, eine alte geschlossene Fachwerkhofanlage, am südlichen Stadtrand von Limburg gelegen. Ein 80 ha großer landwirtschaftlicher Betrieb mit 60 Kühen im veralteten Kuhstall, dazu eigene Nachzucht, Weidewirtschaft, Ackerbau, Vorzugsmilch in Direktvermarktung, alte abgewirtschaftete Maschinen und Bruch – wo man auch hinsah!

Es hatte uns eiskalt erwischt, nicht nur das Wetter war eisig, sondern auch die Tatsache, dass alles beim Anfassen zusammenbrach. Nicht nur draußen im Hof war das Chaos ausgebrochen, sondern auch im Haus fielen die Fenster, die Wände, der Fußboden, das Wasser, die Heizung auseinander. Selbst auf den Feldern konnten wir im März keine Goldgrube entdecken. Die Angst saß uns im Nacken.

Werden wir es schaffen? Futtervorräte waren nicht vorhanden, Heu für die Milchkühe gab es nicht. Eine Schieflage bahnte sich an und nur durch die Vermittlung von Herrn Althoff gelang es uns, ausreichend Heu kaufen zu können.

Eine echte Herausforderung! Jörns Nerven spürten wir alle. In der Außenwirtschaft hatte Jörn Unterstützung von der Melkerfamilie Zahmel, die für den Kuhstall verantwortlich war, Frau Döpfner verwaltete die Milchkammer, Herr Wolf half in der Feld- und Futterwirtschaft. Alle anderen Hilfskräfte mussten ihre Sachen packen, denn je mehr Leute, je mehr Fehler, je mehr Bruch und je mehr Blödsinn passierte.

Im Innenbereich half uns der Malerbetrieb Berneiser aus Elz Sie versuchten mit wenigen Mitteln das schöne Bauernhaus wieder bewohnbar zu machen. Nur die gruseligsten Tapeten wurden erneuert, Türen gestrichen, heruntergekommene Decken verputzt. Die völlig zerbrochenen Dielenböden mussten alle mit Platten abgedeckt, teils mit Teppichboden oder PVC belegt werden. Ein großer Kostenfaktor, den Jörn nur ungern zu leisten bereit war, auf dem ich aber bestand, denn ich wusste, dass wir nie mehr Zeit finden würden, um unser Zuhause nett und gemütlich zu gestalten. Meine Nestbauphase vor der Niederkunft zollte hier Tribut.

Die Kinder gingen in die neue Schule, mussten die Aufnahmeprüfung bestehen, das taten sie mit Bravour. Wir waren sehr stolz auf sie. So gingen Michael und Martin auf das Tilemann-Gymnasium nach Limburg. Viele neue Eindrücke stürzten auf sie ein, sie waren nun Stadtkinder und dennoch wohnten wir auf dem Bauernhof. Eine seelische Falle, für die wir keine Ohren und Augen hatten. Schade. Manfred konnte zu Fuß in die Grundschule laufen, auch er hatte für uns keine Eingliederungs- und Leistungsprobleme. Alles lief wunderbar. Marc war ja noch klein, gerade 14 Monate, für ihn hatten wir – wie für alle – keine Zeit, er lernte das Laufen zwischen Malereimer, Tapetenkleister, Baudreck, suchte seine Spielsachen, sein Bettchen und war sehr unglücklich.

Nur gut, dass meine Mutter für die Kinder der ruhige Pol war, sie war immer in der Küche erreichbar und ließ sich von der Hektik nicht beeindrucken. Mein Vater half uns beim Hausbau, brach Wände weg, legte das Fachwerk frei und brachte damit Luft in die kleinen Räume. Obwohl das Haus 360 m² hatte, waren die Räume ineinander geschachtelt und recht unglücklich zwischen den Jungs aufzuteilen. In der oberen Etage wurden die Schlafzimmer eingerichtet, unten befand sich das Büro mit dem Wohnzimmer auf der einen, Küche, Esszimmer und Arbeitsraum auf der anderen Seite. Mitten im Haus befand sich eine wunderschöne alte Treppe, die ich später von ihrem Farbanstrich befreite. Das alte Eichenholz, geschliffen, wurde eine Augenweide.

Es sollte alles fertig sein und es war alles renoviert, nett eingerichtet, installiert und ein behagliches Zuhause wartete auf den neuen Erdenbürger Nr. 5. Er kündigte sich an, als ich gerade die letzten Gardinen im Wohnzimmer befestigte.

Es war der 4. Mai 1978, 12 Uhr.

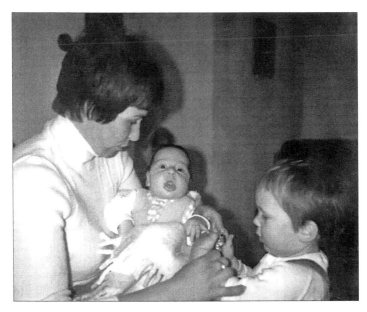

Mirco im Mittelpunkt mit Marc und Mutti

Mit Worten kann man die Anfangssituation auf der Domäne Blumenrod nicht beschreiben, aber die Tatsache, dass kein Fahrer mich ins Krankenhaus bringen konnte, beschreibt den Stress besser als alle Worte. Also fuhr ich mit dem Milchwagen, landete in der Krankenhausküche, den Weg kannte ich durch die Milchlieferung, wurde im Eiltempo auf die Entbindungsstation verfrachtet, wo unser Sohn 15 Minuten später gesund, mit 4,5 kg zur Welt kam. Er hatte einen dunklen Haarschopf, am Ohr ein kleines Muttermal, schrie laut nach allen Kräften, es war alles dran, und wenn es auch kein Mädchen war, so war ich doch genauso glücklich! Ein gesunder Junge.

Es war Vatertag, ein Feiertag, aber die Männer brachten die Rinder nach Dorchheim auf die Weiden, das war wichtiger! Darüber war ich sehr enttäuscht, das spiegelte aber die ganze Situation wieder.

Die Begrüßung des neuen Brüderchens erfolgte abends nach getaner Arbeit, aber genauso turbulent, Jörn mit seinen 4 Söhnen und meine Eltern stürzten ins Krankenzimmer mit einer riesigen Schüssel Eis, vielen Löffeln und einer silbernen Suppenkelle als Geschenk. Der Arzt, der kurz zur Visite vorbeischaute, traute seinen Augen und Ohren nicht. Er wunderte sich später über meinen ohnmächtigen Schlaf nicht mehr. Ich schlief wie eine Tote, ein Zeichen, dass ich über meine Kräfte geschuftet hatte.

In einem schönen Buch, welches ich in den Wachmomenten las, hieß der Räuberheld Mirco, so hatte ich den Namen für unseren 5. Sohn. So einfach kann das Leben sein.

Drei Tage später war ich wieder zu Hause, Mutti war glücklich, denn der Haushalt mit Milchverkauf, Telefon, Vertretern, Kind und Kegel, dem kleinen Marc und ständig hungrigen Mäulern war nicht ganz so leicht.

Wir feierten meinen 34. Geburtstag.

Wir hielten Resümee über die Domäne und unser Vorhaben, über die Arbeit und über die Frage „Werden wir es schaffen?" Die Existenzangst hatte Jörn gepackt, den Ärger mit dem Melkermeister und Mitarbeitern, den Bruch in allen Ecken, die Arbeit, die roten Zahlen brachten ihn an den Rand des Möglichen, dazu noch ein Kind!

Danach fuhren meine Eltern wieder nach Hause, es war vieles erledigt, sie waren erschöpft und suchten für sich, aber auch für uns, etwas Ruhe. Eine kleine Entspannungspause vor der großen Heuernte, die nicht lange auf sich warten ließ.

Die warmen Temperaturen, der Regen und der Dünger ließen auf eine gute Heuernte hoffen. Jörn bereitete die Maschinen vor, auch hier erst Reparaturarbeiten an Hängern, Presse mit Rutsche, Mähwerk, Wender und Schwader. Der Mitarbeiter Wolf, Wölfchen genannt, den wir von Herrn Bispink übernommen hatten, war eine große Hilfe für Jörn, er kannte sich aus.

Aber ganz einfach war die Zusammenarbeit nicht, denn solange Herr Bispink jede Woche ein- oder zweimal den Hof besuchte, strengten sich die Männer an, aber die Änderung in der Führung stieß hier und dort auf Widerstand, was nicht ohne Krach und Ärger zu meistern war. Aufmüpfige Mitarbeiter brachten Jörns

Nerven zum Kochen und wer bekam den Ärger zu spüren? Ich war der Prellbock, aber auch leider unsere Jungs.

Mit dieser Situation hatte ich schwer zu kämpfen, denn ich hatte nichts verbrochen, im Gegenteil, ich half, wo ich helfen konnte, packte mit an, übernahm die Milchkammer mit dem Verkauf, versuchte Jörn die Arbeit zu erleichtern, motivierte die Kinder jeden Tag aufs Neue, dem Vater zu helfen. Die Freude an der Arbeit hatten die Jungs bald aufgrund von Jörns Schreierei verloren. Sie hielt sich in Grenzen, denn sie waren zwischen Freude und Frust hin- und hergerissen. 1978 waren Michael und Martin gerade einmal 11 Jahre alt, hatten ihre Freunde verloren, mussten den Schulwechsel verkraften, sich an ein neues Zuhause gewöhnen, fuhren Trecker wie Alte und halfen Jörn jeden Nachmittag im Außendienst. Arbeit gab es immer!

Umso mehr drückte die Stimmung. Hätten Michael und Martin nicht so intensive Hobbys, hätten sie nicht bei der Musik, Martin Gitarre, Michael Trompete, ihre Seele erholen können, wäre das Leid noch schlimmer geworden. Die Fähigkeit, beim Spielen, Basteln, Bauen ihren Kummer zu vergessen, war nicht nur den Kindern vorbehalten. Das war auch mein Heilmittel.

Michael baute gerne Modelle aller Art, Martin vergaß die Welt beim Tüfteln mit Lego Technik, erfand sehr schöne Modelle, die wir später sogar Legoland vorstellten. Eine hässliche, kinderunfreundliche Antwort erhielten wir. Ich war entsetzt und im Nachhinein denke ich, wir hätten es nicht auf sich beruhen lassen sollen!

Nur selten fanden wir eine ruhige Minute, um über die Probleme zu reden, die von Jörn mit einem Witz oder Lächerlichkeit weggewischt wurden. Aber tief im Herzen haben wir alle gelitten und tief in der Seele haben wir alle Schaden genommen.

Wir warteten, im wahrsten Sinne des Wortes, immer auf gutes Wetter! Währenddessen lief der Kuhstall mit der Melkerfamilie, die Milchküche, Vorzugsmilchauslieferung in die Geschäfte und ins Krankenhaus, Milchverkauf ab Hof und das tägliche Geschäft mit Verhandlungen, Buchführung etc. weiter. Die Feldfrüchte brauchten Dünger, Pflanzenschutzmaßnahmen standen auch an. Die Erntevorbereitung musste auch ins Auge gefasst werden, denn nichts, auch gar nichts, lief alleine. Step by Step, eins nach dem anderen konnten wir nur bewältigen.

Baby, Kleinkind, Kinder, alle wollten versorgt sein, alle hatten kleine Aufmerksamkeiten verdient, vor allem Jörn brauchte unsere Unterstützung mit Worten und Taten.

Die Heuernte stand an, es war Ende Mai, Mirco noch keine 3 Wochen alt. Kaum waren die Großen aus der Schule, fuhren wir nach Dauborn, dort, 20 km von der Domäne entfernt, hatten wir 18 ha Grünland für die Heuproduktion, während auf den Wiesen um den Hof die Kühe ihre Weideflächen hatten. Jeden Morgen nach dem Melken fand der Austrieb auf die Wiesen statt. Mit Freude zogen sie auf die Weiden!

Nun zur Heuernte nach Dauborn. Alle mussten mit! Die Sonne schien, Jörn hatte das Heu zum Pressen vorbereitet, Wölfchen fuhr den Schwader, Jörn die Presse mit Rutsche, meine Wenigkeit und die Jungs waren auf den Hängern. Bobo auf dem Trecker, Mirco, von den Kindern liebevoll „Didi" genannt, lag am Feldrand. Los ging es! Ballen für Ballen warf ich nach hinten, die Jungs stapelten die Pakete zu einer großen Fuhre auf. Hierbei wurden die Hängerwände nach außen geklappt und nun wurde geschichtet, erst längs, dann quer, jede Reihe etwas nach innen gerutscht. Die Ballen waren fest gepresst und wogen mindestens 16, aber auch oft 20 kg. Der erste Wagen ging flott, dann schwanden die Kräfte.

Pause musste sein, Mirco schrie nach Milch, ich stillte ihn noch, doch Jörn wollte nicht anhalten, erhöhte das Tempo, das Chaos war perfekt, ich sprang vom Wagen.

Nur schwer konnte sich Jörn beruhigen, doch Pause musste sein, wir waren in der Hitze und Sonne, hatten Durst und Hunger und unsere Muskeln waren sauer, waren am Ende. Jörn saß im Schatten auf dem Trecker und verausgabte sich nicht, wie ungerecht!

Diese Situationen sollten wir Jahr für Jahr erleben, immer wieder wurde sich ereifert, immer wieder hatte Jörn kein Verständnis, behandelte uns ungerecht, undankbar und forderte hektisch Unmenschliches.

Alles Reden half nichts. Auf ein Dankeschön warteten wir vergebens. Grausam! Das fanden auch mein Bruder, später die Feriengäste, die uns helfen wollten. Sie schüttelten alle den Kopf. Nur unsere Lehrlinge mussten mit uns durch die Hölle, hingen manchmal weinend an meiner Schulter.

Im ersten Jahr auf der Domäne packten wir alle Böden und Scheunen voll, Vorrat für die Kühe. Heu und Stroh im Volumen von 10.000 Ballen fuhren wir vom Feld, mussten die Ballen zweimal bewegen, erst auf dem Feld zu hohen Fuhren auf die Hänger, dann abladen, um sie neu in die Scheunen zu stapeln. Bis hoch unter das Dach wurde gepackt, das alles meist bei Hitze und Staub, nur mit unseren Händen und unserer Kraft! Wir wissen, was arbeiten heißt. Unsere Großen, selbst Manfred, packten unermüdlich mit an und zeigten eine Ausdauer, die bewundernswert war.

Sie taten mir leid, denn während die Freunde sich im Schwimmbad amüsierten, arbeiteten unsere Jungs mit uns auf den Feldern, ohne Dank, Lob und Lohn! Das wäre alles nicht so schlimm gewesen, hätte Jörn ein bisschen Verständnis gezeigt, hätte auch mal einen Spaß gemacht, anstatt nur seinen Frust an uns abzubauen. Ich hab ihn immer in Schutz genommen, den Kindern seine Situation verständlich gemacht und auf bessere Laune gehofft.

Bei jeder Arbeit hatte er schlechte Laune, daran änderte sich in all den Jahren nichts, er war ungenießbar, entsetzlich ungerecht, er zerstörte alle Gefühle, entschuldigte sich niemals, sondern mit neuen Vorwürfen versuchte er sein Fehlverhalten zu rechtfertigen. Traurig, aber wahr!

Geschichten mit der Heuernte gibt es reichlich zu erzählen, da passierten unheimliche Dinge:

Weil die Gangschaltung beim Trecker schon lange eine Fehlfunktion hatte und man nur schwer schalten konnte, rauschte der

Trecker mit hohem Heuhänger in Dauborn den Hang herunter, kam ins Wanken und schüttelte damit das Heu ab, bis kein Ballen mehr auf dem Hänger lag. Entsetzen packte uns. Ich war froh, dass keiner verletzt war, Jörn dagegen brüllte.

Erst im Anschluss wurde der Trecker repariert.

Aber auch ohne kaputten Trecker brachte unser Lehrling, Kurt Kiene, den Hänger auf der belebtesten Kreuzung von Limburg am Pfingstfest zum Kippen, sodass die Ballen den Verkehr lahmlegten. Ich fuhr mit den Kindern hinterher und traute meinen Augen nicht! Jörn sah im Rückspiegel das Drama und gab Gas! Wir waren kurz vor der Domäne. Ein Hubkonzert begann, denn die aufgebrachten Autofahrer zeigten kein Verständnis und ließen uns alleine die Ballen zur Seite schieben, aber wohin mit den Massen?

Viel später kam Jörn mit einem leeren Hänger, sodass wir es beim Aufladen einfacher hatten. Der Schweiß stand uns zum 2. Mal auf der Stirn. Wie nur konnte das passieren? Darüber gab es viele Theorien, doch der Hauptgrund war wohl der schnittige Kurvendrive von Kurt.

Der Ehrgeiz unserer Jungs lag in dem festen und hohen Heu- oder Strohaufbau mit sehr vielen Ballen, damit wir nicht so oft fahren mussten. Erst wurden die Seitenwände der Hänger aufgeklappt, mit Ketten gesichert, damit entstand eine gute Basis für ca. 60 Ballen in der ersten Schicht. Eine zweite, dritte, vierte bis hin zu 10 Schichten wurden aufgebaut, jede Etage rückte etwas rein, sodass eine gute Stabilität gegeben war. Hoch aufgetürmt kamen wir durch die Dörfer, oh Schreck, wir fädelten die tief hängenden Stromleitungen auf. Zum Glück reagierte der Treckerfahrer schnell genug, sodass ein Abriss verhindert werden konnte. Aber welche Mühen und welche Gefahren steckten dahinter.

Durch meinen Beinbruch reagierte und reagiere ich heute noch auf jeden Wetterwechsel. So war ich besser als ein Barometer, trieb sehr oft meine Männer zu fast unmenschlicher Weiterarbeit an, denn schmerzte der Fuß, ließ der Regen nicht lange auf sich warten. Verregnetes Heu war keine Delikatesse für unsere Kühe, außerdem bedeutete es doppelte Arbeit. So quälte ich in einem

Sommer meine Familie bis weit nach Mitternacht, ich arbeitete wie von Sinnen, immer schneller wurde ich und mit mir mussten meine Kinder einen Schlag drauflegen. „Noch heute muss das Heu rein", war meine Devise. Alle schauten mich verzweifelt an, doch ich hatte recht, der letzte Hänger fuhr unter das Dach, da prasselte der Regen los! Sollte 7 Wochen andauern!

Wir waren sehr zufrieden, wenn auch kaputt und fix und fertig. Solange wir die Melkerfamilie Zahmel im Hof hatten, war natürlich kein Heu gut genug, sie nörgelten an allem, zu wenig, zu schlechte Qualität, weil das Heu nicht zum richtigen Zeitpunkt geschnitten war, zu feucht, zu warm mit der Androhung einer Erhitzung mit Feuergefahr usw., usw. Sie verbreiteten keine aufbauende Stimmung, es wurde unerträglich und schürte Jörns schlechte Laune.

Nicht nur unsere Mitarbeiter beäugten uns mit Argusaugen, nein, die Nachbarbauern betrachteten unser Handeln mit viel Ruhe und Geduld, denn bald wären wir so und so wieder weg. Das schafft die Familie niemals!!! Wetten standen gegen uns und jede Bewegung vom Hof wurde genau registriert, es wurde gelästert und auf unseren Untergang gewartet. Wir kämen vom Ausland, ohne Ahnung, und die Frau Schreiber, nein, eine Stadtfrau. Das kann es nicht sein! Ein Professorentöchterchen mit 5 Kindern auf dem Land! Was wollen die hier! Wie immer waren die Frauen gegen die Frau. Die stärksten Klatschbasen! Wir hatten von allem nichts gespürt, in der Arbeit waren wir aufgegangen, es blieb keine Zeit.

An den Anblick, dass unsere Kinder mit dem Trecker fleißig zugange waren, hatte man sich gewöhnt, nicht ohne Bewunderung, denn sie brachten auch ihre schulischen Leistungen. Das sprach sich schnell herum. Aber als ich eines Tages auf dem Feld gesichtet wurde, platzte die Bombe! Herr Althoff von Raiffeisen kam in Eile angefahren und traute seinen Augen nicht. Er sprach seine Hochachtung aus und wettete gegen alle. Er war für unseren Kampf des Bestehens.

Die Landfrauen, so erfuhr ich viele, viele Jahre später, waren sauer auf mich, denn sie hatten sich von der Feldarbeit im harten

Kampf gegen ihre Männer zurückgezogen und die Bemerkungen der Bauern „Was die Stadtfrau kann, solltet ihr auch tun" sorgte für puren Hass gegen mich. Das störte mich alles nicht, denn ich hatte viel Freude auf dem Feld, die bis heute anhält.

Die Heuernte war eingebracht, die Vorbereitungen für die Ernte kamen in Schwung, nicht ohne blank liegende Nerven.

Die Hänger wurden wieder umgerüstet, das war die einfachste Übung. Schwierigkeiten entstanden beim Anlassen des Mähdreschers, Claas Super-Automatik S, 1,90 m Schnittbreite, gezogen! Er war nicht nur verrostet, sondern Teile waren gebrochen, er war im Herbst vom Feld gefahren, nicht gereinigt, nicht eingewintert. Jörn war verzweifelt. Die Abfahrtechnik mit einem Unsinn-Kipper und einem 19-PS-Geräteträger sahen auch nicht vertrauensvoll aus. Und wohin mit der Ernte? Keine lagerfähige Scheune stand uns zur Verfügung! Viele Möglichkeiten gab es im Hof nicht, denn die Kühe mit der eigenen Nachzucht, dazu der Bulle, brauchten Platz. Diskussionen waren nicht Jörns Stärke, er wehrte alle Ideen als Spinnerei ab und doch drängte die Zeit zur Lösungsfindung!

Der Hof war im Krieg ein verdeckter Flughafen. Zu diesem Zweck hatte man den offenen U-förmigen Hof mit einem Quergebäude, zur Unterbringung und Messe für die Offiziere, zugebaut. Diese Räume standen ungenutzt uns zur Verfügung und wurden kurzerhand als Getreidelager umgerüstet. Die Tragfähigkeit der Decken wurde ermittelt, Müll schnell entsorgt und bald lag das Lager gefegt und sauber zur Befüllung bereit. Rohre und Gebläse wurden gebraucht und erstanden. Über die Arbeit machten wir uns keine Gedanken, das sollten wir später bereuen! Wichtig war nur die Rettung der Ernte, damit verbunden unser wirtschaftliches Überleben!

Mit den Augen von heute – 2013 – betrachtet, ist mir die Ernte 1978 immer noch ein Rätsel. Wie haben wir das geschafft? Nur mit der unermüdlichen Arbeitswut der Familie, vor allem der drei Jungs, ist uns die Ernte gelungen. Während der Milchbetrieb im vollen Gang war, drosch Jörn Runde für Runde das Getreide, Michael und Martin, gerade 11 Jahre, fuhren Hänger um Hänger in den Hof, wo Fred, 9 Jahre, mit Schaufel, Händen und Füßen das Getreide vom Hänger in ein Druckgebläse, somit in die Schlafräume gepustet wurde. Das alles unter Hitze und Zeitdruck, denn wie lange hielten das Wetter, die Maschinen, die Kraft der Menschen?

Nachdem das Getreide unter Dach war, kam die Strohernte. Wieder mussten wir packen und stapeln, brachten Unmengen Stroh für die Kühe in Sicherheit und doch waren die Felder noch nicht frei. Was machen wir mit dem Reststroh? Durch unsere vorherigen Auslandsjahre war man im Denken frei und unkompliziert, setzte sich auch mal schnell über Beschränkungen und Gesetze hinweg. Ohne Genehmigung zündete Jörn das Reststroh auf dem Holzheimer Feld an, um die Weiterbewirtschaftung des Ackers nicht zu blockieren! Das sollte er bitter bereuen, der Einsatz der Feuerwehr, das Beschimpfen in der Zeitung schadete nachhaltig.

Die Heu- und Getreideernte mit Stroh hatten wir geborgen und waren glücklich, konnten uns aber nicht lange ausruhen, denn das Einbringen der Maissilage, Futter für die Kühe, stand an. Der Mais wurde von einem Lohnunternehmer geerntet, während wir das Häckselgut in die Silos fuhren. Zur gleichen Zeit wurde die Silage festgefahren. Mit nachbarschaftlicher Hilfe gelang uns auch diese Arbeit! Das Abdecken und Beschweren der Silos wurde sorgfältig ausgeführt, damit sicherte man die Qualität des Futters. Ein gutes Futter bedeutete gute und reichliche Milchproduktion, eben glückliche Kühe.

Was für das Vieh gut ist, ist auch für den Menschen gut, so versorgte ich meine Männerwelt mit schmackhaftem, reichlich gutem Essen, dazu noch mit guter Laune!!!

Einkaufen konnte ich bei Form, einem Großhändler für Gastronomen und Firmen, dort gab es Großpackungen, die wir trotzdem schnell verbrauchten. Der Laden war sogar zu Fuß zu erreichen, doch meine Mengen musste ich schon mit dem Auto bewegen. Dort gab es fast alles, mein Einkauf war schnell erledigt, meine Liste immer perfekt geführt, keine Zeit vergeudete ich unnütz.

Ein Erlebnis aus diesem Laden ist mir bis heute nicht aus dem Kopf gegangen. Ich sah einen Dieb, der eine ganze Wurst in seinem Blaumann verschwinden ließ, ich war erschüttert, ging in das Geschäftszimmer, machte Herrn Form auf den Verlust aufmerksam, er winkte ab. Ich stutzte, rannte auf den Parkplatz, um den Dieb zu fassen, doch der gab Gas und überfuhr mich beinahe. Ein folgendes Gespräch klärte die Situation auf. Wichtiger ist die Ruhe im Laden, jede störende Begebenheit würde mehr Verluste bringen als die geklaute Wurst. Meine Wertewelt war erschüttert.

Ohne Punkt und Komma ging die Arbeit in die Herbstbestellung über, Jörn pflügte, die Kinder eggten zur neuen Aussaat von Gerste, dann Weizen. Die Winterfurche für den Mais konnte in die arbeitsärmere Zeit verschoben werden und brachte uns damit nicht ganz so unter Druck. Oft fuhr Jörn auch in der Nacht, ich brachte das Abendbrot aufs Feld und fuhr gerne mit ihm, schlafen konnte ich alleine so und so nicht. Wir arbeiteten im wahrsten Sinne des Wortes Tag und Nacht.

Öffentlichkeitsarbeiten waren positive Unterbrechungen für Jörn, da war er in seinem Element, vergaß einmal für kurze Momente seine Angst, seinen finanziellen Druck, sah die Situation zukunftsorientiert und schilderte eine rosige Zukunft!
So ging das erste Jahr zu Ende, einen Rückblick wagten wir nicht, aber über eine Vorausplanung grübelten wir lange und freuten uns über eine positive Bilanz. Da hatte sich die harte Arbeit gelohnt!

Unsere Jüngsten waren schnell gewachsen, Marc konnte schon mitlaufen, während Mirco nun doch mehr Aufmerksamkeit abverlangte und immer mit von der Partie sein wollte. Über die Großen hatten wir das ganze Jahr gestaunt, waren gerührt und stolz. Zu Weihnachten belohnten wir sie, ebenso unseren Mitarbeiter Wolf und die Melkerfamilie. Eine friedliche Zeit legte sich über Blumenrod, auch wenn der Kuhstall mit allen Arbeiten im vollen Betrieb bleiben musste, auch die Milchvermarktung weiterlief, hatte der Winter doch seine ruhigen Momente.

In diesen dachten wir auch einmal an die Jungs, hatten Michael und Martin schon in Witzenhausen mit ihrem Freund Martin in dem Chor der evangelischen Kirche die Trompete ausprobiert, Gefallen daran gefunden, so meldeten wir sie jetzt in Limburg bei dem Trompetenchor an. Ein Herr Schreiber war Chorleiter, auf den ersten Blick sehr sympathisch, freute sich über den zahlreichen Zuwachs, denn auch Manfred wollte unbedingt mit.

Die Familie stand für mich immer im Vordergrund, alles, was ich tat, war für die Familie, sie sollte ein schönes Zuhause, Frieden und eine Wohlfühlatmosphäre finden. Das Weihnachtsfest war für mich, aus meiner Kindheit übertragen, etwas Besonderes. Egal wo wir waren, selbst in Afrika, versuchte ich mit der Tradition fortzufahren und die geheimnisvolle Stimmung aufleben zu lassen. Es waren nicht die äußerlichen Dinge der Weihnachtskultur, nein, eben die Gefühle der Freude, des Friedens waren mir wichtig.

Die inneren Werte sind und waren für mich wichtiger als alles Gut der Erde!

Schon mein Vater konnte diese Welt mit meiner Mutter nicht teilen, so war ich auf eine gewisse Gefühlsarmut in der Männerwelt vorbereitet, was mich aber bis zum heutigen Tag nicht abschreckte die Feste nach Tradition und mit allem Herzblut zu feiern. Meine kleinen und großen Kinder dankten es mir, ihre Freude, die strahlenden Augen waren alle Mühen wert.

Inzwischen hatte Jörn seine Studienkollegen, Temmen und Meyer, aktiviert. Sie waren im Frankfurter Raum, hatten sich etabliert, gute Positionen, Kinder im Alter unserer Kinder, es passte alles wunderbar, deshalb besuchten sie uns gerne auf dem Bauernhof. Wir freuten uns über die Abwechslung, die Kinder über die Spielkameraden, auch die Kleinsten passten im Alter gut zueinander. Wir hatten Platz und Raum, ich war eine gute Köchin, es wurde mit Spaß und Freude gefeiert. Das oft und gerne, viele Jahre verband uns eine nette Freundschaft!

Blumenrod lag oben auf der Höhe vor den Toren Limburgs. Der Wind pfiff um das Haus, aber auch durch das Haus! Waren doch die Fenster uralt, schlossen nicht mehr richtig, einfaches Glas ließ die Kälte ungehindert durch. So herrschte auch im Kinderzimmer eine eisige Kälte, ich brachte unsere Kleinen im Schneeanzug zu Bett! Dicke Mützchen und Handschuhe mussten sie auch noch tragen. Eines Nachts, bei minus 20 Grad, verlor Mirco die Handschuhe und die Händchen waren am Morgen dick, blau und erfroren. Da war meine Wut so grenzenlos, dass ich den Schreiner anrief und sofort neue Fenster bestellte, die Gott sei Dank zügig eingebaut werden konnten. Das Sparen hatte seine Grenzen!!

Der Winter ging weiter, war bitterlich kalt, aber es gab auch Schnee, nur keine richtigen Berge für eine Kinderschlittentour, bergab ging es nur in die Stadt runter, eine zu gefährliche Abfahrt! Erfinderisch suchten unsere Trabanten nach Ausweichmöglichkeiten und hängten kurzerhand die Schlitten hinter die Trecker, die zum Futterholen unterwegs waren. Eine rasante Fahrt war ihnen sicher! Später probierten sie die Ski-Fahrt auf gleicher Weise zu erleben, doch dies war nicht so einfach wie gedacht, einige Stürze legten sie hin, die aber meistens recht glimpflich verliefen. Der Wintersport wurde mit dem Schlittschuhlaufen auf dem Herta-See oder gar auf der Lahn vervollständigt. Bei allen Erlebnissen gab es viel Spaß und gute Laune, die auch schon unsere Kleinsten zu nutzen wussten, auch wenn ihre ersten Touren mit dem Hund Hasso, später mit Thor nicht ganz so rasant waren und meistens im Schnee endeten.

Im Frühjahr 1979 beschlossen wir im Haus doch noch eine weitere neue Baustelle zu eröffnen, meine Eltern unterstützten mich bei der Idee und Umsetzung. So wurde der riesige, an der Decke hängende Wasserboiler von einem Ausmaß 2 x 1 m abgebaut und stürzte mit einem dumpfen Schlag zu Boden, den wir zuvor mit Strohballen gedämpft hatten. Danach sah die Küche schon ein klein bisschen freundlicher aus, nach dem Durchbruch zum Esszimmer gab es Luft, Licht, Raum und Platz! Das alte Fachwerk ließen wir als Dekoration stehen, ein Durchgang sparte mir den Weg von der Küche ins Esszimmer über den kalten Flur. Sehr praktisch, gerade für unsere Kleinen. Eine gemütliche Wohnküche erfreute uns viele Jahre, mit einer Bar als Raumteiler und Sichtblende zur Küche, aber offen für alle Gespräche!

Von der Bar konnte Jörn auf den Betrieb schauen und das Gras wachsen hören! Telefon, Milchverkauf, Haustür, Kind und Kegel hatte man hier fest im Griff.

Schöneres gab es nicht.

Unser Jüngster hatte nun, von seinem Ställchen aus, die Mutti voll im Blick, hatte es warm und spielte vergnügt, geduldig, ausdauernd und zufrieden. Marc leistete ihm gerne Gesellschaft oder besorgte ihm mit Ausdauer die gewünschten Dinge, die sein Herz begehrte. Da musste ich höllisch aufpassen, schnell landeten Messer, Gabeln und Scheren, scharfkantige Gegenstände im Gehege. Diese Höhlenkameradschaft sollte 2 Jahre später eine Katastrophe heraufbeschwören. Hatten sich doch die beiden in den nicht gebrauchten Hundestall – meine Hunde hatten Hausanschluss – eingesperrt, spielten mit Ausdauer und Vergnügen. Meine Blicke waren nicht ständig auf sie gerichtet, doch ihr herzhaftes Lachen und Kichern war mir im Ohr. Doch dann herrschte plötzlich Ruhe, Panik trieb mich, und das mit Recht! Rauch und Feuer stieg auf, Flammen schlugen hoch, meine beiden saßen wie erstarrt in der Ecke und rührten sich nicht! Es war knapp, ich konnte sie ohne Schaden retten, musste aber Hilfe zum Feuerlöschen holen, denn wie schnell würden die Flammen das Strohlager über dem Pferdestall erreichen! Der Schreck saß uns lange, sehr lange im Nacken.

So ein Leben auf dem Bauernhof hat immer Gefahren im Gepäck, das Gelände war groß, die kleinen Füßchen unserer Trabanten schnell. Der Schalk saß ihnen im Nacken, die Ideen sprudelten nur aus ihnen heraus und die Freude an allem war so rührend, dass ich ihnen auch nicht die Ketten anlegen wollte. Sie genossen eine unendliche Freiheit! Auch des Nachts! Eine Zeit lang fand jede Nacht die Kuscheltour statt, zuerst kamen die beiden in mein Bett, suchten Liebe, Wärme, Geborgenheit, die am Tag etwas zu kurz kam. Aber damit kam mein Schlafbedarf auch zu kurz, also wechselte ich in die Kinderbetten. Aus diesem Grunde schliefen unsere Jungs auch schon sehr früh in großen Betten! Kaum aber war ich wieder warm und wollte schlafen, da hörte ich die kleinen Füßchen schon wieder in meine Richtung tapsen. Schliefen sie, wechselte ich in das nächste Bett und sie folgten! Von Erholung kann man da nicht sprechen, aber verbieten konnte ich es auch nicht, denn sie brauchten meine Nähe. Irgendwann würde auch das aufhören und so war es!

Wir hatten unsere Arbeit. Der Blick nach vorn hielt uns im Bann. Jörn verbesserte die Heubergekette, ich versuchte den Verkauf der Vorzugsmilch aufzupäppeln und auch ein bisschen zu regulieren. So wurde der Ab-Hof-Verkauf mit Öffnungszeiten eingeschränkt, das brachte etwas Ruhe und Zeit für die Familie. Der Verkauf von unserer Vorzugsmilch in den Geschäften geriet ins Stocken, denn die Milchflaschenproduktion wurde eingestellt. Das Zeitalter der modernen Verpackung – Tetra – begann.

Hier war guter Rat teuer. Wir füllten die sterilisierten Milchflaschen täglich frisch, schlossen sie mit Alu-Kappen und versorgten die Läden. So lief der Verkauf schon Jahrzehnte. Die weitere Milch wurde in Kannen an das Krankenhaus ausgeliefert, der Rest kam in Kannen vor das Hoftor. Die Molkerei leerte mit dem Milchwagen die Kannen einzeln, was viel Mühe und Zeit kostete. Ich schaute nur kopfschüttelnd zu, wie arbeitsaufwendig, umständlich, unhygienisch war die Prozedur, hinterweltlich und altmodisch!

Inzwischen war ich reifer, erfahrener, wusste, dass man seinen Willen nur mit persönlichem Einsatz durchsetzen konnte, und so fuhr ich kurzerhand zu der „Schwälbchen Molkerei", bat um ein Gespräch beim Chef und ließ mich durch nichts abschrecken, oder gar abwimmeln. Es ging doch, denn alle vorhergehenden Telefongespräche wurden mit der Bemerkung vom Personal abgeblockt: „Auf der Domäne wurde seit dem Krieg Milch abgeholt, jedoch ein Befahren des Hofes sei ausgeschlossen."

Ich erklärte kurz mein Anliegen, schilderte die Situation und forderte ganz einfach das Heranfahren des Milchtankers an die Milchkammer. Der Chef hatte seine Freude und kostete diese auch noch aus, er genehmigte die Fahrt, doch die Ausführung überließ er mir, denn er wollte seinen Fahrern keinen Befehl erteilen. Scherzend war er überzeugt, dass meine Überredungskunst greifen würde. Das zeigte ich ihm auch, seit damals kam der Tankwagen zum Absaugen der Milch in den Hof. Es kostete immer mal wieder eine kleine Mühe, wie eine gute Tasse Kaffee, ein Stück Kuchen oder sonst eine Kleinigkeit, um die Fahrer bei Laune zu halten!

Der größte Boykott gegen alle Erneuerungen ging von der Familie Döpfner aus. Sie wohnten kostenfrei seit Kriegsende im Hof, dafür verrichtete Frau Döpfner Putzarbeiten in der Milchkammer. Sie sabotierten uns bei allen Veränderungen. Die neuste Masche war das Zuparken der Einfahrt für den Tankwagen, damit war das Absaugen der Milch nicht möglich. Mit richterlichen einstweiligen Verfügungen konnten wir dagegen angehen, doch es war nicht das Ende des Kampfes! Der nahm mit körperlicher Gewalt und Polizeieinsatz, bis hin zur Zwangsräumung sein bitteres Ende.

Noch nie hatte ich mit Menschen aus dieser Klasse zu tun gehabt, mein Entsetzen war echt, mein Glauben tief erschüttert. Kannte ich doch bis dahin nur Menschen mit gutem Benehmen, klarer Denkform und Anstand, lernte ich jetzt Menschen kennen, die das ganze Gegenteil verkörperten. Die Erfahrungen waren hart, scheußlich, abstoßend und erschütternd.

Nach dem Motto „Neue Besen kehren gut" brachte ich neuen Schwung, neue Ideen mit Veränderungen in das Hofleben, auch in die Vermarktung der Vorzugsmilch. Hatte ich mich doch bei dem Besuch in der Molkerei gleich einmal bei der Verpackungsmaschinerie umgesehen. Ich erfuhr von einer ausrangierten Rundlaufabpackmaschine, die noch preisgünstig zu erwerben war. Das war es doch! Damit hatten wir das Flaschenproblem im Griff und zusätzlich die Möglichkeit, andere Abnehmer aufzutun. Jörn war von meiner Idee nicht begeistert, er wehrte mit der Bemerkung „Nur Blödsinn" ab. Das schreckte mich nicht, hatte ich doch inzwischen unseren Hofmilchverkauf mit Einwegorangensaftflaschen unter Lob unserer Kunden ausgerüstet, denn nun schwappte beim Autofahren die Milch nicht mehr über! Auch in diesem Zusammenhang erlebte ich Unglaubliches! Waren die Flaschen genau für einen Liter geeicht, brachten meine Kunden noch eine weitere mit. Auf meine Frage, ob sie denn 2 Liter haben möchten, antworteten sie ganz naiv: „Nein, die Flasche ist für den Zuschlag!!!!" Ich war baff, aber auch hilflos und so füllte ich die 2. Flasche mit einem kleinen Zuschlag. Das kommt davon, wenn man mit den Kunden ein fast privates Verhältnis, fast seelsorgerische Gespräche führte. Beide Seiten profitierten davon und ich möchte es bis heute nicht missen.

Unter den Kunden waren auch unsere späteren Freunde, wie Familie Busch von der Bierbrauerei, die Pfarrersfamilie Pfitzner, Familie Veil, Schneider, Dr. Stübner, Streckbein und viele, viele mehr. Unsere Aktivitäten drangen auch nach außen und machten neugierig. Da wunderte es uns nicht, dass Politiker aller Parteien die Gelegenheit zur Vorstellung nutzten. Im Vorfeld wurden wirtschaftliche Diskussionen über die Vorzugsmilchvermarktung mit Vor- und Nachteilen ausgiebig angegangen, auch die Problematik und das Umdenken der Konsumenten, die auf lang haltbare H-Milch setzten, wurden angesprochen. Unsere Domänenverwaltung sah die öffentliche Arbeit gerne, hatten sie doch einen hervorragenden Pächter! Jörn fühlte sich bei solchen Treffen nach anfänglicher Scheu sehr wohl und im Reden und Wissen konnte ihm keiner so schnell Konkurrenz machen. Seine Bühne.

Jörns Überlegungen, einen Lehrling zu nehmen, unterstützte ich sehr, damit wurde er seiner Ausbildung gerecht. Herr Kremper aus Fussingen, ehemaliger Mitstudent an der Uni Gießen, angestellt bei der Adolf-Reichwein-Berufsschule, war die tatkräftige Unterstützung bei der Lehrlingssuche. Seine Freundschaft begleitete Jörn die ganzen Jahre. Mit dem Kontakt zur Familie und seinem Bruder Egid war dies eine Bereicherung für unser Leben, verbunden mit netten Gesprächen und gegenseitiger Hilfe.

Die Domänenverwaltung begrüßte die Einstellung der Lehrlinge.

Bewerbungen flatterten ins Haus, wir sortierten schnell, ließen aber die Herren zur Vorstellung zu uns kommen. Tiefe Gräben taten sich auf, Jörn schaute auf die fachliche Leistung, ich dagegen hatte ganz andere Parameter. Nicht die Arbeitskraft war ausschlaggebend, sondern die Eingliederungsfähigkeit in die Familie war für mich wichtiger. Ein Lehrling wurde mit in die Familie aufgenommen, das musste stimmen und harmonisch verlaufen, sonst wäre er ein Störfaktor. Unerträglich für ein Familienleben. Meine Entscheidung ließ ich von unseren Kleinen bestätigen, mit kindlicher Sicherheit entschieden sie und deckten meine Auswahl. So wurde Kurt Kiene der erste Lehrling bei uns, hatte vollen Familienanschluss, eine Bereicherung, ein gegenseitiges Geben und Nehmen. Er wurde sogar Patenonkel für Mirco! Eine gute Lösung. Auch bei den nächsten Entscheidungen wurden auf diese Weise Peter Sander, Egid Orth und Sigi ausgewählt.

Bei den weiblichen Lehrlingen zog ich gleich meinen Revolver und schoss sie schon beim Betreten des Hofes über den Haufen. Eine Laus wollte ich mir gar nicht erst in den Pelz setzen. Die Erfahrung aus der Studienzeit hatte mich gewarnt, geprägt und abgeschreckt!

Die Entwicklung des Betriebes stand immer im Vordergrund, und nachdem Jörn die Heubergekette modernisiert hatte, kaufte er einen neuen Siloschneider zur Futtereinholung und dachte über einen neuen gezogenen Mähdrescher nach. Es wurde ein Fahr M 66 TS, sodass mit doppelter Schnittbreite die 2. Ernte eingeholt werden konnte. Michael, gerade erst 12 Jahre alt, wurde damit auf das Feld gejagt. Die Angst stand ihm im Nacken, aber auch Verzweiflung, Stolz, Können, Selbstvertrauen schleuderten seine Gefühlswelt wie in der Waschmaschine durcheinander. Der Schweiß lief über die Stirn, Geduld bei der Einweisung konnte er von seinem Vater nicht erwarten, so wurde er in das kalte Wasser getaucht und musste Mähdrescher fahren. Er konnte es, hatte alles im Griff, saß wie ein Alter auf dem Schlepper und schnitt das Getreide. Martin fuhr die Hänger vom Feld in den Hof, rangierte rückwärts an das Gebläse, wo Fred schon wieder in den Startlöchern stand, um das Getreide in den unteren „Schlafspeicher" einzulagern. Unermüdlich arbeiteten unsere Großen. Ich war und bin bis heute stolz auf meine Jungs!

Ohne sie hätten wir die Domäne nicht bewirtschaften können, selbst der Kampf gegen die Anzeige „Kinderarbeit" konnte unsere Gemeinschaft, unser Team, nicht erschrecken. Die Kinder erklärten mit Stolz der Polizei ihre Leistung und wie gerne sie „Bauern" sein wollten.

Zur Belohnung und natürlich auch zum Nutzen innerhalb des Betriebes schenkte die Oma den Großen ihren alten VW, der nicht mehr straßentauglich war, aber noch wunderbar fuhr. Damit schafften wir kürzere Wege, freudige Mitarbeit, schnelleres Versorgen mit Ersatzteilen oder auch Essen. Nun gut, das Auto war fleißig unterwegs, war ich im Wagen, waren auch meine Kleinen bei mir, die mit echter Begeisterung gerne im Auto spielten. Brum, brum, hier hatte Bobo das Kommando. So auch an dem Tag, als das restliche Stroh mit polizeilicher Genehmigung verbrannt werden sollte. Die Schwaden waren gehäufelt, die Flammen schlugen hoch, alle mussten Kontrolle stehen. So auch ich, wusste die Kleinen sicher im Wagen, weit weg vom Geschehen. Da die Bremsen blockierten, stellten wir den Wagen mit eingelegtem Gang ab, den Zündschlüssel immer abgezogen, konnte eigentlich nichts passieren! Doch wie der Teufel es will, ich hatte den Schlüssel vergessen, sprang der Motor an und fuhr los. Durch das Prasseln des Feuers hörten wir alle nichts, erst der sorgende Blick zu den Kleinen ließ mir das Herz stocken. Fuhr der Wagen doch gerade auf die Flammen zu, ich weiß bis heute nicht, wie ich die Strecke über das Stroh bewältigt habe, aber kam noch rechtzeitig, riss das Steuer rum und brachte den Wagen an die Ausgangsstelle zurück. Ich umarmte meine Jungs und heulte, ohne dass ich es wollte. Es waren Freudentränen über unser Glück im Unglück. Ein bisschen verdattert schaute mich Bobo an, erwartete Lob, war er doch selbstständig mit Mirco gefahren. Was sollte man da noch sagen?

Mit dem Wagen haben unsere Großen eine herrliche Zeit verlebt, denn sie durften über die Felder donnern, lernten den richtigen Drive und lernten den Wagen im Zaum zu halten. Natürlich waren sie auch oft recht übermütig und nur gut, dass ich nicht alles erfahren habe! So passierte ein Überschlag, hatten sie zuvor im Silo

Weitspringen mit dem Auto geübt! Dummheiten über Dummheiten hatten sie doch manchmal auch im Kopf. Dennoch waren unsere Kinder ein Segen, obendrein waren sie sehr intelligent, schafften die Arbeit und die schulische Leistung spielend. Und doch gab es Situationen, wo die Müdigkeit ihren Tribut zollte, kleine Fehler sich einschlichen, die aber ohne Probleme auszubügeln waren. Lächelnd hätte man darüber hinwegsehen sollen, doch das war dem Jörn nicht gegeben! So gab es einen riesigen Krach, als der arme Michael mit dem gezogenen Fahrmähdrescher die Ährenheber zu tief steuerte, diese leicht in den Boden versenkte, sich aber gleichzeitig wunderte, warum der Mähdrescher nicht mehr vorwärts fuhr! Hilfe suchend lief er zum Vater, der anstatt verständnisvoll die Maschinen zurückzufahren, eine Wutserenade über den völlig verstörten Michael schüttete. So weit Jörns Verständnis und Einfühlungsvermögen. Ich stand entsetzt daneben und fand keine Worte. Noch heute habe ich ein schlechtes Gewissen!

Ähnliche Situationen waren nicht selten und dennoch wurde die Ernte gut, Ende gut, alles gut.

Zur Belohnung leisteten wir uns ein Eis in der Eisdiele „San Marco". Es war ein leckeres Eis, doch meine vorlaute Bemerkung „Mit unserer Vorzugsmilch würde das Eis noch besser schmecken!" wurde aufgegriffen und schon tags darauf lieferten wir eine Kanne Milch in die Eisdiele. Es sollte ein zuverlässiger Abnahmekunde werden, der in Höchstzeiten bis 100 Liter am Tag bekam!

Noch immer hatte ich den „Rundläufer" im Hinterkopf, arbeitete am Design unserer Verpackungen, klopfte den Bedarf an Vorzugsmilch bei den Politikern, in weiteren Geschäften und Firmen ab, ging in die Schulen und sprach mit den Direktoren und Hausmeistern, versorgte sie mit Informationsmaterial über den Vorzug der frischen Milch, erntete Befürwortung.

Mit diesem Ergebnis konfrontierte ich Jörn, der dann den Kauf der Abpackmaschine nach langem Hin und Her genehmigte. Ein neues Zeitalter der Milchvermarktung begann und ein riesiger Arbeitsanfall kam auf mich zu. Zum neuen Schuljahr wollten wir mit der Schulmilch beginnen, eine Einarbeitungszeit plante ich ein, Schwierigkeiten schloss ich trotz Zuversicht nicht aus.

Wir räumten die Milchküche auf, trennten uns von Flaschenspüler, Wannen und alten Halterungen, säuberten alle Ecken, legten Anschluss für Strom und Milch. Die neue Maschine sah aus wie ein Sputnik, glich also eher einer Raumfahrtrakete und genauso ging sie ab. Mit ihr konnte ich je nach Einstellung 1, ½ und ¼ Liter abpacken. Die Verpackungen mit unserem privaten Druck waren schnell lieferbar.

Ich gestehe ehrlich meine Nervosität, Herzrasen und Zittern begleiteten mich bei der ersten Inbetriebnahme. Jede Menge Abpackungen missglückten mir, die Milchkammer glich einem Schlachtfeld. Tetra-Packungen sahen verbeult, versengt und scheußlich aus. Hier half nur probieren, neu einstellen und wieder probieren. Albtraummäßig war ich unterwegs, musste mich gegen Jörns Unken wehren, setzte volles Engagement ein und schaffte es! Die Maschine nahm bei gutem Lauf sich selbstständig eine Tetra-Verpackung, setzt sie in die Klammer, damit war der Rundlauf in Gang, d. h., Milch floss, die nächste Station faltete den Verschluss, danach erfolgte das Verschließen mit Hitze, die Temperatur musste zu 100 % stimmen, fertig war die Milchpackung. Diese wurde von mir schnell herausgenommen, denn mit Tempo war die nächste Packung im Sitz. Arbeitete eine Station nicht ganz genau, war das Chaos perfekt! Das Tempo konnte man etwas drosseln, doch noch immer war sie sehr schnell, sie schaffte in der Stunde 1.000 Päckchen. War eben eine Maschine für die Großmolkereien. Eigentlich nichts für meine Nerven!

Mit gleichem Design wie auf der Packung warb ich mit einem neuen Schild vor dem Hoftor für die Vorzugsmilch. Die Wiedererkennung hatte ich im Blickfeld. Ohne Wissen hatte ich die richtige Strategie.

Die ersten Lieferungen in die Geschäfte wurden positiv angenommen, wir verkauften immer mehr Milch. Wir produzierten aber auch immer mehr. Bei den Milchkontrollen wurde der Anstieg bewundernd bemerkt. Die Kontrollen vom Tierarzt brachten auch immer gute Ergebnisse. Hier sei bemerkt, dass Vorzugsmilch eine besondere Keim- und Bakterienfreiheit haben muss, da die Milch ungekocht verspeist werden durfte, somit blieben alle guten Inhaltsstoffe voll erhalten. Ähnlich einer Muttermilch. Wir waren auf dem richtigen Weg!

Mitten in diesem Veränderungsprozess reichte Herr Zahmel seinen Urlaubsantrag ein, verständlich, denn er hatte eine Familie und ausspannen musste er auch einmal, doch es traf uns wie ein Keulenhieb. Die Suche nach einem Melkermeister für die Urlaubsvertretung lief über die Berufsgenossenschaft, das ging auch noch zu unserer Verwunderung recht zügig, doch was wir nicht ahnten, sollten wir bald erleben! Die Wohnung, die unser Vorgänger für solche Fälle hergerichtet hatte, in der wir auch in den ersten Tagen hausten, die danach von meinen Eltern benutzt wurde, wo der Lehrling sein Zimmer hatte, war schnell hergerichtet und auch ein bisschen gemütlich ausstaffiert, denn der Meister kam mit seinem Assistenten. Schon etwas merkwürdig, doch unsere Annahme, zu zweit würde ihnen der Einsatz gelingen, sollte sich als Ulk entpuppen. Verpflegung im Herrenhaus war üblich und bedeutete für mich zwei Hungrige mehr am Tisch, d. h., ich kochte täglich für 10 Personen. Das alleine wäre für manche Frauen eine Tagesleistung, dazu der Einkauf, die kleinen Jungs, die Milchvermarktung, Telefon, Vertreter, Gäste und vieles mehr musste ich bewältigen. Verständlich ist es doch, dass ich am Sonntag eine Mahlzeit durch eine Pizzalieferung ersetzte, darauf freuten sich alle. So ein Vergnügen leisteten wir uns nur sehr selten. Die beiden Melker stocherten im Essen herum, maulten und meckerten. Ein bisschen verwundert und kritisch beobachtete ich das Treiben. Die beiden waren nicht koscher. Jörn wischte meine Bedenken zur Seite, meinte, ich sehe hysterisch nur das Negative. Meine Menschenkenntnis warnte mich. Wir mussten auch nicht lange warten. Durchfall machte sie arbeitsunfähig, da war ich als Krankenschwester gefordert, versorgte sie liebevoll. Aus meinen Erfahrungen hätten sie am nächsten Tag wieder auf den Beinen stehen müssen, doch das Klagen ging weiter, sie wären vergiftet worden und könnten nicht aufstehen. Was tun?

Unterdessen wollten die Kühe gemolken werden, die Arbeit im Stall lief weiter, häufte sich und als letzten Ausweg griff Jörn nach dem Strohhalm „Monika". Der Einladung in den Kuhstall folgte ich ahnungslos, er bräuchte meinen Rat, den wollte ich ihm gerne geben. Ich war auch bereit, ihm in dieser verlorenen Situation zu helfen, denn sowohl er als auch unser Lehrling schienen total überfordert. Zum Glück waren mal wieder die Eltern zu Besuch, sie spielten mit den Kindern, da wunderte sich keiner über mein langes Ausbleiben, denn Jörn drückte mir die Melkmaschine in die Hand, erklärte kurz das Ansetzen an die Zitzen, schaute wenige Minuten zu und verschwand mit der Begründung, das Futter verteilen zu müssen.

Brav molk ich eine Kuh nach der anderen, traute mich mit zwei Melkgeschirren zu arbeiten und kam zügig voran. Meine Angst versuchte ich mit Gesprächen zu bändigen, die Kühe hörten zu und ließen mich ohne Murren meine Arbeit verrichten. Jörn ließ sich Zeit, und als er dann in den Stall kam, waren alle Kühe gemolken. Ich fix und foxi, stolz, aber blöd!!!!! So war ich, so bin ich.

Das Melkerduo ließ sich eine weitere Woche von mir pflegen, die Androhung, einen Krankenwagen kommen zu lassen, schreckte sie so, dass sie fluchtartig den Hof verließen. Viel später erfuhren wir von anderen Landwirten, dass deren Masche schon landauf und -ab bekannt sei und wir durch unsere Unwissenheit darauf hereingefallen sind. Na schön!!!

Mein Einsatz im Kuhstall, die Bewältigung aller Arbeit hatte ein Umdenken bei Jörn zur Folge. Es war ein langsamer Prozess, aber er reifte.

Den Diskussionen mit der Familie Zahmel begegnete er ab dieser Zeit bedeutend standfester, energischer, ließ sich nicht unterbuttern, er konterte, verteidigte seinen Willen. Klare Linien wurden abgesteckt. Ein Vorteil, aber es gibt nichts Einseitiges, so gab es auf der anderen Seite Negatives. Der Melker drohte immer wieder mit einer Kündigung. Er saß doch am längeren Hebel!

Das neue Schuljahr rückte heran, damit auch meine Schulmilchlieferung! Die Vorbereitungen liefen auf Hochtouren. Werbeplakate hingen aus, die Hausmeister waren mit kleinen Geschenken motiviert worden, sie bekamen die Milch für die Familie zu Hause gratis. So sahen wir einem Neustart fiebernd entgegen.

Er landete auf dem Punkt! Ein voller Erfolg!

Neben allen Aktivitäten ging unser Leben im vollen Gang weiter, unsere Kinder wurden groß und größer, auch Mirco konnte inzwischen laufen und versuchte das Tempo der Familie mitzuhalten. Er tat mir oft leid, wenn er abgeschlagen den Großen nachblickte, doch die Kameradschaft unserer Familie sorgte dafür, dass alle das Ziel erreichten. Einer kam zurück, packte ihn und rannte im Eiltempo der Meute nach. Das war jetzt bildlich beschrieben, aber diese Haltung lag bei allen tief im Herzen. Eine Bilderbuchfamilie! Moderne Musketiere: „Einer für alle, alle für einen!"

Gesund, gut gewachsen, intelligent, strebsam, aktiv, freundlich, gut erzogen, anständig, offen, ehrlich, Teamdenken und viele, viele Attribute mehr konnte man unseren Kindern zusprechen. Ich war glücklich.

Aber nicht blind! Ich erkannte die Veränderungen an Jörn. Was sollte ich machen? Versuchte ihm mit der Unterstützung der ganzen Familie den Ballast zu erleichtern, ihm die Sorgen zu nehmen, aber eigentlich ohne Erfolg. Die Existenzangst trieb immer stärkere Blüten, fast täglich sprach er über Pleite, kein Geld, das können wir uns nicht leisten. Selbst ein Kinobesuch der Kinder mit ihren Freunden wurde aus Geldmangel verboten! Dabei sah es doch gar nicht so schlecht aus. Mein Milchverkauf spülte uns täglich das Kleingeld in die Kasse. Gegen den Geiz gab es kein Mittel.

Meine Öffentlichkeitsarbeit dehnte ich nach der Suche bezüglich neuer Kunden weiter aus. Veranstaltete Kindernachmittage schon 1979 mit Erfolg. Ein unvergesslicher Nachmittag auf dem Bauernhof war den Kindern sicher, denn Jörn war in seinem Element. Mit viel Show, netten Anekdoten erklärte er den Kindern die Grundlagen und das Leben auf dem Bauernhof, während die Kinder die Kälbchen streichelten oder ein bisschen ängstlich durch den Kuhstall wanderten, bei der Milchvermarktung zusehen durften und mit einer Milchpackung als Werbung und Geschenk für zu Hause begeistert den Hof verließen.

Jörns Fähigkeiten, für kurze Momente und Zeit sein Publikum zu begeistern, waren mir nicht neu, denn ich wusste von früher, dass er gerne Opernsänger geworden wäre! Ein vortrefflicher Beruf für ihn, ich glaube, in den Momenten seiner Auftritte ist und war er glücklich. Das gab mir zu denken und daher unterstützte ich alle Aktivitäten, die mit der Öffentlichkeit, mit Leuten, Besuchern, Vertretern und Freunden zu tun hatten. Wir führten ein turbulentes, bewegtes Haus, d. h., die Bude war immer voll!!! Wie zuvor im Ausland gingen die Delegationen bei uns ein und aus. Schon 1979 kamen Abgesandte aus Togo mit dem deutschen Entwicklungsminister bei einer Informationsreise auch zu uns. Jörn erklärte im perfekten Französisch die deutsche Landwirtschaft. Man staunte nicht schlecht und las in der Zeitung Lobeshymne für Jörn. Er ließ sich nichts anmerken, aber ich weiß, er war stolz.

Das Leben einer Bauernfamilie wird von den Jahreszeiten bestimmt, noch immer gilt: Im Märzen der Bauer die Rösslein anspannt! Nur sind es heute Traktoren, doch die Arbeit ist die gleiche und der Rhythmus wird von der Natur diktiert. Stimmt das Wetter, muss gearbeitet werden, bei Regen kann es auch eine Ruhezeit geben. Die Planung kommt vom Himmel und nicht von Menschenhand. Die Einladungen, die wir von unseren Freunden erhielten, wurden auch von ihnen gemacht und nur selten passte die Zeit mit unserer überein, was zur Folge hatte, dass wir nur in Ausnahmefällen mitfeiern konnten. Schnell waren wir „weg vom Fenster". Sehr schade! Trotz vollem Haus, unendlicher Arbeit, Hoftage, Publikum und Freunde schlich sich unbemerkt und langsam die Vereinsamung ein.

Das Jahr 1980 war wie alle Jahre mit turbulenter Weiterentwicklung und Arbeitsbewältigung ausgefüllt. Eine Unterbrechung im Alltag war der Ausbruch des Bullen, der des Nachts wutschnaubend über den Hof, durch die Passage, dann auf die Straße stürmte. Das Rasseln der Kuhketten weckte uns, Jörn stürmte aus dem Haus und wäre vom Bullen beinahe umgerissen worden. Der verstand keinen Spaß! (Beide!!!) Feuerschutz sollte ich geben, doch so ungeübt, wie ich war, hätte ich alles treffen können, nur nicht das, was ich treffen sollte. Ein Anruf beim Tierarzt für eine Betäubungsspritze ging ins Leere, so war die Polizei unsere letzte Rettung für den Fall aller Fälle. Es ging glimpflich aus, die Zeitung hatte eine nette unterhaltsame Geschichte: „Bullen jagen Bullen." Wer den Schaden hat, braucht für den Spott nicht zu sorgen! Ein Sprichwort bewahrheitete sich mal wieder.

Aber nicht nur der Bulle war ein Ausreißer, nein, auch unsere Kühe ergriffen jede Gelegenheit für einen Ausflug. Eines Tages hatte man den Zaun zur Siedlung durchschnitten, aus Gründen der Pilze auf der Weide, herrliche Champignons wuchsen dort, und als ob sie es riechen und sehen würden, donnerte die Herde zielstrebig durch das Loch in die Siedlung. Es war Sonntagmorgen, viele Bewohner saßen auf der Terrasse beim Frühstück, als unsere Horde durch die Gärten donnerte. Der Schreck saß uns in den Knochen. Es gab nur eine Einfahrstraße in die Siedlung, die mussten wir absperren, nur so konnten wir das Ausbrechen in die Stadt verhindern. Alarm!!! Die Kinder und ich sprangen ins Auto, kamen rechtzeitig an die Kreuzung, stoppten die Herde und trieben die Kühe, die selbst über sich erschrocken schienen, zurück.

Witze wurden darüber gerne gemacht, auch die Zeitung erklärte den Ausbruch bis zur Zeppelinapotheke mit dem Kauf von Anti-Babypillen ganz lustig. Nicht so lustig sahen es die Geschädigten, die wollten die Renovierungskosten für ihre Gärten bezahlt haben. Da aber die Bewohner beim Kauf der Grundstücke dem Passus „Nachteile aus der Landwirtschaft" unterschrieben hatten, hatten wir einfache Argumente und kamen mit einem blauen Auge davon.

Jörn hatte ja ein betriebswirtschaftliches Studium, für ihn waren die Zahlen das Ergebnis seiner Unternehmung. Für die Schönheiten des Lebens hatte er weder Muße noch Zeit, keinen Blick, keine Gefühle, alles wurde nach Rentabilität geschätzt, bewertet, gemessen, beurteilt und verurteilt. Sparmaßnahmen waren sein neues Steckenpferd und damit ging er uns allen gehörig auf die Nerven. Wir waren uns über alle Ausgaben bewusst, leisteten uns keine Extras, kratzten die Butter auf dem Brot, sparten, wo wir konnten, doch es reichte niemals! Besonders für die Jungs war diese Einstellung bitter, während die Schulkameraden Markenklamotten trugen, begnügten sich unsere Kinder mit einfachen Anziehsachen, sogar mit selbst gestrickten Pullovern wagten sie sich in die Schule. Mir taten sie oft leid, konnte mich gegen Jörn aber nicht durchsetzen, weil ich selbst wichtigere Anschaffungen für notwendiger hielt.

Mit weiteren Vermarktungsstrategien der Vorzugsmilch hielt ich dagegen. Entweder uns gelang ein perfekter, gewinnbringender Verkauf der Milch oder wir sollten unseren alten, arbeitsintensiven Kuhstall schließen. Ein zwingender Entschluss, zumal die Zankereien mit dem Melkermeister Formen erreichten, die für ein friedliches Leben auf dem Hof unerträglich waren. Tägliche Reibereien zerstörten das Arbeitsklima, dazu Sabotage. Unnütze Schäden verteuerten das Betreiben der Melk- und Entmistungsanlage. Sahneklau im Milchtank und damit schlechte Leistungsergebnisse rechneten wir der Familie Zahmel an.

Erst Jahre später entdeckten wir eine Höhle, in der ein Penner über eine lange Zeit hauste und sich mit unserer Sahne gut ernährte! Anhand von Zeitungen konnten wir das Wohnen unseres Untermieters rekonstruieren. Unheimlich!

Gegen den Trend der Zeit zu agieren, ist immer schwer. Die H-Milch war im Vormarsch, zwar nicht so gesund, aber im Umgang einfach zu handhaben. Die Molkereien hatten für die Schulkinder leckere Milchmixsorten, auch ich lieferte Schoko- und Erdbeermilch, doch der Umgang mit der H-Milch war unkompliziert, war eben lange haltbar, während unsere frische Milch noch am gleichen Tag verbraucht werden musste. Das bedeutete für die Hausmeister ein Händchen für die Logistik. Welchen Anreiz konnte ich den Schulen bieten? Nachdem ich die Vertreter der Molkerei beim Hausmeister mit riesigen Weihnachtsüberraschungen traf, wunderte mich der Rückgang unserer Schulmilchbestellung nicht mehr!

Belohnungen, im Zusammenhang mit einem Milchtrinkwettbewerb, heizten den Konsum unserer Milch noch einmal kräftig an, der aber bald wieder abebbte.

Wir schauten uns bei unseren Nachbarn um. Im Westerwald und in Darmstadt gab es je einen Vorzugsmilchbetrieb. Der Westerwälder war für uns nicht relevant, jedoch bewundernswert war die Familie Förster in Darmstadt, die zu der Milch auch gleich noch Obst und Gemüse in ihrem Laden vermarktete. Einer der ersten Ökoläden! Sehr ansprechend präsentierten sie ihre Produkte im Frankfurter Einzugsgebiet. Ein mächtiger Markt lag ihnen zu Füßen, da wunderte man sich nicht, dass sie bei Milchmangel uns um Lieferung baten. Eine nette Zusammenarbeit entwickelte sich.

Die Ideen eines Hofladens hatte ich auch schon, wollte aber zusätzlich zu der Milch, inzwischen stellte ich auch Sahne, Butter, Quark und Joghurt her, eher Handarbeitsprodukte wie Wolle, Leinen, Kräuter und selbst gemachte Marmelade anbieten.

Jörn winkte meine Ideen ab, er hatte keine Freude am Kuhstall, das merkte man schon im Umgang mit den Tieren, die er wirsch, roh, ungeduldig und unsanft behandelte. Vielleicht war er noch nicht so brutal wie unser Melkermeister, aber es fehlte nicht viel. Ich, immer öfters im Stall, entwickelte Herzblut, liebte die Tiere, umsorgte sie, sprach mit ihnen, konnte sie auch einschätzen und spürte das Wohlfühlen oder Kranksein. Ich hatte einen guten Blick und wurde noch Jahre später von anderen Bauern bei ungeklärten Krankheitsbildern um Rat gefragt.

Durch die mangelnde Begeisterung für die Tiere wurde jede ökonomische Rechnung selbst bei einem neuen, modernen Kuhstall unrentabel, denn im Grunde war Jörn ein reiner Ackerbauer. Da kam ihm die Kündigung des Melkermeisters gerade recht. Das schlug zwar wie eine Bombe ein, doch er konnte sich auf seine Frau verlassen, sie würde auch das Melken noch schaffen! Wir haben es geschafft, aber welchen Preis haben wir gezahlt! Von unseren Kindern verlangten wir zu viel, kümmerten uns viel zu wenig um sie, hatten keine Zeit für Sorgen und Kummer, beantworteten kaum ihre Fragen, wunderten uns allerdings über die intensiven Freundschaften mit den Kindern aus der nahen Siedlung. Instinktiv merkte ich, da war was faul! Die Freunde waren auch oft im Hof, spielten gerne bei uns, aber unsere drängten sie nach

Hause, begleiteten sie und kamen oft erst spät zurück. Der Grund blieb nicht lange verborgen, sie verplapperten sich und erzählten von den Fernsehfilmen! Ja, bis zu diesem Zeitpunkt hatten wir noch keine Flimmerkiste! Das änderten wir prompt, denn nun konnten sie unter unserer Aufsicht die richtigen Filme sehen.

Das Bügel- und Wäschezimmer wandelte ich mit wenigen Handgriffen in ein gemütliches Kinderwohnzimmer, verstaute die Bücher und Spielsachen in die Einbauschränke, kaufte ein altes, gebrauchtes Sofa, nette Gardinen und schon war unsere Räuberhöhle fertig. Sie wurde intensiv, täglich genutzt. Unser richtiges Wohnzimmer verkümmerte zur „kalten Pracht", wurde nur für Besucher, Gäste und zu besonderen Anlässen benutzt.

Jeden Morgen um 3 Uhr 30 ging ich in den Kuhstall, Jörn bemerkte sarkastisch: „Nimm pro Stunde noch 5 DM mit!" So unrentabel rechnete er die Milchwirtschaft. Das kann kein Mensch lange ertragen und so sann ich nach einer Veränderung. Jörn kam meistens 1 Stunde nach mir in den Stall, brachte Futter und auch Unruhe zu den Tieren. Es war eigenartig, betrat Jörn den Stall, ging ein Zittern durch die Reihen.

Die Domänenverwaltung sah die Milchwirtschaft als fiskalische Aufgabe für die Gesellschaft und so ohne Weiteres würden sie einer Stilllegung nicht zustimmen, das war uns bewusst. Ist doch Frischmilch so gesund und wichtig in der Ernährung, waren ihre Begründungen. Die glatte Absage, die Ablehnung einer ökonomischen Kalkulation reizte mich, außerdem verteidigte ich Jörn gegen jeden Dritten vehement. Inzwischen erkannte ich, dass unser Leben mit diesem Arbeitsaufwand nicht lange halten konnte, seelisch, gesundheitlich und familiär würden wir auf die Dauer den Stress nicht bewältigen. Trafen uns immer häufiger die gewaltigen, ungerechten, ins Mark verletzenden Wutausbrüche von Jörn, die krankhafte Züge erkennen ließen, zumal er im gleichen Moment der freundlichste, hilfsbereite Mensch zu Fremden sein konnte und lachend und pfeifend das Haus verließ. Am Boden zerstört blieben wir zurück. Gott sei Dank trafen mich die meisten Eskapaden, keiner konnte mich verstehen, keiner ahnte, was hinter der Scheinwelt passierte. Meinem

Helfersyndrom habe ich zu verdanken, dass ich immer wieder Verständnis suchte, Gründe für sein Verhalten fand und es immer wieder zu entschuldigen wusste.

Auf dem Weg nach neuen Vermarktungsideen erstanden wir einen Kühlautomaten für Tetra-Verpackungen, stellten ihn zu der Milchwerbung an die Straße für die Schnellkäufer. Mit Erfolg war er platziert, jedoch im Verhältnis in der ökonomischen Gesamtübersicht war dieser Verdienst nur Pints. Jeden Tag bestückten wir den Automaten mit frischer Milch, mit einer DM öffnete sich das Fach.

Die Abpackarbeit nahm viel Zeit in Anspruch, inzwischen war ich mit meinen Händen schneller als der Rundläufer, das nervte! Außerdem fraßen die Reparaturen einen großen Teil des Gewinns, eine neue Maschine bot sich durch Zufall von der Molkerei in Darmstadt an. Es war ein monströses Geschütz und haute die Milchpakete nur so heraus, dass man schnell ins Trudeln geraten konnte, hätte man nicht meine Nerven. Ich bändigte sie schnell und war froh um jede Zeiteinsparung, die kam der anderen Arbeit, aber auch meinen Kindern zugute. Die Kleinen waren fast immer an meiner Seite, im Kuhstall, auch oft in der Milchkammer, halfen mir tüchtig, besonders gerne planschten sie im Kannenwasser!

Maschinell ausgerüstet wie eine Molkerei strebten wir nach Größerem und trauten uns an die Lebensmittelketten Edeka, Tengelmann, Lidl, Delta und Aldi. Die Filialleiter gaben uns die Anschriften der Zentrale und mit Erstaunen bemerkten wir die gleichen Adressen in Frankfurt. Beim Betreten des Hochhauses wunderte uns nichts mehr, hatte jede Marke eine eigene Etage, doch die Chefzentrale kam aus einer Hand! Dies zum Kartell! Wir stießen auf gutes Interesse, scheiterten aber an der Liefermenge, die täglich abgeholt werden würde, da alle Häuser regional, von Frankfurt bis Köln, das gleiche Angebot führen mussten. Man rechnete mit 1.500 bis 2.000 Liter Vorzugsmilch!

Wir zogen tatsächlich für kurze Zeit das Aufstocken der Milchviehherde und damit einen Neubau des Stalles in Betracht. In welche Katastrophe wären wir geschlittert!

Lieber marschierte ich mutig in das Landwirtschaftsministerium nach Wiesbaden, nahm meine Werbeplakate in die Hand und klapperte sämtliche Büros ab, pries die gute Vorzugsmilch wie Sauerbier an und konnte am Ende von ca. 2.000 Mitarbeitern gerade einmal 5 Unterschriften erhalten, die damit ihre Bereitschaft zum Kauf der Milch bestätigten. Unser Automat sollte vor der Kantine aufgestellt und betreut werden, hier liefen jeden Tag weit über 4.000 Personen vorbei, da im Nebengebäude die Polizei stationiert war und die gleiche Kantine benutzte. Ein bewegter Platz und eigentlich eine ideale Kombination, würden die Väter Frischmilch für ihre Lieben zu Hause mitbringen!

Es war ein Flop! Mit diesem Ergebnis konfrontierten wir die Herren der Domänenverwaltung bei unserer nächsten Sitzung, freuten uns über die Wirkung, ließen die Zeit für uns arbeiten. Ein weiteres Argument lag in der Überproduktion von Milch. Butterberge, Milchseen – davon war täglich in den Nachrichten zu hören. Abschlachtprämien wurden von politischer Seite zur Regelung der Situation eingesetzt und die wollte Jörn gerne absahnen, denn seine Betrachtungen fanden nur nach wirtschaftlichen Gesichtspunkten statt.

War doch schon seine Familie ein ökonomisches Fass ohne Boden, sollte doch wenigstens das Kapital, gebunden an die Kühe und Nachzucht, wirtschaftlich arbeiten. Kann man verstehen!

Der Boden für die Abschaffung der Kühe war vorbereitet, die Saat gesät und sie ging mit der Genehmigung zur Auflösung der Herde auf.

Das alles ging natürlich nicht von heute auf morgen, sondern dauerte noch bis 1982! Unser Betrieb lief voll weiter, wir tranken Milch, wir dachten in Milch, wir schleppten Milch. Selbst Manfred hatte jeden Morgen die Milch für seine Lehrerin unter dem Arm! Beim Tag der Landwirtschaft in Limburg hatte ich einen Werbestand, Jörn stellte eine Kuh mit Kälbchen aus und war den Tag mit vielen Gesprächen voll ausgelastet. Mit lächerlichem Blick, sich ein bisschen schämend, schaute er auf meinen Stand, der gut gefüllt, oft überlaufen war, denn meine Idee, die Milch mit einem Los zu verkaufen, schlug ein wie eine Bombe. Zu gewinnen gab es eine niedliche aufblasbare Plastikkuh von der Firma „Humana". Eine ganze Kette hing über dem Stand, war ein netter Blickfang, war der Renner! Schon mittags war ich ausverkauft, Jörn wollte mit seinen Söhnen Nachschub holen, aber was für ein Fiasko entwickelte sich daraus, sie konnten die Maschine nicht bedienen und mussten mich am Stand vertreten, während ich die Restmilch abpackte. Keine leichte Sache für unsere Männer!

Die Auflösung eines Betriebszweiges ist nicht ohne Schwierigkeiten zu bewältigen, bedarf einer langen Vorplanung, wirtschaftliche Betrachtungen gehen einher mit der Angst, doch eine Fehlplanung einzuleiten. Jörn rauchte schon immer viel, doch nun fraß er die Zigaretten, ohne damit die Nerven beruhigen zu können. Für die Familie keine leichte Situation, denn jede Kleinigkeit konnte eine Explosion hervorrufen. Wir gingen wie auf rohen Eiern durch das Haus. Umso erstaunlicher war ich über die Bemerkung unserer Schulkinder: „Wenn wir nach Hause kommen, durch das Hoftor gehen, betreten wir eine heile Welt."

Diese Worte bewegten mich und arbeiteten tief in mir. Ich war ja eher die Emotionale in unserer Familie und deshalb wurden solche Aussprüche in meine Überlegungen eingefügt. Jörns Veränderungen spürte auch nur ich, andere sahen immer nur den aufgekratzten, intelligenten, redegewandten Mann, der eher einem Alleinunterhalter ähnelte als einem gesellschaftsfähigen Familienvater. Sein vierzigster Geburtstag, 23. 3. 1980, war Zeugnis seiner Stimmung. Die reichlich geladenen Gäste brachten anstatt Blumen leckere Flaschen mit, sein Dank war ihnen mit den Worten „Eine Flasche für eine Flasche" gewiss und im gleichen Atemzug flog die Flasche durch das geschlossene Küchenfenster. Peinlich, peinlich.

Aber auch beängstigend!

Publikum brauchte Jörn wie andere eine Tasse Kaffee, so war er in den Auslandsjahren richtig eingesetzt, hier aber auf der Domäne verkümmerte er allmählich. Dagegen musste ich etwas tun. Ideen hatte ich schon im Hinterstübchen, noch scheute ich die Freigabe meines Planes, denn wir steckten ja immer noch mit der Milch über alle beiden Ohren in der Arbeit. Dazu ging es mir seelisch ganz schrecklich, denn beim Anblick der Kühe kamen mir die Tränen, der Gedanke an den Schlachthof brachte mich an den Rand der Verzweiflung. Kam der Metzgermeister, um unsere Kühe in sein Buch zu zeichnen, heulte ich herzerweichend. Er hatte Mitleid und verriet mir seine List, unsere guten Milchkühe durften alle am Leben bleiben, er tauschte sie bei den anderen Bauern aus, die Nummern wurden geändert, das Leben ward ihnen geschenkt und mir fiel ein Stein vom Herzen!

Meine Gedanken waren frei, mein Plan konnte wachsen. Beim Herumspionieren durchsuchte ich alle Ecken im Hof, kopfschüttelnd betrachtete Jörn mich, denn nun sei ich komplett verrückt. Berechtigt war seine Annahme, als ich die Verweigerung der Familie Döpfner zur Öffnung der beiden Wohnungen, in diesem Fall die nicht von ihnen benutzte Wohnung, erzwang, indem ich mir Zutritt von unten durch die Decke bohrte. Die Döpfner-Männer waren außer sich, wie rasende Bullen kamen sie auf mich zu, packten mich und versuchten den Fenstersturz nachzuahmen. Frau Döpfner kannte ihre Bande, holte die Polizei, die im allerallerletzten Moment eingriff. Da hatte ich noch einmal Glück, wir alle hatten Glück, denn daraufhin wurde die Familie von der Domäne zwangsgeräumt. Die Nassauer waren vom Hof! Wir sparten viel Geld.

Frühjahr 1981, als sich von Mal zu Mal der Kuhstall leerte, eröffnete ich meinen Plan, Urlaub auf dem Bauernhof mit dem Motto „Stadt und Land aus einer Hand" aufzubauen. An dieser Stelle möchte ich kein weiteres Wort sagen. Jede andere Frau hätte danach ihren Koffer gepackt, ich aber stellte meine Bedenken über wenn, aber, denn und doch an, baute den Betriebszweig mit insgesamt 14 Wohnungen bis 1996 aus. Und doch hallen bis heute Aussprüche wie „Verrückt, irre, untauglich, unfähig, blöd, unökonomisch, albern, Städter, Kinder" in meinem Ohr.

Ab Ostern 1981 hatten wir schon einige wenige Gäste!!!

Der Verkauf der Milchviehherde schwemmte Geld in unsere Kasse, wir lösten unsere Schulden ab und standen nach 3 Jahren zum ersten Mal plus/minus Null auf dem Konto und es sollte sich noch weiter ins Positive entwickeln!

Mit dem Wegfall des „lebenden Inventars" mahnte unser Versicherungsagent, die Polizzen auf den neusten, aktuellsten Stand zu bringen. Mit einem Wink wurde die Arbeit in die Winterzeit verschoben. Ein schrecklicher Fehler, wie wir später erfahren mussten. So was passiert, wenn man überarbeitet, erschöpft und verzweifelt ist.

Das Jahr hatte den gleichen Arbeitsablauf, mit der Ausnahme, dass Jörn einmal in der Woche für 6 Stunden einen Job in der Berufsschule übernahm und ich in der Zeit alleine für Haus und Hof verantwortlich war. Die Wiesen wuchsen trotzdem, Heu musste zur Ernte vorbereitet werden, vor allem musste es immer wieder gewendet werden, bis es endlich trocken genug für die Presse war und geborgen werden konnte. Diese Wendearbeiten hatte Jörn seinen Söhnen aufgedrückt, doch wie sollten sie nach Dauborn kommen? Fred und sein Freund Wieland Veil kletterten auf die Ponys, ritten zu den Wiesen, erledigten die Arbeit und ritten zurück. Ein strammer Ritt! Aber auch anscheinend viel Spaß, ganz nach Cowboyart, ohne Sattel, mit wehenden Zügeln galoppierten sie durch die Prärie!

Das Interesse an Pferden hatte Fred schon in Togo mehr als seine Brüder, auch das Reiten machte ihm mehr Spaß. Bei einem Besuch bei der Familie Hecker, Studienfreund von Jörn, aus Gießen, besichtigten wir auch den Pferdestall, wunderten uns über seinen gebrochenen Finger und bekamen die Geschichte schnell erzählt, stand sie doch im Zusammenhang mit einem Jungpferd aus dem Stall. Fred war ganz Ohr! Das interessierte ihn! Es kam so weit, dass Fred das unbeherrschte, schreckhafte, nicht zügelfähige Pferd für 500,- DM kaufte. Freds Ehrgeiz war geweckt, er wollte es beherrschen und schaffte es auch, machte es zahm, wenn es auch immer mit Vorsicht zu genießen war. David wurde unser bestes Pferd im Stall, hat viele Jahre die Reitermädchen beglückt. Es war Freds erster „Kuhhandel".

Die Saat musste betreut und die Ernte eingefahren werden. Der Mais wurde als Körnermais geerntet, und das dauerte bis in den November hinein. Jörns Außenwirtschaft war auch im Wandel begriffen, Pläne wurden geschmiedet, wieder verworfen, Maschinen beurteilt, gesucht, für den Einsatz bewertet und die Ideen wieder gelöscht. Der Wegfall von Weidefläche vergrößerte die Ackerbaufläche, da kamen Überlegungen in Gang, die aber durch einen tragischen Vorfall ins Trudeln gerieten.

Am 9. November 1981 wollte Jörn die letzte Fläche mit Weizen bestellen, er fuhr mit der Drille vom Hof, nachdem er zuvor noch eine Tasse Kaffee bei mir getrunken hatte – wie immer vor seinem Arbeitseinsatz – doch diesmal kam er nicht weit, ich hörte einen Schrei und rannte nichts ahnend nach draußen. Ich blieb wie angewurzelt stehen, denn dicke Rauchwolken kamen aus der Scheune. Bevor Jörn den Befehl erteilte, hatte ich die Feuerwehr alarmiert, die Einfahrt geöffnet und hörte die Sirene für das Großfeuer. Sie waren schnell zur Stelle!

Jörn hatte den Täter erwischt und sperrte ihn bei mir in der Speisekammer ein, sollte ich doch Wache halten, die Kinder bremsen und unter Aufsicht halten, die Gefahr war zu groß. Jörn und der Lehrling versuchten die Maschinen aus der brennenden Scheune zu retten, was aber nicht so schnell ging, außerdem wegen des Funkenfluges mit sehr viel Risiko behaftet war. Die Feuerwehrleute versuchten mit Wasser das Ausdehnen der Flammen zu stoppen, denn ¼ der Scheune war mit Stroh gefüllt! Nur gut, dass auf dem Gelände unser Feuerlöschwasserbassin gut gefüllt war und doch konnten die Flammen nicht gebremst werden.

Uns bot sich ein Anblick des Grauens, meine Tränen rollten, meine Knie zitterten, ich kann die Situation noch heute nicht beschreiben. Die Polizei traf kurze Zeit später auch ein, nahm den Täter in Gewahrsam, belehrte uns, denn ein Festhalten des Übeltäters war rechtlich nicht vertretbar. Brat mir einen Storch, waren meine Gedanken.

Was blieb übrig? Jörn nahm seine unversehrte Drille, fuhr aufs Feld und erledigte seine Arbeit, denn helfen konnten wir nicht. Ich kaufte Bier und belegte Brötchen für die Feuerwehrleute, sorgte damit für vollen Einsatz. Das Feuer brannte 3 Tage und was dem einen seine Uhl ist, ist dem anderen seine Nachtigall. Die Segler aus Elz benutzten den Aufwind für überraschende Thermik und flogen in unendliche Höhen.

Der Täter war ein Behinderter aus dem Nachbarhaus, es war ihm kalt, außerdem wollte er gerne zu seinem Freund in die geschlossene Anstalt. Mag man es glauben? Mit diesem Brand hatte er sein Ziel erreicht. Wir unsere Existenz vielleicht verloren. So eng liegen Freude und Leid beieinander. Der Direktor der Lebenshilfe tröstete mich mit den Worten: „Wir kommen für den Schaden auf!" Davon war später nichts mehr zu spüren. Wir hatten die Wahl mit dem Koffer, Sack und Pack vom Hof oder vor Gericht zu ziehen. Letzterer Weg schien uns gerechter, doch vor Gericht ist man wie auf hoher See, ganz in Gottes Hand! Es war ein schlechtes Spiel. Auch unsere Versicherungen beharrten auf ihren Rechten, wir waren unterversichert. Wir hatten das Kapital aus dem Verkauf des lebenden Inventars in die Maschinen investiert und damit unsere Versicherungssumme überschritten. Nur gut, dass unsere Bank uns nicht im Stich ließ, sondern mit neuen Krediten haben wir inventarisiert. Neuer Trecker, ein Deutz, Hänger, im Jahr darauf ein neuer Mähdrescher, Claas Mercator, mit 60 PS, selbst fahrend!

Der Weg ging in Richtung fortschrittliche Landwirtschaft.

Unterdessen wurde vom Landwirtschaftsamt, Abteilung Landentwicklung, im Hof ein großer Feldtag abgehalten. Viele Firmen stellten aus und eine Horde, über 1.000 Landwirte, tummelte sich bei uns. Jörn immer vorne mit!!!

Der Hof war ansonsten leer, keine fremden Menschen, kein Vieh, da konnte ich meinen Ausbau unbeobachtet schnell vorantreiben. Ein störendes Dach flog doch bei Sturm und Regen einfach davon, im Anschluss diente der Rest als herrliche Sonnenterrasse! Jörns Angst, der Domänenverwaltung Rechenschaft abzulegen, wurde ebenso mit dem Winde verweht! Ich war schon ganz schön mutig, aber ich rechnete immer mit dem Besten, vor allem mit der Unterstützung in puncto Aufbau, Ausbau und Veränderung. Die Herren sahen unsere Aktivitäten, unseren Schwung, Ideenreichtum, Willenskraft und auch unser Können. Positive Einstellung zum Leben kann Berge versetzen.

Ja, meine erste Streichaktion war das Kalken des Kuhstalles. Der war so schmutzig, die Fliegen unerträglich, die Kühe taten mir leid. Normalerweise wird ein Malerbetrieb für solche Arbeiten beauftragt. Aber nicht bei uns! Der Kauf einer Kalkspritze war schon das Äußerste, was wir uns leisten konnten, in Jörns Augen. Also machte ich mich bereit, stampfte Kalk ein, siebte die Brühe, damit die Düse nicht immer verstopfte, pumpte Luft auf die Spritze und los ging es. Viel leichter gesagt als getan! Die Brühe kopfüber an die Decke zu spritzen hatte zur Folge, dass man selbst gekalkt wurde. Man stand ständig in dem Kalknebel und der ätzte die Haut weg, besonders an den Stellen, wo Gummiband auf dem Körper lag. Ich erlitt Verätzungen am Hosengummi, BH und an den Beinen im Bereich der Gummistiefel. Das tat Tage, fast Wochen weh! Aber der Kuhstall war abends sauber, frisch, fliegenfrei und die Kühe kamen mit Freude zu ihrem Platz. Ich freute mich mit ihnen, dachte aber auch gleich an weitere Malerarbeiten. Pferdestall, Kleinviehstall, alle Bruchsteinwände etc. Die wurden von mir mit Kalk bearbeitet, denn der Putz hätte keine Dispersionsfarbe vertragen. Ich arbeitete nur mit der Leiter, ein Gerüst war viel zu teuer und obendrein zu umständlich. Wenn die Leiter nicht reichte, half mir eine lange, lange Stabverlängerung, die ich mit Kraft noch oben stemmte. So strich ich den vorderen Teil des Hofes. Keiner glaubte mir, dass ich das schaffen würde! Ich schaffte es.

Da die Arbeit mit den Kühen und der Milch uns nicht mehr belastete, nutzten wir die gewonnene Freizeit natürlich in erster Linie mit unseren Kindern. Waren sie die Jahre zuvor ein bisschen zu kurz gekommen, verbrachten wir nun doch mehr Zeit zusammen, sprachen auch einmal Dinge an, die unverarbeitet in den Schubladen lagen. Ich staunte über die Selbstheilungskraft unserer Bande, hatten sie sich doch gegenseitig geholfen, außerdem waren wohl Probleme im Rudel viel kleiner, als sie für den Einzelnen zu sehen waren. Schule, Sport, Musik, alles machte ihnen Freude, Freunde hatten sie auch, den Bauernhof liebten sie und sahen von den gravierenden „Kleinigkeiten" ab. Sie waren zufrieden und ich glücklich!

Im Frühjahr absolvierten 40 Baumaschinenführer auf unserem Hof die praktische Fortbildung. 4 Wochen wurde gebaggert, gebuddelt, die Reste der verbrannten Scheune beseitigt, Bomben, noch aus dem Krieg, entschärft. Über 5 Tonnen aktive Munition wurden beseitigt. Als Dank spendierten wir den Herren jeden Tag ein deftiges Mittagessen, da kochte ich mit Liebe und Ausdauer!!! Ab dieser Zeit saß Jörn beim Pflügen nicht mehr wie auf einem Pulverfass mit der Angst, jeden Moment in die Luft zu fliegen. Zuvor gab es immer kleine und größere Detonationen.

Ansonsten ging 1982 schnell rum, drei weitere Ferienwohnungen mit Heizung, neuen Bädern und viel Pfiff hatte ich ausgebaut, war von der deutschen Landwirtschaftsgesellschaft mit 3 Sternchen bewertet worden und leierte weitere Werbung an. Mein selbst gemaltes Prospekt fand bei den Ferienfamilien guten Anklang. Die Kinder malten mit Begeisterung die Bilder aus, ich sammelte und am Ende des Jahres stellte die Jury – meine Kinder – den Sieger fest. Eine Belohnung war Ehrensache. Offizielle Werbung im DLG-Katalog war die eine Seite, die hessische Fremdenverkehrsgesellschaft, mit Sitz in Wiesbaden, war die andere Seite. Sie stürzte sich auf mich, denn zur damaligen Zeit war der Betriebszweig „Urlaub auf dem Lande" gerade im Aufkommen. In unserer Region war ich Vorreiter und fand vollen Zuspruch. Während ich mit den Werbungsexperten in der Besprechung war, nutzten unsere Kleinen die unbeobachteten Minuten (Stunden) für allerhand Dummheiten.

So waren sie, immer gut drauf, immer aktiv, immer ideenreich, mit Spaß und Freude an der Sache! Die Freiheit, die unsere Kinder auslebten, gab es nirgendwo und so war es verständlich, dass ein Kindergartenbesuch wie ein Gefängnis war. Meine Versuche, sie dort zu integrieren, scheiterten auch an dem Unverständnis der Kindergärtnerinnen. Meine Rache war die Einladung der Gruppe zu uns auf den Bauernhof, denn nun waren ihre Kinder einmal außer Rand und Band, wollten nicht mehr zurück und ließen sich nicht einfangen! Meine Genugtuung war der Ausspruch: „Nun verstehen wir Ihre Jungs!!!" Na, geht doch.

Der Kleintierstall mit zwei Eseln, Ziegen, Hühnern, Enten, Häschen war nicht nur für die fremden Kinder ein Ort zum Tummeln, nein, Fred machte seinen 2. Kuhhandel und kaufte vom Nachbarbauer zwei Kälbchen für einen Apfel und ein Ei. Die wollte er großziehen und sie dann genauso gut verkaufen wie Jörn seine Tiere. Damit konnte er sehr gut sein Taschengeld aufbessern. Doch vor dem Lohn die harte Arbeit! Jeden Tag fütterte er seine Kälbchen mit angerührter Milch, mistete den Stall aus und verliebte sich in sie. Tiere sind keine Maschinen, sehr schmerzliche Erfahrungen folgten bei der Trennung. Den Erlös investierte Fred bei seinem 3. Kuhhandel in einen LKW-Kauf auf dem Schrottplatz. Es war ein Henschel H 90, Baujahr 1957, ein Oldtimer, hatte schon viele Jahre auf dem Buckel, aber war noch fahrtüchtig. Auf der Basis eines Leasingvertrages fuhr der LKW für Jörn das Getreide. Fuhre um Fuhre, Jahr um Jahr, vom Feld in den Hof. Nur die Leasingraten wurden nur unregelmäßig, oft gar nicht bezahlt. Fred wurde von Jörn gelinkt, somit war es ein schlechtes Geschäft.

Ferien auf Blumenrod

Im Januar 1983 wurde ich mit auf die Touristikmesse „Reisemarkt in Essen" genommen, machte für die Region Limburg und für mich selbst kräftig Werbung! Jörn und die Kinder holten mich von Essen ab, besuchten zuvor den Zoo und von meinem verdienten Taschengeld lud ich meine Männer ins Steakhaus „Curasco" ein. Es wurde ein unvergessliches Erlebnis, was für mich ebenso die Messe war! Seit Langem wurde ich mal wieder begehrt, interessant beäugt, eingeladen, hofiert, es wurde geschäkert und geflirtet! Ich war „Frischfleisch" für die Messeleute, die sich immer wieder in derselben Runde bei der nächsten Messe trafen, sich viele Jahre kannten. Da ist ein neues Gesicht einen Versuch wert. Ich hatte eine gute Aufpasserin, sie behütete mich vor den lauernden Gefahren.

Das Jahr begann turbulent, es waren wieder unsere Freunde aus Frankfurt zu Besuch und die Männer gelobten Besserung und tüftelten an einem geheimen Plan, ließen aber nichts durchsickern und hatten offenbar daran schon selbst die größte Freude. Es tat ihnen allen gut, denn die Ehen durchlebten echte Krisen, die nicht so leicht zu schultern waren. Bei uns krachte es so und so, Jörns Nerven waren angegriffen, sein Rauchen wurde immer schlimmer, er rauchte 2–3 Zigaretten gleichzeitig. Grausam, aber noch grausamer wurde die Situation, wenn die Zigaretten alle waren. Dann ging die Post ab, die Suche nach Kleingeld für den Automaten wurde zum Rutenlauf, alles wurde umgekrempelt, ausgeschüttet, selbst die Spardosen wurden wegen Zigarettengeld geköpft. Ja, die Zeit, in der ich immer Kleingeld durch meinen Milchverkauf im Haus hatte, war vorbei. Insgeheim war ich auf die Zigaretten sauer, sparten wir uns doch jede Mark vom Munde ab, wurde das Geld nur so in die Luft gepustet. Das sorgte bei uns für Spannungen, die Freunde hatten andere Sorgen, deshalb wollten die Männer etwas Gutes tun und spannten uns bis in den Herbst auf die Folter! Umso gelungener war die Überraschung! Ein Tanzkurs!!!! Gebucht war in Fischbach, in der Nähe von Meyer und Temmen, jeden Donnerstagabend. Sprachlos waren wir und freuten uns riesig.

Doch bis dahin taten sich in unserem Leben noch einige Überraschungen auf, wurden wir doch ganz offiziell zum Ball der

5. Panzerdivision ins Schloss Oranienburg eingeladen. Welch eine Ehre! Nur geladene und ausgewählte Gäste durften das Schloss betreten, ein bisschen stolz waren wir schon und erlebten eine wunderbare Ballnacht.

Die Erfahrungen mit unseren Feriengästen waren nicht so schwierig, wie wir gedacht hatten, denn unsere Kinder nahmen die Fremden unkompliziert auf, spielten, tobten mit ihnen, integrierten sie in das Hofleben. Jörn tat das Weitere, denn nun war sein Wissen, sein Rat, seine Unterhaltung gefragt, er blühte richtig auf. Zur Belohnung gab es bei den Gästen auch mal ein Feierabendbier. Später wurde daraus ein Lagerfeuerabend mit lautem Gesang, aber auch netten Gesprächen. Abwechslung für die Kinder brachte außer den Spielgeräten auch der Kleintierpark im Aufbau, was große Begeisterung auslöste. Reiten mit kleinen Pferden war schon möglich, denn Fanta und Bluna waren von Fred und Wieland gut eingeritten, David wurde mit Samthandschuhen geführt. Später kamen weitere Ponys auf den Hof.

Die Eltern fühlten sich in den Wohnungen sehr wohl, die Außenplätze sorgten für Kontaktaufnahme mit anderen geplagten Leidensgenossen. Es entstand eine Ferienatmosphäre ganz im Sinne der heilen Welt, wie sie von unseren Jungs beschrieben war.

Ein Feriengast kam zur vorherigen Besichtigung, seine Eindrücke beschrieb er wie folgt:

„Wie ich die ‚Madam' kennenlernte: Als ich die ‚Madam' zum ersten Mal sah, wusste ich natürlich nicht, dass es die ‚Madam' war.

In unserer Großfamilie bin ich so etwas wie der Urlaubsquartier-Beschaffer. Ob eine Wohnung in Tirol, ein Haus in Holland oder eine bayrische Pension mit Familienanschluss: alles hervorragende Adressen, jeder aus der Familie fährt gerne hin. So war es nur allzu selbstverständlich, dass zum ersten Familienurlaub auf dem Bauernhof mir die Wahl des Zieles überlassen wurde. Von rund 10 Prospekten kamen 3 in die engere Wahl. Die 3 lagen eine Nacht unter meinem Kopfkissen, dann entschied ich mich für die Domäne Blumenrod in Limburg. Nun ist Limburg nur eine Autostunde von Köln entfernt. Um nichts dem Zufall zu überlassen, wollten wir uns den Hof vorher einmal ansehen. Kleinkinder brauchen schließlich die richtigen Betten und man selbst möchte ja im Urlaub auf die eine oder andere Annehmlichkeit nicht ganz verzichten. Gegen eine Urlaubsreise unserer Familie war der Auszug der Juden aus Ägypten sowieso ein Kinderspiel. Bis auf Gefriertruhen und Geschirrspüler war schon alles mit! Am Mittwoch vor unserem Anreise-Wochenende liefen mein Schwager und ich schon mal auf Probe in Limburg ein. Mit dem Auffinden des Hofes taten wir uns etwas schwer, doch nach Abstechern in Richtung Diez und Holzheim fanden war auch die Zeppelinstraße. ‚Das muss der Hof sein', meinte mein Schwager und das grüne Schild auf der braunen Hoftür ‚Urlaub auf dem Bauernhof' bestätigte seine Worte. Wir fuhren gleich in den Innenhof und stellten den Wagen ab. Keine Menschenseele war zu sehen. Wir sahen uns um und wandten uns dann nach links am Herrenhaus vorbei, auf die Scheune zu. Mein Schwager ging einige Meter hinter mir. Er räusperte sich plötzlich, und als ich mich zu ihm umdrehte, deutete er mit Kopfbewegungen auf eine Tür hin. Dort war eine Person erschienen, die sofort meine Aufmerksamkeit auf sich zog. Eine Frau Mitte dreißig, kurzes dunkles Haar, eine Jeans, die einigen Anstreichergenerationen schon als Arbeitshose gedient zu haben schien, und ein Pullover, der sich nicht viel von der Hose abhob. ‚Künstlerin, malt großflächiges Fresko an geweihter Stätte', schoss es mir durch den Kopf. Die Künstlerin kam ungekünstelt auf mich zu und sah mich fragend an. ‚Gehören Sie zum Hof?', entfuhr es mir. Die Naivität meiner Frage wurde mir erst viel später bewusst, mein Gegenüber schien sie überhaupt nicht gehört zu haben. ‚Gehören Sie zum Hof?', wiederholte ich. Jetzt sah ich, dass die Person schon beim ersten Mal verstanden hatte und immer noch sichtlich nach Fassung rang. ‚Ich bin Frau Schreiber', presste sie schließlich hervor, und nachdem ich dann meinerseits die Fassung wiedergefunden hatte, erklärte ich ihr unser Anliegen. Wir sprachen eine halbe Stunde miteinander, sie zeigte uns die Wohnungen und wir waren rundum zufrieden. ‚Alles okay, nur Frau Schreiber entspricht nicht dem landläufigen Bild einer Bäuerin', erzählte ich zu Hause. Mein Schwager nickte zustimmend."

Wir waren auf dem richtigen Weg! Es freute mich sehr und ließ mich kleine Unstimmigkeiten immer schnell vergessen. Unser Hof war aufgeräumt, sauber, gestrichen, eben für Gäste hergerichtet! Nette Blumenkästen vor den Wohnungen, Sitzgarnituren schmückten den Hof.

Ich hatte weitere Vorhaben in Planung. Es fing an einem heißen Tag an, gerne wollten die Kinder im Wasser spielen, aber wir hatten nicht einmal ein kleines Planschbecken. Abhilfe musste geschaffen werden. Ich nahm die Milchkisten, band sie zusammen, legte eine Siloplane rein, Wasser marsch war das Kommando. Zur Freude unserer Trabanten ging die Schlacht los! Ohne Geld auszugeben, hatten die Kinder Spaß. Da wäre ich nicht meines Vaters Tochter, hätte ich nicht weitere Pläne entwickelt. Ein Jahr weiter und ich benutzte die übrig gebliebenen Silobleche für eine runde Form des Badebeckens, in das auch unsere Ferienkinder hineinkonnten. Damit war ich aber immer noch nicht ganz zufrieden. Es war zu klein, die Standfestigkeit zu schwach, die Folie ging zu schnell kaputt, der Rand war scharf. Die Gäste hatten Angst um ihre Kinder. So konnte es nicht bleiben, aber Geld für einen Pool wollten wir nicht ausgeben. Meine Idee, die Siloringe in die Erde einzugraben, wurde fleißig verwirklicht, Besserung in Sicht, aber doch noch nicht gut genug! Viele Ideen wurden genannt, verworfen, entwickelt, doch das Ergebnis brachte für viele Jahre allen Kindern und Erwachsenen richtigen Badespaß. Hatten wir doch die Siloringe in Nierenform gelassen, ganz einfach einen Betonboden und einen Rand gegossen. Mit blauem Anstrich sah unser Becken einem Swimmingpool sehr ähnlich, aber kostengünstiger, primitiver und einfacher. Für viel Spaß geeignet!

Pläne für weitere Ferienwohnungen lagen auch schon in meiner Schublade, doch musste ich günstige Momente abwarten, ehe ich mit den neuen Hirngespinsten in die Öffentlichkeit gehen konnte. Meistens waren wir im Herbst für die nächste Saison schon ausgebucht, ganz zum Kummer der immer wiederkehrenden Gäste. Ich vertröstete sie auf den 1. Januar, denn dann startete ich jährlich den Ausbau einer neuer Wohnung. Bis Pfingsten musste ich damit fertig sein, zu diesem Zeitpunkt hatte ich die neue Fewo verplant und belegt.

Den Druck baute ich mir auf, denn sonst hätte ich die Belastung doch nicht geschafft.

So ein Ausbau war von langer Hand durchdacht und nicht ganz einfach, denn Strom, Wasser für Bad und Küche, Heizmöglichkeit für die kühle Jahreszeit waren wichtige Voraussetzungen. Zimmereinteilung mit Wänden war der nächste Schritt, vorhandene Fenster und Türen mussten passen. Welche Möbel für Küche, Esszimmer, Schlafräume und Wohngemach hatte ich noch, welche musste ich kaufen? Wie viel Geld benötigte ich? Wenn alles überlegt, errechnet war, überrumpelte ich Jörn mit meinem Plan. Meistens willigte er anstandslos ein, denn es machte ihm Arbeit, meine Ideen nachvollziehen zu müssen, außerdem war er so und so machtlos.

Der Startschuss fiel, ich entrümpelte die neuen Räume, schaffte einen Überblick, plante den ersten Baumaterialeinkauf und freute mich auf das neue Vorhaben. Konnte ich doch wieder etwas schaffen, außer Kinder, Küche, Kirche!

Eingekauft wurde nur an den Tagen, an denen auch der Wagen für andere Zwecke aus der Garage fuhr, das meistens nur am Donnerstag. Lebensmittel, Baumaterial, Ersatzteile für den Betrieb, selbst die Kleidung wurde in dem Industriegebiet gekauft, abends fuhren wir zum Training, der Wagen war ja warmgelaufen!

Jeder Bau einer Ferienwohnung dauerte 4 Monate und bedeutete viel Arbeit. Harte Knochenarbeit stand mir bevor, leicht war gar nichts. Beton, Estrich, Fliesen, Fliesenkleber, Steine, Gipskartonplatten, Holz, eben alles, was man für einen Ausbau benötigt, habe ich geschleppt und verarbeitet, gebohrt, gehämmert, gezimmert, gelötet, geklebt, verlegt, verputzt, verkabelt und angeschlossen. War eine Wohnung im Ausbau fertig, kam die Inneneinrichtung, die praktisch, kinderfreundlich, nett anzusehen, gemütlich ausstaffiert, preisgünstig eingerichtet wurde, nette Gardinen und Kleinigkeiten vervollständigten das Bild. Meine Gäste fühlten sich wohl, das war mein Anliegen, zusätzlich waren die Wohnungen praktisch im Gebrauch mit vielen Kindern, einfach unverwüstlich.

Das eigene Geld, was ich durch die Gäste verdiente, machte mich in gewisser Weise frei und unabhängig. Meinem angeschlagenen Selbstbewusstsein tat das gut.

Einwirkungen von außen wurden für das eingefleischte Familienteam immer als Störfaktor empfunden. Die Einschulung von Marc im August 1983 war so ein Fall und erstaunlicherweise verlief es besser als gedacht! Hatten wir uns nicht Sorgen um Marc, sondern eher Sorgen um Mirco gemacht, waren wir über den reibungslosen Übergang erstaunt. Einerseits hatte Mirco seine Eltern mal für sich alleine, anderseits waren Ferienkinder im Hof, für die er nun der Führer war. Das genoss er sichtlich, vom Nesthäkchen zum Anführer aufzusteigen war eine positive Entwicklung. Trotzdem war er auch gerne bei mir, half mir und so erwischten die Großen ihn eines Tages beim Treppenputzen. Wie aus der Pistole geschossen, brachen sie in turbulentes Gelächter aus und machten Mircos Freude, der Mutti zu helfen, mit den Worten „Ah, Mirco will ein Mädchen werden" zunichte. Das zu unserer Männerwelt!

Wir waren fünf Jahre in Limburg, kannten viele Menschen, wurden oft und gerne eingeladen, Jörn war ein talentierter Erzähler, seine Geschichten schmückte er jedes Mal anders aus, also niemals langweilig und oft endeten die Pointen auf meinen Schultern. Meine Naivität, sprich Dummheit wurde als Witz ausgekostet. Zuerst war ich sehr wütend, doch später sah ich es von anderer Seite, war er doch auf meine vielseitigen Aktivitäten etwas eifersüchtig, musste sich Luft verschaffen. Außerdem war ich wohl ein interessanter Typ!

Das fanden auch andere. Wir hatten wieder Zoff, da nahmen mich meine Kinder mit in die Eishalle zur Eis-Disco. Ein Abend für Jugendliche, da war ich ein bisschen, das heißt viel zu alt, aber ich hatte trotzdem Spaß. Vergaß den Ärger zu Hause und amüsierte mich nicht über meinen Verehrer, viel mehr über meine Kinder, die meinen Verehrer beäugten. Ich tat so, als ob ich nichts merken würde, das wunderte die Jungs noch mehr. Aufgeregt machten sie mich auf den jungen Mann aufmerksam. Lachend schüttelte ich den Kopf. Doch meine Jungs staunten nicht schlecht, hielten es zwar für unmöglich, doch erzählten dem Vater zu Hause von meinen Chancen! Ziel war erreicht, Jörn war die Liebenswürdigkeit in Person!

Die Märchen, die er über mich in der Adolf-Reichweinschule verzapfte, sollte ich eines Tages auch erfahren. Wir waren zur Abschlussfeier der Berufsschulklasse in den Wald zum Grillabend geladen, Jörn nahm mich mit, da ahnte er seine Entlarvung noch nicht. Mich wunderten die Blicke der jungen Leute, ich überlegte krampfhaft, ob ich mein Kleid verkehrt angezogen oder was ich sonst noch Auffälliges hätte. Endlich traute sich ein Schüler zu mir, verwickelte mich in ein Gespräch und fragte tatsächlich, ob ich die Frau Schreiber sei. Die Frau von dem Lehrer. Meine schlichte Antwort „Ja" brachte den Schülerhaufen in Unruhe, sie konnten es wohl nicht fassen, klärten mich auf. Hatten sie doch eine hässliche Walküre erwartet und waren von meinem Anblick ganz aus dem Häuschen. Jörn musste Rede und Antwort stehen, da kam er zum ersten Mal ins Stottern. Seine Argumentation lautete, nur mit der drastischen Beschreibung seiner Frau konnte er die Schüler aus dem Schlaf schrecken. Für was ich nicht alles gut war!

Wir hatten viele Defizite. Meine lagen auf dem Sektor „Einladungen", ich hatte einen Stau, denn es war üblich, sich für jede erhaltene Einladung zu revanchieren, deshalb, aber vor allem der Dankbarkeit halber, lud ich zum Erntedankfest ein und stürzte mich in die Vorbereitung.

In gleicher Zeit suchte die heranwachsende Südstadt von Limburg ihre Identität und fand sie im Zusammenhang mit der Domäne Blumenrod, identifizierte sich mit uns, übernahm unser Emblem für ihre Öffentlichkeitsarbeit, erklärte sich solidarisch, wir feierten gemeinsam den Gottesdienst zum Erntedank. Zusätzlich kamen unsere geladenen Gäste, Freunde, Verwandte und schnell waren 400 Personen vor Ort. Erschreckend für unseren kleinen Mirco, er hing den ganzen Tag an meinem Rockzipfel, ließ nicht locker aus Angst, ich könnte verloren gehen, gerührt hielt ich ihn fest, er war doch noch unser Kleiner.

Ein frisch gebundener Erntekranz und weitere Erntedankdekorationen schmückten unseren Hof, auch den Saal, den ich Jörn abgerungen hatte. Renoviert, Boden geschliffen, gestrichen diente er nun als Festsaal.

Der offizielle Teil war nach der Predigt von Pfarrer Idelberger, begleitet von dem Posaunenchor mit unseren Jungs, und der Dankesrede von Jörn noch lange nicht zu Ende. Die Tanzgruppe aus Kirberg zeigte wunderbare Erntetänze nach alter Tradition, Volksbelustigung wie Kuhmelken, Tandemfahren, Jagdhornblasen bis hin zum Dudelsackspieler waren organisiert. Leckerer selbst gebackener Kuchen mit Kaffee wurde serviert. Es war eine gelungene Veranstaltung! Viel Lob und Dank war uns gewiss, denn Vergleichbares hatten unsere Gäste noch nicht erlebt!

Im Gästebuch sind die Zeugnisse nachzulesen, wie zum Beispiel:

> Auf dem schönen Hofgut Blumenrod,
> Schreiberlein und Madam uns ein tolles Schauspiel bot.
> Nach Gottesdienst und Erntedank
> gab es reichlich Speis und Trank.
> Geladen waren viele Gäste,
> doch die Tänzer war'n das Beste.
> Daraufhin der Schreiber sich besann
> und sich flugs in den Tanzfrack schwang,
> sich seine Madam dann schnappte
> und einen Tango tanzte, dass es krachte.
> Schreiberlein, schon Deine Frau,
> sie ist die Seele in diesem Bau.

Jörn hatte den Kontakt zur GTZ, Gesellschaft für technische Zusammenarbeit, nie ganz abgebrochen, einerseits durch Henner Meyer, der immer noch für die Firma tätig war, andererseits sah er sie als Rettungsring in allerletzter Not. Ein Auslandsjob wäre immer möglich gewesen, denn seine Daten aus Togo waren in der Habilitationsschrift von Herrn Doppler lobenswert verwertet worden. In den Kreisen hatten die Ergebnisse Interesse geweckt.

Die alten Beziehungen hätte man neu aufleben lassen können. Eine Hoffnung!

So versteht es sich auch, dass immer wieder die Domäne in der Besichtigungstour von Entwicklungsministern mit ihrem Auslandsbesuch angefahren wurde. Jörn konnte die Gruppen alle begeistern, die Domäne wurde zum Highlight der Deutschlandtour.

Inzwischen war der Tanzkurs beim Trainer „Herr und Frau Klaue" angelaufen, die ersten Schritte sollten sich vom Fuß in den Kopf eingraben, keine leichte Aufgabe, denn der Weg ist unendlich weit. Übung macht den Meister! Verständlich waren dadurch die vielen Besuche der Freunde, denn unser Festsaal hatte die richtige Größe, das richtige Parkett, die nette Stimmung mit gutem Essen gepaart, ein idealer Ort zum Üben. So sollte es Jahre bleiben!

Die Tanzabende verliefen lustig, auch mal angespannt, wurden aber mit einem netten Kneipenbesuch beendet, so waren wir oft erst recht spät zu Hause. Wir hatten ja noch eine weite Fahrt von einer guten Stunde. Ein wirklicher Nachteil, doch ohne Murren absolvierten wir den Kurs, beendeten ihn sogar mit einem kleinen Tanzturnier mit den Tänzen Rumba, Cha-Cha-Cha, langsamer Walzer, Quickstepp und Jive. Mit nicht einmal schlechten Beurteilungen! Jörn und ich hatten ein neues Hobby!

Unsere Freunde traten bald in den dortigen Tanzclub ein, das hieß mindestens einen weiteren Abend von Limburg nach Fischbach kutschen, das konnten wir uns leider nicht leisten, nicht das Geld, sondern die Zeit war bei uns knapp! Hatten wir doch einen ganzen Betrieb und 5 heranwachsende Söhne in unserer Obhut. Die Freunde hatten Verständnis, waren aber auch ein bisschen traurig. Das Abschalten, einmal in der Woche alles hinter sich zu lassen, tat uns gut. Die Familienstimmung erholte sich, auch wenn im Winter generell immer alles besser war. Jörn wollte weitertanzen. Im Breitensport fühlten wir uns recht wohl, der Kontakt zu anderen Tänzern wirkte positiv. Die Suche, im Limburger Raum auch einen Verein zu finden, gestaltete sich recht schwierig. Die Trainer waren nicht so besonders begeistert, ein neues Paar einzugliedern. Uns wunderte das schon, schauten uns den einen und anderen Verein an, immer ohne besondere Resonanz. Die Paare waren auch alle viel älter als wir, so reifte in uns der Gedanke, lieber in den Turniersport einzusteigen. Auch das wurde uns nicht leicht gemacht, es ging bis zu einer glatten Abfuhr, denn schon unsere Figuren würden nicht zum Sport passen! Das war fast eine persönliche Beleidigung, die ließen wir auf keinen Fall auf uns sitzen! Unsere letzte Station war der Club Oranienstein, sie tanzten in der Turnhalle der Goetheschule, fast vor unserem Tor. Eine Frau Kühle betrachtete uns kritisch, ließ uns mittanzen und unterbreitete im Anschluss ihre Meinung: „Bis in die A-Klasse bringe ich euch!" Das war ein Wort, wir unterschrieben den Eintritt in den Verein und blieben der Trainerin, Frau Kühle, später Lulu, treu bis zum Ende. Das wurde ein langer, schwerer, aber schöner, aufregender, stimmungsmächtiger Weg mit Höhen und Tiefen. 1996 sollte er jäh enden!

Wir schrieben erst das Jahr 1984. Jörn feierte seinen 44. Geburtstag, ich wurde 40, Michael und Martin waren 17, Manfred 15, Marc 7 und Mirco begann sein 6. Lebensjahr. Die Einschulung wartete auf ihn.

Jüngster kommt in die Schule

Um meine Jungs brauchte ich mir keine Sorgen zu machen, vielleicht haben wir die kleinen Probleme auch nicht so ernst genommen, nach dem Motto „Die Zeit heilt viele Wunden" wurde vieles übersprungen und abgehakt. Für den Frustabbau benutzten sie ihre Trompeten, kamen sie oft barsch aus der Schule, knallten sie die Türen und den Ranzen in die Ecke, hörte ich sie wenig später aus vollem Rohr trompeten. Das störte keinen Nachbarn, aber es half der Seele, dem Kopf und dem Herz. Kamen sie doch anschließend friedlich zum Essen, sprachen auch einmal über das eine und andere, ärgerten sich über die Lehrer und Schüler, fanden das und jenes scheußlich, eben wie ganz normale Jungs das Leben so sehen.

Das nächste Jahr begann mit einem närrischen Auftritt der Karnevalisten in unserem Festsaal, wie das Alte mit einem Adventsabend endete, die Südstadt suchte die Beziehung zur Domäne und nutzte die Räumlichkeiten für ihre Bürger, bis sie dann später ein eigenes Gemeindezentrum erbauen konnten.

In unserem Hof wurde auch gebaut, die Planung für ein Getreidelager war fertig, der Startschuss fiel mithilfe eines Knastologen! Es ist wahr und die anfängliche Angst um die Kinder war unbegründet, Alfred Meyer, verurteilt wegen Beihilfe beim Überfall mit Mord, entpuppte sich als netter, umgänglicher, kameradschaftlicher Hausgenosse und noch besserer Arbeiter. Mit ihm baute Jörn den alten Kuhstall aus und um, buddelte einen Sumpf, wandelte die großen Futtersilos zum Getreideturm. In einer Höhe von 15 Metern installierte Alfred die Leitungen ohne große Absicherung, geschweige denn mit Gerüst, nein, frei schwebend montierte er die Druckleitungen mit Weichen und Ausblasköpfen. Seine Bemerkung: „Ich hatte noch niemals so viel Angst, dagegen war der Überfall ein Kinderspiel!"

Im ehemaligen Kälberstall wurden die Reiniger, ein Vor- und Hauptreiniger, aufgebaut, dazu eine Beizanlage, denn Jörn rüstete auf Saatgutproduktion um, hatte er doch auf den Feldern im Herbst zuvor Basissaatgut gesät, was es nun zu vermehren galt. Keine einfache Sache, viele Informationen, viele Besprechungen mit den Händlern gingen der Umwandlung voraus, aber es schien

Spaß zu machen, denn Jörn war Feuer und Flamme. Ich ahnte Schlimmes!

Darauf brauchte ich auch nicht lange zu warten, denn die Feldanerkennung vom Saatgut wurde wegen zu großem Besatz aberkannt. Der Probennehmer ließ uns 14 Tage Zeit für eine Nachkontrolle. Schock! Alle Mann an Deck! Wir arbeiteten uns durch die neue Saat und rupften alle Pflanzen, die nicht in den Bestand gehörten! Also den Weizen aus der Gerste, die Gerste aus dem Weizen, und das auf einer Fläche von 30 ha. Wir arbeiteten Tag und Nacht, im wahrsten Sinne, denn nachts verfolgten mich die Pflanzen, so fertig waren wir, aber wir haben die Anerkennung erhalten, die erste Hürde war genommen. – Dank der vielen Hände unserer Kinder!

Die Arbeit mit der Saatgutaufbereitung war erst am Anfang, wurde die Ernte reingefahren, mussten jetzt die Hänger rückwärts an den Sumpf, kein einfaches Unterfangen, war der Platz doch recht knapp, der Abstand zum Sumpf musste passen, damit die Hänger sich kippen ließen, das Getreide nicht danebenlief. Aber Übung macht den Meister, es klappte immer besser, ich hielt den Hof von allem frei, alarmierte die Ferienkinder, wenn wieder ein Hänger mit Getöse in den Hof kam. Alles musste schnell gehen, denn viel Zeit blieb nicht, war der Mähdrescher schon wieder voll. Das Ausbunkern wurde in voller Fahrt erledigt. Und wehe die Abfahrer waren einmal nicht rechtzeitig am Bunker, da brachte Jörn es fertig, einfach die Schnecke anzuwerfen und das Getreide auf die Erde zu leeren. Schreiend, wütend tobte er auf dem Mähdrescher und wusste nicht einmal, was passiert war. Unmenschlich gemein. Der Höhepunkt wurde erreicht, als mein Sumpf verstopfte, die Rohre voll waren, die Sicherungen der Maschinen flogen. Ich als Frau, nicht einmal mit den Jungs, hatte keine Chance, das Chaos zu beseitigen. Jörn musste her! Er kam nicht, dann fuhr ich raus! Na glaubt mal, das war eine echte Show! Kleinlaut stieg er vom Mähdrescher, wir hatten Pause, auch er kämpfte sich durch die verstopften Rohre, fand im Ausblaskopf einen Igel! Dafür konnte ich beim besten Willen nichts und so hätte er schon weit früher auf unseren Notruf reagieren müssen. Das passierte nie wieder!

Vom Sumpf wurde das Getreide über den Vorreiniger gesaugt, um gereinigt in die Silos gedrückt zu werden. Verstopfungsgefahr bestand, wie beschrieben, immer, weshalb ich meinen Arbeitsplatz nicht lange verlassen konnte. Allmählich entwickelte man ein gutes Gehör, konnte schnell reagieren, um eine Panne zu vermeiden. Trotz Staubzyklon war der Dreck in allen Ecken und war am Körper auch sehr unangenehm. Diese Arbeit ging tagelang, war undankbar, unauffällig und verlangte doch Einsatz. Was wurde Jörn auf dem Mähdrescher bewundert, auch die Abfahrer leisteten eine stramme Arbeit, was tat ich im Sumpf? Nebenher versorgte ich die Männer mit Essen und Trinken, dazu Leckereien für die gute Laune!

Zu einem späteren Zeitpunkt wurde das Getreide zum Saatgut aufbereitet, d. h., das ganze Getreide durchlief den Hauptreiniger, in ihm wurden die kleinen von den größeren Körnern getrennt, genau nach einem vorgeschriebenen Maß. Dieser Vorgang lief recht automatisch und doch passierten kleinere Pannen, wie übergelaufene Silos, verstopftes Schaufelwerk oder Reiniger usw. Eine Aufsicht musste ständig sein. War alles Getreide durch den Hauptreiniger, kam erneut der Probennehmer. Jetzt wurde das Saatgut amtlich gewogen, ausgezählt, Besatz kontrolliert, Keimprobe angelegt, erst dann erhielten wir eine Zertifizierung, auf die wir natürlich zitternd warteten. Aberkennungen gab es natürlich auch, alle Reinigungsvorgänge mussten noch einmal durchlaufen werden. Jedes Jahr ein kleines Roulette.

Mit der Anerkennung konnte unsere Saatgutfirma, Becker aus Westfalen, die Aufträge zum Verkauf organisieren, rief die Menge bei uns ab, die Beizung wurde uns angegeben, dann hieß es für uns absacken!

In unserem Fall waren es 50-kg-Papiersäcke, das Getreide lief Sack um Sack durch den Beißer, der mit einer Waage versehen nach 50 kg schloss, schnell wurde er abgenommen, der neue Sack angehängt. Meine Arbeit bestand darin, den fallenden Sack auf die Karre zu nehmen, sie ordentlich in Reih und Glied zu stellen, mit der Handnähmaschine nähte ich den Sack zu. Alles musste sitzen, passen und klappen. Gab es mal ein Durcheinander, war der Bär am Toben und Schreien. Kein gutes Arbeitsklima! Das Hauptproblem war der Beißer, seine Arbeit war nur selten gut, mal war die Beiße zu dick, mal zu dünn, mal zu kalt, mal zu warm, mal nahm das Getreide die Menge nicht auf, mal sah das Bild blass aus. Erst nach vielen Jahren Erfahrung klappte auch das wie am Schnürchen. So schafften wir an manchen Wochenenden über 25 t Saatgut und konnten Montagmorgen den LKW beladen. Die Hauptarbeit war wieder in Kinderhand, denn nachdem die Säcke schön aufgereiht den Platz gefüllt hatten, mussten wir alle Säcke noch einmal in die Hand nehmen, auf das Förderband legen, von wo sie dann auf die Paletten gestapelt wurden. Eine Heidenarbeit! Die sich rechnerisch zu lohnen schien, außerdem polierte Jörn sein Image kräftig auf. Jahr um Jahr quälten wir uns im Speicher, kein Sack ging ohne mein und das Dazutun der Kinder aus dem Hof.

Oft waren die Launen unerträglich, Hammer flogen hinter uns her, keine Arbeit war ihm gut genug, dabei hatte nur er schlechte Laune, das Arbeiten hatte ihm noch nie Freude bereitet, ganz im Gegenteil zu mir und uns.

Der Disponent der Firma Becker war Herr Ovelhey, wir arbeiteten nach dem Motto „Eine Hand wäscht die andere" und hatten daher bald ein sehr nettes Klima, beinahe eine Freundschaft. Der Senior besuchte uns mit der Familie, der Junior machte es ebenso. Frau Ovelhey verliebte sich in die handgemalten Teller von meiner Großmutter, wir verschenkten sie zu ihrer großen Freude.

Wie es aber so ist, kamen wir natürlich manchmal auch mächtig unter Druck. Der Abruf von Saatgut kam Freitagmittag und musste bis Montagfrüh erledigt sein. Keine leichte Aufgabe, denn alle Mann mussten antreten, Verabredungen verschieben oder absagen, Turniere wurden in Hetze getanzt, das Wochenende war versaut. Jörn hatte eine einfache Taktik, er rief mich ans Telefon, entschied ich gegen den Auftrag, hieß es das ganze Wochenende: „Du hast es ja nicht nötig, zu arbeiten!" Entschied ich dafür, so hieß es: „Kannst wohl den Rachen nicht voll genug bekommen!" Wie ich es machte, es war immer verkehrt.

Diese Reaktion von Jörn zog sich durch das ganze Leben, alle Entscheidungen musste ich treffen, damit hatte er eine einfache Argumentation: „Du wolltest es, so machst du es auch!" Einfach!

Im Winter tanzten wir aktiv im Club, arbeiteten am Tanzsportabzeichen, die Basis für den Turniertanz. Tanzten aber auch auf Bällen wie bei der KLB, unserer Bank, waren auch wieder bei der Bundeswehr auf Schloss Oranienstein eingeladen, hatten nette Einladungen bei den Freunden, nette Gäste im Hof, umfangreiche Familienkontakte. Kurzum, unser Leben schien in geregelten und guten Bahnen zu laufen, aber nicht normal!

Die letzte Heuernte in Dauborn ging gut von der Hand, liebe Feriengäste halfen uns, ein Grund für Jörn, sich zusammenzureißen, mit Erfolg! Auch die Bewunderung der Gäste für unsere Arbeit ging Jörn wie Öl herunter, er war wirklich gut geschmiert. Die Wiesen wurden im Herbst umgebrochen und für die Aussaat von Getreide vorbereitet. Uns fiel ein Stein vom Herzen, die Quälerei hatte endlich ein Ende.

Seit unserm Brand gingen die aufgekreuzten Flieger unseren Jungs nicht aus dem Kopf, so fuhren wir am Tag der offenen Tür nach Elz zum Fliegerhorst. Ein Begeisterungssturm entfachte die Seelen unserer Großen und sollte sie nicht mehr loslassen. Als Schüler für den Segelflug bzw. Motorsegler wurden sie eingetragen, verbrachten seitdem den noch übrigen Teil ihrer Freizeit in Elz. Wir bekamen sie kaum noch zu Gesicht, aber sah ich dann die glücklichen, zufriedenen Augen meiner Kinder, war auch ich zufrieden. Ihren Leistungen in der Schule, im Hof kamen sie nach, auch ihre Leidenschaft für Musik vernachlässigten sie nicht, eher baute Martin diese mit seiner Band im Keller noch aus. Sie waren unverändert gut. Was wollten wir Eltern mehr?

Angst um sie hatte ich schon, denn hörte ich von den rasanten Flugkünsten, ihren Landungen, Schleudergängen wurde mir mulmig, aber auch das ist für eine Mutter ganz normal, genauso die schlaflosen Nächte, bis die Türen klapperten und man alle friedlich in den Betten wusste.

Der Unterschied zwischen den Großen und Kleinen war sehr deutlich geworden, die einen wurden erwachsen, die anderen waren immer noch kindlich, ein schöner Ausgleich in einem Familienleben. Ein perfektes Glück konnte man genießen, das tat ich auch, denn sonst könnte ich heute nicht von unserem Leben dankbar erzählen!

In den friedlichen Phasen, das heißt im Winter, holte ich auch immer wieder meine Stricksachen an den Tag. Mit der Maschine strickte ich die Pullover, mit der Hand strickte ich schöne, gute Wollsocken für alle Mann. Die waren, gefüllt mit Goldtalern, ein beliebtes Weihnachtsgeschenk, denn unsere Großen kamen in das Alter, wo man ihnen mit Spielsachen keine Freude mehr bereiten konnte.

Das Leben besteht aus Ereignissen, die sich Stunde für Stunde, Tag für Tag, Woche für Woche, Monat für Monat, Jahr für Jahr aneinanderketten. Sie alle zu erwähnen ist nicht mehr möglich, doch die wichtigen Punkte 1985 sollen Geltung finden:

Im März trompeteten sich der Chor mit Peter Schreiber, auch unsere drei, in die Herzen der Zuhörer mit der wohl ausgesuchten Passionsmusik, ein beeindruckender, herzergreifender Abend in der evangelischen Kirche. Ostermusik auf dem Friedhof läutete das Fest stimmungsvoll ein. Konfirmation von Manfred, recht bescheiden, aber schön gefeiert im Rahmen der Familie. Sommerball im Schloss Oranienstein. Weiterer Ausbau der Ferienanlage mit Reitunterricht, Anschaffung von Pony „Soda".

Im November fand die Verabschiedung von nebenamtlichen Lehrkräften an der Adolf-Reichweinschule statt, denn mehr Landwirtschaftsschüler ermöglichten die Einstellung von Vollerwerbskräften. Mit Ehre und Dank wurde auch Jörn entlassen.

Gleichzeitig stellte er in Zusammenarbeit mit dem Landwirtschaftsamt seine neue Speicheranlage mit der Beiztechnik vor. Wieder kamen zahlreiche Bauern zur Besichtigung und Jörn erklärte ausgiebig die Wichtigkeit der Beizung des Getreides mit allen Vor- und Nachteilen.

Weitere Erfolge konnten für die Familie gebucht werden: das Erlangen des Tanzsportabzeichens für die Eltern, der Segelflugschein für Fred, die Motorsegelflugscheine für Michael und Martin.

Der Ausbau von weiteren Ferienwohnungen wurde zum Alltag, damit verbunden Besichtigungstouren von Reiseleitern aus nah und fern.

Gäste tummelten sich zuhauf im Hof, manchmal hatten wir mehr als 30 Ferienkinder zu verkraften, dazu unsere Reitermädchen, die sich auch schon seit 1981 etabliert hatten und sich rührend um die Tiere kümmerten. Es schien zu laufen.

Michael und Martin in Uniform

Doch das bittere Ende kam nach, es folgte auf dem Fuß mit dem bestandenen Abitur unserer großen Jungs, 1986. Waren wir auf der einen Seite sehr stolz, ahnten wir auf der anderen Seite die gewaltige Veränderung in unserem Familienleben. Noch niemals waren unsere Kinder lange von uns fort gewesen, mal bei meinen Eltern, mal bei einem Schüleraustausch in Frankreich. Die Klassenfahrten waren auch meist nur kurz und nicht weit fort. Nun wollten Michael und Martin zur Bundeswehr. Damals gab es ja noch die Wehrpflicht für die jungen Männer, wenn schon, dann wenigstens eine höhere Laufbahn angehen und Bezahlung kassieren. So landeten sie nach der Grundausbildung bei den Panzergrenadieren in Hess. Lichtenau, sowie Münster bei Soltau, bis hin nach Kanada ging ihre Reise.

Freddy blieb alleine zurück, das Dreiergespann war auseinandergebrochen. Fred war plötzlich allein auf sich gestellt, torkelte hin und her, landete in einem tiefen Loch, aus dem er nur mühsam nach oben kam. In der Zeit war er für alle rettenden Arme bereit, besonders zärtliche Frauenarme hatten ein leichtes Spiel.

Die Leidenschaft „Segeln" blieb aber an erster Stelle, er tummelte sich auf Wettbewerben in ganz Deutschland, hatte gute Erfolge und kämpfte sich auf der Rangliste ganz nach oben. Herr Collee, Chef des Autohauses Mercedes, hatte ihn unter seine Fittiche genommen, eine echte Freundschaft verband die beiden. Er war für Fred ein Vaterersatz geworden. Auf dem Gebiet versagte Jörn auf ganzer Linie, väterliche Liebe konnte er nicht zeigen, nicht leben, nicht geben. Schade.

Als Michael und Martin das Gymnasium verließen, waren Fred, Marc und Mirco der Nachschub von der Schreiberfamilie! Der Ausspruch: „Müssen denn alle Bauernjungs ein Abi haben" erschütterte uns bis ins Mark. Das spiegelte aber die Zeit wider, wir waren noch nicht auf dem Trip „allen Deutschen das Abi", diese Phase kam später, damit auch der Leistungsabfall der schulischen Ausbildung! Die Tilemann-Schule hatte einen guten Ruf, die Anforderungen waren hoch, das Angebot groß, die Aktivitäten umfangreich, es war eine gute Schule und unsere Kinder waren gerne dort.

Marc hatte eine große Leidenschaft, „den Ball". Wo immer er zu sehen war, spielte er mit einem Ball, ließ ihn kullern, drehte ihn rechts oder links, trat, warf ihn. Gerne wollte er Fußball spielen, wir brachten ihn auch zu einem Verein, waren aber persönlich nicht am Fußball interessiert, hatten die bekannten Vorurteile und unterstützten unseren Jungen leider nicht.

Am Tag der offenen Tür beim ansässigen Hockey-Klub ging Jörn mit seinen Jüngsten einmal nach den Angeboten schauen, war doch der Klub zu Fuß zu erreichen, für uns Eltern eine bequeme Sache. Wir achteten schon bei den Kinder auf ihre Aktivitäten, deren Erreichbarkeit und die Wahrung der Selbstständigkeit. Bei 5 Jungs wäre meine Leistung ausschließlich im Hin- und Herfahren abgesunken. Oh wie schrecklich! Da wären mir bei jedem Anlassen des Wagens die Kosten vorgerechnet worden, einmal Anlassen sind gleich 2 DM fällig. Nein!

So freuten wir uns über Marcs Faszination. Er begeisterte schon beim Probespiel den Trainer, wir meldeten ihn gleich beim Hockey an und ahnten die Konsequenzen nicht. Wenn man vorher alles wüsste!!! Die Begeisterung setzte bei Bobo Kräfte frei, von denen wir keine Ahnung hatten. Die Ausdauer, die Freude, das Leid und alle Gefühle kamen im Hockey nicht zu kurz.

Mirco hatte nicht die gleichen sportlichen Ambitionen, er war Basketballfan. Hier trennten sich die Geister, hier trennten sich auch einmal die Jungs, waren sie ansonsten auch wie siamesische Zwillinge. Mirco versuchte schon früh den Trompeten der Großen einen Ton zu entlocken, mit Erfolg! Wie all unsere Kinder mussten auch sie eine musikalische Erziehung außerhalb der Schule besuchen. Während die Großen bei mir Flötenunterricht hatten, durften Marc und Mirco in die Musikschule! Marc ohne Lust mit dem Schifferklavier, Mirco voller Spannung mit der Flöte. Schon schnell wurde daraus das Saxofon. Mit Leidenschaft und Freude übte er, spiele er, ohne unser Dazutun erlangte er ein sehr gutes Können, begann sich auf Wettbewerben zu messen, spielte im Orchester bald das erste Saxofon. Ausflüge mit der Musikschule brachten ihn über Frankreich, Ungarn bis nach Amerika.

Die erste Trennung von zu Hause war die Fahrt nach Budapest, Ungarn, er kam dort zu einer Familie in der Großstadt, in ein Hochhaus, verstand kein Wort, alle waren fremd, er ganz alleine. Das konnte nicht gut gehen. Tränen flossen, war er auch keinen Luxus gewohnt, erschrak er aber über die Armut, die ihn dort umgab. Noch mehr Tränen flossen. Abhilfe kam mit Herrn Dedi, dem Leiter der Musikschule, er erkannte die Situation, tauschte die Jungs aus und brachte Mirco mit einem anderen deutschen Schüler in eine neue Familie. Der Kummer war schnell vergessen. Mirco war der Jüngste in der Gruppe, da hätte man im Vorfeld eine bessere Einteilung organisieren können. Unbedacht waren die Betreuer. Er nahm keinen Schaden, war um eine Erfahrung reicher!

In der gleichen Zeit zwitscherte Marc mit der Hockeymannschaft fast jedes Wochenende auf ein Turnier, wir Eltern waren auch viel unterwegs, Fred beim Segeln, unser Zuhause wurde ein Taubenschlag!

So wie der Segelflieger hatten auch wir alle ab und zu Ladehemmungen und Probleme, die aber zu meistern waren. Nur gut, dass die Gäste in ihrer Ferienzeit im Hof blieben, da hatten wir die besten Aufpasser, Organisatoren und Chefs. Es hatten sich Freundschaften entwickelt, Gäste, die jede Freizeit bei uns verbrachten. Herrlich, sie wussten, wie der Wind wehte, wussten uns zu nehmen, wussten Bescheid und konnten mit der unendlichen Freiheit, die wir ihnen gaben, auch umgehen. Es war eine gute Zeit.

Die Sorgen um die Kinder verringerten sich mit dem Heranwachsen unserer Jungs, wie schnell waren sie doch flügge geworden! Da war es kein Wunder, dass meine Mutterliebe im Kleintierstall landete!

Im Sommer, von Mai bis Oktober, hörten wir mit dem Tanzen auf, besuchten nur das Training, was aber auch sporadisch wegen Arbeitsanfall ausfallen musste. Gäste, Ernte und Saatgutherstellung hielten uns in Trab. Letzteres war eine körperliche Anstrengung, die nicht nur in den Klamotten hängen blieb, denn viel Handarbeit forderte ihren Tribut. Rückenschmerzen und Übelkeit durch die Einatmung der Beizung begleiteten die Saatgutherstellung. Wir bereiteten auch für den Nachbarbauern das Saatgut auf, 25 t an einem Tag! Insgesamt hatten wir an die 60 ha Saatgutvermehrungsfläche mit Gerste und verschiedenen Sorten Weizen. Das Geschäft lief! Die Kasse klingelte, dazu die Einnahmen von unseren Feriengästen von 8 Wohnungen. Uns ging es gut, aber niemals ist alles perfekt, ein Haar in der Suppe kann man, wenn man es will, immer finden. Jörn fand es, es war das Finanzamt!!!!

Ich stimmte ihm zu, wir hatten uns gequält und taten es noch immer, kamen gerade mit der Nasenspitze über den Tellerrand und unsere Konten waren gerade einmal aus den roten Zahlen ins Schwarze gerutscht, da schlug das Finanzamt mit horrenden Forderungen zu. Wir mussten uns etwas überlegen, denn so viel Geld hatten wir gar nicht, sollten wir einen Kredit für das Finanzamt aufnehmen? Wie wahnwitzig klang das für uns!

Lebensversicherungen, Rückstellungen für Maschinen wurden bei der Buchstelle beschlossen, aber in unseren Köpfen fanden andere Gedanken Platz. Alles Reden „Wer Steuern bezahlt, hat auch Gewinne!" taten wir als Blödsinn ab. Waren wir doch der Meinung, dass wir mit unseren 5 Kindern genug für die Allgemeinheit geleistet hatten, denn 5 Steuerzahler wuchsen heran.

Ab diesem Termin wuchs allmählich mein kleiner Sparstrumpf.

Durch die Saatgutbereitung hatten wir sehr viel Getreideabfall, den konnten wir nicht gut vermarkten. Der Händler zahlte dafür nicht viel. Auf der Suche nach einer Verwendung kam uns, angeregt durch unseren Praktikanten Sigi, eine blendende Idee. Sigis Eltern hatten auf ihrem Hof immer ein paar Gänse laufen und bemerkten ein Interesse der Bevölkerung an einem frischen Weihnachtsbraten. Wir stallten Gänse auf!

40 kleine Küken kauften wir zur Freude der Ferienkinder. Die Aufzucht war dank des Fertigfutters keine große Kunst, außerdem hatten wir mit unseren Hühnern und Küken schon

Erfahrungen gesammelt. Unser Verlust war beinahe null, sie wuchsen sehr schnell und das Umstallen auf die große Wiese konnte recht zügig passieren. Auf dem Gelände, Zeppelinstraße/Fußweg, konnte man sich an dem Anblick freuen. Nicht freuen konnten sich die Anrainer, denn torkelte nachts ein Heimkehrer an unseren Gänsen vorbei, fing ein lautes Geschnatter an. Besser als ein Wachhund passten sie auf. Die Dauer der Belästigung hatte mit der Schlachtung ein jähes Ende. Keine einfache Arbeit, nicht nur die seelische Grausamkeit, den Tieren das Leben zu nehmen, nein, das Schlimmste waren die wunden Hände, die nach dem Rupfen und Ausnehmen so vieler Gänse blutig und verletzt waren. Ich brauchte die ganzen Weihnachtsferien zur Heilung.

Zu Weihnachten kamen die Gänse in den Verkauf.

Mit einem ansprechenden, aber selbst gemalten Werbeschild vor dem Tor war ich lange vor der Zeit ausverkauft. Die Abholung der Weihnachtsgans sollte etwas Besonderes sein, war ein Highlight für die Kunden, mit Punsch und einem Weihnachtsgedicht von mir verkaufte ich die Gänse im geschmückten Festsaal. Das Aussuchen der richtigen Gans war für viele gar nicht so leicht, es war meine Beratung gefragt, ein nettes Gespräch die Folge. So sollte es sein und die Gänsevermarktung haben wir bis zum Schluss aufrechterhalten. Später stammten nicht mehr alle Gänse aus unserer Aufzucht, wir hatten im Sauerland einen Großbetrieb aufgetan und wurden dort für viele Jahre ein guter Kunde, denn 100 Gänse vermarkteten wir spielend, manchmal auch mehr! Dabei waren unsere Gänse nicht billig, natürlich günstig! Der Verkauf wurde zum Teil ein kleiner Weihnachtsbasar, es beteiligten sich ansässige Bewohner mit ihren selbst hergestellten Kunstartikeln, von Schmuck über Töpfereien, Strickwaren bis hin zu gewebten Teppichen und vieles mehr. So konnte man bei uns ein eiliges Weihnachtsgeschenk erstehen. Der Verkauf wurde sehr gut angenommen, aber fast noch wichtiger war mein Gedicht! Fragten doch schon im Vorhinein die Kunden, ob ich wieder passende Worte gefunden hätte, hatte ich diese noch nicht, versprach ich das Gedicht! So war ich und hatte Glück, denn in weniger als ein paar Stunden dichtete ich ein neues, tiefsinniges, anregendes und ausdrucksvolles Werk. Künstlerisch wertlos, menschlich rührend, aus dem Leben gegriffen, nachvollziehbar, tröstend und zur Diskussion anregend, fanden meine Fans. Na bitte! Eines Tages las ich mein Gedicht sogar in der Zeitung, ohne Kapital daraus ziehen zu können, fand ich es wunderbar! Ich schrieb:

> Das Glück gibt es nicht zu kaufen,
> nicht mit dem größten Gold- und Geldhaufen.
> Glück alleine gibt dem Leben noch keinen Sinn,
> was ist denn sonst noch im Menschen drin?
> Gab es da nicht mal Liebe und Barmherzigkeit,
> Bescheidenheit und Zufriedenheit,
> Freude und Dankbarkeit?
> Wo sind die Gefühle geblieben,
> werden sie in der täglichen Hektik fortgetrieben?
> Oder haben wir uns nur verschlossen?
> Furcht vor des Feindes List? Werden wir beschossen?
> Und scheint der Mensch noch so vollkommen,
> die Angst hat ihm Gott nicht genommen.
> Hört man von Brutalität und Mord fern an einem fremden Ort.
> Hört man von fernen Kriegen und Gewalt,
> bleibt das menschliche Herz recht kalt,
> doch wird man selbst von Kummer getroffen,
> möchte man auf Hilfe und Beistand hoffen.
>
> Das ist es, was ich wollt Euch sagen,
> auch in guten Zeiten sollt Ihr es wagen,
> sollt zeigen Eure Gefühle,
> selbst im höchsten Trubel und Gewühle.
> **Teilt Euer Leid und Freud,
> dann seid Ihr wieder Menschen – Ihr lieben Leut!**

Unser Leben wurde von dem Erfolg der Kinder, aber auch von unserem eigenen getragen. Nichts lebt sich so leicht wie ein Höhenflug. Hatten wir in 1986 die Sen. E Klasse mit Eile durchtanzt, tanzten wir im Winter 87/88 Sen II D. In dieser Klasse war schon eine Tanzgarderobe nötig, die Herren in Schwarz-Weiß, die Frauen in einfach gehaltenen Turnierkleidern. Ich bastelte mir meine Sachen selber. Wir hatten guten Erfolg, stiegen im Mai 1988 in die nächsthöhere Klasse C auf, nachdem wir 10-mal den 1.–3. Platz erkämpft hatten. Höhen und Tiefen, wie im richtigen Leben, gab es beim Tanzen haufenweise.

Unser Betrieb stand nicht still, die laufenden und öffentlichen Arbeiten erledigten wir gewissenhaft, sorgfältig, mit vollem Einsatz, wir gaben 100 % und ernteten Erfolg, der Lohn für die Leidenschaft in der Arbeit. Unsere Kinder halfen auch weiterhin tüchtig mit, hatten die Großen nicht immer Zeit, wuchs ja die nächste Generation heran. So fuhr Mirco den Schlepper Runde für Runde auf dem Feld. Der Nachbarbauer traute seinen Augen nicht, er sah keinen Fahrer auf dem Schlepper, da musste ein Unheil passiert sein, waren seine Gedanken und er lenkte seine Maschine in die Richtung des scheinbar fahrerlosen Treckers, musste richtig Gas geben, um ihn einzuholen. Wie staunte er, als er den kleinen Schreiber auf dem riesiger Trecker entdeckte! Viele Jahre wurde die Geschichte, gespickt mit neuen Ausschmückungen, spannend erzählt.

Die Domäne Blumenrod war immer einen Besuch wert, das fanden die Landwirte, denn Informationsversammlungen wurden stets gut besucht, gerne gesehen, die Firmen stellten gerne aus, war doch Theorie und Praxis wunderbar zu kombinieren. Jörn war jedes Mal in seinem Element, gerne hörten sie seinen Ausführungen zu, waren sie doch gespickt mit netten Anekdoten. Ein Lachen erhellte die Stimmung, auch wenn die Witze, wie schon früher erwähnt, auf meine Kosten gingen. Da ich es mit Humor nahm, erklärten uns viele für ein „Traumpaar". Waren wir das? Die es nicht glauben wollten, waren spätestens bei unserem Show-Tanz beim Bauernball überzeugt!

Tanzeinlage beim Bauernball

So standen Hoftage mit dem Thema Getreidelagerung, Feldtage mit Sortenbesprechungen einmal für Weizen, ein andermal für Gerste, der Raps-Feldtag in Hessen auf dem Programm.

Über Spritzenprüfungen, für und wider, gab es Diskussionsrunden und noch viele Versammlungen mehr, die ich aber nicht alle aufzählen möchte. Möchte aber mit der Nennung der Aktivitäten Jörns Einsätze anerkennen, auch wenn ihm die Vorbereitungen keinen Spaß machten, so war er am Tag super drauf!

Am 2. Oktober 1988 feierten wir unser zweites Erntedankfest, sollte ein noch schöneres als 1983 werden, wurde es auch, denn wir hatten 500 Gäste! Ein volles Tagesprogramm, beginnend mit dem Gottesdienst um 11 Uhr mit Herrn Pfarrer Krieg, langjähriger Gast aus Frankfurt. Unsere Jungs spielten Trompete und begleiteten die Lieder lautstark. Die Akustik im Hof war hervorragend, eine richtige Gänsehautatmosphäre! Wieder war alles sehr hübsch und mit Liebe hergerichtet, geschmückt, ausgesucht, zusammengestellt und gut vorbereitet. Es klappte alles wie am Schnürchen, schmeckte alles lecker, die Stimmung war ausgelassen, vergnügt, selbst das Wetter spielte mit. Hatte ich doch Wochen zuvor mit der Planung, mit dem Kuchenbacken, mit den Vorbereitungen angefangen, denn einer gegen 500! Nicht ganz, denn diesmal halfen treue Feriengäste beim Grillen und Bierzapfen. Wenn ich ehrlich bin, war ich auch ein bisschen stolz, genoss die Loblieder und die Danksagungen. Nach dem Erntedanktanz kam Jörn plötzlich auf die Idee, auch einen Tanz zu zeigen, meine ersten Gegenargumente wurden in den Wind geschlagen. Wir zeigten auf dem Hofpflaster einen Showtanz, zum Jubel aller! Also eine weitere nette Einlage wie das Jagdhornblasen, Gaudi Mobil, Seifenblasen in XXL, Zauberer, Glücksnussmaschine und viele nette Dinge mehr.

Schnell war das Jahr um, im Winter wurde auf Blumenrod noch einmal gejagt, aber ohne eine große Strecke, hatten die Hunde aus der Siedlung schon alle Häschen oder gar Rehe zu Tode gehetzt. Das sollte sich ändern, im Frühjahr wurden zwei Feldholzinseln als Fluchtschutz für das Wild angepflanzt. Jörn protestierte erst dagegen, denn er musste ein bisschen Fläche einbüßen, aber später freute er sich doch, hatte das Wild eine reelle Chance.
Der Skiverein Limburg lud zu einer Freizeit in die Alpen ein, alle meine Jungs wollten mit von der Partie sein, wir genehmigten den Ausflug, denn die Reitermädchen mit ihren Eltern fuhren auch und wollten ein Auge auf unsere Kinder haben. Was sollte schon passieren, waren sie doch im Verein integriert. Ja, es dauerte nicht lange, das Telefon klingelte in Blumenrod, ein Stottern am anderen Ende: „Ah ah eeee, Mirco hat sich die Beine gebrochen, liegt im Krankenhaus!" Michael überbrachte uns die Hiobsbotschaft, wie er ja immer für alles Verantwortung trug,

das war unser Michael. Der Anruf in der Klinik brachte Klarheit, Mirco hatte sich beide Beine, beide Knochen gebrochen, recht unglücklich, dicht an der Wachstumsspalte.

Ihm ginge es nur in der kurzen Zeit beim Besuch der Brüder gut, ansonsten würde er nur weinen, nach Mutti fragen, nichts essen wollen. Abhilfe musste kommen. Sie kam schnell, denn nun erinnerte ich Jörn an sein Ehrenwort: „Kinder, wo immer ihr seid, ich komme!" Er kam, nachdem ich den Wagen zum Krankenlager umgebaut hatte, schickte ich ihn, ob er wollte oder nicht, nach Mittenwald, um Mirco nach Hause zu holen. Murrend fuhr er los.

Währenddessen bereitete ich das Krankenzimmer vor, ebenerdig, gemütlich und doch praktisch sollte es sein, wusste ich doch, dass Mirco lange liegen bleiben musste.

Mit 2 Beinen in Gips, völlig blass, abgemagert und übermüdet, aber glücklich und froh, landete er in meinem kleinen Lazarett. Über ein halbes Jahr sollte es dauern, bis er wieder fit war. In der Zeit machte ich meine Erfahrung in puncto Pflegedienst, man lief den ganzen Tag mit einem schlechten Gewissen herum, müsste man sich noch besser um den Kranken kümmern: Hat er alles, ist er zufrieden und glücklich? Heilung kann es nur in einem ausgeglichenen Körper geben, dazu gehörten auch der Geist und die Seele. Er war zufrieden, war froh zu Hause zu sein, bekam viel Besuch von Freunden, seine Brüder wachten an seinem Bett, spielten mit ihm. Kurzum, er hatte eine schöne Zeit. Die Heilung schritt voran, ein Ausflug im Rollstuhl sollte sein, Bobo, ganz eifrig, fuhr ihn an die Sonne, kam an der Stufe ins Stocken, der Rollstuhl drehte sich scharf, schlug vor die Wand, dabei brach sich Mirco den großen Zeh. Schmerzensschreie hallten durch den Hof. Erst viel später konnte man darüber lachen!

Zwischenzeitlich war mein Sparstrumpf recht dick und unbequem und wir dachten an den Kauf eines Ferienhäuschens in Spanien. Überredet wurden wir von der Westerwälder Verwandtschaft Materne. Deren Kinder hatten ein Lokal in Spanien, sie selbst ein Häuschen und das Nachbarhaus stünde frei und wäre zu kaufen. Gesagt, getan, innerhalb von 3 Tagen waren wir Besitzer eines schönen Ferienhäuschens in Ampuria Brava, am Mittelmeer im nördlichen Spanien. War das unsere erste Fehlentscheidung?

Das ganze Leben unterliegt der Veränderung, man nimmt sie nur nicht aktiv wahr, ausgenommen die sogenannten Einschläge. Da wäre von einem glimpflich verlaufenen Autounfall unserer Großen zu reden, aber auch das war schnell vergessen.

Einem kleinen Zusammenstoß vor dem Hoftor, Trecker mit einem Auto, wurde keine große Bedeutung beigemessen, sollte sich aber später als verhängnisvolle Tragödie entwickeln. Jörns feiger Rückzug verhinderte Manfreds Pilotenausbildung. Auf mein Geheiß sollte Jörn den Parkplatz vor unserem Hoftor räumen, denn wir hatten so viele Gäste, dass die Parksituation im Hof so eingeschränkt war, ich nicht den Wagen zum Einkaufen rangieren konnte. Ich war auf so viele Übernachtungsgäste nicht vorbereitet, hatte Jörn doch alle herzlich eingeladen. Ich musste einkaufen! Es eskalierte vor dem Hoftor, die Hitze, der Trubel, die Unverschämtheit der Leute auf unserem Parkplatz, alles ballte sich zusammen. Jörn kam doch auf die Idee, den Wagen mit dem Schlepper vom Platz zu ziehen, gab Fred den Auftrag und verschwand. Was daraus wurde, wurde vor Gericht ausgetragen, und anstatt dass Jörn die Sache auf sich nahm, wurde Fred bestraft. Erhielt Punkte in Flensburg und damit war seine Lufthansaausbildung ad acta gelegt. Für mich noch heute ein Rätsel und das Reinreiten eines Kindes unverständlich. Mies!

Warum? Unser Leben war doch nicht langweilig, wir hatten und haben bis heute so viel Glück, denn schlimme Krankheiten, größere Tragödien, Schicksalsschläge sind uns bis heute erspart geblieben. Dankbarkeit empfand ich schon immer und das dahinplätschernde Leben machte mir Angst, es ging uns zu gut.

So ging das Jahr 1989 ruhig dahin, nur die Maueröffnung zur DDR rüttelte alle wach. Aber auch hier die Frage: warum so einfach?

Wir waren so sorglos, hatten keine Probleme, alles stand zum Besten. Erfolge im Tanzen brachten uns schnell in die höheren Klassen. 1990 tanzten wir schon Sen II B. Meine Kleider wurden auffälliger, aufwendiger und schöner. Wir achteten auf die Äußerlichkeiten, auf die Figur, kauften ein neues Auto, um schneller auf die Turniere zu kommen. Tanzten fast jedes Wochenende, lebten für den Sport. Brachten mit den Niederlagen oder Siegen die Stimmung mit ins Haus. Unsere Kinder waren auch oft unterwegs, so trafen wir uns abends, die einen happy, die anderen am Boden zerstört. Eine Mischung der Extraklasse, mussten doch alle wieder ins Gleichgewicht gebracht werden, eine immer wiederkehrende Aufgabe für mich.

Der offene Osten machte uns schon ein bisschen neugierig, zumal wir auf dem Rapstag in Limburg sehr viele Genossen von LPGs kennengelernt hatten, sie schliefen bei uns, luden uns ein und davon machten wir Gebrauch. Also gab es eine große Tour. Kaum hatten wir die Autobahn verlassen, wurde mir ganz anders, die Schlaglöcher, die Kurven, der Geruch der Trabbis machten mich krank. Noch kränker machten mich die Augen der Dorfbewohner, sie waren alle tot, das erschreckte mich bis ins Mark! Auf meine Frage, warum die Menschen so anders sind, konnte, wollte keiner antworten. Es war das System des Kommunismus, die Menschen unmündig werden zu lassen. Die Folgen sind heute noch zu erkennen, zu spüren.

Wir besuchten Herrn Scherf in Burkersroda, er hatte einen neuen Betrieb aufgebaut und wollte ihn gerne vorstellen. Gesagt, getan, wir besichtigten und im Anschluss zeigte uns Herr Müller das nahe gelegene Schloss Marienthal. Auf Anhieb hatte es in mir eine unheimliche Freude ausgelöst, denn dieser Ort war von den hässlichen DDR-Bauten verschont und im alten Stil erhalten geblieben, Entzücken packte mich. Die Anlage vermittelte ein wohliges Gefühl, hier stimmte alles. Ich war begeistert!

Viele, viele Jahre später sollte ich erkennen, dass das Schloss Marienthal eine unheimliche Ähnlichkeit mit dem Elternhaus meiner Mutter hatte. Vielleicht hatte ich mich deshalb in den Ort verliebt.

Jörn schaute sich weitere Betriebe an, ich konnte das Nützliche nicht erkennen, sah nur den Dreck, die verrußten Häuser, die Armut, das Elend, das Hässliche, den Bruch und den Verfall.

Für mich stand fest, in den Osten gehe ich nicht! Dann lieber ins Ausland!

Ich war froh, als wir wieder zu Hause waren.

Meine Einstellung änderte ich nicht, sondern bot einen Kompromiss an. Wenn ich in den Osten gehen musste, dann nur nach Marienthal! Damit war das Thema abgehakt, denn Jörn hatte einen Horror vor großen Gebäuden und war der Auffassung, ich sei größenwahnsinnig. Ich behauptete Gleiches, wir hatten eine Pattsituation und 6 Jahre Ruhe. Welch ein Glück!

Michael und Martin kamen oft am Wochenende nach Hause, blieben aber auch manchmal bei den Großeltern. Fuhren von dort mit meinen Eltern zum Segeln an den Diemelsee oder trafen sich mit alten Schulkameraden wie Martin Hennemuth, machten damit Witzenhausen etwas unruhiger. Fred wartete sehr auf seine Brüder, er vermisste sie sehr. Diese Veränderung griff auch in sein Leben ein, wenn auch unbemerkt, doch mit sichtbaren Folgen!

1990 wurde Fred am 8. Februar Vater von Biliana Hartmann. Das war so ein Ereignis, welches das Leben umkrempelt. Ganz unberührt blieben wir nicht, nicht nur Sorgen erwuchsen aus der Tatsache, nein, auch Freude war zu erleben. Alles dicht aneinandergereiht, wurde man von einer Seite auf die andere geschleudert. Eine Achterbahnfahrt der Gefühle, mit einem guten Ausgang. Heike, die Mutter, hatten wir kurz vor dem Ereignis kennengelernt, sollten später aber netten Kontakt pflegen. Billi durfte oft bei uns sein, war glücklich bei uns, fand den Bauernhof herrlich, die vielen Kinder zum Spielen waren ein Segen und wurden genossen. Sie wollte nicht mehr weg, hielt sich später an meinem Rock fest, weinte, wollte sie doch bei uns bleiben. Jedes Mal war der Abschied ein Stich ins Herz für mich.

Wie man sieht, die Kinder wurden groß und größer, sie führten ihr eigenes Leben, sie lebten ihre eigene Geschichte, da können die Eltern nicht mehr mitreden, schon gar nicht ausreden, nicht mehr beeinflussen, geschweige denn bestimmen. Jeder muss seine Erfahrungen machen, nur dadurch wird man klug, reif und weise!

Auch unsere „Kleinen" waren inzwischen 12 und 13 Jahre alt, große Burschen mit eigenem Willen, eigenen Wünschen und Vorstellungen. Marc trainierte für die Aufnahme in die Nationalhockeymannschaft, vernachlässigte seinen Schulunterricht, hatte auch wenig Ehrgeiz, während Mirco fast ein Musterschüler war, fiel ihm doch das Lernen fast in den Schoß. Die Sprachen lernte er im Schlaf, er glich seinem Bruder Martin, die beiden hatten vieles von Jörn geerbt. Michael und Marc waren mit anderen Gaben gesegnet. Welche besser für das Leben sind, würde sich erst am Ende feststellen lassen oder überhaupt nicht! Deshalb waren alle Kinder für mich gleichwertig. Ich hatte keinen Liebling, denn ich sah die guten und schlechten Seiten sehr objektiv, und solange sich alles in der Waage hielt, waren mir alle gleich lieb. Alles war gut.

Die Versetzung von Marc war infrage gestellt, eine Umschulung kam nach der Familienratssitzung nicht infrage, so brachten wir unter großem Protest der Schulleitung Marc und Mirco in eine Klasse. Mircos Klasse war in Verruf geraten, sammelten sich hier „böse Kreaturen", hatten die Lehrer ein schlechtes Spiel und konnten sich kaum durchsetzen, es kam zu Angstausbrüchen und Arbeitsverweigerung der Lehrer. In diese Klasse kam nun noch Marc, ich beruhigte den Direktor und versprach Besserung in kurzer Zeit. Ich erntete höhnisches Gelächter, aber auch eine spätere Entschuldigung! Es war so, wie ich prophezeite, aus der Rabauken- wurde eine Musterklasse. Auch Mirco war ein bisschen unter Kontrolle und sein Status als Klassenclown besserte sich, auch hier hatte Marc seinen Einfluss. Der Direktor war angetan, entschuldigte sich auch später wegen des Rausschmisses von Fred aus der Abiturklasse. Das war ungerecht, kurzsichtig, der Zeit zwar entsprechend, aber nicht gerecht.

Fred musste wegen seiner Vaterschaft die Schule verlassen, wäre es doch ein Zeichen der Unreife und damit keine Voraussetzung für ein Abitur. Heike konnte in der Schule bleiben, hatten sich doch die Ansichten über werdende Mütter um 180 Grad gedreht. Waren früher die Mädchen oder Frauen verurteilt worden, nannte man sie leichtlebig, unzüchtig, verdorben und gewissenlos, verurteilte man heute die Jungs oder Männer.

Fred versuchte sein Abi in Idstein zu absolvieren, konnte seine gewählten Fächer jedoch nicht belegen, suchte sich neue Themen aus, war sehr hilflos und verzweifelt. In so einer aussichtslosen Situation hilft doch jede Mutter, wie und wo sie auch kann. Das tat ich, schrieb ihm seine Abiturhausaufgabe über die Kunstentwicklung von der Gotik bis hin in die Neuzeit. Ich wälzte Kunstbücher, arbeitete mich tief in die Materie ein und schaffte ein „Sehr gut"! Entwaffnete damit vor allem Jörn, der mich als völlig unfähig und ungebildet abgestempelt hatte. Um eine schöne Erfahrung reicher machte mich mein Studium zusätzlich. War ich doch auf der Vernissage meiner Schwägerin in Wetzlar in tiefe künstlerische Gespräche mit dem Professor verwickelt, bei denen mein Bruder seinen Ohren nicht traute, denn ich schmiss mit meinem neu erlernten Vokabular herum, als ob ich schon immer auf dem Sektor „Kunst" zu Hause gewesen wäre. Ja, die Kunstszene bewegt sich verbal auch nur in einem kleinen Rahmen.

Fred erreichte sein Abi und begann sein Maschinenstudium in Aachen. Er fand schnell eine schöne Unterkunft, das schaffte er, wie auch immer! Sicherlich mit Charme und seinem guten Aussehen! Aber es gibt immer eine zweite Seite, hatte er doch in Schwikershausen Heike mit Tochter Billi sitzen, sie forderten seine Mithilfe. Er wechselte das Studium, ging nach Mainz, studierte BWL wie Heike, sie wollten es zusammen studieren, um abwechselnd auf Billi achten zu können. Das Trudeln begann, hörte es jemals wieder auf?

Währenddessen studierte Michael Luft- und Raumfahrt in Stuttgart und Martin Elektrotechnik in Darmstadt, zielorientiert! Ihre Bundeswehrzeit lag schon lange hinter ihnen, ihre Konten waren gut gefüllt, sie fühlten sich wohl, verbrachten die Semesterferien gerne zu Hause, unternahmen auch eigenständig Ferienfahrten nach Frankreich oder besuchten das Haus in Spanien. Wenigstens wurde das Haus einmal von unserer Familie angesteuert, mein Bruder verbrachte seinen Urlaub dort, ansonsten wurde das Haus von einer Ferienvermittlungsagentur vermarktet. Ohne Nutzen, ohne Gewinn, ohne einen Vorteil für uns. Meine Eltern konnten diese Sinnlosigkeit nicht mehr mit ansehen, schenkten mir eine

Woche Freizeit, übernahmen die Verantwortung für Haus und Hof, Kind und Kegel, Hund und Tiere. Wir fuhren zu meinem Geburtstag nach Spanien.

Der erste gemeinsame Urlaub! Alles lief gut an, die Fahrt führte uns durch Frankreich. Wir übernachteten in einer Auberge im Landesinneren, sehr einsam, urig, ein bisschen vergammelt, sie waren auf Gäste nicht vorbereitet. Die Betten waren wie Hängematten, doch wir nahmen alles mit Humor. Ich sammelte Erfahrungen für meine Gäste, außerdem hatten wir Urlaub. Die Ankunft in Ampuria Brava war schon kritischer, ich hatte einen Fahrplan, Jörn eine Ahnung und fuhr kreuz und quer, wir fanden unser Haus nicht! Wir fragten, keiner konnte uns antworten. Zu allem Übel musste Jörn ganz eilig, wurde immer unwirscher, schrie, doch davon fanden wir auch nicht den Weg. Meine Idee, noch einmal an den Anfangspunkt zurückzukehren, war die letzte Lösung, brachte uns aber an das gewünschte Ziel. Die Tür ließ sich nicht schnell genug öffnen, das brachte Jörn zur Raserei.

Wir schafften es, er auf der Toilette, ich packte das Gepäck aus, öffnete die Läden, suchte den Wasseranschluss, der versteckt unter dem Haus angebracht war. Die Stimmung war im Eimer! Er machte seiner Wut, seinem Frust mit den Worten Luft: „Wenn du wieder nach Hause willst, weck mich!" Er ging ins Bett und blieb tagelang liegen. Unser erster Urlaub war ein Flop, ein weiterer kam niemals. Schon wieder versuchte ich Jörn zu verstehen, hatte er doch als Kind niemals Ferien erlebt, ganz im Gegenteil zu mir, er wusste mit sich nichts anzufangen, konnte dem Ort nichts Schönes abgewinnen, unsere Gemeinsamkeit war ihm nicht wichtig.

Zum Glück hatte ich mir Bücher zum Lesen eingesteckt, marschierte an den Strand, bummelte durch die Läden, genoss trotzdem die wenigen, freien Tage. Mir war schon lange bewusst, dass ich einen „Komischen" zum Mann hatte.

Das sollte mein Schicksal sein, ich konnte ihn nicht verlassen, hätte ich auch Grund genug gehabt. Wir hatten einander das Versprechen gegeben: „In guten wie in schlechten Zeiten, bis dass der Tod uns scheidet." Das war mir heilig.

In den Jahren 1990 bis 1992 gab es keine großen Aufregungen, wenn man den durchtanzten Turnieren und Klassen, von der C in die S, keine Aufmerksamkeit schenkt. Wir tanzten viele Turniere, es war unser Training unter strengen Kriterien, aber in welchen Gebäuden wir tanzten, war oft grenzwertig. Nicht nur in Turn-, Fabrik-, Messehallen bewegten wir uns, nein, auch manchmal glichen die Räume einem halbseidenen Lokal. Tanzschulen hatten eine extra Note, dagegen waren Kurhallen, Säle, Bürgerhäuser eher selten, aber doch stimmungsvoller und eine schönere Kulisse für unsere Tanzkleidung.

Die Turniere gehörten zu unserem Leben, die Leiden daraus mussten unsere Kinder mittragen, aber auch die Höhenflüge genossen sie, war doch in solchen Momenten Jörn recht großzügig und freizügig, erlaubte schnell Besonderheiten zur Freude der Jungs.

Die Turniere füllen einen Aktenordner, wir hefteten alle Urkunden fein säuberlich ab, dazu gibt es noch Videofilme, Fotos, ein ganzes Areal von Erinnerungen. Was nicht geschrieben steht, liegt in meinem Gedächtnis. Manches Schöne, aber auch viel Unschönes. Der Kampf durch die Klassen war hart, mussten wir doch teilweise gegen 50 bis 60 Paare antreten und gute Platzierungen erkämpfen, gegen die Heimvorteile tanzen, den Wertungsrichtern gefallen, leicht beschwingt wirken, unsere Trainerin nicht enttäuschen. Meistens tanzten wir wie die Götter ein, alle staunten, sahen uns als Sieger, doch im Turnier verkrampfte sich Jörn, ließ mich nicht selbst tanzen, wir fielen weit zurück. Die Wertungsrichter sahen das und oft klopften sie ihm freundlich auf die Schulter mit den Worten: „Denken Sie daran, Sie gehen nicht in den Boxkampf, Sie sollen tanzen!" Ein anderer Wertungsrichter erinnerte sich an das Paar Schreiber, an den Herrn, der immer seine Partnerin ins Outback platziert, sie dann aber wieder einfängt und weitertanzt. Umso erstaunlicher war unser schneller Aufstieg! Lulu war richtig glücklich, brachte uns zum Weltmeister Führer, dort lernten wir viel, erarbeiteten uns den Schliff für die S-Klasse.

Wir besuchten Führers Seminare in Travemünde, reisten viele Jahre Anfang Januar für 5 Tage ins Maritim. Dort schnupperten wir am Können, am Tanzen in den höheren Klassen und wussten, dass wir begrenzte Leistungsfähigkeiten akzeptieren müssen. Was Hänschen nicht gelernt hat, lernt Hans nimmermehr.

Und doch waren die Aufenthalte die Reise wert, viel Neues, Nettes, Beschwingtes und auch Erkenntnisse nahmen wir mit. In netter Gesellschaft verbrachten wir die Abende, die mal von Familie Führer gestaltet, mal von den Kursteilnehmern ausgerichtet werden sollten. Die Beiträge von Seiten der Schüler waren eher mager, fast peinlich, das konnte ich mir gar nicht ansehen. Bei unserer nächsten Anmeldung machte ich mir im Vorfeld Gedanken und überraschte. Einmal schenkte ich einen Erntekranz, verpackt mit einem Lob- und Erntegedicht. Ein andermal stellte ich die Tänzer wie Pinguine auf das Parkett und erzählte in Dichtform vom Fühlen, Empfinden der armen Tänzer im Frack. Der Beifall war mir sicher, die Teilnehmer dankbar, hatten wir uns doch aus der Situation gerettet.

Herrn Führer lernten wir intensiver kennen, kam er doch einmal im Monat zur Lulu nach Wetzlar, wir holten ihn vom Flughafen ab und nicht selten übernachtete er auch bei uns. Das Tanztraining bei ihm sollte Jörn helfen, die Führungstechnik zu erlernen. Immer schob er mir die Fehler in die Schuhe, verstand nicht, dass er seine Fehler nur an mir merken konnte. Diesen Kampf kämpften wir bis zum letzten Tag.

Eines Tages tanzte Herr Führer mit mir, der Schrecken fuhr mir in die Knochen, doch seiner Bitte, ihn schon machen zu lassen, folgte ich. Es wurde der Tanz meines Lebens, selbst Lulu war entzückt und mein Gedanke war: „Und jetzt sterben!"

So schön, so leicht, so elegant, so beschwingt hatte ich mich gefühlt, wie eine Feder war ich über das Parkett geschwebt, wo ich doch sonst immer wie ein Container über den Boden geschubst wurde. Herrlich. Nun wusste ich, was tanzen ist! Hatte mit unseren stümperhaften Versuchen nichts zu tun, aber anderseits kann ja nicht jeder Weltmeister sein!

Wir tanzten eifrig weiter, hatten auch Freude daran, hatten sportliche Betätigung, waren gut durchtrainiert, die senkrechte Körperhaltung half gegen Rückenschmerzen und tat uns gut.

Mehr wollten wir auch nicht, Spaß an der Freude! Unter anderem wurde das kleine Problem, körperliche Pflege und Hygiene, mit dem Training und Turnieren zur Nebensache, denn nur geduscht ging es los. Während ich früher oft hart gegen den Wassermuffel kämpfen musste.

Den Frack für die A-Klasse ließen wir uns in Garmisch schneidern, hier verweilte ein echter Könner auf seinem Gebiet. Jörns Figur war nicht typisch für einen Tänzer, der kurze Hals, die breiten Schultern, der starke Rücken musste ein bisschen kaschiert werden. Wir nutzten die Fahrt für einen Kurzurlaub mit den Jüngsten, wollten auf die Zugspitze aufsteigen, das war auch ein Wunsch von mir, der mir in den jungen Jahren nicht erfüllt worden war. Erst aber die Anprobe, das Essen und dann aufsteigen, besser auffahren zur Spitze. So unser Plan. Das Wetter war eigenermaßen gut, der Ausblick über die Alpen ergreifend, aber Mirco wurde von Bauchschmerzen ergriffen, krümmte sich, konnte den Aufenthalt nicht genießen. Wir beschlossen bald herunterzufahren, und das war gut so. Erbrechen und Durchfall ohne Pause ließen Mirco zusammenbrechen. Wir konsultierten sofort einen Arzt, was sonst gar nicht unsere Art war, aber ich hatte echte Sorgen. Die Einweisung ins Krankenhaus war unumgänglich, verlor er doch zu viel Wasser, sein Kreislauf war schon angegriffen, er hatte Salmonellen! Beim Essen in der Kneipe waren die Würstchen nicht sauber, Jörn warnte uns, aber Mirco hatte zu großen Hunger gehabt. Was machen? Kam das Kind in das Krankenhaus, mussten wir in Quarantäne, tagelang von zu Hause fort. Hof und Tiere ohne Aufsicht, das ging nicht, also fuhren wir nach Hause! Ein weiser Entschluss, aber nicht ohne Opfer. Jörn musste alle großen Tankstellen ansteuern, wir brauchten neue Tücher, die alten mussten entsorgt werden, wir brauchten Tee, wir brauchten frische Luft! Es war unglaublich, der arme Junge spuckte und „schitterte" sich die Seele aus dem Leib. Es war unerträglich, doch da mussten wir durch! Jörn fuhr wie ein Teufel, ja, fahren konnte er im Schlaf. Seinen Wagen hatte er fest im Griff, war er auch hundemüde, brachte er die Familie immer heil nach Hause. Hab Dank dafür!

Mirco sank erschöpft ins Bett, er hatte nichts mehr im Körper, ganz dünn und zerbrechlich lag er da, tröpfchenweise gab ich ihm zu trinken, wachte die ganze Nacht. Jörn und Marc fielen ebenso fix und fertig ins Bett. Erst gegen Morgen ging es unserem Jüngsten etwas besser, alles hatte sich etwas beruhigt, er konnte schon trinken, das Leben kam zurück.

Da erwischte es mich, ich blieb gleich in der Wanne sitzen und wartete auf den Untergang, 5 Kilo verlor ich in 3 Stunden, aber ich blieb standfest, konnte mich schnell wieder aufraffen, telefonierte mit dem Arzt. Er nahm Proben, verhängte Quarantäne über den Bauernhof, die er aber bald wieder auflöste, da Jörn und Marc verschont blieben. Welch ein Glück, keinem wünschte ich so einen Anfall. Dieser Ausflug blieb in Erinnerung, wenn auch in schlechter!

Eine andere Geschichte passierte auf der Fahrt, im Mai 1993, nach Wroclaw in Polen. Wir hatten uns zum internationalen Turnier angemeldet, wollten mit der Familie Schulz in ihre Heimat fahren. Eine nette Idee, wir hatten zuvor mit Familie Talmann in Berlin gute Erfahrungen gemacht. In Gemeinschaft hat man mehr Spaß, Abwechslung, man hat auch weniger Zoff, da sich Jörn unter Fremden immer zu benehmen wusste. Die Tour war aber schon im Vorfeld mit Bedenken bedacht worden, da der polnische Autodiebstahl seinem Höhepunkt zusteuerte, warnten alle vor einer Fahrt mit einem neuen Auto, weißer Turbo Daimler mit 250 PS. Wir waren vernünftig genug, kümmerten uns um Flugtickets, rechneten aber nicht mit der vehementen Weigerung der Familie Schulz, Vorsicht walten zu lassen, also fuhren wir doch. Aber nicht ohne mulmiges Gefühl, zumal uns Wochen zuvor beim Tanztraining der Schlüssel abhanden gekommen war. Im Nachhinein erkannten wir die ominösen Zusammenhänge.

Die Fahrt lief gut, die Autobahnen waren leer, in Dresden blieb ich zur Sicherheit im Wagen, an der polnischen Grenze drückte Jörn zum ersten Mal in seinem Leben die Sicherung runter. Nicht einmal in Afrika war das nötig gewesen! Im Spiegel entdeckten wir ein immer wiederkehrendes Auto, was uns bis Breslau begleitete. Glücklich fuhren wir auf den bewachten Parkplatz des Hotels und glaubten uns in Sicherheit. Welch ein Trugschluss.

Die Tanzkleider über dem Arm, sie mussten für den Abend aushängen, checkten wir ein. Es dauerte lange, bis wir damit fertig waren, die Verständigung erwies sich trotz Dolmetscher als schwierig, endlich hatten wir die Zimmerschlüssel und wollten schnell das Gepäck holen. Wo war der Wagen? Er stand doch hier vor dem Hotel! Der Schreck und die Angst fuhren uns in die Glieder! Aber eigentlich hatten wir es geahnt, hatten es gewusst, doch ignoriert. Der Wagen blieb verschwunden und mit ihm die ganzen Sachen, selbst unsere Gastgeschenke mit Anschrift und Geld lagen im Kofferraum. Alles weg! Trotz Zittern, Tränen und weicher Knie alarmierte Jörn sofort die Polizei, ich dachte an die Kinder. Was konnte zu Hause passieren? Die Bande wusste, dass wir in Polen festsaßen, raubten sie unser Zuhause aus? Ich telefonierte mit den Kindern, bat sie die Nacht im Haus zu verbringen, Gewehre bereitzulegen und die Großen sollten auf die Kleinen aufpassen. Das war meine Sorge. Alles in mir war in Aufruhr, meine Gedanken wirbelten: „Was machen, wie verhalten, wie kommen wir nach Hause, was passiert noch alles?" Das Verhalten der Familie Schulz wunderte mich, ihr Trösten „Es wird schon alles wieder gut" ging mir mächtig auf die Nerven. Ich wurde wütend, der Punkt, wo ich wieder klar zu denken versuchte. Wir legten uns erst einmal ins Bett, waren doch völlig erschöpft von der nächtlichen Fahrt nach Breslau. Es war schon 15 Uhr, tun konnten wir nichts, das Turnier begann um 19 Uhr, da blieb nicht mehr viel Zeit. Bewundernswert war Jörns Ruhe, er schlief sofort ein. Ich wälzte mich hin und her, stand auf, ging ins Bett, ich fand keine Ruhe und bei einem Blick aus dem Fenster sah ich Familie Schulz im Gespräch mit einigen Polen. „Da ist was faul", waren meine ersten Gedanken und meistens täuschte mich mein Gefühl nicht. Der Klau war ein vorbereitetes Spiel! Das behaupte ich heute noch!

Der Verlauf des Tages ging schnell, wir hörten im Radio den Aufruf, machten uns aber wenig Hoffnung. Wir tanzten das

Turnier mit wenig Erfolg, aßen Abendbrot und beschlossen nach Hause zu fahren. Keine Minute länger wollte ich in Polen bleiben!

Ein Taxi war schnell besorgt, an Klamotten hatten wir nur die Tanzsäcke, schon waren wir Richtung Grenze unterwegs. Mit jedem Kilometer der Heimat näher, ging es uns etwas besser.

An der Grenze begann ein neues Drama, unser Taxifahrer durfte nicht nach Deutschland einreisen, seine Lizenz war nur in Polen gültig, als Freund durfte er uns auch nicht fahren, Einreise verweigert. Das war die Bestätigung für uns, dass jeder Pole Dreck am Stecken hat! Aber die Deutschen sind keinen Deut besser. Kamen wir doch in der dunklen, düsteren Nacht, ich nur in Stöckelschuhen, über die Grenze gewackelt, ließen uns die Taxifahrer auf unserer Seite abblitzen! Sie hatten einfaches Spiel, der letzte Zug war schon fort! Sie forderten ein horrendes Geld für die Fahrt nach Hause, alles Handeln schien zwecklos. Ein Taxifahrer zeigte Erbarmen und war bereit uns für ein gutes Geld, aber keinen Fantasiepreis, zu fahren. Hier bewegten wir uns zwischen 1.400 bis 1.600 DM, für jede Partei 700 oder 800 DM für eine Heimfahrt. Ein wahnsinniges Geld, doch das war es uns wert!

Der Taxifahrer musste seinen Chef benachrichtigen. Bei dieser Gelegenheit hörten wir aus dem Funk eine Schreierei, dass das Auto zu wackeln begann. War doch der Chef auch der Meinung, dass wir jeden Preis für die Heimfahrt bezahlt hätten, und er sollte uns abzocken! Er tat es aber nicht, dafür belohnten wir ihn, denn eine Not auszunutzen, ist erbärmlich.

Wir kamen völlig erschöpft, aber heil nach Limburg zurück.

Wir erlebten mit der Versicherung noch den Rheinfall zu Schaffhausen, die Erstattungssumme wurde um 20 % gekürzt, weil wir uns mit der Fahrt nach Polen den Gefahren vorsätzlich ausgesetzt hatten. Na Mahlzeit, 20 % von einem neuen Wagen tat uns richtig weh! Nie wieder waren wir leichtsinnig.

Betonen muss ich, dass Jörn in heiklen Situationen ruhig, cool, emotionslos, aber sachlich, fachlich perfekt war. Ein Vorteil, den ich liebte. In anderen Situationen konnten ihn Kleinigkeiten zum Ausflippen bringen. So hatte ich einen blutigen Zeh im Schuh, einen Tiefschlag in die Magengrube, klappte zusammen wie ein Taschenmesser. Aus dem lachenden Mund zischte er auf der Tanzfläche hässliche Worte, die mich zum Heulen brachten. Wie kann eine Frau da noch tanzen, das fragte ich mich oft, doch immer wieder nahm ich den Gang nach Canossa auf mich. Wäre unsere Trainerin Lulu Kühle nicht so eine herzensgute Frau gewesen, hätte sie ihn nicht jede Woche gerade gestellt, hätte sie nicht so viel Einsatz und Unterstützung geleistet, hätte sie es nicht gewusst und auf den Punkt gebracht: „Man kann ihn lieben und erschießen im gleichen Moment", dann hätte ich das Elend nicht durchgehalten!

Ein Lob an Lulu Kühle! Für ihren liebevollen Trainingseinsatz, für ihre immerwährende positive Motivation, für ihre klaren und deutlichen Fehleransagen – in vielerlei Hinsicht – möchte ich an dieser Stelle herzlichen Dank sagen.

Schon die Vorbereitungen zum Turnier, die Abfahrt, waren organisatorische Seiltänze, zwischen Einweisungen der Gäste und Kinder, Erledigungen von Telefonaten, sich schön machen, Sachen packen, Schuhe putzen, Verpflegung und Trinken zusammenstellen, an Kleinigkeiten denken, Kinderessen vorbereiten, Kinderwünsche erfüllen und vieles, vieles mehr! Jörn brauchte sich nur aus der Dusche ins Auto zu setzen, fertig war er und wehe ich war etwas zu spät! Deshalb hatte ich immer ganz kurze Haare, die brauchten nach der Dusche keinen Handgriff, wurden von selbst trocken! Ich war gehetzt, aber immer pünktlich! Nur einmal verspätete ich mich um 3 Minuten, da war die Hölle los, er schmiss seine Tanzsachen auf den Boden und fuhr nicht mehr los. „Das hätte er nicht nötig" waren seine Worte und ging ins Bett. Tagelanges Liegen war keine Seltenheit!

Der Mittelpunkt unseres Lebens war die Domäne, Jörn mit der Außenwirtschaft, ich mit Familie, Haus, Hof und Gästen. Wir waren mehr als beschäftigt. Unser Haus glich einem Taubenschlag, ein Kommen und Gehen, es wurde getrunken, gesessen, unterhalten und war immer gemütlich, einfach zum Wohlfühlen. Das genossen auch die Freunde unserer Kinder, kamen bei Michael und Martin schon Freundinnen zu Besuch, hatte Fred den Rüttinger und Altenburger im Schlepptau, aber auch Herr Collé verweilte gerne mit Jörn.

Mirco brachte die Austauschschüler aller Länder zu uns, wenn das auch nicht immer einfach war. Die Mädchen mit dem Vater, ein Polizist in Amerika, Phönix, waren die nettesten Austauschgäste. Mirco spielte zu vielen Festen und Veranstaltungen, in großen und kleinen Gruppen. Spielte im Wettbewerb mit einem Quartett, aber auch Solo mit Klavierbegleitung! Wir hatten oft ein klingendes Haus. Das gefiel mir immer.

Marc knüpfte den Kontakt mit dem Herrn Lissek, Hockeynationaltrainer, durch ihn kamen viele internationale Hockeymannschaften bei uns günstig unter, auch die deutsche Frauennationalmannschaft war zu Besuch. Da Marc auch zu dem Verein gehörte, auch in der Nationalmannschaft spielte, verabredeten sie sich zum täglichen Training und kamen im Anschluss zum Frühstück. Herr Lissek wurde zum Freund des Hauses, er, so wie wir, genoss das Zusammentreffen.

Ein aktives Vereinsleben lebt von und mit seinen Mitgliedern, da gehören Einsätze und Arbeitsstunden aller Art dazu. Mich wunderte bei den Großen, im Fliegerverein Elz, die vielen aufgebrummten Kantinendienste, bis ich dahinterkam, dass mein selbst gebackener Kuchen der Renner und Grund war! Für das Lob habe ich mich noch mehr ins Zeug gelegt, gönnte es ihnen von Herzen und backte eifrig!

Für unseren Tanzclub waren wir durch das aktive Tanzen sehr positiv, denn immer wieder wurde der Verein mit den Siegen der Paare groß in der Presse erwähnt. Aber unser Beitrag war auch auf kleinerer Ebene aktiv, so unterhielt ich zum Karneval das Publikum mit gedichteten Büttenreden. Sie freuten sich, Jörn schämte sich! Ihm waren meine Auftritte nicht hochwissenschaftlich, sondern zu einfach, zu kindisch, zu primitiv. Mein Vorschlag: „Ohropax könnte Abhilfe schaffen!"

Um etwas „Akademisches" beizutragen, absolvierten wir eine Turnierleiterausbildung, damit war der Club in der Lage, Turniere auszurichten. Die Ausbildung ging über einige Wochenenden, war etwas verwirrend, aber nicht schwer, doch das Rechnen bei der Prüfung unter Zeitdruck war nicht so meine Spezialität. Ich bemerkte Jörns mitleidigen Blick, ja, ich war und bin dumm. Kurze Zeit später richtete unser Club ein Turnier aus, Herr Kühle, RA, leitete den Vorsitz, wir waren Wertungsleiter und hatten unsere Beisitzer neben uns. Aufregung herrschte am Pult. Ich rechnete, addierte, prüfte noch einmal und gab das Ergebnis Herrn Kühle, er war überrascht über die Leistung, verkündete das Ergebnis an die Paare, bevor Jörn seine Zahlen vorgelegt hatte. Das Lob, das ich gute Arbeit geleistet hätte, ging mir wie Öl durch die Kehle undich freute mich innerlich über die Retourkutsche an Jörn.

Das war ich, wenn ich gefordert war, mir jemand Vertrauen schenkte, brachte ich Leistung.

Wer dachte, dass wir nichts mehr zu tun hatten, hatte sich geschnitten. Unsere Arbeit war nach wie vor anstrengend, schwer und hart. Jedes Frühjahr verbrachte ich Tage mit Putz und Farbe. Wir hatten überall Salpeter in den Mauern, Bruchsteinwände ohne Grund- und Basisisolierung, die musste man jährlich überarbeiten, damit es frisch und sauber für die Gäste aussah! Die Ställe wurden von mir gekalkt, die Tore aufgefrischt und etwas Neues hatte ich immer in Entwicklung. Kurzum, Langeweile kam bei uns nicht auf!

Jörn betrieb all die Jahre seine kleine Wetteraufzeichnung mit Regenmesser und Sonnenstundenschreiber, jeden Abend wechselte er seine Streifen in der Brennkugel, wertete die Zeit aus, notierte sie, beschrieb das Tageswetter, war somit immer gut informiert und schickte seine Notizen nach Offenburg in die Wetterzentrale, die wiederum dankbar für die Informationen waren.

Eines Tages wurde die Idee für eine große Wetterstation geboren, schnell aufgebaut, Jörn wurde genau eingewiesen und ausgebildet. Offenbach freute sich wieder einen Dummen gefunden zu haben, ein kleines Taschengeld kam obendrauf und so schienen alle glücklich! Eigentlich war das Zeitalter der Computer schon im vollen Gange, sicherlich waren die neuen Stationen mit einer automatischen Ablesetechnik eingerichtet, doch bei uns stand eine herkömmliche Station mit vielen Messeinheiten für Sonne, Wind, Temperaturen bis in den Boden, die dreimal am Tage gemessen, notiert, justiert wurden. Das bitte immer pünktlich zur gleichen Zeit, bei Wind und Wetter, Regen, Schnee, Dunkelheit, mit Stift und Papier, mit Regenschirm und Taschenlampe. Keine Leichtigkeit, alleine schon mal gar nicht, denn die Türen zur Station mussten gehalten werden, zuvor war man eine kleine Leiter hinaufgeklettert, hatte den Stift in der Dunkelheit verloren, das Papier flatterte, der Regen machte alles nass, besonders war der Durchblick an der Brille ein Hindernis, völlig beschlagen war der Durchblick gleich null. Die Nerven lagen blank, das alles reichte schon! Doch als ich wie „Hans guck in die Luft" vom Wind in die Umzäunung der Bodenthermometer geschleudert wurde, mich verletzte, das war Nebensache. Schlimm waren die zerstörten Thermometer. Jörn brüllte mich so ungerecht an, dass ich die Utensilien auf den Boden schmiss, ins Haus eilte und mir schwor: „Nie wieder hilfst du bei der Wetterstation." Nach einer schlechten Nacht war mein Vorsatz bis auf ein Minimum geschrumpft, fand erst wieder Nahrung, als ein Höllenritt mit dem Auto von der Göttinger Buchstelle über die Kassler Bank mich wachrüttelte. Jörn fuhr 220–260 km/h, raste schon immer, aber nun riskierten wir unser Leben. Nur wegen einer Wetterstation, die pünktlich abgelesen werden sollte? Das war zu viel! Am nächsten Morgen sprach ich mit Offenburg, zwei Tage später war die Station abgebaut. Die Herren hatten Verständnis, trösteten mich, wollten mich überreden, die Aufzeichnungen weiterzuführen, meine Einstellung wäre die richtige: „Genau schon, aber nicht zu genau!" Mit dem Abbau wurde der Familienfrieden wieder sichergestellt, denn auch die Kinder konnten die Station nicht mehr ertragen, mussten auch sie oft genug von ferne zur Wetterstation rasen und wehe, sie waren nicht pünktlich, die Uhr tickte genau, kein Mogeln war möglich.

Zwischendrin feierte Jörn seinen fünfzigsten Geburtstag. Die Emsigkeit, mit der er den Tag begann, machte mich schon wieder stutzig, zum Glück! Er pendelte vom Haus durch das Hoftor nach draußen. Es war der Tag der Müllabfuhr, da musste ich doch einmal spionieren gehen, um Schlimmes noch verhindern zu können. Kam gerade rechtzeitig, mit fliegenden Armen stürzte ich mich den Müllmännern entgegen, entriss ihnen die Mülltonne und fand darin unsere Fotos, ohne seinen Kopf!! Alle Alben lagen im Dreck, ich winkte dem Müllwagen zur Weiterfahrt, denn Worte konnte ich nicht herausbringen. Die Mülltonne schaffte ich in ein Versteck, zählte bis 100 und ging zurück ins Haus. Ich verlor kein Wort, ließ Jörn nicht mehr aus den Augen, der Tag war noch lang, viel konnte passieren und tat es auch! Die Kinder entdeckten ihn, als er auf dem Amboss seine Gewehre in Stücke schlug. Was sollte es bedeuten? Hatte er Angst, dass er wie ein Amokläufer durch die Gegend schießen könnte? Man konnte es ja nicht wissen. Meine Gedanken gingen 10 Jahre zurück und 10 Jahre voraus, was würde da noch alles kommen? Mir wurde angst und bange!

Die Stimmung im Hof mit den vielen Gästen war oft lustig, anregend, belebend, auch nicht immer ganz einfach, denn kleine Eifersüchteleien brachten auch Unfrieden. Eine nette Familie aus Ratingen kam viele, viele Jahre. Er war ein ganz Ruhiger, die Kinder sehr lieb, aber in ihr steckte der Teufel. Meist kam sie braun gebrannt aus ihrer Heimat Griechenland, führte mit neuem Kostüm einen Bauchtanz gekonnt vor, die Männer waren begeistert, aber damit begann die gereizte Stimmung. Die Männer hatten nur noch Augen für sie, sie lenkte auch unter allen Umständen die Aufmerksamkeit auf sich, forderte die Blicke herauf, der Streit unter den Paaren schwelte. Sie machte nicht nur die Herren im Hof wuschig, nein, alte Bauern auf dem Feld brachte sie um den Verstand. Im Bikini ritt sie auf dem Pferd durch die Lande, da wundert es keinen, wenn der Bauer über seine Feldgrenze hinausackerte oder drosch. So geschehen!
Einige Sommer vergingen, mir wurde es bald zu bunt, ich überlegte mit List und Tücke eine Abänderung und fand sie. Wieder führte sie ihren Bauchtanz vor, diesmal kokettierte sie mit Jörn und da kam die Blitzidee. Warum sollte sie den biederen Haus-

frauen, die hier im Hof verweilten, nicht ein bisschen Bauchtanz beibringen? Ich fragte sie ganz frei heraus, sie war begeistert, ab dieser Sekunde hatte sie eine Aufgabe, in der sie voll aufgehen sollte, sie schulte uns. Wir alle waren gute Schüler, begannen zu tanzen, zu üben, Kostüme zu nähen, Klingeln und Schmuck zu kaufen, eben alles für den Bauchtanz!!!! Wir übten und übten! Gingen im Tanzschritt über den Hof, fragten sie immer wieder nach einer Schrittkombination, lenkten sie herrlich ab, so hatte sie keine Zeit für die Herren im Hof, sondern war auf uns konzentriert. Herrlich! Der Höhepunkt war der Abschiedsabend, wir hatten zum Bauchtanz geladen, auch Gäste von außerhalb des Hofes. Die Hausfrauen, natürlich auch ich, zeigten das Erlernte, ernteten hohes Lob, aber noch mehr Lob spendierten wir unserer Trainerin, die im Anschluss ihr Können vortrug. Frieden war hergestellt und jährliche Wiederholungen verstanden sich von selbst!

Mir bereitete der Bauchtanz viel Spaß. Dabei tanzte ich für mich, nur für mich, keiner riss an mir herum, keiner reduzierte meine Bewegungen, keiner konnte meckern. Bauchtanz, ein herrlicher Tanz.

Ich konnte das so gut, dass ich mir einen Auftritt zum fünfzigsten Geburtstag von Christel zutraute. Bis zur Unkenntlichkeit vermummt tanzte ich eine Show, erntete großen Beifall, der Tanz wurde zum Abendgespräch: „Toll war das, wer war das, wer hat die Bauchtänzerin bestellt, wo kommt sie her, unter welcher Agentur ist sie zu bestellen?" Ich hätte ins Geschäft kommen können! Nachfolgend schenkte ich Christel einen Bauchtanzkurs zur Belohnung der aufopfernden Arbeit in Ehe, Familie und Beruf, nett in Form gedichtet. Wieder Beifall.

Gemeinsame Familienunternehmungen gab es nicht viele, die erwähnenswert waren. Einmal jährlich trafen wir uns in der Pizzeria im Wiesengrund, die wir mit den Jüngsten gemütlich per Fahrrad ansteuerten, die Großen kamen im Eiltempo. Die Pizzen schmeckten dort hervorragend, es war ein Genuss. Ein andermal im Jahr versammelten wir uns in der Eisdiele, an dem Tag, an dem Mirco mit seiner Musikschule das Jahreskonzert absolvierte. Am Hertasee badeten wir vielleicht vier- bis fünfmal, meist kurz vor der Ernte. Im Winter allerdings waren wir öfters am See anzutreffen, war das Wasser gefroren, nutzten wir die Gelegenheit zum Austoben. Nach dem Motto „Kleine Sünden straft der liebe Gott sofort" stürzte Jörn so schlimm auf das Eis, dass er eine Gehirnerschütterung erlitt. Er hatte mit anderen Damen zu auffällig geflirtet, ich gönnte es ihm, aber nicht seine beleidigende Art der Familie gegenüber. Zack, da lag er!

Ein andermal war wieder das herrlichste Eis auf dem See, die Schwiegermutter hatte sich angemeldet. Anstatt zu putzen, fuhr ich Schlittschuh mit den Kindern, kam aber rechtzeitig zum Kaffee zurück, Kuchen etc. war alles gerichtet und fertig. Noch immer schien die Sonne, auch durch die Fenster herein, die Wintersonne ließ den Staubbelag erkennen. Da schrieb Jörn auf die Glasscheibe „Sau". Mutter Schreiber freute sich darüber, wischte obendrein noch den Türrahmen ab und beide waren sich einig, ich sei eine schlechte, unordentliche Hausfrau. Sie vergaßen, ich war eine gute Mutter! Unternehmungen mit den Jungs waren doch wichtiger als das ewige Putzen. Das stimmte und stimmt noch heute, ein Putzteufel war, will ich heute und werde es morgen nicht sein.

Ein erneutes Erntedankfest ging in die Planungsphase, sollte noch schöner, größer und aufwendiger werden. Wir feierten alle 5 Jahre, die Zeit flog nur so dahin, 1993 feierten wir in Verbindung mit dem Erntedank die Taufe von 3 kleinen Mädchen. Pfarrer Krieg hielt für Biliana und die beiden Rosenkinder die Taufpredigt. Sehr feierlich, eindrucksvoll, herzergreifend und für alle fand er nahegehende Worte. Das eine oder andere Schluchzen war nicht zu vermeiden, auch mir rannen die Tränen. Billi war meine erste Enkeltochter, die ich schon mit 46 Jahren hatte! Heike war eigentlich katholisch, ließ ihre Tochter aber evangelisch taufen, ein großes Geschenk an die Familie Schreiber, vor allem an Fred. Schade, erst heute sehe ich das so, während wir damals wegen all der Streitereien der beiden genervt waren.

An dieser Stelle muss ich einmal 4 Jahre zurückblenden, da erhielt ich von fünf Müttern, die ich vom Sehen her kannte, Besuch, sie hatten ein delikates Anliegen. Ich bat sie herein, kochte Kaffee, dabei redet es sich immer netter. Es gäbe in dem Gymnasium ein junges Mädchen, das hätte auf dem Schulfest laut seinen Lebensweg geplant. Würde sich als Erstes einen genialen Vererber suchen, bekäme ein Baby vor dem Abi, dann Studium, Kind groß und dann wäre sie frei für die Karriere! Ich, als fünffache geplagte Mutter sollte einem jungen Mädchen von dem Kinderwunsch abraten, ihr erklären, wie belastend und einengend die Mutterpflichten seien. Weil ich selber glücklich über meine Kinder war und bin, konnte ich dem Wunsch nicht nachkommen, d. h., ich verstand den Wink nicht. Erst Monate später fiel es mir wie Schuppen von den Augen, als Fred mit einem jungen Mädchen über den Hof kam. Ich wusste sofort, was los war und war nicht sonderlich überrascht, als ich von der frohen Kunde hörte. Nur die Worte erschreckten mich doch, denn sie wollte das Kind vom Manfred, aber nicht Manfred. Da verstand ich die Welt nicht mehr. So wuchs eine niedliche Enkeltochter heran, ein Mädchen, wie es im Buche steht.

Die jungen Freundinnen der Söhne hatten kein leichtes Spiel, wenn sie zu uns nach Blumenrod kamen. Mein strenger Gesichtsausdruck ließ sie erschrecken, obwohl ich keinem Mädchen nicht wohlgesonnen war, war das Aufeinanderzugehen immer schwierig. Ich hatte Angst, war ich doch schon in jungen Jahren kein Freundinnentyp! Jörn aber war das Gegenteil seines Vaters, der mich herzlich aufgenommen hatte, nein, Jörn provozierte sie mit Lächerlichkeiten. Verlegen und nicht wissend, wie sie reagieren sollten, war die Situation meistens peinlich. Sie taten mir alle leid, doch selbst tief im Kummer verstrickt, konnte ich nicht aus meiner Haut.

Heike und Billi kämpften sich durch, meine Hochachtung ist ihnen gewiss.

Also feierten wir Taufe mit Erntedank, doch diesmal war uns der Wettergott nicht gnädig, es regnete wie aus Eimern, doch vielleicht deshalb, weil wir nun alle eng zusammenrücken mussten, war es ein besonders gemütliches Fest. Unsere Einlagen haben wir in der großen Scheune vorgetragen, auf dem Weg dahin badeten wir im knöchelhohen Wasser. Aber alle machten mit, hielten durch, wir hatten viel Spaß und gute Stimmung. Wenn was schiefgeht, geht alles schief! Das schwülwarme Gewitterwetter brachte meine Gulaschsuppe zum Brodeln, sie wurde sauer, obwohl sie erst in der Nacht gekocht worden war. Wie schrecklich! Nach einem Ausweg suchend, telefonierte ich mit unserem Metzger, er hatte noch reichlich Wurst. So improvisierte ich belegte Brötchen und keiner ahnte von dem Malheur. Mit der Suppe wurden am nächsten Tag die Schweine vom Nachbarbauern gemästet, vergebene Arbeit und Liebesmüh. Das war mir eine Lehre, nie wieder kochte ich eine Suppe mit vielen Zwiebeln, wenn ich sie nicht direkt verbrauchte oder direkt stark abkühlen lassen konnte.

Aus Erfahrungen wird man klug!

Zu dem Fest waren auch Familienangehörige von Jörn eingeladen und auch gekommen, sie waren so begeistert, dass sie mir das Versprechen abverlangten, das nächste Familientreffen bei uns zu organisieren. Was ich verspreche, halte ich auch.

Ein netter Aufhänger war auch schnell gefunden. Die Konfirmation unserer Jüngsten, kombiniert mit meinem 50. Geburtstag war ein guter Grund für die Familie. In erster Linie aber wollte ich Jörn seiner Familie etwas näherbringen, denn bekanntlich ist Blut dicker als Wasser. Außerdem sollte sich die Jugend kennenlernen!

Meine Hoffnung war, dass die nächste Generation den Streit ums Erbe, die Zankereien, außer Acht lassen und sich besser verstehen sollte, denn der Fluch geht bis ins dritte Glied! Eduard Schreiber mit seinen 4 Brüdern zerfleischte sich bis aufs Messer, Egon mit Adolf und Christel waren wegen Erbschleicherei entzweit. Frauke, Jörn und Hasko waren mitten im Kampf. Konnte das nicht einmal aufhören? Das letzte Hemd hat keine Taschen!

Ich lud ein, sie kamen alle, dazu meine Eltern. Geschlafen wurde in den Wohnungen, Speis und Trank hatte ich vorbereitet, doch vorher noch der Kirchgang mit der Konfirmation von Marc und Mirco, ein festlicher Auftakt, der mit Sekt und vielen Leckereien seinen Gang nahm. Ein gelungenes Familienfest.

Wie verletzend die Familie zu den Nichtfamilienmitgliedern war, erlebte ich am eigenen Leib, konnte nun Onkel Gunther, Tante Christels Mann, aus Erlasee besser verstehen. Er hatte mir sein Leid geklagt, denn wir waren des Öfteren bei ihnen, kauften unseren Wein dort, verbrachten unterhaltsame Stunden. Tante Christel war eine perfekte Hausfrau, gelernte Wirtschafterin, ihr konnte und wollte ich nicht das Wasser reichen. Mein Fest war nach meinem Können gestaltet, Konkurrenz hatte ich nicht im Sinn und dennoch wurde alles gemessen, verglichen, beurteilt, abgeurteilt, mit Neid bedacht. Kann man sich nicht auch einmal neidlos über einen wunderschönen harmonischen Tag freuen, erleben, sich daran erinnern, ohne das Hässliche suchen zu müssen und auszuteilen? Sie sind alle aus demselben Holz geschnitten. Austeilen können sie alle gut, aber für sich selbst sind sie sehr empfindlich und sensibel, da kann eine kleine Lächerlichkeit hochgeputscht werden und zur Eskalation geraten, wie am Familienfest erlebt: Frauke zu Jörn: „Begleite doch bitte meine Tochter Birgit zur Scheune." Jörn konterte: „Nein, dein Töchterchen begleitet mich!" Daraus wurde ein riesiger Krach, Frauke bestellte ein Taxi und wollte auf der Stelle nach Hause, wäre ihr Lebenspartner nicht so vernünftig gewesen, meine Mutter so diplomatisch, hätte so ein witziger Wortwechsel das Fest gesprengt! Kaum zu glauben, aber wahr.

Inzwischen hatten wir auch die A-Klasse durchtanzt, traten nach intensivem Training in die S-Klasse ein und entdeckten, dass nun das Tanzen erst richtig anfängt! Wir tanzten gegen Landes- und Weltmeister aus der S I und S II, eine unüberwindliche Aufgabe. Die letzten Plätze waren uns gewiss, und das für eine lange Zeit, keine Motivation für einen strahlenden Auftritt. Unsere Turnierbeteiligungen wurden auf einen Umkreis von 100 km reduziert, wir tanzten die Vorrunde, waren schnell wieder zurück und widmeten uns wichtigeren Aufgaben. So ging es ganz gemütlich beim Tanzen zu, erst als wir in unserem eigenen Heimturnier schon im Vorfeld „genullt" wurden, zog Jörn seine Tanzschuhe aus.

Tanzpaar Schreiber

Kinder und Enkelkinder wuchsen heran. Marc war in der Hockeynationalmannschaft, mit ihr ging es jedes Wochenende auf Tour, er bereiste viele Länder sogar bis nach Indien. Von dort kam er als Held zurück, hatte er doch drei Tore hintereinander geschossen, ganz Indien jubelte ihm zu, zumal in diesen Ländern Hockey auf der gleichen Stufe wie in Deutschland Fußball stand. Jörns Bemerkung: „Auch ein blindes Huhn findet mal ein Korn." Niederschmetternder kann man seinen Sohn nicht behandeln! Ungefähr zur gleichen Zeit war Mirco mit seinem Saxofon sehr erfolgreich, er kam mit guten Plätzen aus den Wettbewerben und auch hier fiel eine Bemerkung seitens des Vaters: „Nur der Erste zählt!"

Ich war und bin noch heute stolz auf meine Kinder, hatte und habe immer Grund dafür, sie sind, jeder für sich, prächtige Menschen!

Unsere Ruhe war nur oberflächlich, obwohl das anwachsende Konto Jörn hätte beruhigen können, gab es doch Wermutstropfen in der Politik. Die Domänenverwaltung war bereit, Flächen zur Stadtvergrößerung von Limburg zu verkaufen. Es waren erst einmal nur Überlegungen, sie wurden konkreter und konkreter, man sprach öffentlich darüber und bald pfiffen es die Spatzen vom Dach: „Die Domäne wird an die Stadt verkauft." Ein harter Schlag traf uns, Ausweichflächen wurden angeboten, Bebauungspläne ausgearbeitet, unsere Arbeit und die Bewirtschaftung würde nur mit großen Schwierigkeiten zu bewältigen sein, Veränderungen müssten wir in Kauf nehmen. Mit einem Schlag stand unsere Zukunft auf dem Kopf und damit war alles infrage gestellt.

Als dann unsere Feriengäste mit diesen Gerüchten aus der Stadt kamen, die wir dann bei Kaffee und Kuchen diskutierten, Jörn schrecklich um seine Existenz jammerte, kam der verhängnisvolle Vorschlag eines Gastes aus Eckartsberga: „Bei uns wird das Schloss Marienthal zum 3. Mal verkauft!" Marienthal?????? Alte Bilder wurden wach. Wir waren in richtiger Schäkerlaune, so fragte ich ganz keck: „Na, wollen wir uns nicht bewerben?" „Aber klar", war die Antwort und gleich am nächsten Morgen arbeiteten unsere computerversierten Jungs eine Bewerbung aus, die per Fax und mit der Post am selben Tag abgeschickt wurde. Noch war alles mehr oder weniger Spaß und Spiel. Die sofortige Antwort, dazu ein Telefonat, ließ den Ernst langsam erkennen, Vorstellungsgespräch war in einer Woche anberaumt! Wir fuhren hin, waren über die vielen Bewerber überrascht, aber auch irgendwie beruhigt, denn so sanken unsere Chancen für unser Konzept erheblich. Instinktiv hatte ich kein gutes Gefühl, unsere Vorstellung kam an die Reihe, Jörn begann mit einigen einleitenden Worten, übergab mir überraschend das Zepter, setzte sich. Ich war völlig überrumpelt, denn noch nie war ich im Beisein von Jörn zu Wort gekommen. Da war es!!! Wie Schuppen fiel es mir von den Augen. Jörn wollte, konnte nicht. Auf all meine Fragen antwortete er ausweichend oder gar nicht. Meine Hoffnung war die Absage.

Doch sie kam nicht, es kam die Zusage! Wir, d. h., unser Konzept hatte das Rennen gemacht, wir konnten das Schloss Marienthal erwerben, aber nicht ohne Landwirtschaft, das war unsere Bedingung. Einige Verhandlungen schlossen sich an, bis wir ausreichend Ackerland zur Pacht hatten. Euphorisch fuhren wir zum Notar. So mein Gefühl und Eindruck oder war es Täuschung? Jörn stellte den Scheck aus, mit diesem Schlag war unser Konto leer, denn 500.000,00 DM kostete das Haus. Im Anschluss fuhren wir zu meinen Eltern, prosteten auf den Erfolg und Neubeginn. Jörn malte unsere Zukunft in den schönsten Farben, war high und steckte meine Eltern richtig an, denn sie planten die Übersiedlung nach Marienthal! Eine Großfamilie hätte dort mehr als genug Platz. Wir hoben alle ab.

Das Erwachen kam am nächsten Morgen, Jörn war wie verändert. Mutti fragte mich, was ich mit ihm in der Nacht getan hätte. Gar nichts! Wir fuhren nach Hause. Die Fahrt war der Terror. Er schrie, er tobte, alles Mist, alles Dreck. Ich könnte mit Marienthal machen, was ich wollte, ich bekäme eine Summe Geld, keinen Cent mehr, ihn würde das alles nicht interessieren. Meinen Vorschlag, eine Kehrtwendung zu fahren und unseren Irrtum einzugestehen, das ist innerhalb von 3 Tagen möglich, ließ er nicht zu. Was sollte ich machen? Höllenqualen habe ich gelitten.

Wir bereiteten die Übergabe vor.

Am 12. 8. 1996 übernahmen wir das Schloss Marienthal. Alle Kinder waren mitgekommen, alle geschockt über die Mächtigkeit, die Größe, die Wucht, die Zerstörung und Verwüstung, aber doch guter Dinge. Nur einer war ruhig, separierte sich, ließ sich auf keinem Foto einfangen. Ich beobachtete ihn mit Bangen.

Manfred zog noch am selben Tag in Marienthal, Nebengebäude, ein und war unsere Vorhut, unser Aufpasser und Bewacher. Es war eine Art Strafversetzung, denn unendliche Probleme bereiteten die Freundinnen, die sich gegen ihn verschworen hatten und vor Gericht ziehen wollten. Da mussten wir ihn aus der Schusslinie nehmen, so kam Marienthal gerade recht!

Bett, Tisch, Sachen, Rasenmäher, alles hatten wir im Gepäck, Campingausrüstung half ihm über die Runden. War sicherlich nicht leicht, auch für einen großen Mann von 28 Jahren kein Pappenstiel. Wir anderen fuhren abends nach Limburg zurück, erschöpft, erschlagen, verzweifelt, aber nicht ohne Hoffnung.

Der Startschuss war gefallen, glich aber eher einem Bombeneinschlag!

Michael und Martin mussten zurück zur Uni, Marc und Mirco in die Schule, im Hof lief unsere Arbeit weiter, Gäste löcherten uns, die Herbstbestellung war im vollen Gange, Saatgut wurde aufbereitet, es war eben August! Damit rückten die Probleme um Marienthal in den Hintergrund. Aber nicht bei mir, in Gedanken war ich schon dort, denn wie mochte es Fred ergehen? So ganz alleine, schaffte er alle Aufgaben und Arbeit, wie sollte es werden, was sollte geschehen? Wie schafften wir die doppelte Belastung, wer konnte uns helfen, welche Firmen konnten wir beauftragen? Fragen über Fragen und doch so schnell keine Antworten.

Die Domäne Blumenrod lief unterdessen im vollen Programm, das war auch gut so, denn hier hatten wir unseren Halt, unser Zuhause. Sollten wir sie aufgeben, wie lange konnten wir hierbleiben, mussten wir sie aufgeben? Auch hier Frage um Frage an jeder Ecke, der Kopf wurde einem schwindelig. Da half nur: Step by Step. Eine turbulente Zeit sollte beginnen, ein Hin und Her. Zwischen Limburg und Marienthal entstand ein reger Verkehr, der eine kam, der andere fuhr. Marienthal musste immer besetzt sein, aber auch die Domäne brauchte vollen Arbeitseinsatz. Mann und Kinder wollten versorgt, die Gäste willkommen sein, eine Gratwanderung, da blieben kleinere und größere Abstürze nicht ausgeschlossen. Das Tanzen war auch noch aktuell, auch wenn wir nicht mehr so oft auf die Turniere rasten.

Bei dem Gedanken, unseren Hof verlassen zu müssen, standen mir immer Tränen in den Augen, hatte ich mich doch viele Jahre gegen den Osten gewehrt, denn ich wusste, was wir verlieren würden. Die Freunde!

Da waren uns in den Jahren Karl Heinz und Else Geisel, die am Fuß des Mensfelder Kopfes ihren Hof bewirtschafteten, besonders ans Herz gewachsen. Eine unkomplizierte, aber intensive Freundschaft verband uns. Mal wanderten wir zu ihnen, mal spannten sie ihre Kutsche an und kamen mit Pferd Lisa auf den Hof gefahren. Natürlich zur Begeisterung der Gäste, mit denen Karl Heinz gerne mal eine Runde fuhr. Wir konnten offen reden, auch mal Probleme ansprechen, Sorgen mit den Kindern aussprechen. Sie hatten auch drei Kinder. Viel Kummer hatten sie erlebt, weise waren sie geworden, hatten immer ein offenes Ohr. Vor allem war Verschwiegenheit ihre Stärke! Sie führten ebenso ein offenes Haus, man traf sich, man plauderte und ging vergnügt von dannen. Das Schicksal hatte sie hart angepackt, der älteste Sohn wurde nach einem Herzversagen mit 35 Jahren zu spät reanimiert, erwachte wieder, war aber nicht mehr in der Lage, am Leben teilzunehmen. Eine harte Prüfung wurde ihnen auferlegt, die sie mit Liebe, Hingabe, Geduld, Aufopferung meisterten. Die Schwiegertochter hatte den größten Part zu tragen, meine Bewunderung und Hochachtung vor der Familie saß tief im Herzen.

Richtige Freunde waren Christel und Carlos Temmen, auch Hannelore und Henner Meyer-Rühen gehörten zum engen Freundeskreis. Viele Jahre pflegten wir unser Zusammensein, die offenen Reden taten uns gut, das unkomplizierte Miteinander war erholsam. Als die Kinder noch kleiner waren, waren wir in Limburg die Anlaufstelle, mit den Jahren änderte sich das, so fuhren wir auch oft nach Frankfurt.

Als gute Bekannte trafen wir die Familie Stübner öfters. Frau Stübner kam gerne einmal bei ihrem Bummel in Limburg vorbei, wie ein Wirbelwind ging es durchs Haus. War sie fort, war alles still. Immer in Hochstimmung, immer flott, so hab ich sie in Erinnerung. Sie ähnelte im Typ ganz dem Jörn und so hatte Herr Stübner ein ähnliches Schicksal wie ich, wir konnten uns trösten!

Jörn pflegte eine Freundschaft mit Herrn Kremper und Herrn Hepp, die Jägerkumpanen! Sie kamen gerne auf die Domäne zum Taubenschießen. Des Bischofs Tauben hatten sich unsere Scheune auserkoren und wie die Wilden konnten die Herren schießen. Einmal kam ich mit dem Fahrrad die Zeppelinstraße entlang, traute meinen Ohren und Augen nicht, das Ballern hörte sich in der Höhe der Siedlung richtig gefährlich an, aber noch gefährlicher erschienen die herabfallenden Schrotkugeln. Ich sah die aufgeregten Mütter, die ihre Kinder ins Haus schickten, und war selbst entsetzt. Na, da blühte den Jägern nichts Gutes. Wie eine Furie bin ich zur Scheune und schimpfte wie ein Rohrspatz. Als die Jäger es als Lächerlichkeit abhaken wollten, platzte die Bombe und ich schickte sie nach Hause – natürlich zu Jörns Entsetzen. Aber muss man seinen Namen und Ruf mit aller Macht zerstören?

Eine andere Freundschaft verband Jörn mit seinem Zahnarzt Dr. Streckbein, sie verstanden sich blind. Hallodri erkennt Hallodri. Ich weiß, wovon ich rede, war selbst bei ihm in Behandlung! Seine Frauengeschichten imponierten Jörn.

Mit Familie Fellmann von der Nachbardomäne verband uns nicht nur der gleiche Verpächter, nein, Arbeit, Kinder, Sorgen und das Leben auf dem Land war die Grundlage für gutes Verstehen. Viel zu selten hatten wir Zeit, die Bekanntschaft zu genießen und zu pflegen. Sehr schade.

Erwähnenswert war der Kontakt zu Familie Veil, sie wohnten gleich gegenüber, ein Katzensprung. Den wagte ich auch einmal in totaler Verzweiflung, wenn ich gar nicht mehr weiterwusste, besuchte ich Frau Veil. Ihre lustige, sorglose Art, dabei hatte sie ebenso wie ich viele Sorgen, munterte mich schnell auf, bald sah ich wieder Hoffnung am Horizont. Das war wunderbar, Frau Veil ahnte von ihrer Kraft nichts. Sie gab sie mir einfach!

Wie schon vorher beschrieben, hatten wir ein offenes Haus, ein Kommen, ein Gehen herrschte. Und wer da alles kam und ging! Alle wurden herzlich aufgenommen, Jörn war ein freigiebiger Gastgeber, hatte damit nichts zu tun, hatte ja eine Frau, die immer zur Stelle war, Kaffee, Kuchen, Essen immer parat hatte. Das machte sich in den Augen von Jörn ganz von selbst. Wie einfach! Einen Dank habe ich selten erfahren, obwohl es nette Vertreter gab, die ab und zu kleine Gastgeschenke überreichten! Herr Müller brachte zum Dank in der Spargelzeit auch für uns eine frische Kiste mit! Auch andere bedachten mich mit Aufmerksamkeiten, nur Jörn nicht.

Bei jedem Besuch, den wir empfingen, war Jörn galant, zuvorkommend, nett, gesprächig und gab den Gästen das Gefühl, willkommen zu sein, deshalb entsetzten mich Aussprüche wie:
„Was wollte der Blödian, ein dummer Hund, Doofkopf hat mir den Abend gestohlen." Usw., usw. Ich kenne keinen Menschen, den Jörn hoch geschätzt, anerkannt, seine Leistung gewürdigt hat. Ich fand das sehr traurig und nahm es nicht ernst, es war sicherlich wieder eine seiner Launen. Meine Einstellung war geradlinig, war ich müde, hatte ich Kopfschmerzen, dann sagte ich frei und ohne Heuchelei, dass es diesen Abend leider nicht passt! Damit sollte jeder umgehen können, zumal es nur selten der Fall war.

Meine Arbeit war selbstverständlich, es gab weder zu Weihnachten noch an Geburtstagen oder zu Ostern eine kleine Anerkennung. Das tat schon sehr weh, während ich alle mit Liebe und Überraschungen bedachte, ging man selbst achtlos leer aus. Ich konnte damit auch umgehen, machte mir eh und je nichts aus weltlichen Dingen. Tief im Herzen tat es dennoch weh!

Die Unruhe packte uns alle, obwohl für Marc und Mirco eine besonders unterstützungswürdige Zeit kam, denn sie bereiteten sich auf ihr Abitur vor, da hieß es doch konzentriert lernen. Unsere Jungs schafften es trotzdem.

3 Jahre Doppelbelastung sollten es werden, standen uns bevor, kosteten für alle Nerven. Man hatte sie nicht mehr, einerseits durch das Alter und anderseits durch die ungewisse Zukunft. Hätte man einen Halt, hätte man einen Ruhepunkt gehabt, wäre vieles leichter, konzentrierter, überlegter, besonnener, durch-

dachter, besser geplant ausgeführt worden. Wir waren wie ein Bienenschwarm, der gestört war!

Jeder plante, jeder hatte eine andere Idee, jeder führte aus, jeder packte an einer anderen Stelle an, keiner wusste, wie und was. Das Chaos war perfekt. Das schaute ich mir eine Zeit lang an, dann waren meine Pläne reif. Ich nahm das Zepter nach gemeinschaftlichen Beratungen in die Hand. Das heißt aber auch, dass ich immer öfters nach Marienthal fuhr, hin- und herpendelte, Blumenrod vernachlässigte. Die Domäne verwahrloste.

Gäste, die 1997 und 1998 bei uns verweilten, vermissten nicht nur die Sauberkeit und die Ordnung, sondern sie vermissten auch mich, denn die Stimmung war nicht die gleiche, sie war gedrückt, gedämpft. Jörn gab sich zwar Mühe, aber sein fröhliches Pfeifen und der Ruf „Alles happy heute" war nicht dasselbe. Die Sorgen, die Angst vor dem Morgen veränderten ihn merklich und sichtlich.

Ich kam wieder von Marienthal angebrettert, räumte alles auf, versuchte alles wieder schön zu gestalten, betreute meine Ferienwohnungen, ließ putzen, reparierte das Nötigste, schaute nach den Jungs, natürlich auch nach Jörn. Kochte für die Woche vor, backte Kuchen, lud die Gäste ein, die Stimmung war wieder okay. Alles in Ordnung. Dann fuhr ich, den Hänger voll beladen, wieder nach Marienthal.

Mit diesen Hauruckaktionen konnte ich dennoch den Hof vor dem Verfall nicht retten, da hätte Jörn auch mit Hand anlegen müssen. Doch das blieb aus. Jörn veränderte sich immer mehr. Der Auszug aus der Domäne war auf den 30. 6. 1999 festgelegt. Eine Entscheidung, die nicht richtig überlegt, nicht besprochen, nicht durchdacht war. Eine Entscheidung aus Trotz, Wut und Verzweiflung.

Das Ende wollte unser Bankdirektor für uns aushandeln, wir sollten gar nicht in Erscheinung treten, wir sollten uns auf den Neubeginn konzentrieren und den Abgang erfahrenen Experten überlassen. Jörn machte das Gegenteil! Er hängte sich rein, musste mit dem Rechtsanwalt gerettet werden. Da war das Kind aber schon in den Brunnen gefallen und alles verdorben. Fehler über Fehler häuften sich aneinander, sodass der Anwalt nur noch mit Gutachtern eine Lösung herbeiführen konnte. Ein Anruf des Anwaltes bei mir in Marienthal ließ seine eigene Verzweiflung erkennen, denn er wusste nicht weiter, Jörn durchkreuzte all seine Schachzüge und machte jede Verhandlung zur Face. Das Ende kam mit Schrecken und war alles andere als schön.

Wie lange dauert ein Aufbau, wie schnell geht ein Niedergang!

Aber es sollte noch weitergehen, das Ende der Fahnenstange war noch lange nicht erreicht.

In welcher Stimmung Jörn sich befand, erklären Anrufe wie dieser: „Wenn du heute Nacht nicht nach Hause kommst, hänge ich am Haken!" Was sollte ich tun? Ich fuhr nach allen Überlegungen und Abwägungen bei Eisregen und Glatteis von Marienthal nach Limburg, 313 km. Es war ein Höllenritt, ich kam nicht einmal durch das Hoftor, Spiegeleis auf den Straßen, ich rettete mich auf die Wiese, rutschte auf allen vieren über das Kopfsteinpflaster und erreichte mit Not die Tür. Die Begrüßung von Jörn: „Bist du irre??" Mir fehlten die Worte, Tränen rollten.

Jörn bewirtschaftete die Domäne Blumenrod bis zum 30. 6. 1999. Er brachte seine aufstehende Ernte zum guten Aussehen, aber auch das half nichts, wenn alles andere dem Verfall geweiht war. Alleine der Hof war mit Unkraut unansehnlich, alle Ecken zugewuchert, vergammelt, verfallen, verwahrlost. Einem Dornröschenschloss ähnlich.

Schloss Marienthal

Tor, Einfahrt Schloss

Darauf steht in Stein gemeißelt:

VON DEN EINEN ERBAUT;
VON DEN ELTERN BETRAUT:
VON DEN KINDERN ERNEUT:
GOTT SCHÜTZT DICH ALLE ZEIT

Am 12. 8. 1996 übernahmen wir Marienthal, alle Kinder waren mit, wir fuhren die Kastanienallee entlang, bogen von der Straße durch das große Tor, die Überrumpelung fuhr allen in die Knochen, man kann fast von Schock sprechen.

Nur langsam kamen die Laute: ah, oh, wau, nee. Es hatte sie schon auf den ersten Blick beeindruckt. Aber sie waren nicht blind, erkannten die Schönheit einerseits, den Verfall anderseits und rechneten eins und eins zusammen. Ein Fass ohne Boden, denn die Verwüstung hatte ihren Lauf genommen. Wasserschäden vom Dach bis in den Keller, hochgewölbter Fußboden, heruntergekommene Decken und vieles mehr war zusätzlich nach unserer Besichtigung geschehen. Die feierliche Schlüsselübergabe, ein Schlüsselcontainer, wurde von Frau Vollbrecht vom Landratsamt ausgerichtet. Sprachlosigkeit machte sich breit, dafür hatte ich ein Frühstück vorbereitet und vielleicht half eine kleine Stärkung, um die Größe, die Mächtigkeit, die Weitläufigkeit zu verkraften. Ein Gang durch den Park, durch den Wald belebte die Jungs wieder und mit der Leichtigkeit der Jugend wurden Pläne, Ideen, Vorschläge geschmiedet. Da waren sie wieder, meine Jungs!

Der eine, Manfred, blieb noch am Abend in Marienthal, er hatte alle nötigen Sachen in seinem Bus, Bett, Campingausrüstung, für das erste Überleben war gesorgt. Wir räumten ihm eine provisorische Unterkunft ein und ließen ihn allein, aber nicht im Stich.

Wir anderen fuhren nach Hause, völlig erschöpft schliefen die Jungs ein. Hatten wir sie überfordert und überrumpelt? Jörn sagte kein Wort, so drehten sich meine Gedanken im Kreis:

Was passierte hier, was stimmte hier nicht, was konnten wir ändern, verbessern, was konnten wir retten? Jörn antwortete auf keine Frage, war vor sich selbst nicht ehrlich, vielleicht hätten wir noch einen Weg aus dem Unheil gefunden, hätte er seine Bedenken formuliert! Wusste er selber nicht, was er wollte?

Marienthal hatte noch einen langen Weg vor sich, mit dem Schloss war der erste Teil in Sack und Tüten. Die Landwirtschaft war das eigentliche Ziel, war das Hauptstandbein der Unternehmungen, das Schloss eigentlich nur das kleine Anhängsel. Viele Verhandlungen standen uns bevor. Der Landrat hatte das Schloss an uns verkauft mit der Auflage, mindestens 100 ha, besser 200 ha für den Landwirtschaftsbetrieb zur Verfügung zu stellen. Man mag es kaum glauben, fuhr man durch den Osten, man sah nur Acker, soweit die Augen sehen konnten. Da gab es keine Ackerflächen mehr für uns? Diese Frage stellten wir uns täglich, verstanden die Schwierigkeiten nicht, vermuteten null Bereitschaft, ärgerten uns, weil wir viel zu gutgläubig den Politikern, Landrat, Bürgermeister Glauben geschenkt hatten. Es wurde ein Tauziehen.

Die Landwirtschaft startete 1997 mit einem kleinen Teil der zugesagten Fläche und nur mit einem Teil des Bauernhofes, den anderen Teil wollte die TLG nach reiflicher Überlegung später an uns abtreten. Der Bauernhof, in der Einheit, sollte der touristische Mittelpunkt sein, wie in Limburg gegeben. Unser Konzept, damit auch unsere Gäste, wollten wir eins zu eins in den Osten transferieren.

Nun hatten wir drei Baustellen: Schloss, Landwirtschaft und die Domäne. Man kann schon auf zwei Hochzeiten bekanntlich nicht tanzen, wie aber auf dreien? Ganz schön verwirrend!

Die Jüngsten im Abiturstress, Jörn im Geldstress, ich im Planungsstress, Fred im Stress mit den Freundinnen, mit Marienthal, Verhandlungsstress mit den Ämtern, Organisationsstress für den Winter. Der Stress nahm kein Ende.

Klare Gedanken entwickelten sich nur schwer. Einen Lichtblick entdeckten wir auf einer Hotelmesse, dort wurden Fertigbäder nach Maß angeboten, eine vernünftige Lösung für uns?

Da wir für das Schloss keine Pläne erhielten, maß ich, zeichnete ich und stellte Pläne zusammen. Suchte Wasser, Auf- und Abgänge, suchte machbare Durchbrüche für Anschlüsse, die Wege für Strom, den Platz für das Bad und teilte die Zimmereinheiten auf. Mit 22 Appartements wäre der Ausbau geschafft. Auf dem Papier eine einfache Sache.

Ich legte die Pläne zu Hause auf den Tisch, es interessierte keinen. Jörn riskierte nicht mal einen Blick.

Die Limburger Firmen: Malerfirma Berneiser, Elektromeister aus Steeden, Möbelhaus Hingott, Haus der Gelegenheit Müller standen mit Rat und Tat hinter mir. Anregungen, Ideen und Hilfe erhielt ich. Herr Berneiser, er hatte uns in Limburg schon bewundert, geachtet und unterstützt. Er vermittelte mir drei wunderbare, menschlich herzliche, arbeitsmäßig tüchtige Polen und stellte uns dazu seinen Tapeziermeister zur Verfügung. Farben, Teppiche, Kleister, alles, was man für einen Ausbau benötigt, habe ich bei der Firma Berneiser bestellt und erhalten.

Aber bis es so weit war, quälten wir uns mit den aufgeplatzten Heizungen, kaputten Kesseln, aufgefrorenen Leitungen, gequollenen Fußböden und vieles mehr. Wir räumten das Schloss leer. Alle alten Kinderbetten, alle alten Möbel flogen im hohen Bogen aus den Fenstern. Zuvor hatten wir uns um eine Wiederverwertung bemüht, denn die 100 Kinderwaschbecken samt Armaturen, 49 Toiletten, die Krankenstation und die restlichen Küchenutensilien, das alles zusammen wäre fast eine Krankenhausausstattung gewesen. Besonders die Kinderbetten aus Eisen waren stabil, unverwüstlich, eine Basis für eine Station. Das Rote Kreuz, die Johanniter, Brot für die Welt, alle lehnten dankend ab. Mit dem LKW aus Limburg, für den Umzug und Transporte neu erstanden, verfrachteten wir den „Müll" auf den Schrottplatz. Mir tat das schon ein bisschen leid. Diese Arbeit erledigten wir im ersten Winter mithilfe von Michael und Manfred, meine Wenigkeit war auch dabei.

Aufregend, zeitaufwendig, kostspielig war das Heizen für die Familie Gehre, die im Nebengebäude eine Wohnung, mit langfristigem Mietvertrag, bewohnte, die Temperaturen von 25 Grad beanspruchte, mit Hemd im strengsten Winter in der Bude saß und bei jeder kleinsten Temperaturspannung ausrastete. Und das alles umsonst, also mietfrei. Dazu klauten sie den Strom, wie wir erst viel später entdeckten, außerdem versteckten sie den Müll im Wald, um billig durch das Leben zu kommen. Wir hatten von der Denkart der Ostbewohner keine Ahnung, gingen von unserer offenen, gutgläubigen Art aus und wurden mit Freude übers Ohr balbiert.

6 Jahre nach Maueröffnung galt im Osten noch immer das Motto: „Erst das Geld, dann die Ware." Ein echtes Dilemma für Fred, er hatte kaum Geld in der Tasche, kein Konto mit Kontokarte, geriet damit oft in Not. Eine Kohlenbestellung für den Ofen ging nur gegen Bares, ich war mit dem Geld unterwegs von Limburg nach Marienthal, der Kohlenhändler sollte noch vor dem Wochenende die Ware liefern, tat es aber nicht, nun standen wir ohne brennbares Material da, hatte Fred doch schon alle Ecken ausgefegt. Es war ohnehin keine richtige Kohle, sondern selbst die Ostdeutschen nannten es „Blumenerde", ich würde es Kohlenerde nennen. Was machen in der Not? Wir in Limburg hatten ungenutzte Kohlen im vorderen Keller, also drehte ich um, fuhr 313 km zurück, lud den Hänger voll mit Kohlen und kehrte noch vor dem Auskühlen des Ofens nach Marienthal zurück. Wie verrückt muss man sein? Einen Vertrauensvorschub hatten und bekamen wir nicht, waren doch zu viele Hasardeure unterwegs. Das war doch mit ein Grund, weshalb ich auf keinen Fall in den Osten wollte! Es wimmelte nur so von Möchtegerns, Losern, Taugenichtsen und Verbrechern. Menschen, die im Westen nichts geworden waren, nichts werden konnten, rissen im Osten den Schnabel auf, wussten alles besser, machten sich wichtig, meinten etwas zerreißen zu können, waren aber unfähig, unehrlich. Es waren Betrüger. Betrogen wurden die einfachen Menschen, die gutgläubig waren. Kapitalismus hat seine eigenen Gesetze, hat mit dem Kommunismus nichts gemein, damit waren die Menschen im Osten unvorbereitet auf das, was auf sie zurollte. Wir wollten aber nicht betrügen, wurden aber dennoch in die gleiche Schublade gepackt, hatten keine Chance!

Auch umgekehrt wurden Versprechungen gemacht und nicht eingehalten. Der Aufbau einer Landwirtschaft in Marienthal haperte an der Flächenausstattung, Versprechungen des Landrates, uns die Fläche von 200 ha zur Verfügung zu stellen, gerieten immer wieder ins Wanken, Gesuche beim Landwirtschaftsministerium, beim Landwirtschaftsminister Herrn Keller, wurden angenommen, aber auch gleich nach hinten verlegt. Erst sollten wir unsere Ehrlichkeit beweisen, indem wir den Ausbau des Schlosses vollendeten. Alles ungeklärte Dinge, die am Nervenkostüm zerrten. Wir strebten die Einheit der denkmalgeschützten Bausubstanz von Schloss und Hof an, wie es früher von Paul Schulze-Naumburg geplant, aufgebaut und von der Familie von Wilmowsky bewirtschaftet wurde. In diesem Zusammenhang hätten sich die TLG, Treuhandliegenschaftsgesellschaft, die BVVG, Bodenverwertungs- und Verwaltungs-GmbH und der Landrat an einen Tisch setzen und mit uns verhandeln müssen, was aber nicht geschah. Sondern jeder kochte sein Süppchen und versuchte, so viel Geld wie möglich aus der maroden Bausubstanz herauszuschlagen. Die Verhandlungen zogen sich schleppend hin. Hoffnungslosigkeit verbreitete sich, unser Konzept drohte sich in nichts aufzulösen.

Urlaub auf dem Bauernhof für kinderreiche Familien konnte man nur mit dem kompletten Hof aufbauen, die Wohnhäuser wären für die erste Umbaumaßnahme zu Ferienwohnungen ein guter Start gewesen, weitere Fewos hätte man später in den alten Kuhstall bauen können, während das Schloss vorbehaltlich für die Großeltern geplant wurde und schon war. Unsere Gäste aus Limburg wollten uns treu bleiben. Noch waren wir guter Hoffnung.

Michael beendete sein Studium in Stuttgart, er war nun fertiger, diplomierter Luft- und Raumfahrttechniker, wollte für Schloss Marienthal eine Auszeit nehmen und die Familie kräftig unterstützen. Er kam im Frühjahr 1997 mit Maja nach MT. Martin steckte schon in seiner Doktorarbeit, eine Auszeit hätte ihn unweigerlich weit nach hinten geworfen, das konnten wir von ihm nicht verlangen. Er beteiligte sich mit einer Geldsumme am Aufbau Marienthal. Wir waren sehr dankbar für jede Unterstützung, denn unsere Mittel waren eng bemessen und sehr begrenzt. So freuten wir uns genauso über die Finanzspritze von meinem Bruder, der ebenso 20.000,- DM in die Kasse spülte. Die Überlegung, d. h., die Überredungskunst von Jörn ließ bei meinen Eltern den Entschluss, nach Marienthal zu übersiedeln, reifen. Ermutigt trieben wir die Aktivitäten voran. Da hieß es in der Tageszeitung von Naumburg:

Ein Schloss, eine Frau, sechs Männer

Die Firma Haberbosch, Bäder-Bau, schickte uns Herrn Zeh, um Pläne, Aufzeichnungen, Machbarkeit zu kontrollieren, Verbesserungsvorschläge auszuarbeiten, um bald ein Gesamtkonzept vorlegen zu können. Mit ihm quälte ich mich durch meine Aufzeichnungen, wir überlegten, wir korrigierten, wir planten, maßen und arbeiteten uns von Einheit zu Einheit. Es war zeitaufwendig, intensiv, aber auch nett, denn seine Bewunderung tat mir gut.

Das Aussuchen der Fliesen, Armaturen, Türen mit Türgriffen machte einen Besuch in ihrer Ausstellung unumgänglich, denn nur der Katalog war mir für diese teure Investition zu oberflächlich, risikoreich, nicht aussagekräftig genug. Eine Fahrt nach Bamberg musste sein. Der Startschuss zum Ausbau von Wasser, Abwasser und 23 Bädern fiel im Mai 1997 für die Firma Haberbosch. Ihr Konzept „Alles aus einer Hand", vorgefertigte Badeinheiten, damit verbunden eine kurze Ausbauzeit, hatte uns überzeugt. Es wurde nicht einfach, aber wir haben es bis heute nicht bereut. Das will schon etwas heißen!

Die Firma äußerte unerwartet den Wunsch, ihre Bauarbeiter, die Brüder Grünberg und einen weiteren Mitarbeiter, bei uns unterbringen zu wollen, auch sollte ich sie versorgen und ein Auge auf sie haben. Alles in Ehre, erst wehrte ich mich, wollte ich doch den Ausbau in die Hände von Michael und Fred legen, nur sporadisch mal nach Marienthal zur Oberaufsicht, Kontrolle, Unterstützung vorbeischauen. Es kam also ganz anders. Wir richteten weitere Zimmer ein, erweiterten die Küche, Essplatz, Aufenthaltsraum und mit diesem Schritt klinkte ich mich in den Ausbau ein. Es übernachteten bald auch die Leute von Berneiser bei uns. Am Tisch tummelten sich oft mehr als zehn Personen mit großem Hunger auf leckeres, reichliches, schmackhaftes Essen. Als Trostpflästerchen und nach dem Motto „Liebe geht durch den Magen" gab ich mir viel Mühe, die Männer bei guter Laune zu halten, so konnten wir mit einer guten Arbeit rechnen. Wir wurden ein Team mit Arbeitsbeginn um 7 Uhr, Frühstück gegen 6 Uhr, zweites Frühstück brachte ich zur Arbeitsstelle, Mittag gegen 13 Uhr, Kaffee wieder im Schloss, Abendessen gegen 19 Uhr, wurde aber meistens erst 20 Uhr. Danach Ausklang, oft am Tisch mit recht netten Gesprächen beim Bier, nur sehr selten beim Fernsehen. Der Tag war lang, die Nacht kurz, das Arbeitspensum groß, der Dreck überall, die Freude auf das Wochenende verständlich und doch haben wir es sehr gut geschafft, sind gut vorangekommen, jeder hat jeden ein bisschen kontrolliert. Mit dieser Aufsicht hat jeder versucht, ordentlich seine Arbeit zu verrichten. Michael war der Oberaufpasser, seinen Augen entging nichts. Verständlich ist es daher, dass auch einmal die Fetzen flogen, harte Auseinandersetzungen blieben nicht aus, wurden aber beim Abendgespräch gedämpft, Frieden geschlossen und mit Zuversicht dem nächsten Tag entgegengeschaut. Es klappte wunderbar.

Am Wochenende, d. h. Freitagabend, fuhr jeder in eine andere Richtung, nur Michael und Fred blieben überwiegend konstant in Marienthal. Während Maja oft genug nach Stuttgart musste, fuhr ich nach Limburg, hier warteten Jörn, die Kinder, Marc und Mirco, die alten Gäste, die neuen standen am Samstag im Hof. Alle wollten bevorzugt behandelt werden. Eine Kunst, die keiner kann. Also blieb ein Defizit auf meiner Liste. Das machte mich krank, traurig, nervös, unglücklich, ich zerriss innerlich, wollte ich doch für jeden da sein, die Sorgen teilen, sie aufmuntern, Hoffnung geben, das Schöne strahlen lassen. Ich gab mir Mühe, versagte jedoch.

Nachdem alle Arbeiten in Limburg erledigt waren, die neuen Gäste glücklich in ihren Wohnungen verweilten, der Kühlschrank gefüllt, die Mahlzeiten vorgekocht, die Wäsche gewaschen, getrocknet, gelegt, sortiert, die Buchführung auf dem neusten Stand war, war es Sonntagnachmittag. Der Abschied kam. Bobo beim Hockey, Mirco mit dem Saxofon beschäftigt oder unterwegs, Jörn auf dem Sofa, machte ich mich auf die Strecke um 313 km bis nach Marienthal zu schaffen. Kein gutes Gefühl, Tränen flossen meistens, erst ab Hersfeld, Halbzeit, riss ich mich zusammen und schaute vorwärts, denn es war ja alles nicht für immer, es war nur eine Übergangszeit und je schneller wir den Ausbau schaffen würden, umso besser würde es für die Familie sein. Ein Trugschluss.

Die Arbeiten, die Aufregungen, das Durcheinander, die vielen Angebote, die sprudelnden Ideen, die vielen Anrufe, die nicht fortschreitenden Verhandlungen, das Kämpfen, alles machte einen mürbe, dazu die seelischen Belastungen, die Ungewissheit: „Wird auch wirklich alles gut?" Da half nur der Sturz in die Arbeit, vergessen, nur noch von jetzt bis gleich denken, totmüde ins Bett fallen und schlafen, doch das schaffte ich nur selten, denn nachts quälten mich gerade diese Probleme. Eine fürchterliche Zeit.

Während die Männer von Haberbosch die Durchbrüche für Wasser und Abwasser bohrten, brachen, hämmerten, schlugen

Michael und Fred die Fliesen aus den alten Waschzimmern von den Wänden, meißelten die Bodenerhöhungen aus den Räumen und verfrachteten den Bauschutt per Rutsche in den LKW. Eine ungemütliche Dreckarbeit, aber besser als die vorherige Kraftarbeit, denn sie hatten aus dem Keller die monströse Gussheizungsanlage ausgebaut und nach oben geschleppt. Man kann sich den Dreck nicht vorstellen oder ausmalen, meine Jungs waren schwärzer als die Schornsteinfeger. Der Ruß ging durch alle Sachen in die Poren, da half ein einfaches Bad lange nicht aus, die Arbeitssachen wurden auch nicht mehr sauber und landeten gleich im Müll. Trotz alledem hatten sie dennoch gute Laune, waren zuversichtlich, sogar mal lustig, nahmen den Stress mit Humor. Ich bewunderte sie, auch unsere Mitbewohner ließen sich davon anstecken, stimmungsmäßig lagen wir gut im Rennen. Auch der Zeitplan schien zu klappen. Der Heizungsbauer brachte einen Buderus Öl-Kessel von ca. 100 kW in den Keller, 35.000 Liter Tanks wurden eingebaut, die Anschlüsse an die alte Heizungsanlage modernisiert, denn Kalt- und Warmwasserleitungen mit 900-Liter-Boiler gab es von Haberbosch neu aus Nirosta- oder Kunststoffleitungen. Der Elektriker Porse hatte mit seinem Angebot überzeugt, bekam den Auftrag und alle mussten Hand in Hand arbeiten. Es klappte mehr oder weniger ganz gut.

Immer neue Staubwolken zogen durch das Schloss, Besucher schlichen durch die Flure und konnten sich eine Fertigstellung im Traume nicht vorstellen. Kopfschüttelnd verließen sie das Grundstück. Im großen Flur lagen zuhauf die Baumaterialien.

Ungeachtet dessen wollte die Familie von Wilmowski gerade jetzt ihre Familienfeier im Schloss feiern, ich traute meinen Ohren nicht und lehnte barsch ab. Ein Manko, was ich später bereuen sollte, denn natürlich waren sie beleidigt! Aber was zu viel ist, ist zu viel! Noch heute finde ich die Anfrage unmöglich.

Treppauf, treppab wurde Material geschleppt, inzwischen hatte auch der Schreiner Müller ein respektables Angebot vorgelegt, den Auftrag unterschrieben zurückerhalten, legte mit dem Einbau von drei neuen Bogentüren im Rundzimmer los. Die Fenster im obersten Dachgeschoss sollten zügig folgen, denn wir wollten von oben nach unten mit der Renovierung beginnen. Bis dahin war es aber noch ein weiter Weg. Kleine oder größere Probleme mussten bewältigt werden, durchkreuzten unseren Zeitplan, Anstrengungen folgten, die Aufholjagd war im vollen Gange, die Nerven leicht geschliffen, die Sorgen drückten, die seelischen ganz besonders.

Einer alleine hätte genug mit den Firmenaufträgen, Verwaltung, Organisation zu tun, doch nun waren noch die vielen neugierigen Besucher zufriedenzustellen, keine leichte Sache, denn täglich rannten sie uns die Bude ein. Liebe Gäste waren herzlich willkommen, doch es gab auch Spione, die nicht nur Gutes im Schilde führten. Wie konnte man den Unterschied erkennen? Gar nicht! So folgte auch bald Anzeige auf Anzeige und Drohungen von der Verwaltung mit Baustopp und Verwarnungsgeld lagen unbeachtet auf dem Schreibtisch. Die Arbeit ging weiter.

Die ersten Rechnungen mit größeren Beträgen liefen ein, die nahm ich am Wochenende mit nach Limburg, Jörn wollte die Geldangelegenheiten für uns regulieren. Da hatten wir den Bock zum Gärtner gemacht, denn jede Rechnung brachte ihn an den Rand eines Herzinfarktes!!!! Warum, das wusste keiner, denn wir blieben mit allen Ausführungen im Limit. So wurden die Fahrten nach Limburg für mich eine Angstpartie, immer mit dem Schrecken eines Wutanfalles vonseiten Jörns im Genick, bewegte ich mich auf Glatteis.

Es nützte alles nicht, der Aufbau Marienthal musste vorangehen, wir hatten A gesagt, nun folgte das Alphabet, so bitter es auch war und werden wird.

Das Jahr 1997 schritt gut voran, die Einwohner von Eckartsberga spürten unsere Aktivitäten und hörten mit dem Unken auf. Hatten sie natürlich in 4 Fällen zuvor immer eine Rückabwicklung erlebt, trauten sie uns auch nicht. Nutzten unsere Abwesenheit zur Politik, denn natürlich hatten wir auch einmal am Wochenende Pause!

Wir mussten mit dem Ausbau Schloss bis zum Herbst so weit kommen, dass wir ohne meine Jungs auskommen, weiterbauen konnten. Sie machten sich über den DDR-Spannteppich her, das war eine Herausforderung, denn Tausende von Krampen hielten ihn fest, alle mussten in mühseliger Zangenarbeit und auf den Knien rutschend entfernt werden. Ein ekliger Geruch begleitete die Arbeit, war doch zuvor durch die auslaufenden Heizungen das Wasser durch kleine Risse und Löcher tief eingedrungen, Schimmelbildung nach sich ziehend. Teilweise war der Boden schwarz, unkenntlich mit Schimmel belegt. Enttäuschende Einblicke waren nicht vermeidbar, denn das Holz war angegriffen, teilweise sehr hässlicher Dielenboden oder gar Spanplatten kamen hervor. Ein Lichtblick war die Eichentreppe, deren Stufen noch in Ordnung waren und die ich schon, geschliffen, als Schmuckstück sah. Die nasse Unterlage des Spannteppichs war schwer an Gewicht, musste entsorgt werden, dazu die Massen an Plastik bedeuteten einige LKW-Ladungen Müll. Die Schimmelbakterien machten krank, die Atemwege waren angegriffen, Husten begleitete die Arbeit, ein Mundschutz brachte nur wenig Entlastung. Durchzug in allen Räumen war angesagt, um wenigstens etwas Gift abziehen zu lassen.

Haberbosch hatte Abwasser und Wasser gelegt, auf Dichtheit geprüft, begann mit dem Einbau der Bäder. Fertigteile, angemessen auf jedes Bad, mit Fliesen beklebt, mit vorbereiteten Anschlussöffnungen, wurden angeliefert, auf den Stahlträgerunterbau angeschraubt, befestigt. Eine Millimeterarbeit, schwer und kräftezehrend, dabei sah alles so leicht und einfach aus! Im weiteren Arbeitsgang wurden die Anschlüsse an Dusche, Toilette und Waschbecken vollzogen, der Elektriker verkabelte Steckdosen, Licht, Abzugshauben. Alle Ritzen und Spalten wurden abgedichtet, wurden von außen mit Gipsplatten versehen, die Tür eingebaut, fertig war das Bad! So schnell ging es leider nicht, Kleinigkeiten hielten auf, die Anpassung in den Ecken war nicht immer 100 % und musste in Handarbeit ausgebessert werden. Dennoch wurde Bad für Bad fertig.

Währenddessen waren wir, d. h. meine Helfer von der Firma Berneiser und ich, mit der Lösung der Tapeten beschäftigt, auch hier gilt: Was so leicht aussieht, ist oft die härteste Arbeit. In der DDR gab es einen gemixten Spezialkleister mit Knochenleim und Latex, unvorstellbar, kein Lösungsmittel, kein Dampf, keine Schleifmaschine konnte helfen, wir bekamen die Tapeten nur in winzigen Stücken von der Wand, oft nicht größer als der Fingernagel. Welche mühselige, zeitraubende Arbeit, vor allem nervenzehrend! Der Zeitplan kam mächtig ins Durcheinander, denn wer hatte das geahnt?

Auf kleinste Freuden waren wir angewiesen, um nicht den Mut zu verlieren, so geschehen am 1. Advent, ich hobelte im Appartement 4, auf der Leiter stehend, die Tapeten ab, kam einfach nicht vorwärts, alle anderen Menschen feierten mit Kerzenlicht gemütlich die beginnende Weihnachtszeit, meine Stimmung war den Tränen nahe, da wunderte ich mich über die Farbe unter der vierfachen Tapetenschicht. Neugierig, eifrig, spannungsgeladen arbeitete ich. Zum Vorschein kam ein Engelgesicht! Das zum 1. Advent! Nun heulte ich wirklich, so glücklich war ich, ich fand das einfach herrlich!

War das Schloss seit Herbst 1996 eine einzige Baustelle, Staubwolke, Krachbude, Polterhaus, wurde es allmählich zivilisierter, der Dreck war herausgefegt, es begann Ende 1997 nach neuen Baumaterialien zu riechen, denn Kleister und Farben wurden gemixt, gestrichen, gepinselt, geklebt von Zimmer zu Zimmer. Für die Farbgebung war alleine ich verantwortlich. Ich hatte mich zuvor an die Bauhaus Uni in Weimar gewandt, doch die erschreckten mich, auf der Suche nach der alten Farbgebung, mit einem Kostenvoranschlag an die 25.000,- DM. Das Geld konnte ich mir sparen! Selbst ist die Frau! Mein Verständnis für Farben, mein Wissen über Neo-Barock reichte aus, um ein neues Farbkleid für Marienthal zu finden, zu entwerfen, zu mixen und abzustimmen.

Positive Resonanz bestätigte mich, selbst die Denkmalschützer, die recht oft bei uns ein- und ausgingen, waren überrascht und zufrieden. Wir veränderten keine Bausubstanz, gingen behutsam mit dem Haus um, frischten nur auf, auch die Einbauten der Bäder sind nicht unwiderruflich. Durch das Montieren auf Unterträger hat man keine Verletzung der Wände herbeigeführt, ein Ausbau ist also jederzeit möglich. Also wunderte ich mich über die hartnäckige Baubehörde, die Baupläne, statische Berechnungen, Umwandlung der Nutzungsart von mir verlangten. Nicht einmal die Umnutzung leuchtete mir ein, denn zuvor waren Kinder in den Ferien zur Kur, nun wollte ich Familien zur Erholung herbeilocken. Wo liegt da der Unterschied? Ich ignorierte alle Drohungen, Aufforderungen, ärgerte mich über den rauen Ton der Briefe, fühlte mich angegriffen, unverstanden, empfand alle Briefe als persönliche Beleidigung und wurde richtig sauer, wütend, teilweise auch lustlos, denn ich sehnte mich nach Verständnis und Unterstützung.

Vor dem Winter 97 musste noch schnell eine neue Heizung in das Nebengebäude, in dem wir alle wohnten, wollten wir doch wenigstens abends eine gewisse Gemütlichkeit mit Wärme und warmem Wasser haben. Die Firma Praml, die die Heizung im Schloss saniert hatte, hatte uns im Laufe der Arbeiten sehr enttäuscht, halbherzig gearbeitet, die einzelnen Zusatzleistungen überteuert berechnet, somit war die Zusammenarbeit beendet worden. Neue Kostenvoranschläge flatterten ins Haus, eine Firma Haas aus Bayern schoss den Vogel ab, startete zügig mit der Installation und wurde genauso flott mit den Arbeiten fertig, auch wenn sie recht kompliziert um viele Ecken, in Ecken, mit großen Durchbrüchen und Dreckbergen ausgeführt werden musste. Wir waren erfreut, aber auch Herr Haas war erleichtert, als er nach doch geraumer Zeit wieder nach Hause zur Familie fahren konnte. Wie alle Dinge zwei Seiten haben, hatte auch der Heizungseinbau im Nebengebäude seine positive Wirkung: Es war warm, aber die negative Auswirkung war der Dreck, der nun nicht nur im Schloss, sondern auch unmittelbar im Wohnbereich zu finden war.

Unser Arbeitsklima war gut, besser hätte es nicht sein können, auch mal ein Spaß war erlaubt, gutes Essen und Versorgung erkannte die Mannschaft an, dass auch ich mitgearbeitet habe, wurde positiv angenommen. Wir waren ein Team! Arbeiteten von Zimmer zu Zimmer. Nach dem Motto „Steter Tropfen höhlt den Stein" kamen wir langsam, von Etage zu Etage, durch das Schloss, einer Weihnachtspause entgegen, darauf freuten wir uns alle, hatten sie auch redlich verdient, wollten das Jahr in Frieden abschließen!

Mit Worten kann man den Ausbau von Schloss Marienthal nicht beschreiben, solche großen Worte gibt es nicht, die Superlative sind zu klein, deshalb trägt jeder, der uns hier geholfen hat, mitgearbeitet hat die gewaltige Leistung zu schaffen, seinen Stolz tief im Herzen. Den darf und kann ihm keiner nehmen!

Einen kalten schneereichen Winter erlebten wir in Marienthal, trotz Heizung war es im Schloss kalt, ungemütlich, viele Arbeiten konnten wegen der Temperaturen nicht erledigt werden, unser Zeitplan verzögerte sich immer weiter nach hinten, doch wir versuchten die Planungen bezüglich Außenanstrich, Möblierung, nötige Investitionen sicher aufzustellen. Das gelang uns gut. Kurz vor Hamburg gab es einen Secondhandshop für gebrauchte Hotelmöbel, wir wurden fündig, der Preis war für uns erschwinglich, wir kauften, vereinbarten einen Abholtermin. Die nächste Reise ging nach München. Eine Gaststätte am Ostpark richtete sich neu ein, bot die alten Möbel günstig an, uns gefielen sie, wir kauften. So kamen wir schnell zur Einrichtung, genauso schnell organisierten wir die Tisch- und Bettwäsche, Gardinen, Besteck und Küchenutensilien fanden wir auch per Zeitungsannoncen. Bald waren wir ausstaffiert.

Aber noch immer wurde im Schloss tapeziert, geschmirgelt, gestrichen, gerollt, Teppichboden ausgelegt oder der Parkettboden renoviert, gepresst, eingespannt, festgeschraubt, geschliffen und versiegelt. Es schien kein Ende zu nehmen und doch war der Fortschritt zu sehen, zu spüren. Die Arbeit begann mit dem Blick auf das Ende schneller von der Hand zu gehen. Es sollte aber noch weit bis in den Sommer 1998 dauern. Die Einweihung hatten wir auf das Erntedankfest gelegt, die fünf Jahre waren schon wieder rum, ein Fest stand im Raum.

Für den Außenanstrich hatten wir kein Gerüst geplant, es war uns viel zu teuer, die Idee mit einer Hebebühne war brillant, war sie doch auch für später vielseitig einsetzbar. Eine Unfallbühne stand zufällig in der Zeitung, Manfred und Michael schauten sich die verbogene Kutsche an, war sie doch noch voll funktionsfähig, ein bisschen schief, aber nicht gefährlich. Freddy handelte einen Superpreis aus, fast geschenkt, sie hängten sie direkt an den alten Bus und kamen freudestrahlend damit angefahren, bauten sie gleich auf, tarierten sie aus, luden die Batterie, animierten mich zu den ersten Hebeversuchen, die ich ängstlich ausführte. Die Höhe erschreckte mich, das Schwanken ließ meine Knie erzittern, sehr mutig war ich nicht. Das Fahren hoch und runter, nach rechts und links, das Balancieren des Korbes war nicht einfach. Mit ein bisschen Übung würde ich sicherlich gut fahren, ich gebe zu, etwas mulmig war es mir im Magen, als ich hoch hinausfuhr. Mein Blick ging über das Dach, ich sah die Dacharbeiter hoch oben auf dem Schloss. Was sie konnten, konnte auch ich, hoch hinaus! Der Startschuss für den Anstrich fiel.

Die Farbe, eine teure Mineralfarbe in Gelb, vom Denkmalschutz und der Gemeinde bewilligt, stand schon mit Rollen und Pinseln bereit. Meine Arbeitswut, meine Euphorie, meine Vorfreude waren grenzenlos, war ich doch gespannt auf das Aussehen, freute mich auf die Wirkung, auf das Strahlen der Farbe in diesem dunklen Deutschland.

Der Dämpfer folgte unmittelbar, der raue Putz verschlang Mengen an Farbe und deckte doch nicht, in die tiefen Löcher bekam ich keine Farbe, es sah unmöglich aus, noch mehr Farbe wäre viel zu teuer gekommen, das käme einer Spachtelung gleich. Nur gut, dass ich auf der Rückseite des Nebengebäudes begonnen hatte, hier konnte ich Versuch um Versuch probieren. Zuerst verdünnte ich die Farbe, es ging schon besser, die Haltbarkeit und Deckfähigkeit war aber infrage gestellt, die Löcher pinselte ich mit einem kleinen, schmalen Pinsel aus. Eine Wahnsinnsarbeit! Das ging auf keinen Fall, die Zeit hatte ich nicht, wollte ich auch nicht investieren. Neue Ideen brauchte ich, grübelte, überlegte, probierte, saute alles mit Farbe ein, schmuddelte herum, den Jungs standen die Haare zu Berge, Siwi lachte und tröstete mich mit den Worten: „Es wird schon!" Es wurde! Meine Idee, die Farbe verdünnt mit einer Spritze, ähnlich wie ich die Wände in Blumenrad gekalkt hatte, vorzubehandeln, gelang super, aber nicht ohne Nachteil. Der Nachteil war die laufende Farbe, die nun so dünn war, dass ich sie nicht bremsen konnte, die Folge war ähnlich einer Tropfsteinhöhle, alles verschmiert, die Farbe in jeder Ritze, auf und an der Hebebühne, meine Sachen triefend nass mit Farbe, Farbe, Farbe! Aber ich kam vorwärts! Der derbe Rückschlag war vergessen, der Blick nach vorne gerichtet, denn nach zwei Tagen hatte ich die mit der Bühne erreichbare Fläche fertig, es musste umgesetzt werden. Die Söhne stöhnten, zeigten mir den Umbau genau, doch meine Kräfte reichten für die schweren Ausleger nicht aus, alleine konnte ich es nie schaffen. Schade, nur ungern bettelte ich. Mit Stolz betrachtete ich mein Werk, dachte an Goethes Ausspruch: „Oh, wie leuchtet die Natur." Die Wand! Das beflügelte mich, ich spornte mich selber an, arbeitete wie besessen und freute mich jeden Abend über meine Leistung, über das schöne Aussehen, über die langsam fahrenden, neugierig schauenden Leute. Ich hatte meinen Spaß, obwohl die Arbeit gar nicht spaßig war, die Farbe klebte überall, in den Haaren, in den Schuhen, am Werkzeug, die Hebebühne wurde zusehends gelb, aber auch die Hauswand. Das war es! Nach einer Woche harter Arbeit hatte ich das Nebengebäude fertig, die erste Hürde geschafft, mir tat alles weh und mit Schrecken dachte ich an das Schloss, achtmal so groß! Eine Pause tat mir gut.

Inzwischen hatten wir unser Dachproblem gelöst, indem wir nicht die sehr verlockenden Angebote einer Komplettrenovierung zum sehr günstigen Preis angenommen hatten, sondern wir kamen zu der Entscheidung, die Teerpappe nur zu flicken und neu streichen zu lassen. Eine Firma aus Eckartsberga kam mit einem sehr günstigen Angebot, sie konnte schon am nächsten Tag das Dach bevolkern, ausgerüstet mit Teereimern, Rollen an langen Stielen tobte sie über das Dach. Ich konnte ohne Herzstillstand kaum nach ihnen schauen, akrobatische Leistungen waren nicht erschreckender, als was die Kerle uns boten, ohne Seil und doppelten Boden! Es ging alles gut, das Dach war dicht, die Teerpappe neu getränkt. Einige Jahre sollten wir Ruhe haben. Es hielt von 1997 bis 2005! Wir bereuten die Entscheidung natürlich, denn Preisanstieg, Umstellung auf den Euro spielten gegen unsere Kassen.

Das Frühjahr nahm seinen Lauf, Haberbosch ging mit seiner Baumaßnahme dem Ende entgegen, die Abnahme und eine dicke Endabrechnung kamen unvermeidlich auf uns zu. Sonderleistungen waren zu dem vereinbarten Festpreis addiert, sie schlugen ins Kontor und ein Verhandeln musste wohl sein. Jörn kam angereist, ebenso Herr Haberbosch junior. Wir wollten das Ende etwas festlich gestalten, hatten wir uns doch fast ein Jahr wie eine Familie gefühlt, waren zusammengewachsen, hatten uns gerauft, lieben gelernt, hatten Höhen und Tiefen umschifft, Glücksmomente und Rückschläge erlebt. Es ging schief, die Chefs brachten die Stimmung zum Kippen, es ging mal wieder nur ums Geld. Schade! Fred rettete die Situation mit seinem Charme und Witz, konnte die brodelnde Situation abkühlen, sodass die Finanzen und Stimmung wieder stimmten. Es ging haarscharf an einer Katastrophe vorbei, es blieb ein bitterer Nachgeschmack, der Abschied erfolgte verhalten. Die Wut war groß, der Ärger noch größer. Das konnte nur so eskalieren, weil beide Chefs kein Herzblut in Marienthal investiert hatten, vom Schreibtisch die Arbeiten verfolgten, die Leistungen nicht anerkannten, sondern nur das Geld sahen. Traurig für uns.

Plötzlich waren wir nur noch eine kleine Arbeitergruppe. Die Tapezier-, Streich- und Schleifarbeiten drängten auch zur Fertigstellung. Wir hatten viel Platz, viele Betten frei, Siwi kam auf die gute Idee und brachte Unterstützung mit. Seine Frau, sein Neffe und Bruder hatten eine Woche Ferien, wollten mitarbeiten. Wunderbar. Frau Siwi übernahm die Küche, so konnte ich mich auf den Außenanstrich des Schlosses stürzen. Im Haus kamen neue Kräfte zum Wirken, die Arbeit wurde doppelt so schnell erledigt, gute Laune lag in der Luft. Alles war wieder gut. Frau Siwi kochte wunderbar, besonders ihr Kuchen erfreute uns jeden Tag aufs Neue. Diese herrliche Zeit dauerte leider nur eine Woche, sehr schade! Eine Freude gab es dennoch, der Neffe wollte bleiben, das sahen wir gerne und willigten sofort ein. Sein Bleiben dehnte sich auf fast ein Jahr aus, verdiente er doch bei uns gutes Geld, sparte für die Hochzeit und wartete auf einen folgenden Job bei seinem Vater in Stuttgart. Es passte.

Das Schloss leuchtete auch schon etwas gelb, die dunkelgraue Fassade verschwand Stück für Stück. Neue Schwierigkeiten hatten sich eingeschlichen, der tote Efeu musste erst abgekratzt werden, die saugnapfartigen Füße hatten sich tief in das Mauerwerk verankert, die Fäulnisbakterien gingen mit meiner Mineralfarbe einen Kampf ein, es zischte beim Streichen! Ob das gesund war, konnte mir mein Malermeister auch nicht beantworten, eine Rückmeldung der Herstellerfirma signalisierte: Ist alles okay! Na, dann weiter im Takt. Meine Zeit war eng bemessen, hatte ich doch noch mehr Aufgaben zu schaffen. An erster Stelle stand immer die Küche, das Büro, die Planung für die Zimmer mit dem Kauf der noch nötigen Möbel, die Fahrten nach Limburg. Dort begann eine neue Feriensaison, so tanzte ich mal hier, mal dort, zerriss mich in der Arbeit, die oft bis spät in die Nacht dauerte.

Nur so konnte folgende Geschichte passieren:
Wieder war ich einmal am Streichen, nur ungern unterbrach ich meine Arbeit, denn nun war ich wieder eingesudelt, verschmierte nur ungern die Farbe noch weiter. Wollte so gerne die Strecke fertig bearbeiten, merkte aber an meinen Hebeln, dass die Hebebühne an Kraft verlor. Ich dachte nicht weiter darüber nach, strich, spritzte, strich, es wurde dunkel und dunkler, kalt und kälter, noch dieses kleine Stückchen, dann Feierabend! Da passierte es, die Bühne sagte keinen Ton, sie ging nicht mehr nach unten, höher auch nicht mehr, denn ich war ganz oben. Ende! Da stand ich, keine Menschenseele zu sehen, zu hören, kein Rufen half, kein Schaukeln, kein Ruckeln. Die Zeit verging, ich war nass, wurde kalt, fror, zitterte, bibberte zuletzt. Es war weit nach Mitternacht, meine Söhne kamen vom Feld, sie stutzten, lachten sich halb tot, halfen mir und retteten mich aus der Höhe. Welch ein Pech, welch ein Glück!

Ein andermal explodierte die Batterie mit einem riesigen Knall, da wäre ich beinahe kopfüber von der Bühne gestürzt, doch Hilfe eilte schnell herbei, waren sie doch alle erschrocken.

In Marienthal gingen viele Leute spazieren, sie beobachteten meine Malerarbeiten, schüttelten immer wieder den Kopf und fragten mich nach meiner Motivation, denn es wäre bei der Arbeit doch kein Ende in Sicht. Na, da war ich anderer Meinung und garantierte ihnen ein flottes Ende der Streicharbeiten. Wie immer hatte ich den Mund ganz schön voll genommen, denn ich merkte die Anstrengungen ganz ordentlich, schluckte Schmerztabletten, wechselte die Rollen- und Pinselgrößen, baute in jeder Hinsicht ab, die Hebebühne aber Stückchen für Stückchen weiter. Die Handgelenke bandagiert, einen Nierengurt um die Hüfte, Knieschoner, Fußgelenkstütze, alles musste mich unterstützen, nur mein Wille trieb mich vorwärts. Ich gebe zu, die letzten Meter strich ich nur noch unter Tränen, denn meine Schmerzmittel halfen nicht mehr, mir tat alles weh, ich konnte nicht einmal mehr schlafen, ich war fertig, fertig auch der Anstrich!

Das heißt aber nicht, dass wir nicht mehr am Streichen waren, Cornelia König, zu der Familie Karius gehörend, quälte sich weiter von Fenster zu Fenster, sie hatte diese Aufgabe übernommen, nachdem sie ihre Fähigkeiten beim Ausmalen von der Wandmalerei in Appartement 4 gezeigt und uns überzeugt hatte. 75 Fenster waren ihr Ziel, von Tag zu Tag konnte sie einige von der Liste abhaken. Wir freuten uns über die Arbeitserledigung, über die aufgebrachte Geduld, ließen ihr freie Auswahl der Zeit, hatten ein Enddatum festgelegt und waren mehr als überrascht, als schon vor der Zeit alle Fenster gestrichen waren. Ein guter Lohn war Ehrensache, für beide Seiten erfreulich.

Familie Karius lernte ich unter besonderen Umständen kennen. Der Sturm hatte mächtig gewütet, Blitz und Donner tobten über Marienthal, Dunkelheit machte sich breit, da kam eine kleine Frau, wie aus einer anderen Welt, an die Tür und erklärte aufgeregt, dass ein Fenster im Schloss schlagen würde. Ich fand das sehr nett, konnte mich aber von dem Schock kaum erholen, sah die kleine Frau mit einem Stiernacken ohne Hals als Ungeheuer. Später lernte ich sie näher kennen, wir arbeiteten Jahre zusammen, sie war nett, flott, robust trotz kleinem Körperbau, hatte ihr Herz auf dem rechten Fleck, verteidigte ihre Kinderschar wie eine Löwin, machte anderseits viel Politik und wen sie nicht leiden konnte, der hatte keine zweite Chance. Die Dachdecker auf dem Nebengebäude verletzten Cornelias Privatsphäre, die Abreibung erfolgte auf meinen Schultern, die Zusammenarbeit wurde beendet. Ich fühlte mich unschuldig, es tat mir sogar ein bisschen leid, doch zu ändern war da nichts, noch bis heute reden wir kein Wort. Konsequent!

Rechtzeitig, denn der Termin für die ersten „Probegäste" rutschte näher, es waren noch keine Möbel aufgestellt, die letzten Bestellungen waren im Möbelhaus Hingott eingetroffen und warteten auf die Abholung. Mit jeder Fahrt von Limburg nach Marienthal hatte ich einen gepackten Anhänger voll Möbel im Schlepptau. Meistens verlief alles gut, doch diesmal hatten die Mitarbeiter des Möbelhauses den Hänger hinterlastig gepackt. Ein Test von Jörn brachte das Fass zum Überlaufen. Anschuldigungen „Wir wären für alles zu dumm, wie blöd muss man sein, ich habe es nur mit Doofen zu tun", verbunden mit Schreierei, Auspacken des Hängers mit Wut, sodass viele Ecken beschädigt wurden, Türgriffe abbrachen, Türen zu Bruch gingen, musste ich mit ansehen, anhören und über mich ergehen lassen. Jörn hatte alle Feriengäste durch seine Schreierei herangelockt, sie wollten helfen, ihn zur Vernunft bringen, doch vergebens, er wurde nur noch kritischer. Ich heulte, meine Knie schlotterten, ich zitterte am ganzen Leib, stieg dennoch in den gepackten Wagen mit Hänger und fuhr los. Am Hoftor stoppte ein Freund von Mirco, Ralf Schneider, mich, wollte mich nicht weiterfahren lassen, lud mich zu seinen Eltern ein, denn das Risiko eines Unfalls in meinem Zustand wäre zu hoch und das alles nicht wert. „Wie fürsorglich", waren meine Gedanken und die Tränen flossen gleich noch schlimmer, aber ich fuhr von dannen, nur weg. Jörn war unter aller Würde.

Alle Möbel, alle Utensilien waren im großen Saal gelagert, zusammengetragen, geliefert, gekauft und gesammelt worden. Der Raum war voll, daher wurde es Zeit, die Gegenstände im Schloss zu verteilen. Alle Zimmer waren fertig renoviert. Keine leichte Aufgabe, denn teils waren die Sachen recht schwer, sie mussten gut sortiert werden, jede Einheit bekam eine unterschiedliche

Einrichtung. Da ich die Männer kannte, wollte ich ein doppeltes Schleppen unter allen Umständen vermeiden, sortierte, beschriftete alle Gegenstände, schlüsselte die Appartements auf, versah sie mit großen Nummern, damit auch keine Verwechslung entstehen konnte. Meine Jungs organisierten eine ganze Truppe starker Packer, die der Meinung waren, das bisschen wäre in kurzer Zeit erledigt. Das war am frühen Morgen, mittags stärkte ich sie mit einer Gulaschkanone, natürlich auch ein Bierchen und starken Kaffee, denn der Saal war lange noch nicht leer! Noch mehr Kaffee zum Kuchen und erst am Feierabend gegen 19 Uhr konnte man mit ruhigem Gewissen das Feierabendbierchen genießen. Das Meiste und Schwerste war geschafft. Ein hartes Stück Arbeit! Hätte keiner vorher gedacht, dann wären sie auch nicht gekommen. So die Meinung.

Das richtige Aufbauen, Einrichten, Sortieren in den einzelnen Einheiten mit Anbringen von Gardinen, Lampen und Bildern dauerte noch einmal gute vier Wochen. Die Anschlüsse der Pantrys nahmen alleine gute 14 Tage Zeit in Anspruch, denn es sollte alles ordentlich gemacht sein!

Wir hatten nach dem Einrichten der Salons in der unteren Etage, nach dem Herrichten und Dekorieren der Flure nicht mehr viele Möbel übrig, die reichten gerade noch, um das Büro auszustatten. Dort landeten alle nicht mehr brauchbaren Gegenstände und dort stehen sie heute noch! Es gab keine Zeit, keinen Grund, keine Pflicht, sie wegzuräumen. Die Betriebsblindheit hat uns schon lange fest im Griff.

Die ersten Gäste waren Freunde, Bekannte und Feriengäste aus Limburg, sie durften „Probeliegen, Probekosten, Probetesten", hatten alles umsonst, dafür freuten wir uns über Verbesserungsvorschläge, Anregungen, ehrlich gemeinte, echte Urteile. Wir freuten uns über die ausgebliebenen Pannen, über den positiven Zuspruch, arbeiteten an der Ausführung der Verbesserungsvorschläge. Von Mal zu Mal bekam das Schloss ein besseres Gesicht, wurde gemütlicher, anheimelnder, perfekter und schöner. Durch den Test waren unsere Bedenken verflogen, unsere Ängste gedämmt, der Blick in die Zukunft positiver.

Nette Gäste folgten, die Verbreitung von positiven Erfahrungen auf Schloss Marienthal verbreitete sich recht schnell, dafür sorgten Öffentlichkeitsarbeiten, Kaffeepause von der Unstrut Classic Oldtimer-Rallye, eine Großveranstaltung. Seniorentreffen, Besichtigungen von Wandergruppen, Öffnung am Tag des Denkmals trugen ebenfalls dazu bei.

Zwischenzeitlich trafen uns aber auch schwere Rückschläge, von denen wir uns eigentlich bis heute nicht erholt haben. Die TLG verkaufte den vorderen Teil des Hofes mit den Leutehäusern auf der Auktion in Berlin. Obwohl wir den dreifachen Preis zuvor geboten hatten, bekam ein Berliner den Zuschlag. Eine Welt brach zusammen und damit auch unser Konzept für Marienthal. Das Schloss so gut wie fertig, konzeptionell für die Großeltern der Feriengäste „Urlaub auf dem Bauernhof" geplant, wurde auf einen Schlag zur Fehlplanung, die letzte Rettung konnte von der Gemeinde kommen, sie sollte Eigenbedarf geltend machen und dem Berliner den Hof abkaufen. Einen Barscheck von uns hatte der Bürgermeister Dr. Weber von Eckartsberga in der Tasche. Er und damit auch wir ernteten nur ein höhnisches Lachen. So schnell kann ein Fall beginnen.

Tief im Herzen hofften wir auf ein Wunder, das Kämpfen gab ich nicht auf, versuchte auf der politischen Schiene die Verantwortlichen wachzurütteln, denn die TLG arbeitete gegen die Entwicklung, sie verhinderte nicht nur bei uns den Aufbau eines Konzeptes, sie machte mit Gewalt den Aufbau kaputt unter dem Motto: „Was früher einmal war, darf heute nicht sein!"

Was dem einen seine Uhl ist, ist dem anderen seine Nachtigall. Meine Männer fanden schnell einen Trost, denn jetzt würde für die Landwirtschaft noch ein bisschen Geld übrig bleiben, sie planten den Kauf von Maschinen. Ich gönnte es ihnen, denn eine gute Landwirtschaft sicherte auch die Existenz des Schlosses, außerdem schlug mein Herz immer mehr für die Landwirtschaft als für die Gäste. Trotzdem mühte ich mich weiter, wollten wir doch zum Erntedank 1998 das Schloss feierlich eröffnen. Es war gleichzeitig unsere erste Ernte in Marienthal, es passte wunderbar. Die Einladungskarten waren gebastelt, schnell verschickt, Ideen hatte ich reichlich, Hilfe zur Durchführung auch. Was sollte da noch passieren? Die Zusage von Herrn Minister Keller erfreute uns sehr, spornte uns weiter an. Nach und nach kamen die Zusagen aus höchsten Kreisen, aber auch viele Gäste aus Limburg, Familie und Freunde konnten wir erwarten. Natürlich kam auch Jörn angereist.

Das Fest war wunderschön, gelungen, interessant, erfolgreich! Erfolgreich dahin gehend, dass uns Landwirtschaftsminister Herr Keller aus Magdeburg die Zusage zur Pachtung der Flächen in Schulpforta zusicherte. Wir hätten unsere Ernsthaftigkeit unter Beweis gestellt, er lobte uns für den Ausbau des Schlosses und wollte nun ebenso sein Versprechen einlösen. Mit der Herbstbestellung 1999 sollten wir die Flächen von der Stiftung „Schlupforta" in der Größe von 150 ha übernehmen, einen Pachtvertrag würde er zügig senden. Wir waren aus dem Häuschen! Endlich am Ziel, dem Aufbau einer ordentlichen Landwirtschaft stand nun nichts mehr im Wege.

Wir hatten an diesem Tag ungefähr 500 Gäste, es ging alles wie im Fluge vorbei, da nach dem Gottesdienst, Begrüßung, Reden, viele kleine Veranstalter für Musik-, Tanz-, Bauchtanz-, Zauber-, Theatereinlagen für Abwechslung sorgten und leckere Grillplatten sowie Kuchen den Gaumen erfreuten. Die Gäste waren im ganzen Schloss derart verteilt, dass die Bilder und Fotos fast leer aussahen und man kaum Gäste vermutete. Schade, nur das Gästebuch kann den Beweis erbringen. Das Phänomen haben wir bei fast allen Veranstaltungen hier im Haus, besonders bei den Hochzeiten benötigt man einen Zeremonienmeister, um alle Gäste wieder zu versammeln.

Der Ausklang des Tages fand im kleinen Familienrahmen statt. Unsere Kinder, Tante Christel, Frauke mit Anhang und Freunde blieben über Nacht. Meine Eltern verfolgten den Aufbau Marienthal intensiv, waren oft zu Besuch. Der Gedanke an einer Umsiedlung reifte zur Vollendung, das freute uns sehr.

Am nächsten Morgen änderte sich das Bild schlagartig, und bevor die Arbeit des Aufräumens begann, waren alle fort. Hatte ich die Vorbereitungen alleine am Hals, war ich mit dem Abbau ebenso beschäftigt. Auch Jörn half nicht, das machte mich sehr traurig, stimmte mich aber auch sehr nachdenklich. Die Angst packte mich, ich wusste nicht warum, aber ich spürte: „Es lag etwas in der Luft!" Was hatte ich verkehrt gemacht? Wieder ein Missverständnis?!

Nur noch wenige Gäste besuchten uns, das Jahr ging schnell dem Ende entgegen, es wurde kalt, ungemütlich, keine Reisezeit, aber Zeit für Planungen, Prospekt-, Konzept- und Ideenentwicklung. Freds Freundin Nicole arbeitete im Druckverlag, Abteilung Design und Werbung, entwickelte für uns ein schönes, aussagekräftiges Prospekt. Danke! Sie half Fred auch, das war erstaunlich, beim Ausbau seiner Wohnung, schliff den Holzboden, lackierte, half beim ersten landwirtschaftlichen Flächenantrag, machte sich gut nützlich, war eine nette Hausbewohnerin, auch wenn sie nur sporadisch vorbeikam. Ich fand sie nett.

Unser Kontakt zum Herrn Müller vom Haus der Gelegenheiten riss nicht ab, er fand immer wieder Möbel, Teppiche, Lampen, um unser Schloss noch schöner, gemütlicher, wohnlicher auszustaffieren. Hatte er eine Ladung zusammen, schaute ich mir die Sachen beim Limburger Aufenthalt an, entschied dafür oder dagegen, nahm etwas mit dem Hänger mit oder wir sammelten weiter, bis eine Tour mit dem LKW rentabel war. Unerwartet kam die Auflösung seines Geschäftes, das betrübte mich sehr, aber anderseits hatte ich inzwischen auch genug Accessoires. Bilder von meiner Schwägerin, Mica Knorr-Borocco, eine aufstrebende Malerin, füllten die noch leeren Wände mit eindrucksvollen Werken.

Jeder versuchte zu helfen, brachte sich in den Aufbau Ost ein. Den Ausklang des Jahres versuchte ich mit einem gemütlichen, musikalischen Ausklang zur Adventszeit für die Bevölkerung aus dem nahen Umkreis abzuschließen, mit mehr oder weniger Erfolg. Ich hatte mir mehr Gäste gewünscht, war doch der Preis nicht einmal kostendeckend. Mein Versuch, die Bewohner für Marienthal zu interessieren, war für die Katz. Die Kinder der

Musikschule aus Eckartsberga spielten fast nur für die begleitenden Eltern. Auch nicht schlecht.

Wir hatten eigentlich andere Sorgen, die Auflösung von Blumenrod hatte sich in eine ganz andere Richtung entwickelt. Hilferufe vom Anwalt erreichten mich zu spät, das Kind war in den Brunnen gefallen, die Fronten verhärtet, Jörn hatte die Stadträte zuerst auf seine Not aufmerksam gemacht, hatte sie für sich gewinnen können, doch dann knallte er unerwartet das Prospekt von Schloss Marienthal auf den Tisch, die Gesichter verzogen sich, die Stadträte verließen den Raum und Jörn wusste nicht einmal, weshalb! Unser Anwalt war genauso außer sich, konnte es nicht fassen, konnte es auch nicht verhindern. Waren wir doch kurz vor dem Ziel, ein schönes Sümmchen für das vorzeitige Verlassen der Domäne auszuhandeln, die Verhandlungen galten danach als gescheitert.

Das bedeutete nichts Gutes. Unsere Zukunft sah düster aus.

Die Nerven lagen blank. Jedes Wort landete auf der Goldwaage.

Jörn litt unter starken Rückenschmerzen, meiner Meinung nach waren sie psychosomatisch. Er ging sogar zum Urologen, ohne mich davon in Kenntnis zu setzen. Ich wäre doch sofort nach Limburg geeilt, hätte nach dem Rechten geschaut! Umso erschrockener war ich beim Eintreffen von Marc und Jörn, die pünktlich zum Weihnachtsfest nach Marienthal kamen, denn Schläuche, Katheter und Beutel schmückten Jörn, der das auch noch sichtbar zur Schau stellte. Entsetzen ergriff mich. Ich glaubte nicht an die Nierensteine und dachte mir meinen Teil. Die Bestätigung sprach Dr. Busch später bei der Besprechung in Diez aus. Simulant, Ausdruck seelischer Nöte. Jörn hatte seinem Alter entsprechend einige Kalkablagerungen in der Niere und Blase, ganz natürlich. So natürlich spült der Mensch die Absonderungen auch aus.

Plötzlich und schnell war alles wieder gut.

Ich fuhr zu den Silvestervorbereitungen im Eiltempo zurück nach Marienthal, denn wir erwarteten ein volles Haus, hatten schon fast alle Karten im Vorfeld verkauft, die Neugierde trieb die Gäste zu uns ins Schloss. Unser Programm stand, die Musik war bestellt, geschmückt hatten wir den Saal, die Tische passend zu der Gruppengröße gestellt und dekoriert. Getränke waren eingekauft, nun wurde gekocht, ein Teil kam vom Catering aus Rastenberg, ich war selbst gespannt und wurde überrascht! Es war reichlich, gut abgeschmeckt, die Vielfalt stimmte auch. Unser Eigenanteil war natürlich besser, aber auch teurer.

Der Abend wurde ein Erfolg, der gesunde Jörn kam rechtzeitig, wir führten einen Showtanz unter Beifall auf. Die weiteren Einlagen begeisterten ebenso, die Getränke flossen reichlich. Frau Karius verkaufte Wein und Sekt auf einem Stand im Flur, die restlichen Getränke kamen aus der Bar, wurden serviert und notiert. Die Knallerei zu Mitternacht ließ ganz Marienthal erzittern. Es passierte aber nichts Gravierendes, kleinere und größere Brandflecken waren nicht auszuschließen. Der Jahreswechsel 1998/1999 war gelungen, aber nicht ohne Wermutstropfen und doch war der Blick hoffnungsvoll nach vorn gerichtet.

Die Abrechnung war der Wermutstropfen, hatten wir beim Aufräumen, Sortieren und Säubern doch viele Flaschen anderer Herkunft gefunden, wunderten wir uns nicht mehr über das negative Wirtschaftsergebnis. Nach Abzug aller Kosten, nach Bezahlung aller Rechnungen, Auszahlung der Löhne, Berechnung der verbrauchten Energie war der Gewinn gleich null. Eine Veranstaltung unter dem Motto „Werbung".

Die Kosten für den Frostschutz, d. h. die laufende Heizung, gaben uns schwer zu denken, war das Öl auch noch preislich günstig, so riss der Verbrauch Jahr für Jahr ein Loch in unsere Kasse. Bei allen Sparversuchen platzte uns im ersten Jahr eine Heizung in der Bibliothek. Aufregung bis zum halben Herzinfarkt, Rennerei, Suche nach den Abstellhähnen begann und doch verursachte der Bruch großen Schaden auf dem frisch renovierten Holzboden. Unser Ärger war grenzenlos. Es blieb nicht der einzige eingefrorene Heizungskörper, die Leitungen liegen oft ungeschützt unter der Dachhaut. In den Frosttagen ist eine tägliche Kontrolle aller Heizkörper angeraten, denn ein nicht geöffnetes Ventil kann das Einfrieren verursachen. Eine preiswerte Lösung haben wir bis zum heutigen Tag nicht gefunden, die hohen Investitionen einer Holzvergaseranlage schrecken ab, die Nutzbarkeit ist relativ gering, die Kosten-Nutzen-Rechnung weist keine Ökobilanz auf.

1999 durften wir schon ab Ostern viele nette, freundliche, zufriedene, begeisterte Gäste empfangen. Wir waren erstaunt über die zahlreichen Anmeldungen, freuten uns sehr. Wir arbeiteten weiter an unserer Werbung, veranlassten wieder eine DLG-Prüfung, erhielten 3 bis 4 Sterne und waren damit sehr einverstanden. Mehr war nicht vorgesehen, denn die Preise waren der Leistung angepasst, hatten wir doch „Urlaub auf dem Lande fürstlich genießen" zum Motto, wollten auch nicht unter der Kategorie „Schlosshotel" geführt werden. Wir blieben unserem alten Betriebszweig treu, auch wenn er in seinem Ganzen nicht aufgebaut werden konnte. Die Suche nach einem Ersatz, neues Gästeklientel, brachte mich auf die Idee, angeregt durch die großen Räumlichkeiten und das schöne Ambiente, Hochzeitsgesellschaften zu bewirten. Mit großen Gästegruppen machte ich langsam Erfahrungen, die erste Hochzeit feierten wir im August 1999 von Familie Feussner aus Eckartsberga. Sie war, ist Landespolitikerin der CDU, er der benachbarte Waldbesitzer hier in Marienthal.

Das Leben ist ja nicht nur Freude, auch Kummer geht einher. Kummer bereitete mir Michael, er versteckte sich hinter der Arbeit, war aus den Arbeitsklamotten nicht mehr rauszukriegen. Seine Fröhlichkeit und sein offener Blick wirkten düster, mürrisch, ohne Freude, ohne Begeisterung, ohne Ziel und Hoffnung erledigte er seine Aufgaben. In die Öffentlichkeit schickte er Manfred, alle Termine außerhalb des Hauses verweigerte er. Ich sah schwarz, er tat mir leid, Abhilfe musste geschaffen werden. Aber wie? Reden half nichts. Ich griff zur Schlagkeule, mit blutendem Herzen und Tränen in den Augen legte ich Michael nahe, Marienthal zu verlassen. Frische Luft, Spaß am Job sollten ihn wachrütteln. Die Ursache war in dem Betriebszweig Landwirtschaft zu suchen, die hatte mich eigentlich nicht zu tangieren, doch die Folgen bekam ich zu spüren, litt sie aus, Schuldgefühle belasteten mich und ich wusste mir nicht anders zu helfen, wollte auch nur das Beste für Michael. Wie grausam muss man doch manchmal sein!

Kummer kam auch von Jörn aus Limburg, Unruhe überfiel mich, die Baumaßnahmen für die neue Siedlung begannen unmittelbar nach Neujahr, obwohl unser Abgang nicht einmal verhandelt war. Jörn tobte! Auf der anderen Seite des Hofes entdeckten die Esel den geöffneten Zaun, panisch vor Schreck suchten sie das Weite. Jörn fing sie später am Mensfelderkopf ein, hatte sie im Pferdehänger, so fuhr er sie gleich nach Marienthal. Hier kam er nachts an, nach dem Motto „Ein Esel kommt selten allein" öffneten wir das Schlosstor. Hier konnten sie laufen und sie liefen bis ins Jahr 2013.

Die Übergabe der Domäne wurde mit und von Gutachtern bestimmt, es gab kaum Spielraum für Verhandlungen, Preise waren jenseits von Recht und Ordnung, die ausstehende Ernte fand kaum ihren Wert, der Verdienstausfall für den Rest der Pachtlaufzeit wurde nicht in die Berechnungen aufgenommen, war auch für den nachfolgenden Übernehmer unrealistisch. Die Übergabe wurde zur Katastrophe. Genauso katastrophal stellte sich der Hof, die Ferienwohnungen, die Maschinen, das Umfeld dar. Schon bei der Einfahrt in den Hof kam mir das Grauen. Das Pflaster war zugewuchert, ungepflegt war der Eindruck, dazu die Wände mit ausgeblühtem Putz, so weit das Auge sehen konnte. So sahen auch die Wohnungen aus, die Maschinen ungewaschen, unaufgeräumt die Halle. Ich hatte zuvor einen Arbeitseinsatz nach Limburg geplant, doch Jörn versprach alles vorzubereiten und in Ordnung zu bringen. Wieder ein Missverständnis. Ich schämte mich, konnte die Gutachter verstehen, sie konnten tatsächlich keine bessere Bewertung aushandeln.

So wie ich fühlten auch unsere Jungs. Wir packten noch einige Sachen in den LKW, verteilten gewünschte Gegenstände an Freunde, fuhren mit einem schrecklichen Gefühl zurück nach Marienthal. Jörn blieb in Limburg, wartete auf die schriftliche Ausführung der Gutachter, hoffte insgeheim auf ein Nachverhandeln. Doch nichts geschah. Es wurde uns lediglich zugesichert, dass wir alle nicht aufgeführten Besitztümer bis 4 Wochen nach dem Übergabetermin entfernen, abholen, verkaufen könnten. Diese schriftliche Aussage beflügelte mich, die Listen der Ferienwohnungen genau zu kontrollieren, freigegebene, nicht verkaufte Sachen notierte ich, vereinbarte einen Abholtermin mit dem Nachfolger, organisierte Herrn Müller vom Haus der Gelegenheit und verwandelte innerhalb von einer Stunde meine Ferienwohnungen zu Bruchbuden, denn nach der Wegnahme meines Eigentums blieb nicht mehr viel übrig. Die Verwandlung war gruselig. Das Herausreißen des Alibert-Badeschrankes mit Blitz und Donner war spektakulär. Innerlich machte ich Freudenpurzelbäume! Weil die Zeit knapp war, schleuderte ich alles aus den Fenstern, wo Herr Müller schon wartete, um den Plunder im Auto zu verstauen. Die Heckelmanns hatten es in der Hand, denn mein Angebot zum Verkauf der liebevollen Einrichtungen schlugen sie bewusst aus. Für mich war der Gewaltakt ein Befreiungsschlag, danach war ich ruhig, hatte mit der Aufgabe von Blumenrod abgeschlossen.

Im Anschluss holte ich zu meiner Freude meine Enkelin Biliana in Schwickershausen zum Ferienaufenthalt nach Marienthal ab.

Zwischenzeitlich hatten wir, d. h. Fred und ich, die Möbel und Sachen von meinen Eltern in den LKW und Bus gepackt, auch hier stand der Umzug unmittelbar an. Die untere Wohnung im Nebengebäude, ehemals von der Familie Gehre bewohnt, hatten wir renoviert, ein neues Bad eingebaut, alles war für den Umzug bereit. Schneller als gedacht waren wir damit fertig. Am 15. 6. 1999 verließen meine Eltern ihre Heimat Witzenhausen, um bei uns, mit uns zu sein. Eine sehr mutige, traurige, herzzerreißende Entscheidung, die meinen Eltern sicherlich nicht leichtgefallen war, denn bekanntlich verpflanzt man einen alten Baum nicht. Sie taten es uns zuliebe.

Der Tag der Domänenübergabe wurde festgelegt. Keine feierliche Rede, keine Abgesandten der Domänenverwaltung oder Stadt, kein Lob für die vielen Jahre guter Bewirtschaftung, keinen Dank. Nichts! An der Außenmauer vor dem Eingang übergab

Herr Heckelmann den Scheck wie einen Fetzen Papier. Jörn steckte ihn ein, wie ein räudiger Hund wurde er vom Hof gejagt. Ohne Worte ging er zum Auto, fuhr los. Wir sahen ihm verdutzt nach, bis ich wach wurde, alle im Eiltempo in die Autos einsteigen ließ und mit Mirco die Verfolgung von Jörn eröffnete. Kurz vor Homburg erreichten wir ihn, wechselten die Autos. Ich fuhr mit Jörn nach Marienthal, war es doch eigentlich jetzt und hier ein Neubeginn.

Meine tröstenden Worte „Alles Geld der Welt ist die Verbitterung nicht wert!" und „Wir sind gesund, haben Kraft genug, fangen von vorne an, schaffen es, packen den Verlust weg!" erreichten ihn nicht. Tief in seinem Herzen verzweifelt, leidend und wütend war er in seinem Gram verstrickt, vertieft, dass er sogar die Ausfahrt zur A4 in den Osten verpasste, sondern weiter Richtung Kassel zur Bank fuhr. Genau das waren meine Gedanken, meine Bedenken, konnte ich mich doch immer auf mein Bauchgefühl verlassen. Mein Wachrütteln half (aber leider nur für kurze Zeit), wir fuhren nach Marienthal, es war der 25. 6. 1999.

Ein herzlicher Empfang erwartete uns, die neue Zeit ward eingeläutet. Eine turbulente Zeit!

Wir waren alle am Ende, die gewaltigen Kraftanstrengungen, die Veränderungen, die Umgewöhnungen, die Verletzungen und Umstrukturierungen zerrten an den Nerven, der Humor verließ uns, jedes Wort kam auf die Goldwaage, der Frieden war brüchig, die privaten Verletzungen taten weh. Kurzum, wir bewegten uns auf Glatteis, finanziell ebenso wie moralisch. Es war nur eine Frage der Zeit, wann die Bombe explodieren würde. So meine Einschätzung.

Unsere wohnliche Situation war noch keine Endlösung, das Leben hinter dem Büro hatte zwar den Vorteil der schnellen Erreichbarkeit, bot aber keinen privaten Freiraum. Die Wohnung „klein Blumenrod" am Ende des Hauses gelegen, über der Sauna und mit einem schönen sonnigen Dachplatz hatte ich für uns gedacht, wurde aber von Jörn als blödsinnig abgetan, da die Heizkosten zu hoch, zu aufwendig waren. Ich dagegen sah die Sonnenkollektoren auf dem Dach als Chance für eine preiswerte Bewirtschaftung. Die Meinungen gingen weit auseinander, näherten sich kaum an. In der Wohnung hatte ich all unsere lieb gewonnenen Utensilien untergebracht, sie war gemütlich, ein schöner Büroplatz für Jörn, ein Wohnzimmer mit Essplatz, Schlafzimmer, Küche und Bad waren für uns ausreichend. Unten die Sauna mit Whirlpool, oben der Dachplatz, einen eigenen Eingang mit neuer heller Treppe im schönen verputzten Flur. Ein schönes Zuhause für uns Senioren – dachte ich.

Denken, Wissen, Hoffen, das hatte alles nichts mit der Realität zu tun, die Wirklichkeit sah schlecht aus, da halfen auch die positiven Resonanzen meiner Eltern nicht, denn sie freuten sich, waren glücklich, hatten ihre Wohnung im Nu wohnlich, gemütlich, praktisch eingerichtet, eroberten, erforschten, entdeckten das neue Umfeld, ihre neue Heimat. So einfach konnte das sein. Ich freute mich mit ihnen, gönnte ihnen die Hoffnung und nur ungern trübte ich die Stimmung, äußerte deshalb meine Bedenken nicht, ließ mich vielleicht doch ein bisschen von der Euphorie anstecken. Wird schon alles noch werden, gut Ding will Weile haben!

Erfreuliche Erlebnisse hatten Seltenheitswert, deshalb ist mir die Fahrt nach Magdeburg noch sehr gut in Erinnerung. Das Landwirtschaftsministerium hatte zur Pachtvertragsunterschrift geladen, es war der 22. 7. 1999, an unserem Hochzeitstag, den ich besonders schön begehen wollte. Die Unterschrift alleine war unser Glück, denn nun stand die Landwirtschaft auch in Zukunft auf sicheren Beinen. Wir hätten glücklich sein können, die Sonne schien, den restlichen Tag verbrachten wir auf der Bundesgartenschau, die an Größe, Aufwand, Extras weltweit ihresgleichen suchen musste. Bombastisch. Ein bisschen Zweisamkeit erhoffte ich für diesen Tag, waren wir doch auf gutem Weg zu unserem Ziel: „einen eigenen Bauernhof".

Jörn hatte dafür keinen Sinn, schickte mich an die Würstchenbude, ließ sich das Bier und die Wurst von mir servieren, ein langes Anstehen ging voraus und mit der Länge der Schlange sank meine gute Laune. Das hatte ich mir anders vorgestellt, meine Enttäuschung war mir ins Gesicht geschrieben, meine Einladung in ein Hotel wurde mit einem Wutausbruch „Das können wir uns nicht mehr leisten" als absurd abgetan. Es war weit mit uns gekommen, nicht einmal am Hochzeitstag war die Stimmung erträglich. Traurig fuhren wir, d. h. ich, nach Hause. Jörn hatte sich sicherlich keine Gedanken darüber gemacht. Es war so, es blieb so, es wurde noch schlimmer!

Viele kleine Episoden reihten sich aneinander, vergifteten das Klima. Wir hatten Gäste, ein Fünf-Gänge-Menü servierte ich im Esszimmer, das Telefon bimmelte ununterbrochen, ich rannte ins Büro. Ein potenzieller Gast bat um Zusendung eines Hausprospektes. Ich schrieb die Anschrift auf. In dem Moment, als ich Störkebecker Straße schrieb, wusste ich, dass es falsch war, wollte später im Postleitbuch nachsehen, hatte aber nun keine Zeit, eilte in die Küche zurück. Jörn entdeckte meine Notizen, kam mir nach, schmiss den Zettel auf den Tisch, brüllte mit einer ungeheuerlichen Lautstärke: „Wer so blöd ist, kann kein Unternehmen führen usw. usw." Meine Gäste verließen den Saal in Furcht, Astrid grinste hämisch, ich heulte. Es war, wie es war. Alles nur wegen einer Störtebeker Straße.

Der anstehende Ernteeinsatz war zu planen, doch eine Planungsgröße war Jörn nicht mehr, wir merkten alle, dass mit seiner Hilfe nicht konstant zu rechnen war. Mirco war zum Glück hier, bediente den Mähdrescher, auf ihn bauten wir, wurden auch nicht enttäuscht! Fred war großartig in der Gesamtplanung, so primitiv, wie wir aufgestellt waren, so lief doch alles gekonnt und perfekt.

Im Schloss gingen Gäste ein und aus, Anfang August wurde die erste große Hochzeit gefeiert, alle waren aufgeregt, an viele Dinge musste gedacht werden, der Belegungsplan war ausgefüllt, alle Gäste hatten ein Bett, nun mussten sie es auch noch finden. Jörn erklärte sich zur Einweisung bereit, diese Aufgabe wollte er gerne übernehmen. Mir fiel ein Stein vom Herzen, hatte ich den Kopf frei für viel wichtigere Belange. Bei einem Fest in der Größenordnung von über 100 Personen, die fast alle über Nacht blieben, hatte man alle Hände voll zu tun, trotz perfekter Vorplanung!

Meine Planung brachte Jörn mit der Einweisung der Gäste in ihre Zimmer gründlich durcheinander, hatte er – und das kann jedem passieren – doch ein Zimmer vertauscht. Damit kam die ganze Liste ins Schwanken, anstatt Hilfe zu suchen, ging das Chaos in die zweite Runde. Ärger kam auf, die Auftraggeber wurden wütend, einige Gäste fanden keinen Platz und konnten bei uns nicht mehr schlafen. Die Stimmung fiel, unser Image beschädigt, mit einem Folgeauftrag brauchte ich nicht mehr zu rechnen. Jörn war sich seiner Schuld nicht bewusst. Meine Reaktion: Kopfschütteln.

Gravierende Fehler im Umgang mit Menschen passierten zusätzlich. Ich brauche kein Psychologe zu sein, um die Struktur in unserem Betrieb zu erkennen. Da versuchten meine Angestellten durch windige Politik einen Keil zwischen den „neuen" und den „alten" Chef zu treiben. Sie schafften es. In kurzer Zeit gab Jörn gegen meine Anordnungen neue aus. So stand ich eines Tages mit 70 Frühstücksgästen ganz alleine, obwohl ich um 7 Uhr zum Dienstanfang geblasen hatte. Ähnliche Vorkommnisse passierten täglich, machten das Leben nicht einfacher, wir verloren an Gesicht, an Autorität. Die Gegenseite rieb sich die Hände.

Außerhalb des Schlosses tobte noch immer die Ernte!

Und mitten in diesem Kraftakt, oder gerade deshalb, packte Jörn seine sieben Sachen und verschwand. Ganz ehrlich, ich war nicht einmal überrascht, war sogar erleichtert, denn das Maß war voll, die Kraft am Ende, die Nerven blank, selbst die Gäste geschockt. So ging es nicht mehr weiter!

Es war der 15. 8. 1999.

Seine Reise ging nach München, seine Schwester Frauke brachte ihn zum Tannerhof, in eine Kurklinik. Sicherlich der richtige Ort. Ob die Therapie die richtige war, bezweifle ich noch heute. Eine Burn-out-Behandlung hätte ihm geholfen. Zu dieser Auffassung gelangte ich, als ich die einzelnen Puzzleteile wie Erschöpfung, dennoch Unruhe, Schlaflosigkeit, Ausbrüche, Unzufriedenheit, widersprüchliche Anweisungen, keine Konstanz im Willen, Lustlosigkeit bis hin zur Lethargie zusammenfügte. In meiner Sorge und Not suchte ich Hilfe, fand aber keine Unterstützung, denn wer hatte Einblick, wer durchschaute die Problematik? Ein Anruf bei Frauke brachte mir auch weder Hoffnung noch Rat, entsetzt hörte ich ihre wütenden Worte: „Lass ihn endlich los, Jörn spielt ein anderes Theaterstück, da hast du keine Rolle mehr." Mir fehlten die Worte. Trotzdem reiste ich in die Berge zum Tannerhof, besuchte ihn, denn ein Brief, wie ein Hilferuf, erreichte mich:

Meine einzige heiß geliebte Monika, kannst Du Dich noch an diese Anrede erinnern? Seither ist viel passiert, wir haben Höhen und Tiefen erlebt und alles gemeinsam gemeistert. Aber die Anrede stimmt immer noch. Heute liebe ich Dich wirklich.
Kennst Du meine Existenzangst? Trotzdem bin ich geflohen! Warum? Wie soll es denn weitergehen? Frau Dr. Büntig therapiert mich, indem sie sagt: Der Schreiber hat einen rauen Kern um den kleinen Jörn aufgebaut, um den Kleinen zu schützen. Der Schreiber soll den Kleinen in den Arm nehmen, so wie er es mit seinen Söhnen hätte tun sollen, wie er es mit der Enkeltochter tun sollte. Er hat es unterlassen. Du sagtest einmal: „Den Jörn kann man nicht verstehen", und der Schreiber antwortete, die Monika wird ihn nie kennenlernen, weil der Schreiber nie wusste, wer er selbst ist. Hoffen wir, dass der Schreiber fester in seinem Wesen werde, damit Du ihn wieder magst. Es tut mir sehr leid, dass alles so gekommen ist. Ich verspreche nicht mehr zu brüllen und schlimme Schimpfworte gegen Dich zu schleudern. Aber ich bin sicher, dass dieses Versprechen nur zu halten ist, wenn wir beide uns bemühen. Vielleicht kannst Du kommende Woche kommen? Ich brauche Dich und Deine Hilfe, denn ich bin sehr einsam. Mach es gut, bis bald, Dein treuer Jörn.

Unendliche, unnötige Diskussionen debattierten wir die ganze Nacht, ohne einsichtiges Ergebnis, ohne das Erkennen von Fehlern, ohne eine Chance der Besserung, ohne einen Hoffnungsschimmer. Ich sprach am Morgen mit der Ärztin, die mir auch keinen Rat erteilen konnte, meinte nur lässig: „Sie hätten Jörn nicht so behüten, sondern ihn am ersten Tag gegen die Wand laufen lassen sollen!" Ich verstand die Welt nicht mehr, bezahlte den Kuraufenthalt, fuhr im Eiltempo mit dem Zug zurück. Jörn kam nicht mit, er wollte die Kur zu Ende bringen. Ich stürzte mich in die Arbeit, um alle Sorgen vergessen zu können.

Ein späterer Anruf der Ärztin schockte mich, doch konnte ich ihre Aussage wegen ärztlicher Schweigepflicht nicht schriftlich erhalten. Was auch immer passiert sein musste, hatte selbst eine erfahrene Ärztin außer Rand und Band gebracht. Wie hilflos waren wir dem seelischen Terror ausgesetzt!

Das Spiel war noch nicht zu Ende. Ein kurzer Aufenthalt nach der Kur in Marienthal brachte selbst meine Eltern auf die Barrikaden. Noch nie hatte sich mein Vater in unsere Problematik eingemischt, doch nun wollte er von Jörn wissen, was er wollte. Auch Vater bekam keine aussagekräftige Antwort. Mutti holte den Arzt, da Jörn nichts zu sich nahm. Teilnahmslos saß er in der Ecke mit düsterem Blick, abgemagert, dem Verhungern nahe. Außer bissige, beleidigende, hässliche, verletzende Bemerkungen, die er mir leise zischend statt einer Antwort übermittelte. Meine Bitte, er möge damit aufhören, eine so tiefe Verletzung könne man später nicht wiedergutmachen, ignorierte er. Er verletzte mich immer tiefer. Da passierte das Unfassbare, ich wehrte mich und rammte die Kaffeekanne gegen ihn, traf ihn mitten ins Gesicht. Schon im selben Moment tat es mir sehr leid, denn Gewalt in einer Beziehung ist wohl das Letzte, was es gibt. Der Arzt kam, sprach beruhigend auf Jörn ein, sie vereinbarten einen Termin in der Praxis, mehr konnte er nicht für uns tun. Das war Samstagnachmittag, ein Wutanfall folgte, meine persönlichen Sachen landeten im hohen Bogen draußen. Ich verzog mich, schlief in der Sauna, und als ich am Sonntagmorgen wie immer Frühstück machte, war Jörn nicht mehr da. Es war der 8. 10. 1999.

Meine Gefühle überschlugen sich, meine Schuld drückte, ich war wie gelähmt, Angst packte mich, Traurigkeit, Hilflosigkeit, Tränen liefen, ich suchte nach dem Warum, bekam keine Antwort, keinen klaren Gedanken konnte ich fassen. Mein Leben schien zu Ende, von 1966 bis 1999 waren wir ein Team, eine unzertrennliche Gemeinschaft. Eine tiefe, stille Liebe verband uns. Oder war das alles Täuschung? Alles wurde auf den Kopf gestellt, nicht nur die Jahreszahlen! 66 – 99

Viel später erreichte mich ein Brief mit vielen, vielen Seiten mit therapeutischen Ansätzen, von dem ich hier nur einen vielsagenden Ausschnitt wiedergeben möchte:

Hallo Monika, hörst Du mich noch? Ohne Dich finde ich nie die richtigen Worte gegenüber allen, die ich liebe. Ist das erblich?

Mein Großvater Eduard zerbrach seine Frau, der Vater Egon zerbrach die Seine und der Schreiber flüchtete, um die Madame nicht zu zerbrechen! (Ist doch eine Rechtfertigung für die Flucht?) Gegenüber Außenstehenden klappt die Wortwahl doch gar nicht so schlecht. Warum nicht mit den Lieben? Seit 33 Jahren sprechen die Madame und der Schreiber aneinander vorbei …

Meine Gefühle schleuderten wie in einer Achterbahn, doch wir hatten volles Haus, die Gäste wollten genauso nett und freundlich behandelt werden wie immer, ich musste so tun, als ob nichts geschehen wäre. Keine leichte Aufgabe für ungeschulte Menschen wie mich. Zum ersten Mal fühlte ich mich unfähig, den Gästen gerecht zu werden, war doch Jörn derjenige in der Familie, der für die Gäste der Magnet war, wie auch er den Umgang mit den Fremden als Lebenselixier brauchte.

Das Leben musste weitergehen, die Aufgaben, die Arbeit, die Landwirtschaft brauchten unseren klaren Kopf. Gefühlsduselei konnten wir uns nicht leisten. Meine armen Eltern taten mir leid, sie hatten sich den Einzug in Marienthal friedlich und schön vorgestellt, jedoch wurden sie bitterböse enttäuscht. Gegen die Gedanken einer Rückkehr nach Witzenhausen kämpfte ich vehement an, das wollte ich meinen Eltern nicht antun, es wäre für uns alle ein erheblicher Gesichtsverlust gewesen. Für den Kauf einer Einheit im „betreuten Wohnen" hatten wir nicht genug Geld, alles war in die Unternehmungen geflossen. Es sah böse aus.

Wir hielten zusammen, zogen den Gürtel enger, rückten auch seelisch enger zusammen, unterstützten uns, kämpften gemeinsam gegen jeden Feind, kümmerten uns nur um die nahe gelegenen

Probleme. Unser Bankdirektor von der Kurhessischen Landbank in Kassel, Herr von Knobelsdorf, ein Schulkamerad, versuchte zu retten, was zu retten war, gab mir dazu den guten Rat, langsam von Stunde zu Stunde, später von Tag zu Tag und erst dann weiter zu denken. Er wusste, wie es in mir aussah! Die Einschläge trafen uns wie Meteoriten vom Himmel, Anzeigen, Gerichtsverfahren, Pamphlete reihten sich in schneller Folge aneinander. Man mag es kaum glauben oder fassen, es wurde gelogen, betrogen, erfunden, erdichtet. Die Welt stand auf dem Kopf, nicht nur die Zahlen 66 auf 99. Nein, auch das Leben drehte sich oder war es vorher schon verrückt?

Und doch kam das Leben danach, war es auch angereichert mit der Existenzangst um beide Betriebe, mit der Sorge um die Familie und meine Eltern, mit der Angst vor der Zukunft und das Leben alleine, mit der Bewältigung der wahnsinnigen Arbeit. Es rauschte nur so an uns vorbei. Ein Termin hetzte den anderen. Die Behörden entdeckten eine Schwachstelle und schlugen erbarmungslos zu. Die Grundsteuer wurde verlangt, die Baugenehmigungen, die Feuerstätten-Schau, die Sicherheit wurde bemängelt. Man kämpfte auf breiter Front. Kein Verständnis konnte man erwarten, der Kampf Ost gegen West wurde involviert. Vielleicht ist es meinem Sternbild zuzuschreiben, dass ich mich von nichts und durch nichts aus der Bahn habe werfen lassen, stur bin ich nach vorne getrabt, nichts konnte mich beirren, auch wenn manches so absurd, irrsinnig, verrückt war, genauso klang und sich anfühlte.

Marc wechselte nach München an die Uni Weihenstephan, hatte in München eine nette Unterkunft, dort landete auch Michael, als er einen Job bei der DASA ausübte. In dieses Haus war auch Jörn geschlüpft und dort besuchte ich ihn, um noch einmal einen Versöhnungsversuch zu unternehmen, leider ohne Erfolg. Ich hatte mich mittags von den Aufgaben im Schloss befreit, fuhr schnell nach München, um zu sehen, was noch zu retten war, raste des Nachts wieder zurück, um rechtzeitig das Frühstück für meine Gäste auf den Tisch zu stellen. Ich war schon wahnsinnig.

Aber die Gäste verlangten meine Aufmerksamkeit, Feste wurden gefeiert, Hochzeiten fanden statt. Es lief zwar nicht so, wie geplant und gewünscht, aber es war genug Arbeit. Dass die Preise nicht stimmten, lag vielleicht an meiner Gutmütigkeit, aber auch an der Angst, keine Gäste zu haben. Eine verhängnisvolle Konstellation, mit der wir heute noch immer zu kämpfen haben. Nicht umsonst ist Geiz geil! Zum Handeln bin ich nicht geboren, ich biete gute Ware, will kein Ramschladen werden, lasse lieber den einen oder anderen Gast sein Glück woanders suchen.

Ein anderes Problem habe ich mit den Menschen generell und je älter ich werde, umso mehr lege ich Wert auf Anstand und Benehmen. Lebt doch der Mensch nicht vom Brot allein. Da enttäuschten mich besonders die Menschen um Eckartsberga im mittleren Alter, vor denen graut es mir. Während die ganz alten Bewohner von einer besseren Erziehung geprägt waren, mit ihnen konnte man sich nett, aufgeschlossen, tief gehend unterhalten. Gerne veranstaltete und veranstalte ich Seniorennachmittage.

Der Kommunismus hat seine Spuren hinterlassen.

In vielerlei Hinsicht war die politische Erziehung zu spüren, immer wieder wurde ich enttäuscht, verstand die Leute nicht, ging, gehe ich doch von einem anderen Standpunkt, Einsatz, Ansicht aus. So hatte ich Astrid Karius ein ganzes Jahr lang ausgebildet, ihr unser Konzept erklärt, mit ihr die einfachsten Handhabungen immer wieder und immer wieder geübt, sie ihr beigebracht, sie geschult. Allmählich wurde sie besser, dann sogar perfekt, ich konnte mich auf sie verlassen, ich verstand sie, sie mich. Eigentlich wurden wir ein gutes Team. Nach dem Jahr, ich bekam finanzielle Unterstützung, weil sie eine langjährige Arbeitslose war, wollte ich sie gerne übernehmen. Bot ihr ein gutes Gehalt. Das war ihr aber nicht genug, sie rechnete ihr Arbeitslosengeld aus, verdiente bei mir einige Hunderte mehr, dafür allerdings müsste sie morgens aufstehen und sich drehen. Sie winkte ab, ich war enttäuscht.

Das Jahr war schnell zu Ende, wieder war ein Silvesterball angedacht und ausgebucht. Die Vorbereitungen waren besonders aufwendig, war es doch 1999/2000 eine Millenniumfeier. Organisatorisch hatte man alle Hände voll zu tun, das Programm sollte begeistern. Ich hatte auch ein persönliches Interesse, denn Jörn hatte den Wunsch geäußert, das neue Jahrhundert gemeinsam mit der Familie zu feiern. Er schürte die Hoffnung. Wer kann sich dagegen wehren?

Wir hatten nette Gäste, teils auch aus Limburg, so die Familie Geisel, alle warteten auf Jörn, natürlich auch ich. Den ganzen Abend bibberte ich hoffnungsvoll dem Moment entgegen, vergebens, er kam nicht. Ich klappte regelrecht zusammen. Da griff Daniela, Freds Freundin aus dem Nachbarort, tatkräftig ein. Zum ersten Mal hatte ich eine Unterstützung, die es besser konnte als ich! Ich war begeistert, lehnte mich ruhig zurück, trauerte der verlorenen Hoffnung nach, war für den Rest der Nacht nicht mehr zu gebrauchen.

Jörns Eintreffen geschah vier Wochen später, unerwartet tauchte er mit Marc im Schlepptau auf. Von der Überraschung ein bisschen überrumpelt, überging ich mein Bauchgefühl, denn der erste Moment hatte mich gewarnt. Aber Jörn ist nun mal ein Redekünstler, verwickelte mich in ein tiefes Gespräch, sprach von Heimkehr, sprach von Liebe zu mir, usw., wir wanderten durch das Haus. Oben unter dem Dach bewunderte er meine Planung samt Ausführung, fiel auf die Knie und flehte, bettelte um Wiederaufnahme. Das alles kam mir doch zu künstlich vor, das sagte ich ihm auch, betonte seine Unehrlichkeit, die nämlich würde ich spüren, er könnte mir nichts mehr vormachen! Abrupt stand er auf, wir gingen zurück, er verabschiedete sich ganz plötzlich, ich wunderte mich. Aber nicht mehr lange, denn als ich ins Büro kam, merkte ich sofort am Teppich, dass etwas nicht in Ordnung war. Der Blick in das nächste Zimmer bestätigte meinen Verdacht. Meine kleine Kammer war aufgebrochen, der Tresor mit allen wichtigen Papieren, mit Geld, Schmuck, Gewehren und Goldmünzen war fort! Ich glaubte es nicht, mein Blut raste, meine Wut brannte, mein Herz schrie, meine Tränen flossen. Mein Gehirn wollte diese Dreistigkeit, diese tiefe Verletzung nicht glauben.

Nach dem Abklingen der Aufregungen war mein einziger Trost, dass ich nicht noch auf Jörns Masche reingefallen bin, ihn aufgenommen, ihm verziehen hatte. Ein bisschen Stolz war mir geblieben – wenn auch nur ein bisschen!

Meine größte Enttäuschung war Marc, doch nach einer Aussprache konnte ich ihn verstehen, meine Kinder verstanden nichts, wollten sich auch nicht einmischen, erkannten Jörn nicht, er hatte sie eingewickelt. Eine Hintergrundanalyse war zu kompliziert, zu aufwendig, zu ungenau, auch zu uninteressant für Kinder. Sie legten einen einfachen Ehestreit dem Ende einer Ehe zugrunde. So einfach geht es auch, doch leider ist es nicht so. Ich nehme es meinen Kindern trotzdem nicht übel, auch wenn ich mich ziemlich im Stich gelassen fühlte.

Über all das deckten die Jahre das Tuch der Vergessenheit.

Schlossgut Marienthal

⁘⸎⸏⁘

Meine ganze Liebe galt und gilt der Landwirtschaft. Ihr zuliebe brachte ich die Opfer mit den Gästen in Blumenrod, wie im Schloss. Für die Landwirtschaft schlägt mein Herz. Unser Ziel, einen eigenen Bauernhof zu besitzen, haben wir erreicht, aber die Vollendung bedeutete noch einen weiten, harten Weg.

Der Aufbau Landwirtschaft in Marienthal kam nur zögernd in Gang, neue Unsicherheiten, Probleme zogen mit, wollten bedacht, gerechnet, überlegt, organisiert sein. Liquidator der LPG Klosterhaeseler stellte 100 ha für 10 Jahre zum Aufbau Marienthal frei, weiße Flächen von ca. 35 ha organisierte der Landrat, Landesflächen von ca. 25 ha bekamen wir vom damaligen Landwirtschaftsamt zur Bewirtschaftung, Fred hatte 6 ha von seinem Taschengeld der Nachbarschaft abgekauft. Die BVVG verkaufte für teures Geld und unter mächtigen Investitionsauflagen die unteren Wirtschaftsgebäude auf dem Hof.

Somit startete die Landwirtschaft im Herbst 1997 auf Schlossgut Marienthal.

Jörn gründete mit Michael und Manfred eine GBR „Landwirtschaft", er stellte das Kapital, seine Jungs die Arbeitskräfte. Mit mir unterhielt er eine GBR „Schloss". Meine Jungs wie auch ich setzten die Unterschrift ohne Bedenken. Ein schwerer Fehler, wie es sich später herausstellte. Es nahm alles seinen Lauf.

Die Herbstbestellung nahm Michael und Fred völlig in Anspruch. Versuchten sie doch mit nichts eine Landwirtschaft aufzubauen. Ein Zetor mit 160 PS, ein 3 m Brochmüller Grubber, eine Amazone Kombi-Drille mit Überladeschnecke, Spatenrollegge, Amazone ZAM Max Düngerstreuer wurden gekauft. Aus Limburg holte Fred den 110 PS DX mit dem LKW, ich fuhr mit, an jeder Brücke wurde gehalten, um die Durchfahrtshöhe zu kontrollieren. Das war gut so, denn in Hersfeld standen wir vor der Autobahnbrücke, ließen Luft aus den Reifen und schlichen uns mittig durch die Brücke. Glück hatten wir, der Verkehr war dünn. Abenteuerliches Unternehmen!

Mit einem geliehenen Pflug, mit dem untermotorisierten Deutz versuchten sie die völlig verqueckten Flächen wie den Kleeberg, das Feldscheunenstück, die Hohle Brücke, das Wolfstal saatfertig vorzubereiten. Ein Husarenstück! Selbst unser Pflugkönig Mirco gab auf.

Schwere Geschütze mussten her, also machte sich Fred zu den Firmen auf, versuchte Vorführschlepper zu organisieren, hatte Erfolg, ein 826 Fendt mit einem 6-Schar-Rabe und später einem John Deere halfen aus. Mirco spannte zusätzlich einen Agrotron von Deutz an, brach die Felder um. Einer Aussaat mit Gerste und Weizen konnte man entgegensehen. Gedrillt wurde mit einer Amazone Kombi-3-Meter, vorgearbeitet mit einer Spatenrollegge. Alle Flächen in mühseliger Arbeit bestellt, Saatgut holte Fred per LKW aus Limburg und belieferte die Drille, per Überladeschnecke wurde sie bestückt. Ein Fortschritt gegenüber Blumenrod, da balancierte Jörn die Sackware in den Saattank. 190 ha wurden geschafft und sahen nach dem Auflaufen nicht einmal schlecht aus. Ich versorgte meine Männer mit Essen und besserer Laune, lieferte Ersatzteile, war Mädchen für alles. Jede Arbeit auf und an dem Feld war für mich keine Arbeit, sondern pure Freude. So sammelte ich Steine um Steine, fuhr hin und wieder auch mal Trecker, dadurch konnten die Jungs in Ruhe essen, ihre Beine vertreten oder sich einmal lang an den Feldrand ausstrecken. Leider nur selten, denn es gab immer etwas zu reparieren, ersetzen, erneuern, neu einstellen oder sonst eine Regelung zu kontrollieren.

Was wir nicht sahen und sehen konnten, waren die Menschen, die sich einerseits ins Fäustchen lachten, hatten sie uns doch die unbrauchbarsten, verlotterten, unfruchtbaren, steinigen, hanglagigen Flächen abgetreten und warteten geduldig auf unsere Aufgabe. Unsere Pleite! Sie waren sich sicher, dass wir die Bewirtschaftung von Marienthal nicht durchstehen könnten, geduldig brauchten sie nur zu warten. Denkste!

Marc und Mirco hatten im Frühjahr 97 das Abitur geschafft, die Schule war mit dem Sommer abgeschlossen, das Studium begann erst im Oktober, daher war Mirco bei uns in Marienthal, Marc hatte seinen Erfolg beim Hockey mit Herrn Lissek in Limburg. Sein Studienort wurde Giessen.

In Marienthal kommt der Winter meistens sehr früh, dauert lang, hat wenig Sonnenstunden, die dunklen nackten Bäume machen die Region noch düsterer, als sie schon ist. Keine schöne Zeit, die wurde aber für die Planung und Organisation genutzt, denn im Frühjahr mussten eine Spritze, Wasserwagen und Düngerstreuer parat stehen. Das bitte ohne Geld!

Bestellt wurde eine BBG-Spritze S 320 mit 2.000 Liter Füllmenge zu einem aus heutiger Sicht betrachteten Spottpreis von nur 34.000,- DM, doch 1998 riss der Betrag ein Riesenloch in die Kasse. Das Wasser fuhr man, in Fässern gefüllt, mit dem Dreiachser, sehr umständlich, aber praktisch und kostengünstig. Ein Düngerstreuer Amazone ZAM Max wurde auch noch gebraucht gekauft. Die Beladung ohne Schnecke erforderte ein Gelände, wo der LKW an einer Böschung geparkt werden konnte, damit der Auslauftrichter direkt in den Düngertank abgelassen werden konnte. Das passende Gelände wurde immer gefunden! Diverse Kleinteile und Werkzeug, was nicht aus Blumenrod abgezwackt werden konnte, musste organisiert werden.

Auf diesem Gebiet war Manfred unübertrefflich, er hatte sein Ohr auf der Straße, hörte alles, hörte das Gras wachsen. Ein Gewinn für den Betrieb! Während Michael nach Freds Anweisung die Arbeit erledigte, sich kaum noch nach draußen begab, war Fred immer unterwegs. Eine Ungleichheit, die Differenzen zur Folge hatte.

Jörns Passivität bis hin zum Desinteresse förderte die negative Stimmung. Da konnte auch ich nichts ändern oder verhindern. Michael und Fred, die einst ein Duo waren, redeten nicht mehr miteinander. Ich vermittelte, teils mit geschriebenen Anweisungen, da ich die Notwendigkeit der Arbeitserledigung sah. Es musste zum Bruch kommen. Und er kam! Die drei Männer zofften sich in einer unüberhörbaren Lautstärke, lösten die GBR in einer Wutattacke auf, unterschrieben die Auflösung auf einem Wisch von Papier und trennten sich für immer. Welch ein Wahnsinn! Eine richtige Auflösung hätte mit Ruhe und Vernunft ausgehandelt werden sollen, denn ein Vertrag ist ein Vertrag.

Bei uns ging es wie im Irrenhaus zu, ganz entgegengesetzt zu den Worten über unserer Haustür: MENS AGITAT MOLEM!

Was jeder anders übersetzt, aber ungefähr heißen soll „Möge die Vernunft hier walten". Das Gegenteil war der Fall. Mir tat es in der Seele weh. Ein Zusammenbruch der Familie ist Marienthal nicht wert.

Die Ernte kam. Die Felder sahen nicht so besonders aus, das Unkraut hatte sich durchgesetzt, die Spritzungen waren nicht mit voller Aufwandsmenge ausgebracht worden. Der Geiz war geil! Das Resultat zu sehen!

Wir waren angewiesen auf Lohnmähdrescher. Erlebten nicht zum ersten Mal die Abhängigkeit, denn schon in Blumenrod hatten wir im ersten Jahr mit einem Lohndrescher schlechte Erfahrungen gemacht. Das sollte sich diesmal wiederholen. Der Drescher war kaputt, nur deshalb war unsere Ernte so schlecht. Als wir das Loch entdeckten, war das Feld schon fast abgeerntet. Wir waren wütend, eine heiße Diskussion entbrannte auf dem Feld, die Firma Judersleben zog mit dem Drescher von dannen.

Das Erntegut wurde mit dem LKW und dem Dreiachser mit Zetor unter großen Schmerzen von Fred abgefahren, hatte er sich doch zuvor beim Kirschenklauen die Schulter gebrochen, sich selbst aus dem Krankenhaus entlassen. Der Schnelligkeit wegen sannen wir nach einer Abschüttmöglichkeit im Hof oder Gelände, so kam es, dass ein großer Teil der Ernte an der Mauer im Hinterhof des Schlosses seinen Platz fand. Mit Planen zugedeckt konnte der Weizen eine gewisse Zeit ausruhen, ehe er wieder verladen und verkauft wurde. Inzwischen schickte eine andere Firma uns zum Glück gleich einen nagelneuen Drescher, der die erste Fahrt zum Feld „Orls" nicht überlebte. Der Fahrer war ungeübt, rutschte in einer Pfütze so weit nach links, dass er langsam im Zeitlupentempo in dem Graben landete. Ich fuhr hinterher und traute meinen Augen nicht. Bei aller Aufregung, bei allem Stress, der darauf folgte, vergaß ich den Fahrer nicht, sondern tröstete ihn, soweit es in meiner Hand lag. Ich habe noch nie einen Menschen so am Boden zerstört gesehen, er machte sich solch schreckliche Vorwürfe, dass er nur noch ein schluchzendes Elend abgab. Sein Chef kam persönlich, tröstete ihn und gab ihm keine Schuld. Er überwachte die Kranarbeit, denn nur mit solchem Gerät kam der Drescher wieder ans Tageslicht. Wie hoch der Schaden beziffert wurde, erfuhren wir nie, aber nach meiner Meinung war der Drescher ein Totalausfall. Kurzum, nach diesen Erfahrungen wurde der Kauf eines eigenen Dreschers in Betracht gezogen.

Die Ernte kam noch recht und schlecht vom Halm herunter, der Gewinn hielt sich in Grenzen, brachte aber dennoch so viel, dass die Verhandlungen mit Claas über einen Mähdrescher für die Ernte 1999 und der Kauf eines neuen Schleppers, Fendt 824, bearbeitet wurden.

Die Entwicklung im Hof wurde harte Arbeit, die Scheunen, von der BVVG teuer gekauft, waren vollgestopft mit Müll. Das alles zu entleeren war eine richtige Herausforderung und wieder fuhr der LKW auf die Mülldeponie. Der Platz war dennoch beschränkt, denn in der großen Halle hatte der Reitverein seinen Übungszirkel. So blieben nur zwei Scheunenfächer für Werkstatt und Tankstelle, Ersatzteillager und Vorräte. Nicht viel!

Der Reitverein wurde von dem Neubesitzer der Häuser, Frau Vogel und Herrn Dreetz, gekündigt. Musste den Stall räumen. Jörn gab dem Verein eine neue Unterkunft im Quergebäude mit einem langen Pachtvertrag, dafür mit einer Investitionsauflage. Damit hatte er die Auflagen von der BVVG an den Verein abgetreten und war eine große Sorge los. Das klang ganz vernünftig, entpuppte sich aber in den späteren Jahren als eine enorme Belastung, als unbefriedigender Ballast. Sie erfüllen die Bauunterhaltsverpflichtungen nicht, sondern nutzen nur eigennützig ab. Was weiteren Verfall bedeutet. Die Konstellation im Hof war und ist heute noch immer unbefriedigend, entwicklungshemmend, aussichtslos verzwickt.

Das störte uns aber nicht für die Entwicklung der Landwirtschaft im Feld, hier wurde aufgebaut, der neue Trecker Fendt 824 wurde in Markoberdorf, 550 km entfernt, im Hauptwerk, ausgeliefert. Da er noch bis zum 30. 6. 1999 angemeldet und in die Buchführung aufgenommen werden musste, brannte die Zeit. Manfred lieh sich einen Tieflader aus, fuhr mit dem LKW zur Abholung, kam rechtzeitig zurück, meldete ihn auch noch fristgerecht an. Das war ein knappes Spiel, der 30. 6. 1999, war ein Mittwoch, die Zulassungsstelle war geschlossen, da brauchte Fred seinen ganzen Charme, um das Zauberstück zu vollbringen. Fred hatte als Einziger aus der Familie gültige Papiere, denn Jörn so auch ich waren bis zum 30. 6. 99 in Limburg gemeldet. Dieser Umstand brachte ihn später in ein schlechtes Licht, war aber im Moment die Rettung. Welch ein Irrsinn!

Mit Sekt und großem freudigen Empfang begrüßten wir unseren neuen Mähdrescher Lexion 440 von der Firma Claas aus Steigra. Als er auf den Hof fuhr, kamen auch meine Eltern zum Bestaunen. Sie waren immer mit von der Partie. Nur Jörn blieb auf dem Sofa liegen. Ein schlechtes Zeichen. Unverständlich. Selbst der Hund zeigte Interesse!

Jörn und Mirco fuhren zur MD-Schulung nach Leipzig, lernten den neuen Claas 440 in- und auswendig kennen, waren anschließend fit für die Ernte. Mirco war fit! Jörn hatte seine Schwierigkeiten, denn vorbei war die Zeit mit Kupplung, Gas und Bremse. Ein Joystick ersetzte alle Hebel. Nachdem Jörn fast einen Zusammenstoß mit dem LKW verursacht hatte, stieg er vom Drescher ab, überließ der jüngeren Generation das Ruder. Klingt ganz vernünftig und wäre im Normalfall eine Heldentat gewesen. Doch es lief anders, er war beleidigt, legte sich schmollend auf das Sofa. Das war so und so sein Lieblingsplatz, aber nicht weil er müde war, nein, hier schmiedete er Pläne, grübelte, ärgerte sich, verzweifelte an sich, konnte die Übergabe von Blumenrod nicht verarbeiten, es war ihm alles zu viel, er hatte an nichts Freude, hatte keinen Überblick, war unglücklich, war krank.

Er verweigerte jegliche Mitarbeit, selbst die Versorgung mit Essen für die Mannschaft auf dem Feld klappte nicht. Angeblich hatte er die Felder nicht gefunden! So raste ich los, obwohl das Schloss mit Gästen gefüllt war und in der Küche alles auf dem Kopf stand. Ich konnte die Jungs nicht hungern lassen, die Ernte war das Wichtigste! Sie wurde Gott sei Dank heil, gesund, ohne Bruch nach Hause oder nach Reisdorf zur RWZ gefahren. Meine Eltern besuchten die Jungs auf den Feldern, fuhren auch mal mit dem Drescher, waren stolz, erkannten die Leistungen an und freuten sich mit uns über das gute Jahr. Mirco musste man bewundern, er hatte mit dem Lexion die erste Fahrt auf die hohle Brücke ahnungslos begonnen, fuhr tapfer nach oben. Doch dann, nach einem Blick ins Tal saß ihm die Angst im Nacken, er zitterte, der Mähdrescher stand auf der Kippe, wo wenden? In seiner Not gab er Gas, kam mit letzter Motorkraft, mit letzter Nervenkraft, mit letzter Haftung auf die flache Höhe. Stand alleine hoch oben, schaute in die Schlucht nach unten, nahm allen Mut zusammen und schoss bergab. Von dieser Fahrt wird er noch lange reden!

Wie es eben in der Landwirtschaft ist, geht eine Arbeit in die andere über. Das heißt nach der Abernte wird es schon wieder höchste Eisenbahn, den Raps zu drillen, vorher aber muss die Bodenbearbeitung laufen, ein gutes Saatbett garantiert ein gutes Auflaufen. Das garantiert wieder einen guten Erfolg zur Ernte – wenn alles stimmt und nichts schiefgeht. Keine leichte Aufgabe, vor allem viel Arbeit in einer kurzen Zeitspanne. Da war es kein Wunder, dass die Nerven leicht gereizt und blank lagen. Wenn dann noch seelische Beeinträchtigungen durch den Tod guter Segelfreunde Manfred belasteten, dann konnte man an den Fingern einer Hand das Ausflippen abzählen.

Erst flippte Jörn aus. Er wollte die Drille in Gang setzen, kam damit aber nicht zurecht, neue Technik fordert Information, Lernen, Probieren, Studieren. Er suchte die Kurbel, Mutti half ihm, ohne Erfolg, schon gleich war Fred schuldig und wurde verdächtigt die Kurbel mit Absicht versteckt zu haben. Welch ein Witz. Wir holten Mirco vom Feld, im Nu hatte er die Drille eingestellt, gefüllt, zur Abfahrt bereit. Mirco pflügte, Jörn drillte, leider das falsche Feld. Es knallte. Jörn und Mirco reisten ab, stellten aber zuvor den Pflug so in die Einfahrt des Schlosses, dass keiner mehr raus- oder reinkonnte. Sehr witzig! Es war der

15. 8. 1999, Jörn war gerade 8 Wochen in Marienthal. Die Rapsaussaat noch nicht beendet.

Erleichterung machte sich breit. Jetzt konnte wieder konzentriert gearbeitet werden, jetzt kam die Herbstbestellung in Gang. Ich half, wo ich konnte, war fast immer mit auf dem Feld, organisierte mein Schloss im Nebenerwerb, denn die Arbeit in der Landwirtschaft hatte und hat immer Vorrang. Hier ist man auf das Wetter angewiesen. Wenn es geht, muss gearbeitet werden. Wenn es regnet, kann man sich ausruhen. Von wegen Freiheit! Die Natur ist der härteste Chef.

Wir übernahmen in Schulpforta 130 ha Acker mit der Vorfrucht Sonnenblumen, eine schwierige Bearbeitung, die mit unseren Maschinen nicht zu bewerkstelligen war. Wieder mussten Gerätschaften ausgeliehen werden, diesmal arbeiteten wir mit einer Scheibenegge, anschließend drillte Mirco mit einem Airseeder im gewaltigen Tempo den Weizen.

Man stelle sich einmal vor, wir hatten plötzlich dreimal so viel Ackerfläche wie in Limburg und dabei war Jörn auf der Domäne schon total überfordert. Mussten doch die Jungs jeden Tag helfen und wenn sie nicht da waren, war ich zur Stelle. Dazu kam noch, dass die Bodenqualität viel besser war als hier, in Limburg hatten wir Blumenerde, gut durchmischt mit Mist von den Kühen, hier war der Boden hart, ausgepulvert, der pH-Wert schlecht, es fehlten Kalk und Humus. Die Jungs kämpften sich durch die Herbstbestellung und sie schafften es. Ich war stolz und zufrieden.

Zwischendurch passierten die ungeheuerlichen Dinge, Jörn kam von der Kur zurück, setzte sich an den Tisch und polterte in seiner Art los. „Jetzt kommt der König, der Knecht geht!" Damit meinte er Fred, der sich auch angesprochen fühlte, einwilligte, aber einen Lohn forderte, damit er sein Studium beenden konnte. Ich traute meinen Ohren nicht: „Ein Tritt in den Hintern ist noch zu viel!" Das war zu viel für mich, ich stellte mich vor mein Kind, vor Manfred, erntete Hass, Verachtung, Erniedrigung, denn er zog seinen Ring vom Finger, schmiss ihn auf den Boden mit den Worten: „Das kannst du auch noch haben." Ich wusste zwar nicht, was, konnte das Ganze nicht verstehen, nahm es als einen weiteren Ausbruch nicht so ernst. Aber Manfred nahm die Attacke ernst, packte seine sieben Sachen und fuhr fort.

Da stand ich nun allein. Jörn blieb noch einige Tage, versuchte mich seelisch zu dekretieren, zu verletzen, fertigzumachen, mich in Grund und Boden zu stampfen. Hätte ich nicht meine Eltern als Beistand gehabt, vielleicht hätte er es geschafft. Aber einerseits die Unterstützung, anderseits die viele Arbeit hatten mich gestärkt und nicht untergehen lassen. Die Arbeit hat mir immer aus dem Elend geholfen. So auch diesmal!

Meinem Vater wurde es zu bunt, er griff ein, versuchte eine klare Aussage von Jörn zu erhalten, gab verzweifelt auf, ein Arzt wurde gerufen, ein Termin in der Praxis vereinbart. Jörn verschwand. Es war der 8. 10. 1999. Angst, Schrecken, Verzweiflung saß mir in den Knochen, das finanzielle Auskommen in Gefahr. Dadurch getrieben, fuhr ich per Bahn nach Luxemburg, ich hatte ja nicht einmal ein Auto! Nach dem Motto „Wer zu erst kommt, malt zu erst", blockierte ich die Konten. Schrieb sie einfach auf meinen Namen um, schickte das Geld nach Kassel auf unsere Bank, auf mein Konto, um die Sicherheit für den Betrieb abzudecken.

Ein hässlicher Streich. Das Chaos war perfekt, die Arbeit in der Herbstbestellung noch nicht vollständig erledigt. In meiner Not holte ich Manfred zurück, denn er hatte den Betrieb so weit aufgebaut, hatte seine Kontakte, kannte die Flächen für den Betriebsantrag, kannte die Händler, kannte die Leute, kannte die Ämter, kannte die Nachbarn, kannte die noch zu erledigenden Maßnahmen. Kurzum, er kannte alles und war für mich die größte Hilfe. Das tat ich, ohne meine anderen Kinder verletzen zu wollen, ich war in unendlicher Not, suchte Halt, suchte Rettung für den Betrieb, suchte Rettung für die Unternehmungen. Das dicke Ende kam ja erst noch in Form von Anzeigen, Gerichtsverfahren, Auseinandersetzungen in allerfeinster Weise. Unfassbar!

Manfred traf die erste Anzeige wegen Diebstahls von seinem eigenen Vater. Weil er zur Zeit der Anmeldung des Treckers Fendt 824 die einzigen gültigen Papiere mit dem neuen Wohnsitz Marienthal besaß, wurde er nun des Diebstahls bezichtigt.

Sein Name stand in der Zulassung. Jörn versammelte seine Söhne um sich und kam mit Michael, Martin, Marc und Mirco vor Gericht, auf der Gegenseite saßen Manfred und ich. Es war grauenhaft, seine eigenen Kinder gegen sich zu spüren. Grauenhafter konnte es kaum noch kommen, das spürten der Richter und Jörns Anwalt, der mitten in der Verhandlung sein Mandat mit den Worten niederlegte: „Entschuldigung, hohes Gericht, mein Mandant braucht einen Psychiater, aber keinen Anwalt." Dieses Verfahren könnte er nicht mehr vertreten.

Beide Anwälte und die vollzählige Familie fuhren nach Marienthal. Die Verhandlungen sollten am Familientisch geregelt werden. Das dauerte eine ganze Nacht, eine glückliche Lösung für alle gab es nicht, aber es gab einen Weg in die richtige Richtung. Manfred bekam ein Studiengeld in Höhe von 100.000,- DM und sollte damit das Feld räumen. Er übertrug seine 50 % Gesellschaftsanteile an mich. Michael setzte Vertrauen in mich und bat um Erhalt der Unternehmungen. Meine anderen Söhne waren zum Glück nicht involviert. Wenn jeder sich an die Abmachungen gehalten hätte, wäre das Schiff nicht gesunken. Jörn hielt sich an gar nichts.

Ich suchte einen Weg zur Weiterbewirtschaftung, forderte die Vollmachten wegen Abwesenheit von Jörn ein, konnte damit und mit einer zufälligen Information von Fred den Verkauf der Ernte durch Jörn verhindern. Das wäre unser finanzieller Untergang geworden, hatten wir doch den Fendt-Traktor mit 190.000,- DM zu zahlen, der Mähdrescher stand auch mit 270.000,- DM zu Buche. Keine kleinen Summen.

Es dauerte nicht mehr lang, da kamen Anzeigen gegen mich bei der Staatsanwaltschaft, die ich alle entkräften konnte. Ein Kapitalauseinandersetzungsverfahren vor dem Oberen Landgericht in Halle traf mich unerwartet, ich konnte es nicht glauben, nicht fassen, nicht verstehen. Bis es vorbei war. Als Anwalt nahm ich Herrn Dr. Münster von unserer Buchstelle mit, der genauso über die Wucht, über den Angriff, über die Anschuldigungen überrascht und darauf nicht vorbereitet war. Nach einer kurzen Unterbrechung kamen wir überein, dass wir heute und jetzt dem

Ganzen ein Ende setzen müssen, sonst würde Jörn mich doch noch zerbrechen.

Es war so absurd, dass ich tatsächlich über alle Vereinbarungen froh war, wollte ich nur raus und davon, wollte nur Ruhe vor dem Wahnsinn haben. Die Entscheidungen waren hart, Jörn bekam alle Werte außerhalb der Unternehmungen, dazu eine horrende Unterhaltszahlung, das Bargeld, die Häuser, die Lebensversicherungen. Die Gerichtskosten wurden geteilt, Jörn hatte den Wert ganz nach oben geschraubt, wir mussten richtig bluten. Wie verrückt war er, sparten wir früher jeden Pfennig vom Munde ab, so knallte er jetzt das Geld zum Fenster raus.

Die Möglichkeit, Jörn teilt, ich wähle, wurde gleich mit der Begründung von Jörns Krankheit abgeblockt. Im gleichen Moment spielte er den gebrechlichen, alten Herzkranken, ein perfekter Theaterauftritt. Wäre die Situation nicht so schrecklich gewesen, ich hätte schallend gelacht! Jörns Forderung nach einer Scheidung kam ich nach, die gab ich ihm obendrauf. Die Auseinandersetzung wegen des Autos wurde selbst dem Gericht zu viel. Ich winkte ab und verzichtete auch darauf. Ein Auto würde ich mir auch noch besorgen können und kam schneller als gedacht dazu, denn Herr Lissek, Nationaltrainer des Hockeyteams, wanderte nach Malaysia aus. Er brachte uns seinen blauen Opel, Modell Saphira. Ein geräumiges, praktisches Allroundfahrzeug mit großem Kofferraum. Für die Landwirtschaft und meine Partyeinkäufe ausreichend, zusätzlich konnte ich 7 Personen, Gäste, vom Bahnhof abholen und befördern. Bei allen Verrücktheiten fühlte ich mich unwohl, gab mir ein bisschen Schuld, hätte ich nämlich die GBR Verträge gründlich gelesen, dann hätten wir das Verfahren auf 2008 verschieben können. Erst ab diesem Zeitpunkt war es gestattet, Geld aus dem Unternehmen zu ziehen. Mein Anwalt hätte das wissen müssen. Mist! Schlecht gelaufen.

So aber starteten wir 2002 mit der Hoffnung auf Frieden, auch Frieden in Europa. Mit dem Abschied von meinem alten Leben, mit dem Abschied von der guten alten DM. Neues nahmen wir entgegen, neues Leben, neues Geld. Der Euro wurde eingeführt. Es wurde das Jahr der Rechenkünste, alles musste mit dem Faktor

1,95583 umgerechnet werden, dividiert oder multipliziert. Der Euro kam und mit ihm die Teuerung. Jeder rundete auf oder ab, besonders die Gastronomen schlugen zu, alle anderen folgten. Eine Welle der Inflation brannte durch Deutschland und Europa. Bis heute ist keine Ruhe eingekehrt, im Gegenteil, Europa muss finanziert werden. Geld wird gedruckt, der Euro ist nicht stabil, das Geld nichts mehr wert. Wir trauerten und trauern bis heute unserer alten Währung nach. Inzwischen verhält es sich eins zu eins, was früher eine Mark kostete, kostet heute einen Euro.

Deutschland ist der größte Nettoeinzahler in der EU, bekommt nur einen Bruchteil zurückerstattet, Ungleichheit bringt immer Unruhe, Unzufriedenheit, Ungerechtigkeit, gegen die wir uns nicht wehren können, denn noch immer zahlen wir für den verlorenen Krieg. Es ist ein Wirtschaftskrieg entbrannt, der ist zwar nicht unmittelbar für die Bevölkerung spürbar, aber Auswirkungen merken wir unbewusst täglich.

Im Krieg befanden auch wir uns immer noch, Jörn kämpfte auf breiter Front. So lasen die Bauern eine Anzeige in der Zeitung, bei der alle sofort hellhörig wurden. Es war ein Glück, dass eine ehrliche Haut mich darauf aufmerksam machte. Ich telefonierte sofort mit der angegebenen Nummer und war nicht überrascht, Jörns Stimme zu hören. Er bot 300 ha Fläche zur Aberntung und anschließenden Pacht an. Unser Betrieb! Wir konnten uns nur mit einer einstweiligen Verfügung des Gerichtes gegen die drohende Gefahr wehren. Zusätzliche Pamphlete mit Betrugsverdächtigungen gegen uns kursierten durch die Lande, lagen beim Finanzamt auf. Es ging uns nicht gut.

Da brauchte es schon richtig viel Mut zum Anpacken, den hatten wir, der Gürtel wurde wieder enger gezogen, gespart, aufgehoben, Sicherheit geschaffen. Gute Ernten halfen uns. Fred wurde zum echten Landwirt, erarbeitete sich Wissen, begriff die Zusammenhänge, verstand die Natur. Seine Maßnahmen saßen, seine Arbeit machte er mit Freude, damit kam und kommt der Erfolg.

Mirco, er studierte inzwischen in Ilmenau Wirtschaftsinformatik, war eine gute Hilfe im Betrieb „Schlossgut Marienthal". In Stoßzeiten konnte man mit ihm rechnen. Mähdrescher

fahren war seine Leidenschaft, aber auch alle anderen Arbeiten verrichtete er mit Freude im Herzen, auch wenn dadurch sein Studium ins Hintertreffen geriet. Das rechnen wir ihm hoch an!
  Wirtschaftlich ging es bergauf, eine neue Drille Lemken Solitär, ein Kompaktor wurde angeschafft, ein neuer Hänger für die Ernte musste sein. Schnecken zum Verladen, zum Einlagern, zum Überladen wurden angeschafft. Wasserfässer stehen auch auf dem Hof, Mulchgerät und vieles mehr brauchte man für die Landwirtschaft.

Mit dem Zetor bekamen wir bald ganz ordentliche Schwierigkeiten, mal war die Zylinderkopfdichtung defekt, mal versagten die Bremsen, mal hatte er dies und das. Eines Tages fuhr ich ihn von Bad Kösen nach Marienthal, konnte nicht schalten und fuhr im gleichen Gang bergauf und -ab, d. h., ich schlich nur so dahin. Ich war ein gefährliches Hindernis auf der Straße. Bald, 2003, konnten wir einen neuen Schlepper Fendt Xylon anschaffen. Ein Doppelsitzer mit großer Frontscheibe, geräumigem Innenraum, mit viel Platz sogar für 2 Personen, er war und ist Freds Liebling! Noch ein Liebling veränderte Manfreds Leben, am 21. 5. 2003 wurde sein Sohn Michel geboren. Yvonne Strube war die Mutter, eine jahrelange Freundin, Wegbegleiterin, Partnerin in Streit und Zoff.

Schritt für Schritt wurde die Landwirtschaft aufgebaut. Die vollgestopfte Scheune und das zugestellte Gelände in Schulpforta an der kleinen Saale räumten wir auf. Wieder fuhren LKWs mit Müll auf die Deponie. Was haben wir da nicht alles ausgemistet! Schaf- und Pferdeleichen, oh Grauen, gemixt mit Schrott, Müll, Holz, Steinen. Nie im Leben hätte ich mir zuvor so einen Haufen Dreck vorstellen können, wie kann man in solch einem Müll auch noch Tiere halten? Nur gut, dass das Veterinäramt die Tiere beschlagnahmt hatte. Ekel empfanden wir, machten aber dennoch Pläne zur Nutzung der Scheune, so sollte sie ein Getreidelager werden. Bis dahin war es ein weiter, arbeitsreicher Weg, aber wir schafften auch ihn. Hatten alles sauber, trocken, warteten auf die Betonfuhren, glätteten den Beton zu einem brauchbaren Untergrund. Tore wurden gebaut, Fenster beim Glaser bestellt, der Innenraum frisch gekalkt. Eine brauchbare Halle war fertig zur Ernteeinlagerung, zwar nicht ideal, denn die Stützen störten sowohl beim Einlagern, noch mehr beim Auslagern. Aber besser als gar nichts war es allemal.

Die Ernte in Schulpforta ist immer wieder eine Herausforderung, nicht nur der weite Transport brachte und bringt Gefahren, nein, auch die alte Beregnungsanlage im Feld hatte seine Tücken. Mirco fuhr immer mit Angst den Mähdrescher durch den dicken, dichten Bestand, den Fred ins Feld stellte. Man konnte die Betonklötze einfach nicht erkennen, wie schnell tuschte man mit dem breiten Schneidwerk dagegen. Oft fuhr ich mit und doch war der Bruch nicht zu verhindern. Das hatte wiederum eine mächtige, gewaltige Aufräumarbeit zur Folge. Alle Bauten wurden ausgebaggert, die Löcher gefüllt, eine Basis für gute Landwirtschaft geschaffen. Vor Bruch war man, ist man nie geschützt. Ein Fahrrad, eine Baumatte und viele andere nicht zu erkennende Hindernisse hatte der Mähdrescher schon im Einzugsschacht. Ganz abgesehen von Steinen, die jährlich im Herbst und frühem Frühjahr gesammelt wurden und werden. Wir sind steinreich!

Die Pflegearbeiten in Verbindung mit den weiten Wegstrecken erforderten und erfordern eine gute logistische Planung. Zum Spritzeinsatz nach Bad Kösen startete zuerst am frühen Morgen der Wasserwagen, kurz danach fuhr und fahre ich mit dem Bus und die geladenen Mittel an die Halle nach Kösen, lud und lade aus, auch der Proviantkorb war und ist mit dem Tagesbedarf schon fertig. Meistens brauchte und brauche ich nicht zu warten, die Rückfahrt nach MT folgte und folgt auf dem Fuß. Nach einem zweiten Kaffee startet Manfred mit der Spritze nach Schulpforta. Die Tagesarbeit konnte beginnen. In umgekehrter Reihenfolge verliefen und laufen die Touren nach getaner Arbeit. Beim Düngerstreuen und bei der Bodenbearbeitung waren ähnliche Doppelfahrten vonnöten. Mit ehrlichem Gewissen kann man bei weiten Entfernungen von einer erschwerten Wirtschaft sprechen. Viel einfacher, unkomplizierter, arbeitsärmer war dagegen die Bewirtschaftung von Blumenrod. Es war eine arrondierte Domäne, vom Hof gingen alle Aktivitäten los. Es war ein Traum!

Ein Journalist hatte seine Freude an uns, machte Bilder für die Zeitung, brachte aber auch einen ganzen Jahreszyklus auf Video. Eine nette Erinnerung! 2004 pachtete Manfred in Hassenhausen ca. 42 ha Acker von einem alten Herrn „Schmitt". Eine neue Herausforderung wartete. Die Übergabe fand schon nicht wie geplant statt, es musste gekämpft werden, sogar vor Gericht. Fred erhielt Recht, Nachbar Mächler räumte unter Murren und Wut das Feld. Keine gute Voraussetzung für ein friedliches Miteinander und gar nicht in unserem Sinne. Wir wollten keinen Zoff mehr, wir wollten ohne Ärger unsere Sache machen, hatten wir doch genug davon. Auf diesem Feld durfte ich eines Tages am Muttertag helfen. Fuhr den ganzen Tag bei wunderschöner Sonne mit dem Traktor, schaffte meine Arbeit zufriedenstellend, bedankte mich bei Fred, der kopfschüttelnd an meiner Normalität zweifelte. Es ist so, ein Tag auf dem Feld gibt mir mehr als jedes Geschenk, als ein Cafébesuch mit Torte. Es war ein unvergesslicher Muttertag. Das Fahren mit dem Trecker ist schon ein besonderes Erlebnis, gibt einem ein großartiges Gefühl, die geleistete Arbeit ist sichtbar, sinnvoll und nötig. Die Luft tut gut, die Natur ist abwechslungsreich und voller Überraschungen. Das Arbeiten auf dem Feld – ein Highlight in meinem Leben. Manfred arbeitete in den Stoßzeiten bis tief in die Nacht, ich war immer involviert, musste oft des Nachts noch los, holte ihn von Kösen nach Hause, fuhr ihn morgens hin, wo immer er hinmusste. Der Betrieb Marienthal ist nicht arrondiert, daher die Bewirtschaftung schwierig. Die Flächenausstattung war auch keine feste Größe. Die 10-jährigen Pachtverträge aus der Liquidation LPG Klosterhaeseler liefen bald aus. Der Zukauf von Eigentumsflächen konnte den Abgang nicht ausgleichen. Die Überlegung, Arbeiten für Herrn Müller mit 85 ha und Herrn Porse mit 18 ha zu übernehmen, lag auf der Hand. Mit Herrn Müller wurde eine Zusammenarbeit auf Gegenseitigkeit verhandelt. Das lief viele Jahre wunderbar. Neue Besen kehren gut! Das ist nicht nur ein

Sprichwort, es ist die Wahrheit, es ist die Erfahrung. Herr Müller war glücklich, dass Fred ihm den Neuanfang ermöglichte, ihm mit Rat und Tat zur Seite stand, sein Wissen weitergab. Manfreds perfekte Organisation machte eine Bewirtschaftung erst möglich, Hand in Hand wurde gearbeitet, unsere Maschinen fuhren, erledigten die Arbeit. Herr Thomas Müller half mit, sobald Fred einen zweiten Mann einspannen musste. Eine gute Ergänzung, eine nette Zusammenarbeit.

Meine Wenigkeit bekam mehr Arbeit. Nun fuhr ich den einen dorthin, den anderen holte ich von dort oder hier ab. Ich war fleißig unterwegs, brachte zwei Männern das Essen, den Kaffee, die Erfrischung, die Leckerlis aufs Feld. Das machte ich gerne, denn die Laune war meistens gut, auch wurde mal ein kleiner Scherz ausgetauscht. Oft fuhr ich abwechselnd mal mit Fred, mal mit Herrn Müller, mit, vertrieb ihnen die Müdigkeit. Das war in der Ernte sehr wichtig, Herr Müller übernahm den Mähdrusch, denn Mirco war inzwischen im Arbeitsverhältnis in Frankfurt beschäftigt und hatte nicht mehr alle Zeit der Welt. Mähdrescherfahren, genau wie alle Arbeiten in der LW, hört ja nicht am Feldrand auf. Eine große Belastung hängt an der Pflege, an den kleinen und größeren Reparaturen. Tanken, schmieren, pflegen, kontrollieren, hören, testen, erneuern ist die Hauptsache im Fahrbetrieb. Eine unerlässliche, aber lästige Aufgabe. Fast immer standen stille Helfer für die Arbeiten zur Seite, Fred half immer mit. Im Laufe der Zeit verschob sich der Aufgabenbereich, nur noch selten kam Herr Müller zum Pflegedienst. Missmut lag in der Luft, war auch in anderen Bereichen spürbar. Obwohl Manfred super Ernten auf das Feld stellte, ließ sich Herr Müller plötzlich von anderer Seite beraten. Er fing an ein eigenes Süppchen zu kochen. Andere Maßnahmen wurden aus der Reihe gespritzt, gedüngt, bearbeitet. Anstatt einer Arbeitserleichterung wurde die Zusammenarbeit eine Arbeitserschwernis. Die Missstimmung schlich sich allmählich in die Zusammenarbeit. Jede Beziehung nutzt sich eben in den Jahren ab. Herr Müller, Thomas, begann mit eigener Bodenbearbeitung, wünschte aus der Reihe mit der Drille bedient zu werden und viele kleine

Extras sollten gebacken werden. Keine ideale Voraussetzung für Fred. Den Ärger darüber bekam und bekomme ich zu hören, zu spüren. Doch ändern kann ich nichts, beeinflussen schon gar nicht. Ein typischer Fall für das Missverständnis war der Kauf eines neuen Schleppers. 2009 kauften wir nach Absprache einen neuen Fendt 718 für Pflege- und Drillarbeiten. Kaum stand unser Traktor auf dem Hof, kaufte Thomas einen Claas in der gleichen Leistungsstärke. Fred platzte und brannte vor Wut!

Es brannte wirklich bei uns! Unfassbar, das hintere Fischfeld stand in Flammen, man sah es schon von Weitem, das Herz schlug bis zum Hals. Seit dem Anruf aus Bad Kösen waren keine 15 Minuten vergangen, in dieser Zeit suchte ich Fred auf den Feldern von Herrn Müller, jagte dann mit ihm durch die Dörfer, der Rauchwand entgegen. Ich konnte nicht mehr klar denken, die Ernte verbrannte! Was konnten wir retten? Womit konnten wir retten? Die Maschinen standen in Marienthal, eine Anreise würde weitere Stunden in Anspruch nehmen. Wir kamen bis zur Bahn, die Schranken waren unten! Die Feuerwehr stand vor uns, kam auch nicht weiter! Die Flammen schlugen höher und höher, die Sonne schien, ein starker Ostwind trieb das Feuer vor sich her. Hektar um Hektar verbrannte, ohne dass wir etwas tun konnten. Welcher Tatenlosigkeit waren wir ausgesetzt, welche erbärmliche Technik hatte die Bahn! Die Schranken konnten nicht ohne die Betriebserlaubnis aus Halle geöffnet werden. Als Vorsichtsmaßnahme für die Züge hatten sie die Schranken geschlossen. Wunderbar! Da standen wir und sahen zu, wie die reife Ernte unterging. Nie wieder möchte ich das erleben. Spater meldeten wir uns bei der Polizei, sie hatte auch nur ein Kopfschütteln übrig. Hatte schon vorher einen benachbarten Landwirt um Maschineneinsatz vom Grubber oder Pflug gebeten, eine Absage erhalten, da alle Männer im Ernteeinsatz unterwegs wären. Wir fuhren nach Hassenhausen, baten Herrn Mächler um Hilfe, mit viel Überredungskunst gelang uns ein Einsatz. Welche zögerliche Hilfsbereitschaft fand man dort, unvorstellbar, dazu noch hässliche Kommentare. Erschüttert war ich, Tränen flossen, meine Nerven waren am Ende. Bewundernswert Freds Coolness, sachlich, nüchtern, korrekt, emotionslos sorgte er für Regelung, dabei sah es in ihm auch längst anders aus. Aber es stimmte, an der Situation war nichts mehr zu ändern. Den Täter musste man ausfindig machen. Erst einmal eine polizeiliche Anzeige gegen unbekannt. Meldung bei der Betriebshaftpflicht- und Feuerversicherung.

Wieder hatte ich die Aufgabe, mit den Schätzern vor Ort zu sein, sie zu überzeugen, dass für uns ein ganz großer Schaden entstanden war. Wir hatten Glück, der Schaden wurde befriedigend ersetzt. Inzwischen hatte ich ja schon gute Erfahrungen mit den Herren, zuvor waren wir durch einen Hagelschlag schwer geschädigt worden. Auch hier kamen wir mit einem blauen Auge davon. Ich bin eben eine bedauernswerte, unterstützungswürdige alte Frau!

Die Landwirtschaft war immer im Fluss, ein Stillstand undenkbar. Schon das alleine geht in der Natur nicht, denn es wird gesät, wächst gut bemuttert zu einer reifen Pflanze heran, geerntet, der Kreis schließt sich, beginnt erneut. Jahr um Jahr. Klingt alles so einfach, ist doch so schwer. Immer wieder bewundere ich die Kraft der Natur, das Durchhalten, das Kämpfen ums Überleben. Wenn schon alles verloren scheint, dann bringt die Natur noch immer genug Kraft zum Wachsen auf. Der Mensch, hier der Landwirt, braucht eine gute Portion Gottvertrauen, was in der heutigen Zeit oft vergessen wird.

Neben der Landwirtschaft mit täglicher Sorge war Manfreds Leben geprägt durch ein Hin und Her in der Beziehung mit Yvonne, Mutter von Michel. Für die Gründung einer eigenen Familie kaufte er 2007 die Gebäude der alten Gärtnerei. Pläne wurden geschmiedet, der Ausbau begann voller Hoffnung 2009. Viel Geld wurde in die Hand genommen, viel Arbeit erledigt, doch das Wunschdenken, die Familie in Marienthal anzusiedeln, war nicht von Dauer. Yvonne wollte plötzlich nicht von Weimar weg, obwohl am 26. 2. 2010 Marie-Charlotte auf die Welt kam. Die kleine Familie wäre komplett gewesen. So ist das mit der heutigen Jugend.

2009 hatte Manfred 42 ha Acker in Tauhardt gekauft, gutes Land für gutes Geld. Eine Stabilisierung des Betriebes in Marienthal, auch wenn die Lage in die entgegengesetzte Richtung führte.

Damit muss man leben, der Pachtmarkt ist ausgereizt, die Preise für Ackerland schießen in eine Höhe, wo eine rentable Bewirtschaftung infrage gestellt ist. Trotzdem war der Entschluss nicht verkehrt. Deutscher Grund und Boden hat schon immer Sicherheit bedeutet, wurde nicht enteignet, unterlag keiner Inflation, keine Währungsreform konnte dem Besitz an den Kragen. Wir sind stolz, dass wir inzwischen hier in Marienthal, wenn auch nur in vielen kleinen Splitterflächen, aber dennoch 100 ha Eigentum schaffen konnten. Dafür leben wir auch weiterhin unter Verzicht jeglichen Vergnügens, gönnen uns keinen Urlaub, kein Spiel, keinen Spaß. Die Frage stelle ich mir an meinem Ende: War das richtig?

So geht die Arbeit nicht aus, so lohnt sich der Maschineneinsatz, so rechnet man mit einem höheren Betriebsergebnis, so gibt man dem Finanzamt, der Buchstelle, der Krankenkasse, alle wollen mehr und was bleibt für einen selbst? Mehr bedeutet weniger!

Gilt auch meine ganze Liebe der Landwirtschaft, so bin ich doch nicht blind und blöd, erkenne die Aufopferung, den Verzicht, den Druck, die Selbstmotivation, den Konflikt mit dem normalen Leben. Früher nervte ich Jörn mit den Worten „Bei schönem Wetter wird immer gearbeitet, bei schlechtem Wetter liegen meine Männer mit schlechter Laune auf dem Sofa. Bauer ist kein Beruf, sondern eine Berufung. Mit diesen Gedanken und Wissen traf mich Marçs Wunsch besonders hart, hatte er doch studiert, seinen Doktortitel in der Tasche und nun wollte er in die praktische Landwirtschaft, dabei standen ihm Türen und Tore an der Uni offen. Meine Argumente gegen eine Landwirtschaft, mein Ausmalen einer Tätigkeit in Brüssel bei der EU, alles fiel auf unfruchtbaren Boden, er setzte sich durch. Fred unterstützte die Suche nach einem Betrieb, der möglichst in der Nähe sein sollte, um eine Zusammenarbeit, eine fruchtbare Synergie zu entwickeln. Man fand keinen geeigneten Hof. Entweder wurden

Wucherpreise verlangt oder sie waren zu klein, zu groß, hatten zu viel Vieh, zu viel Altlasten, zu viel ... zu wenig. usw. Der Suchradius wurde erweitert, Mirco und Marc fuhren nach Polen, nach Tschechien und auch nach Rumänien.

Von dieser Reise kamen sie begeistert zurück, suchten über die Botschaft Kontakt, informierten sich über Recht und Gesetz, waren Feuer und Flamme, hatten keinen anderen Gedanken mehr. Alle Einwände schlugen sie aus. Was soll man in dem Fall noch gegenhalten? Nichts oder gar nichts. Meinen Segen bekamen sie, meine Unterstützung auch.

Es war ja nicht unsere erste Planung, so ließ ich mich von den vielen Ideen, von den Berechnungen, von den Kalkulationen nicht aus dem Gleichgewicht bringen, standen mir auch innerlich die Haare zu Berge und saß mir die Angst im Nacken. Aber was soll es, Kinder starten in ihre eigene neue Welt, da haben wir Eltern nichts mehr zu melden, nichts mehr zu bestimmen. Gute Ratschläge hören sie nicht, aber das Gefühl der Geborgenheit, der Sicherheit, das kann man ihnen mit auf die Reise geben. Was immer auch passiert, meine Tür steht meinen Kindern immer offen. Mit diesem Reichtum haben auch meine Eltern mich in die weite Welt geschickt.

Marc wohnte vorerst bei uns, hatte Jörns Wohnung ganz für sich, half in der Landwirtschaft mit. Alles sah nach Sonnenschein aus, aber dahinter verbarg sich bitterer Ernst, die Auseinandersetzungen nahmen gefährliche Ausmaße an, ging es doch schon um vorgezogene Erbauseinandersetzungen. Immer ein Streitfall in der Familie. Die persönlichen Differenzen arteten in halbe Schlägereien mit Messerstichen aus. Sie gingen sich sprichwörtlich an den Kragen, im nächsten Moment waren sie wieder ein Herz und eine Seele. Versteht einer nur die Menschen!

Der Rumänienplan reifte, die erste Investition wurde von Mirco getätigt, er kam zu Weihnachten mit einem Geländewagen für Marc. Das Zeichen des Aufbruchs.

Weitere Maschinen, John Deere Traktor, unsere Scheibenegge, Mulchgerät, Tiefenlockerer wurden günstig erstanden. Bevor der Winter zu Ende war, im Februar 2009, rollte der erste Transport von

Marienthal nach Rumänien. Ein mulmiges, trauriges, wiederum hoffnungsvolles Gefühl schleuderte uns hin und her. Kaum war der LKW vom Hof, packte auch Marc seine sieben Sachen und fuhr dem Transport hinterher, überholte ihn, denn zum Abladen musste er in Rumänien sein. Es klappte wie gewünscht.
Die Arbeit konnte beginnen.

Im selben Jahr kauften wir für Marienthal, zugunsten für RO, eine neue Spritze, Inuma mit 4.000 Liter. Die Alte wurde mit einem zweiten Trecker, Wassertanks und Frontgewicht im zweiten Transport auf die Reise geschickt. Das war der zweite Streich, der dritte folgte sogleich. Eine Horsch Drille kam zum Abtransport mit einem gut gefüllten Korntank, die reinste Schatztruhe tat sich da auf. Marc freute sich, nun konnte die erste Herbstbestellung laufen.

Marienthal begann an Rumänien zu denken, unsere steuerlichen Rückstellungen wurden nach deren Gesichtspunkten, nach deren Bedarf aufgestellt und ausgelöst.
2011 kauften wir einen neuen Mähdrescher Claas 660, unser 440 wurde nach Rumänien verladen. Eine schwierige Angelegenheit, es war Millimeterarbeit, reine Nervensache, bis alles verpackt, aufgeladen, verspannt, zur Abfahrt bereit stand. Eine Menge Herzblut hing am Mähdrescher, hatte er uns 12 Jahre gute Dienste geleistet und uns nicht im Stich gelassen. Da versteht es sich doch, dass Tränen in den Augen standen, als die Fuhre langsam durch die Kastanienallee verschwand.
Unser neuer Mähdrescher kam am 30. 6. 2011 auf dem hinteren Fischfeld zum Einsatz! Fred hatte ihn von Steigra geholt, landete in einer Unfallstelle und konnte erst mit 2 Stunden Verspätung die Arbeit beginnen. Ich bildete die Vorhut, mit Blinklicht zeigte ich dem Verkehr das kommende Hindernis an. Rücksicht von den Autofahrern war dennoch nicht zu erwarten. Schwierig wurde die Fahrt von Rossbach nach Schulpforta, eine schmale, kurvenreiche, unübersichtliche Strecke, voller Feierabendverkehr. Es ging alles gut.

Die Sommergerste war gut, hatte aber kein dickes Stroh, deshalb ratterte der neue Mähdrescher mit Schwung durch das Feld. 7,50 Meter Schnittbreite war schon eine leistungsstarke Breite. Leider hatten Autofahrer, die nicht die Umleitung durch den Straßenbau an der B 87 beachteten, eine breite Schneise in den Acker gezogen. Frech haben sie eine Autobahn in die Gerste angelegt. Unsere Wut war grenzenlos, unsere Versuche, die Dreistigkeiten zu stoppen, waren vergebens, eine Anzeige bei der Polizei aussichtslos, selbst dann noch, als wir Kennzeichen der Fahrzeuge und die Namen der Fahrer präsentieren konnten. Die größte Angst war die Brandgefahr, wieder ein brennendes Feld wollten wir nicht erleben. Wir verbarrikadierten die Einfahrten mit dicken Betonklötzen, die unverschämten Fahrer suchten sich neue Wege. Mir kochte das Blut, auch diesmal war Fred aufgebracht. Die Staatsanwaltschaft lehnte eine Verurteilung ab, weil das Durchfahren nicht deutlich verboten war. Verrückte Welt.

Ähnliches Verhalten beobachteten wir in Hassenhausen, dort verwüstete uns eine Strommastreparaturfirma den guten Bestand von Raps. Sie schnitten eine Schneise von Hunderten Meter Länge und ca. 5 Meter Breite in den Bestand. Ich traute meinen Augen nicht, fuhr mit dem Auto auf dem Weg zum Einkauf am Feld entlang. Bremste und ließ es mir nicht nehmen, die Firma nach der Erlaubnis zu fragen. Noch dümmer schaute ich, als ich erfuhr, dass Herr Mächler für uns die Erlaubnis ausgestellt hatte. Die Bombe platzte, die Arbeiter taten mir leid, waren so eingeschüchtert, dass sie ihren Chef direkt nach Marienthal schickten. Der Fall wurde mit einem Geschenk und einer Ausgleichszahlung abgegolten. Das war angebracht und das Minimum, zeigte uns aber, dass eine ständige Kontrolle auf den Feldern vonnöten war.

Die Verladungen nach Rumänien nahmen kein Ende, die Umstrukturierung vom Betrieb Marienthal war unmittelbar damit verbunden. So packten wir einen neuen Grubber aus, er war avisiert mit 5 Kisten aus der Türkei, stand an der Grenze fest, weil wir keine Zolleinfuhrnummer hatten. Welch ein Durcheinander brachte die Anmeldung zur Einfuhr, Tonnen von Papier wurden beschrieben, viele Telefonate waren nötig, deutsche Bürokratie so richtig spürbar und erlebt. Alles unnützer Kram. Wir freuten uns trotzdem auf unseren neuen Ilgi Grubber, er war nicht, wie ängstlich erwartet, in Kisten verpackt, sondern einzelne Einheiten standen auf dem LKW. Das Abladen, das Zusammenbauen sah relativ einfach aus, klappte auch gut.

Die erste Inbetriebnahme erfolgte kurz danach auf dem hinteren Fischfeld. Er leistete eine gute Arbeit, der Acker war gut durchgearbeitet, aber leider gab es auch schon eine Schadstelle. Eben doch türkische Qualität. Fred war wütend, orderte sogleich einen Experten, der Chef kam persönlich aus der Türkei angeflogen, um eine sachgemäße Ausbesserung zu garantieren.

Während wir uns mit dem Ilgi beschäftigten, fuhr unser alter Grubber in Rumänien seine Kreise, dort freute man sich über seine gute Arbeit und seine Flächenleistung. Hatte man in Rumänien zuvor mit einer 4-Meter-Scheibenegge die Bodenbearbeitung erledigt, war nun die Arbeit ein Kinderspiel! Das Sprichwort bewahrheitet sich: „Was dem einen seine Uhl ist, ist dem anderen seine Nachtigall."

Weitere Transporte mit einem Fendt 936 Traktor, unserem Dreiachsanhänger, Düngerstreuer, Fässer, selbst unser LKW wurden nach Rumänien abtransportiert. Alle Wegbegleiter auf langer Strecke, ein bisschen Wehmut kam auf. Von dem LKW trennte sich Fred nur ungern, doch der deutsche TÜV hätte ihn sonst aus dem Verkehr gezogen. Mit dem LKW hatten wir alle Umzüge, den Abbau und Neuaufbau von Schloss Marienthal, den Start der Landwirtschaft gemeistert. Wo gehobelt wird, fallen auch Späne. So war ein schwerer Unfall beim Transport von Raps nur eine Frage der Zeit. Schwer beladen ging es steil bergab, unten schaltete eine Ampel auf Rot, das Auto vor Fred bremste abrupt, so wurde der Bremsweg für den LKW unmöglich. In seiner Not fuhr Fred auf die Gegenseite, in der Hoffnung, die entgegenkommenden Fahrer würden das Risiko erkennen. Das taten sie nicht, da wurde die Fahrt ins Feld zur Rettung. Ein schwerer Schaden entstand, eine Weiterfahrt war unmöglich, die Ladung Raps ging fast gänzlich verloren. Und doch hatte man Glück im

Unglück, es kam keiner körperlich zu Schaden. 20 Jahre war für den LKW eine gute Lebensdauer und noch einmal die gleiche Zeit fährt er vielleicht und hoffentlich in RO. Dort fahren verbrauchte Maschinen, die einen erschrecken können. Oft ist die Fahrtrichtung eher von links nach rechts als geradeaus.

Einen Abtransport zu beladen war die Kunst von Manfred, er fuhr auf den Millimeter genau, setzte die Maschinen exakt auf ihre Position. Wir gratulierten. Die Fahrer, meist Rumänen, brauchten die Ladung nur noch zu verzurren, konnten flott ihre Weiterfahrt aufnehmen. Papiere stempelten wir ab, ein kleines Trinkgeld erfreute die Rumänen, die Transporte kamen, ich klopfe auf Holz, immer unversehrt bei Marc in Tirnowa an. Mehr Glück als Verstand? Ja! Sind doch die Rumänen wie einst die Polen des Diebstahls im großen Stil verschrien. Mit Recht, denn man hört fast in jeder Nachrichtensendung von Taschendieben, von verschwundenen Transporten, von Betrug, von Bestechungsgeldern. Das hat zur Folge, dass selbst die EU in Brüssel von der inneren Zollfreiheit für Rumänien und Bulgarien Abstand nimmt. Das Schengenern Abkommen wird vorerst noch nicht greifen.

Nachdem in Marienthal fast alles ausgeräumt war, kam ein neuer Dreiachshänger, ein Riesengeschoss von der Firma Weber, auf den Hof, eine neue Schnecke wurde bestellt. So waren wir gut für die Ernte oder zum Düngerstreuen ausgerüstet. Große Bewunderung erfuhr der Hänger, denn er ist aus Alu, rostfrei, stabil und dicht, dafür ein bisschen unhandlich auf kleinen Flächen, auf schmalen Wegen. Kein Problem für Fred, aber Herr Müller tat sich schwer. Der neue Düngerstreuer von der Firma Bobball aus Dänemark kam rechtzeitig zum Einsatz. Wie es im Leben so ist, trauerte Fred seinem alten Amazonestreuer nach.

Meine Männer sind in manchen Dingen recht konservativ, nur in der Auswahl der Wegbegleiterinnen vermisse ich solche Einstellung sehr. Man kann eben nicht alles im Leben haben!

Manfred ist ein guter Landwirt, stellt sehr gute Ernten ins Feld, freut sich über die Kasse füllenden Ergebnisse. Nein, er freut sich über die Menge der Erträge mehr als über die monetäre Ausschöpfung. Er selbst hat keinen Bezug zum Geld, gönnt sich persönlich nichts, gar nichts, wenn er Geld ausgibt, dann nur für die Landwirtschaft. Eigentlich ist er geizig, das verdirbt ihm das Leben. Zu keinem Spaß, keiner Freude, keinem Hobby, keiner Begeisterung lässt er sich hinreißen, für alles ist er zu geizig, rechnet jede Aktivität in Doppelzentner, betrachtet die Ausgaben mit den Augen eines Landwirtes. In Gedanken stemmt er selbst bei einem Bier in der Kneipe einen Sack Getreide. Das verdirbt die Freude zu 100 % und birgt in sich weitere Gefahren: Lust-, Kraft-, Mutlosigkeit.

Dazu nagte der lange schneereiche Winter ohne Sonne oder andere Lichtblicke am Nervenkostüm. Es schien alles eingefroren zu sein, selbst das Telefon klingelte nur selten und wenn, dann waren es Verkäufer, Abstauber, Andreher, Banditen, die nur an dein Bestes wollen, an dein Geld. Und mit welchen Tricks die Verbrecher unterwegs waren und sind, wurde uns anhand eines Schlosskäufers so richtig deutlich. Er legte einen landwirtschaftlichen Fond auf, mit der Prämisse, Kapital sinnvoll und vermehrend anzulegen. Dafür benötigte er einen richtigen guten Rahmen, eben das Schloss. Auf dem Hof wollte er alte Landwirtschaft betreiben, ganz wie es früher war. Mit dem Modell hatte er eine Abzocke im großen Stil vor und man kann es kaum glauben, sein Eigenkapital hatte er auf diese Weise schon zusammen. Die Bank erkannte den Windhund, verweigerte weitere Unterstützung, damit fiel das Projekt wie ein Kartenhaus in sich zusammen. Für uns schade, denn er rüttelte nicht am Kaufpreis. War es doch nicht sein eigenes, hart verdientes Geld, was er lässig ausgeben wollte.

Neue Ideen mussten her. In Rumänien ging es vorwärts, während in Marienthal langsam die Lichter erloschen. Pachtstreitigkeiten in Hassenhausen und bei der Schulpforta waren nicht erquickend, taten nicht nur im Geldbeutel weh, nein, die Art und Weise, das Wie und Was, die Dreistigkeit und Unverfrorenheit waren wie persönliche Angriffe. Nun sah Fred einmal, wie es mir mit den Gästen immer ging, wenn die Forderungen die Leistungskraft überstiegen, wenn man noch Geld auf die

Arbeit legen soll. Die gleiche Situation hatten wir schon einmal mit dem Kuhstall in Blumenrod. Er war so unwirtschaftlich, dass Jörn jeden Morgen, wenn ich vor ihm in den Stall aufbrach, sarkastisch betonte, das Geld nicht zu vergessen, welches ich pro Stunde Arbeit drauflegen musste. Das Aus für den Kuhstall war so vorprogrammiert. Nun zurück in die heutige Zeit. Natürlich sollen die Verpächter an guten Erträgen, an guten Preisen auch verdienen. Geht es dem Landwirt gut, soll es auch dem Verpächter gut gehen. Früher hatte man eine Naturalpacht, heute werden die Pachten auf lange Zeit festgelegt oder eine Anpassungsklausel bringt alle Jahre Ärger. 2008 arbeitete Marc für die Stiftung ein Modell aus, eine Pacht nach dem Deckungsbeitrag, eine gerechte machbare Lösung. Eine Anerkennung gab es nicht. Hier im Osten haben wir ein anderes Phänomen. Große Agrargenossenschaften haben ihre Ländereien zu sehr günstigen Pachtpreisen von ihren ehemaligen Genossen übernommen, die können nun bei 2.000 bis 4.000 ha für ein Randstück wie Schulpforta mit 120 ha Ackerland einen Pachtpreis jenseits von Gut und Böse aufrufen. Insgesamt umgerechnet tut ihnen der Preis nicht weh. Für uns allerdings stellt die Stiftung fast die Hälfte der bewirtschafteten Fläche. Ein hoher Pachtpreis kann über Sein und Nichtsein entscheiden.

Die Agrargenossenschaften rechnen mit dem eigenartigen Stillschweigen ihrer alten Genossen. Sie halten die Bevölkerung weiterhin für dumm, denn noch immer lebt in den Köpfen der Leute „Ihre LPG", wobei die meisten Gesellschaften schon lange privatisiert sind und der Chef schon lange in die eigene Tasche wirtschaftet. Außerdem sind die Arbeitskräfte auf das Minimum reduziert, die soziale Verpflichtung schon lange nicht mehr gültig.

In welcher verrückten Welt leben wir!

Manfreds Pläne, wenn hier in Deutschland nichts mehr geht, auch in Rumänien zu investieren, sind schon in vollem Gang. Eine eigene Firma namens „Schreiber Grain" kauft Flächen, die Marc sicher bewirtschaften kann. Aus den anfänglichen günstigen Preisen werden Jahr für Jahr teurere Grundstücke, denn auch in Südeuropa geht langsam die Post ab. Die Hoffnung, ein vollwertiges Mitglied der EU zu werden, den Euro als Währung zu übernehmen, am Aufschwung teilhaben zu können, bietet großen Raum für Spekulationen und Preisanstiege. Eine Veränderung ist deutlich sichtbar, denn waren früher ganze Landschaften unbewirtschaftet, lagen Flächen brach, ist heute schon jedes Eckchen unter dem Pflug. So einfach kann Politik sein. Die Auszahlung von Flächenprämie ist so verlockend, dass alle Bauern eine Bewirtschaftung, auch wenn es nur im Kleinen ist, auf sich nehmen. Ein gewaltiger Verwaltungsaufwand kam ins Rollen, musste bewältigt werden. Flächen wurden eingetragen, bearbeitet, beantragt. Mitten in dieser Umwandlung versucht nun Marc ausreichend Fläche zu pachten, um einen 2.000-ha-Betrieb aufzubauen. Keine leichte Aufgabe. Viel Rennerei, viele mühselige Kleinstarbeit ist nötig, eine Rennerei von Hof zu Hof. In 1 bis 1,5 ha großen Feldern wird Stück an Stück gepachtet. Nur die Geduld kann helfen!

Um so verlockender schien da ein Angebot von 1000 ha an einer Stelle, in Pilou, dass selbst Fred aus dem Häuschen geriet, Pläne schmiedete, Maschinenkonzept erstellte, Finanzierung besprach. Den halben Winter wurde nur über Pilou geplant. Meine Einwände, sich erst einmal die Flächen anzuschauen, dann zu planen, wurden Anfang März attackiert und wie schon vorher gedacht, kamen Fred und Mirco enttäuscht aus Rumänien zurück. Eine wunderbare Fläche, ummantelt mit Fluss und Kanal, aber ohne eine mögliche Zufahrt, ohne gehbare Brücke, dafür geschützt vor Dieben! Der Boden, soweit die Fläche erreichbar war, schien sehr tonig, sehr schwer bewirtschaftbar zu sein und dennoch ist das Projekt noch nicht ganz auf Eis gelegt! Eine Betrachtung im Sommer soll ausschlaggebend werden. Bis dahin fließt viel Wasser durch den Kanal!

Zurück nach Marienthal.

Die ersten Sonnenstrahlen weckten uns, der lange, tatenlose Winter forderte seinen Tribut, wir werden der Arbeit hinterherhinken und keine Zeit für Flausen haben. Auch gut, endlich konnte man wieder aktiv sein und schaffen.

Das waren wenige, heiß ersehnte Sonnentage, nach dem langen dunklen Winter eine Freude, die aber nicht lang anhalten sollte, denn Kälte und Regen folgten bald. Ende Mai traf uns der große Regen mit dreimal so viel Wasser wie sonst. In wenigen Tagen schüttete der Himmel über 400 ml Wasser über uns aus. Die Flüsse führten in kurzer Zeit Hochwasser, weit mehr Wasser als zu der Jahrhundertflut 2002. Eine große Überschwemmung traf auch uns, obwohl der Deich in Bad Kösen hielt, drängten die Wassermassen auf unser hinteres Fischfeld durch den Klärgrubenkanal und überschwemmte 60 ha fertigen, wunderschönen, ertragsstarken Raps bis über die Spitzen. Der Raps war gute zwei Meter hoch, so war es verständlich, dass die Wassermassen unter den Bahndamm weiter in das Feld „Vor dem Tore" und in das „Erdbeerfeld" strömten, um auch hier die Ernte zu vernichten. Welch ein Kummer, welch ein Jahr 2013. Ein wahres Unglücksjahr zeichnete sich ab.

Ich dokumentierte täglich das Hochwasser, war entsetzt über die Wassermassen und noch entsetzter über die Einstellung der Kläranlagenbetreiber, die unsere Schadensmeldung nicht ernst nahmen, sich wegen anderer Probleme den Kopf zerbrachen, ohne auch nur einen Gedanken an uns zu verschwenden. Der Ausfall der Ernte von ca. 100 ha kann für uns existenzbedrohende Folgen haben. Die Angst packte uns, raubte uns den Schlaf, was wiederum Aggressionen zur Folge hatte. Die Verzweiflung griff um sich, die Pachtverlängerung von Schulpforta ließ auf sich warten, die Rückstellungen mussten trotzdem eingelöst werden, da uns sonst das Finanzamt den Garaus machen würde. Profitieren konnten nur die Rumänen, denn die Käufe von zwei neuen Fendt-Traktoren 818, die auf direktem Weg das Land verließen, der Kauf eines gebrauchten Mähdreschers, Claas Lexion 600, der zur Abholung bereit stand, schon angezahlt war und des Weiteren auf 2 Jahre finanziert wurde. Eine schwere Belastung für den kleinen Betrieb Marienthal und ein schwerer seelischer Druck für Manfred und auch mich. Da waren die Verkaufsgespräche mit potenziellen Käufern eine gute Abwechslung, aber auch eine Gefahr. Die Firma Evers aus Göttingen brachte vier Interessenten vorbei, die alle bewundernd das Schloss besichtigten, aber an einen Erwerb gar nicht dachten. Alle wollten nur die Landwirtschaft – wie meine Kinder auch! Wir schnürten ein Gesamtpaket, Schloss plus Landwirtschaft mit 100 ha Eigentum. Die Bürde „Schloss" wollte keiner auf sich nehmen, das war Arbeit, bedeutete Belastung, Anstrengung, Einsatz und Einschränkung der persönlichen Freiheit. Dienstleister muss man von Herzen, mit Liebe sein oder erlernt haben und dann braucht man noch immer 220 % Einsatz.

Jeden zweiten Tag machte ich Aufnahmen von dem Untergang unserer Felder, heulen hätte ich bei dem Anblick der langsam dahinfaulenden Frucht können. Richtige Tränen kamen mir bei der knallharten Schadensablehnung der Kläranlage und deren Versicherung. Selbstverschulden schlossen sie komplett aus. Für Verschulden von Dritten hafteten sie nicht und schoben den Schaden auf die Naturgewalten: Hochwasser und Starkregen. Damit blieben wir ganz alleine auf dem Schaden sitzen, ernteten auf 120 ha nichts, hatten dagegen eine gewaltige Arbeit, Last und Nachfolgeschäden zu erwarten. Eine schreckliche Situation, eine Verzweiflung ergriff uns, raubte uns den Schlaf, und wenn ich einmal schlief, dann hatte ich grausige Albträume. Was sollte das noch werden?

Es war Sommeranfang, 21. 6. 2013, das Jahr schon halb um. Unsere Investitionen stoppten, der Kauf von Maschinen vor dem 30. 6. 13 war in unserer Situation kaum möglich, denn unsere Reserven lagen in Rumänien in Form von Maschinen, Spritzmittelkauf und weiteren Unterstützungen. Unsere Kasse reichte kaum bis zur Herbstbestellung. Was sollten wir machen? Von Staatsseite bekam jeder Landwirt mit Flutschäden eine Summe von 5.000,- Euro als Soforthilfe. Ein Tropfen auf dem heißen Stein.

Es war der 30. 6. 2013, das Hochwasser wütete vor einem Monat und doch konnte Fred noch immer nicht die Flächen befahren. Krankheiten breiteten sich aus, das Verfaulen nahm seinen Lauf, der Gestank war unerträglich. Einen Totalausfall der Ernte musste man ins Auge fassen. Die Ablehnungen der Versicherungen waren knallhart formuliert, sodass der Weg über das Gericht unumgänglich schien. Inzwischen hatte die Feuerwehr ihren Sicherungsaufbau über dem Revisionsschacht abgebaut, den Deckel wieder aufgesetzt und nicht verschraubt. Spielende Kinder konnten mit Leichtigkeit den Schachtdeckel öffnen. Man wollte nicht daran denken, stürzte ein Kind hinein, würde es im Abwasser gegen den vergitterten Ausgang gespült und wäre nicht zu retten gewesen. Eine Aufsichtspflichtverletzungsklage würde ich in Gang bringen. Damit wäre die Frage der Sicherung des Schachtdeckels geklärt und der Weg zum Schuldeingeständnis der Kläranlagebetreiber unvermeidlich. Leider war Freds Motivation am Boden, die ausfallende Ernte nahm ihm alle Lust. Die gescheiterten, aufgeschobenen Verhandlungen mit der Stiftung machten ein Handeln auf dem Betrieb zur Farce, denn die Frage nach dem Sinn schwebte über allen Überlegungen. Ich konnte leider nicht helfen.

Meine Kraft reichte nicht aus, denn ich musste meine schwächer werdende körperliche Leistungskraft eingestehen, mein Fuß schmerzte bei jedem Schritt, abends zogen die Schmerzen bis in die Hüften und die Bewegungen waren sehr eingeschränkt, der Schmerz unerträglich. Ich war körperlich ausgelaugt, fertig, am Ende, keinen Pfifferling mehr wert, geschweige denn eine Hilfe! So stand Fred alleine. Die Zusammenarbeit mit Herrn Müller funktionierte auch nur noch bedingt, denn er hatte seinen Betrieb mit Bodenbearbeitungsgeräten, Drille und Düngerstreuer aufgerüstet, d. h., er war für Fred nicht immer erreichbar.

An dieser Stelle sei es einmal erlaubt, Spekulationen auszumalen, ob Verkauf oder nicht Verkauf Alternativen für uns Möglichkeiten darstellten. Diese Gedanken schleuderten uns ganz schön. Angebote hatten wir, aber keine Spitzenpreise, also warum sollten wir verkaufen? Und dennoch sind 4 Millionen € ein guter Ertrag, geht man von unseren Anfängen aus. Begonnen haben wir mit 200.000,- DM in Blumenrod, inklusive Hausverkauf von Niederkaufungen, das Haus in Witzenhausen als Sicherheit für die Maschinen. Das Haus gehört heute noch Jörn, dazu ein Ferienhaus in Spanien, Zahlungen von mir in Höhe von 200.000,- Euro Unterhalt sind an Jörn geflossen. Gestemmt haben wir Rumänien mit ca. 400.000,- Euro, dazu noch zwei

Mähdrescher. Wären 4 Millionen ein schöner, gerechter Lohn für all unsere Mühen, Plagen und Verzicht auf das Leben? Oder alles nur Träumerei?

Die Wirklichkeit griff hart zu, die Gäste kamen, die Arbeit musste erfüllt werden. Der Weizen war bis an die Spitzen krank. Das lange, kalte, nasse Wetter ließ die Pilzkrankheiten blühen. Doch der Wind brauste über das Land, kein Wetter zum Spritzen. So ist es in der Landwirtschaft, man liegt auf der Lauer, wartet auf den richtigen Moment, den man dann doch nicht erwischt. Jahrein und jahraus die gleichen Sorgen. Probleme mit doch immer wieder veränderten Faktoren, immer wieder die Frage: „Macht man alles richtig?" Verträgt die Pflanze die Mittel, ist der Zeitpunkt noch richtig, schädigt man mehr als dass man Nutzen hat? Oder lässt man die Spritzung aus? Was würde man dann noch ernten? Man muss jeden Tag entscheidungsfreudig sein! Und man muss Gottvertrauen haben!

So wurde das Jahr doch noch ein recht gutes Jahr, auf den nicht überschwemmten Flächen kamen wir an die 100 dt Erträge, das glich den Verlust durch das Hochwasser recht gut aus. Wir leisteten uns 6 ha Eigentum. Einen gebrauchten, neuwertigen Claas Lexion 600, mit 530 Trommelstunden, mit 10,5-m-Schneidwerk, der von Manfred in Braunschweig nach Rumänien verladen wurde. Wir neigten uns weit aus dem Fenster, um Marc und Mirco eine sichere Ernte zu garantieren, zu ermöglichen.

Wie sagt man so schön, die Strafe folgt auf dem Fuß. Die Periode wurde zum wärmsten und trockensten Winter seit den Wetteraufzeichnungen, das machte und macht uns Kopfschmerzen. Die Sonne schien und scheint wie nie, sie prallte mit einer Macht vom Himmel, dass man Angst kriegen kann. Anfang April schreit das Getreide, die Wälder, die Wiesen nach Wasser. Die Flüsse sehen wie ausgetrocknet aus. Eine verbrannte Erde wie im Hochsommer lässt die Nerven vibrieren. So eine Witterung habe ich in meinem Leben noch nicht kennengelernt und doch hilft nur Gottvertrauen. Im letzten Jahr Hochwasser, in diesem Jahr Niedrigwasser bis hin zur Trockenheit.

Die Lasten werden schwerer ...

… weil ich sie alleine tragen muss.

Zwischenzeitlich erlebten wir in der Familie traurige Ereignisse. Meinen Vater musste ich des Nachts in die Klinik nach Weimar bringen, er verlor viel Blut, war elend, sah schrecklich aus, wurde auch gleich operiert und lag sieben Wochen auf der Intensivstation, wollte und wollte sich nicht erholen. Mutti fuhr ich in dieser Zeit jeden Tag nach Weimar, jeden Tag mit ein bisschen Hoffnung, jeden Tag mit einer Enttäuschung. Einige Male wurden wir nach Weimar gebeten, um Abschied zu nehmen. Es war eine Zeit zwischen Bangen und Hoffen, Letzteres hat gewonnen. Schwer angeschlagen, aber ausgestattet mit einem starken Lebenswillen, körperlich ein Wrack, geistig hellwach, zufrieden und glücklich, dass er dem Teufel noch einmal von der Schippe gesprungen war, holten wir ihn nach Hause. Er war 88 Jahre, konnte nicht mehr alleine laufen. Wir benötigten ein Pflegebett, einen Rollstuhl, bauten die Wohnung barrierefrei. Gerne räumten wir die halbe Wohnung um. Bei der Arbeit entdeckte ich eine gut versteckte Pistole, mein Entsetzen war groß. Hatte ich doch wegen diesem Ding eine staatsanwaltliche Anzeige erhalten, ausgelöst von Jörn, der dem Vater die Pistole heimlich zugesteckt hatte. Was für ein Wahnsinn und was für ein Risiko! Ich brachte die Pistole zur Staatsanwaltschaft, ließ mir die Abgabe bestätigen, achtete nicht auf die Wut meines Vaters, war sehr enttäuscht über die Unehrlichkeit.

Ein harter Kampf stand meinem Vater bevor, verbissen und zäh kämpfte er ihn und schaffte es. Er kam wieder auf die Beine, hatte genug Kraft, sein Leben noch lebenswert zu gestalten. Das lange Laufen strengte ihn sehr an, aber seine Spaziergänge in den Wald wollte er nicht missen, musste ja auch mit dem Hund Gassi gehen, die Mutti bewegen. So sann er nach einer Möglichkeit und fand sie in Form eines Elektro-Mobiles. Eine teure Anschaffung, aber für ein bisschen Lebensglück kein Preis! Jeden Tag fuhren meine Eltern bei Wind und Wetter im Wald herum. Bald wurde die nahe Umgebung zu langweilig, also baute mein Vater einen Hänger für sein Mobil. Mit dem Auto und Hänger ging es nun los. Ein aufsehenerregendes Gespann.

Eine tief greifende Erfahrung erlebte ich in der Zeit des Elends. Als es meinem Vater sehr, sehr schlecht ging, zeigte er Gefühle, zeigte er das, was ich bei ihm vermisst hatte, er zeigte Verständnis für die Mutti, zeigte uns seine Liebe. Es war rührend und wird mir immer in Erinnerung sein. Seine raue Schale war nur ein Schutzmechanismus, tief in seinem Herzen war er ein liebevoller Mensch.

Unterdessen versuchten wir die maroden Dächer von Schloss Marienthal mit hohen Kosten (mit Wehmut dachten wir an das erste Gesamtangebot, wobei die Kosten nur ein Viertel vom jetzigen Preis waren), zu erneuern, um die Bausubstanz zu retten. Die alten Fenster füllten wir teilweise mit Doppelscheiben, bauten neue, dichte Eingangstüren ein, um den Gästen ein gepflegtes, vor allem wärmeres Schloss anzubieten.

Immer wieder schockierend für mich war der Umgang der Gäste mit unserem Eigentum: Sie knallten die Türen und Fenster, stießen mit den Koffern gegen alles, zerkratzten die Tische, klauten die Fernseher, Bilder, Handtücher und viele Kleinigkeiten mehr. Erschreckend! Die DLG-Prüfungskommission hatte mich schon in Blumenrod vor den Gästen gewarnt, jetzt erlebte ich das Vorgehen im großen Stil. Der Mut konnte einem tatsächlich genommen werden. Manchmal merkte man erst nach langer Zeit den Verlust und oft fiel es gar nicht ins Auge. Selbst mit meinen Frauen veranstalteten wir das große Rätselraten: Was hing hier am Haken? Nur selten lagen wir richtig! Das Haus ist zu groß, die Einheiten zu unterschiedlich, immer mehr sahen wir den Sinn in der Einheitsausstattung der Hotels. Aber das wollten wir ja gerade nicht, sind auch kein Hotel, schon alleine die vielen Ein- und Ausgänge, alle unkontrolliert, reizen den Menschen zu betrügen.

Eine Staffel der Erfurter Polizei hatte eine Tagung bei uns, ihr Thema: Sicherung des Schlosses. Ergebnis: so lassen, wie es ist. Selbst Überwachungskameras würden keinen Erfolg garantieren, wenn das Büro nicht besetzt ist. Das tat gut, gab mir weiterhin die Bestätigung, nur Gäste mit schriftlicher Anmeldung ins Haus zu lassen.

Ein nettes Erlebnis in dieser Hinsicht hatte ich eines Abends, spät, schon in der Dunkelheit, kam ein Antiquitätenhändler mit großem Hänger, bat um Übernachtung, hatte seinen Ausweis vergessen und sah dazu noch heruntergekommen aus. Nicht sehr vertrauenerweckend! In diesem Moment sah ich bildlich, wie er des Nachts die Flure bei mir ausräumt. Ich lächelte in mich hinein, das machte ihn stutzig, daher bat er mich das Hoftor zu verschließen! Was ich auch gerne tat. Natürlich dachte er nur an seine eigene Ladung. Wir beide konnten die Nacht gut schlafen!

Was mir ziemlich ätzend auf die Nerven ging, war der Einpackterror. Hatte ich mit den Gästen das Buffet besprochen, ein Angebot errechnet, geplant, geschrieben, so stand der Preis für den Verzehr hier im Haus. Das Einpacken hatte ich ausdrücklich untersagt, doch keine Gesellschaft hielt sich daran. Mit Plastikschüsseln bewaffnet stürzten sich die Gäste auf die Reste, packten alles zusammen und ließen selten eine Krume übrig. Mein großzügiges Angebot wurde mit Füßen getreten. Die Folge war ein sparsames Auftischen, das wiederum neue Kritik heraufrief. Manche Gäste, es war nicht nur ein Gast, erdreisteten sich, brachen in meine Vorratskammer ein und holten den ganzen Braten, den ich für mein Erntedankfest vorbereitet hatte, heraus. Mein Entsetzen war nicht schlecht, hatte ich doch zum Essen geladen und nun stand ich vor leeren Brattöpfen. Wie verhält man sich in solchen Situationen richtig? Jedes Wort gibt ein Widerwort, die persönlichen Beleidigungen sind kaum zu überbieten, also griff ich zu einer anderen Lösung und schließe seit einer geraumen Zeit meine Küche ab. Und doch ist der Ärger allgegenwärtig. Das Mitnehmen von Lebensmitteln birgt in der Sache eine große Gefahr. Die Kühlkette ist unterbrochen, wird im heißen Auto auf der Heimfahrt noch weiter erwärmt. Holt sich dann ein Gast eine Magenverstimmung, bin ich schnell die Schuldige. Immer wieder weise ich darauf hin, ohne Erfolg. Immer wieder gibt es deswegen Ärger und Unannehmlichkeiten, immer wieder werde ich ausgetrickst, vorgeführt, betrogen. Es schürt meine Angst vor den Gästen.

Unabhängig von dem Bedarf brate ich oft große Portionen, die ich später für uns, auch mal für eine kleine Gruppe Wanderer parat habe, deshalb gehört mein Küchenvorrat nicht zum Buffet. Das Denken gibt es wohl nur im Osten!

Noch größere Extreme erlebte ich bei der Vereinbarung „Flatrate", da kennen die Menschen keine Grenzen, kein Erbarmen, kein Verständnis. Im Gegenteil, sobald die Gesellschaft Wind von der Vereinbarung bekommt, geht die Post ab. Bestellen, antrinken und stehen lassen folgt in einem rasanten Tempo. Schamloses Ausnutzen ist angesagt. Das Nachsehen ist immer auf unserer Seite, daher werden bei uns Getränke nur noch nach Verbrauch berechnet. Gerecht soll gerecht bleiben.

Eine der größten Verschwendungsorgien erlebte ich mit einer Gesellschaft aus München, junge Leute, sogenannte Yuppies, feierten Hochzeit über zwei Tage hinweg, hatten einen Festpreis, d. h. trinken, besser saufen, um die Wette über 48 Stunden. Mit von der Partie waren auch Fraukes Kinder, sie haben mich schadenfroh belächelt! Ich fühlte mich erbärmlich. Als Folge des hohen Alkoholkonsums waren Verwüstungen im ganzen Haus zu erkennen, doch auch hier wie immer: „Keiner war es!"

Und auch wie immer, keiner konnte meine Leistung einschätzen, alle dachten hinter vorgehaltener Hand, das bisschen ist nicht der Rede wert. So auch meine Kinder! Die erste Feier mit Freunden zu Ehren des Doktortitels von Martin, Flugschein von Michael, Diplom von Marc und Mirco belehrte sie eines Besseren. Sie waren nicht minder überrascht, das verblüffte mich nicht, waren sie doch durch eine Erziehung mit negativem Frauenbild geprägt. Das i-Tüpfelchen setzte ich mit der wundervollen Hochzeit von Uta und Mirco, sie lief gut, war perfekt organisiert, alles passte, die Stimmung war entsprechend gut, die Begeisterung des Brautpaares kannte fast keine Grenzen. Immer wieder kamen die

Worte: „Wir hätten uns nicht im Traum eine so schöne Hochzeit vorgestellt!" Ein erfreulicheres Kompliment hätte ich nicht bekommen können. Auch die Gäste waren begeistert. So soll es sein.

So feiern auch viele andere fremde Paare. Alle sind angetan, begeistert, haben sich wohlgefühlt und doch gibt es fast immer auch einen, der das Meckern nicht lassen kann. Gerade die, sie haben Zeit, schreiben hässliche Kritiken in das Internet und verderben nicht nur das Geschäft, nein, sie zermürben einen, sie nehmen einem den Schwung, die Liebe, den Einsatz, die Freude an der Arbeit. So kommt es, dass man in all den Jahren einen Horror vor den Gästen bekommt, damit bestraft man viele, die es gut und nett meinen. Doch wie immer und überall, alles kommt in einen Topf!

Zum Horror trugen auch unbezahlte Rechnungen, Feiern mit betrügerischen Vorsätzen, kurzfristige Abmeldungen und Absagen bei. Das Handeln und Feilschen bei den Abrechnungen machte mich wütend, ärgerlich, enttäuschte mich und verletzt mich tief im Herzen. Vieles empfinde ich als eine persönliche Beleidigung. Einen ganz dreisten Betrug erlebte ich bei einem netten Brautpaar, ich kann es bis heute nicht fassen. Das Hochzeitsfest war wunderschön, alle schrieben begeistert ins Gästebuch. Die Bezahlung erfolgte auf Wunsch per Rechnung. Die Verwandten der Braut lebten alle in unmittelbarer Nachbarschaft, einen Verdacht hatte ich nicht, hätte ich aber haben sollen, denn die Braut war angehende Rechtsanwältin. Ihre Hochzeit wurde ihr erster Fall! Sie nahm mich und das Haus auseinander, es war nichts mehr so wie vorher, wir waren Taugenichtse, unhöfliche bis freche Gastgeber, das Essen war schlecht, der Wein taugte gar nichts, die Räume waren nicht dekoriert, die Tische unordentlich gedeckt, das Duschwasser nachts um 4 Uhr lief nicht sofort, die Betten zu weich, die Zimmer zu groß, nein, es gab nichts Gutes am Schloss Marienthal. Alles war schlecht, dennoch sei sie großzügig und würde ein Drittel der Rechnung bezahlen wollen! Die netten Worte im Gästebuch hatten sie herausgerissen, einen gegenteiligen Beweis konnte ich nicht vorbringen, denn Familie, Angestellte hatten keine Aussagekraft. Nach einer Beratung beim Anwalt kamen wir zu dem Entschluss, keine rechtlichen Schritte einzuleiten, da Gastronomen in solchen Fällen vor Gericht das Nachsehen haben. Na schön. Umsonst gearbeitet, sogar Geld dazugegeben.

Das dicke Ende kam zwei Jahre später. Wieder hatte ich ein sehr nettes Brautpaar, wieder hatte ich mich auf eine Bezahlung per Rechnung eingelassen. Beim Blick nach dem Rechten durch das Haus traute ich meinen Augen nicht, ich rieb sie, schüttelte mich, schaute noch einmal genau hin, ich erkannte die oben genannte Rechtsanwältin. Ich ahnte Schreckliches. Ich bat den Bräutigam ins Büro und war nicht geschockt zu hören, dass die Besagte die beste Freundin seiner Braut sei. Mein Herz schlug außerhalb meines Körpers, doch kurz und bündig erzählte ich das Erlebte, forderte von ihm die Scheckkarte, drohte mit der Unterbrechung und dem Rausschmiss seiner Gesellschaft. Hilflos sah der junge Mann mich an, wusste nicht, wie ihm geschah, ahnte von dem Betrug nichts, gab mir freiwillig seine Karte. Mir tat er leid. Sein Fest ging munter weiter. Am nächsten Morgen hatte ich früh die Abrechnung fertig, die wir auch zügig bearbeiten wollten, und gerade als ich die Karte durch meinen Terminal zog, kam die Braut ins Büro gestürzt. Das war eine Explosion! Der Bräutigam sah noch hilfloser aus, wusste nicht, was hier geschah, fassungslos schob er seine Frau aus dem Büro. Sichtlich war ihm der Auftritt peinlich, bestätigte mir aber wiederum das Vorhaben der beiden Freundinnen. Welch ein Glück war mir hold.

Bei all der Arbeit, Rennerei, den Aufgaben, der Entwicklung, Planung habe ich doch immer wieder an die Familie gedacht, suchte auch hier nach einer Möglichkeit des näheren Zusammenrückens. Kurz entschlossen plante ich ein Treffen in den Bergen, eine Woche Skiurlaub und nettes Beisammensein außerhalb von Marienthal. Ich lud ins Pitztal, Hotel „Vier Jahreszeiten" ein.

Leider kamen nicht alle. Marc versteckte sich hinter seinem Hockey, Michael und Maja blieben ohne Entschuldigung weg. Biliana holte ich vom Flughafen Hahn ab, sie kam extra aus Norwegen, was mich sehr freute. Meine Tour startete ich morgens mit Mirco in Marienthal, fuhr nach Limburg zu Marc, holte Billi von Hahn ab, wir trafen uns in Limburg im Hockeyclub, um nachts Richtung Alpen zu starten, wo wir morgens gegen 6 Uhr landeten. Ein 24-Stunden-Marathon mit Eis und Schnee für mich. Dort trafen wir auch bald Martin mit Claudia. Eine kleine friedliche Familienrunde. Erst sollten wir in eine Ferienwohnung außerhalb des Hotels, doch ich bestand auf meine Buchung der Hotelzimmer, musste natürlich die Ausfälle voll bezahlen, ärgerlich, aber netter. Wir „Mädchen" versuchten uns im Langlauf, während die „Jungs" mit den Snowboards unterwegs waren. Unsere Strecke im Tal hatten wir bald erobert, ich war gut trainiert, hatte zu Hause mit dem Laufgerät geübt, konnte also mit der Jugend bestens mithalten, vielleicht war ich sogar einen Tick besser! Unsere Eroberung ging auch den Lift hinauf, sogar mit der Bahn bis zum Gipfel auf 3.500 m. Uns allen ging in dieser Höhe die Luft aus, das Licht brannte in den Augen, der Wind pfiff durch alle Ritzen und unsere Überlegung ging in die Richtung, dass wir lieber etwas Après-Ski genießen wollten. Eine gute Entscheidung, wir genossen die Sonne im Liegestuhl und bekamen eine gesunde frische Farbe – eben Urlauberinnen. Auf der Rückfahrt, die wir antizyklisch starteten, besuchten wir Michael, staunten nicht schlecht über Maja, doch keiner sagte ein Wort. Nach der leckeren Pizza zog ich den Wagen gnadenlos bis Limburg. Auf der Fahrt schlossen wir Wetten über Majas Zustand ab, die gewann ich natürlich, denn im Juni kam Ronja auf die Welt!

Wir übernachteten in Bad Camberg bei Oma Erna, lieferten Biliana heil dort ab und fuhren zurück nach Marienthal. Das war mein erster Urlaub nach mehr als 40 Jahren! Er ist mir gut bekommen. Hatte ich durch den Ausflug in die Welt der Gastronomie und durch die Erholung Oberwasser, so strahlte ich sie aus, die Angriffe der Gäste kamen seltener. Ich hatte Selbstbewusstsein. Ein guter Mantel zum Schutz gegen alle Unbilden des Lebens.

Die schlugen dennoch erbarmungslos zu.

Mein Vater hatte eine schlimme Grippe, dazu kam eine Lungenentzündung, ein Aufenthalt in der Klinik war ratsam, von dort kam er, obwohl er entlassen werden sollte, nicht zurück. Die Nachricht traf uns bitter, denn am Tag zuvor waren wir wie immer zu Besuch gewesen. Seine Grimmigkeit belastete Mutti sehr, ich ließ sie alleine mit der Hoffnung, dass Vater mit ihr sprechen würde, tat er aber nicht, drehte sich mit den Worten „Ihr seid zu blöd" um und tat so, als ob er schlafen würde. Wir fuhren nach Hause, die letzten Worte gingen Mutti nicht aus dem Sinn und belasteten sie sehr. Ein trauriger, unerwarteter Abschied am 27. 9. 2003.

Wie schön hatten wir Tage zuvor, am 6. 9. 2003, seinen neunzigsten Geburtstag im Rahmen der Großfamilie gefeiert. Daher haben wir beschlossen, die Beerdigung nur im kleinen Rahmen stattfinden zu lassen. Es war sehr traurig und ergreifend, auch wenn Mutti sich tapfer hielt.

Das Jahr 2003 hatte aber nicht nur Schattenseiten, sondern auch wunderbare Ereignisse. So wurde am 21. Mai. Michel, Sohn von Fred und Yvonne, geboren. Er war gesund, kräftig und lebendig, wie ein Baby sein sollte. Doch die Freude war etwas getrübt, die Eltern rauften sich nicht zusammen, machten keine Nägel mit Köpfen, sondern eine ewige Zankerei begleitete sie.

Anders sah es bei Michael aus, ein plötzlicher Besuch überraschte uns, doch noch mehr staunten wir über das kleine Paket. Es war angeblich das Baby von der Nichte, Maja betreute es für die Zeit, da die Mutter noch im Krankenhaus sei. „Was es alles gibt", dachte ich bei mir und schüttelte innerlich den Kopf. Das hätte es bei mir nicht gegeben, niemals hätte ich mich von meinem Kind getrennt. Neue Zeit, andere Zeit. Es kam ganz anders, die kleine Ronja war Michaels und Majas Tochter, war am 16. 6. 2003 geboren. Die Überraschung war gelungen, sie hatten alle getäuscht, selbst Mirco ist auf die Geschichte reingefallen. Die Freude war auch im Nachhinein groß.

Ein Jahr später bekamen wir eine Karte aus Stuttgart mit der Aufschrift „Wir haben uns getraut!" Das Datum war der 4. 4. 2004, Michael und Maja hatten geheiratet, ohne Einladung, ohne Feier. Ein bisschen verwundert, auch ein bisschen enttäuscht war ich schon, doch die Nachricht und Freude über die Geburt von Larissa am 15. 8. 2004 machte die Stimmung wieder wett. Nun war die Familie komplett, nur schade, dass ich so wenig Kontakt habe, die Enkel so selten zu Gesicht bekomme. Sieht man sich selten, steht man sich auch innerhalb einer Familie wie Fremde gegenüber. Dazu sind die beiden noch kleine Mädchen, sie schauen mich kritisch an, mein Herz rutscht, meine Angst steigt, denn sicherlich denken sie, ich sei eine alte Hexe. So komme ich mir vor, etwas Wahres wird schon dran sein, mein Blick ist streng, resolut und flößt selbst Erwachsenen Respekt ein. Wie schrecklich muss ich auf Kinder wirken. Aber auch hier wird die Zeit heilen und wird zeigen, dass ich doch ganz verträglich bin.

Ein Ausflug nach Südafrika brachte mich auf andere Gedanken, ich vergaß einmal Marienthal und seine Probleme. Da war es gut, von anderer Leute Probleme abgelenkt zu sein, wurde ich doch als Retter zum Dieter, Schwiegervater vom Altenburger, geschickt, er hatte mit Selbstmord gedroht. Die Familie selbst hatte keine Zeit, so war ich die letzte Rettung. Meinen Job machte ich gut, brachte Dieter auf viele gute Gedanken, versorgte ihn liebevoll und bald sah er wieder positiv aus der Wäsche. Er erinnerte mich stark an Jörn, die Stimmungsschwankungen von „am Boden zerstört" bis „himmelhoch jauchzend", alles drin, dazu sehr empfindlich, aber selbst hart austeilend. Nein danke. Es war eine nette Woche, beide haben davon profitiert. Dieters Gegenbesuch hier in Marienthal hat mich schnell und nachhaltig ernüchtert.

Meine eigene Familie war anstrengend, kompliziert, problematisch, aufwendig und sorgenvoll genug. Ich konzentrierte mich neben dem Job Schloss und Landwirtschaft auf Mutti. Sie war nun nach 61 Ehejahren alleine, es ging ihr richtig schlecht, sie hatte plötzlich keine Beschäftigung, alles war plötzlich unnötig, sinnlos, da konnte selbst der Hund nichts ändern. Aber ich! Ich hatte eine blendende Idee, kramte alte Briefe vor und motivierte Mutti mir diese vorzulesen, denn Vater hatte in deutscher Schrift geschrieben. Für mich nicht lesbar. Nach anfänglichem Zögern kamen Spaß und Freude auf, jeden Nachmittag schrieb ich eifrig in den Computer, wir sortierten die Briefe nach Datum und hatten nach einem langen Winter schon eine gute Strecke zurückgelegt. Die Briefe umfassten die Zeit vor der Hochzeit 1941 bis nach dem Krieg und Rückkehr 1949. Bis zu Muttis 90. Geburtstag wollte ich damit fertig werden, sie drucken lassen und zur Erinnerung an die Familie austeilen. Eine schöne Aufgabe, eine gute Ablenkung, eine gute Beschäftigung, um den großen Schmerz über Vaters Tod zu verarbeiten. Es tat Mutti gut.

Zahlreiche namenlose Überraschungen landeten in Marienthal und sorgten für nervöse Diskussionen, eine Rückverfolgung der Sendung bestätigte meinen Verdacht. Jörn bändelte an. Ich ließ mich auf das Spielchen ein, bis es mir zu bunt wurde, nur ungern wollte ich mir falsche Hoffnungen machen. Aus dem Bekanntenkreis gut informiert, wusste ich, dass er in Mallorca lebte, kurzerhand buchte ich einen Aufenthalt, bestellte ihn ins Hotel, wobei seine erste Reaktion mich als verrückt abstempelte, trotzdem kam er. Wir hatten uns 7 Jahre nicht mehr gesehen, doch die Vertrautheit von 33 Jahren erschreckte uns beide. Klare Aussagen, klare Absprache, klare Vereinbarungen wollte ich, ansonsten keine Berührungspunkte. Kein Schüren von Hoffnungen, kein Hin und Her, kein Wenn, Aber, Denn und Doch. Nach einigen Tagen tasten, fühlen, hören, empfinden, kamen wir überein, dass ich für Jörn eine neue Wohnung in Marienthal ausbauen sollte. Er wollte gerne zurückkehren. Ich bat mir Bedenkzeit aus, wollte mich mit den Kindern beraten, kamen sie doch alle zum neunzigsten Geburtstag von Mutti am 3. 2. 2007 nach Marienthal. Jeder, aber auch wirklich jeder riet mir von meinem Vorhaben ab, warnte, nur Mutti konnte mich verstehen. Ich hörte Sätze wie „Wer einmal geht, geht immer wieder", „Reisende soll man nicht aufhalten", „Das geht niemals gut", „Geschieden ist geschieden", „Was einmal bricht, bricht immer". Alles schöne Worte, doch meine Entscheidung stand fest: „Jeder Mensch verdient eine zweite Chance!"

Erst einmal feierten wir einen wirklich gelungenen Geburtstag, hatte ich doch viele Freunde und Lebenswegbegleiter von den Eltern aus Witzenhausen zusammengetrommelt und sie per Bus hier nach Marienthal geschippert. Dazu die Familie Szczepanski mit den Schwestern Uschi, mit Kindern, und Ille. Die Kinder von Rena, Maja und die Kinder von Eva mit Joachim, Veronika und Susanne. Dazu Horst aus München und meine Kinder mit Familien. Es war eine nette Truppe und ein noch netteres Fest. Erst Kaffeetrinken mit Bilderkuchen, danach Ritteressen auf der Eckartsburg, Übernachtung im Schloss mit Brunch. Die Abreise verzögerte sich, die Trennung fiel schwer. Später erwähnte und erzählte Mutti immer wieder begeistert von ihrer Feier zu ihren Ehren. Diese Freude war mir gelungen.

Gelungen war mir auch der Ausbau einer neuen Wohnung für Jörn im Nebengebäude, den ich mit viel Liebe, Ideen, Kraft und persönlichem Einsatz vorantrieb. Mit der Einrichtung, Dekoration, Beleuchtung wurde das Finish zu einer richtig gemütlichen Wohnung aufgepeppt. Ich war mit dem Werk zufrieden, machte mich, mit leeren Koffern bewaffnet, aufgeregt wie eine Jungfrau, auf den Weg, um Jörn abzuholen. Meine Erwartungen waren groß, meine Enttäuschung größer. Ich spürte sofort, hier stimmte nichts. Hielt mich aber zurück, sprach ganz ruhig über die Nichteinhaltung seiner Versprechungen, drängte ihn nicht, riet ihm sogar zur Rückkehr zu seiner jetzigen Partnerin, Frau Hegemann. Nein, er wollte mit mir nach Marienthal. Ich war gar nicht glücklich, ahnte ich doch die aufkommenden Schwierigkeiten, ahnte seine Zerrissenheit, seine Unehrlichkeit, seine Unfähigkeit, eine klare Stellung einzunehmen. Möge es kommen, wie es wolle, ich war vorgewarnt, nichts konnte mich mehr erschüttern, meine Seele war inzwischen hart wie Kruppstahl, mein Herz verschlossen wie eine Gruft. Noch einmal wollte ich das Erlebte nicht erleben, noch einmal wollte ich mich nicht verletzen lassen. Ich baute einen Schutzwall auf, betrachtete die Entwicklung mit Vorsicht. War lieb und nett, gab mir Mühe, versuchte alles, sorgte liebevoll für ihn, integrierte ihn in die Familie. Mutti nahm ihn wie den „verlorenen Sohn" auf, verzieh ihm großzügig alles, dafür revanchierte er sich mit täglichen Plauderstündchen. Sie wurden zur positiven Einrichtung, erfreuten die Mutti von Herzen, gaben dem Leben einen neuen

Sinn. An die Rückkehr von Jörn knüpfte meine Mutter auch die Hoffnung, dass ich nun versorgt und nicht mehr alleine sein würde. Damit war sie um eine große Sorge erleichtert, wollte sie doch ihr Leben in Ruhe, in Erfüllung, ohne Sorgen und mit dem Gefühl, alles richtig gemacht zu haben, abschließen. Leider gelang es ihr nicht, Jörn wurde zu einem unsicheren Kandidat.

Immer wieder fuhr er für lange Zeit fort, musste zu Versammlungen, zum Finanzamt, hatte dringende Geschäfte zu erledigen, besuchte Freunde in aller Welt, ohne uns eine Nummer oder eine Adresse zu hinterlassen. Meine Hüft-OP stand in München an, er käme mich besuchen, wollte nach meinen 5 Tagen Klinikaufenthalt den Heimtransport übernehmen. Von ihm war weit und breit keine Spur zu entdecken. Frisch operiert musste ich mit der Bahn nach Hause fahren. Das war kurz vor Weihnachten. Zum Weihnachtsfest kam er braun gebrannt angereist, ließ sich gemütlich nieder, ließ sich bedienen wie in alten Zeiten. Ich quälte mich, wollte doch meiner Familie das Fest nicht verderben. Eine verrückte Welt und ich war unverbesserlich dumm. Andere liegen mit einer neuen Hüfte Wochen im Krankenhaus, gehen anschließend weitere Wochen auf Kur, sind anschließend immer noch schonungsbedürftig. Ich dagegen brauche gerade mal 5 Tage, danach stehe ich wieder stramm. Nun gut, für Mutti habe ich mich gerne beeilt, denn sie hatte Angst, so lange alleine zu sein. Verständlich.

Jörns Eskapaden schaute ich mir bis zu seinem Geburtstag 23. 3. 2008 ruhig an, wir feierten nett im Rahmen der Familie, luden Familie Meister mit den Kindern ein. Mirco, Marc, Fred waren mit von der Partie. Nach dem Fest stellte ich ihn zur Rede, er leugnete, druckste, schwindelte, log mir glatt ins Gesicht, aber ich wusste aus erster Hand, dass er wieder bei seiner Freundin in Mallorca gewesen war. Ruhig erklärte ich meinen Standpunkt. Als Lückenbüßer, Putzfrau, Mädchen für schlechte Zeiten wollte ich nicht fungieren. Für mich wären Ehrlichkeit, Offenheit, blindes Vertrauen Grundbedingungen für das gemeinsame Altwerden. Ich gab ihm Bedenkzeit, wollte von ihm eine ehrliche Antwort. Fassungslos ließ er mich stehen und verschwand.

Zwischenzeitlich erhielten wir Post von Martin und Claudia, sie hatten am 10. 7. 2008 geheiratet. Sie waren glücklich. Das ist die Hauptsache, da spielen Einladungen zur Feier nur eine untergeordnete Rolle, und wenn ich auch ein wenig traurig war, so habe ich die Gründe doch verstanden und toleriert.

Jörn kreuzte wieder auf, beteuerte seine Treue. Sein Hauptanliegen sei, bei uns in Marienthal sein zu dürfen, nichts könnte ihn davon abbringen. Ich glaubte ihm kein Wort, sah seine linken Augen und wusste, dass jedes Wort eine Lüge war. Wie traurig, wie arm muss ein solches Menschenleben sein. Einen Tag nach Mircos und Utas Hochzeit packte er seine Sachen, verschwand ohne Verabschiedung. Vor allem ohne Worte, ohne eine Erklärung meiner Mutter gegenüber, sie verstand die Welt nicht mehr. Sie war so enttäuscht, verlor den Lebenswillen, den Glauben an die Menschen. Es war eine klaffende, offene, blutende Wunde, von der sie sich nicht erholte. Jörn spielte sich mit seinem Abgang wieder einmal in den Mittelpunkt, er überdeckte mit seinem Mist, mit seinem Auftritt und seiner Verrücktheit die wunderbare Hochzeit von Uta und Mirco. Vorausgegangen war die ablehnende Haltung der Hochzeitsgesellschaft in Bezug auf seinen Auftritt, sie klatschten nur wenig und brachten damit zum Ausdruck, dass sie keine weiteren Ausführungen hören wollten. Tief verletzt und beleidigt verließ er die Feier. Es waren alles junge Akademiker geladen, sie wollten nicht von einem Älteren stundenlang unterhalten werden. Doch verständlich!

Der Hochzeitstag fing mit der Trauung auf der Eckartsburg feierlich an, dort waren der engste Kreis der Familie und Freunde vertreten. Ich leider nicht, denn wie immer war ich in der Küche beschäftigt, konnte meine Frauen mit der Arbeit nicht alleine lassen, musste vorlegen, denn den Kirchenbesuch wollten wir, ich und Mutti, uns nicht entgehen lassen.

Nach der Eckartsburg kam die Gesellschaft zum Sektempfang zu uns, Häppchen und Süppchen standen parat. Es wurde geprostet, gute Wünsche ausgesprochen, gratuliert, umarmt, geküsst, alles, wie es sein muss! Aufregung lag in der Luft, die Blitze zuckten durch die Räume, es wurde gefilmt und fotografiert am laufenden Band. Die Kirche in Bad Kösen war ausgesucht, mit Sonnenblumen ausgeschmückt. Diesen Part übernahmen Utas Eltern, Gertrud und Horst. Dort zog der Trupp ein und feierte eine wunderbare, feierliche, herzzerreißende Trauung, die Tränen flossen reichlich. Jörns Gleichgültigkeit erschreckte, seine Gedanken waren, wer weiß wo. So auch fuhr er uns nach Marienthal zurück, in Gedanken versunken sah er nicht den herannahenden LKW, überholte an einer unübersichtlichen Strecke einen Mähdrescher, um Haaresbreite hätte es einen Unfall gegeben. Mit einem gewaltigen Schrecken kamen wir noch einmal glimpflich davon.

Leckeres Kaffeetrinken mit selbst gemachter Hochzeitstorte folgte, ein gemütlicher Nachmittag reihte sich leider bei trübem Wetter an. Das Beinevertreten konnte im Schloss stattfinden, es ist groß genug, bietet genug Abwechslung. Die Abendgesellschaft fand wie bei allen Hochzeiten im großen Saal statt. Schön gedeckt und dekoriert, gute Musik, nette Freunde, nette Ge-

6 Männer, eine Frau – Familie Schreiber

schenke, nette Einlagen rundeten die Feier mit viel Tanz und guten Drinks ordentlich ab. Die Einlagen meiner Kinder, Martin mit der Gitarre, Mirco mit Saxofon und Klavierbegleitung waren die Höhepunkte. Die Band bekam Minderwertigkeitskomplexe, wollte die Instrumente zur Seite legen! Wie schon an anderer Stelle erwähnt, war das Brautpaar glücklich, auch überrascht. So sollte es sein! Hier entstand das letzte Bild der Familie „Schreiber".

Meine Mutti genoss die Feier, war zufrieden und dankbar für das Erlebte.

Eine weitere große Freude machten wir meiner Mutter mit dem gelungenen Weihnachtsfest im großen Salon, mit einem wunderschönen großen Weihnachtsbaum. Zusammen mit der ganzen Familie wurde gesungen und musiziert. Die Kinder trugen Gedichte vor, Mirco spielte Saxofon. Die Tränen sind geflossen, denn die Erinnerung an ihre Kindheit hatte meine Mutter überwältigt. Die Tränen waren Freudentränen.

Am Karfreitag 2009 verstarb sie. Einen Klinikaufenthalt hatten wir ihr erspart, zusammen mit Frau Weilert pflegte ich Mutti fast drei Monate lang, Horst kam einige Male zu Besuch, wir haben viel vorgelesen, gesprochen, ihr die Schmerzen genommen, die Ärztin Frau Klinkhart betreute sie liebevoll. Wir alle waren sehr traurig, mit Mutti ist die Seele der Familie von uns gegangen, ein Stützpfeiler gebrochen, einen Halt haben wir verloren. Glücklich sollten wir sein, denn meine Mutter hatte ein erfülltes, langes, zufriedenes, sorgloses Leben. Sie hatte die Kriegsjahre unversehrt überstanden, wir Kinder waren gut geraten, der Mann treu an ihrer Seite geblieben. Alle haben sie geliebt, sie war das Herz der Familie. Was wünscht sich der Mensch mehr? So habe ich gewagt, anstatt Trauerkarten ein Gedicht zu verschicken:

Der Tod kann auch freundlich kommen
zu einem Menschen, der alt ist,
dessen Füße nicht mehr tragen wollen,
dessen innere Stimme nur noch sagt:
Es ist genug. Das Leben war schön!

Zur Beisetzung fanden sich außer meinem Bruder, Maja und Joachim, alle meine Kinder ein, untermalten den Gottesdienst mit einem Saxofon-Konzert, Michael mit der Trompete musste wegen Rührung abbrechen, was ihm keiner übel nahm, denn die Stimmung drückte. Alle hatten Tränen in den Augen. Wir haben meiner Mutti, der Tante, der Oma, der Uroma einen ehrenvollen Abschied geschenkt.

Mein Erbe hatte vier Beine, war klein, hieß Schnucki, hatte Angst und lief deshalb den ganzen Tag nah hinter mir her, ließ mich nicht aus den Augen, keinen Schritt konnte ich ohne ihn machen, selbst der Toilettengang wurde zum Problem. Ein armes Wesen, sie brauchte meine Fürsorge, bekam sie, das war ich Mutti schuldig. Die Anhänglichkeit war auch für mich eine Art Trostpflaster, später ein Kamerad, mit dem man alles bereden konnte. Selbst der Gute-Nacht-Gruß wurde liebevoll erwidert. Die Tonlage brachte das Verstehen. Rührend, vielleicht auch manchmal etwas nervig, war ihre Anhänglichkeit schon, besonders beim Rasenmähen tat sie mir leid. Runde um Runde lief sie mir nach. Ich bastelte einen Korb auf die Maschine, fortan fuhr sie mit mir.

Das Ausräumen der Wohnung brachte mich noch einmal gefühlsmäßig in die Waschmaschine mit Schleudergang. Tränen flossen bei all den Erinnerungen, doch die wirtschaftliche Notwendigkeit forderte die Umwandlung in eine Ferienwohnung. Hatten wir manchmal große Gruppen im Haus, reichte meine Übernachtungskapazität oft nicht aus, nun konnten 4–5 Personen mehr ein Bett finden.

An eine Festvermietung dachten wir auch, doch nie wieder würden wir so nette, verständnisvolle Mieter wie die Familie Lermer finden. Sie zogen kurze Zeit nach meinen Eltern ins Nebengebäude (1999), bewohnten die ganze Etage im 1. Stock, hatten zwei kleine Mädchen, waren sehr ruhig, bescheiden und unauffällig. Er bewirtschaftete einen landwirtschaftlichen Betrieb in Burkersroda, fuhr jeden Tag auf sein Projekt, sie fuhr die Kinder zur und von der Schule. Beide waren immer unterwegs. Ludwig pflegte mit Fred eine freundschaftliche Beziehung mit gegenseitiger Unterstützung in der Landwirtschaft. Ich spielte mit Freude hin und wieder auch mal den Babysitter. Sie feierten ihre Feste im Schloss, wir feierten Silvester zusammen, saßen oft gemütlich beieinander, eigentlich eine schöne Symbiose, die sich leider wie alles im Leben langsam abnutzte. Mir tat der Bruch richtig weh. Sie zogen kurz nach Muttis Tod von Marienthal fort (2009), hatten sich einen eigenen neuen Bauernhof in Gößnitz gebaut.

So stand das Nebengebäude leer, Jörn war fort, Lermer ausgezogen, die Eltern gestorben. Die Frage: „Was nun?" Sahen wir die Mieter von gegenüber, wurde es mir schon bei dem Gedanken ganz schlecht. Da verzichtete ich lieber auf kontinuierliche Einnahmen, richtete Ferienwohnungen ein, die ich hin und wieder vermietet oder für Bauarbeiter zur Verfügung gestellt habe. Weitere Gründe gegen eine Festvermietung waren auch der hohe Energiebedarf, die schlechte Isolierung der Bausubstanz, samt schlechter Fenster und Türen. Das alles spielt im Sommerbetrieb eine untergeordnete Rolle.

Mein erster Besuch bei Marc war im Oktober, 2010, ich nahm Mirco zum Arbeitseinsatz mit, er hatte Urlaub und wollte seinem Bruder helfen. Geschockt war ich schon, nicht nur die Armut und das Elend waren schockierend, auch Marcs einfache primitive Unterkunft, das Hausen, machte mir Sorgen. Doch davon wollten die Jungs nichts wissen, die Arbeit fesselte sie, neue Saat musste in den Boden, an Arbeit fehlte es nicht, so unterstützte ich sie, so gut es ging. Holte Ersatzteile aus dem Lager, brachte dies und das aufs Feld. Ich freute mich nützlich zu sein, und das in einem fremden Land! Die Rückfahrt nutzte ich zum Besuch bei meinem Bruder Horst am Ammersee, der aus allen Wolken fiel, mit mir aber einen netten Abend erlebte. Der nächste Tag brachte mich nach Stuttgart zu Michael, Maja, Ronja und Larissa. Mein unangemeldetes Eintreffen schockte sie, Michael kam gerade von einem Flug zurück, hatte noch seine Uniform an und selbst ich, als Mutter, lasse mich von dem Anblick eines Piloten beeindrucken. Wir waren alle müde, der Abend war recht kurz. Die Familie hatte für den nächsten Tag einen Ausflug geplant, die Reise ging früh los. Ich hatte mir ein Hotelzimmer genommen, schlief auch schlecht, denn Schnucki, mein Dackel, schien krank zu werden.

Meine Tour startete Richtung Mannheim, Weinheim, auch bei Martin wollte ich vorbei und einmal ihr neues Zuhause bewundern. Schön hatten sie es, gemütlich, warm, kuschelig. Eine Überraschung wartete noch auf mich, wollte ich doch mein Enkelkind Marla auf den Arm halten. Sie war am 18. Juli 2010, geboren, mitten in meiner Saison, mitten in der Ernte, da blieb mir keine Zeit für einen Besuch, das holte ich nun nach und war überrascht über das kleine Wesen. Beim Anblick eines kleinen neuen Erdenbürgers bin ich immer glücklich, besonders dankbar, wenn sie gesund sind, alles dran ist, sie friedlich schlummern, lachen oder interessiert in die Welt schauen. Mit einem guten Gefühl, eine glückliche kleine Familie zurückzulassen, fuhr ich Richtung Frankfurt zu Mirco, hier feierten wir in einer netten Runde Utas dreißigsten Geburtstag. Die Nachricht von dem kommenden Nachwuchs lieferte noch mal einen guten Grund zum Prosten! Abends startete ich nach Marienthal, meine Reise war schön, der Blick in die Zukunft verheißungs- und hoffnungsvoll.

Zwischenzeitlich brach zwischen Jörn und mir ein neuer Brand aus. Die Unterhaltszahlungen kassierte er eifrig ab, wollte sie aber nicht als solche buchführungstechnisch anerkennen, was wiederum zur Folge hatte, dass meine Besteuerung mit kräftigen Nachzahlungen belastet wurde. Ich klagte dagegen, gewann, während er mit einer Strafverfolgung wegen Betruges zu rechnen hatte. Mein Kompromissvorschlag war gewinnbringend für Marc. Jörn stellte 150.000,- Euro zum Aufbau in Rumänien als Darlehen zur Verfügung. Dafür bewahrte ich ihn vor Strafe, zahlte die Steuern. Leider ist meine gute Tat bei meinen beiden Söhnen Marc und Mirco ganz in Vergessenheit geraten!

Wir, Fred und meine Wenigkeit, haben uns für den Aufbau Rumänien weit aus dem Fenster gelehnt. Eine Erbvorauszahlung habe ich versprochen und auch eingelöst, dadurch sind Schloss Marienthal und auch der Betrieb Schlossgut Marienthal ganz schön geplündert, ausgesaugt, vernachlässigt und sämtliche Baumaßnahmen nach hinten geschoben worden. Das sieht man beiden Betrieben an und bedarf einer baldigen Besserung.

Meine Fahrt am 7. 11. 2011 ging in freudiger Erwartung über Frankfurt nach Rumänien. Uta hatte Geburtstag und hat sich selber das größte Geschenk geboren. Malik kam am 2. November 2011 auf die Welt. Gesund, niedlich und friedlich. Hält man einen kleinen neuen Erdenbürger auf dem Arm, erinnert man sich unweigerlich an die eigene Zeit. Erinnerungen, Glücksgefühle leben neu auf. Ein Treffen mit Biliana rundete den Besuch ab. Beflügelt und aufgewühlt startete ich schon früh in der Nacht in Richtung Rumänien.

Die Einfahrt nach Rumänien sah ich nun einmal bei Tageslicht. Jedes Land hat seine spezifische Bauweise, hier in Rumänien gibt es die Straßendörfer. Die Bauernhöfe mit kleinem Wohnhaus, Stallungen im Karree gebaut, mit großer verzierter Toreinfahrt, reihen sich dicht an dicht an der Straße entlang. Ein Grünstreifen, mit Bäumen bepflanzt, dann kommt der Sommerweg an den Mauern entlang. Die Höfe haben ihr Gelände nach hinten hinaus, seitlich gibt es keine Lücken. Der Stil ist nicht einheitlich, hat aber einen südländischen Einschlag, erinnert auch ein wenig an Italien. Heruntergekommen ist die Bausubstanz, aber man erkennt die früheren besseren Zeiten. Muss schon lange her sein! Dann gibt es wieder Häuser, die auch heute aufgemöbelt aussehen, von Leuten, die zu Geld gekommen sind. Prachtvillen schreibt man den Zigeunern zu. So sieht man Armut, Reichtum, Elend dicht gepaart. Geschäfte mit Auslagen vor den Türen zeugen von Aktivität. Fahrende Märkte sind gut besucht, hier kauft man günstig, frisch, vielfältig ein. Die Menschen sind kleinwüchsig, dunkel ihr Typ, die Alten sind krumm von der Arbeit, die Jungen, wie überall, sorglos, aufgepeppt, schlank, modisch gekleidet. Vielerorts sieht man hübsche Mädchen. Am Sonntag ist Ruhetag mit Kirchgang, von allen Seiten strömen die Bewohner, gut gekleidet, in den Gottesdienst. Der Glaube, damit die Kirche, ist in Rumänien noch aktiv, versteht sich von selbst, da im Land Not herrscht. Hier hat nicht jeder genug zum Essen, Vater Staat zahlt kein Hartz 4 für Arbeitslose, jeder muss für sein täglich Brot arbeiten, muss sich mühen, muss sich quälen, muss nach einem Weg, einer Idee suchen. Das hat mich sehr beeindruckt, mir aber zu denken gegeben, denn wie soll eine Regierung wie in Rumänien Abhilfe schaffen? Bei einem Aufschwung fällt die Landbevölkerung durch das Sieb, es sei denn, viele Marcs kommen und bieten Arbeitsplätze an. Das ist noch ein langer Weg, doch der Anfang ist gemacht.

Der Zustand der Straßen lässt zu wünschen übrig, wir Verwöhnten sind auch auf dem Land Autobahnen gewohnt, Schlaglöcher gibt es inzwischen auch in Ostdeutschland nicht mehr. Wie schnell vergisst man. Nach der Maueröffnung vor 20 Jahren hatten wir Einblicke in den Osten nehmen können, haben uns die Autos auf den Straßen kaputt gefahren, ein Schlagloch war neben dem anderen. Und heute? Es gibt keinen Unterschied zwischen Ost und West, so schnell kann alles repariert werden. Hoffen wir auf Gleiches für Rumänien!

Eine positive Entwicklung von 2010 auf 2011 konnte ich bei Marc bewundernd feststellen und auch 2012, ein bisschen verschoben auf Januar 13, bestätigte mir den richtigen Weg, machte mir aber auch Angst, denn Marc ist ein eingefleischter Rumäne geworden. Spricht fließend ihre Sprache, hat alle Kontakte nach Deutschland vernachlässigt, lebt nur noch für die Arbeit, kennte keine Freizeit, gönnt sich privat gar nichts. Oh, wie gut kenne ich das und wie gefährlich ist der Zustand! Meine Sorgen wachsen von Tag zu Tag. Ich muss mich zurückhalten, denn jeder ist seines Glückes Schmied.

Die Suche nach seiner neuen Hofstelle in Tarnova stellte sich als etwas schwieriger als gedacht heraus, denn ohne ein Wort den Weg zu beschreiben war für mich nichts Neues, doch hatte ich verlernt, mit Händen und Füßen zu reden. Im letzten Moment fiel mir ein, dass Marc neben der Disco wohnt, und das zu beschreiben rief bei den herangelaufenen Bewohner ein großes Gelächter hervor, half aber sofort, man brachte mich bis vor die Tür. Welch eine Wohltat, die Tour alleine geschafft zu haben. Der Aufenthalt war aktiv, interessant, überraschend die guten, aber auch schlechten Felder, der Hof und das Haus. Alles hatte Entwicklungspotenzial, Pläne wurden gemacht, die Zukunft sollte rosig werden. In dieser Stimmung verließ ich Marc, war selbst gut drauf und fuhr die 1.300 km in einer Tour nach Hause.

Vor Weihnachten lud mich Antje Winter, Freundin von Fred, zur Gala-Show von Jose Carreras nach Leipzig in die Messehalle ein. Das war schon ein echtes Highlight! Möchte es nicht missen. Gedanken über die Welt machte ich mir dennoch. Die Künstler leben nur für den kurzen Moment des Bühnenauftrittes! Ansonsten machten sie im Backstagebereich einen müden, gelangweilten, genervten Eindruck, hausen in ihren schmucklosen, ungemütlichen Kabinen und warten und warten. Ich möchte kein Künstler sein, kam mir doch die Zeit mit den Tanzturnieren in Erinnerung, wir warteten genauso gelangweilt. Die After-Show-Party bestätigte das traurige Leben der Künstler, die vieles von sich für den Erfolg opfern, um ihre Fans befriedigt zu sehen. Es traten unter anderen Maffey, Connor, Udo Jürgens, Garrett der Geiger und natürlich Jose Carreras auf. Ein schönes stimmungsvolles Erlebnis. Danke, liebe Antje.

Zu Weihnachten wollte Marc nicht kommen, hatte er doch Sorge um seine Maschinen, seine Vorräte, sein Büro mit allen Verträgen. Verständlich, aber schade. So wollte er dann zur Taufe von Malik, gleichzeitig zu meinem Geburtstag kommen, doch auch das fiel wegen Arbeitsanfall ins Wasser. Uta war sehr traurig, musste im letzten Moment einen neuen Paten suchen, aber auch das ist in der großen Familie nicht so schwierig. Martin übernahm die Patenschaft, passte gut, denn Maliks zweiter Name ist Martin. Wir feierten eine wunderbare Taufe in großem Rahmen in Orlishausen, später in Marienthal, denn meine Geburtstagsfeier fügten wir am Nachmittag an.

Mirco und Uta, die im Frühjahr Frankfurt verlassen hatten und hier zu mir nach Marienthal in die Wohnung der Eltern gezogen waren, machten sich nun auf nach Rumänien. Mirco hatte seinen Job bei der Schweizer Bank aufgegeben, sich bei Marc beteiligt, wollte nun einen neuen Schritt in eine neue Welt wagen. Ich machte mir keine Sorgen, waren wir in den jungen Jahren auch im Ausland, sogar viel weiter von zu Hause fort. Rumänien ist ja noch Europa, mit dem Flieger in wenigen, mit dem Auto in 13, mit der Bahn in 24 Stunden, aber immer zu erreichen.

Ich selber mache mir Sorgen über mein Alter, meine kaputten Knochen, meine zwei neuen Hüften, genug Sorgen für eine ganze Mannschaft. Ich muss aber ganz alleine damit fertig werden, dementsprechend reduziere ich die Aktivitäten mit den Gästen auf ein erträgliches Maß. In Ermangelung von Vollzeitkräften hängt die meiste Arbeit an mir. Die Hochzeiten, Familienfeiern mit den langen Nächten sind für mich so anstrengend, dass ich eine halbe Woche zur Erholung benötige. Dann beginnt aber schon wieder der Stress mit der nächsten anstehenden Feier. Meine Knochen streiken, ohne starke Schmerztabletten kann ich mich nicht mehr bewegen. Ein Dauerzustand. Wie lange ich das noch durchhalte? Diese Frage stelle ich mir oft, oft werde ich aber genauso gefragt. Ich weiß es nicht!

Ärzte, Gäste warnen mich, sie sehen mich laufen, erkennen sofort die Problematik und raten mir vor einem Stillstand ab, denn dann würde der Körper gnadenlos zuschlagen. Ich habe ihn das Leben lang geschunden. So ist es.

Übernahmeverträge habe ich schon 2007 ausgehandelt, meinen Kindern vorgelegt, Änderungen wurden 2009 eingetragen, neu geschrieben, nun warte ich noch immer auf eine Unterschrift. Seit 4 Jahren bin ich Rentnerin und doch nicht. Die Zeit bringt es bekanntlich an den Tag, also werde ich weiterhin Geduld üben und warten, aber nicht mit Langeweile, eher mit Stress. Beide Unternehmen erfordern meine Kraft, meinen Ideenreichtum, meinen Einsatz, meine Unterstützung, meine Innovation. Ohne mich läuft nichts, ein schönes Gefühl.

Montagmorgen 4 Uhr, den 23. 7. 2012. Frühstück ist fertig, Aufbruch mit dem Mähdrescher nach Bad Kösen steht an, denn nur in den Morgenstunden ist der Verkehr auf der B 87 erträglich und ein Fahren durch Bad Kösen mit der schmalen Brücke machbar. Fred fährt los, er ruft mich an, wenn ich ihn abholen soll. Was mach ich um die Zeit? Ein Sprung ins Bett, denn der Tag wird lang werden, und das halte ich sonst nicht durch. An Schlafen ist nicht zu denken, denn plötzlich höre ich Getrappel im Hausflur, hatte ich doch die Tür offen gelassen. Was für eine Überraschung, steht doch Mirco vor mir!!!!! Träume ich? Nein, da kommt auch Uta mit Malik!! Die Freude überwältigt mich und ich kann gar nicht richtig reagieren. Marc und Mirco sind in Rumänien fertig, dort ist die Ernte abgeschlossen und nun will er uns helfen, denn die Wetterprognosen sagen keinen guten Sommer voraus, da muss mit Hurra gedroschen werden, da kommt die Hilfe gerade recht. Der Anruf kommt, ich schicke Mirco zum Abholen, denn auch Fred soll vor Überraschung mal blöd gucken und sich richtig freuen. So startet unsere Rapsernte mit genug „men power"!!! Nach einem kurzen Frühschlaf, sie waren die ganze Nacht von Rumänien nach Marienthal gefahren, geht das Dreschen in Bad Kösen los und es klappt alles wie am Schnürchen. 2 volle Tage Rapsernte, dann sind 80 ha frei geräumt. Noch schnell mit dem Rapsschneidwerk die Sommergerstenecken weggeräumt und dann umsetzen nach Tauhardt, 20 ha Raps waren bis zum Abend auch weg, nein, es wurde auch noch bei Herrn Porse angesetzt und bis 3.30 in der Früh gedroschen! Mirco hatte ich allerdings gegen 11 Uhr auswechseln lassen, denn ein bisschen Schlaf sollte schon sein, auch der neue Tag hatte ein volles Programm. Müllers Raps und der Rest bei Herrn Porse waren bis zum Nachmittag weg, Umbau auf Getreide, dann den Forsthausplan in Marienthal anschneiden, nein, wegputzen!!!! Schon Meisterleistungen, was die Jungs schaffen. Meine Wenigkeit beschränkt sich auf mal „Mitfahren" und „Versorgung" mit leckeren Sachen, vor allem mit Trinken und Kaffee!!!

Zwischendurch durfte ich mich mal um den süßen Malik kümmern, nein, was für Freude bringen die Kleinsten der Welt. Das erinnerte mich an meine Kinder, die auch immer vergnügt, interessiert und unkompliziert waren. Nur bei Hunger waren sie ungehalten, ihre gute Laune war im Keller und nichts konnte sie ablenken. Aus Zeitmangel und der Einfachheit halber habe ich meinen Jungs noch recht lange das Fläschchen mit einem Haferbrei in die Hände gedrückt, danach war die Welt wieder in Ordnung! Der kleine Rückblick sei erlaubt, typisch für eine Mutter. Aber gerade die Erinnerungen machen das Leben wertvoll! Damit hatte ich meine

Gedanken für das Weihnachtsgedicht 2012/2013. Im Nu war es geschrieben, wartete auf die Verschickung.

Weihnachtsgedicht:

> Rauf und runter, hin und her,
> unser Leben ist doch recht schwer.
> Immer in Schwung, immer auf dem Sprung,
> ging das Jahr schnell vorbei – 365 Tage auf „Stand-by".
> Im Job hat man alles gegeben,
> gibt es aber nicht noch mehr im Leben?
> Gefühle, Liebe, Familie und Freundschaft,
> all das verschwindet aus unserer Gesellschaft.
> „Macht und Geld regiert die Welt",
> Ein immer altes Sprichwort, sehr aktuell an jedem Ort.
> Alles Gute kommt von oben –
> sollte man unsere Politiker loben?
> Ach oh Schreck – da guckt man besser weg.
> Zur Zeit der Wahl war jede Debatte eine Qual.
> An keinem wurde ein gutes Haar gelassen,
> die Bürger konnten es kaum fassen.
> Sie bekämpften sich auf Messerschneide,
> wie wilde Tiere auf der Weide.
> Kaum ist vorbei der Spuk, sitzen sie trotz Lug und Trug
> vereint im Parlament – fühlen sich auch noch in ihrem Element,
> uns Bürger recht zu führen – mit Appell –
> an unseren Verstand rühren.
> Da hört bei mir der Spaß nun auf,
> die Dinge nehmen trotzdem ihren Lauf.
> Alles im Leben steht auf der Waage,
> das Lob steht zu der Klage,
> die Liebe zu dem Hass, das Gewicht misst das Fass,
> das Gute gegen das Böse, der Einsatz gegen die Erlöse.
> Wo Schatten ist, gibt es Licht, wo Mut ist, gibt es Feigheit.
> Wo Überfluss ist, gibt es Not,
> daher gilt für uns Menschen das Gebot:

Bringt Gleichgewicht in Euer Leben,
denn nur Gutes kann es niemals geben!
Schaut Euch um und macht die Augen auf,
viel Schönes sehen wir im Tageslauf.
Haben wir auch Sorgen, freuen wir uns dennoch auf morgen,
denn alles steht im rechten Lot –
wir oft nicht erkennen in unserer Not.
Die Kleinigkeiten, wir sehen sie nicht,
sie aber bringen uns Freude und Licht.
Wir sind stumpf in unserem Empfinden,
suchen das Glück und können es nicht finden,
denn nur Erfolg und Geld – so kann nicht bestehen die Welt!
**Gehen wir auf Entdeckerreise
und auf unglaubliche Weise werden wir alle belohnt!**

Ein freudiges Ereignis bereicherte unsere Vorweihnachtszeit, Lisa Alina wurde am 27. 11. 2012 geboren, ein Töchterchen von Uta und Mirco, alles dran, kräftig und gesund. Wir danken und genießen.

Ein Treffen zu Weihnachten war geplant, aber wie es in einer Großfamilie so ist, die Frage, wann kommt wer, konnte im Vorfeld nicht so richtig geklärt werden. Das Hin und Her hatte mich so zermürbt, dass ich einfach aufgehört habe zu planen. Wenn Mirco und Fred nicht die Initiative für einen großen Weihnachtsbaum ergriffen hätten, hätte ich die Räumaktion und den Umzug in das große Esszimmer nicht auf mich genommen. Nun also doch. Umräumen, Möbel schurren, Teppiche auslegen, Platz für einen riesigen Baum schaffen, weihnachtlich schmücken, anheizen und warten!

Ich war doch noch zum Weihnachtseinkauf gekommen, sollte doch eine kleine Überraschung für jeden unter dem Baum liegen. Nicht viel, denn wir haben alles, aber doch eine Kleinigkeit, um das Taschengeld zu verstecken. Ich glaube, es war mir gelungen.

Heilig Abend begann sehr besinnlich mit einem echten Christkind, denn Lisa, die Kleine, war gerade 4 Wochen alt, Malik, nun schon ein Jahr, staunte nicht schlecht über so einen großen Lichterbaum.

Die vielen Kerzen brachten eine feierliche Stimmung, unsere Musikversuche gerieten eher etwas spärlich, (meine Stimme ist ganz im Eimer) obwohl ich die Texte kopiert hatte, war das Singen der Weihnachtslieder erst später mit Michael richtig wirkungsvoll. Das Auspacken erinnerte mich an früher, nur viel zarter war Malik am Rupfen, seine Freude daran aber sichtlich. Wir erlebten einen besinnlichen schönen Abend.

Die Turbulenzen begannen am 2. Weihnachtstag mit Ankunft von Michaels Familie mit Ronja und Larissa. Michel ließ nicht lange auf sich warten, so war die Meute vollzählig.

Der Besuch von Utas Eltern war zuvor noch gemütlich, ruhig und stimmungsvoll. Kommt Yvonne mit Marie-Charlotte, oder nicht? Kommt Antje mit Mutter, oder nicht? Wer kommt wann und wie? Nur die Ruhe! Jeder kann kommen, wie er möchte, so war meine Einstellung, wer da ist, ist herzlich aufgenommen. Also gab es ein Kommen und Gehen. Das Eintreffen von Martin mit Familie geschah pünktlich zum Abendbrot. Alles okay!

Schade, dass Bobo nicht auch zu uns kommen konnte, es wäre ein noch schöneres Familientreffen geworden! Alles verlief friedlich, auch wenn kleine und kleinere Spitzen ausgeteilt wurden, war die Stimmung erfreulich. Ich genoss das Zusammentreffen. Es war genau das, was ich mir in den jungen Jahren gewünscht hatte: eine starke Familie, die sich trifft, nettes Beisammensein erlebt und gestärkt wieder seiner Wege geht. Warum konnte das nicht in seiner Vollendung sein? Warum musste Jörn die Familie mit Lügen, Betrug und Aufhetzen zerstören?

Diese Gedanken durchzuckten mich nur kurz, denn meine Freude ließ keine trüben Gedanken zu. Versuchte ich nun zu retten, was noch zu retten war! Bin ich doch unwissentlich in meine alte Rolle geraten. Rettete schon meinen Bruder aus den heiklen Situationen, löste sein Schifferklavier ein, rettete ihn mit meinem Taschengeld, brachte ihm Sachen und Essen in seine Verstecke, vermittelte zwischen den Eltern und Horst. Später brachte ich Briefchen zwischen Vater und Mutter, zwischen Michael und Fred, vermittelte zwischen Jörn und Kindern, war ständig am Retten. Nur mir half keiner!

Da Marc nun Weihnachten nicht bei uns sein konnte oder wollte, besuchten wir, d. h. Mirco und ich, ihn in Rumänien. Wir warteten auf Freds Bus, der 4 Tage beim Skifahren war, luden dann den Wagen mit Kindersachen, Sofa, Fahrrädern und anderen Dingen voll. Wir starteten nachmittags, gute 1.300 km, bei Höchsttempo von 120 km/Std., eine harte Tour stand uns bevor, doch gut gelaunt kann man das schon mal fahren, zumal wir uns beim Fahren abwechseln konnten. Die gleiche Strecke fuhr ich schon mal alleine, ohne Unterbrechung, außer einem Tankstopp! Der Verkehr rollte und wir rollten mit ihm, ab Ungarn leider ohne Musik, aber die Vorfreude auf Marc hielt uns wach. Im Morgengrauen fuhren wir in den Hof, schlichen uns heimlich ins Haus, um doch noch ein kleines Nickerchen vor dem Frühstück zu machen. Der kleine Hund bellte zuvor, verkroch sich dann aber doch ängstlich in sein Körbchen. Wir hatten freie Bahn ins Bett, schliefen aber nicht länger als zwei Stunden und waren ausgeruht genug, um das Neue in Augenschein zu nehmen. Was hatte sich in dem Jahr nicht alles verändert!

Als Erstes war die warme Wohnung, natürlich für uns vorbereitet, eine Wohltat! Die Kälte hatte mir im Jahr zuvor schwer zu schaffen gemacht, wird mir kalt, werde ich noch steifer und meine Knochen schmerzen um vieles multipliziert. Gefreut hat mich Marcs herzliche Begrüßung, sein gutes Aussehen, seine Ruhe und Gelassenheit, auch wenn die Mutter vor Ort ist! Das sah schon alles gut aus, noch besser präsentierte sich der Hof, schön aufgeräumt, eine geschlossene Halle wie neu, in der Halle alles aufgereiht, eingewintert, alles ordentlich! Da kann man nichts sagen, die Werkstatt, wie im Jahr zuvor geplant, eingerichtet, geschlossen mit Türen, Werkzeug ordentlich am Haken, Tankanlage übersichtlich, ebenfalls verschlossen, mit Tank-Buch ausgestattet, um die Übersicht nicht zu verlieren. Genauso schön ist das neue Büro, warm, für alle zugänglich, nah genug und doch nicht im privaten Wohnbereich. Auch gut, denn so haben demnächst Uta und Mirco mit den Kindern, vielleicht auch Marc mit Frau, ihr eigenes Reich ohne Arbeit, ohne Störungen, eben ein bisschen Privatleben! Ich gönne es ihnen von Herzen, denn das Leben ist mehr als Arbeit.

Die Rundfahrt über die Felder war eine einzige Rutschpartie durch Wasserlöcher, Schlamm, Schlaglöcher, aber die Aussicht war positiv, vielversprechend lagen die Felder in der Saat und aussichtsreich schaute man auf die Ernte. Wobei noch viel passieren konnte! Im Gegensatz zum Vorjahr schon eine Etage besser, erstaunlich der Feldaufgang im zweiten Wirtschaftsjahr. Das Bearbeiten bringt den Boden in Aktivitäten, außerdem ist eine zweite Bearbeitung für die Glättung der Furchen sichtbar. Alle Felder präsentierten sich wie Ackerbauflächen, während sie im Vorjahr noch einer Urlandschaft glichen. Weiter so!

Im ersten Jahr, 2009, wunderte ich mich über die vielen Brachflächen in Rumänien und sah den Aufbau einer Landwirtschaft als Kinderspiel, denn die Fläche sollte nicht der begrenzende Faktor sein, doch nun 2012/13 ist jeder Quadratmeter bewirtschaftet und der Kampf um Fläche hat begonnen. So schnell geht die Veränderung auf Grund politischer Richtlinien, Eintritt von Rumänien in die EU. Erstaunlich.

Unser Aufenthalt war nur kurz geplant, einen Regentag mit Weltuntergangsstimmung verbrachte ich im Haus, räumte ein wenig um, putzte, bezog Betten, wusch die Wäsche, plante die Ordnung für andere (unmöglich!), während Marc und Mirco in Arad zu tun hatten, ich aber nicht die Zeit in der Stadt verbringen wollte, eigenes Verschulden. Abends besuchten wir Christines Eltern und ihren Bruder, die seit Jahren am Haus bauen und peu à peu der Vollendung entgegenbauen. Erstaunlich, welch ein Luxus erwirtschaftet werden kann. Fußbodenheizung, herrliche Holztüren, eine gute Gesamtplanung zeichnen das Haus aus. Unten hat die Mutter einen Dorfladen, der nicht schlecht läuft, in dem sie den ganzen Tag verweilt und als Zeitvertreib wunderbare Dinge strickt. Pullover, Jacken, Mützen, alles in Perfektion, nur leider mit schlechter Wollqualität. Bewundernswert ihre Vielfalt, ihre Farbzusammenstellung, ihre Muster, dazu eine gute Wolle und sie wäre in Deutschland eine gesuchte Strickerin. So ist das Leben. Christine, die Marc schon seit dem Beginn im Leben, aber eigentlich nur im Büro, helfen soll, macht sich Hoffnungen auf Marc, die er aber nicht erwidert, im Gegenteil, sein Umgang mit Christine lässt zu wünschen übrig. Meine Jungs haben nicht immer den rechten Ton zur Weiblichkeit, auch im Umgang mit den Frauen sollte man den höflichen Ton nicht vergessen! Es gibt keine Leibeigene mehr! Das alles kannte ich aus den Jahren zuvor und ändern kann ich es nicht.

Rumänien soll im Frühjahr und Sommer, auch noch im Herbst seine besonderen Reize haben, leider erlebe ich das Land nur zu einer sehr schrecklichen Zeit, wenn es selbst in Deutschland grauenhaft aussieht, aber später im Jahr habe ich meine Arbeit und komme nicht mehr zu einer Reise. Ob sich das einmal ändert? Ich glaube es kaum. Gut versorgt, wohl gegessen, meine mitgebrachten Vorräte noch nicht aufgebraucht, aber eine schlechte Wetterprognose ließ uns eher nach Hause fahren als gedacht. Schade, aber der Schnee brach herunter und die Aussicht auf noch mehr Schnee verhieß nichts Gutes, also kurzerhand „Abreise". So gehetzt, dass man sich nicht einmal nett verabschieden konnte, auch gut, denn es tut immer weh, sich von einem Kind zu trennen. Man bleibt nämlich Mutter sein ganzes Leben. Einmal Mutter, immer Mutter. Die Rutschpartie bis Arad auf glattem Schnee ließ alle traurigen Gedanken schnell vergehen, nur nicht in den Graben fahren, denn rechts und links sanken die Rumänen danieder. Der Vito, zwar mit Winterreifen, aber Heckantrieb, ist seit eh und je kein Auto für glatte Straßen, da helfen auch 2 Sandsäcke als Belastung nur wenig. Mirco lenkte besonnen, nach 35 km war der Weg nach Hause schneefrei. Noch zur menschlichen Abendzeit landeten wir heil in Marienthal. Gott sei Dank.

2013 geht ins Land. Endlich wollten sich meine Kinder einmal meine vor Jahren ausgearbeiteten Verträge vom Notar Dr. Münster erklären lassen, denn es ging um Schenkungsurkunden. Den Termin hatten sie sich ausgesucht, verbunden mit einer Flugstrecke von Michael nach Berlin mit 3 Tagen Wartezeit, da konnte Göttingen gut eingearbeitet werden. Michael kam mit der Pilotenuniform um die Ecke, ein wirklich beeindruckender Anblick, so sehe ich ihn nur selten, Freude kam in mir auf, eine stattliche Erscheinung lässt das Herz einer Mutter schon höher schlagen. Ich habe schon gut aussehende Söhne, einer wie der andere!

Abfahrt 7.30 Uhr von Marienthal nach Göttingen, Termin 10 Uhr, Pünktlichkeit ist höchstes Gebot. Mirco spannte an, Fred mit ihm, Michael in seinem Wagen, ich als Lotse dabei und so kamen wir viel zu früh, aber gut gelaunt im Büro an. Juristendeutsch wurde auseinandergenommen, solche Verträge sind aus einzelnen Bausteinen zusammengesetzt, vorgefertigter Wortlaut für einen Notar vollkommen harmlos, für meine Söhne voll mit Fallen, raffiniert gespickt mit Fußangeln, dabei wollte ich ihnen nur Gutes tun. Das eine oder andere wurde gestrichen, die Erbfolge verändert, der Wortlaut vereinfacht, doch am Inhalt nicht gerüttelt, bis am Schluss doch alles wieder infrage gestellt wurde. Die Bombe drohte mit der Schenkung der Landwirtschaft an Fred zu platzen! Ein Seiltanz! Der Vorschlag von Michael, die Landwirtschaft im vollen Umfang an das Schloss zu ketten, Manfred abzuschieben, seine Flächen zu pachten und die LW in eigener Regie zu betreiben, kam mir wie ein Attentat auf Fred vor. Ich war baff, den Tränen nahe, schaute herum mit dem fragenden Ausdruck, ob ich die Worte richtig gehört oder es völlig missverstanden hatte? Herr Linne griff die Möglichkeit auf, sah es aus steuerlicher Hinsicht machbar, weil keine Zerschlagung der Unternehmen vorliegen würde, die steuerlichen Rücklagen allerdings ein Problem darstellten, die Auflösung nicht unkompliziert, aber teuer sein würde. Eine halbe Million müsste man auf den Tisch blättern. Wer hätte sie? Mir brummte der Schädel, ich drängte in der Besprechung weiter und wollte so schnell wie möglich die Gespräche beenden. Es reichte.

Wir fuhren nach Marienthal zurück, auch Michael landete heil in Stuttgart.

Hier sei einmal erwähnt, dass Manfred mir all die Jahre treu zur Seite gestanden, das Schiff vor dem Untergang bewahrt hatte, da kam mir Michaels Gedankengang unmenschlich, verletzend vor. Ich erfuhr auf bittere Weise das Denken meiner Kinder und war etwas geschockt. Es brauchte Zeit, bis ich die Situation verstehen konnte und aus ihrer Sicht die Welt betrachten lernte. Und doch wollte ich es nicht verstehen, denn Gerechtigkeit ist in der Landwirtschaft noch nie erfolgt und konnte auch in meiner Situation nur beschränkt verwirklicht werden. Meine Lösung sah ich nur in dem Verkauf des Schlosses, dann konnte ich wenigstens einen Teil gerecht verteilen. Meine Bemühungen verstärkte ich.

Das Jahr hielt uns dunkel und trübe mit Kälte und Schnee in Schach. Heute am Sonntag, 10. 2. 2013, der Sonnenschein hellte uns auf, wir waren zur Taufe von Lisa Aline, Tochter von Uta und Mirco, nach Gernstedt in die Kirche geladen. Taufpaten waren Biliana, Freds Tochter, Thomas, Mircos Freund, dazu waren die Eltern gebeten. Also eine Taufe im kleinen Rahmen, in einer besonders schönen kleinen Kirche, die Sonne schien durch die bunten Bilderfenster, gab der Kirche einen hoffnungsvollen Glanz. Die Kirchenglocken schlugen an, die beginnende Musik trieb mir die Tränen in die Augen, besinnlich, feierlich, aufwühlend war die Atmosphäre, ein Schauer lief durch den Körper. Der Gottesdienst wurde von Frau Plötner, Pfarrerin aus Eckartsberga, gehalten. Wir kannten sie von traurigen Anlässen, hatte sie doch Vater und Mutter beerdigt, mir waren zu diesen Anlässen ihre Fähigkeiten nicht so aufgefallen, doch heute fand sie beeindruckende, ehrliche, tief gehende, ergreifende Worte. Stimmte ihre Predigt wunderbar mit den Liedern ab, die begleitende Musik mit der starken Stimme von Herrn Judersleben rundete die feierliche Taufe ab. Das Taufkind lächelte zufrieden und glücklich, empfing so ihren Taufspruch „Gott spricht: Ich werde einen Engel schicken, der dir vorausgeht. Er soll dich auf dem Weg schützen und dich an den Ort bringen, den ich bestimmt habe." Malik, der bei seiner Taufe geweint hatte, hatte auch einen sehr schönen Spruch: „Von allen Seiten umgibst du mich und hältst deine Hand über mir", war heute friedlich, interessiert, aufgeweckt, schäkerte mit den Kirchgängern, ohne zu stören. Es war eine ergreifende Taufe, die sehr ans Herz ging.

Ich danke meinen Kindern, dass ich solche ergreifende Situationen erleben darf, auch wenn Wehmut mich ergreift, die Frage unbeantwortet bleibt: „Warum sitze ich alleine?" Natürlich bin ich nicht alleine, aber warum sitzt der Großvater von Lisa nicht neben mir? Warum kann er auf menschlicher Ebene nicht die Früchte seiner Saat ernten? Hat er doch als Landwirt das dankbare Ernten ersehnt, erzittert, erlebt, erlernt und geliebt.

Das gemütliche Beisammensein machte den Tag zu einem wunderbaren Erlebnis. Rehbraten, von Fred spendiert, obwohl er nicht eingeladen war, mit leckeren Beilagen, Kaffee und Kuchen rundeten den Tag ab.

Der Winter hielt uns weiterhin in Trab und hielt uns in Schach, die trübe Beleuchtung schlug ganz erbärmlich auf das Gemüt, Lustlosigkeit auf der einen, Fresslust auf der anderen Seite brachten keine Pluspunkte, der Pegel sank weiter. Wie lange wüide der Winter noch dauern? In Rumänien steht alles auf Frühling, so Marc, er wird schon hektisch, alle Arbeiten sollen auf einmal erledigt sein. Mirco müsse kommen. Heute allerdings sind Mirco und Fred mit dem Auto einmal quer durch Deutschland unterwegs, um einen Schlepper, Fendt 818, zu besichtigen, begutachten, fahren und kaufen. War mal gespannt, wie sie nach Hause kamen, hoffentlich ging alles gut, denn am Montag, 4. 3. 2013, wollten sie nach Rumänien starten. Uta blieb mit den Kindern noch eine Zeit in Deutschland, fuhr zu ihren Eltern nach Orlishausen, während ich Haus, Hof und Schloss hütete.

Einen wichtigen Termin hatte ich, am 8. 3. 2013, im Amt. Obwohl Frauentag war, bekam ich ordentliche Prügel. Es ging immer wieder um das Thema „Grundsteuer § 32", der hier greifen sollte, doch immer wieder verwehrt wurde. In erster Instanz gewann ich den geführten Prozess, danach verlor ich haushoch, fühlte mich ungerecht behandelt. Die Gemeinde bestand und besteht auf ihre Grundsteuer, auf einen riesigen Betrag von mehr als 53.000,- €. Woher sollte ich das Geld nehmen? 2003 pfändete die Gemeinde 35.000,- € Steuern, obwohl uns der Landrat eine Befreiung in unserer Investitionsphase zugesagt hatte. Jörn hatte sich die Aussagen nicht schriftlich vorlegen lassen. Worte, Versprechen, Zusagen sind wie Schall und Rauch. Wir leben in einer traurigen Zeit ohne Ehre und Werte, Geld ist die einzige Wahrheit. Die Diskussion heute hatte wieder einen Hauch von Rache, von Missachtung, von Hass gegen Wessis. Es war schon ein Vorgeschmack für die Pflegeheimzeit, wenn man nichts mehr hat, wird man doch noch geplündert, wenn man gar nichts mehr hat, wird die menschliche Würde genommen. Der Staat bekommt immer!

In dieser hoffnungslosen Phase kam mal wieder ein Anruf vom Schloss-Makler und meldete einen neuen Interessenten für das Haus an. Der Schleudergang beginnt zwischen Hoffen und Bangen, zwischen Freude und Enttäuschung, zwischen Pläne für und wider, zwischen Vergangenheit und Zukunft. Wie soll man das Durcheinander verkraften? Wie sachlich, nüchtern, negativ muss man denken können, um heil aus dem Wirrwarr zu kommen. Ich bin emotional stark geprägt, schaffe deshalb den Schleudergang nur schwer, schlafe nicht mehr, bin mit den Nerven auf dem Grund, heule mit Tränen, heule sogar bei einer traurigen Fernsehsendung. Ein ganz schlimmes Zeichen! Da hilft mir mein nüchternes, einfaches Denken recht wenig, da hilft nur Arbeit, die einfachste Ernüchterung.

In diesem Zustand werde ich am 11. 3. 2013 mal wieder einen „sogenannten" Schlosskäufer durch das Haus führen. Keine gute Zeit, der Winter hat uns noch voll im Griff, der Nebel hängt tief, dunkler kann es kaum sein, der Winterdreck in allen Ecken. Die Dachrinnen tropfen, die Mineralfarbe zeigt die feuchten Stellen, kein Blatt verdeckt den einen oder anderen Schandfleck. Die Mauer hat ein riesiges Loch, die Betten in den Zimmern sind nicht bezogen, alles ist eisig kalt, eine Gruft wird dagegen noch warm sein. Oh, wie schauderhaft! Soll ich absagen? Die Stiftung hat sich unser Schloss ausgesucht, möchte es besichtigen. Doch eine Chance? Wie immer im Leben: Was man macht, ist verkehrt, was man nicht macht, ist auch verkehrt. Glück auf! Es war mal wieder ein „No-Go". Erschüttert waren wir nicht von der Absage, nein, der Käufer war ein Graus. Er redete die ganze Zeit nur von seinen Taten, von seiner Leistung, dann von seinem berühmten Koch, der aus nichts noch Delikatessen bereitet, so ging es Stunden, bis er sich zum Schluss negativ über mein antiquiertes Mobiliar äußerte. Wie verletzend, wie unwürdig können Menschen sein! Der alte Mann erinnerte mich stark an Jörn.

Bevor ich in die negative Phase weiter eintauche, muss ich doch einmal meine Öffentlichkeitsarbeiten erwähnen. An dem Tag des „Öffentlichen Denkmals" nahm ich leider nur einmal teil. Die vielen Besucher konnte ich nicht bewältigen, und ehe ich mich versah, liefen die Gäste mit Dreckschuhen, Kind und Kegel, samt Hunden durch das ganze Haus, schauten in jedes Zimmer. Der Höhepunkt war eine ausgedehnte Siesta eines müden Wandermanns.

Die Nachmittage mit Senioren waren dagegen sehr nett und ordentlich, sie besichtigten das Haus auch in allen Ecken, waren angetan, sogar begeistert. Die langjährig gepflegten Adventnachmittage mit Folkloremusik verliefen ebenso in gepflegter Atmosphäre. Gerne durften die Gäste durch das Schloss streifen.

MDR „Sonntagsfrühstück" sollte hier auch erwähnt werden. Eine Livesendung über Radio direkt aus dem Schloss Marienthal mit der Künstlerin „Nicole" war eine gute Werbung. Meine wenigen Worte im Radio machten die Runde, zahlreiche Anrufe erreichten mich. Eine noch bessere Werbung war mein Liveauftritt im MDR Fernsehen! Ich öffnete meinen Gästen das Schloss und führte sie durch das Haus und den Garten, beantwortete viele Fragen. Für diese Sendung wurde ich professionell geschminkt, sah wirklich gut aus. Selbst meine Mutti war begeistert. Ihr Ausspruch „Was habe ich für eine hübsche Tochter" hallt bis heute in meinen Ohren. MDR Rundfunk brachte noch weitere Sendungen mit mir und dem Schloss unter den Titeln „Wohnen im Schloss" und „Denkmalpflege" im Sender Kultur.

Eigentlich ist jede Feier eine gute Werbung, denn alle Gäste verabschieden sich mit begeisterten Worten: „Schön, großartig, wunderbar, wahnsinnig, irre Arbeit, eine schwere Belastung, eine gute Küche, eine perfekte Organisation, ein unvergesslicher Tag!" Was will man mehr? Und doch ist immer einer unter den vielen

Gästen, der etwas gefunden hat. Wenn 100 zufriedene Gäste das Haus verlassen, ist es normal, aber wenn ein unzufriedener Gast das Schloss verlässt, richtet er einen riesigen Schaden an. Das ist unsere Gesellschaft, nur das Negative hört man, nur die Fehler sieht man, alles Gute ist uninteressant, ist nicht erwähnenswert, ist nichts. Schade! An dieser Einstellung gehe ich langsam zugrunde. Angst packt mich bei jeder Feier, vor jedem Gast. Albträume begleiten mich nachts. Fragen bewegen mich und lassen mich nicht mehr schlafen: „Habe ich an alles gedacht, habe ich nichts vergessen, ist alles vorbereitet, was muss ich noch erledigen, woran muss ich noch denken, klappt alles?" Ich schreibe meine Arbeitserledigungslisten, hake ab und doch hängt die Sorge, etwas vergessen zu haben, mir tief im Nacken. Jede Feier klappt perfekt. Wo bleibt mein Selbstvertrauen? Mein Selbstbewusstsein? Schwindet auch das mit dem Alter? Nein, die Verantwortung drückt, denn ich bin für alles verantwortlich, ich alleine trage die Verantwortung. Nur ich.

Aus dieser Angst heraus fasste ich im Mai 2013 den Entschluss, das Schloss erneut einem Makler, Vermittlung historischer Immobilien OHG, in 92676 Eschenbach – verhandelt habe ich mit den Herren Neuhäuser und Helzel – an die Hand zu geben, zudem von meinen Kindern trotz Überarbeitung der Übergabeverträge in Göttingen keine Entscheidung getroffen wurde. Im Gegenteil, ich hörte von Michael, dass sie Kaufinteresse an einem Aussiedlerhof in der Nähe von Vilsbiburg hatten. Der Deal war aber unverhofft geplatzt. Erstaunt war ich nicht nur darüber, erstaunt war ich auch über die vielen Interessenten für das Schloss. Mag die Zeit mir in gewisser Weise geholfen haben, denn das Geld verliert täglich an Wert. Ende September kristallisierten sich zwei gleichermaßen ernsthafte Käufer heraus. Nach dem Motto „Wer zuerst kommt, malt zuerst!" Da bin ich gespannt. Auch gegen die unerwarteten Einwände von Michael mit seiner Familie verfolgte ich den Verkauf weiter, denn ich sah für mich im Schloss keinen gleichwertigen Nachfolger. Leider ist mir die Situation nicht ganz gleichgültig, denn wirtschaftlich bin ich auf ein Zubrot angewiesen, da meine kleine landwirtschaftliche

Rente nicht einmal die Miete im Altenheim deckt. Eine verzwickte Situation, möchte ich obendrein allen gerecht werden, dann ist ein harter Schnitt unumgänglich und ein Verkauf unabdingbar. Meine nachfolgende Investition in die Landwirtschaft soll gewinnbringend sein und entspricht meiner inneren Auffassung und Liebe. Mein Herz schlägt für die Landwirtschaft!

Michael und seine Familie sind seit Mitte August in Marienthal und sind doch nicht da. Sie leben zwischen Tür und Angel, packen nicht ein, packen nicht aus, richten sich nicht ein, leben aus dem Koffer. Meine Seele blutet, wenn ich sehe, wie die Kinder leiden. Das kann ich gar nicht ertragen, das konnte ich früher bei meinen Kindern nicht aushalten, schuf immer und überall ein gemütliches Nest, gab Geborgenheit, Ruhe und Frieden. Was können die Kinder dafür, wenn die Eltern nicht wissen wie und was, wenn sie sich nur zanken und jeder gegen jeden ist. Oh, wie schrecklich! Aus diesem Grunde bin ich auch bereit die beiden Mädchen zu betreuen, versuche ihnen ein bisschen Fürsprache zu geben und gerate damit unvermittelt in den Strudel des Gefechtes. Schläge treffen mich, für die ich nicht verantwortlich bin, die ich auch nicht verdient habe und die ich mir auch nicht ohne Aufbegehren gefallen lassen will, denn Marienthal Nr. 15 ist mein Zuhause, meine Wohnung und jeder, der mich besucht, ist GAST in meinem Haus und hat sich entsprechend zu benehmen. Wie sage ich das meinem Kind? Wie sage ich es meinen Enkelkindern?

Ja, man kann alt werden wie eine Kuh, man lernt doch noch immer dazu – versuchen muss man es wenigstens!

Maja ist oft in Vilsbiburg oder England, Michael fliegt mal hier und dort und doch gehen die Mädchen hier zur Schule, müssen früh zum Bus, müssen in der Schule Leistung zeigen, haben viele Hausaufgaben auf, brauchen ein bisschen Unterstützung, denn ein Schulwechsel ist in der heutigen Zeit kein Pappenstiel. Der Verlust der Freundinnen, auch der Verlust von Norbert, ihrem Opa, drückt den Kindern auf die Seele. Anstatt Verständnis bekommen sie Druck, Unverständnis, negative Bewertung und abwertende Bemerkungen. Michael erzieht seine Kinder, wie Jörn es tat, und genau das wollte er seinen Kindern niemals antun. Wie stark ist die Genetik!!! Ich erschrecke mich ständig, muss die Luft anhalten und kräftig schlucken, denn am liebsten würde ich gegen diese Art rebellieren. Druck und Gegendruck vergiften die Stimmung, die Luft zum Atmen wird verpestet. Täglich erlebe ich einige Déjà-vus, die ich nicht unbedingt haben möchte. Das Leben mit Jörn kehrt in gewisser Weise zurück. Dazu erschreckt mich die Ähnlichkeit zwischen Michael und Jörn, seine Argumente sowie seine Gesten, sein Lachen, seine Stimmungen gleichen seinem Vater und rufen Erinnerungen in mir wach. Wie schwer ist doch das Leben.

Michael hilft Manfred in der Landwirtschaft und nur ungern möchte ich das gute Verhältnis zwischen Fred und Michael zerstören oder beeinflussen, deshalb stelle ich mich weit zurück.

Der Verkauf des Schlosses ist auch weiterhin sehr fraglich und so schnell wie geplant gibt keine Bank das Geld, die Suche der Sponsoren gerät auch ins Stocken und so verlaufen sich die vielen Kaufinteressenten im Sande. Manfred behält mal wieder recht mit seiner Behauptung: „Das Schloss ist unverkäuflich, eine riesige Fehlinvestition." So sinkt meine Kraft, meine Hoffnung, mein Mut für eine Veränderung. Die würde nämlich ein Verkauf unweigerlich mit sich ziehen, viele Fragen würden dann im Raum stehen, über die ich mir erst später Gedanken machen kann, die mich aber schon heute unterschwellig quälen, mir schlaflose Nächte bereiten, über die ich mit keinem Menschen reden kann, die meine Kinder nicht einmal im Ansatz verstehen können. In solchen Momenten sehnt man sich nach einem guten Partner, mit dem man gemeinsam planen, überlegen und entscheiden kann. Leider war Jörn kein guter Partner, denn entweder wurde eine Entscheidung erpresst, aber meistens musste ich entscheiden, dann war alles falsch und die Suppe durfte ich auslöffeln. Siehe Marienthal!

Dabei könnte das Leben so schön sein, denn noch sind alle gesund, wohlauf und gut geraten. Was will der Mensch mehr?

Wie oft liege ich im Bett und danke dem Herrn, denn wie anders sieht die Welt mit Krankheit und Elend aus. Man hört von hier und dort von Krebsleiden, Krankheit, Verzweiflung und Tod. Sehe ich zur gleichen Zeit meine lustigen Enkelkinder Michel, Ronja und Larissa toben und lachen, Malik und Lisa lachen uns auf jedem Foto aus Rumänien an, dann weiß ich, wie glücklich ich mich schätzen kann. Sehnsucht nach den Kindern habe ich schon, auch Marla von Martin habe ich fast ein Jahr nicht gesehen. Das ist sehr traurig, doch noch immer bin ich mit dem Schloss mehr als genug belastet und die Zeit für Besuche ist knapp. Einen Versuch hatte ich unternommen, wollte die neue Wohnung besichtigen, natürlich mit einem Zuschuss im Gepäck, doch leider war es Claudia nicht recht. Vergeblich wartete ich auf die neue Anschrift, so lange, bis meine freie Zeit abgelaufen war. Sehr schade!

So ziehen die verpassten Gelegenheiten im Leben vorbei, offen bleibt die letzte Frage: „War das Leben richtig, sinnvoll ausgefüllt, was hat man vermisst, was hätte man besser machen können, reicht die Zufriedenheit, um einen glücklichen Schlussstrich zu ziehen?"

An diesem Punkt stelle ich mir selbst die Frage und suche nach Antworten. Ich glaube, einen Kopfstand versuche ich besser nicht, das ist am Ende des Lebens sicherlich nicht leicht, aber auf einer Basis, die man sich im Leben geschaffen hat, kann man auch im Alter noch aufbauen und aktiv leben. Packen wir es an! Waren die 10 Tage Freizeit in diesem Sommer 2013 schon ein guter Versuch, der mir gut gelungen war, denn jeden Tag bin ich nach Rastenberg in das alte, denkmalgeschützte Waldschwimmbad gefahren und tüchtig geschwommen, schön braun geworden, habe abgespeckt und mich erholt. Habe nach 17 Jahren zum ersten Mal nur an mich gedacht, es war wohltuend, bekömmlich und hat dazu noch Spaß gebracht. In kurzer Zeit hatte ich 7 kg abgespeckt, was mit Bewunderung bemerkt wurde, dazu mein entspannter Gesichtsausdruck, der aus mir eine ganz andere Frau Schreiber machte! Was mich aber besonders gefreut hat, war die

Erkenntnis, dass ich außer Arbeit doch noch Interessen habe und mir die Zeit sinnvoll ausfüllen kann. Seit diesem Erlebnis kann ich loslassen, kann ich das Schloss in andere Hände geben, kann ich abtreten ohne Wehmut, Angst und Schrecken.

Eine neue Aufgabe wurde mir von meinen Kindern, hier von Michael und Maja, ohne ein schlechtes Gewissen aufgebürdet. Die Betreuung der Enkelkinder. Heuer in dieser Woche, Ende Oktober/November 13, ist sowohl Maja in England als auch Michael auf Rumänienreise. Larissa und Ronja müssen mit mir alleine auskommen – oder umgekehrt – keine leichte Aufgabe, denn zusätzlich toben im Schloss 38 Artistenkinder herum, welche zu bekochen und betreuen mich in Trab hält. Die Nerven leicht angespannt, kommen Diskussionen über ein ausgeleiertes Haargummi am frühen Morgen um 6 Uhr nicht besonders gut. Tränen am frühen Morgen machen mich seelisch krank und reißen mir das Herz entzwei.

Die Tränen sind Ausdruck einer unausgeglichenen Seelenbilanz. Larissa ist erst einmal gegen alles und versucht ihren Kopf mit allen Mitteln durchzudrücken, auch mit Erpressung. Selbst in der Schule versucht sie mit Arbeitsverweigerung Aufmerksamkeit zu erzielen. Oder ist es nur reiner Trotz? Mein Latein ist hier am Ende, denn die Eltern geben klein bei und Larissa bekommt alles, was sie haben will. Das beste Beispiel ist der Streit um das schönste Zimmer, das nettere Bett, ein Sekretär usw. Da opfere ich meine schönsten Möbel, um auch Larissa ein nettes Zimmer herzurichten, wir kaufen Kleinigkeiten für die Dekoration, Teppich für das Zimmer, darüber bekomme ich mit Fred Ärger und zur gleichen Zeit tröstet die Mama das arme Kind mit einem schöneren neuen Bett. Was für eine verkehrte Welt! Dieses Beispiel wiederholt sich täglich des Öfteren und immer werden Vereinbarungen unterlaufen, es wird vertröstet, bedauert und alle Erziehungsmaßnahmen zunichte gemacht. Wo soll das nur hinführen! Eine schwierige Phase. Konsequenz ist die wichtigste Erziehungsmaßnahme, die ist einzuhalten, durchzustehen, an ihr darf nicht gerüttelt werden, auch wenn es die höchste Anstrengung für Eltern und Kinder bedeutet. Wo wäre ich mit fünf Jungs hingekommen? Vormachen und Nachmachen ist die Erziehung! An diesem Thema kann man sich die Zähne ausbeißen und deshalb werde ich mich zurücknehmen und die Verantwortung den Eltern überlassen. Michael, Maja und die Kinder werden eine eigene Wohnung im Nebengebäude beziehen und somit auch ihr eigenständiges Leben führen. Alt und Jung passen eben doch nicht zusammen!

So geht mein Leben seit Beginn der Sommerferien, 25. 7. 2013, einen nicht gewollten Weg. Meine Schwäche, mein Helfersyndrom – helfen, wenn Hilfe gebraucht wird – wird hier mehr ausgenutzt, als mir lieb ist, denn die Mehrbelastung straft mein Körper mit noch mehr Schmerzen, Kniebeschwerden, Schlaflosigkeit und Erschöpfung. Meine Arbeit bleibt liegen, davon habe ich ja mehr als genug, mein Betrieb wird vernachlässigt, denn ich schaffe die Doppelbelastung auf Dauer nicht. Mein Alter spüre ich in allen Knochen. Eine Entlastung habe ich noch nicht erfahren, war auch still, weil Michael in der Landwirtschaft fleißig geholfen hat und die Ernte als auch die Herbstbestellung wunderbar gelaufen sind. Ein Stück alte Zeit durfte ich erleben, als meine Söhne sich gut vertrugen und blendend zusammenstanden.

Die Zeit rennt nur so dahin, das Jahr 2013 war schnell vorbei und ging besser, als ich gedacht hatte. Die 13 hat für mich immer einen Schrecken und oft genug wurden meine Sorgen bestätigt. Viele schlimme Dinge passierten an diesem Datum! Aus dem Grund habe ich im Schloss auch kein Appartement mit der Nummer 13. Lächerlicher Aberglaube – ich weiß.

Die Rumänen kamen zu Besuch, Marc brachte Uta und die Kinder hierher und gönnte sich 10 Tage Urlaub. Mirco organisierte den Betrieb, denn die Hauptarbeiten waren erledigt und doch hatte Bobo keine Ruhe, telefonierte am laufenden Band, gab Anweisungen und Befehle aus weiter Ferne. Urlaub sollte anders aussehen, das habe ich kürzlich erlebt. Für eine Woche, 7. 3. bis 14. 3. 2014, lud ich Uta mit den Kindern nach Lanzarote ein. Ein Kurzurlaub zum Ausprobieren. Das war ein Erfolg und hat Freude gemacht. Die Kinder mustergültig, friedlich, interessiert, aufgeschlossen für alles Neue. Ich erinnerte mich an alte Zeiten.

Uta und ich haben uns nicht gestritten, wobei mir Uta immer ein bisschen leidtat, denn wer fährt schon mit seiner Schwiegermutter in Urlaub? Sie hat es mit Bravour gemeistert! Eine Woche war viel zu schnell vorbei, aber besser als nichts. Wir haben etwas Farbe bekommen, sind im kalten Meer geschwommen, herrliches Salzwasser konnten wir genießen. Die Kinder am Strand waren sehenswert, erst schüchtern, dann gab es kein Halten mehr. Der Besuch bei meinem Bruder überraschend, doch ganz so unerwartet erschienen wir doch nicht, denn die Tochter von Mica hatte mich im Hotel vermutet. Welch ein Zufall, 35 Jahre hatte sie mich nicht gesehen und doch erkannt? So spielt das Leben. Mein Bruder lud uns zum Kaffeetrinken mit Kuchen ein! Kaum zu glauben, doch ganz liebevoll vorbereitet und gedacht. Herzlichen Dank an Horst!

Heil waren wir zurück, gleich rüstete Uta zur Ausreise nach Rumänien. Marc kam bis München geflogen, um dann Uta und die Kinder durch Österreich und Ungarn zu chauffieren. Sie sind heil gelandet, Mirco glücklich über seine Familie. Malik in seinem Element fuhr sofort mit dem Vater aufs Feld, während Lisa doch ein Weilchen einer Eingewöhnungszeit bedurfte. Erinnerungen kann sie ja auch mit einem Jahr noch nicht haben.

Michael war die Woche mit dem Fliegen unterwegs, die Kinder bei mir, der Alltag hat mich schnell im Griff. Die Saison beginnt, Besprechungen, Termine, Besichtigungen reihen sich aneinander, unabhängig von der Zeit oder gar von Wochenenden. Gäste sind ein hartes Geschäft, erwarten Bereitschaft und Entgegenkommen, wann immer sie möchten. Meine Frauen sind alarmiert, wir starten mit der Arbeit, „Frühjahrsputz" muss sein!
 Meine Frauen habe ich in meiner Geschichte noch gar nicht erwähnt. Wie heißt es ganz richtig: „Die Kuh, die täglich Milch gibt, wird nicht gefüttert." Nein, so ist es nicht, ich bin glücklich, meine beiden Stützen zur Seite zu haben. Frau Weiße aus Braunsroda ist inzwischen schon über 10 Jahre bei mir, Frau Schneller nicht viel kürzer. Sie sind zwei großartige Kräfte, die

mich zu verstehen wissen und mit mir klarkommen, meine Art akzeptieren und erkannt haben, dass ich es eigentlich nur gut meine. So ist es auch. Sie haben mich in all den Jahren nicht enttäuscht, mich nicht einmal hängen lassen, standen immer an meiner Seite, schafften und schaffen hoffentlich noch lange mit mir für das Schloss und für unsere Gäste. Ich denke, uns verbindet inzwischen schon fast eine Freundschaft. Ich habe meine Frauen richtig gern!

Frau Schulz steht uns hin und wieder als Unterstützung zur Seite, doch sie hat einen Job und kann uns nur in ihrer Freizeit zur Hand gehen. Die Schwiegertochter von Frau Weiße hat zwei kleine Kinder, hilft uns, so gut es geht, doch auch hier gibt es Momente, wo die Familie den Tribut fordert. Andere Frauen, die bei mir arbeiten wollten, konnte man in kurzer Zeit wieder entlassen, denn unser Tempo, unser schnelles, sauberes, akkurates Arbeiten ist nicht jedermanns Sache.

Hilfe erhielt ich von ganz lieben Gästen, Familie Hahne. Sie kommen schon mehr als 10 Jahre zu uns, sie sind Fotoexperten und haben alle besonderen Bilder vom Schloss geschossen. Dafür sage ich an dieser Stelle einmal den herzlichsten Dank. Frau Hahne entdeckte darüber hinaus die Liebe für unseren Garten und schaffte Schubkarre für Schubkarre Wildwuchs, Blätter und Unkraut auf den Kompost. Bei ihrer Abreise sieht mein Garten wie geleckt aus, meine Freude ist immer groß, mein Dank noch größer!

Familie Hahne kommt hoffentlich noch viele Jahre zu uns, sie sind besonders nette Gäste, verweilen eine längere Zeit, sind unternehmungslustig, autark, möchten von uns nur ein bescheidenes Frühstück und haben immer ein nettes Wort auf den Lippen, geben auch mal den einen oder anderen gut gemeinten Rat, den ich gerne beherzige. Ansonsten sind sie wunderbare Aufpasser, Ordnungshüter, haben Schlüsselgewalt, das bedeutet für mich eine große Portion Sicherheit.

Anders als meine Rasselbande, die mit Freude durchs Haus tobt. Hier muss ich immer hinterher, alles wieder ordnen und alle Türen schließen. Sind sie die Hilfe von morgen?

Hilfe können wir gut gebrauchen, denn zurzeit ist ein Verkauf weit in die Ferne gerückt. Der Spa-World-Käufer, der Nägel mit Köpfen machen wollte, kam doch tatsächlich auf die Idee, mir eine stille Beteiligung anzubieten, wofür ich 50.000,- € zahlen sollte. So pleite ist er! An den Verkauf hoffe und denke ich jetzt auch nicht mehr, damit verdirbt man sich das tägliche Leben, damit bremst man sich aus, damit verliert man die Lust an der Arbeit und am Leben. Die Hoffnung ist gut, aber das Hoffen macht mürbe.

Päckchen auf Päckchen, stapelte sich zur Last

Mit einer wunderbaren, liebevollen Kindheit im Gepäck, mit einer sportlichen, aktiven Jugend im Hintergrund, einer arbeitsreichen, intensiven, lehrreichen und erfahrungsvollen Berufsausbildung war ich gut auf das weitere Leben vorbereitet.

Gott sei Dank!
Das Leben mit Jörn sollte alles andere als leicht werden.

Kaum hatten wir den Kontinent Afrika betreten, zeigte sich Jörn von seiner echten Seite. Aus „Frauen" wurden „Weiber", die alle nichts taugten, ein Klotz am Bein seien und er verfluche sich, dass er den größten Fehler seines Lebens gemacht hatte und nun verheiratet sei. So eine „Scheiße"! Da hörte ich zum ersten Mal dieses Schimpfwort, welches später zu dem täglichen Vokabular gehören sollte. Ich fiel aus allen Wolken, wen und was hatte ich da geheiratet? Ich hatte schon die schwankenden Stimmungen, die Rastlosigkeit, das Hoch und Tief im schnellen Wechsel registriert, das war aber am Anfang für mich nicht durchschaubar. Man hielt es für Temperament, für Schwung, für Ideenreichtum, für Risikobereitschaft und Risikofreudigkeit, auch für Intelligenz. Doch es barg eine Art Unstetigkeit in sich, die auf mangelnde Durchsetzungskraft, Durchhaltevermögen zurückzuführen war. Die Angst, bei der Ausführung eines Vorhabens zu versagen, zwang ihn im schnellen Tempo einen Wechsel herbeizuführen. Angefangenes blieb liegen.

Bis ich das begriff, waren wir schon verheiratet und mussten durch dick und dünn marschieren. Die letzte Gelegenheit, die Notbremse zu ziehen, hatte ich auf dem Bahnhof in Neuchâtel verpatzt. Nun gab es kein Zurück, sondern der Angriff nach vorn war die einzige Lösung für mich, denn Jörns hochheiligen Versprechungen hatte ich Glauben geschenkt.

Außerdem klangen mir die Abschiedsworte von meinen Eltern noch deutlich in den Ohren: „Liebes Kind, Du kannst jederzeit nach Hause kommen, wir haben immer eine offene Tür, aber dann muss es so schlimm sein, dass es kein Zurück gibt."

Immer wieder stellte ich mir die Frage und immer wieder trieb mich die Hoffnung zu bleiben.

Ich war erdverbunden und standfest, mein Leben war stetig, auch im Vorwärtstrend, was ich begann, beendete ich, auch wenn es Mühen bedeutete, Tränen kostete, ich brachte jede Sache bis zum bitteren Ende. Dieser rote Faden zieht sich von Land zu Land, von Betrieb zu Betrieb durch mein Leben. Darüber bin ich nicht einmal unglücklich, sondern sogar ein bisschen stolz. Wer hat denn schon solche Turbulenzen erlebt, ertragen, erlitten? Wer hat immer das Beste daraus zu machen versucht, wer hat sich nicht unterkriegen lassen, wer hat den Mut und die Hoffnung nicht verloren?

Vielleicht war es Dummheit, nein, es war Verantwortungsbewusstsein meinem Leben und dem Leben meiner Kinder gegenüber. Ich war nicht allein!

Es war aber auch Liebe, Sorge und Fürsorge um einen jungen Mann, der auf der einen Seite genial, auf der anderen Seite ein Versager war. Ich gab ihm Halt, Unterstützung, Führung und stille Bewunderung. Das war nicht die Rettung für alle Situationen, aber es war ein Ruhepunkt, ein Ruhepol, es gab ihm Vertrauen, er schöpfte Kraft, holte sich Rat und wusste, dass ich alle Entscheidungen mit ihm tragen würde und trug.

Einfach war das Leben nicht, ich fühlte mich unverstanden, ich vermisste Zuneigung, Verständnis und Liebe. Es dauerte einige Zeit, bis ich begriff, dass Jörn nicht in der Lage war, meine Gefühle, meine Liebe zu erwidern. Er versteckte sich hinter seiner Arbeit, seinem Schaffen, seiner Erschöpfung, suchte Auswege, Ausreden und drückte sich vor jeder Aussprache, vor jeder zwischenmenschlichen, gefühlvollen Beziehung.

In seinen Briefen konnte er wunderbar über diese Dinge schreiben, leben konnte er sie nicht.

Das war für mich eine große Enttäuschung, denn Offenheit, Vertrauen, stilles Verstehen und liebevoller Umgang gehören zu einer guten Ehe. Ich fühlte mich betrogen, versuchte aber auf diesem Gebiet mich zu arrangieren, packte meine Kreativität für das wirkliche Leben aus, organisierte ein gemütliches Zuhause, verwöhnte ihn mit gutem Essen, unterstützte ihn bei der Arbeit, wenn es sein musste auch nachts! Mit einer Selbstverständlichkeit nahm er alle „Geschenke" entgegen, ohne sich darüber Gedanken zu machen. Manchmal tat das schon sehr weh, war sehr enttäuschend, ich kam aber damit klar, denn ich hatte einen ähnlichen Vater.

Die wenigen unverhofften Momente der Zärtlichkeit grub ich tief in mein Gedächtnis ein, davon zehrte ich in den gefühlsarmen Zeiten. Die Schwankungen seines Gemütes gingen im Eiltempo von ganz oben, nach tief unten, von rechts nach links, von hinten nach vorn, ohne Vorwarnung, ohne sichtbare Gründe. Natürlich suchte ich in den ersten Jahren die Schuld bei mir, hatte ich ihn vielleicht durch eine unbedachte Äußerung erzürnt, verletzt. Hatte ich es ihm nicht recht gemacht, suchte bei mir nach Fehlern, nach Versagen und wurde unglücklich. Mein Trost waren die Kinder und die Anerkennung der Gäste, von beiden hatten wir in den Jahren reichlich!

Reden half nichts, Versprechen wurden nicht gehalten, eine Änderung haben wir nicht erreicht. Das Leben und die Jahre nahmen ihren Lauf. Der Umgang mit der Familie war unwirsch, launisch und schwer einschätzbar. Wir lebten in ständiger Lauerstellung, hatten immer Angst vor einem Blitzeinschlag aus heiterem Himmel. Unverhofft kommt oft, so gab es Zeiten, die unerträglich schienen, dann wiederum Zeiten der Ruhe und des Friedens.

Immer wieder nahm ich die Waage zur Hilfe und schaffte es mit gutem Willen, eine Balance herzustellen, damit das gemeinsame Leben weitergehen konnte. Den Kindern versuchte ich Verständnis für ihren Vater zu erklären, dass er es doch gut mit ihnen meinte, dass er sie im Grunde seines Herzens liebe, dass er nur so viele Sorgen habe und dass wir ihn nach bestem Können unterstützen müssten. Wer glaubt, wird selig.

Ich war inzwischen an den rauen Umgangston gewöhnt, Aussprüche, wie dumm ich doch sei, hörte ich viele Male am Tag, schaffte mir ein dickes Fell an, denn ich erkannte den Grund seiner Beleidigungen. Es waren seine eigenen Minderwertigkeitskomplexe, die er auf Familienmitglieder abwälzen wollte und konnte. Zu jedem Gast oder jedem Fremden war er der freundliche, perfekte Gentleman, der unterwürfige Hausherr.

Meinen Frust lernte ich wegzuarbeiten, stürzte mich auf neue Aufgaben und wurde so zu einer berechenbaren, manipulierbaren Arbeitskraft. Jörn und mein Miteinander funktionierten wie ein Zahnrad im Uhrwerk. Seine demagogischen Fähigkeiten setzte er voll als Familientyrann ein. Zu so einem Zusammenspiel gehören immer zwei: einer der vorspielt, einer der mitspielt. Dadurch wurden wir für die oberflächliche Außenwelt das perfekte Paar, glichen uns auch äußerlich so an, dass wir als das Traumpaar bekannt wurden.

Die großen Stressphasen erlebte ich zu Beginn unserer Ehe mit vielen Schulden, kurzen Arbeitsverträgen, keiner sicheren Zukunft und mit der Belastung durch Frau und Kinder, dazu der Aufbau des Projektes. Alles geriet aus den Fugen. Instinktiv fand ich den richtigen Weg, belastete ihn mit der Familie nicht, entschied, plante, führte selbstständig aus. Meine Hilfe im Projekt schaffte ihm gute Anerkennung und Bewunderung. Hier seien meine Laufarbeiten bei der Vermessung, meine Mithilfe bei den Kälbergeburten und meine guten Ratschläge zu erwähnen. Meinen Einsatz zeigte ich von Projekt zu Projekt, war immer für ihn da, stellte seine Belange weit über die der Familie und himmelweit über meine eigenen Bedürfnisse. Ich lebte für ihn. Ich tat es aus Liebe.

Meine Kinder gaben mir immer wieder Kraft und Zuversicht, sie machten mich glücklich, weil sie selber glücklich, intelligent, aufgeweckt und goldig waren. Wären sie nicht gewesen, wäre mein Leben anders verlaufen. Doch zum Glück hatte ich fünf stramme Superjungs!!!

Die normalen Alltagssorgen teilten wir nicht, aber den Umgang mit dem Geld überwachte Jörn mit Argusaugen. Darüber gerieten wir oft in Streit, wie in normalen Familien auch, doch ich war von Haus aus sparsam, gab keine müde Mark mehr als nötig aus und dennoch warf er mir Verschwendung vor. Das tat nicht nur weh, das war schlimm, denn einfacher konnte ich nicht mehr leben, auf mehr konnte ich nicht verzichten, mehr konnte ich nicht sparen. Dadurch verzichteten wir auf alle kleinen Freuden, auf nette Begebenheiten, auf wichtige Erinnerungen für ein gemeinsames Leben. Um meine Abhängigkeit von „seinem" Geld" zu mildern, nahm ich immer kleine Arbeiten, kleine Nebenverdienste in Angriff. Das brachte mir Freiheit und gutes Gewissen.

Die nächste gewaltige Stressphase überwältigte uns zu Anfang unserer Selbstständigkeit auf dem Bauernhof in Limburg, sie dauerte fast 3 Jahre, brachte uns oft an den Rand des Erträglichen, des Vorstellbaren. Die Schulden, die Ungewissheit, die Arbeit, die Unsicherheit, die Angst um die Existenz machten ihn wahnsinnig, unberechenbar, verletzend, zynisch, bis hin zur Häme erlebten wir alles.

Meine Eltern erlebten einige Ausbrüche, mein Vater am eigenen Leib und sie forderten eine Trennung, die ich aber weit von mir schob und sie tröstete: „Es wird schon wieder gut!" Es wurde besser, erträglicher, die Phasen kamen mit größeren Abständen, entsprechend dem gefüllten Konto auf der Bank. Die Existenzangst wurde geringer, als ich mit dem Urlaub auf dem Bauernhof den Lebensunterhalt für die Familie sicherte. Doch der Stress in der Ernte blieb, besonders für unsere großen Jungs eine grauenhafte Erfahrung, die ich ihnen gerne erspart hätte. Aber es gab kein Heilmittel!

Wir versuchten schon immer allen Stress von ihm fernzuhalten, die Nerven zu schonen, aber das war nicht ganz auszuschließen und immer wieder traf uns unerwartet der Schlag, der uns seelisch, moralisch niederstreckte, denn die Schläge kamen grundlos, daher nicht nachvollziehbar, nicht erklärbar und für uns nicht zu verstehen. Tiefe Narben entstanden und blieben.

Eines von vielen Beispielen: Zur Zeit der Herbstbestellung drängte sich die Arbeit auf den Feldern. Ich half mit Freude und Hingabe. Nahm frühmorgens meine beiden kleinen Jungs, Marc und Mirco, auf den Trecker, setzte sie auf die Kotflügel, band sie gut fest, bewaffnete sie mit Fläschchen, so fuhren wir auf das Feld, um es für die Aussaat mit der Spatenrollegge vorzubereiten. Ich zauberte ein wunderbares Saatbeet, stolz betrachtete ich mein Werk. Jörn fuhr mit der Drille im gleichen Abstand und von Runde zu Runde merkte ich an seiner Haltung, dass ihn etwas erregte. Kurze Zeit später brach das Donnerwetter auf uns nieder, mit hochrotem Kopf, heraustretenden Halsadern schrie er aus Leibeskräften. Was, das konnte man nicht verstehen. Ich band meine Jüngsten los, es war Mittagszeit, wir gingen nach Hause.

Am Eingang zu der Küche sagte Marc ganz trocken: „Papa kann aber laut und lange schreien, man hört ihn immer noch!" Es waren 1.000 Meter und mindestens 20 Minuten vergangen!

Kein Wort, keine Erklärung, keine Entschuldigung folgte, nichts!

Die fehlende Ansprache auf einem Bauernhof versuchte ich mit den Feriengästen zu unterbinden, mit gutem Erfolg. Auch seine Tätigkeit als Lehrer an der Adolf-Reichwein-Schule machte ihm Spaß und tat ihm gut. Er konnte sein Wissen und Können weitergeben, fand Anerkennung und Bewunderung. Seine extrovertierte Lebensweise wurde voll befriedigt. Aus dem gleichen Grund starteten wir in das neue Hobby „Tanzen", es machte ihm Freude sich zur Show zu stellen, gepaart mit sportlicher Bewegung. Wir tanzten mit guten Erfolgen bis in die höchste Klasse!

Mit dem Alter hoffte ich in Bezug auf Stress und deren Folgen auf Besserung, denn Erfahrung, Vertrauen in die eigene Leistungsfähigkeit, Überzeugung und Kraft sollten einen Menschen stabilisieren. Leider traf das auf Jörn nicht zu. Selbst ein Tanztraining brachte ihn außer Rand und Band. Die Turniere waren manchmal das reinste Chaos. Ein Kraftakt der Überwindungen von meiner Seite, denn am liebsten hätte ich das Handtuch geworfen. Ich tat es nicht!

Jörn war starker Raucher, im Stress ein Kettenraucher, der auf der Suche nach einer Zigarette den Boden unter den Füßen verlor. Das war selbst ihm zu viel und daher hörte er von heute auf morgen damit auf. Die Übergangszeit, fast ein halbes Jahr, war die Hölle für die Kinder und mich. Täglich waren die Überlegungen, ihm eine Schachtel Zigaretten auf den Tisch zu legen, zum Greifen nah. Wir taten es nicht, wir litten.

In solchen Zeiten taten mir Bemerkungen von Seiten der Damenwelt auf dem Hof „Was haben Sie für einen netten Mann, Sie können sich glücklich schätzen" besonders weh, denn sie kannten nur die halbe Wahrheit, kannten nicht die Kaffeetasse an der Decke, den umgekippten Tisch im Esszimmer, sondern sie kannten nur den Theatermann Jörn Schreiber, der mit den Worten „Alles happy heute" die Gäste aufmunterte und begeisterte. Genau der Mann, der mich am ersten Tag unserer Begegnung begeistert hatte.

Er war ein Mann mit zwei Gesichtern, mit zwei Seelen in der Brust.

So gab es auch glückliche Momente in Frieden und Freundschaft, dann war er ein wunderbarer, stolzer, lustiger Vater. Er brachte den Jungs vieles bei wie Motorrad-, Trecker- und Autofahren. Er erzählte interessante Geschichten, hatte ein bewundernswertes Gedächtnis, damit verbundene Allgemeinbildung, beherrschte die Sprachen. Sang gerne, kannte viele Schlager und sang mit den Gästen, auch einem Opernsänger, um die Wette. Bei solchen Gelegenheiten war die Welt wieder herrlich und in Ordnung!

Wir veränderten uns beide im Laufe der vielen Jahre, mein Helfersyndrom wuchs bis zur Unendlichkeit, mein Verständnis für alles wurde erfinderisch, ich suchte Gründe für Entschuldigungen, auch um mein Gewissen zu beruhigen. Ich tat es aus Liebe. Jörn tat mir inzwischen schrecklich leid, gerne hatte ich ihm geholfen, aber er ließ sich nicht helfen. So nahm das Leben seinen Lauf mit Depressionen, Höhen und Tiefen im absoluten Schleudergang. Wir alle mit ihm.

Mit einem neuen Start in Marienthal wollte Jörn seine Angst vor dem Alter, er wurde 60, besiegen, doch er trieb mit seinem Chaos den Start in Richtung Untergang. Die Auflösung von dem Pachtbetrieb „Domäne Blumenrod" wurde zum Fiasko, welches er selber nicht erklären, verstehen, verarbeiten und aushalten konnte. Die Psychologen würden Jörns Zustand mit „Burn-out" beschrieben haben. Wir, die Familie, litten unter seinem Zustand, wussten nicht mehr ein und aus. Heute hü, morgen hott, genauso gab er seine Anweisungen. Nichts mehr war recht, keiner wusste zwischen richtig und falsch zu entscheiden. Seine Schreierei übertönte Schloss und Hof, seine zynische Art traf uns ins Mark, die seelischen Verletzungen erreichten ihren Höhepunkt und sind bis heute, nach 20 Jahren, nicht verheilt.

Auch wenn ich sehr traurig war, war ich einerseits froh, als er die Tür in Marienthal hinter sich schloss. August 1999. Mein Leben brach wie ein Kartenhaus zusammen, aber anderseits hätten wir so nicht mehr lange durchgestanden. Ich fragte mich täglich, ob ich noch normal sei. Nicht die Kranken spüren den Druck, sondern die Menschen, die mit ihnen zu tun haben, die gehen zugrunde.

Und doch kämpfte ich um Jörn, unternahm einige Versuche, ihn nach Hause zu holen, leider ohne Erfolg. Eine rasante Fahrt nach München, eine Bahnfahrt in die Berge zur Tannerhof-Klinik und eine Besprechung in Dresden brachten die verzwickte Situation nicht in normale Bahnen. Ganz im Gegenteil, seine Schauspielkunst war so überzeugend, dass er selbst Ärzte und alle anderen von sich überzeugte. Meine Zweifel an mir wurden stärker, aber sie besiegten mich nicht.

In einem ehrlichen Brief bestätigte Jörn seinen Gemütszustand. (Aus Gründen des Anstandes möchte ich den Brief nicht veröffentlichen.)

Fachberatung, Rechtsberatung, Unterstützung von Seiten unseres Bankdirektors, alles war erfolglos. Gutes Zureden, Versprechen aller Art, Hilfe von meinen Eltern, Hilfe vom Arzt nahm er nicht in Anspruch. Es war eine bittere Zeit, machtlos musste ich zusehen, wie Jörn in seinem Strudel versank. Da waren die hässlichen Anschuldigungen, die Verletzungen nur halb so schlimm, alles hätte ich gegeben, um Jörn helfen zu können. In solcher Zeit spielt das Vertrauen, die Ehrlichkeit zu sich und der Familie eine bedeutende Rolle. Vieles fehlte.

Auch ich geriet zum ersten Mal in meinem Leben in einen Strudel der wechselnden Gefühle, der Hoffnungslosigkeit, der Verzweiflung, Mutlosigkeit, meine Antriebsfeder war zerbrochen, keinen klaren Gedanken konnte ich fassen. Bis ich von einem Freund einen guten Tipp bekam: „Denke nur von Stunde zu Stunde, dann von Tag zu Tag, von Woche zu Woche, von Monat zu Monat – du wirst es schaffen!"

Es folgte ein verlogener Krieg, gespickt mit hässlichen Anspielungen, Lügen, Verleumdungen, Verrat. Jörn trieb es auf die Spitze, dass sogar sein Münchner Anwalt sein Amt mit den Worten „Sie brauchen keinen Anwalt, sie brauchen einen Psychologen" niederlegte. In familiärer Auseinandersetzung versuchten die Anwälte eine Nacht lang für alle eine verträgliche Lösung zu finden, um den Untergang in jeder Beziehung zu vermeiden. Es brachte eine kurzfristige Ruhe. Jörn erbat sich Bedenkzeit und sollte nach 4 Wochen seinen Platz unter Erfüllung seiner Auflagen in Marienthal einnehmen. Er dachte nicht daran. Die Unternehmungen taumelten weiter im Sog der Führungslosigkeit dem Untergang entgegen.

Ich beantragte kommissarische Projektleitung und erhielt sie, damit war kurzfristig eine Weiterarbeit möglich, doch das dicke Ende folgte auf dem Fuß. Eine Vorladung zum Landgericht Halle traf mich mitten in der Arbeit: Betreuung der Eltern, Bewirtschaftung des Schlosses und Mithilfe in der Landwirtschaft. Unvorbereitet wurde ich mit einer Kapitalauseinandersetzung konfrontiert, die von Jörn beantragt war. In weniger als vier Stunden wurde über Sein und Nichtsein der Unternehmungen verhandelt und entschieden.

Ich war so müde, seelisch so kaputt, dass ich alles unterschrieben hätte, um endlich Frieden zu finden. Bei so einer Vergewaltigung der Lage unterlaufen unwillkürlich unwiderrufliche Fehler und die trafen mich hart, denn ich musste tief in die Kasse greifen, die zu der Zeit des Aufbaues sehr geschwächt war. Er bekam einen großen Teil unseres Vermögens zugesprochen, das Haus in Witzenhausen, das Haus in Spanien, das Auto (die Lebensversicherungen hatte er schon liquidiert) und als zusätzliche Qual wurde ich zur monatlichen Unterhaltszahlung über zehn Jahre in Höhe von mehr als 1.738,00 € verdonnert. Als letzte Forderung wollte er die Scheidung, die ich ihm nun auch noch als Krönung versprach.

Hässlicher konnte ein Tag nicht sein, aber die Hoffnung auf Ruhe und Frieden bestärkte und tröstete mich. Nun konnten wir in die Startlöcher gehen und starteten erfolgreich.

Weiter will ich nicht im Wespennest stochern. Es war schlimm genug, die Familie war zerbrochen, einst eine Bande von Musketieren mit dem Motto:

„Einer für alle, alle für einen!"

Die Zusammenhänge konnte ich nicht erklären, weil ich auf meine Fragen keine Antworten hatte, weil ich den Grund des Zusammenbruches nicht in einer gescheiterten Ehe sah. Meine Jungs hielten sich aus allem raus, wollten neutral sein. Ich gab ihnen Zeit. Das tat doppelt weh, fühlte ich mich doch ungerecht beurteilt, litt sehr. Die Liebe meiner Eltern half mir wieder auf die Beine, die erfolgreiche Arbeit tat auch gut und die Mithilfe in der Landwirtschaft tröstete mich über alles hinweg. Mein Herz schlägt für die Natur.

Je turbulenter ein Tagesablauf verläuft, umso zufriedener war und bin ich. Mir war keine Arbeit zu viel. In der Erfüllung meiner Pflicht habe ich schon immer die Lösung meiner Probleme gefunden, so auch jetzt. Viele Nächte powerte ich im Schloss oder auf dem Feld. Bekam wieder Lebensfreude. Meine jüngeren Söhne, Marc und Mirco, begannen gerade ihre Ausbildung und fanden zuerst den Weg nach Marienthal und auch zu mir zurück. Das tat gut.

Das Leben ging weiter.

Ganz am Anfang erwähnte und sprach ich von Erbanlagen, Erziehung, Beeinflussung der Familienpsychologie, daher hoffte ich tief im Herzen auf eine spätere Rückkehr von Jörn, da sein Vater und Großvater gleiches Verhalten gezeigt hatten. Ich wunderte mich gar nicht, als unerwartet Blumen mit anonymen Kartengrüßen, Adventskranz, Weihnachts- und Silvesterüberraschungen bei mir landeten. Ich erhielt eine zweite Chance, packte sie beim Schopf. Buchte ein Hotel auf Mallorca, dort sollte er sich aufhalten und verabredete einen Termin. Obwohl ich nicht wusste, wo er sich befand, lag mein Hotel in seiner unmittelbaren Nähe. Welch ein Zufall oder doch noch eine enge Bindung? Letzteres sollte sich zeigen, denn 33 Ehejahre wischt man nicht so einfach weg. Die Vertrautheiten hauten uns um, Jörn ebenso wie mich. Seinem Wunsch, nach Hause zurückzukommen, kam ich nach Absprache mit der Familie nach, baute ihm eine neue hübsche Wohnung.

Zwei Monate waren ins Land gezogen, da holte ich ihn in Mallorca ab, spürte sofort seinen Zweifel, bat um eine ehrliche Entscheidung. Er kam dennoch mit nach Marienthal, aber ich wusste mehr.

Meine Kinder hatten recht: „Reisende soll man nicht aufhalten!" Sie hatten mich gewarnt, meine Mutti war skeptisch und ich überzeugt den Versuch wagen zu müssen.

Wir quälten uns zwei Jahre mit Lügen, Unehrlichkeit, Rücksichtslosigkeit, seelischen Belastungen. Mit seiner Schauspielkunst konnte Jörn meiner Mutter imponieren, sie verzieh ihm und nahm ihn wie den verlorenen Sohn herzlich auf. Ich spürte die Verlogenheit, war sehr traurig, enttäuscht, glaubte ihm kein Wort. Das war gut so, daher war die zweite Enttäuschung nicht ganz so tief gehend. September 2008 benutzte er die Hochzeit von Uta und Mirco als Bühne für seinen Abgang. Er verließ Marienthal ein zweites Mal. Von meiner Mutter verabschiedete er sich nicht einmal, das brachte sie ganz aus dem Gleichgewicht. An der Enttäuschung litt sie bis zu ihrem Tod. Sie konnte die Welt nicht mehr verstehen, verkraftete die Fehleinschätzung ihrer Menschenkenntnis nicht. Ich musste sie trösten, versuchte zu erklären und war doch selbst so verletzt. Aber die Zeit heilt alle Wunden, mal gut, mal weniger gut.

Bis zum heutigen Tag herrscht zwischen uns eisiges Schweigen.

Schlusswort

Um mich herum tobt der Bär, sechs Enkelkinder sind in Marienthal, dazu die jungen Eltern, Mutter oder Vater. Man bewegt sich ein bisschen wie auf Glatteis, denn die Worte werden auf die Goldwaage gelegt, unbedachte Äußerungen sehr kritisch bewertet. Das ist aber in allen Großfamilien so, keine Besonderheit und nichts Außergewöhnliches. Es ist nur anstrengend. Ob wir jemals wieder eine ungezwungene Familie sein werden, bezweifle ich sehr, denn starke Charaktere lassen sich nicht einfach führen, zumal die „Silberrückenposition" nicht ausgefüllt ist und keiner den Posten freiwillig übernehmen will. Die Zeit wird es bringen.

Ungeachtet dessen überschaue ich mein Dasein und komme zu dem Entschluss, dass ich ein arbeitsreiches, erfolgreiches, nicht glückloses, erfülltes und zufriedenes Leben hatte. Ich darf mich nicht beklagen, habe zu viel gearbeitet, darüber hinaus zwischenmenschliche Beziehungen etwas vernachlässigt, das heißt, nicht intensiv gelebt, ausgekostet und genossen. Für meine Kinder war ich immer erreichbar, aber vielleicht doch nicht individuell und speziell für den Einzelnen im richtigen Moment parat. Auch hier sind Gefühle missachtet und vernachlässig worden. Mein Helfersyndrom wollte allen helfen, wollte allen ein Wohlfühlklima schaffen, denn wenn alle zufrieden waren, war ich es auch. Ich habe mein Bestes gegeben, deshalb bin ausgeglichen und dankbar. Das ist mehr, als manch einer hat. So besteht mein Ziel für die Zukunft, eine glückliche Alte zu werden! Immer mit der Hoffnung im Herzen, vor großen Schicksalsschlägen verschont, vor schlimmen Krankheiten bewahrt zu werden, werde ich mich bemühen, mein Leben genauso tapfer und mutig wie bisher zu Ende zu bringen.

Für manche mögen meine Erzählungen zu optimistisch klingen, zu viel Eigenlob wird bemängelt werden! Aber so sehe ich mich, so habe ich gelebt, so empfunden, so gegeben, so genommen.

Natürlich bin ich ein Mensch und habe wie alle gute und die schlechte Seiten. Da weiß ich genau, dass meine Bodenhaftung viel Spontaneität verschluckt hat, meine Zielstrebigkeit hat Seitenwechsel nach rechts und links, nach oben oder unten nur schwer möglich gemacht. So galt ich als stur und verbohrt, als langweilig und fantasielos. Vielleicht war ich in mancher Hinsicht ein Bremsklotz, aber ich wurde erst mit den Jahren so, da die Voraussetzungen auf der anderen Seite zu irrational, zu verrückt, zu verwirrend und zu durcheinander wirbelten. Nicht nur Jörn brachte die Turbulenzen in das Leben, später halfen unsere fünf Jungs eifrig mit, um das Leben nicht langweilig werden zu lassen. Da wurde und ist mein fester Stand wie eine Mauer in der Brandung, alle konnten den rettenden Anker werfen und werfen ihn noch heute!

In diesem Jahr werde ich, so Gott will, siebzig Jahre.
Alt genug, um die Verantwortung über Haus und Hof abzugeben. Das ist mein nahes Ziel.
Ob es klappt, ob es reibungslos verläuft, werde ich in der Fortsetzung berichten ...
In der Fortsetzung wird mein Leben nur noch eine untergeordnete Rolle spielen, denn die übernächste Generation wächst heran und lässt vergessene Geschichten wieder wach werden. Eine spannende Zeit, die man mit Gelassenheit betrachten kann.

Monika Schreiber

Anhang mit Geschichten

Liebe Kinder

Ich möchte meine Erinnerungen an euch aufschreiben, möchte von meinen Sorgen, Gedanken, Nöten, von Freuden und netten Erlebnissen berichten.
In diesem Teil meiner Erzählungen möchte ich offen über meine Gefühle sprechen dürfen, bitte entschuldigt meine Offenheit, aber das ist mein Naturell. Oft wurde ich von Jörn, später auch von euch, als taktlos beschimpft, weil ich offen meine Meinung zum Besten gegeben habe, ohne Rücksicht auf die Seele des anderen. Wer aber nahm Rücksicht auf mich?
Mein Leben konnte ich nur meistern, weil ich versuchte die Probleme und Sorgen schnell zu bewältigen, damit man frei war, frei für Neues, frei auch für die Aufnahme neuer Eindrücke, neuer Gedanken, neuer Erlebnisse.

Und ein solches Erlebnis war die Geburt von euch beiden, Michael und Martin.

Vorausgegangen waren viele Sorgen, besonders meine starken Leberschmerzen bereiteten mir Kummer. Kein Arzt hatte eine Diagnose, da Größe und Werte der Norm entsprachen.
So machte ich mir viele Gedanken, hatte ich doch in Göttingen von fürchterlichen bis unmenschlichen Verkrüppelungen bis hin zu schlimmen Krankheiten alles erlebt und meine Unruhe war deshalb nicht ganz unbegründet, auch schon deshalb, weil es in mir zuging, einer Waschmaschine ähnlich rumpelte es Tag und Nacht. Kein schlaues Buch berichtete darüber, keine deutsche Frau in Tunesien hatte so was erlebt, die Hebamme machte sich Sorgen, schob den Geburtstermin nach vorne. Nur mein Gottvertrauen war mein stiller Begleiter, hatte ich doch in der Silvesternacht 1966/67 eine Sternschnuppe gesehen.

Voller Zuversicht machten wir uns früh auf den Weg nach Karthago zur kleinen Geburtsklinik von Madame Ben Juseff, einer französischen Hebamme. Gerne hätte ich den Termin mit Muttis Geburtstag verbunden, aber der Tag war ein Sonntag, kein Arbeitstag. Und Arbeit war das schon! Aber auch welch eine Freude! Nach kurzer Geburtseinleitung kam der Erste, Michael, zur Welt, laut schreiend, sich gegen das Leben wehrend. Dann übersetzte Jörn die Anweisungen der Hebamme mit den Worten: „Du musst dich noch einmal anstrengen, da ist noch einer drin!" Wütend, weil mein Bauch flach war, dachte ich an einen Scherz, für den ich nicht ganz aufnahmefähig war. Ehe ich richtig schalten konnte, kam Martin, ebenso laut schreiend, in das Leben. Mir kullerten die Tränen vor Erschöpfung und Erlösung, aber auch vor Glück und Dankbarkeit für zwei gesunde Jungs.

Authentisch schrieb ich damals:

„Wenn ich nun mal nicht als Mutter, sondern aus der Erfahrung einer Kinderkrankenschwester urteilen sollte, so würde ich sagen: ‚goldige Burschen!' Beide haben schwarze Wuschelköpfe, sind zierlich, haben lange Wimpern und vor allem rege und lustige Augen! Wann hab ich überhaupt in meiner Praxis so gut intakte Zwillinge erlebt? Die meisten wogen unter 2500 Gramm und galten als Frühchen. Unsere sind aber nun in Wirklichkeit über 10 Tage zu früh geboren und sind so kräftig. Jörn nennt unsere beiden immer die ‚Saugferkel', denn sie trinken, was die Sohle hält, und im Anschluss spucken sie einen Schwupp wieder heraus. Keine Sorge, Speikinder sind Gedeihkinder! In einem reizenden Körbchen liegen sie direkt neben mir, geben ab und zu ein Grunzen ab – ein Gruß an die Großeltern.

Mein Zimmer in der Klinik wird durch 2 große Balkontüren von Licht durchflutet, ich kann von meinem Bett das Meer sehen, zur anderen Seite hängt der Goldregen in vollster Blüte. Wer kann sich solche Herrlichkeit vorstellen? Im Zimmer selbst eine Blumenpracht, Jörn brachte zwei große rote Rosensträuße, der Chef Gladiolen, weitere Blumen aus der deutschen Kolonie. So werde ich von allen Seiten verwöhnt und fühle mich wie der strahlende Mittelpunkt, aber eigentlich sind das unsere goldigen Jungs, die am Tag schlafen, um in der Nacht den Teufel loszulassen."

Ich schrieb von meinem, unserem Glück, von der großen Liebe, von Jörns netter Fürsorge, dem glücklichen Vater. Schrieb aber auch von der vielen Milch, die ich für euch beide hatte, musste sogar noch abpumpen, damit wurde das Nachbarkind versorgt. Alle 3 Stunden habt ihr Futter verlangt, gerne wäre ich auf den 4-Stunden-Rhythmus gekommen, doch in der Klinik sollte Ruhe herrschen, so konnte ich euch nicht weinen lassen. Das tat gut, denn schnell habt ihr zugenommen. Während in der Klinik das Wiegen kein Problem war, sollte das zu Hause eines werden, denn eine Waage hatte ich nicht. Abhilfe brachte eine Hängewaage, eingewickelt in eine Windel, hängte ich euch einfach auf, konnte damit euer Gewicht kontrollieren und freute mich über die konstante Zunahme. Martin nahm schneller zu, war ja auch leichter bei der Geburt, viel ruhiger, konnte besser zusetzen. Michael war ein unruhiger Gesell, weinte viel öfters, kämpfte mit Händen und Füßen, strampelte sich schnell alle Windeln vom Leib. Doch da kannte er seine Mutti noch nicht, sie war ja gelernte Kinderkrankenschwester und hatte alle Tricks auf Lager. Was man von der Schwester aus der Klinik nicht sagen konnte, denn schon in den ersten Minuten kratzte Michael seinem kleineren Bruder die Nase blutig. Wie mörderisch und unvorsichtig war die Lage der Buben im Körbchen, sie lagen zueinander und mussten sich unwillkürlich verletzen. Ich drehte sie schnell Rücken an Rücken und gleich hatten wir Ruhe. Jörn war sehr erleichtert, war doch alles gut und dennoch drückte ihn die große Verantwortung, die er plötzlich spürte, die ihn belastete und die er erst einmal bewältigen musste. Ja, das Leben mit der Geburt der Kinder ändert sich schlagartig, ein Einschnitt, den ihr inzwischen auch kennengelernt habt, den man nicht unterschätzen sollte!

Die Namenwahl war auch ein gutes Stück Arbeit, sind Namen gleich Omen, so konntet ihr ja nicht Max und Moritz heißen, auch nicht Paul und Peter, Fritz und Friedrich usw. Mit der Wahl

Michael und Martin kommt ihr gut zurecht. Die Kosenamen Micki und Matze haben euch auch nicht gestört. Gott sei Dank.

Viele Gratulationswünsche kamen aus Deutschland, waren wir noch nicht vergessen, aber die größte Freude war die Nachricht, dass die Großeltern zu euch kommen wollten. Sie wollten doch die Prachtkinder erleben. Bis dahin solltet ihr aber noch kräftig zunehmen, immer wacher werden. Vor allem war euer Lachen richtig ansteckend. Gequietscht habt ihr um die Wette, denn schnell merktet ihr, dass ihr zu zweit seid. Ansonsten wart ihr sehr friedlich, nur wenn der Hunger kam, gab es kein Halten mehr und so nahm ich euch im Doppelpack an die Brust, einer rechts, einer links, und das im Wechsel. Ein ungewöhnliches Bild war das sicherlich, aber praktisch und obendrein vergeudeten wir keine Milch, von der ich Gott sei Dank reichlich für euch hatte und die über sieben Monate üppig floss.

Am 12. 4. 67 schrieb ich für euch an die Großeltern: „Hallo, liebe große Eltern, ihr seht, wir brauchen nicht mehr immer nur zu schlafen, denn das ist für uns viel zu langweilig, wir sind inzwischen schon große Jungs geworden, wiegen jeder über 10 Pfund, haben was Richtiges auf den Knochen, niedliche dicke Pausbacken. Ich, der Martin, habe dickere Backen, sodass mich Mutti auf Diät setzen will, sie hatte einen Artikel über zu dicke Babys gelesen. Aber am Körper sind wir noch ganz dünn, also wartet die Diät noch ein bisschen. Mein Brüderchen Michael sieht nun auch nicht mehr wie sein eigener Großvater aus, sondern wie ein niedliches Baby. Mutti ist ganz glücklich und nennt uns nun auch immer die süßen, goldigen Wonneproppen. Was ich aber speziell meinem Bruder voraus habe, das ist das herrliche Lachen und es macht mir den größten Spaß, aus vollem Hals zu lachen, denn dann beginnen alle um mich herum mitzulachen. Ich mache immer ha, ha, ha, und das hört sich so witzig an. Mein Bruder bestaunt mich dann wie das 8. Weltwunder! Er weint immer viel, hat sehr starke Blähungen, die ihn quälen, doch der Arzt ist zuversichtlich, dass das auch vergeht. Mutti darf nicht so viel Obst essen. Sie war mit uns ganz alleine in Tunis beim Doktor und hatte viel mit uns zu tun, alleine das Schleppen, das Ausziehen und Anziehen und wir hoffen, dass der Papa in 4 Wochen zum Impfen mitkommt. Da werden wir sicher fürchterlich schreien, aber es muss sein, sonst werden wir schlimm krank. So, ihr lieben Großeltern, nun sind wir entsetzlich müde und möchten schlafen gehen, viel Interessantes konnten wir noch nicht erzählen, doch wir müssen uns ja auch erst im Unterhalten üben. Mit der Zeit können wir auch das noch besser, ein Abschiedsküsschen von Michael und Martin."

Mit Freude habt ihr auf der Schreibmaschine geklimpert!

Jeden Tag fütterte ich euch Karottensaft, stellte euch auf den Balkon, auch wenige Minuten Sonnenbad konntet ihr genießen, so habt ihr wie braun gebrannte Urlauber ausgesehen. Zu eurem Fanclub gehörten nicht nur die hiesigen Deutschen, sondern auch zu Hause wurde für euch gestrickt und gebastelt. Oma Thiessen schoss dabei den Vogel ab, ihre Stricksachen waren von einer überwältigenden Niedlichkeit, so hübsch und mit so viel Liebe gestrickt, dass ich bei jedem Auspacken eines Päckchens in Tränen ausbrach. Das Erstaunliche daran war, es passte alles wie angegossen, noch heute überwältigt mich der Gedanke daran. Wir bekamen von allen Seiten Überraschungspäckchen und ihr wart wie kleine Prinzen ausstaffiert. Es dauerte nicht lange, da hattet ihr eure Umwelt im Griff, die kleinen Kaninchen über dem Bett wurden für euch langweilig, also orderte ich Spielzeug aus Deutschland und darüber wart ihr glücklich. An meinem Geburtstag 6. 5. 67 packtet ihr das Paket aus und die Überraschungen waren groß. Beißringe, Rappeln, die Spieluhr hat euch fasziniert, und noch ehe sie abgelaufen war, wart ihr schon eingeschlafen Ja, wer immer kämpft und rackert, ist auch mal müde! Ihr übtet euch mächtig im Brabbeln, quietschtet vor Vergnügen in höchsten und tiefsten Tönen, Martin immer vorweg. Ein selbst gemalter Wandbehang fand eure volle Aufmerksamkeit und Freude. Kleinigkeiten machten unser Leben lebenswert.

Ehe allzu viel passierte, starteten wir mit euch im Gepäck in den Heimaturlaub nach Deutschland. Es war eure erste Flugreise. August 1967.

Schon im Flieger wurdet ihr die Stars, alle Passagiere schauten in die Tragetaschen und staunten über die goldigen Kinder. Jörn und ich waren richtig stolze Eltern. Zu Hause stand ein Zwillingswagen als Überraschung bereit, welch eine gute Sache! Der Wagen war schmal, die Kinder saßen zueinander, konnten sich sehen und freuten sich jedes Mal wie Schneekönige, wenn es zur Ausfahrt ging. Außerdem waren die Kopfteile verstellbar, so kamt ihr bald zum Sitzen. Auch in der Wohnung benutzte ich den Wagen, damit man euch mal fest hatte. Die Ausfahrt durch meinen Heimatort war reinstes Spießrutenlaufen, zum gewünschten Ziel kam ich nie, denn alle wollten euch sehen, mit euch reden, lachen und spielen. „Ach wie süß, nein wie goldig, so reizende Kinder, was seid ihr für Wonneproppen, hat man mal so was Niedliches gesehen!" usw. waren die Ausrufe! Wenn wir nicht schon stolz gewesen wären, dann wären wir es jetzt geworden. Aber auch im Haus machtet ihr uns viel Freude, euer Lachen, eure frohe Art und euer Temperament hielten uns in Trab, denn unerwartet konntet ihr wieder etwas, auf das wir nicht vorbereitet waren. So zum Beispiel hattet ihr ganz schnell das Rollen entdeckt, konntet noch nicht krabbeln, aber wart flink im Rollen und kamt überall hin. Euch also mal auf dem Wickeltisch ohne Aufsicht liegen zu lassen war unmöglich. Legte ich euch dann auf den Boden, musste ich euch nach einem kurzen Augenblick schon suchen. So schnell wart ihr. Später zog ich euch Wollhosen an und benutzte euch als Bohnermaschine, so blank war mein Haus noch nie!!! Spaß beiseite, natürlich ließen wir euch freien Lauf, warum auch nicht? Im Ställchen wart ihr nicht glücklich und der Streit untereinander war vorprogrammiert. Dann ging die Post ab, einer weinte immer. Da halfen keine Plätzchen, keine Fläschchen, einfach gar nichts, hattet ihr eure Schreitour, habt ihr geschrien in einer Lautstärke, die ohrenbetäubend war, da ihr euch gegenseitig übertrumpfen musstet. Den Deutschlandaufenthalt, die damit verbundene Rundfahrt, habt ihr wie Stars gut über die Bühne gebracht. Schon früh erkannte ich eure Schauspielkunst!

Die Fortschritte gingen schnell voran, Michael konnte zuerst stehen, hielt sich im Ställchen stramm fest, konnte sich aber nicht setzen und plumpste einfach um, das Geschrei war groß. Inzwischen konntet ihr eure Fläschchen selber halten, das war für mich sehr bequem, denn morgens um 6 Uhr wurdet ihr immer wach, vergnügtet euch noch eine ganze Weile mit den Spielsachen, die über euch hingen, doch dann kam der Hunger und noch schneller die Fläschchen und Ruhe herrschte. Martin hatte die ersten Zähnchen und zeigte sie bei seinem strahlenden Lachen! Und beim Baden habt ihr beide gelacht, das war das Schönste am ganzen Tag und hätte den langen Tag dauern können. Nicht nur das Badezimmer stand unter Wasser, nein, ich war gleich mitgewaschen, und wenn ich euch aus der Wanne nahm, begann ein Gebrüll der besonderen Stärke. Jörn schaute herein und meinte, Wunder was ich euch antun würde!! Eure Dickköpfe gab es ja auch im Doppelpack, und wenn etwas nicht nach eurer Pfeife ging, stimmtet ihr zu zweit das Konzert an. Wer behält auf Dauer dabei seine Nerven? Erst habt ihr eine Minute Luft geholt und dann kam der Donner. Aber ihr konntet genauso lieb sein, schmusen und den Frauen das Herz brechen. Martin zu gut, er schäkerte und dann tat er ein bisschen verschämt. Michael dagegen peilte die Lage aus, und wenn alles stimmte, ließ er sich nicht weiter stören. Aber wehe, wenn Martin aufgenommen wurde und er nicht! Da merkte man schon früh die Eifersucht. Genauso ging es mit den Spielsachen, hatte einer etwas, was der andere nicht hatte, entbrannte darum eine richtige Zankerei.

Der Heimaturlaub war viel zu schnell um, die Wirklichkeit hatte uns wieder. Die Einkaufsfahrten nach Tunis wurden zum Abenteuer, da ihr noch nicht so lange sitzen konntet, legte ich euch in die Tragetaschen und fuhr los, engagierte auf dem Parkplatz einen Aufpasser für euch. Die Tunesier waren ja alle sehr kinderlieb, so brauchte ich mir keine Sorgen zu machen! Als ich mit dem Einkaufswagen, voll bepackt, aus dem Laden kam, sah ich schon eine Traube von Menschen an unserem Auto, ein Lachen und Quietschen war zu hören. Der Aufpasser zeigte stolz die Zwillinge, und als ich kam, klatschten die Leute. Der Parkwächter wurde für 2 Jahre unser Betreuer, damit verlor die Einkaufstour an Stress und Schrecken. Auch für euch wurde der Aufpasser ein bekanntes Gesicht und die Freude beim Wiedersehen war rührend. Ein gutes Trinkgeld gab ich gerne!

Ein andermal fuhr ich mit dem Kinderwagen durch Tunis, man meinte, ein Weltwunder sei zu sehen, so ein Aufsehen habt ihr erregt! Aber der Verkehr, der Tumult, die vielen Menschen, das Hupen aller Fahrzeuge war für euch zuerst sehr spannend, ihr wusstet nicht, wo ihr zuerst hinschauen solltet, doch dann kam die Angst und euer Weinen war nicht zu bremsen. Hatte ich meinen Einkauf schnell erledigt, fuhr ich mit euch zurück, wo ihr schon nach einer Minute Autofahrt fest eingeschlafen seid, um dann putzmunter zu Hause auf der Matte zu stehen. Ich war nach der Fahrt schon ziemlich fix und fertig und nachdem ich euch ausgepackt, den Einkauf verstaut, das Essen gekocht und euch versorgt hatte, wolltet ihr nun meine Aufmerksamkeit und spielen. Ganz schön strapaziös!

So geschah auch im Projekt manchmal Unerwartetes. Eine große Delegation rollte an, unter ihnen der deutsche Wirtschaftsattaché Roth, und anstatt dass er die Rede eröffnete, rannte er zu uns auf den Balkon, schnappte sich euch und zeigte euch strahlend der großen Versammlung, wies auf mich und alle jubelten! Mein roter Kopf leuchtete weit, so verlegen war ich, aber auch sehr zufrieden.

Unsere kleine Wohnung war von euch schnell erobert, wegen des Balkons und der steilen Treppe wurde sie gefährlich und so war der Umzug auf die „Ferme Michell" eine Freude für uns, besonders für euch, denn nun konntet ihr Wettrollen veranstalten und das tatet ihr mit Vergnügen. Der Steinboden war glatt, nur wenige Möbel störten, eine Rollbahn für euch. Startklar!

Die vielen Päckchen aus Deutschland, die die Großeltern uns schickten, hatten sehr schnell eure Neugierde geweckt, denn mit Sicherheit war auch Schönes für euch darin, so zupfte nicht nur Jörn an dem Papier, nein, ihr habt ihn tatkräftig unterstützt. Schnell waren die Überraschungen ausgepackt. Die Puppen hatten es euch angetan, nach gründlicher Untersuchung, Martin tastete sie mit dem Zeigefinger vorsichtig ab, habt ihr sie an euch gedrückt, um sie nicht mehr loszulassen, auch nachts waren sie eure Begleiter.

Die Entwicklung bei euch überschlug sich, denn kurz nach Silvester 1968 konnte Michael sich alleine aufrichten, stand am Sofa oder Kamelhocker und hatte seine wahre, diebische Freude, alles Greifbare herunterzuholen. Martin wartete auf dem Boden, um die Ware entgegenzunehmen, um damit wie ein Wiesel wegzurobben. Euer Gebrabbel wurde deutlicher und bald hörte man Mama, Papa und Gaga sehr deutlich. Besonders Jörn freute sich, wenn ihr auf ihn zusteuertet und Papa rieft. Ihr freutet euch immer auf sein Kommen, denn immer machte er Scherze mit euch, schleuderte euch hoch in die Luft und vor Lust lachtet und strahltet ihr. Jörn war ein liebevoller Vater, zwar hat er euch nicht gewickelt oder gefüttert, aber sonst spielte, sang und schaukelte er euch wild, ganz nach eurem Geschmack! Beim Zeitunglesen leistetet ihr ihm immer Gesellschaft und tatet genauso interessiert, bis auf den Moment, wo die Zeitung zu reißen begann, dann war kein Halten mehr, bis sie in tausend Fetzen in der Wohnung verstreut war. Ich blies zum Aufräumen und genauso schnell hattet ihr alle Schnipsel zum Papierkorb gebracht. Eine herrliche Beschäftigung, denn anschließend wart ihr hundemüde und glücklich, ins Bett zu dürfen.

Der Unterschied zwischen euch war schon früh erkennbar. Martin studierte alles ganz genau, gründlich und mit Ausdauer, dagegen war Michael viel unruhiger und immer auf der Suche nach Neuem. Da wundert man sich nicht, dass das Töpfchensitzen nicht von langer Dauer war und schon war man am Rutschen. Geschickt steuerte Michael das Töpfchen durch die Wohnung, kam unter den Tisch, um die Stühle herum und freute sich königlich. Martin staunte ihm nach, versuchte aber den Ausflug nicht nachzuahmen. Mir war das sehr lieb. Michael war in seiner Entwicklung schon ein bisschen weiter, er entdeckte auch seinen Trotzkopf und forderte mich ganz schön heraus. Jedes Verbieten konterte er mit fortlaufender Wiederholung, ein Klaps auf die Pfoten freute ihn und er prustete herausfordernd hinter mir her. Ein richtiger Frechdachs, und das im Alter von 10 Monaten. 2 Tage vor dem ersten Geburtstag konnte auch Martin stehen, das war eine Aufregung, denn vor Freude lachte und lachte er. Das Bild werde ich niemals vergessen!

Zum Geburtstag gab es weitere Überraschungen, denn mit großer Neugierde packtet ihr die Päckchen aus. Autos, Bauklötze, Bilderbücher, Plätzchen, alles wurde genau untersucht, für gut befunden und damit gespielt. Die Bauklötze musste ich immer und immer wieder aufbauen, damit ihr sie mit schallendem Lachen umhauen konntet. Da war der Vormittag schnell um, nachmittags überraschten uns Gäste, die alle mit euch feiern wollten. Das Haus war voll, auch voll mit Freude und richtige Geburtstagsstimmung.

Ich schrieb nach Hause: „Das sind schon zwei Trabanten und ich bin ihr bester Laufbursche, keine Minute kann ich sie alleine lassen. Jörn war heute mit ihnen im Garten. Es war alles so ruhig, da schöpfte ich Verdacht, und das mit Recht. Beide robbten oder krabbelten über die Erde, Michael hatte einen Hundeknochen in der Hand, im Mund ein Strohhalm als Pfeife. Martin hatte gar ein Hundehäufchen ergriffen, ich bekam Zustände, hatte ich doch einen Aufpasser mitgeschickt!!" Kurze Zeit später unternahmt ihr den ersten Laufversuch, ich saß auf der Terrasse, die Türen waren weit geöffnet, ich hörte ein verstecktes Lachen, schaute in den Flur, was für ein goldiger Anblick! Ihr beide kamt, selbst freudig überrascht, schwankend den langen Gang entlang. Michael konnte ich noch rechtzeitig auffangen, Martin rutschte mir aus dem anderen Arm und plumpste ganz schön auf den Boden. Tränen war die Folge. Genau das ist das Problem bei Zwillingen, man hat einfach zu wenige Hände. Ein Trösten half zwar, aber die Laufversuche stellte Martin für einige Zeit ein, während es für Michael kein Halten mehr gab. Die kleine Treppe an der Terrasse war kein Hindernis und schwupp war er im Garten und Park. Eine Woche später zogt ihr beide auf Entdeckungstouren, die für mich am Anfang der reinste Schrecken waren, musste ich doch immer genau aufpassen. Und darum war das Eintreffen der Autositze eine wunderbare Errungenschaft, denn nicht nur im Auto konnte ich euch jetzt ein bisschen besser unter Kontrolle kriegen, nein, ich nutzte die Sitze auch als Kinderstühlchen, indem ich sie über die Essstühle hing, die ich dann mit Steinen beschwerte, um ein Kippen zu verhindern.

Wie stolz wart ihr, denn nun gehörtet ihr zu den Großen und konntet mit uns essen. Allerdings hatten die einfachen Kindersitze mit den heutigen Sicherheits- und Luxussitzen nichts gemein, aber dafür waren sie vielseitig einsetzbar, selbst als Schaukel nutzte ich sie und ihr hattet viel Spaß.

Freude hattet ihr auch bei unserem ersten Strandbesuch. So etwas hatten wir Eltern nicht erwartet. Es war noch recht kalt, aber herrlicher Sonnenschein, ein wenig Wind, doch das störte euch nicht. Kopfüber seid ihr ins Wasser und dann nicht wieder raus. Und schnell wart ihr, wir mussten wie die Schießhunde aufpassen, Jörn und ich, wir hatten unsere Arbeit, aber eure Freude und Quietschen waren so niedlich, dass wir weder zum Picknick noch zur Siesta gekommen sind. Burgen wurden gebaut, die ihr schneller wieder abgebaut hattet, denn wie Wiesel habt ihr geschaufelt. Nach dem ersten Strandbesuch sollten noch viele schöne folgen, euch zur Freude. Schwimmreifen sorgten für ein bisschen mehr Sicherheit und für uns waren sie eine kleine Beruhigung. Gerne hätte ich den Großeltern eure Freude am Meer gezeigt, doch leider konnten sie uns nicht besuchen.

Eure Fortschritte waren täglich zu erleben, so wart ihr mit 15 Monaten trocken und sauber, eine große Erleichterung für mich, denn das Windelnwaschen nach herkömmlicher Art, ohne Strom, ohne Maschine, dafür mit Bottich, Feuer und Waschbrett, eine Kraftarbeit für unsere Bonne. Aber ihr entdecktet bald andere Quellen, um sich so richtig dreckig zu machen. Hier einen Auszug aus dem Brief vom 24. 6. 68:

„Meine Jungs würden niemals so still in der Ecke spielen wie die kleine Britt, unsere Lütten sind viel wilder, sie toben immer rum und jagen durch die Gegend, sehen immer wie kleine „Drecksäue" aus, auch wenn ich sie 20-mal am Tag umziehen würde! Der erste Gang mit frischen Sachen geht in die Beete und dort wird sich ordentlich mit Dreck eingerieben, dann kann die nächste Ferkelei beginnen! Abfalleimer, Hundeschüssel, Hundeknödel, Vogelmist – alles, was stinkt, kommt unseren Jungs gerade recht. Ihr müsstet sie mal sehen können, da würdet ihr einen Schrecken bekommen. Früher war ich immer entsetzt, wenn

Kinder so schmutzig waren, doch heute weiß ich, dass man es bei einigen einfach nicht ändern kann, und ich habe gerade zwei ganz Schlimme! Wir haben keinen Rasen, sondern schön durchgesiebten Gartenboden, wie sollen sie da sauber bleiben? Auf der Suche nach Wasser werden sie immer fündig, denn sie haben die Toilette entdeckt und da finden sie mit großem Kichern immer die Quelle des Glücks, denn nichts ist schöner als richtiger Schlamm!"

Hauptsache, gesund und glücklich sollen die Kinder sein, und das sind sie. Mit frischen Farben, roten Backen, lustigen Augen sind sie Prachtkerle, die ihresgleichen suchen müssen. Im Vergleich mit den deutschen Kindern aus Tunis waren unsere Jungs eine Augenweide. Zusätzlich ihr Temperament! Mit ihrer Gabe, sich perfekt zu präsentieren, hatten sie den Vogel abgeschossen und leider auch ein bisschen Neid aufkommen lassen, den ich mit dem männlichen Geschlecht zu dämpfen versucht habe, da alle Kinder kleine Mädchen waren. Da hatten wir wieder die Tatsache, Jungs und Mädchen sind von Geburt anders!!

Die Familien kamen gerne zu uns, für die Kinder hatten wir ein Paradies, ihr wart ganz liebevolle Gastgeber und euer Spielen für alle ein Erlebnis. Besonders Michael hatte keine Scheu, freute sich über jeden Besuch, während Martin doch ein bisschen schüchtern war. Nach kurzer Zeit spielte auch er mit allen und wenn nicht, dann nahm Michael seinen „kleinen" Bruder an die Hand und holte ihn. Hatte er seine Hemmungen überwunden, spielte er temperamentvoller als alle anderen.

Gute Esser wart ihr immer, auch ein guter Beißer war Martin, besonders beim Zanken verbiss er sich wie ein kleiner Dackel. Michael hatte schnell den Trick raus, zog ihn an den Haaren, der Mund ging auf, das Brüllen begann. Kurzum, bei uns war es nie langweilig, ich hatte alle Hände mit euch zu tun, und das sollte noch lange so bleiben.

Ein unerwarteter Heimatbesuch bescherte euch eine schöne Zeit in Deutschland mit den Großeltern, vor allem mit der heiß geliebten Oma, die euch nach Strich und Faden herrlich verwöhnte. 9 Wochen blieben wir in Witzenhausen, in der Zeit habt ihr eine riesige Entwicklung gemacht, seid nicht nur in die Länge geschossen, sondern auch sprachlich konntet ihr euch perfekt artikulieren. Es war eine Freude und eine riesige Überraschung für Jörn, als er uns nach langer Zeit besuchen kam und euch kaum wiedererkannte.

So schnell wurdet ihr groß und vernünftig, von dem ich allerdings auf dem Rückflug nach Tunis nichts merkte, denn ihr wart in eurem Element und habt die ganze Maschine alleine unterhalten. Die Stewardess hatte ihre Freude, war kein bisschen böse oder gestresst, denn das Lachen hallte durch den Raum. Ihre Bemerkung: „Da haben Sie ja eine Rasselbande!" Und die hatte ich!

Zu Weihnachten 1968 kamen große Pakete mit vielen, vielen Überraschungen für euch! Als die Trecker zum Vorschein kamen, war alles andere uninteressant. Ein herrliches Spielzeug, das musste sogar mit ins Bett, denn keine Minute wolltet ihr sie alleine lassen. Wie vernarrt habt ihr gespielt und eure Freude, Lachen und Jauchzen waren ansteckend. Schöner konnte Weihnachten gar nicht sein. Die Dreiräder habt ihr angeschaut, sie in die Ecke gefahren, denn die Trecker waren die 1. Wahl. Erst eine Woche später wurden die Dreiräder interessant und rasant seid ihr durch die Wohnung gefahren, immer schneller und schneller. Überrascht waren wir von Martins Kraft, war er doch schmal und zart, aber im Rennenfahren ganz vorne! Da wurde die Wohnung schnell zu klein und wir marschierten mit euch auf den Tennisplatz. Das war die Lösung, mit einem Affenzahn seid ihr losgefahren und hattet mächtigen Spaß. Diese Möglichkeit nutzten wir zu eurer Freude öfters am Tag.

Ein erstaunliches Verhalten entdeckten wir bei Familie Schülke, sie war mit Britt und Tim bei uns und Tim, noch ganz klein, verweilte die meiste Zeit auf meinem Schoß, was euch in keiner Weise störte, doch waren wir bei der Familie in Sedjenane und Tim war wieder bei mir, wurdet ihr eifersüchtig und versuchtet Tim von meinem Schoß zu ziehen. „Das ist unsere Mutti!", kontertet ihr.

Ja, eure Mutti brauchtet ihr immer in der Not oder wenn ihr einmal krank wart, wobei Michael dann immer ganz besonders leidend war, während Martin eine Impfung oder Erkältung viel leichter wegsteckte. Eigentlich haben wir die ganzen Tage zusammen verlebt, alles wolltet ihr mir nachsprechen, nachlaufen, Auto fahren, es gab nichts, was ihr nicht nachgemacht habt. Besonders aufmerksam beobachtete ihr mich beim Bauen eines Spielzeugregals mit Hammer und Säge, da wart ihr hellwach und verdammt geschickt. Wir haben gemeinsam gebaut, das Regal später aufgestellt und mit Schwung habt ihr eure Spielsachen eingeräumt. Das wurde zum täglichen Ritual, ganz einfach sorgtet ihr für etwas Ordnung in dem Spielzimmer. Wunderbar.

Wir waren mit euch viel unterwegs, ich erwähnte eure Schauspielkunst, erwähne nun auch noch euer vorbildliches Benehmen in fremder Umgebung. Die Gastgeber konnten oft nicht glauben, dass zwei Jungs so artig und nett sein können. Mir blieb vor lauter Staunen über euch manchmal die Spucke weg, doch ich freute mich auch, denn es reicht doch, wenn die Erziehung im Umgang mit fremden Menschen seine Wirkung hat. Kaum waren wir zu Hause, dann habt ihr ausgepackt und euch ausgetobt! Diese Art zeigte sich bis ins hohe Alter, heute noch?

Währenddessen kam der zweite Geburtstag, die Päckchen wurden noch schneller geköpft, die Freude noch lauter kundgetan, denn VW und Flieger kamen zum Vorschein und wurden von euch mit Hurra begrüßt. Mit dem VW kommt Papa, mit dem Flieger Oma. Erst später erhielten die Kinderschere, die Bücher, die Lederhosen und Pullover etwas Achtung. Wobei die Scheren zum Haareschneiden perfekt waren. Immer wieder wurden wir kahl geschoren, mein Kleid, die Zeitung, das Bett zerschnitten. Meine Angst galt der richtigen Schere, die ich ab nun gut verstecken musste.

Ja, die Oma kam schnell mit dem Flieger. Ihr wart außer Rand und Band, das sollte für eine Woche anhalten, denn die Oma hatte alle Hände voll mit euch zu tun, während ich in Karthago verweilen musste.

Manfred kam im März 1969 um 14 Uhr auf die Welt.

Mit 3150 Gramm, 59 cm lang, war er ein dünner Lulatsch. Die Geburt dauerte 7 Stunden und Jörn war sichtlich mitgenommen. Erst am Morgen gegen 3 Uhr hörte man von uns und bis dahin erlebte die Oma mit euch einen regelrechten Albtraum. Das Wetter war stürmisch, alle Türen und Fenster rappelten, draußen rauschten die Bäume, unheimlicher konnte es nicht sein. Michael kam spät auf die Idee, Mutti zu suchen, rannte aus dem Haus, während Oma den Martin badete. Was sollte sie zuerst erledigen? Sie legte Martin auf den Boden, rannte in die Dunkelheit hinter dem schnellen Michael her, erwischte ihn auf der Piste nach Tunis, währenddessen robbte Martin ihnen nackt, aber lustig entgegen. Arme Oma, sie schrieb in dieser Nacht an Opa: „Wenn Jörn keinen triftigen Grund für sein Ausbleiben hat, dann wird er von mir was hören. So geht es nicht!" Stunden später. Die Schakale heulten um das Haus, die Lampe und der Ofen waren leer gebrannt, dunkel, kalt und unheimlich war es, da schrieb sie weiter: „Wenn er jetzt nur noch heile nach Hause kommt, ich würde alles dafür geben."

Und er kam laut singend, Märchen erzählend und gut in Schwung von einer dicken Party, wo er ausgelassen mit einem Manfred geklönt und geprostet hatte. Daher bekam Fred seinen Namen! Ihr machtet daraus den „Freddy", denn gleich am nächsten Tag kam die Familie zu mir nach Karthago. Aufgeregt habt ihr euern kleinen Bruder angeschaut, abgetastet und für gut befunden. Näheres über den turbulenten Ausflug habe ich schon im anderen Abschnitt berichtet, auch den Stromtester Michael beschrieb ich, so bleibt noch zu erwähnen, dass ihr die Woche mit der Oma genossen habt und bei ihrer Abreise sehr traurig wart. Dafür bekamt ihr Freddy als neues Spielzeug, denn er war sehr wach, schaute mit den Augen hinter jedem Gegenstand her, drehte und hob munter den Kopf, und das schon nach weniger als 10 Tagen. Wenn er mal weinte, wart ihr die Ersten an seinem Bettchen, tröstetet ihn, streicheltet ihn liebevoll mit euren Dreckfingern, nach dem Motto: „Was einen nicht tötet, macht einen härter."

Bei eurem Ansturm kippte auch mal das Kinderbettchen um, doch zum Glück hatte ich den Lütten schon auf dem Arm. So klein war er schon nach 4 Wochen nicht mehr, hatte er ganze 10 Pfund, frische Farben, helle Augen und am wohlsten fühlte er sich, wenn er mitten im Trubel lag. Und den Trubel veranstaltetet ihr jeden Tag. Als neue Masche habt ihr das Klettern entdeckt, damit ging es über Tisch und Stühle, auf den Schrank und wieder runter. In ganz kurzer Zeit sah unsere Wohnung wie eine Räuberhöhle aus und das Aufräumen war müßig, nur Martin hat mir geholfen, Michael putzte lieber mit viel Wasser! Das tat er immer und immer wieder, so landete auch mal etwas mit purer Absicht auf dem Boden, damit er gleich mit Eimer und Wischer loslegen konnte. Rowdys!

Eine Probefahrt nach El Habibia unternahmen wir als Test für Fred, aber auch zur Freude für euch, denn dort gab es einen großen Spielplatz und viele, viele Kinder. „Kinder!", habt ihr ganz verdattert gerufen und nicht schlecht gestaunt, es dauerte einige Zeit, dann habt auch ihr gespielt. Michael immer etwas eher als Martin, er hing doch ein wenig an meinem Rockzipfel. Die Tour hatte auch Freddy gut überstanden und so wollten wir bald bei schönem Wetter an den Strand. Zuvor aber bekamen wir viel Besuch, besuchten andere Familien, waren am Wochenende immer voll beschäftigt. Euch drei konnte man überall vorzeigen, ihr wart mustergültig, wohlerzogen, Schauspieler und Wonneproppen. Alle hatten Spaß mit euch! Eure fröhliche Art war richtig ansteckend, euer Lachen und Jauchzen schallte überall, selbst am Strand trotz Meeresrauschen hörte man euch und ihr erregtet Aufsehen. Nur Manfred war am Meer nicht so glücklich, der Wind, die Sonne, die Hitze machten ihm zu schaffen, das sollte immer so bleiben.

Und dennoch wart ihr glückliche Kinder, und wenn es mal nicht so war, dann wart ihr krank. So meisterten wir die Masern, auch die Impfungen bescherten uns kranke Kinder, aber das nur für wenige Tage, wobei Martin wie ein Stehaufmännchen, während Michael richtig leidend war. Manfred wuchs schnell, war immer interessiert und sein Blick galt den „Großen", die sich rührend um ihn sorgten, ihm alle gewünschten Spielsachen reichten und ihn damit schnell zu einem kleinen Pascha machten.

Die Hitze im Sommer 1969 machte uns allen zu schaffen, es gab Tage, da lagen wir alle schachmatt auf dem Boden und jede Bewegung ließ den Schweiß fließen. Die Stimmung war damit im Keller, denn mit 38 Grad im Haus ist die gute Laune aus! Aber Gott sei Dank gab es zwischendurch auch wieder mal eine Abkühlung und damit kamen die Lebensgeister zurück, für euch die Freude am Spielen und für Fred, wenn er bei euch auf dem Teppich rollen konnte. Seine ersten Zähnchen meldeten sich mit 5 Monaten, die er bei jedem Lachen stolz zeigte.

Der Transport im Auto, VW, war mit 3 Kindern und 2 Erwachsene nicht ganz einfach, obwohl die Tunesier mit 14 Personen den Wagen bestückt hatten, wir trauten unseren Augen nicht! Wir hatten den Vordersitz ausgebaut, da stand im Normalfall die Tragetasche mit Freddy, ging es aber zum Strand oder fuhren wir längere Touren, bauten wir für euch ein Matratzenlager. Dort schlieft ihr schnell und friedlich ein, Fred und ich verweilten auf dem Hintersitz, Jörn fuhr. Nach heutiger Sicherheitsvorschrift unmöglich!!!! War ich mit euch alleine unterwegs, musstet ihr in die Autositze, Freddy lag in der Tragetasche.

Besondere Hobbys hattet ihr euch angewöhnt: Martin zupfte aus der weichen Decke die Wollfusseln und umkreise damit seine Nase, während er den Daumen lutschte. Michael hatte meine Pelzmütze entdeckt und streichelte damit seine Backe, auch den Daumen im Mund. Ein Bild für die Götter! So zogen wir bei der Ankunft in Frankfurt über den Flughafen. Am 11. 9. 1969 war ich mit euch in die Heimat geflogen, ein echtes Unterfangen. Nur der verständnisvollen Stewardess war es zu verdanken, dass ich keinen Nervenzusammenbruch erlitten hatte. Ein Sack voller Flöhe war leichter zu beaufsichtigen als ihr. Wie gut, dass Fred noch nicht mithalten konnte, sondern wohlbehütet in der Tasche lag. Aber auch das änderte sich später!!

Großer Bahnhof erwartete euch, das war gut so, denn wie hätten wir in ein Auto gepasst?

Die Großeltern aus Thienhausen und Witzenhausen nahmen uns in Empfang, wobei eure Oma von euch mit einem Jubelausbruch begrüßt wurde. Tränen der Freude kullerten allerseits.

Einen herrlichen Aufenthalt erlebten wir in Deutschland.

Die Großeltern hatten Freud mit euch, genossen die Zeit, sie blühten richtig auf, denn ihr verbreitetet so viel Freude, Energie, euer Strahlen färbte auf alle ab. Hier sei Opa Schreiber zu erwähnen, er ließ euch Zwillinge nicht aus den Augen, unternahm Ausflüge mit euch. Alle durften euch bewundern, ihr wart die Sterne am Himmel, ihr wart sein Ein und Alles. So etwas hatte ich noch nicht erlebt, freute mich aber mit euch und ihm, gönnte ihm das Vergnügen und sein volles Herz. Mutter Schreiber hatte nicht so die richtige Art für euch, denn ihr liebtet Oma Siegel, sie war eure Oma und so wolltet ihr keine andere mehr.

Manfred schoss in die Länge, er passte kaum noch in den alten Kinderwagen, doch der musste bis zu unserer Ausreise an die Elfenbeinküste reichen. Das Wetter spielte nicht richtig mit, denn ab November hatten wir Schnee, einen Winter mit eisiger Kälte. Für euch Kinder ein wunderbarer Tummelplatz, für uns als Eltern und Großeltern ein ständiges An- und Ausziehen der Rasselbande. Das nahm viel Zeit in Anspruch, war jedes Mal eine Herausforderung, kostete Nerven, Kraft und Anstrengungen. Ansonsten tobtet ihr durchs Haus, und obwohl wir viel Platz hatten, war der Aufenthalt auf Dauer für meine Eltern sehr anstrengend. Alleine die Turbulenzen von der Rasselbande brachten den Rhythmus meiner Eltern durcheinander. Es gab kaum noch Zeit für einen Mittagsschlaf, die Nächte waren kürzer, die Geräusche im Haus viel lauter. Kurzum, im Haus herrschte fröhliches, lustiges, quirliges, blühendes, hoffnungsvolles Leben.

Unsere Ausreise verzögerte sich aus vielen Gründen, die da wären: Impfverschiebungen bei euch, da mal der eine, mal der andere erkältet war. Meine eigenen Impfungen fielen auch aus. Der Transport unserer Sachen fiel aus und verschob sich um Wochen. Das Umsetzen des Autos nahm viel Zeit in Anspruch. Und viele Gründe mehr sorgten weiterhin für einen längeren Aufenthalt in der Heimat. Euch zur Freude, denn eine Oma wie meine Mutti gab es nur im Bilderbuch, ihr wusstet das zu schätzen und zu genießen. Eure geistige Entwicklung und euer Wachstum gingen sprunghaft nach vorne. Eigentlich konnte man jeden Tag an euch etwas Neues entdecken. Wunderbar, so kam man aus dem Staunen kaum heraus.

Man kann alles von zwei Seiten betrachten, ihr wurdet so schnell groß, vernünftig, wissend, sprechend, ideenreich, vorwärts strebend, da war das Kleinkindalter bald vorbei. Ständige neue Herausforderungen warteten auf uns Eltern. Eine Pause gab es nicht!

Am 23. 3. 1970 flog ich mit euch alleine an die Elfenbeinküste, Jörn war schon dort. Die Reise fing schon in Frankfurt mit Hindernissen an, denn der Abschied von der Oma war für euch so fürchterlich, dass ihr mir ständig ausgerissen seid und immer wieder durch den Zoll zur Oma ranntet. Bald konntet ihr durch ein Meer der Tränen laufen. Die nächsten Probleme taten sich bei der Gepäckkontrolle auf, ihr am Heulen, Fred auf meinem Arm, sollte ich alle Koffer und zusätzlich den dicken Seesack öffnen.

Tage zuvor war bei der Swiss Air ein Bombenattentat verübt worden, deshalb waren die Kontrollen verstärkt und genau. Kaum hatte ich diese Prozedur hinter mir, die Maschine unseretwegen schon eine Menge Verspätung, kamen kleinlaut von Martin die Worte: „Ich muss mal." Ein Aufschrecken bei den Zollbeamten, unser ganzer Trott zurück zu den Toiletten. Ich drückte den laut brüllenden Manfred einem Beamten auf den Arm, kümmerte mich um Martin, fragte Michael, ob er nicht auch noch müsse, er verneinte, aber auf halbem Weg zum Flieger mussten wir noch einmal seinetwegen umkehren. Meine Nerven am Ende, die Zollbeamten ebenso genervt, kamen wir endlich in den Flieger. Obwohl es noch richtig winterlich war, rann mir der Schweiß von der Stirn und ich sank glücklich in den Sitz, nicht ahnend, was noch alles auf mich zukommen würde. Ihr wart ja noch lange nicht müde, eure Freude, eure Erfindungsgabe, eure Ideen waren noch nicht aktiv, denn die neue Situation, die neue Umgebung wurde erst einmal sachlich, neugierig, interessiert beäugt. Nur gut, dass Manfred zufrieden an seinem Fläschchen nuckelte und bald darauf ein kurzes Nickerchen einlegte. So hatte ich Zeit und Augen für meine Zwillinge! Das war auch nötig, denn kaum war die Startphase vorbei, hatten wir die Reisehöhe erreicht, wurde der Flieger von euch erkundet. Die Fluggäste waren mal wieder ganz begeistert, selbst den Flugkapitän und seine Crew hattet ihr begeistert. Das spornte euch an, ihr kamt auf Touren und es gab kein Halten mehr. Prost Mahlzeit! Ein Höhepunkt war das Vertauschen aller Schuhe. Ihr hattet die hinteren nach vorne und die vorderen nach hinten getragen. Kurz vor der Landung wart ihr die liebsten Kinder, still hocktet ihr neben mir, während die Schuhe durch den Flieger flogen und die Leute ihre passenden Teile suchten. Ihr hattet damit natürlich nichts zu tun, ihr wart die reinsten Unschuldsengel! Ein weiterer Höhepunkt brachte eine peinliche Situation, beim Raufen rutschte dem Vordermann die Perücke vom Kopf, die Michael wie einen Skalp lustig in die Höhe hob. Solche und viele andere Situationen musste ich mit euch, meiner Bande, ausstehen.

Kurz vor der Landung zog ich meine Kinder um, kurze Hosen und dünne T-Shirts wechselten die Winterkleidung ab, denn ich wusste von der schwülen Hitze, die uns gleich erwarten würde. Jörn erwartete uns, denn unsere Ankunft war unser Geschenk zu seinem dreißigsten Geburtstag! Eure Freude war riesig, vergessen die Trauer um Deutschland und Oma.

Euer Papa war da!

Mit ihm waren viele Deutsche zu unserem Empfang geladen, darunter auch einige Kinder, mit denen ihr gleich das Toben anzetteltet, das Versteckenspielen ging durch den ganzen Flughafen. Kaum zu glauben!

Ansonsten musstet ihr euch an eine neue Umgebung, an ein neues Klima, an neue Menschen, vor allem an die Afrikaner gewöhnen. Ihr kanntet die „Schwarzen" nur aus dem Struwwelpeter Buch, sie bereiteten euch aber keine großen Probleme, unvoreingenommen akzeptiertet ihr unsere neue Welt. So einfach können eben nur Kinder sein. Unter dem Klima, so heiß und feucht, litt besonders Manfred, er vertrug die Wärme wie schon in Tunesien nicht besonders gut. Leidend lag er oft auf dem Boden. Ein kleines Planschbecken auf der Terrasse brachte auch für Fred eine bessere Zeit. Wasser wurde ein Dauerbrenner.

Manfred war gerade ein, Michael und Martin schon drei Jahre. Er lernte das Laufen, ihr konntet schon flitzen, wart so schnell wie der Wind, immer woanders und immer dort, wo man euch nicht vermutete. Ich musste sehr aufpassen, musste euch mit vielen Dingen beschäftigen und unter Kontrolle halten. Keine einfache Zeit. Wir hatten Glück, nur so seid ihr ohne großen Schaden, ohne große Verletzungen oder Unfälle durchs Leben gekommen. Trotz eurem Übermut, trotz eurem Temperament wart ihr sehr vorsichtig, ohne ängstlich zu sein. Ihr konntet gefährliche Dinge ganz früh gut einschätzen, das habe ich euch früh beigebracht. Der Umgang mit Scheren, Messern, Feuer und vielem mehr wurde bei uns nicht verboten, wurde gelernt, wurde in meinem Beisein ausprobiert und erklärt. So habe ich auch Marc und Mirco erzogen, obwohl diese von euch später allerhand Blödsinn kennengelernt haben.

Die Zeit an der Elfenbeinküste war für euch eine freie, schöne, abwechslungsreiche, freundschaftlich üppige Periode. Die Kinder aus der Ananas-Fabrik, auch die Kinder aus unserem Projekt waren eine Bereicherung für euch. Soziales Verhalten war für euch selbstverständlich und bedurfte keiner ausführlichen Erziehung. Eure Liebe zum Wasser war ungebrochen. So fuhr ich oft mit euch zum Baden nach Grand Bassam, nach Abidjan oder nur an das Schwimmbecken in die Fabriksiedlung zu euren Freunden, den Kindern von Leutwiler.

Immer gut gelaunt, braun gebrannt, immer auf Neues aus, immer beschäftigt, immer voller Ideen verbrachtet ihr eine sorglose Kindheit in häuslichem Frieden. Euer Vater hatte zwar immer viel zu tun, kannte nur seine Arbeit, hatte aber dennoch immer einen flotten Spruch für euch auf den Lippen. Hin und wieder sorgte ich für gemeinsame Ausflüge, die meistens nach Abidjan führten und oft mit einem Bootsausflug endeten. Etwas Wunderbares für euch, aufregend und verantwortungsvoll wurde es, wenn ihr selbst das Ruder halten solltet.

Der Entschluss, ein eigenes Boot zu kaufen, wurde bei einem solchen Ausflug geschmiedet. Eure Begeisterung fand kaum Grenzen.

Manfred konnte noch nicht immer mit euch mithalten, er zog sich ab und zu mit seinem Seidenstrumpf, nuckelnd zurück, war er doch 2 Jahre jünger als ihr und euer Tempo war für alle eine Herausforderung!

Eine Bambushütte am Meer, auf einer Halbinsel gelegen, war der Traum, ist der Traum vieler Menschen. Wir konnten uns das leisten und genossen die Sonntage, auch mal ganze Wochenenden mit netten Bekannten. Auf der einen Seite Wellen, blauer Himmel, Sonne nicht zu heiß, Salzwasser und herrliche Strände, auf der anderen Seite die Lagune, umschlossen vom tropischen Urwald, Anlegesteg für das Boot und Rampe für das Wasserskivergnügen. Alles war vorhanden. Die Afrikaner versorgten uns mit frischen Langusten, alles andere hatten wir dabei. Wir lebten wie Gott in Frankreich, glücklich, zufrieden, ausgelassen, voller Tatendrang, gute Vorbilder für heranwachsende Kinder.

Das Glück färbte ab, denn genauso glücklich tobtet ihr am Strand, im Sand und am Meer herum. Was wünschen sich Eltern mehr als glückliche, gut gelaunte, intelligente, aufgeweckte, zufriedene Kinder? Wir hatten sie.

So verging die Zeit sehr schnell, bald stand ein Heimaturlaub an und die Verwandten in Deutschland staunten nicht schlecht, als ich mit euch am Flughafen durch den Ausgang kam. Große Jungs rannten ihnen entgegen! Sowohl meine als auch Jörns Eltern wollten es nicht glauben.

Das Klima in den Tropen hat auf Heranwachsende besonderen Einfluss, der ewige Frühling, der üppige Wuchs färbt auch auf die Entwicklung der Menschen ab, deshalb sind die Afrikaner auch schon mit 10 bis 12 Jahren ausgereift. Ein Aufenthalt in der Heimat wurde aus diesen Gründen vom Arbeitgeber verlangt, bezahlt, kontrolliert und von uns genossen. Der Rückflug ging genauso temperamentvoll über die Bühne, aber ihr wart schon wieder ein bisschen klüger, älter geworden, konntet euch auch schon mal im Zaum halten, und wenn ihr beschäftigt wart, dann war das Toben und Albern eine Nebensache. Der Aufenthalt im Cockpit fesselte euch ungeheuer, dem Kapitän habt ihr Löcher in den Bauch gefragt, der aber wiederum war begeistert so aufgeschlossene, interessierte Kinder zu sehen. Er gratulierte mir!

Manfred kam inzwischen hinter euch her, bald wurdet ihr ein Dreiergespann. Wenn er müde wurde, ging er in die Hocke, krabbelte nicht wie andere Kinder auf den Knien, nein, er zog ein Bein unter den Popo und rutschte so von Platz zu Platz. Der Allerwerteste wurde damit sehr in Mitleidenschaft gezogen, die feine Haut war viel empfindlicher als die Knie und da war es nicht verwunderlich, dass ein tropischer Schmarotzer bei ihm einzog. Arztbesuche reihten sich an Arztbesuche, kein Mittel half. Ein kleiner Wurm grub dicht unter der Haut Gänge, machte einen Rastplatz in Form einer kleinen Anhebung. Er zog nach geraumer Zeit weiter. Mit Vereisung der Haut sollte ich den Fremdling erwischen, aber der ließ sich nicht stören und grub einem Maulwurf gleich Gang für Gang, Hügel um Hügel. Panik ergriff mich. Ein Trost für uns war die Tatsache, dass keine Gefahr für Leib und Seele bestand. Hausrezepte von den Afrikanern wurden als letztes Mittel auch ausprobiert, so kochte ich Hibiskusbrei aus den frischen Blättern, hackte die Masse sehr fein und packte den Brei noch warm in Freddys Windel. Da hatte er immer eine volle Hose! Wir lachten, ihm war das gar nicht angenehm, er weinte oft, es juckte und er kratzte sich die Haut blutig. Plötzlich war der Schrecken vorbei, alle Wunden heilten, keine Narben blieben, die Welt war wieder in Ordnung.

An der Elfenbeinküste hatten wir am Anfang im Dorf gelebt, unsere Häuser für das Projekt waren noch nicht bezugsfertig, so hattet ihr viele kleine Afrikaner als Spielgefährten. Für euch eine schöne Zeit, denn ihr erkanntet die Vorteile sofort, pfifft einmal laut in die Siedlung, aus allen Ecken kamen sie, um euch, auf den Treckern sitzend, durch den Sand zu schieben. Herrenmenschenallüren waren euch in die Wiege gelegt, denn von uns kanntet ihr das Verhalten nicht.

Die Siedlung barg aber auch Gefahren und so musste ich ständig auf der Hut sein, euch konnte man nicht aus den Augen lassen und ist es einmal passiert, so hatten wir den Schaden. Es war an einem Regentag, ihr wolltet gerne zu eurem Freund in die Nachbarschaft, mit Gummistiefel und Regenjacke ausstaffiert, schickte ich euch auf die Reise. Im gewissen Abstand wollte ich euch folgen, doch mich hielt jemand auf und dann dauerte es nicht mehr lange, da kamt ihr heulend nach Hause gerannt. Splitternackt, bis auf die Unterhose. Man hatte euch ausgeraubt! Der Schaden an eurer Seele war weit höher als der Schaden von den Anziehsachen. Die konnte man ersetzen, das Erlebte musstet ihr verarbeiten. Es dauerte lange, bis ihr wieder draußen mit den kleinen Afrikanern gespielt habt.

Es tat mir sehr leid, hatte ich einmal nicht aufgepasst, daher freuten wir uns umso mehr über den Umzug in die herrlichen Häuser, hoch oben über dem tropischen Dschungel gelegen, in einem bewachten Terrain. Da hattet ihr Auslauf!

Das nutzte Fred täglich, er hatte sich mit Frau Büttner, die noch kinderlos war, angefreundet, er nannte sie „Tante Batter", ergriff morgens sein Fläschchen und marschierte im Schlafanzug ins Nachbarhaus und war glücklich. Eine Kontrolle fand ich überflüssig, denn unversehrt, strahlend, zufrieden und satt trudelte er später wieder ein. Das war sein Morgenritual.

Später hatte Familie Büttner einen Hund, der spürte die Liebe seines Frauchens zu Fred und biss ihn deshalb wütend ins Gesicht. Vorsicht war geboten, die ließen wir walten, noch mehr Vorsicht galt einem Affen, der auch bei Familie Büttner Aufnahme fand. Eifersucht unter den Tieren macht bei Kindern nicht Halt und kann mit schlimmen Folgen enden. Das spürte Fred, aber auch Martin bekam einen Schlag ab, der war zwar zum Weinen, aber nicht weiter schlimm. Die Erfahrungen mit Tieren sind in der Erziehung sehr wichtig und, solange sie glimpflich verlaufen, auch gut. Selbst ein Papagei wusste sich zu wehren und flößte den Jungs einen Schrecken ein. Gut so! Sie lernten schnell Vorsicht im Umgang mit Tieren walten zu lassen. Schlangen, Krokodile, große Fische, Affen sollte man besser nur von Weitem betrachten, aber auch Käfer, Bienen, Kakerlaken betrachtete man besser mit Abstand. Auf unserem Projekt hatten wir einen Tierjäger, der Tiere für deutsche Zoohandlungen fing und sie regelmäßig verschiffte. Ein interessanter Platz für unsere Jungs, denn in jedem Käfig raschelte und bewegte es sich. Im Becken schwammen Babykrokodile, die man getrost herausfischen konnte, aber Achtung, selbst die Kleinsten der Kleinen hatten messerscharfe Zähne. Nur einmal habt ihr die Dinger gefischt!

Die fleischfressenden Ameisen, mit denen wir in Togo zu kämpfen hatten, hattet ihr schon an der Elfenbeinküste kennengelernt und die Vernichtungskraft gesehen, denn eines Tages waren alle Tiere in den Käfigen der Familie Meister bis auf das Gerippe abgefressen. Fassungslos standet ihr davor, trauertet um die Tiere und lerntet zum ersten Mal die Bedeutung des Satzes „Fressen und gefressen werden" im vollen Umfang und Ausmaß verstehen. Eine bittere Weisheit, aber mit den Erfahrungen wächst der Mensch, so auch ihr. Euer unbekümmertes „Kindsein" tröstete euch schnell über alles hinweg. Eure ständige Suche nach neuen Abenteuern brachte euch immer auf neue Ideen und Gedanken. Die kann ich hier gar nicht alle wiedergeben, die Aufzählung würde den Rahmen sprengen. Die totale Bewunderung der ganzen deutschen Siedlung war euch gewiss. Familien aus Abidjan brachten ihre Kinder zu uns, weil ihr auch dort Begeisterung ausgelöst hattet und umgekehrt waren wir in Abidjan bei den Botschaftsangehörigen gerne gesehen, oft eingeladen. Wir pflegten ein nettes Miteinander.

Ein komischer neuer Projektleiter machte das Verweilen an der Cote Ivoire für Jörn unerträglich, wir packten die Sachen und ihr durftet zu eurer lieben Oma nach Witzenhausen zurück. Die Vorfreude ließ den Abschiedsschmerz schnell verklingen, außerdem stand Fliegen auf dem Programm. Eure Aufregung und Begeisterung fanden kein Ende.

Eure strahlenden Kinderaugen faszinierten, begeisterten alle, waren ansteckend, aufmunternd und gleich fühlte jeder sich besser. Heute erlebe ich das Gefühl im Beisein von Malik. So muss es früher den Eltern, Verwandten und Freunden gegangen sein. Auch Lisa, erst vier Monate alt, kann mit ihrem Lachen und freundlichen Blick jedes Herz erweichen. Schade, dass ich meine Enkelkinder nur so selten sehe und nur so selten die Glücksgefühle erleben darf. Durch sie erinnere ich mich an euch. Verstehen kann ich nun auch eure Großeltern, die bei jedem Abschied in Tränen ausbrachen, natürlich nur die Omas, die uns gute Ratschläge mit auf den Weg gaben, die vor den Gefahren warnten und alle schrecklichen Szenarien ausmalten, die wir siegesbewusst, unbekümmert, leichtsinnig, positiv denkend und mit Gottvertrauen in den Wind schossen. Heute geht es mir genauso, Tränen beim Abschied und noch lange danach heule ich still vor mich hin. Davon hat die Jugend, habt ihr noch keine Ahnung – kommt noch – und das ganz bestimmt!!

Was uns als Eltern so gar nicht aufgefallen war, bemerkten meine Eltern sofort mit großer Sorge. Manfred sprach kaum und war doch schon drei Jahre alt. Ein Termin beim Logopäden musste sein. Wir verstanden ihn auch so, denn seine Gesten, seine Mimik erklärten alle Wünsche. Er bekam alles, auch ohne Worte. Zur Abfahrt bereit, schon auf dem Sprung nach Frankfurt, kam ein klarer deutlicher Satz von Fred: „Wir brauchen nicht zu fahren, ich kann reden!" Das schlug dem Fass den Boden aus. Die Nerven für Überraschungen aller Art muss man bei Kindern immer haben.

Euer Vater setzte sich noch einmal auf die Schulbank, er wollte sein Studium nachholen, was natürlich ohne Abitur, gar Mittlere Reife, nicht leicht war. Wir schafften es mithilfe aller und so zogen wir mit euch nach Gießen, Treis an der Lumda. Ein kleiner Ort im schönen Tal gelegen. Wohnten zum ersten Mal in einer Mietwohnung, hatten aber einen großen Garten und der Wald war nicht weit. Diese Prioritäten hatte ich bei der Wahl der neuen Heimat gesetzt und hatte recht behalten, wir erlebten drei schöne Jahre, unbekümmert, frei von Zwang, Pflicht und Arbeit. Sorge bereitete uns die Inflation, denn damit brach unsere Kalkulation für den dreijährigen Lebensunterhalt zusammen. Davon habt ihr euch nicht beeinflussen lassen, euer Wachstum riss immer größere Löcher in die Haushaltskasse, nur gut, dass meine Eltern ein freizügiges Herz und Portemonnaie hatten. Auch ich steuerte mit Nachtwache, Kindergartenarbeit zum Lebensunterhalt bei. Der Kindergarten in Treis war unterbesetzt, 30 Kinder und nur eine Leiterin, das war nicht zu schaffen. Ganz unkompliziert fragte man mich, ob ich diese Tätigkeit übernehmen könnte. Das war es doch, so zogen wir jeden Morgen gemeinsam in den Kindergarten! Erst hatte ich ein bisschen Angst, wie sich die eigenen Kinder verhalten würden, wurde buchstäblich überrascht. Es ging prima! Das war unsere erste gemeinsame Arbeitszeit.

Meine Arbeitsferien brachten für euch herrliche Zeiten an der Nordsee. Der weite Weg bis ans Wasser, bedingt durch die Ebbe, war jedes Mal eine Tortur, wurde mit dem Sprüchlein 1 und 2 und 3 und 4 und 5 und 6 und 7 und 8 und 9 und 10, ein Hut, ein Stock, ein Regenschirm, vorwärts, seitwärts, rückwärts, ran und 1 und 2 … noch mal das Ganze bewältigt. Ein schwerer Zwischenfall, ein tiefer Schnitt in Michaels Fuß brachte eine erzwungene Ruhepause, aber nicht schlimm, denn 400 Kinder waren mit uns im Camp. Für euch reichlich genug Abwechslung und für mich genug Arbeit, denn je länger der Aufenthalt dauerte, wurden auch die Wehwehchen größer und ich hantierte mit Pflaster, Verbandszeug, Binden, Erkältungstropfen, Cremes gegen alles mächtig herum.

Campingurlaub an der Ostsee und Schlei schenkten uns meine Eltern, denn ihr wurdet inzwischen begeisterte Segelfans, ein Glück für den Opa. Der alte Anhänger, ein zusammenklappbares Zelt auf Rädern, begeisterte euch, bei jedem Aufbau betrachtetet ihr das Wunderwerk mit Staunen, denn eins, zwei, drei, alles stand und war fertig zum Einzug. Rechts und links waren die großen Betten, die Seiten klappten in voller Größe auf, die Betten waren fertig, in der Mitte der Tagesraum mit einer kleinen Kochnische. Mein Vater hatte den Wagen nach holländischem Vorbild selbst gebaut. Wir bewunderten ihn, waren dankbar und zufrieden, die Urlaube für uns erschwinglich und für euch eine unendliche Freude. Meist dauerte es nur wenige Minuten und ihr hattet neue Freunde für die Ferienzeit. Das Toben über den Platz begann, in Windeseile kanntet ihr alle Ecken und Winkel, fühltet euch wohl und wart glücklich. Was wollen Eltern mehr? Natürlich wollten wir euch auch noch Besonderheiten bieten, die schlugen meist fehl. Der Ausflug nach Damp 2000 war ja noch erträglich, der Kindernachmittag im Schloss Schönhagen war der

Gipfel! Da wurden meine lieben Kinder zum Albtraum, da waren sie wieder – die ängstlichen Wüstensöhne. Sie hatten ja recht, der Park um das Schloss war dunkel, dunkel der ganze Tag, die anderen Kinder waren schon alle drin, nun sollten meine in den schon dunklen Theaterraum eintreten, denn die Vorstellung sollte pünktlich beginnen. Ihr klammertet euch an mein Hosenbein, ihr weintet, es war herzerweichend, doch die Betreuer machten kurzen Prozess, stopften meine drei ins Dunkle, schlossen die Türen – Ruhe. Ihr hattet einen herrlichen Nachmittag, es war aufregend, spannend, heiter, jeder wollte berichten und so hörten wir nur ein lautes, beschwingtes Durcheinander. Recht so, ein Zeichen der Freude.

Bei aller Sparsamkeit hatten meine Mutti und ich die Prämisse „Gutes Spielzeug muss sein". Von Beginn an kauften wir pädagogisch wertvolle Beschäftigungsutensilien, möglichst aus Holz, das Plastik beschränkte sich auf das Lego und Legotechnik und Autos. Erst später mit der Eisenbahn konnten wir nicht umhin. Ihr hattet nicht viel Spielzeug, aber dafür gutes. Eure Fantasie ließ keine Langeweile aufkommen, immer hattet ihr eine neue Idee, die Ausführung beschäftigte euch oft stundenlang und ließ kaum Raum für große Unternehmungen.

Jedoch Spaziergänge in den nahe gelegenen Wald, kleine Wanderungen und vor allem Fahrradtouren begeisterten euch immer. Mitten in unserem Aufbruch zum täglichen Marsch kam mein Cousin Joachim zu Besuch, er begleitete uns gerne, ihr nutztet die Gunst der Stunde und liefertet ein Schauspiel, das unvergessen blieb. Außer Rand und Band tobtet ihr durch den Wald, durch jede Pfütze, der Schlamm spritzte, ihr wart einer Horde Wildschweine gleich. Mal verstecktet ihr euch, mal kam die Horde auf uns zu. Joachim, noch keine eigenen Kinder und wohlerzogen aufgewachsen, war völlig hilflos, verständnislos, das wiederum trieb euch an. Ermahnungen von mir gingen glatt an euch vorbei, ich nahm es mit Humor und wusste, an dem Punkt hilft nichts mehr, nur eigenes Erwachen konnte euch auf den Boden der Wirklichkeit zurückbringen. Ein Ausrutscher, ein blutiges Knie brachte die Ernüchterung und euch zur Vernunft. Joachim nahm das Erlebte als Erinnerung an uns mit und bis heute kann er den Ausflug nicht vergessen.

Ähnlich wild, temperamentvoll und ausdauernd waren die Fahrradtouren.

An der Elfenbeinküste überraschte euch der Opa Egon mit einem kleinen, stabilen, französischen Kinderrädchen. Französisch bedeutete in diesem Fall Räder ohne Rücktritt. Die waren in Deutschland gar nicht zugelassen oder erhältlich, hatten aber durch ihre kleine Größe den Vorteil, dass ihr sehr schnell das Radfahren erlerntet. Noch nicht 3 Jahre und ihr wart wie die Wiesel unterwegs. Die Räder nahmen wir mit nach Deutschland, auch Fred erlernte das Radfahren im Eiltempo. Somit waren Familienradausflüge bei uns an der Tagesordnung. Nach einem leichtsinnigen Fahrradunfall fuhren Michael und Martin auf guten Kinderrädern mit Rücktritt, während Fred auf großen Touren noch bei Jörn auf dem Gepäckträger Platz fand. Wir Eltern waren ganz schön leichtsinnig, sorglos und unbekümmert, machten uns über Gefahren und kritische Situationen keine oder sagen wir mal wenige Gedanken. Betonen muss ich aber auch einmal die Situation generell. Es herrschte wenig Verkehr, es fuhren nur auf den großen Hauptstraßen Autos mit hoher Geschwindigkeit. Im Dorf war kaum etwas los und wenn, dann nahmen die Autofahrer Rücksicht. Die verkehrsfreien Sonntage, bedingt durch die Energiekrise, waren für uns und viele andere die Highlights der damaligen Zeit. So einfach waren die Menschen zufrieden! Für heute, 40 Jahre später, undenkbar! Undenkbar waren noch viele Dinge, so fuhren wir mit euch im Auto ganz ohne Kindersitze, oft fuhren wir nachts, da hattet ihr eine herrliche Schlaf- und Liegewiese im VW-Variant. Landeten wir zu Hause, dann hattet ihr ausgeschlafen und wir waren todmüde. Auf diese Art und Weise erreichten wir an eurem ersten Schultag noch rechtzeitig unser Dorf, zogen uns schnell um und kamen pünktlich zur Einschulung. Die Bewohner hatten sich schon Sorgen über unser Verbleiben gemacht.

1973 wurden Michael und Martin in Treis eingeschult, der Ernst des Lebens begann.

Euer Vater war euch ein gutes Vorbild, saß er doch oft und lange vor seinen Studienbüchern. Daher machte euch die Schule viel Spaß, nur Fred war traurig. Er saß oft am Fenster und wartete auf euer Kommen, dann stürzte er euch entgegen und das Toben begann. Die Hausaufgaben waren schnell erledigt und wenn mal nicht, dann wollte Jörn den Schulmeister spielen, mit wenig Erfolg, denn Geduld, Ruhe, Verständnis waren nicht sein Fall.

Der Satz „Und nun eile hinaus" wird Michael bis an sein Ende begleiten, denn eine ganze Stunde saß er vor den Worten und konnte sie lesen, aber nicht verstehen. Er hätte noch zwei Stunden gesessen, es wäre nicht besser geworden. Jörn brachte den armen Michael um den Verstand. Mit Gewalt beendete ich die Tortur. Nie wieder baten die Kinder ihren Vater um Hilfe. Einen kleinen Unfall im Klassenzimmer werden Michael und Martin auch niemals vergessen!

Die Zeit in Treis verging schnell, zurück nach Witzenhausen, dort bezogen wir unser neues Haus, am Johannisberg 15. Ein Paradies für euch, denn jeder hatte sein eigenes Zimmer, das Haus bot viel Platz, dazu die Stallungen mit Taubenhaus. Die Tobewiese für euch und die vielen Freunde, die ihr kennenlerntet. Die Schule war nur Hunderte Meter entfernt, genauso weit war der Weg zur Oma und noch näher wohnte Familie Hennemuth und die anderen Freunde. Ein Wermutstropfen war Martins plötzliche Krankheit mit Krankenhausaufenthalt in Göttingen. In großer Sorge waren alle, denn das Fieber wollte mit nichts vergehen. Alle Tests waren negativ, mein Einwand mit dem Verdacht auf Malaria wurde in den Wind geschickt. Doch ich ließ nicht locker, beauftragte einen Arzt im Tropeninstitut Hamburg, Martins Blutbild zu kontrollieren, und mein Verdacht bestätigte sich. Ein Malariaanfall hätte ihn fast das Leben gekostet. Doch auch das Wissen und die Chance auf Heilung brachten nicht den Erfolg. Die Hilflosigkeit bei den Ärzten in Göttingen ging so weit, dass sie mir meinen Martin in den Arm drückten und Glück wünschten. Keine Infusion, keine Flüssigkeit behielt er, die Venen machten zu, der Magen verkrampfte. Ein Häufchen Elend brachte ich nach Hause. Aber ich wäre keine gute Mutter, wenn ich die

Hoffnung aufgegeben hätte. Eine Woche päppelte ich Martin auf, zuerst befeuchtete ich nur die Lippen alle 5 Minuten, dann schob ich ihm einen feuchten Löffel in den Mund, dann einen Tropfen Flüssigkeit, dann 2 Tropfen usw. Tag und Nacht saß ich an seinem Bett, das Fieber bekämpften wir mit Wadenwickel, denn keine Medikamente sollten sein eigenes Gleichgewicht aus dem Takt bringen. Wir schafften es! Eine neu entwickelte Malarianachkur stellte die Sicherheit her, von dieser Krankheit befreit zu sein. Eine Untersuchung im Tropeninstitut bestätigte dies. Glück im Unglück.

Umso schwerer taten wir uns bei unseren Überlegungen, noch einmal ins Ausland zu gehen. Alle Bedenken beachtend beschlossen wir doch noch einmal nach Togo auszuwandern, ausgerüstet mit neuen Medikamenten, mit mehr Sicherheit gegen die Malaria. Ein bisschen egoistisch war unsere Einstellung, doch wie und wo konnten wir die Familie ernähren? Die Chance für die Daten zur Doktorarbeit und eure Begeisterung schlugen alle Bedenken in den Wind. Dabei waren eure Gefühle zweigeteilt, die Freunde auf der einen, das Abenteuer auf der anderen Seite. Wir zogen nach Avetonou, Togo. Ließen aber unser Haus frei stehen, mit frisch bezogenen Betten, um jederzeit, stündlich, auch nachts, nach Hause kommen zu können. Ein gutes Gefühl, eine schöne Sicherheit.

Neues Leben wartete auf euch, interessiert erobert ihr die neue Welt. Aus den Augen, aus dem Sinn waren die Schule, die Freunde und die Großeltern. Die Neugierde hatte euch im Griff, das Neue fesselte euch und doch kam der Ernst des Lebens in Form von Schulunterricht zu uns zurück. Ich hatte mit den Lehrern aus der Heimat eine gute Zusammenarbeit vereinbart, hatte mich gut vorbereitet, was ich täglich tat, hatte euch auf unsere gemeinsame Arbeit eingeschworen. Es klappte! Jeden Morgen 8°° Uhr läutete Fred die Schulglocke, konsequent, alle stürzten in den Klassenraum. Der Unterricht dauerte 4 Stunden täglich, kurze Pausen, wie in der richtigen Schule gab es auch. Hausaufgaben, die waren am Nachmittag zu erfüllen. Die gemeinsame Zeit im Kindergarten hatte mich von der Machbarkeit überzeugt, es bestätigte sich, wir waren ein gutes Team, das freudig bei der Sache war! Schnell war das Arbeitspensum geschafft, zusätzliche Aufgaben dachte ich mir aus, wiederholte das Gelernte in neuer, anderer Form. Ihr hattet so viel Begeisterung am Lernen und Lesen, dass ihr freiwillig Geschichten erdachtet und aufgeschrieben habt. Im Musikunterricht lerntet ihr Noten und Flötenspielen, außerdem wurde viel gesungen. Nachmittags noch viel gebastelt, viel gebaut, viele Briefe gingen an eure Freunde, an die Schule, an die Großeltern. Es machte euch einfach Spaß, eure Erlebnisse auf Papier zu bannen. Bessere Übungen brauchte ich mir gar nicht auszudenken! Er war eine schöne Zeit, ohne Stress, ohne Ärger, mit Verständnis und Einsicht. Mit Freude haben wir die Schule gemeistert. In den Ferien fuhren wir nach Hause und ihr absolviertet in der alten Schule die Leistungstests mit Bravour. Ausgestattet mit neuem Lernmaterial fuhren wir nach einer schönen Zeit in der Heimat zurück nach Togo. Das Hin und Her war für euch kein Problem, im Gegenteil, immer wieder waren die Zeiten besonders aufregend. Besonders bewusst habt ihr das Leben gesehen, bewusst habt ihr das Erlebte aufgesogen, die Unterschiede bewusst zur Kenntnis genommen, bewusst auch das Schöne für euch genutzt.

Immer Schwimmbadwetter mit einem eigenen kleinen Becken. Die Aufenthalte am Meer waren das Schönste für euch, aber auch Reiten mit einem eigenen Pferd brachte Abwechslung, Motorradfahren stand hoch im Kurs. All das konntet ihr den vielen Besucherkindern vorführen. Die Reitrunden waren Michaels Spezialität und fanden ganz zu seinem Kummer kaum ein Ende. Fredys Touren über Stock und Stein, über Zäune und andere Hindernisse im Westernstil sahen berauschend aus, der Atem stockte mir bei jeder Situation, nachmachen wollte es keiner. Martin war ein ganz vorsichtiger Reiter, das Pferd war ihm kein verlässliches Instrument. Er ritt, weil er musste, aber nicht weil es ihm gefiel. Er hatte andere Qualitäten. Er war ein Planer, baute ganze Städte mit Flugplatz, Bahnhöfen, Kreuzungen aus Lego. Er war

Tage, sogar Wochen damit beschäftigt! Hatte seine Freude im Aufbau und war sich der Bewunderung seiner Brüder und auch meiner sicher. Er trainierte seine Geduld, seine Konzentration, sein Planen und Entwickeln. Jeder nach seiner Art konnten sich die Kinder entwickeln. So war Michael ein leidenschaftlicher Schnitzer, er saß oft mit einem Stock, Holzstück oder Ähnlichem vor der Tür, schnitzte und bastelte daran.

In der Regenzeit brachten die kurzen, aber heftigen Gewitterschauer euch besondere Freuden. Ausgerüstet mit Seife stürztet ihr euch raus, jeder unter eine Regentraufe und nahmt ein ausgiebiges Bad mit sauberem Regenwasser. Ein Genuss! Wir Eltern taten es euch gleich.

Die Ausflüge zu der Schule nach Palime waren für euch etwas Besonderes, gedacht als Unterricht, wurden die Schulstunden zur Gaudi aller. Die Kinder warteten schon auf euch, der Fußball wurde über den Hof gekickt, das Spiel begann. Längst hatten die Lehrer den Versuch zur Ordnung und zum Unterricht aufgegeben, sie spielten mit und koordinierten das Länderspiel. Fair Play, Ordnung, Disziplin und Sport waren der Unterrichtsstoff. Es war gut so, denn mein Anliegen war der Kontakt zu gleichaltrigen Kindern, den Umgang mit einer Schulklasse solltet ihr nicht verlernen und Fred sollte lernen, sich in einer Gruppe zu behaupten, was ihm mit eurer Unterstützung sichtlich leichtfiel.

Durch einen anderen Umstand, der euch ein Brüderchen bescherte, gaben wir das Alleinsein in Avetonou für kurze Zeit auf und siedelten nach Lomé um. In dem Camp gab es eine deutsche Schule. Neue Schulkameraden, neues Umfeld, neuen Spaß, neue Aktivitäten. Eine interessante Zeit, die ihr ohne Schwierigkeiten bewältigtet, im Gegenteil, die Zeit in Lomé gefiel euch gut. Unser Zuhause war eine kleine Hütte, reichte aber aus, denn das Leben spielte meist auf der Terrasse. Im Schlafraum gab es Stockbetten. Eine herrliche Spielwiese, fast wie im Affenstall, ging das Toben über alle Betten hinweg. Auch wenn ihr inzwischen schon fast 10 Jahre wart, Fred schon 8 Jahre alt war, ihr euch auch insgesamt sehr vernünftig aufführtet, konntet ihr dennoch herrlich albern, lustig, vergnügt und kindlich sein.

Marc wurde von euch am 25. Januar 1977 herzlich und liebevoll „willkommen" geheißen, er war ein neues Spielzeug und musste mit euch und durch euch einiges ertragen. Er war ein kleines Schwergewicht, gut gepolstert und mit vielen Nerven ausstaffiert, geduldig ließ er so allerhand mit sich machen. Für die Afrikaner war so ein großes Baby ein Wunder, wollten doch alle einen Blick auf Marc werfen, stürzten sich teilweise mit den Worten „Bobololo" in das Babykörbchen, was so viel heißen sollte wie „Das kleine Schwergewicht". Da war es verständlich, dass Marc von euch den Kosenamen „Bobo" erhielt und mit ihm groß werden musste. Noch heute ist er unser „Bobo"! Er bekam viel Ansprache, denn jeder von euch kümmerte sich um ihn, umsorgte ihn, freute sich über ein Lachen oder tröstete ihn, wenn er mal weinen sollte. Es war herzliche Bruderliebe.

Nach kurzer Zeit brachen wir die Zelte in Lomé wieder ab, denn Jörns alleiniger Aufenthalt auf der Farm brachte Probleme mit sich. Auch ihr wolltet gerne auf die Farm zurück, so genossen wir das friedliche Familienleben in Avetonou.

Die Reise in die Heimat stand an, kam viel schneller als gedacht. Wir, das heißt ihr, Michael, Martin, Manfred, Marc, und ich, flogen schon im Juni nach Deutschland und landeten zufrieden in unserem schönen Haus, wo eure Freunde schon wartend am Zaun standen. Die erste Bewunderung galt Marc. Euer Brüderchen wurde von allen Seiten begutachtet, erst dann konnten die alten Freundschaften aufgefrischt werden. Eine Toberei durch die ganze Siedlung, damit alle wussten „Die Schreibers sind wieder da!" Irgendwie rührend!

Noch vor den Sommerferien wurdet ihr auf Herz und Nieren, auf eure schulische Leistung geprüft, in die A-Klasse für die Gesamtschule eingestuft und somit wurde der Weg zum Abitur eingeleitet. Die größte Freude und viel wichtiger war die Tatsache, dass ihr mit den Freunden in eine Klasse kamt. Doch vorerst konntet ihr die langen Ferien genießen.

Das Taubenhaus im Garten wurde zum Stammsitz erkoren, dafür gereinigt, gestrichen, ausgebessert, Leitern gebaut. Hier traft ihr euch regelmäßig, hier ging es eben zu wie im Taubenhaus. Ein Kommen, ein Gehen, halb Witzenhausen marschierte durch den Garten. Ihr wart glücklich.

Selbst Marc bekam genug Abwechslung zu sehen und zu spüren, er stand meist in seinem Wagen im Garten, mitten unter euch und die Mädchen, die ja auch zu euch kamen, hatten viel Freude mit ihm. Unser Garten war aus zwei Gründen für die Freunde so schön, einerseits war es eure unkomplizierte Art, eure Offenheit, euer Ideenreichtum, euer Temperament, eure Fröhlichkeit, anderseits war unser Garten naturbelassen, hier durftet ihr über den Rasen toben, keine wertvollen Pflanzen standen im Weg, keine Rabatten schränkten den Platz ein, hier hattet ihr Freiraum.

Hunger hattet ihr immer, hier gab es reichlich, ich fütterte oft ein ganzes Heer durch. Auch das schien nur bei uns zu gehen, denn ich war immer zu Hause, Jörn noch in Togo, ich hatte Zeit und Spaß an der Meute, war nicht berufstätig, nicht gehetzt, hatte keine Termine, konnte mir den Tag mit euch einteilen und tat es gerne.

Für Marc bereitete ich die Taufe vor, sie sollte mit Omas neunzigstem Geburtstag gefeiert werden, ich lud die große Familie zum Treffen ein. In der kleinen, aber sehr schönen Michaeliskapelle, an der Gelster gelegen, wurde Marc am 9. 8. 1977 feierlich, stimmungsvoll gesegnet. Meine Bewunderung galt euch, mustergültig, kaum wiederzuerkennen, benahmt ihr euch. Auf euch konnte ich mich verlassen, auch wenn ihr oft einem Hottentotten-Stall ähnlich wart. In den wichtigen Situationen konntet ihr euch benehmen und wusstet, was sich gehört. Ich freute mich sehr. Viel später und immer öfters bekam ich die Bestätigung, dass meine Erziehung nicht umsonst war. Aussprüche wie „Was sind die Schreibers für nette Kinder", „Wie wohlerzogen sind die Schreibers", „Wie höflich und zuvorkommend sind die Schreiber-Kinder" usw. …

Das wird auch hoffentlich euer Leben lang so bleiben!

Jörns Rückkehr aus Togo brachte für die Familie viel Unruhe, aber auch ein neues Auto, ein gelber Mercedes mit einer Zollnummer, was für euch sehr aufregend war. Genau wurde es begutachtet, untersucht, erklärt, bis ihr das Wissen von echten Fachleuten hattet. Jungs sind eben an der Technik interessiert, für mich war das Nebensache, diese Begeisterung konnte ich nie mit euch teilen. Es war das Fachgebiet von „Männern". Recht so!

Die Unruhe entstand auch durch die gewisse Unsicherheit mit der Frage: „Wie wird das Leben weitergehen?" Jörn hatte vorerst zur Ausarbeitung seiner gesammelten Daten ein ganzes Jahr bezahlten Urlaub, wir waren für den Moment sorgenfrei. Doch er wäre nicht euer Vater, hätte er die Angst nicht im Nacken, das trug nicht zur Harmonie bei. Auch wenn ihm die Arbeit an der Uni vorerst viel Spaß machte, er gut vorankam, sollte doch der Punkt kommen, wo die Schwierigkeiten auftraten. Die Formulierungen seiner Daten, seiner Erkenntnisse, seiner Beobachtungen in Form einer Doktorarbeit bereiteten ihm Sorgen, sie waren seiner Meinung nach nicht wissenschaftlich genug, er traute es sich nicht zu, frei und frech sein Wissen auf Papier zu bannen. Viele Bedenken quälten ihn, entsprechend war seine Laune, entsprechend verlief das Wochenende mit uns nicht rund. Da kam die Anfrage, die Idee, die Möglichkeit eine Domäne, einen Bauernhof, zu übernehmen, wie ein rettender Anker!

Ein Aufschrei ging durch die Familie. Neues in Sicht!

Das Leben in Witzenhausen hatte sich gerade in normale Bahnen gebettet. Ihr wart zufrieden und glücklich, interessiert an Sport, Musik, Hobbys, lerntet ihr gerade wie normale Bürger in Deutschland zu leben.

Mein Flötenunterricht aus Togo wurde weiter vertieft, die Liebe zu neuen Instrumenten entdeckt. Schifferklavier ausprobiert, Martin wünschte sich eine Gitarre, bekam Unterricht. Der Kirchenchor lockte mit Trompetenspiel, was euch begeisterte. Die Einbürgerung lief perfekt. Zu Ausflügen an den Diemel-See mit Segelunterricht luden meine Eltern euch gerne ein.

Der Ausflug nach Limburg, Besichtigung der Domäne, stellte unser Leben wieder einmal auf den Kopf. Nichts war mehr wie vorher! Damit war auch euer Leben gemeint, und weil nun schon mal alles auf dem Kopf stand, wurde mein Zustand als ganz selbstverständlich betrachtet, ein neuer Erdenbürger war am Wachsen. Es konnte nicht passender kommen!

Unser Leben wurde durch Hurrikans, Wirbelstürme, Tsunamis, Gewitter und ungeheuerliche Turbulenzen gewirbelt, versuchten wir auch mit Vernunft an der Wasseroberfläche zu bleiben, tauchten wir hin und wieder unter, um anschließend Luft schnappend nach einem Strohhalm zu greifen. Euch ging es nicht anders, die eine Seite lockte, die andere Seite warnte. Das jetzige Leben wieder verlassen zu müssen, machte euch traurig, doch die Begeisterung für einen Bauernhof ließ die Herzen höher schlagen. Das war wie im richtigen Leben, nur ein bisschen zu viel verlangt, zumal ihr erst gerade 10/11, bzw. 8/9 Jahre alt wart.

Am 23. 3. 1978 zogen wir nach Limburg um.

Wie große Kerle habt ihr eure Sachen in den LKW geladen und mir bei dem Umzug geholfen. Außer der Waschmaschine hatten wir alles alleine verpackt und auf den LKW verladen. Eine Meisterleistung, denn Geld für eine Umzugsfirma hatten wir nicht mehr, alles war aufgeteilt, eingeteilt, präzise verplant. Harten Zeiten gingen wir entgegen, doch die Freude überwog, deckte alles mit Optimismus zu. Die Osterferien standen im Licht der Neuentdeckungen auf der Domäne Blumenrod. Eure Begeisterung beflügelte auch mich, steckte selbst den kleinen Marc an, der dennoch ganz unglücklich seine Spielsachen suchte, seine Mama, sein Bettchen. Er verstand die Welt nicht mehr, weinte viel, konnte noch nicht alleine laufen und fühlte sich einsam, während im Haus der Teufel los war. Handwerker beeilten sich, arbeiteten im Akkord, um die Schlafräume bezugsfertig zu sanieren, denn nach den Ferien begann die Schule auf dem Tilemann Gymnasium, wo ihr mit guten Ergebnissen die Aufnahmeprüfung geschafft hattet. Manfred kam in die dritte Klasse der Grundschule, die gleich um die Ecke war.

Aufregungen reihten sich an Aufregungen, von denen ihr anscheinend nicht berührt wurdet, denn für euch waren die Trecker, das Bauernleben interessant und wichtig. Da wart ihr in eurem

Element, es dauerte nicht lange und ihr konntet fahren, rangieren, besser als die Mitarbeiter, besser als Jörn selbst. Nur mit den Kühen befreundetet ihr euch nicht, sie blieben für euch unheimlich, unberechenbar und fremd.

Marc, gerade 1 Jahr und 2 Monate alt, krabbelte von Zimmer zu Zimmer, fand bald den ersehnten Kontakt bei unseren Malermeistern, die am Tapezieren, Streichen und Erneuern waren, dort entdeckte er die Kleistereimer, an denen er sich bequem hochziehen konnte. Er beobachtete genau und machte den Handwerkern bald alles nach. Alle kleinen Reste klebte er an Tische, Stühle, Schränke und Betten. Er hatte seinen Spaß und mit ihm freuten sich die Malerleute, nur meine Nerven waren am Ende. Schlimm artete der Spaß mit den Farbeimern aus, denn als er die entdeckte, malte er mit dem größten Vergnügen alles, was ihm im Weg stand, an!

Es war eine turbulente Zeit, aufregend, anstrengend, kaum zu bewältigen, keine Worte konnten den Zustand beschreiben. Nur die Ruhe konnte retten, was zu retten war, und dieser Ruhepol war meine Mutti. Sie war die Anlaufstelle für alle Verzweifelten!

Wie verrückt die Zeit für uns alle war, erkannten wir erst an der Tatsache, dass Marc laufen konnte und wir es nicht einmal bemerkten! Plötzlich war er mitten unter uns, mitten im Gewühl, war schnell wie ein Wiesel und immer dort, wo die meiste Action war. Erst am Feierabend wurde uns die Veränderung bewusst, Marc wurde nun doch noch bewundert, bestaunt und gelobt.

Mitten in dieser Hektik meldete sich unser neuer Erdenbürger. Ich hängte gerade die letzte Gardine auf. Das Heim, das neue Zuhause, war fertig eingerichtet und auch die Küche funktionierte. Nun übernahm meine Mutti die Wirtschaft. Mein Weg ging in die Klinik, es war Vatertag – Feiertag –, doch keiner hatte Zeit, mich zu fahren, so fuhr ich selbst. Da ich die Klinik nur von der Seite der Milchküche kannte, nahm ich den bekannten Weg, sehr zum Schreck des Küchenpersonals, das mich schnell auf die Entbindungsstation verfrachtete. Es war knapp, denn keine Viertelstunde später erblickte Sohn Nr. 5 das Licht der Welt. Kräftig schrie er nach dem Leben. Alles dran, schwarzer Wuschelkopf, ein kleines Mal am rechten Ohr. Das Glück war perfekt. Keine Minute dachte ich über eine Tochter nach, Hauptsache unser Nachwuchs war gesund und munter!

Der Name war schnell gefunden, ein romantisches Buch sollte mich ans Bett fesseln, mich fesselte eher der Held, ein Partisan, und damit bekam unser Sohn seinen Namen „Mirco".

Die herzliche Begrüßung seiner Brüder im Krankenhaus überstand er heil, also war er hart im Nehmen. Eine gute Voraussetzung, um in der Familie bestehen zu können, auch als Nesthäkchen wartete auf ihn ein ständiger Kampf.

Von Beginn an zeigte Mirco seine Lebenskraft, trank wie ein Verdurstender, schlief, trank wieder und versuchte die Zeit aufzuholen. Es dauerte nicht lang, da wurde ihm sein stilles Plätzchen weitab vom Geschehen uninteressant. Mitten im Trubel fühlte er sich am wohlsten und mit Marc zusammen waren sie ein Rudel im Ställchen. Es konnte nicht lebhaft genug sein. Der Hopser im Türrahmen war ein Segen, von dort konnten die Kleinen alles im Blick haben. Langweilig war es bei uns nie.

Mit einem Jahr und 2 Monaten war es so weit, Mirco konnte laufen. Marc und Mirco waren ab nun ein Duo, unzertrennlich spielten, rannten sie um die Wette. Sie waren ein Team. Sie genossen ihr Leben, ihre Freiheit auf dem Bauernhof, durch ihren Ideenreichtum waren sie immer munter beschäftigt und heckten allerhand Blödsinn aus. Auch schwierige Situationen meisterten wir, denn immer hatte ich ein Auge auf sie gerichtet, trotz aller Arbeit! Und war ich mal nicht zur Stelle, hatten wir einen treuen Hund, Hasso, der den beiden zur Seite stand und lebensgefährliche Situationen meisterte. Die Ausreißversuche von Marc, während Mirco doch auch einmal bei Mutti blieb, vereitelte Hasso mit Geschick, indem er Bobo immer wieder zu Fall stupste, er also den Weg auf die Zeppelinstraße nicht erreichen konnte. Welch ein Glück!!! Hatte doch Hasso selbst schon schlimme Erfahrungen mit der belebten Straße gemacht. Fremde, die das Verhalten von Hasso beobachteten, gerieten in Angst und Schrecken, kamen schreiend zu mir gestürzt, vermuteten einen Gewaltakt des Hundes auf den Jungen. Genau das Gegenteil war der Fall!

Die Kinderschar teilte sich in die Großen, ein Dreiergestirn mit Michael, Martin und Manfred, und nun das Duo, Marc und Mirco – Bobo und Didi.

Ihr alle erlebtet eine schöne Jugend. Ihr alle habt viele, viele Erinnerungen, die man nur haben kann, wenn man in unbegrenzter Freiheit aufwachsen kann, mit Vertrauen vonseiten der Eltern, mit eigener Verantwortung und Ausschöpfen des Könnens. Ohne Verbote, Einschränkungen, ohne ständiges Regeln konntet ihr euch entfalten, das tatet ihr mit Freude an allem und wachsender Begeisterung.

So habt ihr sehr früh Dreirad, Fahrrad, Motorrad, Trecker, Auto gefahren, bis hin zum Flugschein ging euer Weg recht schnell. Sport und Reiten, Musikinstrument war zuerst eine Pflichtübung, wurde zur Leidenschaft, Trompete im Kirchenchor, Martin begeisterte zusätzlich die Gitarre. Er wechselte bald zur E-Gitarre, unterhielt eine Band und ging in ihr auf. Marc hatte keine Freude an der Musik, umso mehr aber Mirco, seine Leidenschaft wurde das Saxofon, das er zur Vollendung meisterte und mit dem zweiten Platz bei „Jugend musiziert" im Bundeswettbewerb abschloss.

Die Basteleien aber waren eure speziellen Hobbys. Michael immer vorweg. Erst mit Karton und Papier, später mit Laubsäge und Holz, Lego und Legotechnik, Bastelmodelle für Flieger bis hin zum Hubschrauber wurde alles unter großen Gefahren probiert. Eisenbahnen in allen Größen aufgebaut, Landschaften modelliert, passende Häuser, ganze Städte geklebt. Der Fantasie waren keine Grenzen gesetzt. Das Tüfteln, Aufbauen, Reparieren wandelte sich dem Alter entsprechend, erst wurden die Motorräder, dann die Trecker, später die Autos bis hin zur echten Flugzeugkanzel in der Werkstatt bearbeitet, geschraubt und gewerkelt wurde immer! Selbst Surfbretter geformt, geklebt, geschliffen und modelliert, zu Wasser gelassen und waghalsige Surfversuche am Atlantik unternommen.

Neben der ständigen Mitarbeit im Betrieb waren unsere Großen sehr gute Schüler, eine Belohnung sollte sein, sie durften Wünsche äußern und wählten den Flugplatz in Elz. Hier stand ein „Tag der offenen Tür" auf dem Programm. Die ganze Familie machte sich auf, schaute erst von fern und dann von nah die Flieger an.

Ich spürte bei meinen Jungs die aufkommende Begeisterung und Faszination. Ich ahnte Schreckliches! So geschah es, alle drei meldeten sich als Schüler im Flugsportverein an. Ab dem Tag wussten wir immer, wo wir unsere Jungs suchen mussten. Jede freie Minute waren sie am Fliegen, und das mit Freude und Können. Michael und Martin hatten bald ihre Motorsegelscheine in der Tasche, während Fred den Segelschein bestand. Sein Blick ging stets in Richtung Wolken, Flugwettbewerbe begeisterten ihn, da ließ der Erfolg nicht lange auf sich warten. Mit ersten, zweiten und dritten Plätzen kam er freudestrahlend nach Hause.

Wie die „Großen" so die „Kleinen", sie eiferten nach, übertrumpften in manchen Dingen, hatten sie doch wirkliche Vorbilder, die sie auch noch motivierten und unterstützten. Sie hatten ein viel einfacheres, leichteres Spiel!

Außer dem Ausflug auf die Zeppelinstraße überlebten unsere beiden Kleinen einen Brand in der Hundehütte und eine Fahrt mit dem VW in das Feuer auf dem Feld, wo Strohschwads verbrannten. Bei beiden Katastrophen hatten wir mehr Glück als Verstand. Dem lieben Gott sei Dank!

Marc versuchte sich ohne Erfolg an einem Musikinstrument, Schifferklavier, er durfte diese Qual bald beenden, denn sein Hobby wurde Hockey. Auf dem Hockeyplatz verbrachte er bald mehr Zeit als zu Hause, dabei wollte er zuerst zum Fußball. Hier fand er aber bei der Familie keine große Begeisterung, keiner konnte dem Sport Interesse entgegenbringen. Heute sehe ich die Situation von einer anderen Warte und bedaure unsere Entscheidung. Marc wäre sicherlich ein guter Fußballer geworden, denn seine Leidenschaft galt dem Ball.

Die Erfolge im Hockey gingen bis hin zur Nationalmannschaft und mit einem Dreiertor in Indien wurde er wie ein Held gefeiert. Interne Machenschaften im Club, die Trennung vom Nationaltrainer „Lissek" beeinflusste auch die Laufbahn von Marc.

Mirco dagegen entdeckte seine Leidenschaft für das Saxofon, trainierte Stunden um Stunden und war glücklich. Fuhr mit der Musikschule in fremde Länder, lernte andere Familien, andere Sitten und Gebräuche kennen. Unser Nesthäkchen tat sich bei den ersten

Reisen sehr schwer, weinte viel, hatte großes Heimweh. Erst mit den Jahren verkraftete er die Reisen gut, die ihn bis nach Amerika brachten. Als Sport suchte er sich Basketball aus, hatte viel Spaß, doch oft genug auch geprellte Finger! Sehr störend beim Üben. Das reichte aber noch nicht, ein Skiunfall endete mit zwei gebrochenen Beinen und an diesen waren auch noch Waden- und Schienbein durch. Fast ein halbes Jahr war er außer Gefecht gesetzt, da wurde seine erste Ausfahrt im Rollstuhl zur großen Freude. Marc fuhr seinen Bruder, und da die Gipsbeine schwer waren, konnte er den Stuhl nicht rechtzeitig bremsen, knallte vor die Wand, zwei Zehen brachen! Es ist aber doch noch einmal alles gut gegangen, es blieben keine Schäden zurück. Wieder Glück im Unglück.

Viel zu schnell wuchsen die Jungs heran und bald bemerkte ich, dass sich das Sprichwort „Kleine Kinder, kleine Sorgen, große Kinder, große Sorgen" bewahrheitete. Die Gefahren, denen ihr ausgesetzt wart, wurden größer, gefährlicher, beängstigender, schrecklicher und Nerven zehrender. Stilles Vertrauen war meine Hoffnung.

Jeder von euch schaffte das Abi entsprechend seinen Fähigkeiten, wählte sein Studium nach seinen Interessen und alle beendeten diesen Weg mit guten Ergebnissen. Michael absolvierte sein Diplom in Luft- und Raumfahrt, erweiterte seinen Berufsweg mit der Ausbildung zum Piloten und fliegt bei der Stuttgarter Fluggesellschaft die großen Bosse mit den Jets. Nur einmal habe ich Michael in der Pilotenuniform gesehen, ich war wie alle schon sehr beeindruckt. Martin hängte an das Studium der Elektrotechnik seinen Doktor mit schnellem und gutem Erfolg. Wie seine Arbeit aussieht, kann ich mir nur unschwer vorstellen, denn als ich ihn beim Lesen von Zahlenkolonnen erlebte, war meine Vorstellungskraft am Ende. Marc studierte Landwirtschaft und beendete ebenfalls mit dem Doktorgrad seine Berufsausbildung. Die Sehnsucht nach der praktischen Landwirtschaft erfüllte er sich mit der Auswanderung nach Rumänien. Mirco begann mit Jura, sattelte aber um, wurde Wirtschaftsinformatiker an der Uni Ilmenau. Er arbeitete als Selbstständiger bei der Bank in Frankfurt, später in der Schweiz, verdiente horrendes Geld, dennoch folgte er Marc nach Tirnova und kniete sich in das Bauerntum, um

2.500 ha zu bewirtschaften. Landwirtschaft ist eben kein Beruf, sondern eine Berufung! Fred hängte sein BWL-Studium an den Haken, wurde zuerst strafversetzt nach Marienthal, übernahm die praktische Landwirtschaft in der GbR mit Jörn und Michael, rettete später den Neuanfang im Osten.

Nach dem Befinden eines jeden, nach dem Glücklichsein möchte ich an dieser Stelle nicht fragen. Ich würde nur traurige Antworten erhalten und doch weiß ich, dass ihr eigentlich im tiefsten Herzen mit euch und der Welt im Einklang steht, denn jeder ist seines Glückes Schmied.

Im Leben sind so oft wenige Momente, Entscheidungen, Beschlüsse ausschlaggebend. Eine richtige oder falsche Entscheidung im richtigen oder falschen Moment getroffen, kann den Lebensweg in die richtige oder falsche Bahn leiten. Wer weiß das schon, wer weiß, was richtig oder falsch ist. Vielleicht sollte das Leben so sein. Mit dem, was man hat, soll man zufrieden sein und das Beste daraus machen. Die innere Zufriedenheit bringt das Glück.

Ihr seid inzwischen in einem Alter angekommen, wo die Mutter nichts mehr zu melden hat. Wo sie aber auch nicht mehr trösten, helfen, leiten und retten kann, deshalb ist ab hier eure Geschichte nicht mehr meine Geschichte.

Auch wenn ich nicht alles erzählt habe, vieles vielleicht auch vergaß, doch eines weiß ich mit Sicherheit: „Alle meine fünf Jungs waren süße Babys, aufgeweckte Kleinkinder, interessierte, lebensfreudige Kinder, wohlerzogene, gut aussehende, intelligente, aktive Jugendliche und nun rechtschaffene Männer." Mehr kann sich eine Mutter nicht wünschen. Ihr seid alle mit einer guten Gesundheit ausgestattet, Gott sei Dank!

Natürlich sehe ich auch eure kleinen Kanten und Ecken, Eigenschaften, Eigenarten und Unarten, denn kein Mensch ist fehlerlos. Beim Abwägen haltet ihr euch im Gleichgewicht, deshalb liebe ich euch alle gleich, so wie ihr seid. Es gibt keinen Liebling! Es gibt vielleicht ein Sorgenkind, vielleicht gar zwei Sorgenkinder?

Ich danke euch.

Fahrerpech

Es wäre übertrieben, wenn ich behaupten würde, dass der Drang nach eigenständiger Beweglichkeit bei mir stärker ausgeprägt war, als bei anderen Jugendlichen. Durch meine Eltern war ich schon früh durch die Lande gefahren, war offen für andere Menschen, Sitten, Gebräuche, genoss die Urlaubsatmosphäre und träumte, wie alle, vom eigenen Auto.

Sparte fleißig für den Führerschein, Vater ließ mich auf den Feldwegen fahren, brachte mir die Grundregeln bei und wie es richtig heißt „Übung macht den Meister" und so hatte ich bald meine Führerscheinprüfung bestanden, wiederholen musste ich die Prüfung für das Motorrad, denn bei Eis und Schnee in der Göttinger Studentenstadt zur Mittagszeit musste ich so oft anhalten, bremsen, rutschen, dass ich es aufgab und ziemlich mit den Nerven fertig war. Meine Antipathie gegen das Motorrad blieb und bleibt bis zum Ende.

Kaum hatte ich wieder etwas gespart wurde mein Wunsch nach einem eigenen Auto größer, doch die Oberin bekam Wind und verbot mir die Unternehmung, drohte mit dem Nichtbestehen der Examensprüfung. Sie duldete keine Schwester mit extravaganten Hobbys. Ich war mehr als empört, die einen konnten Kinder kriegen, ich aber kein Auto, wie ungerecht! Meine Eltern wurden vorgeladen, sie sollten mich zur Vernunft bringen, was für meinen Vater und selbst meine Mutter mehr als verrückt klang, doch sie besprachen die Situation und rieten mir ab. Ich gehorchte.

Großzügig überließ Vater mir öfters seinen Wagen, so erlebte ich die erste Schleudertour bei Eis und Schnee zum Heiligen Abend. Ein Kreisel auf der Straße, ich dankte Gott und feierte ein besonderes Weihnachtsfest. Zum ersten Mal sah ich, wie schnell ein Unglück passieren konnte, ich wurde vorsichtiger, natürlich nicht für lange! Der Wunsch nach einem eigenen Auto trat weiter in den Hintergrund, andere Pläne wie ein Auslandsaufenthalt mit dem Deutschen Roten Kreuz wie Albert Schweizer bewegten mich. Die Eröffnung eines Baby-Hotels war auch aktuell, dafür sparte ich weiter und gab es nicht leichtfertig für ein Hobby aus.

Meinte ich von mir eine flotte Fahrerin zu sein, lernte ich Jörn kennen, wurde vom Gegenteil überzeugt, denn er machte jede Fahrt zu einer Rallye mit Kurvendrive und irrem Tempo, sehr gewöhnungsbedürftig! Angst und Schrecken, tausend Tode durchlebte ich auf jeder Fahrt, meine Bitte, ein bisschen Tempo zu reduzieren, wurde mit einem Lächeln abgetan und gleich noch mehr Schwung genommen. Da war es besser, die Klappe zu halten. Er fuhr sehr sicher, bald gewann ich Vertrauen, ließ keine Angst erkennen. Man gewöhnt sich eben an alles. Fahren war sein Element und doch erlebten wir auch brenzlige Situationen, die nur mit Gottes Hilfe zu meistern waren, natürlich war es ganz allein sein Können. Ich widersprach nicht, dankte Gott für mein Leben. Bei einer Abschleppaktion von Mannheim nach Thienhausen hing ich hinten am Seil; mit nur 20 cm Sichtweite sollte ich das Seil immer stramm auf Zug halten. Müdigkeit war vorauszusehen, doch Pause gab es nicht, ein Sekundenschlaf trieb mich an den Rand der Autobahn, doch mit Glück wurde ich rechtzeitig wach. Das war knapp!

Meine erste Treckerfahrt ist auch eine Geschichte aus dem Tollhaus. Am 1. Mai 1966 sollte ich meinem Schwiegervater Egon Kaffee auf das Feld bringen, was ich natürlich gerne tat. Weil er keine kostbare Zeit verlieren wollte, sollte ich auf den Trecker kommen, tat ich, nichts Böses ahnend, auch nicht als er mir seine Arbeit erklärte, er eggte für die zu späte Aussaat von Sommergerste, plötzlich sprang er vom Trecker, ich schrie, er lachte und fuhr in den Hof, ich war alleine auf einem riesigen Feld, was sollte ich machen? Na, einfach weiterfahren, das tat ich. Ganz ehrlich? Ich habe viel Freude empfunden, eggte das Feld, es sah aus wie ein Kinderpopo, so glatt und ordentlich, noch in meinen Gedanken fuhr mein Trecker in ein tiefes Schlammloch, aus dem kam ich nicht mehr heraus, vor und zurück, ich konnte machen, was ich wollte, geriet immer tiefer in den Schlamm, also absteigen und Hilfe holen. Wie peinlich! Als ich zu Fuß in den Hof kam, lachten alle, hatten sie mich doch schon erwartet, denn wer den Acker nicht kannte, musste im Loch landen. Warum hat Egon mich nicht vorher gewarnt? So waren die Schreibers.

In den Auslandsjahren hatten wir einerseits durch Jörns Können viel Glück, anderseits war das Glück tatsächlich auf unserer Seite. In jedem Projekt und in der deutschen Kolonie hörte und erlebte man schreckliche Unfälle, sogar mit Todesfolgen. In Tunesien sah ich selber einen Schleudergang mit Überschlag, hartem Aufschlag und fürchtete das Schlimmste, doch Klutzikon, ein DED-Mann, war so besoffen, dass er unversehrt aus dem Totalschaden klettern konnte. Andere hatten nicht so viel Glück. Unfälle mit Rindern oder Schafen liefen meist glimpflich ab und doch war es erstaunlich, in welcher Eile Horden von Tunesiern auf der Matte standen, wo man vorher nicht eine Menschenseele gesehen hatte. Das erstaunte uns immer wieder und so versuchten wir bei einem Aufprall auch keine Fahrerflucht, sondern mit Geschick, das konnte Jörn wirklich super, versuchten wir zu verhandeln und erzielten schnell eine Einigung, was zwar nicht ganz billig, aber doch erträglich war. Die Einheimischen sind ja nicht dumm, entdeckten schnell eine Geldquelle, wie hier bei uns die Blitzkontrollen. Sie jagten im passenden Moment ihre Tiere über die Straße. Also aufpassen und schnell reagieren war höchstes Gebot. In Tunis gingen die Eltern oft so weit und schubsten ihre Kinder vor das Auto, so ist es mir passiert, trotz heftigen Herzschlags lud ich die Frau mit dem Kind in den Wagen, wollte ins Krankenhaus, dann zur Polizei, doch das Gezeter der Frau war so ohrenbetäubend, dass ich ihr etwas Geld gab und sie dann in einer Seitengasse das Auto verließ. Sie hatte Angst vor der Polizei, sie hätte nämlich eine hohe Strafe bekommen. Für mich war das Erlebte mehr als nur ein Schock, seit dieser Zeit rollte ich nur noch langsam durch Tunis' Straßen. Jörn passierte an der Elfenbeinküste ein ähnlicher Unfall, der aber heftiger ausfiel und bei dem ein Krankenhausbesuch unvermeidlich war. Im Projekt sprach sich der Vorfall schnell herum, nur mir gab man nicht

Bescheid, ich machte mir über Jörns Ausbleiben große Sorgen. Er hatte Schuld, die Verletzung war nicht schwerwiegend, die Bestrafung erträglich, der Ärger sehr groß und der Lerneffekt mäßig, denn Jörn fuhr weiterhin rasant, auch der tödliche Unfall des Topografen, Herr Weber, minderte sein Tempo nicht. Keiner wusste, wie der Unfall passieren konnte, er wurde vermisst, die Suche angekurbelt, doch jede Hilfe kam zu spät, ausgeraubt fand man ihn, von der Straße abgekommen, tief im Busch. Das üppige Grün des Urwaldes hatte die Schneise schnell wieder verschlossen, keine Bremsspur war auf dem Asphalt zu sehen, er musste eingeschlafen sein.

Dagegen war mein kleiner Streifzug am Brückenpfosten in Togo lächerlich, außerdem geschehen in einer Ausnahmesituation, die Feuerwand kam auf das Projekt zu, alle Afrikaner halfen, um das zu verhindern, meine Idee, mit Milchkannen voller Wasser zu helfen, war eine gute, denn einerseits konnten sich die Leute abkühlen, anderseits löschen! Ich und die Kinder rasten also mit dem Wagen hin und her, füllten die Kannen in Windeseile, nahm bei einer der Fahrten die Kurve zu scharf und schon ratschte ich die linke Wagenseite an, der Lack hatte Schrammen, aber das Blech war nicht verbeult. Ein Farbstift hätte den Schaden vertuscht, doch er blieb unbehandelt – als immerwährende Warnung!

Jörn hatte diesmal kein Wort verloren, denn die Afrikaner waren des Lobes für mich voll, ich hatte ihnen geholfen, sie nicht im Stich gelassen, gekämpft, war nicht wie die anderen Projektbewohner in den Wagen gesprungen und hatte nicht das Projekt verlassen.

So kamen wir eigentlich mit einem blauen Auge durch die Auslandsjahre, hatten mit Kontrollen und Polizei wenig zu tun, selbst als wir in die Kontrolle eines Bankraubes kamen, waren wir nicht in Gefahr, wenn auch der Stopp lästig war. Die Deutsche Botschaft, Namen von Ministern, der Projektname und der eigene Name brachte uns immer wieder aus heiklen Situationen, Jörn war überall bekannt wie ein bunter Hund!

Andere Fahrererlebnisse gab es in Blumenrod. Das Fahren mit Treckern und Anhängern hatte seine Tücken, davon konnte ich bald ein Lied singen. In der Ernte war das Abfahren von dem Getreide ein zeitaufwendiges Unterfangen, da hieß es früh aufstehen, der Erste am Sumpf bei Raiffeisen, unserem Händler, sein. Welche Illusion war mein Aufbrechen mit Trecker und riesigem Hänger um 5 Uhr, bei meiner Ankunft war der Hof mehr als voll, die Bauern standen bis zur Straße, hinter mir der Verkehrsbus, der seine Zeit einhalten musste und ein Hupkonzert veranstaltete. Meine Nerven und mein Herz rasten, was tun? Rückwärts konnte ich nicht fahren, vorwärts war kein Platz oder sollte ich die Einfahrt in die enge Lücke versuchen? Auf der Rampe standen die Bauern, waren auf mich aufmerksam geworden und feixten. Das war das Schlimmste! Also vorwärts, ich ruckelte mich in die Lücke, nicht ahnend, dass auf meiner linken Seite ein herausstehender Haken war, der sich natürlich mit dem Nachbarhänger verhakte! Da kamen sie, die Bauern! „Das wird teuer!", „Ist unverschämt, wenn man nicht fahren kann, soll man zu Hause bleiben!" usw. Kommentare massenhaft musste ich über mich ergehen lassen, Tränen flossen, ich schlotterte am ganzen Leib, war am Ende. Mein Versuch, Jörn telefonisch zu erreichen, war vergebens, da rettete mich Herr Althoff, Chef des Hauses. Zuerst stampfte er die Landwirte zusammen, packte sie bei ihrer Ehre, denn sie hätten Kavaliere sein sollen und mir helfen können, stattdessen hätten sie sich an meinem Elend geweidet. Er nahm mich ins Büro, beruhigte mich liebevoll, ließ meinen Hänger abladen und brachte mich auf die Heimfahrt. Das habe ich ihm nie vergessen, Gott hab ihn selig. Meine richtige Abreibung erwartete mich zu Hause, es war grauenhaft gemein, dabei waren wir versichert und der Schaden wurde ausgeglichen, ohne uns in die Pflicht zu nehmen. Eigentlich hätte das meine letzte Tour sein sollen, denn die Angst, etwas verkehrt und kaputt zu machen, saß mir tief in den Knochen und machte mich unsicher, nervös, unkonzentriert, zitterig, eben ängstlich.

Aber Jörn ließ das nicht zu, er schickte mich immer wieder mit Hängern auf die Straße und mit was für alten Gerätschaften war ich unterwegs! Da verlor ich doch einfach die Anhängerkupplung! Ich traute meinen Augen nicht, der Hänger lief rückwärts, dem nachfolgenden Verkehr entgegen. Auch hier hatten wir Glück im Unglück, denn der Hänger kam an dem Bordstein der Straße zum Stehen, es war nicht weit vom Hof entfernt, Hilfe konnte schnell organisiert werden. Wieder hatte ich die Schuld, hätte nicht so ruckweise fahren sollen. Ich war ja immer die Dumme!

Einer meiner nächsten Einsätze verlief auch nicht sehr erfreulich, ich war mit dem Hänger auf der Fahrt zur Getreideannahme „Rompel", als mitten am Berg in der Abzweigung der Motor ausging, die Bremsen den Hänger nicht hielten und ich langsam rückwärtsrollte. Dem Herzinfarkt nahe! Ich konnte nichts machen, der Motor sprang nicht mehr an, er kam zum Glück zum Stehen, aber stand dem ganzen Verkehr im Wege. Reine Nervensache! Ein vorbeifahrender Nachbar holte Jörn zu Hilfe, er konnte auch nicht weiterfahren, der Trecker sprang auch bei ihm nicht an! (Hatten sie doch meine Unfähigkeit als Schuld im Blick!) Jörn musste die Trecker austauschen, entdeckte als Schaden einen Haufen Sand im Tank! Die Episode ging an mir vorbei, hurra!

Ein lebensgefährliches Unterfangen war der Abtransport aus den Bergen von Dauborn. Ich sollte Raps, hoch auf einem ungebremsten Hänger aufgeladen, nach Hause fahren. Die Notbremse war ein Seil, das man ziehen musste, wenn man es erreichen konnte! Mirco war mit mir auf dem Schlepper, langsam ging es bergab, es wurde immer schneller, die Bremsen vom Trecker wurden heiß, einen niedrigeren Gang konnte ich nicht einlegen, wir nahmen an Fahrt zu, zum Seil kam ich nicht, das war auf Männergröße eingestellt, Mirco schrie, er war klein und konnte das Seil auch nicht erreichen. Ich konzentrierte mich auf den Weg, sah die Straße mit dem vielen Verkehr, bremste, schleuderte, bremste und schleuderte, der Hänger schob mich gnadenlos den Berg hinab, mir blieb keine Wahl, ich musste eine Lücke im Verkehr abpassen und auf die Straße schleudern. Es klappte um Haaresbreite, kein Zentimeter war zwischen dem Auto und uns. Was hätte nicht alles passieren können! Wie unverantwortlich von Jörn uns auf einen nicht fahrtüchtigen Trecker mit Hänger steigen zu lassen.

Das hatte ein Nachspiel, die ganze Sparsamkeit am verkehrten Ende hatte sein Ende! Ich bestand auf die Überholung der Maschinen, sonst würde keiner aus der Familie Jörn noch helfen. Das zog, wurde aber auch durch seinen eigenen Unfall gravierend betont. Er pflügte in Dauborn die Hangflächen, hin und her, arbeitete schon eine ganze Weile, Markus war mit von der Partie. Sie fuhren Runde um Runde, bis am Ende des Feldes beim Auskuppeln zur Wende das Kupplungsgestänge brach und der Trecker einfach weiter dem Hang entgegenfuhr, keine Bremse zog, nichts brachte den Trecker zum Stehen, sie rauschten in eine Schlucht, geistesgegenwärtig schlug Jörn den Pflug nach unten, der sich dann in den Wurzeln der Büsche und Bäume verhakte, sodass sich der Sturz nicht über Kopf, dazu noch abgebremst vollzog. Sie hätten zu Tode kommen können! Ein Anruf aus Dauborn erschreckte uns mächtig, doch bei der Besichtigung des Absturzortes konnte ich nur noch beten.

Ausgerüstet, mit allen Hilfsmitteln beladen, mit allen Kräften, Kindern, Lehrlingen, Praktikanten fuhr ich zur Unfallstelle. Wir suchten gemeinsam einen Weg nach draußen, schlugen Bäume um, bauten Brücken, machten die Schlucht urbar, um Zentimeter für Zentimeter die Maschine ans Tageslicht zu fahren. Spät in der Nacht erreichten wir das rettende Ufer, die Bergung war vollbracht, der Schaden überschaubar, vor allem aber waren alle gesund und am Leben. Was auch anders hätte sein können!

Das war der Punkt, wo sich Spreu vom Weizen trennt. Mitten in der Arbeit verlangte der Praktikant Feierabend, den bekam er für immer! Das war aber auch der Punkt, wo die Maschinenkontrolle unumgänglich wurde. Alles wurde auf Sicherheit, Brauchbarkeit, Fahrtüchtigkeit überprüft. Jedes Ding hat eben doch zwei Seiten.

Es war so und so ein Wunder, dass uns nichts Schlimmeres passierte. Alleine der Umgang mit den Ferienkindern barg ungeheure Gefahren, für alle im Hof. Es waren Kleinigkeiten, wie eine Prellung der Knie, Hundebiss, Absturz vom Pferd, vom Trecker und gar Mähdrescher, alle glimpflich verlaufen. Dieses Glück war immer unheimlich, ich war dankbar dafür!

Eine heikle Situation erlebte ich mit dem PKW und Jörn, er hatte mal wieder zu tief ins Glas geschaut, wir kamen von meiner Tante Rena aus Gießen, ich fuhr, was ich in seiner Gegenwart selten tat. Kam weit nach Mitternacht an die Kreuzung in Limburg, die schlecht einsehbar und deshalb mit Ampeln geregelt war. Ich hatte grün, fuhr zügig über die Kreuzung, als von rechts ein Wagen mit Blaulicht heranraste, ich fuhr ungehindert weiter, Jörn versuchte zu bremsen, riss am Steuer herum, schrie, brüllte und machte die Welt verrückt. Beinahe hätte es einen Unfall gegeben! Eine lange Debatte verwickelte uns in dieses Thema, besonders das Fehlverhalten von meiner Seite war Diskussionsgrundlage, während ich sein Verhalten für unmöglich und lebensgefährlich hielt. Noch in der Nacht rief ich die Polizei an, schilderte die Situation und bat um Aufklärung mit dem Resultat, dass ich mich richtig verhalten hätte. Erst zählt die Ampel, dann das Blaulicht! Bis heute würde er das als mein Fehlverhalten deuten!

So sind die Schreibers, so war Jörn. Niemals und nimmer ein verkehrtes Verhalten entschuldigen.

Mein bisher selbst verschuldetes Fehlverhalten war der Autounfall in Herrengosserstedt, ich hatte die Kurve etwas flott genommen, etwas begradigt, das nutzten zwei Jugendliche, um mir mit einer rasanten Anfahrt in den Wagen zu fahren. Sie hatten den Unfall geplant, kamen schon mit einer Halskrause aus dem Auto, kümmerten sich nicht um mich, schrien nach der Polizei und bekamen recht, denn ich hatte die Mittellinie überfahren. Pech! Unser Opel sah ganz schön schräg aus, in meiner Not rief ich Manfred an, der schnell zur Stelle war und alles für mich regelte, denn wie immer waren meine Nerven ziemlich am Zappeln und Schlottern.

Wenn es ernst wird, bleibt Manfred ruhig, sicher wissend, planend und hilfsbereit. Danke!

Ein kleiner Schock auf der Autobahn mit einem heranrollenden Reifen ging auch glimpflich für mich aus, war ich doch zuvor schon vom Gas gegangen, hatte auf die rechte Seite gewechselt, das war mein Glück, mein Schutzengel hatte mich geführt.

Andere aus der Familie hatten auch mal Erlebnisse der besonderen Art, so fuhr Jörn mit Vollgas in die Garage und wäre beinahe auf der anderen Seite herausgekommen, hätte er nicht eine Vollbremsung gemacht. Seine Geschichte schmückte er später spannend mit der Airbag-Explosion bis zur Vollendung aus. Man darf bei ihm nur 50 % glauben!

Was für ein Theater wäre es in Wirklichkeit geworden, verlor er doch schon bei Kleinigkeiten, wie dem Berühren eines Parkpollers ohne Beule, die Nerven. Mein Auffahrunfall in Limburg, wo ich völlig unschuldig von hinten angefahren wurde, wobeibmein Ausweichen auf den Grünstreifen den Unfall auch nicht verhindern konnte, ließ Jörn so ausrasten, wobei man sich doch glücklich schätzen sollte, dass man an Leib und Seele nicht verletzt wurde.

Eine weitere Begebenheit geschah tief in der Nacht, ich fuhr bei der Tour von Limburg nach Marienthal durch den tiefen Wald, als eine Horde Rehe über den Wagen und eines in den Hänger sprang, eines auf der Windschutzscheibe landete und ich völlig verdutzt einfach weiterfuhr, denn die Angst, in der dunklen Nacht aussteigen zu müssen, war stärker als die Sorgen um das kleine Reh in meinem Hänger. Ich hatte nur noch wenige Hundert Meter bis zu meinen Kindern. Ich weckte Michael, er befreite das Reh, welches munter von dannen sprang. Den Unfall, verbunden mit einem Schaden an dem rechten Scheinwerfer, hätten wir ohne Probleme der Versicherung unter Angabe des Revierförsters einreichen können, der Schaden wäre kostenlos behoben worden. Wozu die Schreierei, das Fertigmachen, ein Aufriss wegen einer Beule am Auto, am irdischen Gut. Unverständlich. Keiner fragte nach meinem Befinden.

Eine nachhaltige Begebenheit erlebten Jörn und ich an einem Sonntagabend. Wir waren zu Besuch bei Familie Materne junior, hatten gefeiert, Jörn ausnahmsweise mal nicht viel getrunken, traten ohne Probleme unsere Heimreise an, als plötzlich der Wagen am steilen Straßenstück ins Schleudern geriet, kein Bremsen, kein Halten war möglich, mit uns ging es einfach bergab. Wir sahen schon einem Unglück entgegen, doch wie von Geisterhand blieben wir einen Zentimeter vor dem Kircheneingang stehen. Ein Wink mit dem Zaunpfahl?

Beim Aussteigen bemerkten wir eine geschlossene Eisdecke. Ein Fortkommen war unter diesen Umständen nicht so einfach möglich.

Möge das Glück noch lange bei mir verweilen!

Auf den Hund gekommen

Nikolaus 2012, Marc ruft ganz aufgeregt an, in seinem Stiefel sitzt ein kleiner Hund! Eine aufregende Überraschung mit Folgen! Dadurch erinnere ich mich an meine – unsere Familienhunde, gerne erzähle ich darüber.

Wie alle kleinen Mädchen wünschte auch ich mir einen Hund, wir waren schon in Witzenhausen, hatten eine große Wohnung, einen noch größeren Garten und ich war schon groß, nämlich 10 Jahre. Da entdeckte ich, wie heuer Marc, das kleine Knäuel von Hund im Körbchen als Geburtstagsgeschenk mit Schleifchen verpackt. Das schönste Geschenk! Biene hieß das Dackelbaby, war braun und kurzhaarig, mit riesigen Augen schaute es mich an, es war Liebe auf den ersten Blick. Keine einfache Liebe, denn viel Sorgfalt, Mühe sollte ich investieren müssen, tat es gerne, denn sie wurde tausendfach belohnt.

Ich war ja nicht alleine, denn meine Eltern unterstützten mich bei der Aufzucht, aber doch tägliche Arbeiten, wie füttern, Wassernapf säubern, spazieren führen musste ich gewissenhaft erledigen. Auch einmal ein Pfützchen aufwischen oder gar etwas Größeres entsorgen gehörte zu meinen Aufgaben, nicht nur spielen, toben und Spaß haben. Biene wurde ein echter Kamerad, hörte gut zu, widersprach nie, tröstete mich oft und zeigte mit vielen kleinen Gesten ihre große Liebe zu mir. Wir waren ein Gespann, so auch weit und breit bekannt.

Biene bekam Babys, sollte gesund sein! Aufregungen herrschten im Haus, ein größeres Körbchen wurde vorbereitet, Mutti wachte die halbe Nacht, bis die Müdigkeit sie übermannte und so war am Morgen die Überraschung riesig, als 4 kleine Dackelkinder sich eng an Bienchen drückten. Ein Bild, das mich tief berührte.

Die darauf folgenden 8 Wochen glichen einem Hottentottenstall, ein Gewusel herrschte im Korb, später durften sie im Ställchen ihre Ausflüge unternehmen und noch später ging es durch die ganze Küche oder gar durch die Wohnung! Nichts war sicher, nichts blieb heil, hatte man etwas aus Versehen liegen gelassen, hatten es die Wüstlinge schnell im Griff. Die Erholungspausen waren auch für uns die wohlverdienten Ruhepausen. Vier pachtvolle kleine Dackel wuchsen heran, einer niedlicher als der andere und doch mussten wir von 3 Welpen Abschied nehmen. „Dicki" durfte bleiben und begleitete Biene viele Jahre. Also waren es zwei Hunde, die betreut werden mussten! Einer für mich, einer für meine Mutti, so hatte jeder etwas zum Liebhaben.

Hunde sind wie kleine Kinder, man muss sie betreuen, konsequent erziehen, lieben, Verantwortung tragen bis zum Lebensende. Keine Sache mal für eben jetzt, nein, Jahre können vergehen und man muss zu ihnen stehen. Sie sind auch einmal krank, brauchen Pflege und Zuwendung. Das alles gaben wir mit Liebe.

Bis dass der Tod uns scheidet, im wahrsten Sinne des Wortes, begleitete ich Biene. Geweint wie ein Schlosshund habe ich tagelang, selbst beim Ausheben des Grabes konnte ich vor Tränen kaum gucken. Ich war alleine, meine Eltern in Urlaub, hatte die trauernde Dicki neben mir, als Herr Ritsch um die Ecke bog, mich anbrüllte, mich beschimpfte, dass in mir die Wut aufstieg, hochkochte, die Tränen versickerten und wie eine Furie stürzte ich mich auf Vaters Kollege. Noch Jahre später, auch nachdem er mir sein Verhalten erklärt hatte, war ich böse auf ihn, er hätte mich doch liebevoll in den Arm nehmen und mich trösten können, doch das hätte meinen Kummer noch vertieft, so aber war über die traurige Stimmung die Wut entbrannt. Auch eine vertretbare Taktik. Aber nicht nett!

Die Jahre vergingen, meine Eltern blieben den Dackeln treu, nach Dicki kam Laila, danach Mucki und Schnucki, aus dem Kurzhaar wurde Rauhaar, eine noch temperamentvollere Dackelsorte mit Jagdambitionen. Davon später.

Wir lebten in Tunesien, zogen vom Projekt auf die einsame Farm. Zum Schutz brachte uns ein Tunesier einen kleinen Mischlingshund. Er war gar nicht nett anzusehen, nicht mein Fall, ein Hund bei unseren kleinen Kindern, nein! Welche Krankheiten würde er einschleppen, ging gar nicht, er sollte an die Kette? Ein gefährlicher Kettenhund, nein danke!

Meine Abwehr war stur, kurzsichtig, auch erfolglos, denn im Garten stand plötzlich eine Hütte und der Hund lag an der Kette davor. Herzerweichend heulte er. Ich hatte vor unbekannten Hunden immer Respekt, tastete mich also vorsichtig, aber auch nicht zu schüchtern, mit Futter bewaffnet heran, wedelnd ließ er sich streicheln. Also tat er gefährlicher, als er war, ein gutes Zeichen, eine Basis für eine Freundschaft war vorhanden. Wir gewöhnten uns langsam aneinander, Vertrauen baute sich auf. Michael und Martin kamen auch langsam, hinter mir versteckt, näher und freundeten sich innerhalb einer Woche an. Erst dann löste ich unseren Mitbewohner von der Kette, nicht ohne Schreck, als er geradewegs auf die Kinder stürzte, aber nicht zum Beißen, sondern die Toberei ging los. Ein herrliches Bild bot sich mir, voller Freude wälzten sich Kinder mit Hund auf dem Boden. Es drohte keine Gefahr und so durfte Strolch am Tag bei den Kindern sein, des Nachts kam er in seine Hütte an die Leine.

Er war ein tunesischer Hund, wurde ein deutscher Hund, er wurde Rassist! Verteidigte die Jungs bis aufs Blut! Selbst unsere Bonne hatte keine Chancen bei ihm. Die Kinder schrien, sie wollte helfen, Strolch ließ sie aber nicht an die Jungs. Ein andermal schnappte er in gleicher Situation nach der Bonne. Ähnliches passierte auf der Wanderschaft von unseren Trabanten, kaum konnten sie sicher laufen und waren sie einmal unbeobachtet, marschierten sie auf der Sandpiste dem Papa entgegen. Sie waren weit gekommen, Strolch immer mit. Tunesier mit ihrem Karren wollten die beiden zu mir zurückbringen, doch Strolch verteidigte sein Rudel. Es war ihnen unmöglich, an die Kinder heranzukommen. Aufgeregt erreichten sie mich und holten mich zur Rettung!! Das war knapp und seit der Zeit musste ich noch besser auf unsere Ausreißer achten.

Strolch bekam Besuch aus Tunis. Ein bekanntes Ehepaar mit Hund musste in den Heimaturlaub fliegen, sie hatten für den Hund aber keine Möglichkeit zur Mitnahme oder Unterbringung gefunden. Die letzte Rettung war ich! Also kam die Stadtdame zu uns, eigentlich zur Freude für Strolch, aber Pustekuchen, er mochte sie nicht und lockte sie in die Zeckenecken. Während er nicht eine Zecke am Leib hatte, wurde die Stadtdame überhäuft und zum Schluss zählte ich über 70 Zecken, die alle nicht absterben wollten, sondern die Köpfe vereiterten zu Beulen und schmerzhaften Entzündungen. Ich wusste mir keinen Rat, Jörns Idee, sie in E605 zu baden, brachte sie fast um. Sie fraß nicht mehr, konnte sich nicht mehr erheben, ich hatte einen Intensivfall schrecklichster Art, dass ich mit Albträumen des Nachts aufschreckte und bei Jörn Zecken suchte! Nur mit liebevoller Betreuung, füttern mit Zucker-Ei und Rotwein, Wickeln eingeschlossen, kam sie wieder auf die Beine und war beim Abholtermin wieder gesund. Gott sei Dank, denn die Familie hatte damals noch keine Kinder und hing abgöttisch an ihrem Hund.

Strolch, der Rassist, fand durch die Tunesier ein grausiges Ende, sie hängten ihn mit der Hüttenkette auf. Wir trauerten um ihn, besonders die Kinder vermissten ihn sehr.

Mein nächstes Erlebnis mit einem Hund hatte ich an der Elfenbeinküste. Familie Leutwieler fuhr in den Heimaturlaub, sie konnten den schwarzbraunen Boxer nicht mit nach Deutschland nehmen, suchten einen Betreuer und kamen geradewegs auf mich zu. Sie wussten, dass ich ja sagen würde, und noch ehe das Wort ausgesprochen war, hatte ich eine neue aufregende Aufgabe. Wir kannten den Hund, die Kinder liebten ihn, so war ich eine große Sorge los. Aber der Kampf zwischen unserem Gartenboy und dem Hund brachte mich fast um den Verstand, brachte uns in große Not, in große Gefahr und in unendliche Sorge. Was so spielerisch aussah und was von uns nicht richtig eingeschätzt wurde, war das Kabbeln zwischen Hund und Gärtner. Ein ständiger Angriff und eine darauf folgende Abwehr sah wie ein Spiel aus, wurde bitterer Ernst. Die Attacken nahmen ernste Formen an, und wie das Schicksal manchmal so spielt, verletzte der Gärtner unbeabsichtigt und aus Versehen den Hund mit der Machete. Im Schwung des Messers wurde dem Hund die Pfote abgetrennt. Blut floss, das Gejaule war herzzerreißend. Ich versuchte zu retten, was zu retten war, legte einen Druckverband an, und nachdem ich die Kinder in gute Obhut gegeben hatte, raste ich mit dem Auto, dem Hund auf dem Vordersitz, seinen Kopf auf meinem Schoß, um den Druckverband unter Kontrolle zu haben, nach Abidjan in die Tierklinik. Fand auf Anhieb einen guten, uns bekannten Arzt, der mit viel Mühe und Liebe die Sehnen zusammennähte, die Wunde verband, mir gute Tipps gab und uns Glück wünschte. Das brauchten wir wirklich. Der Hund war schwer krank, konnte nicht auf die Beine, wollte weder trinken noch fressen, konnte sein Geschäft nicht erledigen. Er war wie ein Baby und genauso päppelte ich ihn gesund. Eine Dankbarkeit, eine Liebe verband uns, die bis tief ins Herz reichte, denn auch nachdem die Familie Leutwieler wieder zurück war, sprang der Boxer aus dem fahrenden Auto, sobald er mich erkannte. Ich war glücklich, hatte ich doch wieder einmal eine Seele gerettet und wurde mit Liebe belohnt.

Den nächsten Hund bekamen wir erst in Blumenrod, 1978. Die Schäferhündin vom Melkermeister hatte sich mit Herrn Bispings Jagdhund amüsiert und trug das Ergebnis aus. Darunter war ein schwarzer Teufel, der pfiffig, lebenslustig, draufgängerisch und temperamentvoll die Kinderstube durcheinanderwirbelte. Wir tauften ihn Hasso, Jörn wollte ihn gerne Hasko, nach seinem Bruder, nennen. Er sollte an der hinteren Scheune seine Hütte beziehen und dort ein gefährlicher Wachhund werden. Er landete bei uns im Haus, zu Marcs Freude, denn nun hatte er einen Kameraden in seiner Größe!!! Sie waren ein Team, er ein guter Aufpasser, Bobo ein kleiner Ausreißer. Die beiden waren immer unterwegs oder sie rollten über die Wiese, da konnte man weder Bobo noch Hasso erkennen, so waren sie ineinander verknäult. Hasso ließ alles mit sich machen, selbst eine genaue Untersuchung seiner Eier ließ er geduldig über sich ergehen, allerdings das Kneifen war wohl doch zu viel. Jaulend suchte er das Weite.

Mit einem halben Jahr erwischte ein Auto unseren Hasso, mit Beinbruch und Prellungen lag er bei mir in der Küche, wurde vom Tierarzt versorgt und mir zur Betreuung überlassen. Gute

4 Wochen dauerte die Pflegezeit, eine Zeit zum Schweißen der Bindungen.

Wir waren im Hof sicher, hatten immer die Türen offen für jeden Mann, hatten aber unseren Hasso, als Herr über Gut und Böse. Er ließ jeden ins Haus, aber nicht alle raus! Diebe konnten der Polizei übergeben werden, Hasso hatte sie gestellt! Menschen, die mir nicht wohlgesinnt waren, konnte ich durch Hassos Verhalten einschätzen und Vorsicht walten lassen. Sehr interessant war das, denn das nette Gesäusel der Leute ließ mich nach der Reaktion von Hasso recht kalt.

Hasso wurde sehr groß und stark, war in ihm doch der deutsche Drahthaar durchgeschlagen, schon ein furchterregender Hund. Charakterlich lieb, treu, verbunden, feinfühlig und stolz. Schimpfen durfte man ihn nicht, dann verkroch er sich in seine Hütte und maulte offensichtlich. Wir hatten natürlich ein riesiges Terrain zum Auslauf, er begleitete auch hin und wieder Jörn mit dem Trecker nach draußen, war aber schnell wieder im Hof, hatte er doch hier seine Aufgabe wahrzunehmen. Aufpassen!

Eine kleine aufregende Geschichte ereignete sich während des Milchverkaufes, meine Milchkunden kamen aufgeregt angelaufen und schrien: „Der Hund bringt ihr Kind um!" Ich traute meinen Ohren nicht, beruhigte die Leute, denn ich wusste, der Hund rettete Bobo. So war es auch, Marc war aus dem Hoftor bergab zur Straße unterwegs und auf dieser Strecke stupste Hasso den Kleinen immer wieder um, sodass er nicht auf die Fahrbahn konnte. Wusste doch Hasso wie gefährlich das war. Tränen kullerten mir aus den Augen, als ich meinen Hund im Kampf mit Bobo sah. Das ist Liebe und Verantwortung! Meine Milchkunden waren verdattert, sahen sie doch voreingenommen in einem Hund nur das gefährliche Tier.

Wie beschützend er über die Familie wachte, lässt sich auch an einem anderen Ereignis erkennen. Hatten wir unter unseren holländischen Gästen seit Jahren einen Kommissar, die Wiedersehensfreude war so groß und übermütig, dass er Manfred mit dem Polizeigriff bändigte und ihn aus Freude ins Planschbecken warf. Unser Hasso sah Gefahr, war wie ein Blitz, von keinem bemerkt, zur Stelle und biss in die Wade des Polizisten. Er musste ins Krankenhaus, aber ohne Groll gegen unseren Hund, denn er räumte sein Fehlverhalten ein und lobte sogar das Hundeverhalten. Bewundernswert, denn ein anderer Gast hätte ein riesiges Theater veranstaltet und wäre von dannen gefahren, hätte obendrein auch noch die anderen Familien aufgehetzt.

Die Zeppelinstraße wurde Hasso noch einmal zum Schicksal, diesmal traf es ihn aber noch härter als zuvor, sein Rückgrat war gebrochen, es bestand nur wenig Hoffnung. Wieder lag er bei mir in der Küche vor der Heizung, nahm viel Platz weg, aber keiner konnte mich davon abhalten, ihn zu pflegen, sollte er es nicht schaffen, dann sollte er eines natürlichen Todes sterben. Gegen die Schmerzen gab es Mittel, die Heilung lag in Gottes Hand. Der Tierarzt ging bei uns ein und aus, wir hatten ihn zur Zeit des Kuhstalles als unseren Haustierarzt, nun bewunderte er meine Hingabe zur Pflege und tat sein Können ohne viele Kosten dazu. Ich war dankbar.

Drei Monate verstrichen, mein Mut war gesunken, Hasso mager und traurig, unter Tränen ging ich ans Telefon, und als ich Herrn Dr. Richter um die erlösende Spritze bat, rappelte es in der Ecke, ich traute meinen Augen nicht, Hasso schwankte, aber stand auf. „Herr Dr., schnell, wir brauchen weitere Aufbauspritzen!!" Er kam, wir päppelten Hasso weiter auf, er kam immer besser auf die Beine, seine alte Kraft erlangte er nicht mehr und im Laufen erkannte man leicht den Rückenschaden. Er begleitete uns noch viele Jahre, bis er 12-jährig vom LKW erfasst wurde und sofort tot war.

Die Trauer war groß und ich wollte keinen Hund mehr zu Grabe tragen, denn verliert man einen solchen Kameraden, war das schlimmer als in den Kindertagen der Tod vom Großvater.

Lange Zeit blieben wir ohne Hund.

Wie das Leben so spielt, schickte uns Herr Dr. Richter eine Horde Welpen vorbei. Große Hunde werden das und wir haben keinen Platz für sie, sie müssten eingeschläfert werden, damit hatte er mich weich gekocht! Spontan entschied ich mich, nahm ein helles Wuschelpaket aus dem Auto und verschwand. Jörn schaute verdattert, zuckte mit den Schultern, nickte, die kostenlose Übergabe war erledigt, Impfpass und Papiere dabei. Thor hieß das Päckchen, hatte große Tatzen, dickes weißbeiges Fell und eine richtige lustige Rute, die er stolz trug. Ja, dieser Hund erinnerte mich nicht an Hasso, eine gute Basis für ein Miteinander.

Natürlich ging im Haus mit einem jungen Hund die Post ab, denn den Versuch, ihn nach draußen an die Hütte zu gewöhnen, brachte ich auch bei ihm nicht übers Herz. Hunde gehören zur Familie, sind nach Jahren ein Teil von ihr, so kannte ich es, so wollte ich es auch haben, bedeutete natürlich mehr Aufwand, mehr Einsatz, mehr Geben, aber auch mehr erhalten. Ich fütterte, ich betreute, ich sorgte, ich kümmerte mich um ihn, damit baute ich eine stärkere Beziehung als alle anderen auf. Eine stärkere Bindung war die logische Folge, somit nahm er auch eine stärkere Verteidigung für mich in Kauf. Wie bei Hasso wusste Thor gute und schlechte Gedanken zu sortieren, seine Reaktionen, ein leichtes Knurren, eine eingezogene Rute waren Zeichen des Unwohlseins, deckte sich fast immer mit meinen Menschenkenntnissen. Wir waren ein gutes Team, ließen uns nur selten barbieren.

Später wurde mir klar, wir hatten einen Grönlandwolf, ein richtiges Rudeltier. Er war der wilde Anführer. Na, Mahlzeit! Alle Gäste zählte er zu seinem Rudel, alle wurden bewacht, aber auch gemaßregelt, denn wurde zu sehr getobt, zu laut geschrien, zu auffällig verhalten, ging er dazwischen, zwar sanft, aber bestimmend, danach kehrte Ruhe ein. Seine Lieblingsbeschäftigung war ziehen, gerne ließ er sich vor den Wagen spannen, stolz ging es los, selbst mit dem Schlitten machte er gutes Tempo. Die Kinder hatten ihren Spaß, wenn da nicht ein kleiner Haken gewesen wäre. Roch er Lunte, war eine läufige Hündin in kilometerweiter Entfernung los, war er nicht zu halten, bretterte querfeldein, selbst starke Ketten waren für ihn ein leichtes Spiel. Es war nichts zu machen, er hörte nichts mehr, er reagierte nicht mehr, er hatte nur das eine im Blut. Ein Aufstand. Ein Aufschrei ging durch in der Siedlung. Den normalen Bürgern erschien Thors Verhalten lebensgefährlich, sie hatten Angst um ihre Kinder und forderten Einsperrung, bis hin zum Tötungsantrag. Polizeieinsätze waren gang und gäbe, bis auch meine Geduld am Ende war. Ich telefonierte mit unserem Tierarzt, mit seiner Zustimmung vereinbarten wir einen Termin. Schade, aber es musste sein, wir konnten die vielen Abtreibungen nicht mehr bezahlen. Na, eine Männlichkeit hatten wir in einem halben Jahr fest im Griff.

Thor wurde ein friedlicher Genosse in unserem Rudel!

Deshalb gab es nicht weniger Geschichten mit ihm, aber sie waren verträglicher, normaler, ungefährlicher und auf der anderen Seite viel intensiver, viel menschlicher und gefühlvoller.

Unser Esel, Hastruball, und er waren sich nicht grün, mochten sich aber doch, jeder versuchte auf tierische Weise nahe an den anderen heranzukommen, ein unendliches Spiel mit allerhand Tricks. Wälzte sich Thor in dem Eselmist, um wie ein Esel zu duften und Hastruball zu täuschen. Immer ohne Erfolg. Auf der anderen Seite versuchte der Esel, Thor einmal zu überraschen, öffnete mit spitzen Lippen seine Stalltür, wir glaubten es nimmer, bis wir ihm auf die Schliche kamen, machte einen weiten Bogen um Thors Platz, versuchte im Schnellangriff von hinten unseren Hund zu erwischen. Auch vergebens. Keine Gelegenheit ließen sie für das Spielchen aus, aber getan haben sie sich nie etwas.

Wer Thors Herz eroberte, dem war er treu bis ans Lebensende. Diesmal war Mirco der Kleinste im Bunde, über ihn wachte Thor mit Ausdauer und Argusaugen. Kein Ferienkind durfte ihn ärgern, schubsen oder sonst etwas tun, dann kam er ins Spiel. Gnadenlos räumte er auf und stellte die Rangordnung wieder her, später wiederholte er sein Verhalten bei Billie, denn nun war sie die Kleinste und musste beschützt werden.

Unter den Gästen gab es ja auch hin und wieder Landeier, Diebe und Betrüger. Ein Gast versuchte meine Haushaltskasse zu knacken, doch da biss Thor ihm die Hand kaputt. Ich war schnell zur Stelle, übersah mit Entsetzen die Situation, das war ein Glück für Thor, denn wer hätte sein Verhalten entschuldigt oder gar verstanden?

Verbrecher sprang Thor von hinten an und trieb sie so aus dem Hof, da half kein Pfeifen, kein Brüllen, war der Typ außerhalb des Hofes, kam er schnell angelaufen und bettelte um Lob. Gut gemacht! Das waren meine Gedanken, die er wohl lesen konnte, er wedelte und zog sich gemütlich zurück.

Seine Vorliebe war das Federvieh oder gar die kleinen Häschen. Wir beobachteten ihn, zuerst wunderten wir uns über die liebevolle Behandlung, er leckte sie, hielt sie in seinen Pfoten, als ob er sie beschützen wollte, doch einen Moment später waren sie tot. Fressen und gefressen werden ist das Naturgesetz.

Thor musste sein Zuhause in Blumenrod genau wie wir verlassen und sich neu in Marienthal einleben. Das fiel ihm sichtlich schwer, er hängte sich mit Hingabe an meine Eltern und ihren Dackel Mucki. Sie waren ein Herz und eine Seele, der große Garten, ähnlich wie in Limburg, wurde sein Revier, während er zu mir nur des Nachts kam. Meine Wohnung war zu klein, er fand keinen richtigen Platz, ich hatte im Sommer zu wenig Zeit für ihn. Die Veränderungen innerhalb der Familie belasteten ihn ebenso wie uns alle, er war unglücklich und einsam. Da hatten wir etwas gemeinsam, das verband uns inniger, als mir lieb war. Die winterlichen Wanderungen waren für beide gut und eine kleine Entschädigung.

Er wurde alt, inzwischen auch schon über 13 Jahre, aber er wurde auch krank. In ihm wuchs ein Krebs, der die Nieren und den Darm angriff. Eine OP wollten wir ihm nicht noch zumuten, so pflegte ich ihn bis zu dem Tag, da er nicht mehr alleine aufstehen konnte. Leider mussten wir ihn erlösen. Seine flehenden Augen mit dem Blick „Helft mir doch" werde ich nicht vergessen.

Ein tiefer Schmerz packt mich heute noch.

Nie wieder einen Hund! Die Trauer sitzt tiefer und trifft einen härter, als es einem lieb ist, nicht einmal beim Weggang von Jörn trauerte ich so tief, war doch gleichzeitig eine Erlösung im Spiel.

Meine Eltern verloren ihren Mucki. Kurz nach Thors Tod wurde er auf der belebten Straße vor dem Schloss überfahren. Ich war dabei und gleichzeitig wie gelähmt.

Sehr verwundert schaute ich drein, als meine Eltern eines Tages mit einem neuen Rauhaardackel von Halle kamen, hatten sie sich Schnucki geholt, eine 2-jährige Dackeldame, sehr ängstlich, sie verkroch sich sofort, zitterte am ganzen Leib und war gestört. Na, eine vollendete Aufgabe für meine alten Eltern, die inzwischen auch schon 87 Jahre waren. „Ob das gut geht?", waren so meine Gedanken, ändern konnte ich so und so nichts, also nahmen wir die Dinge, wie sie waren.

Die täglichen Spaziergänge mit dem Hund, die Sorge um sie, lenkte meine Eltern von vorrangigen Problemen gut ab, es tat ihnen gut. Ich sah es positiv, sah aber auch die Aufgabe, die eines Tages auf mich zukamen. Was passiert, wenn meine Eltern nicht so alt werden, wie sie es sich wünschen?

Es kam, wie es kommen muss, ich kam erneut auf den Hund!

Schnucki heftete sich an meine Fersen, es war ein inniges Bild, die Angst, mich zu verlieren, trieb sie treppauf, treppab, sie ging überall mit, wirklich nicht eine Sekunde war sie von mir getrennt. Armer Hund! Sie schlief unter meinem Bett und wachte mit einem Auge über mich, denn nicht einmal auf die Toilette konnte ich alleine gehen, dann jaulte sie herzerweichend.

Einen Vorteil hatte der Stress, in kurzer Zeit war unser Schnucki gertenschlank, wurde auch wieder flink wie ein Wiesel, musste sie doch mein Tempo durchhalten.

Beim Rasenmähen hatte ich Erbarmen und baute ihr einen Korb zum Mitfahren, denn sie rannte die ganze Strecke hinterher und wurde vom Rasen völlig zugeworfen.

Inniger kann man mit einem Hund nicht leben, war es auf der einen Seite sehr rührig, so auf der anderen Seite sehr lästig. Die Angst trieb sie zum Wahnsinn. Eines Tages, während ich beim Einkaufen war, fuhr Fred zum Pumpenfachhändler, öffnete unbedacht die Tür, Schnucki sprang von Angst getrieben raus und rannte kopflos über die B 87 nach Naumburg. Fred hinter ihr her, doch je mehr er rief, umso schneller lief sie. Fred holte mich vom Einkauf mit den Worten: „Schnucki ist weg." Der Schreck fuhr durch meine Knochen. Eine Suche musste ich starten. Schnell war der Einkauf verstaut, Fred erzählte das Geschehene, wir überlegten, vermuteten sie aber schon unter einem LKW, da die B 87 eine sehr befahrene Straße ist. Unser Entschluss stand fest, ich wollte an der Stelle aussteigen, wo Fred sie zuletzt gesehen hatte. Die Augen auf den Weg gerichtet, sah ich in der Ferne Wellen in einer Pfütze. „Das ist Schnucki", war mein Blitzgedanke, langsam fuhren wir näher und wirklich, sie lag völlig erschöpft im Wasser. Fred glaubte es nicht, hatte er sie in Naumburg, fast 5 km entfernt gesehen. Wie konnte sie unseren Weg verfolgen? Alles egal, wir hatten sie wieder, liebevoll hielt ich sie im Arm.

3 lange Jahre sollte sie mein stetiger Begleiter sein, selbst nach Rumänien musste sie mit.

Und wieder war der Tag des Abschieds gekommen, sie war krank, aber zum Tierarzt wollte ich sie auch nicht bringen. So standen wir den letzten Kampf bis zum Ende durch, von mir gestreichelt, schlief sie ein. Tränen begleiteten sie.

Jeder Abschied ist bitter, jeder Tod schmerzlich, aber der Verlust eines Tieres, eines langen Wegbegleiters, hat eine besonders tiefe Trauer. Kommt es vielleicht daher, weil man sich ohne Worte versteht, weil man keine hässlichen Diskussionen mit ihnen hatte, keine Widerworte störten die Beziehung, Dankbarkeit und Freude waren die Basis?

Die liebe Verwandtschaft

Hier erzähle ich von Menschen, die mich durch mein Leben begleitet haben oder noch begleiten, Menschen, die mir sehr nahestanden, die mein Leben beeinflussten, die mich unterstützt, betreut, liebevoll geführt haben.

Ganz oben, wie soll es auch anders sein, steht meine Mutter. Eine hübsche, wunderbare, vornehme, liebevolle, ruhige Frau, ein Partner in allen Lebenslagen. Ihr Ursprung war im Osten, Provinz Posen, dort hatte die Familie von Szczepanski ihren Sitz. Mit fünf Schwestern und einem Bruder wuchs „Rosemarie" in der ländlichen Idylle auf. Personal für Küche, Zimmer, Garten und Kinder, bis hin zu den Privatlehrern war üblich. Ein Chauffeur fuhr die Kinder später täglich zur Schule. Ein großes Haus mit allen gesellschaftlichen Verpflichtungen leitete meine Großmutter im adligen Stil. Sie war eine kleine zierliche Person, sieben Kinder hatte sie geboren, litt unter Migräne, kränklich kam sie oft den Anforderungen nicht nach und so war es verständlich, dass sich meine Mutter früh für vieles verantwortlich fühlte, immer mehr Haus und Hof verwaltete, vor allem aber den jüngeren Geschwistern die Mutter ersetzte.

Rosemarie war Vaters Liebling! Er nahm sie überall mit, sie musste ihn schon mit vier Jahren auf die Jagd begleiten. Im Unglück hatte meine Mutter noch Glück, denn sie war so müde, dass sie unter einem Baum in eisiger Kälte einschlief und zu erfrieren drohte. Man rettete sie im letzten Moment, doch unter dem Schaden litt sie ihr ganzes Leben, hatte doch die Auftauaktion das Gewebe an den Beinen schwer verletzt.

Aber schon nach dem Ersten Weltkrieg geriet die heile Welt ins Wanken, Aussiedlung, Vertreibung, Verfolgung bahnten sich an. Der Vater und Horst, der Bruder, wurden von den Polen heimtückisch erschlagen. Die Mutter, meine Großmutter, rettete sich mit den Kindern nach Berlin, wo der Zweite Weltkrieg ihr Leben erschütterte, sie aber doch am Leben blieb. Nach dem Krieg landete sie in Rostock, Ostdeutschland. Dadurch bedingt, Besuchserlaubnisse gab es nur spärlich, lernte ich meine Großmutter sehr spät kennen. Eine wunderbare Frau! Sie hatte das Herz am richtigen Fleck, sie teilte das Wenige, was sie hatte, mit solcher Hingabe, dass mir als Kind die Tränen kamen. Ein Besuch in Rostock bleibt mir bis heute in Erinnerung. Mit ihrer Schwester „Tante Trude" lebte sie in einer kleinen Wohnung, die ärmliche, aber doch liebevolle Ausstrahlung hatte, und diese harmonische Atmosphäre spüre ich heute noch! Nie wieder habe ich Ähnliches empfunden. Später siedelte „Müffi", so wurde sie liebevoll genannt, in den Westen zu Tante Rena nach Gießen.

Meine Mutter, zur Selbstständigkeit erzogen, war schon in jungen Jahren beruflich als Geflügelzüchterin aktiv, lernte meinen Vater in der Landwirtschaftsschule kennen, lieben und sie blieben ein Leben lang verbunden. Aus dieser Ehe spross mein Bruder Horst 1942 und ich 1944 hervor. Mit Horst verband sie die nicht aufgearbeitete Sehnsucht nach ihrem Bruder, außerdem war er durch den Magenriss das echte Sorgenkind. Ein bisschen neidvoll schaute ich immer auf meinen intelligenten, fantasiereichen, unternehmungslustigen, oft wankelmütigen „Hossi", der Liebling. Meine Mutter kämpfte uns durch den Krieg, ungewiss war das Verbleiben von Vater, der erst sehr spät, ich war schon 4 Jahre, aus der Gefangenschaft kam, den ich mit „Guten Tag, Onkel Vati" begrüßte, was Entsetzen hervorrief, einen Streit vom Zaun brach, denn Vater vermutete Herrenbesuch bei unserer Mutter. Alles Missverständnisse, die zogen sich durch unser Leben, war doch Vater sehr verschwiegen, mussten wir ihm die Wünsche von den Lippen ablesen, nur selten erlebte ich ihn fröhlich, die Stimmung ein Leben lang gedrückt, nicht durch unser Verschulden, sondern hervorgerufen durch die schlimme und entsetzliche Jugend, die Schuldzuweisung der Eltern an den Verbrennungen seines kleineren Bruders „Heinz" und auch die Kriegserlebnisse beeinträchtigten sein Leben. Sicherlich wollte er ein guter Vater sein, setzte seine Freizeit für die Familie ein, baute, bastelte, nähte, plante für uns alle, unternahm viel mit uns, brachte uns alles bei.

Vaters handwerkliches Können sahen wir überall, zuerst bastelte er für uns Spielsachen, darunter auch Panzer für Horst, für mich Puppenbettchen, Puppenstube, später baute er für uns Ski, mit denen wir auf dem Meissner das Skifahren erlernten. Altmodische Möbel wandelte er in moderne um, indem er alle kunstvollen Aufbauten absägte! Welch ein Schreck und Schaden! Beiwagen für das Motorrad war in Eigenleistung gebaut, Zelte genäht, alles für den ersten Urlaub, 1951 an die See, gebastelt. Später entwickelte er einen aufklappbaren Anhänger mit 2 großen Liegeflächen, in der Mitte war der Tagesraum. Ein tolles Modell, mit dem ging es „ab in den Urlaub". Die Reisen führten von der Küste bis nach Italien, Schweiz, Österreich und Holland. Der Höhepunkt seines Bastelns wurde das „kleinere Boot", das etwas „größere Boot" und dann das „große Schiff". Er baute vom Kiel bis in den Mast alles alleine und selbst. Auch die Pläne arbeitete er aus, berechnete millimetergenau genau und brachte halbe Wunder zustande. Die waren sehr teuer, aber für ein erfülltes Leben noch günstig!

Alles wurde bei meinem Vater untersucht, auseinandergenommen, wieder zusammengesetzt und sollte etwas nicht richtig passen, war er auch schnell mit einer provisorischen Lösung bei der Hand. Noch heute entdecke ich Elektroleisten mit Isolierband repariert. Ein Schmunzeln geht mir über die Lippen und ganz dem Sprichwort entsprechend hält eben ein Provisorium am längsten!

Vaters stille und strenge Art erschreckte und flößte uns Angst ein. Nur ungern halfen wir ihm im Keller, denn absolute Ruhe und konzentrierte Arbeit waren angesagt und wehe wir waren nicht ganz bei der Sache, reichten ihm nicht schweigend das richtige Werkzeug oder Material. Das konnte brenzlig werden! Aber Vaters Strenge war nichts gegen die harte Hand vom Opa väterlicherseits, ihn erlebte ich mit 10 Jahren in den Ferien, als die Eltern mit Onkel Heinz an die See fuhren. Oma kochte eine süßsaure Linsensuppe, die ich nicht essen konnte. Eine Woche bekam ich die Suppe vorgesetzt, mein Sturkopf wurde mit Arrest in der Kammer bestraft. Während alle Kinder in der Sonne draußen spielten, musste ich eingesperrt über meine Sünden nachdenken. Es half nichts, ich blieb standfest und hungerte weiter. Horst schmuggelte abends heimlich etwas Essen für mich aufs Zimmer, kümmerte sich rührend um seine kleine Schwester. Der Opa brach mich nicht!

Oma Helene, Vaters Mutter, war eine rundliche gemütliche Person, nicht selbstständig, das war früher auch nicht gegeben, so musste sie nach Opas Pfeife tanzen, was ihr sichtlich nicht gefiel, gerne hätte sie uns Kinder verwöhnt und lieb gehabt. Unsere Besuche in Dülken sind mir noch heute bewusst, denn das Herzchenhaus im Garten war uns gruselig und interessant zu gleich, das kannten wir nicht und die nächtlichen Besuche glichen einer Mutprobe!

Die ausgleichende, liebevolle Art von Mutti machte alles wieder wett und so durften wir eine glückliche Jugend verleben, auch wenn ich immer gerne „Hossi" der Liebling sein wollte, bekam ich doch genug Mutterliebe ab.

Natürlich war und ist Horst eine wichtige Figur in meinem Leben, sind Geschwister stille Mitstreiter, Kämpfer, sind sie aber auch Verteidiger, Beschützer, Unterstützer und Begleiter durch das Leben. Ich glaube, die Rolle beruht auf Gegenseitigkeit, ist doch Blut am Ende dicker als Wasser, auch wenn man ganz unterschiedliche Wege geht, Leben lebt, hat man den gleichen Ursprung, gleiche Erinnerungen. – Er sah und sieht heute noch die kleine Schwester in mir, die ein bisschen dumm, aber sonst ganz nett ist, aber eine Glucke. War sie schon mit ihren Puppen verrückt, steigerte sie sich nun mit ihren Kindern und hob die Familie zum Heiligtum. – Ein Dummerchen, so sah und sieht mich mein Bruder.

Das finde ich nicht verkehrt, denn es ist etwas Wahres dran, dazu stehe ich, das bin ich, warum auch nicht? Es muss auch Menschen von meiner Sorte geben, die Gutes in jedem Menschen sehen, die auf Vertrauen bauen, helfen, unterstützen und ihr Bestes geben wollen. Horst hatte im gleichen Jahr wie auch ich geheiratet, seine Ehe brach zuerst, da brach auch für die Kinder, Dagmar und Marcus, eine Welt zusammen. Die Folgen waren unübersehbar, ein Familienzusammenbruch geht durch Mark und Bein, die Leittragenden sind die Kinder. Das wollte ich meinen ersparen und suchte immer wieder das Positive bei Jörn und uns. Das gibt es nämlich, auch wenn man verzweifelt ist, jede Sache, jedes Ding hat zwei Seiten und legt man beides auf die Waage, ist trotz Kummer oft doch ein Gleichgewicht zu sehen!

Nun gab es Probleme mit Dagmar, sie sollte mit Horst in die neue Familie, was sich aber nicht reibungslos organisieren ließ. Theater, Theater am laufenden Band, Auseinandersetzungen, verzweifelte Situationen, die so weit gingen, dass Horst keinen anderen Ausweg fand, als mir Dagmar anzuvertrauen. Ein großer Schritt des Vertrauens und nicht ohne Angst nahm ich die Herausforderung an, die ganze Familie trug den Entschluss schon in dem Bewusstsein, dass es keine leichte Aufgabe sein würde. Doch wie schwer es wurde, ahnten wir nicht, war für uns auch unvorstellbar, hatten wir nur Söhne, keine Erfahrung mit pubertierenden Mädchen. Unser Leben war in kurzer Zeit auf den Kopf gestellt, keiner verstand den anderen, jeder gegen jeden, Heimlichkeiten, Lügereien, Diebstahl, alles war zu erwarten. Fast ein Jahr hatten wir geschafft, als Dagmar heimlich per Anhalter zum Vater nach München fuhr. Meine Angst und Sorgen begannen mit Dagmars Verspätung, als ob ich es geahnt hätte, kam der Anruf von Horst nicht unerwartet. Meine Empörung war grenzenlos, denn Horst gab mir die Schuld, war sauer und machte mir Vorwürfe. In dieser Nacht konnte ich nicht schlafen, mein Entschluss stand fest, ich stürmte am Tag darauf zu dem Nonnenkloster und meldete Dagmar an. Es war eine gute Entscheidung, die auch mein Bruder mittrug, so war ich von den nachfolgenden Prozessen erlöst. Eine mystische Lebensphase von Dagmar begann, mit Drogengenuss, Magersucht, Klinikaufenthalten, falschen Freunden. Erst Jahre später hatte sie sich wieder gefangen, besuchte uns, sah glücklich aus, was auch uns berührte.

Das Leben spielt oft eine grausame Rolle, denn Dagmar, Marcus mit Frau und zwei Kindern verunglückten mit dem Auto auf der

Rückfahrt aus Serbien. Ein Feuer setzte aller Leben ein Ende. Die Beerdigung war ein Grauen. Horst hat sich nach dem Geschehen verständlicherweise sehr verändert, ein Familientreffen scheute er, von meinen Kindern wollte er nichts hören. Es war und ist ein harter Schicksalsschlag.

Mit dem Ehepartner gewinnt man eine Familie dazu, ich möchte nicht sagen, dass man eine ganze Familie heiratet und doch kommen Einflüsse aus der Familie auf einen zu, die es zu verarbeiten gilt, sortieren, einschätzen, auf Wahrheit prüfen, mit denen man umzugehen lernen muss.

Mein erster Kontakt war Frauke, Jörns Schwester. Wir besuchten sie in München, hatte sie dort eine eigene Praxis, dominierend, gut aussehend, gewandt, beeindruckte mich mächtig, ihre Worte „So einen Mann heiratet man nicht" klingen noch heute in meinen Ohren! Waren wir doch damals nicht einmal echt befreundet, ahnte sie Jörns Vorhaben schon, ihre Warnung schlug ich, überzeugt es besser zu wissen, in den Wind. Die nächste gelungene Äußerung von Frauke erhielten wir in Form einer Ballade zur Hochzeit, kein gutes Eckchen ließ sie an Jörn, alle Gäste hielten die Luft an, kannten die meisten die Schreiberart nicht. Die schriftliche Äußerung in einem Brief an mich mit den Worten, ich sei eine glückliche Frau, denn mit den Doofen ist Gott, erschütterte mich. Heute allerdings gebe ich ihr recht, denn macht man sich nicht über alles und immer wieder Gedanken, lebt man friedlicher, glücklicher, bescheidener und ruhiger. Meine selbst gebackenen Plätzchen aus Tunesien bezeichnete sie als Sandplätzchen, weitere Äußerungen waren ebenso beleidigend wie niederträchtig, hatten eben Schreiberart. Die Attacken in Blumenrod lauteten: „Ihre Freundin aus Wiesbaden sei eine Frau, wie Jörn sie lange nicht erlebt hätte. In dem Haus meines Bruders kann ich walten und schalten, wie sie wolle." Weitere Spitzen brachten das Fass zum Überlaufen. Ich forderte von Jörn eine Stellungnahme und das Zurückrudern von Frauke. Zähneknirschend ging Frauke in ihre Ferienwohnung, nicht ohne vorher über die Aufstellung, Beziehungen unter den Geschwistern, lauthals zu diskutieren. Eine weitere Familientragödie spielte sich bei der Konfirmation 1994 in Blumenrod ab.

Ganz anders erschien mir der Vater Schreiber. Ein gut aussehender, stattlicher Mann stand vor mir, seine dunklen Augen funkelten, mit einem liebevollen Blick schaute er mich an und signalisierte „positiv". Der Vater hatte trotz seiner Nachteile das Herz auf dem richtigen Platz, ich glaube nicht, dass er seine Gefühle nur geschauspielert hat. Seine Zuneigung zu meinen Eltern war ebenso ehrlich wie die Freude über seine Enkelkinder. Großmutter Thiessen, Hertas Mutter, war ebenso angetan, denn trotz seiner Ausbrüche, vielleicht auch ungerechte Handlungen gegen Herta, war er zur Oma unverändert lieb. Sie ließ nichts auf ihn kommen! Oma Thiessen war mit meiner Großmutter mütterlicherseits zu vergleichen, liebevoll, herzlich, positiv, voller Freude über die Urenkel, bedachte sie mit liebevoll gestrickten Strampelhöschen, Jäckchen und Mützchen. Es war eine Freude! Lange Briefe wechselten zwischen uns hin und her, ohne Korrektur nahm sie meine Briefe entgegen und freute sich, auch der ehrlichen Hochachtung wegen, die ich der Oma entgegenbrachte. Für uns waren die menschlichen, tiefen, ehrlichen Werte die Basis des guten Verstehens.

Ihre Tochter, Mutter Schreiber Herta, hatte gegen mich Vorurteile bis hin zum Hass. Ich kam nicht dagegen an, gab es auch bald auf, denn einen unglücklichen Menschen kann man nicht glücklich machen. So verhärmt war sie, dass es einem leidtun konnte. Ihre ganze Aufmerksamkeit und Liebe schenkte sie ihrem Lieblingssohn Hasko, ohne Zweifel ein besonderer Typ, immer zum Schäkern aufgelegt, lustig, strahlend, das Äußere vom Vater geerbt, war er eine imposante Erscheinung. Auch ich hätte mich in ihn verlieben können.

Das Herumalbern brachte die Mutter so in Rage, das sie dieses mit meinem Rausschmiss beendete.

Jörn war so ganz anders, er war ein Mann von Welt, gab sich auch so, haushoch überlegen war er mir und hatte ein leichtes Spiel.

Da gab es noch die Tante Christel, die Schwester von Egon Schreiber, meinem Schwiegervater. Sie war verheiratet mit einem Landwirt, Günther Hardt. Wir besuchten sie in Seewiese, später auf dem Weingut Erlasee, pflegten netten Kontakt, waren immer positiv überrascht über das Können im Haus und Hof, sie war eben eine gelernte Hauswirtschafterin. Zwei Söhne, Gerd und Gunther, wuchsen heran, und obwohl sie sehr verwöhnt waren, bestreiteten sie ihren Lebensweg zielstrebig. Gerd auf dem Gebiet Tourismus, Gunther studierte und spezialisierte sich auf den Bau von Golfplätzen weltweit. Es ist immer wieder erstaunlich, wie die nächste Generation heranwächst. Den Kontakt zu Tante Christel pflegten wir bis Marienthal.

Der Bruder von Egon, Onkel Adolf, war nicht so positiv, denn nach der Scheidung von seiner Frau litt er unter Verfolgungswahn, vergrub sich in Kassel bei seiner alten Schulfreundin und kam nur selten in die Familienrunde. Die Geschwister hatten sich wegen Erbstreitigkeiten sehr auseinandergelebt.

Der Vater, Eduard Schreiber, war der Ursprung der Schreiberfamilie aus dem Osten mit eben auch fünf Söhnen, davon sind vier im Zweiten Weltkrieg gefallen. Nach der Flucht lebte Eduard mit seiner Frau Helene in Bayern. Er machte seiner Frau das Leben schwer, sie war musisch begabt, zierlich und so gar nicht vorbereitet auf das harte Leben auf dem Lande. Verwitwet wohnte er später auch in Kassel. Er wurde 94 Jahre, war immer noch ein stattlicher Mann, geistig noch frisch, aber dennoch nicht ohne Fehler. Einer seiner Brüder hatte in die Familie Materne eingeheiratet, die ebenfalls vertrieben im Westerwald eine neue Heimat fanden. Zu ihnen pflegte Jörn engen Kontakt, so auch ich. Tante Elisabeth, Marga und Helmut Materne mit ihren Kindern waren gern gesehene Gäste in Blumenrod oder wir besuchten sie in Dernbach, Westerwald. Von dort bekamen wir unsere Lampen für das Esszimmer, da Helmut eine Keramik-Fabrik bewirtschaftete, voller Erfindungskraft und Ideen baute er Produktionsmaschinen. Wir waren oft dort zu Gast, ich mochte die Familie herzlich gern, sie waren so menschlich, voller Sorgen um die Kinder, um den Betrieb, Probleme mit der Verwandtschaft wurden angesprochen, dort herrschte nicht immer nur heile Welt, sondern echtes Leben! Von ihnen kam auch die Anregung mit unserem Ferienhaus in Ampuria Brava.

Vonseiten meiner Mutti gab es noch die vielen Schwestern Eva, Rena, Uschi, Ille und Lore.

Tante Evchen war in Hamburg verheiratet, sie lebten ihr Leben ganz in der Gesellschaft eingebettet, nur wenige Male fand ein Treffen statt. Meine Cousinen hießen Veronika und Susanne, Joachim war mein Cousin. Bei Uschi Ködelpeter und Ille Elschnig war es ähnlich, beide waren Krankenschwestern, sehr im Beruf eingebunden. Tante Lore, schon immer eine Außenseiterin, während Tante Rena der Hansdampf der Familie war. Immer schick, sexy, wirbelig, tobte sie durch das Leben. Mutti hatte im Krieg und auch später Renas uneheliche Tochter Maja aufgenommen, sie war wie ein drittes Kind. Tante Rena, inzwischen verheiratet mit einem Rechtsanwalt Gutschmidt in Gießen, pflegte zu meinen Eltern den engsten Kontakt. Dankbarkeit, vielleicht auch tatsächliche Bindungen, veranlasste Tante Rena mich unter ihre Fittiche zu nehmen. Es war lustig, aus einer kleinen schüchternen Monika wollte sie eine weltoffene kleine Lady machen. Maja war inzwischen groß und tatsächlich eine bemerkenswerte Erscheinung. Sie war nicht nur hübsch, sondern wurde eine nennenswerte Reporterin, voller Geist und Ideen schrieb sie Artikel für die großen Zeitungen. Eben Tante Renas Tochter! Rena war eine eifrige Verfechterin ihrer Herkunft. Stilvoll eingerichtet war das Haus, mit Personal und aufwendiger Haushaltsführung, selbst legte sie Wert auf Etikette, Benehmen, Wortwahl, alles war auf den adligen Ursprung abgestimmt. Ihre Erscheinung ließ die Menschen nicht unberührt, selbst bei dem Besuch einer Kirche drehten sich die Leute nach Tante Rena um, Onkel Hans Herbert sonnte sich in ihrer Ausstrahlung. Er liebte sie bis in den Tod. In diese Atmosphäre durfte ich während der Ferien öfters eintauchen, unvergessliche Zeit. Rena gab mir Schliff, modelte mich um, aus dem grauen Mäuschen wurde ein modernes Kind, nähte für mich schnell, aber attraktive Sachen, kleidete mich echt schick ein! In Erinnerung ist mir der erste BH noch wie heute, Rena schenkte mir diesen zu Weihnachten, Horst ergriff das Ding und hängte ihn unter lautem Lachen oben an den Baum, ich rannte Tränen überflutet vor Pein und Scham in mein Zimmer. Das Weihnachtsfest war verdorben. Tante Rena hatte es nur gut gemeint, liebevoll dachte sie an mich.

Ein Osterbesuch ruft auch schlimme Erinnerungen in mir wach, waren wir zur Mitternachtsmesse in die benachbarte Kirche gegangen, es war eindrucksvoll, echt katholisch, mit viel Weihrauch, Glanz und Glimmer. Es dauerte nicht lang, mir wurde schlecht, ich wollte aber nichts sagen, hielt aus bis zum Zusammenbruch. Man trug mich aus der Kirche, ein Arzt kam herbei, und nachdem ich das schöne Ostermahl herausgebrochen hatte, kam ich wieder zu den Lebenden. Nie wieder Weihrauch! Nie wieder war ich danach in einer katholischen Messe, selbst ein Besuch in einer leeren Kirche macht mich elend und krank, wie später noch auf Malta erlebt.

Nun denn, Tante Rena weckte in mir Geschmack und Lust an schönen Sachen, nicht übertrieben, aber ausgewählt und mit besonderer Note. Ich war dankbar, meine Mutti zufrieden, denn Vater hätte diese Modegeschichte als sinnlos abgetan, für ihn galt: Hauptsache man hatte etwas an. Tante Rena bekam im hohen Alter Nachwuchs, alle schlugen die Hände über dem Kopf zusammen, doch sie freute sich auf ein zweites Kind. In der damaligen Zeit war so eine Spätgeburt noch eine Seltenheit und nicht ganz ungefährlich. Es ging alles gut, Cornelius hieß der Kleine, wurde verwöhnt, dressiert, nicht erzogen, war niedlich anzusehen, ein Star, wie er im Buche steht. Das Blatt wandelte sich, musste sich wandeln, die Fehler der Affenliebe wurden erkennbar, das Musterkind wurde zum Albtraum. Abhilfe fand Tante Rena bei uns, sollte Cornelius, dessen Patentante ich war, hier auf dem Bauernhof die harte Hand spüren und arbeiten lernen. Welch ein Trugschluss! Er krempelte in kurzer Zeit unsere Gemeinschaft um, sorgte für Aufmüpfigkeit, Futterneid am Tisch, tägliche Arbeitsverweigerung brachte Jörn zur Weißglut, mich zur Verzweiflung, eine Beendigung der Zusammenarbeit war die Folge, die aber Onkel Gutschmidt als Rechtsanwalt nicht einfach hinnahm. Er verklagte uns. Auch wenn das Verfahren mit einer gütlichen Einigung beendet wurde, war ich dennoch empört, hatten sie ihren verzogenen Sohn uns aufgebürdet und uns dann noch verklagt. Wir brachen die vorher nette Kontaktaufnahme ab, ebenso außer sich waren meine Eltern, Rena war schon immer ein Extrem, man wunderte sich im Familienkreis nicht sonderlich. Cornelius bereitete weiterhin meiner Tante viel Kummer. Besonders nach dem Tod von Tante Rena und dem schnell darauf folgenden Tod von Onkel Hans-Herbert musste sich meine Cousine Maja mit ihrem Bruder wegen Erbstreitigkeiten auseinandersetzen. Es muss fürchterlich gewesen sein. Hasserfüllt spricht sie heute von Cornelius. Schade, dass mit einer Erbschaft die Familienbande zerbrechen.

Nach dem Tod von Rena starb auch Evchen in Hamburg, Lore in Freiburg, meine Mutti, Rosemie, 2009, 2012 Tante Ille in Karlsruhe, sodass nur noch Tante Uschi mit dem stolzen Alter von 96 Jahren in Rüsselsheim am Leben ist. Die Familie von Szczepanski bürgt für ein hohes Alter.

Der Tod von Mutter Schreiber hatte mich in vieler Hinsicht sehr erschüttert, nicht nur der Unfrieden in der Familie war erdrückend, nein, Jörns Verhalten war für mich unfassbar.

Die Nachricht vom Tod der Mutter kam unerwartet, denn sie war mit Herzversagen zusammengebrochen, Hasko hatte sie in ihrem Haus in Werda aufgefunden. Die Nachricht kam auch spät, schon eigenartig, aber dennoch nicht ungewöhnlich. Jörns Pflicht wäre die sofortige Fahrt nach dort gewesen, er ignorierte alles. Sein Kommentar: „Die Drecksau kann mir gestohlen bleiben." Die Kinder hörten es, mir blieb das Herz stehen und ich entschuldigte die Entgleisung mit dem Schock über die Nachricht, über die aufgewühlten Gefühle, mit denen er nicht umgehen konnte. Mein Entsetzen ist bis heute in meinen Gliedern, der Gedanke, meine Kinder würden ähnlich über mich reden, macht mich krank und traurig. Keine Mutter kann in meinen Augen so schlecht sein, dass sie es verdient hat, mit solchen Aussprüchen bedacht zu werden. Unmenschlich!

In gleicher Zeit bekam ich Angst vor Jörns Hass und fürchtete mich vor dem Gedanken, dass mich gleicher Hass treffen könnte. Ich musste nicht lange warten, es traf das ein, was ich am meisten fürchtete: **blinder Hass.**

Versprechen – Verzeihen – Vergessen!

Ein Zusammenspiel von emotionalen Kräften, die nicht immer, aber doch meistens bei Kindern und Müttern, Kindern und Eltern, Enkelkindern und Großeltern, Schwiegerkindern und Schwiegereltern schwer, in guten Ehen möglich, bei Freunden nur bedingt, bei Bekannten kaum funktionieren können.

In unserer Familie war das Vertrauen gut, gab es doch nur selten Situationen mit meinen Kindern, in denen sie mir ein Versprechen geben mussten. Begebenheiten geschahen, die ich zu verzeihen hatte. Ganz von dem Vergessen abgesehen, haben mich meine Jungs niemals so erschüttert oder verletzt, betrogen, belogen, gestohlen oder ein anderes Verbrechen getan. Sagen wir mal, ich habe keine Kenntnis davon. Was ich nicht weiß, macht mich nicht heiß!

Mircos Ladendiebstahl war wohl das schlimmste Vergehen. Das war eine Jugendsünde, angeheizt durch einen Klassenkameraden, der Mutproben von Mirco verlangte. Er wurde erwischt, wir sprachen mit ihm, Einsicht gab es, da konnten wir den Vorfall vergessen.

Schwieriger waren die Situationen Vater und Söhne, da hatte Jörn viele Fehler gemacht, sich niemals entschuldigt, kein Versprechen der Besserung gegeben. So wurde das Verzeihen der Kinder immer schwieriger und das Vergessen unmöglich. Unsere Jungs leiden noch heute an den starken Verletzungen, die ihnen Jörn seelisch angetan hat.

Ohne Jörn an dieser Stelle zu diffamieren, ihn schlecht zu reden, möchte ich doch auch einmal die Wahrheit sagen. Auch sie muss einmal ausgesprochen werden. Habe ich in all den Jahren immer um Verständnis bei den Kindern für Jörn geworben, ihnen das Verhalten zu erklären versucht, sie immer wieder zum Nachgeben überredet, sie angefleht, angebettelt, geheult und geflennt, sie mit Taschengeld gelockt, sonst hätten wir nicht eine einzige Ernte heil in die Scheune gefahren! Seine unerschütterliche Selbstherrlichkeit konnte einen zur Raserei bringen, gepaart mit Ungerechtigkeit, Niederträchtigkeit und Verachtung war es so weit gegangen, dass ich zu einem Mord fähig gewesen wäre. Immer wieder habe ich nach dem Grund gesucht, gefragt, geforscht, aber ohne Ergebnis für einen Lösungsweg. Es war hoffnungslos.

Im Winter, wenn Ruhe über der Domäne lag, waren die Ausbrüche seltener, aber auch möglich. Da konnte ein Buchungstag im Büro gleiche Symptome heraufbeschwören. Später reichte ein freiwilliges Tanztraining, um ihn am Rand der Beherrschung zu erleben.

Der Umgang mit Geld brachte ihn immer außer Rand und Band, immer waren wir schuld, es kostete alles zu viel, wir waren verschwenderisch, aasten mit seinem Geld. Da half auch mein Verdienst mit den Ferienwohnungen nichts, obwohl er dadurch schon etwas beruhigter war. Ich möchte nicht wissen, wie es mir ohne mein eigenes Zubrot ergangen wäre!

Soweit das Thema Jörn, es wäre über ihn ein ganzes Buch zu schreiben, doch zuvor müsste ich ein medizinisches oder psychologisches Studium aufnehmen, der normale Menschenverstand reicht nicht aus, das habe ich erleben müssen.

Das Miteinander von Enkelkindern und Großeltern lief bei uns mit der Oma ganz unkompliziert, sie verzieh alles, auch wenn sie sich zuvor große Sorgen und Nöte gemacht hatte. Ein Versprechen der Jungs, nicht so risikoreich und draufgängerisch zu sein, beruhigte sie schnell wieder.

Ganz anders waren die Zusammenstöße zwischen Enkelsöhnen und Großvater. Da krachte es schon gewaltiger, an ein Einlenken vom Opa war nicht zu denken, also versuchten die Jungs die Wogen immer wieder zu glätten. Keine leichte Aufgabe für ganz junge Leute! Mein Vater, Opa, war schnell beleidigt. Ging nicht alles nach seinem Kopf, besonders auf den

Segeltouren, bewegten sich die Jungs wie auf rohen Eiern und doch passierte die eine oder andere Eskalation, die zum Beispiel bei Fred zum Abheuern auf hoher See auswucherte. Eine Aussprache fand nicht statt, verdrängt wurden Missverständnisse, Ungerechtigkeiten, Wut und Verzweiflung, die alle auf Kleinigkeiten aufgebaut waren. Irre! So versuchten wir Frauen jedes Mal die Wogen insoweit zu beruhigen, dass nicht gleich die ganze Familie in den Unfrieden hineingerissen wurde.

Ganz anders, viel aufregender war das Durcheinander von Schwiegereltern zum Schwiegersohn, der ja schon mit Lügen seinen Einstand gab, auch weiterhin mit kleinen Notlügen und Unwahrheiten sein Leben strickte. Es ist doch erstaunlich, wie mit ein bisschen Charme und netten Worten die Zweifel, das Misstrauen, die Abneigung zugedeckt werden konnten. So ein Fall war meine Mutti, sie erlag Jörn immer wieder, das höfliche und gekonnte Auftreten entschuldigte alles. Die Versprechen, die er den Eltern gab, löste er nie ein und doch verziehen sie ihm immer wieder, selbst den Betrug an ihnen, seinen Weggang und sein Imstichlassen. Seine Wiederkehr begrüßte meine Mutter, empfing ihn wie den verlorenen Sohn. Sein zweites Verschwinden ohne Abschied, ohne erklärende Worte war zu viel für meine Mutter. Sie hat den Glauben an das Gute in Jörn verloren, auch den Glauben an die Menschheit, sie hat gelitten und der Lebenswille war gebrochen. Hatte sie sich so getäuscht? Fragen über Fragen blieben unbeantwortet. Verantwortungslos wie immer hat Jörn sich davongeschlichen. Traurig.

Mein Vater sah ihn kritischer, hatte er ihn doch auch in ganz schrecklichen Situationen erlebt, einen Anschlag auf sein Leben überlebt, schüttelte er nur den Kopf und zog sich zurück. Abbitte leistete Jörn, doch das herzliche Verhältnis war nachhaltig getrübt und blieb emotional gedämpft.

So herzlich, wie mein Zusammentreffen mit meinem Schwiegervater war, so schrecklich war es mit meiner Schwiegermutter. Viel später habe ich Verständnis für meine Schwiegermutter zeigen können. Flog doch der Vater auf alle jungen Mädchen, wie auch später mein Mann. Ich war eine Gefahr und sie war schon zu müde von all den sinnlosen Kämpfen, war verhärmt und hasste mich unbewusst. Das Verhältnis hat sich nie gebessert. Ich gab mir viel Mühe, hielt den Kontakt, auch in den Auslandsjahren, versuchte mit Liebe ihr Freude zu geben, doch vergebens. Schade! Hätten wir Frauen mal geredet, wäre vieles besser zu verstehen gewesen, vielleicht hätte man auch etwas ändern können, vor allem aber wäre uns vielleicht großer Kummer erspart geblieben. Sie war genauso verletzend wie Jörn. Fand ich doch meine Briefe zensiert, Fehler korrigiert und angestrichen auf dem Schreibtisch von Matthaei in Hamburg wieder. Ich traute meinen Augen nicht und Hatti versank im Erdboden, so peinlich war die Situation. Ich konnte kein Verständnis aufbringen! Meine Briefe waren aus dem Herzen geschrieben, so wie ich denke, wie ich fühle, wie ich bin. Meine Briefe waren keine gezirkelten, grammatikalisch einwandfreie, nichtssagende Aufsätze. Diese Gefühlskälte hat Jörn von der Mutter geerbt. Unser Kontakt beschränkte sich nach dem Tod von Vater Schreiber, nach den vergeblichen Unterstützungsversuchen von Jörn auf höfliche Floskeln. Besuche bei uns oder Familientreffen überstanden wir glimpflich, oberflächlich, höflich, achtungsvoll, aber nicht herzlich. Ich litt darunter, hätte so gerne Frieden in der Familie, doch meine Versuche liefen ins Leere.

Versprechen, verzeihen, vergessen unter Ehepaaren ist eigentlich eine ganz einfache Angelegenheit, denn Liebe verzeiht alles! Jörn hat viel versprochen, nichts gehalten, ich habe immer verziehen, aber nichts habe ich vergessen! Das ist meine Kurzgeschichte.

Wären da nicht Kräfte im Spiel, die eine genauere Aufarbeitung verdienen, Mechanismen arbeiteten in unserer Beziehung, die ich zuerst nicht durchschaute, dann bemerkte, mich nicht wehrte, sondern geduldig, leidend ertrug. Mein Helfersyndrom war das Laufwerk unserer Beziehung, er brauchte mich, um durch das Leben zu kommen, ich brauchte ihn, um meine Rolle der Beschützerin und Helferin spielen zu können, gemischt mit Liebe, die ich wirklich empfand, hatte Jörn ein leichtes Spiel. Er packte alles auf mich, nicht nur das Tägliche, sondern alle Probleme, seinen wirren Kopf, sein unwirsches Handeln, seine Lieblosigkeit, seine Gefühlsarmut und belastete mich darüber hinaus mit subtilen Erniedrigungen. Packte mich an meiner Ehre, an meiner Menschlichkeit, forderte meinen Überlebenskampf heraus, damit trieb er mich, wann immer er wollte. Schnell hatte er als Demagoge meine Heilungskraft entdeckt, trieb mich mit seelischen Verletzungen immer weiter. Wusste er ja, dass ich mir nach einem kurzen Aufbäumen eine neue Arbeit vornahm und wutschnaubend die Wände strich, hämmerte, Fliesen legte, ein- und ausräumte, meine Wut wegarbeitete. Ich fiel todmüde ins Bett und stand freudig wieder auf! Wie sagt man so schön: „Der Krug geht zum Brunnen, bis er bricht." Aber er brach nicht, meine Stärke wuchs, mein Selbstbewusstsein konnte er nicht zerstören. Meine Liebe zu meinen Kindern machte mich zur Löwin. Aus den Bestätigungen von den Gästen, der Domänenverwaltung, der Freunde, die Unterstützung meiner Eltern ließ mich alles ertragen und auf die wenigen Momente des Friedens hoffen. Die gab es natürlich auch!

Was habe ich verkehrt gemacht? Zu sehr an die Kandare genommen, ihn zu sehr eingeengt?

In den jungen Jahren wusste ich, dass man Jörn nicht länger als 3 Tage alleine lassen konnte, ansonsten hatte er schon wieder Dinge angeleiert oder dumme Sachen gemacht, die ich ausbaden musste, die ich zu korrigieren hatte, waren sie doch für die Familie unmöglich. Er selber sah seine Fehler ein, doch konnte sein Verhalten nicht ändern. Im Guten sagte er immer wieder: „Bitte, pass auf mich auf!" Gerne tat ich ihm den Gefallen, denn eigentlich sah ich mich im Team mit ihm, stellte ihn immer ganz nach vorne, war stolz auf ihn, unterstützte ihn, ergriff Partei für ihn und kämpfte für ihn. Eigentlich eine gute Ehe, wenn das uneingeschränkte Vertrauen nicht so oft benutzt und verletzt worden wäre. So lag der Schatten im Privaten, kurzum, auch im Bett. Gegenseitiges Verstehen, über Gefühle und Wünsche reden, gab es nicht. Damit blieb manches auf der Strecke!

Versprechen – verzeihen – vergessen zwischen Schwiegermutter und Schwiegertöchtern ist noch mal ein extra Kapitel, hat bei mir und Herta nicht geklappt, wie soll es nun mit mir und meinen Schwiegertöchtern besser werden? Habe ich aus den Fehlern gelernt, habe ich etwas aus meinen jungen Jahren ins Alter mitgenommen?

Ich war selbst gespannt, nahm mir gute Vorsätze vor, doch in der Hitze des Gefechtes poltert man doch einmal unüberlegt los. Dann schlägt die Falle zu, weil Wörter von der Schwiegermutter gleich doppelt auf die Waage gelegt werden, man sieht nur die schlechte Seite, die große Einflussnahme der Mutter auf ihre Söhne, man sieht die falsche Erziehung der Mütter, man sieht nur Negatives. Von beiden Seiten wird an dem anderen kein gutes Haar gelassen, wie irre, verrückt, ungerecht, falsch und schwierig. Dabei gilt auch hier die Regel: Jeder hat seine guten und schlechten Seiten.

Meine angehende erste Schwiegertochter war Heike, sie überraschte und schockte mich, als ich gerade 46 Jahre alt war, die Argumentation „Keine Sorge, ich will nicht Ihren Sohn, will nur das Kind" entzog mir den Boden unter den Füßen, ich musste mich am Treppengeländer festhalten. Es ging noch weiter: „Wenn ich Fred nehme, habe ich gleich vier Kinder." Der Schleudergang nahm kein Ende, doch ich behielt die Ruhe, suchte in der Unerfahrenheit, in der unbekümmerten Jugend die Entschuldigung und sagte besser kein Wort. Recht so. Die beiden rauften sich nicht zusammen, Biliana wurde geboren, das Spiel ging weiter, mal bekam ich die Enkelin, mal nicht, mal war Fred mit ihr einig, dann griff der Zoff wieder zu. Ein Hin und Her und ich mittendrin als „Schwiegermutter". Man lernt immer: „Wird man alt wie eine Kuh, man lernt doch immer dazu!" Ein Sprichwort mit wahrem Hintergrund. Seit Jahren erkenne ich Heike an, habe Achtung vor ihrem Lebensweg, den sie eigenständig gemeistert hat. Sie hat Biliana zu einer vernünftigen, anmutigen, liebevollen, wohlerzogenen, strebsamen, netten, dazu noch einer sehr hübschen Enkeltochter heranwachsen lassen.

Viele potenzielle Freundinnen habe ich seit jenen Tagen kennengelernt, bei fünf Söhnen auch kein Wunder! Meine Vorsicht wird eher als unnahbar gewertet, ist aber nur ein Schutz, denn Verletzungen kann ich so gar nicht mehr gebrauchen. Besser Vorsicht als Nachsicht!

Sorgen habe ich mit Maja, die Freundin und baldige Frau von Michael. Sie war so ganz anders, ich konnte sie nicht einschätzen, selbst nach einem längeren gemeinschaftlichen Zusammenleben haben wir keine herzliche Basis gefunden. Ich weiß nicht warum. Es ist sicherlich die Geschichte ihrer Kindheit und Jugend, die sie mit sich herumschleppt, im Unterbewusstsein lehnt sie die Mutter, damit auch die Schwiegermutter ab. Die Zeit kann das vielleicht heilen.

Claudia, Martins Frau, betrachtet mich auch ganz kritisch, hat sie doch mit ihrer Mutter ein nettes Verhältnis, braucht sie anderseits keine Schwiegermutter. Unsere Begegnungen sind zu selten, zu kurz und immer mit vielen Menschen verbunden, sodass man für ein persönliches Gespräch nicht einmal Zeit findet. Schade!

Die wechselnden Lebensabschnittsbekanntschaften von Manfred nehme ich mit Gelassenheit hin. Auf beiden Seiten gibt es jeweils Vorurteile, Bindungsängste, Anspruchsdenken und immer sehr wenig Bereitschaft. So ist die moderne Welt, die Ehe ist überholt, die alten Werte gelten nicht mehr und somit sind Treue, Anstand und Ehrwürdigkeit unter den Tisch gefallen. Ohne die Werte ist eine Ehe weder zu führen noch zu halten. Kinder sind in der heutigen Zeit kein Bindungsglied und Bindungsgrund. Die Alleinerziehenden sind im Vormarsch! Mit Achtung begegne ich den Müttern und halte mich dezent zurück.

Da wäre nun noch Uta, Mircos Frau, mit ihr pflege ich für mein Empfinden ein sehr nettes Verhältnis, sogar herzlich würde ich es nennen. Sie ist offen, wir können sprechen, ich habe Achtung für ihre Leistung, freue mich über die gute Versorgung von Mirco, denn sie lieben sich. Möge das noch lange so bleiben. Malik und

Lisa sind zwei niedliche, aufgeweckte Kinder, die Uta liebevoll, aber auch mal mit Strenge erzieht. Sie führt ein festes Regiment.

Meine Zurückhaltung, auch durch meine Weisheit, gibt mir Ruhe und Besonnenheit, unüberlegtes Aufbrausen spare ich mir, denn die Erfahrung lehrt: „Ein Schaden ist schnell angerichtet, aber nur schwer wieder zu korrigieren." Ich werde noch einmal richtig gut!

Mit Freude kann ich der Zukunft ins Auge blicken und lasse mich überraschen von Dingen, die noch kommen werden! Es wird eine spannende Zeit!

Bewerten Sie dieses Buch auf unserer Homepage!

www.novumverlag.com

Die Autorin

Monika Schreibers bewegende Lebensgeschichte lässt sich kurz und knapp zusammenfassen: „von der Krankenschwester zur Schlossbesitzerin". Nach der Ausbildung zur Kinderkrankenschwester folgten mehrere Jahre im Ausland, ein eigener Bauernhof und schließlich ein eigenes Schloss. Die verschiedenen Stationen ihres Lebens beschreibt sie in ihrem Buch „Nicht jeder trägt die gleiche Last".
Die Autorin liebt es zu planen, zu bauen und zu basteln, und ihr Lebensmotto lautet: „alles oder nichts". Sie hat fünf Söhne.

novum 🖋 **VERLAG FÜR NEUAUTOREN**

Der Verlag

> *Wer aufhört*
> *besser zu werden,*
> *hat aufgehört*
> *gut zu sein!*

Basierend auf diesem Motto ist es dem novum Verlag ein Anliegen neue Manuskripte aufzuspüren, zu veröffentlichen und deren Autoren langfristig zu fördern. Mittlerweile gilt der 1997 gegründete und mehrfach prämierte Verlag als Spezialist für Neuautoren in Deutschland, Österreich und der Schweiz.

Für jedes neue Manuskript wird innerhalb weniger Wochen eine kostenfreie, unverbindliche Lektorats-Prüfung erstellt.

Weitere Informationen zum Verlag und
seinen Büchern finden Sie im Internet unter:

w w w . n o v u m v e r l a g . c o m

Printed in Poland
by Amazon Fulfillment
Poland Sp. z o.o., Wrocław